Meilensteine der Menschheit

Meilensteine der Menschheit

Hundert Entdeckungen, Erfindungen und Wendepunkte der Geschichte

2., überarbeitete Auflage

Herausgegeben von der
Brockhaus-Redaktion

F. A. BROCKHAUS
Leipzig . Mannheim

Redaktionelle Leitung der 2. Auflage:
  Jürgen Hotz M. A.
Redaktion der 1. Auflage:
  Eva Beate Bode M. A.
  Ursula Butzek
  Martin Fruhstorfer
  Dipl.-Phys. Carsten Heinisch
  Dipl.-Ing. Regina Klepsch
  Brigitte Röser
  Dr. Uschi Schling-Brodersen
  Johannes-Ulrich Wening
Bildredaktion der 2. Auflage:
  Dr. Eva Bambach-Horst
Herstellung:
  Nicole Rieser
Einbandgestaltung:
  Hans Helfersdorfer, Heidelberg
Gestaltung:
  Norbert Wessel

**Bibliografische Information
der Deutschen Bibliothek:**
Die Deutsche Bibliothek verzeichnet diese
Publikation in der Deutschen Nationalbibliografie;
detaillierte bibliografische Daten sind im Internet
über: http://dnb.ddb.de abrufbar.

Das Wort BROCKHAUS ist für den Verlag
Bibliographisches Institut & F. A. Brockhaus AG
als Marke geschützt.

Das Werk wurde in neuer Rechtschreibung verfasst.

Satz: A–Z Satztechnik GmbH, Mannheim (PageOne,
alfa Media Partner GmbH)
Druck und Bindearbeit: Stalling GmbH,
Oldenburg
Coverabbildungen: Staphylokokken von Photc- und
Presseagentur FOCUS, Hamburg; Höhlenmalerei und
Dampfmaschine von akg-images, Berlin; alle übrigen
von Corbis, London und Frankfurt am Main

Printed in Germany
ISBN 3-7653-0462-X

Vorwort

Meilensteine der Menschheit – das sind Wegmarken im Lauf der Zeit, die für Erfindungen und Entdeckungen, Entwicklungen und Ereignisse stehen, die bis heute nachwirken. 100 Themen aus Geschichte, Kunst, Religion und Philosophie, Naturwissenschaft und Technik werden in dem vorliegenden Buch auf jeweils zwei Doppelseiten vorgestellt. Um den Weg der Menschheit deutlich zu machen, wurden sie in ihrer zeitlichen Abfolge angeordnet, von den ersten Bildwerken der Eiszeitkunst vor etwa 35 000 Jahren bis zum Internet in den 1990er-Jahren. Die Vielfalt der Themen gibt dabei auch Entwicklungslinien zu erkennen, ein Faden spannt sich zum Beispiel vom Beginn der Seefahrt über die Erfindung des Rades bis zu der von Automobil und Flugzeug, von der Formulierung des heliozentrischen Weltbilds über die Relativitäts- bis zur Urknalltheorie oder von der Entstehung der ersten Flächenstaaten über die »Erfindung« der Nation bis zur Gründung der UNO.

Ein Gang durch die Jahrtausende wird anhand dieser 100 Meilensteine entworfen, der über Leistungen und Errungenschaften, aber auch über Leid und Katastrophen führt. Doch das Buch will keine Bilanz des Bisherigen ziehen, sondern soll Anregungen geben und zu Entdeckungen einladen.

Mannheim   F. A. BROCKHAUS

Inhalt

Die Autorinnen und Autoren

Dr. Matthias Albani, Leipzig

Prof. Dr. Helmut Altrichter,
Nürnberg

Prof. Dr. Axel W. Bauer, Heidelberg

Prof. Dr. Christiane Bender,
Heidelberg

Dr. Ralf Bröer, Heidelberg

Walter Conrad, Eisenach

Prof. Dr. Ernst-Otto Czempiel,
Frankfurt am Main

Prof. Dr. Werner Dahlheim, Berlin

Prof. Dr. Christof Dipper, Darmstadt

Honorarkonsul Oswald Dreyer-
Eimbcke, Hamburg

Dr. Hajo Düchting, München

Prof. Dr. Wolfgang U. Eckart,
Heidelberg

Prof. Dr. Dr. h.c. mult. Hans H.
Eggebrecht, Freiburg im Breisgau

Dr. Martin Elste, Berlin

Prof. Dr. Michael Erbe, Mannheim

Katharina Ernst, Heidelberg

Dr. Jens Fromm, Köln

Prof. Dr. Hans Armin Gärtner,
Hirschberg

Dr. Helga Gärtner, Hirschberg

Prof. Dr. Gunter Gebauer, Berlin

Priv.-Doz. Uwe Gleßmer, Hamburg

Dr. Axel Gotthard, Erlangen

Dr. Christoph Gradmann,
Heidelberg

Dipl. Oec. Hans Graßl, Heidelberg

Priv.-Doz. Dr. Klaus Hentschel,
Göttingen

Dr. Manfred Hettling, Bielefeld

Dr. Olaf Höckmann, Mainz

Prof. Dr. Karl Holl, Bremen

Prof. Dr. Michael Jansen, Montzen

Dr. Peter W. Jansen, Gernsbach

Dr. Karl-Heinz Janßen, Hamburg

Dr. Thomas Junker, Tübingen

Prof. Dr. Bernulf Kanitscheider,
Gießen

Dr. Uri Kaufmann, Dossenheim

Dr. Ulrich Kern, Mannheim

Dr. Hartmut H. Knittel, Mannheim

Prof. Dr. Otto Krätz, München

Prof. Dr. Karl-Friedrich Krieger,
Mannheim

Prof. Dr. Paul Kunitzsch, München

Maria-Luise Lampl, Graz

Prof. Dr. Dr. h.c. Hermann Maurer,
Graz

Dr. Kurt Möser, Mannheim

Prof. Dr. Paul Münch, Essen

Dr. Robert Nef, Zürich

Prof. Dr. Hans J. Nissen, Berlin

Prof. Dr. Karl-Heinz Ohlig,
Saarbrücken

Prof. Dr. Jürgen Osterhammel, Genf

Dr.-Ing. Klaus Rebensburg, Berlin

Prof. Dr. Johannes Renger, Berlin

Prof. Dr. Dieter Riesenberger,
Paderborn

Dr. Dennis Schilling, München

Dr. Tilman Schlömp, Mainz

Prof. Dr. Gunzelin Schmid Noerr,
Frankfurt am Main

Prof. Dr. Volker Schmidtchen,
Dortmund

Ulrich Schnabel, Hamburg

Prof. Dr. Ivo Schneider, Neubiberg

Walter Schoeller, Frankfurt am Main

Prof. Dr. Klaus Schönhoven,
Mannheim

Prof. Dr. Julius H. Schoeps, Potsdam

Priv.-Doz. Dr. Sylvia Schraut,
Mannheim

Prof. Dr. Udo Ernst Simonis, Berlin

Dr. Benedikt Stuchtey, London

Prof. Dr. Jürgen Teichmann,
München

Prof. Dr. Heinz-Elmar Tenorth,
Berlin

Dr. Lucien F. Trueb, Ebmatingen
(Kt. Zürich)

Dr. Volker Ullrich, Hamburg

Dr. Ulrich Veit, Tübingen

Prof. Dr. Martin Vogt, Darmstadt

Thomas Welke, Freiburg im
Breisgau

Dr. Gudrun Wolfschmidt,
Hamburg

Ranga Yogeshwar, Köln

Rolf Andreas Zell, Stuttgart

Prof. Dr. Heinz Zemanek, Wien

Dr. Ulrich Zimmermann, Bielefeld

Prof. Dr. Michael Zöller, Bayreuth

Erste Bildwerke

Archäologische Ausgrabungen im Hohlensteinstadel, einer geräumigen Höhle im südwürttembergischen Lonetal, brachten 1939 in altsteinzeitlichen Fundschichten mehr als 200 Bruchstücke zutage. Zunächst nicht weiter beachtet, wurden sie in Kartons verpackt und verschwanden im Magazin des Instituts für Ur- und Frühgeschichte in Tübingen. Erst 30 Jahre später erkannte der Steinzeitspezialist Joachim Hahn die Bedeutung dieser Bruchstücke und konnte sie in mühevoller Puzzlearbeit wieder zusammensetzen. Ergebnis der Bemühungen war die Rekonstruktion einer 28 cm hohen Elfenbeinfigur, die heute zu den eindrucksvollsten Statuetten der jüngeren Altsteinzeit in Europa gehört. Der »Löwenmensch« wurde um 30 000 v. Chr. aus einem dünnen Teilstück eines Mammutstoßzahnes geschnitzt, das dann in den folgenden Jahrtausenden in viele einzelne Partikel zerfiel.

Kunst in der Kälte

Zur Zeit der Entstehung der Elfenbeinfigur waren große Teile Nordeuropas und die Alpenregion vollständig von einer mächtigen Eisschicht bedeckt. Man bezeichnet diese von der letzten Kalt- oder Eiszeit geprägte, etwa von 40 000 bis 10 000 v. Chr. reichende Periode der Menschheitsgeschichte als jüngere Altsteinzeit oder Jungpaläolithikum. Die eisfreien Gebiete Ost-, Mittel- und Westeuropas zeigten eine meist baumlose Tundra, in der der anatomisch nun »moderne« Mensch, der Homo sapiens sapiens, als hoch spezialisierter Jäger und Sammler den Tierherden folgte. Er wohnte in Zelten und unter Felsvorsprüngen, bei schlechter Witterung auch im Eingangsbereich von Höhlen. Gerade hier überdauerte aber aufgrund besonders guter Erhaltungsbedingungen ein reicher Fundus an Gerätschaften, Abfall, Felsbildern und figürlicher Kunst die Jahrtausende und konnte durch archäologische Ausgrabungen dokumentiert und geborgen werden. Mehr als alle anderen Funde der Altsteinzeit beeindrucken uns heute die Malereien, Reliefs und Zeichnungen an den Höhlenwänden sowie die plastischen Werke der Kleinkunst. Lange war man in der Fachwelt skeptisch gegenüber den Felsmalereien; sie fielen auf derart fantastische Weise aus dem Rahmen des im 19. Jahrhundert archäologisch Bekannten, dass man sie zunächst für Fälschungen hielt. Erst

Die vollkommen erhalten gebliebene, 10,6 cm hohe **»Venus von Willendorf«** (30 000–20 000 v. Chr.; Wien, Naturhistorisches Museum) gilt als Prototyp der in ganz Europa gefundenen Frauenstatuetten aus der Zeit der altsteinzeitlichen Jägerkulturen.

um 1900 wurde die Echtheit der Malereien allgemein anerkannt; mit modernen wissenschaftlichen Methoden wie der Altersbestimmung nach der C-14-Methode kann mittlerweile ihr jeweiliges Alter auf einige Hundert Jahre genau bestimmt werden. Als sicher gilt heute der Entstehungszeitraum zwischen etwa 33 000 und 10 000 v. Chr., ein Zeitraum, der uns heute unvorstellbar lang erscheint, der aber in der über 2,5 Millionen Jahre währenden Geschichte der Menschheit relativ kurz ist.

Alles in allem bleiben Beginn und Ende des Phänomens Eiszeitkunst rätselhaft. Weder gab es vorher, in der mittleren Altsteinzeit, Entwicklungen, aus denen heraus ihr Entstehen erklärt werden könnte, noch gab es hinterher, in der Mittel- und Jungsteinzeit, in Europa eine Malerei oder figürliche Kunst, die qualitativ mit der des Jungpaläolithikums auch nur annähernd vergleichbar wäre. Jedenfalls ermöglicht sie ausschnitthaft einen Einblick in die Erlebnis- und Lebenswelt von Menschen, die wir zu unseren direkten Vorfahren rechnen müssen.

Vor rund 40 000 Jahren, also noch vor dem Einsetzen der eiszeitlichen Kunst, vollzog sich in Europa ein Bevölkerungswechsel. Dieser hatte zur Folge, dass der so genannte Neandertaler (Homo sapiens praesapiens), der mindestens 60 000 Jahre lang Europa besiedelt hatte, von der Bildfläche verschwand und statt seiner der Cro-Magnon-Mensch (Homo sapiens sapiens), benannt nach einem Fundort in Frankreich, in Europa lebte. Sicher ist, dass nur der Cro-Magnon-Mensch als Urheber der jungpaläolithischen Kunst im Gebiet zwischen dem Ural und dem Atlantik sowie zwischen dem nördlichen Mittelmeerraum und dem Gletscherrandgebiet im Norden infrage kommt. Während Beispiele für eine »bewegliche« Kleinkunst, etwa Statuetten und verziertes Gebrauchsgerät, aus fast allen Regionen dieses Gebiets vorliegen, befinden sich die rund 150 bisher bekannten Bilderhöhlen vor allem in Südfrankreich und Spanien, dazu einige in Italien und im südlichen Ural.

Tiere als Bildmotive – Material und Techniken

Dargestellt wurden hauptsächlich Tiere und zwar fast ausschließlich solche, die in zweierlei Hinsicht mit dem Begriff der »Beute« in Zusammenhang stehen. Nach einer Untersuchung zur Häufigkeitsverteilung zeigen 92 % der Abbildungen Tiere, die vom eiszeitlichen Menschen zur Deckung

Früheste Zeugnisse für **Instrumente** stammen bereits aus der mittleren Altsteinzeit. Über die Nutzung der Instrumente, wie dieser etwa 36 000 Jahre alten Knochenflöte aus der Höhle Geißenklösterle bei Blaubeuren im Alb-Donau-Kreis, besteht keine Einigkeit. Die Flöten mögen als Lockpfeifen gedient haben oder Begleitinstrumente zu Tänzen gewesen sein (Tübingen, Museum Schloss Hohentübingen).

Im Hohlensteinstadel, einer Höhle im Lonetal bei Ulm, wurde dieser **»Löwenmensch«** gefunden (um 30 000 v. Chr.; Ulmer Museum). Die etwa 28 cm hohe Elfenbeinfigur in aufrechter menschlicher Haltung hat den Kopf einer Löwin. Die Kombination menschlicher und tierischer Attribute weist in die Gedankenwelt des Schamanismus.

Die Entdeckung der Malereien in der Höhle von **Lascaux** im französischen Département Dordogne im September 1940 rief erstmals das Interesse einer größeren Öffentlichkeit an der Eiszeitkunst hervor. Etwa 600 gut erhaltene Malereien und rund 1500 Gravierungen aus der Zeit von etwa 16 000 bis 15 000 v. Chr. wurden entdeckt.

seines Eiweißbedarfs bejagt wurden. Am häufigsten sind Wildpferde (30 %) und Wildrinder (knapp 30 %) vertreten, es folgen Hirsch (10 %), Mammut (10 %), Steinbock (8 %) und Rentier (4 %). 8 % der Abbildungen zeigen Tiere, für die umgekehrt der Mensch in einigen Fällen als potenzieller Eiweißlieferant und damit als Beute infrage kam: Höhlenbären, Höhlenlöwen und Wollhaarnashörner. Darstellungen anderer Tiere wie Vögel, Fische, Gämsen, Wildschweine und Wölfe gibt es nur vereinzelt; die während der Eiszeit weit verbreitete Höhlenhyäne fehlt.

Selbstverständlich haben sich im Laufe der Geschichte der Höhlenmalerei unterschiedliche Stilrichtungen ausgeprägt; es gibt sowohl einfarbige Umrisszeichnungen einzelner Tiere als auch perspektivisch-dreidimensional angelegte, vielfarbige Darstellungen ganzer Tierherden, bei denen die natürlichen Gegebenheiten der Wandflächen einbezogen sind. Gerade Letztere sind in der Höhle von Lascaux, in der die etwa 600 Malereien und die über 1 500 Gravierungen aus der Zeit um 15 000 v. Chr. stammen, in hervorragender Weise dokumentiert und erhalten. Die Analyse der Farbstoffe von Lascaux hat ergeben, dass vor allem Eisenoxide für alle Gelb-, Rot- und Brauntöne verwendet wurden; mittels Manganpulver und Holzkohle waren Grauschattierungen bis hin zum Tiefschwarz zu erreichen. Entgegen früherer Forschungsmeinungen handelt es sich nicht um Ölmalerei, etwa mit Tierfett als Bindemittel, sondern um Aquarelle, die im Laufe der folgenden Jahrtausende durch die natürliche Kalksinterbildung an den Höhlenwänden fixiert wurden.

Das elfenbeinerne **Löwenköpfchen** aus der Vogelherdhöhle gehört mit anderen Funden aus den Höhlen Süddeutschlands der altsteinzeitlichen Kulturstufe des Aurignacien an, die nach dem südwestfranzösischen Fundort Aurignac benannt ist und in der Zeit zwischen 35 000 und 30 000 v. Chr. weit verbreitet war (Stuttgart, Württembergisches Landesmuseum).

Gibt es eine Deutung?

Neben den rein technischen Problemen der Höhlenmalerei war und ist natürlich die Frage der Deutung von großem Interesse. Dabei scheint bei allen Unwägbarkeiten zumindest zweierlei sicher. Erstens diente Höhlenmalerei nicht der Ausschmückung von Wohnplätzen; »Bilderhöhlen« waren nicht bewohnt. Zweitens war Höhlenmalerei nicht Ausdruck einer »Freizeitbeschäftigung«. Völkerkundliche Parallelen zeigen, dass bei Jäger-und-Sammler-Kulturen Malereien, Gravierungen, figürliche Abbildungen, aber auch Tätowierungen immer in religiösen Vorstellungen wurzeln, die in Zusammenhang stehen mit einer intensiven Beziehung zwischen Mensch und Natur. Der Begriff des »Jagdzaubers«, der magischen Konzentration auf das Jagdtier und Besänftigung des getöteten Tieres, wurde daher schon recht früh in die Diskussion gebracht. Tatsächlich zeigen rund 15 % aller bekannten Tierdarstellungen verwundete Tiere.

Der französische Vorgeschichtsforscher André Leroi-Gourhan erkannte dagegen in der Malerei ein dualistisches Weltbild des Eiszeitkünstlers, geprägt von einem Mann-Frau-Gegensatz, von Sexualität und Fruchtbarkeit. Besonders die zahllosen abstrakten Zeichen an den Höhlenwänden ließen sich in eine weibliche und männliche Symbolik unterteilen. Obwohl Einigkeit darin besteht, dass in der Malerei eine innere Programmatik verborgen ist, dass nicht das

Die Radiocarbon- oder C-14-Methode dient der Altersbestimmung von archäologischen Funden aus organischem Material; sie beruht auf der Halbwertzeit des Kohlenstoff-Isotops ^{14}C von 5 730 Jahren. Die Methode hat sich als problematisch erwiesen und wird daher heute möglichst mit der Dendrochronologie, der Baumringchronologie, kombiniert.

Die ausdrucksvollen Malereien an Decken und Wänden der Höhle von Lascaux zeigen vor allem **Tierdarstellungen,** aber auch Maskentänzer und symbolische Zeichen. Beim Ausräumen der Höhlensedimente fand man neben Tierknochen und Geschossspitzen aus Rengeweih auch die für die Anfertigung der Felsbilder benötigten Werkzeuge: Feuersteinmeißel, Farbschalen mit den Pigmenten und Steinlämpchen.

einzelne Abbild, sondern die Gesamtkomposition aller Abbildungen in einer Höhle zu beachten ist, blieb dieser Deutungsansatz nicht unwidersprochen. Tatsächlich scheint es nicht ganz einfach, in allen Abbildungen eine Geschlechtlichkeit zu erkennen. Die oft überproportional üppig geformten Frauendarstellungen, besonders die »Venusstatuetten«, können aber mit einiger Sicherheit im Zusammenhang mit dem Fruchtbarkeitszauber gesehen werden.

ULRICH ZIMMERMANN

Die »neolithische Revolution«

Als der Mensch zum Bauern und Viehzüchter wurde, war die Voraussetzung für dörfliches, später städtisches und staatliches Leben gegeben.

Ein schauriger Befund kam bei Ausgrabungen im nordwürttembergischen Talheim in den Jahren 1983/84 zutage: Etwa um 5000 v. Chr. war hier die Bevölkerung eines ganzes Dorfes ermordet und verscharrt worden. An den Skeletten der insgesamt 34 Opfer konnte man von hinten zugefügte schwere Schädelverletzungen feststellen. Die Hintergründe dieser Tat sind natürlich nicht mehr aufzuklären, doch lässt sich anhand dieses Ereignisses ein Wandel der Wirtschaftsweise, der Lebensform und Wertvorstellungen, wie er sich ab der 2. Hälfte des 6. Jahrtausends v. Chr. in Mitteleuropa vollzog, erkennen. Mit alt- und mittelsteinzeitlichen Jägern und Sammlern hatte dies nichts mehr zu tun.

Der Mensch lässt sich nieder

Im 9. Jahrtausend v. Chr. setzte im Vorderen Orient ein Wandel ein, der zu den tiefgreifendsten Änderungen in der Menschheitsgeschichte überhaupt gehört. Der Mensch gab sein unstetes, die Altsteinzeit charakterisierendes Jäger- und Sammlerdasein auf, das etwa 2,5 Millionen Jahre lang Grundlage seiner Existenz gewesen war. Stattdessen errichtete er nun feste Häuser, bildete größere Siedlungsgemeinschaften, baute Getreide an und hielt sich Haustiere als Lebendvorrat. Dieser ebenso erstaunliche wie folgenschwere Vorgang wird, etwas irreführend, als neolithische (jungsteinzeitliche) »Revolution« bezeichnet. Dabei dauerte es immerhin mehrere Tausend Jahre, ehe die neue Wirtschafts-

Die Zeichnung rekonstruiert das Innere eines **neolithischen Hauses** in Nordchina. Dort wurden aus der Zeit seit etwa 5000 v. Chr. große, zum Teil befestigte Siedlungen nachgewiesen. Hirseanbau, Haustierhaltung, Seidenraupenzucht und reich bemalte Keramik bezeugen den hohen kulturellen Entwicklungsstand der Bevölkerung.

Im Zuge der »neolithischen Revolution«
änderten sich die Strategien der Nahrungsbeschaffung. Diese Malerei mit einer Jagdszene
aus der in Anatolien nahe der heutigen
türkischen Stadt Konya gelegenen Siedlung
Çatal Hüyük zeigt einen mächtigen Stier,
der seine Jäger um ein Vielfaches überragt
(um 8000 v. Chr.; Ankara, Archäologisches
Museum).

weise und Lebensform durch allgemeinen Kulturtransfer
und Wanderungsbewegungen von ihrem Ursprungsgebiet
über Anatolien und den Balkan, wo sie ab etwa 7000 v. Chr.
nachweisbar ist, um 5500 v. Chr. auch Mitteleuropa und im
4. Jahrtausend v. Chr. schließlich die nordeuropäische Tiefebene erreicht hatte.

Der Wandel blieb keineswegs auf Vorderasien und Europa beschränkt; die neolithische Revolution ist ein nahezu
weltweites Phänomen, dessen Auftreten bisher noch nicht
schlüssig erklärt werden konnte. Ein direkter Zusammenhang mit den endeiszeitlichen Klimaveränderungen, zumindest im Vorderen Orient einhergehend mit einer Zunahme der jährlichen Niederschlagsmengen, ist jedoch wahrscheinlich. Im so genannten »Fruchtbaren Halbmond«,
einem Raum, der von der Halbinsel Sinai über die Levante
und das Einzugsgebiet der Flüsse Euphrat und Tigris bis zum
Zagrosgebirge in Iran reicht, waren viele Wildformen unserer heutigen Getreidearten und Fruchtpflanzen weit verbreitet, zum Beispiel Einkorn, Emmer (Weizen) und Wild-
gerste. Auch Wildziege und Wildschaf (Mufflon), die ersten
Tiere, die der Mensch domestizierte, waren hier beheimatet,
dazu das Wildrind und das Wildschwein.

Die ökologische Situation bot so hervorragende Rahmen-
bedingungen für den Wechsel von der aneignenden Wirtschaftsweise der nichtsesshaften Wildbeuter hin zu Ackerbau und Viehhaltung der jetzt sesshaft werdenden Bauern.
Der Übergang erfolgte allmählich. Stellvertretend hierfür sei
die vom 12. bis 9. Jahrtausend v. Chr. im Gebiet des heutigen
Israel und Jordanien verbreitete Natufienkultur genannt.
Deren Träger pflanzten noch nicht, sondern sammelten das
Wildgetreide, die Jagd blieb für sie lebensnotwendig. Alles
in allem praktizierten sie noch eine halbsesshafte, für die
Mittelsteinzeit charakteristische Lebensweise.

Mühsamer Landbau

Neuere Untersuchungen haben gezeigt, dass das lange Zeit
vorherrschende Bild vom Jäger und Sammler als einem immer auf der Nahrungssuche befindlichen, rastlosen Menschen nicht stimmt. Die Wildbeuter hatten vielmehr aufgrund mannigfacher Strategien der Nahrungsbeschaffung,

Die in Çatal Hüyük gefundene Tonplastik einer
thronenden Frau stellt vermutlich eine
gebärende Göttin dar (um 5800 v. Chr.;
Ankara, Archäologisches Museum). Die in den
Kulträumen der Wohnsiedlung zahlreich gefundenen Frauenplastiken sind ein Hinweis auf den
Fruchtbarkeitskult der Siedlungsbewohner.

Dieses Vorratsgefäß mit **Ritzmuster** wurde im Gräberfeld Sondershausen (Thüringen) gefunden. Die nach den charakteristischen bandförmigen Mustern auf ihrer Tonware benannte frühneolithische Bauernkultur Mitteleuropas war wohl im Umkreis des westlichen Ungarn entstanden, breitete sich nach Nordwesten aus und löste auch hier die mittelsteinzeitlichen Jäger- und Sammlerkulturen ab.

Erst die dem Wildbeuter unbekannte Fähigkeit, Getreidekörner über einen längeren Zeitraum in Vorrat zu halten, ermöglichte eine sesshafte Lebensweise und eine produzierende Wirtschaft. Mindestens seit dem 10. Jahrtausend v. Chr. war es möglich, Getreide in Erdgruben und später, seit etwa 6500 v. Chr., in Tongefäßen aufzubewahren.

die je nach den lokalen Gegebenheiten variiert werden konnten, und der Fähigkeit, in Mangelsituationen auf andere Nahrungsquellen ausweichen zu können, entscheidende Vorteile gegenüber den sesshaften Ackerbauern und Viehhaltern. Diese konnten zwar durch den Anbau von Getreide vorausschauend planen und mit der Ernte Vorräte anlegen, mussten dafür aber härter und mehr als die Wildbeuter arbeiten. Durch Naturkatastrophen oder auch nur eine Wildschweinherde, die auf der Suche nach Nahrung ein Feld durchwühlte, konnte es zu lebensbedrohlichen Ernteverlusten kommen. Es ist daher unwahrscheinlich, dass die neolithische Revolution bewusst herbeigeführt wurde. Anzunehmen ist vielmehr, dass es sich um eine vom Klima beeinflusste, von Zufällen gelenkte, ungewollte Entwicklung handelte, in die die damaligen Menschen hineingerieten, ohne dies zu bemerken.

Der Anbau von Emmer und die Getreidevorratshaltung sind erstmals für das 9. Jahrtausend nachgewiesen, intensiver Landbau und Haustierhaltung ab etwa 7500 v. Chr. Als Jagdtier spielte die nicht domestizierbare Gazelle weiterhin eine große Rolle. Die Siedlungen dieser Zeit, etwa Jericho, entwickelten sich rasch zu erstaunlicher Größe und boten mehreren Tausend Menschen Platz. An solchen agrarisch wirtschaftenden Plätzen wuchs die Bevölkerung beachtlich, hier entwickelte sich handwerkliche Produktion mit einem großen Innovationspotenzial, wirksam auch in der Bewässerungstechnik. Hier auch entstanden differenzierte Sozialstrukturen mit Arbeitsteilung, reifte aufgrund von Besitz- und Machtansprüchen Konfliktpotenzial heran und veränderten sich die geistigen und religiösen Vorstellungen. All dies wurde zur Grundlage für die im Vorderen Orient ab dem 4. Jahrtausend v. Chr. entstehenden Stadtstaaten.

Die Jungsteinzeit erreicht Europa

Die bisher ältesten Spuren der neolithischen Revolution in Europa stammen aus dem Raum des heutigen Griechenland, zu datieren sind sie in die Zeit um 7000 v. Chr. Wie in der Frühphase der Jungsteinzeit im Vorderen Orient waren auch hier Tongefäße noch unbekannt. Man spricht vom akeramischen (nichtkeramischen) Neolithikum. Entsprechende Gerätschaften sind erst ab etwa 6500 v. Chr. nachweisbar.

In Südosteuropa sind für diese Zeit zahlreiche kleine Siedlungen bezeugt, eng bebaut mit kleinen, einräumigen Häusern aus Lehmziegeln. Da diese an gleicher Stelle oft erneuert wurden, entstanden die für diese Zeit im Vorderen Orient und in Südosteuropa charakteristischen Siedlungshügel, je nach Region als Tell, Tepe, Hüyük oder Magula bezeichnet. Aufgrund der gleichförmigen Hausgröße und der fast genormten Inneneinrichtung wird eine noch egalitäre Sozialstruktur angenommen. Dies änderte sich allerdings grundlegend im Verlauf der folgenden tausend Jahre.

Ab der Mitte des 6. Jahrtausends v. Chr. verbreiteten sich auf der Balkanhalbinsel befestigte Siedlungen mit Häusern unterschiedlicher Größe und Funktion. Verschieden geformte und verzierte Tongefäße lassen auf eine zunehmende kulturelle Regionalisierung schließen. Die Entstehung der Linearbandkeramischen (Linienbandkeramischen) Kultur im Ungarischen Tiefland ist Teil dieses Vorgangs. Diese Kultur, benannt nach einer sehr charakteristischen Keramikform und -verzierung, breitete sich schnell nach Ostmitteleuropa und über die deutschen Mittelgebirge bis nach Frankreich aus und mit ihr die produzierende Wirtschaftsweise.

Die Geschwindigkeit dieser Ausbreitung um 5500 v. Chr. lässt auf Wanderbewegungen, vielleicht auch auf Kolonialisierung schließen, wobei die Kontaktaufnahme der neuen Siedler mit den einheimischen, noch mittelsteinzeitlichen Jägern und Sammlern sicher nicht immer friedlich verlaufen ist. Letztere wurden verdrängt oder »neolithisiert«. Die Bandkeramiker bevorzugten ertragreiche Löss- oder Lehmböden entlang der Flussläufe, wo sie zunächst Einzelhöfe, später größere Dorfgemeinschaften bauten.

Die »Neolithisierung« Mitteleuropas war schließlich um etwa 5300 v. Chr. weit vorangeschritten und unumkehrbar geworden. In den folgenden Jahrhunderten entwickelten sich größere, mit Palisadenreihen befestigte Siedlungen und regional unterschiedliche Kulturgruppen. Dass es zwischen den örtlichen Nachbarn und den Kulturgruppen in einer unruhiger werdenden Welt massive Auseinandersetzungen gab und die notwendig gewordenen Befestigungen nicht immer Schutz boten, zeigt der eingangs erwähnte Massenmord von Talheim, der in dieser Form in der Zeit der Wildbeuter kaum denkbar gewesen wäre.

ULRICH ZIMMERMANN

Jericho ist die älteste Stadt der Welt. Der noch heute über 8 m hohe Turm von Jericho gehörte zur Befestigungsanlage der Siedlung und stammt aus dem Neolithikum.

Frühe Techniken

Mit der Entwicklung der Töpfer- und Webkunst begannen die Menschen sich auf der Erde häuslich einzurichten.

Das Material Ton war in Europa bereits in der jüngeren Altsteinzeit bekannt, die Kenntnis der Möglichkeit seiner Formbarkeit und Härtung durch Hitze weit verbreitet. Zu den ältesten Nachweisen der Nutzung von Ton, einem Verwitterungsprodukt silikathaltiger Gesteine, zählen die kleinen Tierstatuetten aus feuergehärtetem Ton von Dolní Věstonice in Mähren mit einem Alter von etwa 26 000 Jahren.

Archäologische und ethnographische Befunde lehren aber, dass aus Ton gefertigte Gefäße für Menschen, die sich ausschließlich durch die Jagd und durch Sammeln von Früchten ernähren, denkbar ungeeignet sind. Eine solche Ernährungsart setzt eine unstete, wandernde Lebensweise ohne »festen Wohnsitz« voraus. Tongefäße sind hierfür zu zerbrechlich, sind in leerem Zustand kaum verpackbar und haben ein zu hohes Eigengewicht, während Behältnisse aus Holz oder Lederschläuche sehr viel effizienter einsetzbar sind. Die Regel ist also, dass die Jäger-und-Sammler-Kulturen der Altsteinzeit (Paläolithikum) und der Mittelsteinzeit (Mesolithikum) keine Gefäße aus Ton benutzt haben. Trotzdem gibt es Ausnahmen; beispielsweise ist aus der Fukin-Höhle auf der japanischen Insel Kiūshū eine Keramik bekannt, die angeblich aus der Zeit um 10 000 v. Chr. stammt. Die Hersteller dieser Behältnisse waren auf die Nutzung von Küsten- und Meeresfauna spezialisierte Jäger und Sammler. Dies waren die Träger der mesolithischen Erteböllekultur an den Küsten Dänemarks auch, und in den riesigen »Kökkenmöddinger« (Küchenmüll) genannten Muschelhaufen fand man große, spitzbodige Tongefäße, die aus der Zeit um 5400 v. Chr. stammen. In beiden Fällen scheint aber nur die Art des Nahrungserwerbs Keramik nötig gemacht zu haben. Zu einer weiteren Entwicklung der Keramiktradition ist es nicht gekommen.

Erst Bauern brauchen Tongefäße

Gefäßkeramik ist im Vorderen Orient und in Europa erst ab der Jungsteinzeit, dem Neolithikum, bekannt. Seitdem ist Keramik in einer ununterbrochenen Traditionslinie bis heute gebräuchlich. Die agrarisch geprägte, sesshafte Lebensweise in der Jungsteinzeit zog eine ganze Reihe technischer

Ton wurde schon sehr früh als plastisches und härtbares Material verwendet. Diese etwa 9 cm hohe **Tonfigur** stammt vom Ende des 5. Jahrtausends v. Chr. (Targowischte, Historisches Museum).

Tongefäße wurden von Hand gearbeitet oder auf der Töpferscheibe hergestellt, dann glättete, verzierte oder bemalte man ihre Oberfläche, schließlich wurde die Ware in offenen Feuerstellen oder in überkuppelten **Brennöfen** gebrannt (Töpferei in Nizwa im Oman).

Neuerungen nach sich, zu denen beispielsweise der Bewässerungsbau, die Entwicklung des Pfluges und die Webtechnik gehören, aber auch die Nutzung von Gefäßen aus feuergehärtetem Ton. In der Anfangsphase des Neolithikums verharrte jedoch der Vordere Orient noch einige Zeit in einer keramiklosen Periode, die man als akeramisches Neolithikum bezeichnet. Erst ab der Mitte des 7. Jahrtausends v. Chr. wurden dort einem Härtungsbrand unterzogene Tongefäße allgemein üblich. Parallel dazu benutzte man aber auch noch eine kurze Zeit lang »tonlose« wasserdichte Behältnisse. Ein Beispiel hierfür sind die mit Asphalt ausgestrichenen Körbe und Steingefäße etwa von Ali Kosch (6500–6100 v. Chr.) und die »weiße Ware« aus Syrien und Anatolien. Es handelt sich um Gefäße, die aus einer im Innern von Körben spiralig aufgebrachten Mischung aus gebranntem Kalkstein und Asche hergestellt sind, die durch Trocknung sehr hart werden und dabei ihre typische weiße Farbe erhalten. Trotzdem: Ab 6500 v. Chr. im mediterranen Raum, ab 5500 v. Chr. im südlichen Mitteleuropa und ab 4000 v. Chr. in der nordeuropäischen Tiefebene wird Keramik üblich und ist bis heute aus keinem Haushalt wegzudenken.

Ton, Wasser, Feuer – Die Herstellungstechnik

Die früheren Herstellungstechniken entsprechen genau denen, die heute in jedem Töpferkurs für Anfänger und Fortgeschrittene vermittelt werden: Man fertigt entweder Aufbaukeramik durch aufeinander gepresste Tonspiralen oder durch flache Tonstücke, bedient sich einer drehbaren Plattform, um möglichst gleichmäßige Gefäßformen zu modellieren, oder man zieht einen Tonklumpen auf der schnell laufenden Drehscheibe zu einem Gefäß hoch. Die Drehscheibe kam als revolutionäre Neuerung im Vorderen Orient ab etwa 3500 v. Chr. und in Mitteleuropa um die Zeitenwende erstmalig in Gebrauch. Der zweite, schwierigere Schritt, der des Brennens,

Am Anfang des bis ins 6. Jahrtausend v. Chr. zurückreichenden Kunsthandwerks **Chinas** standen mit Hand angefertigte, bei 800–1 000 °C gebrannte rötliche Gebrauchskeramiken. Dieser Topf aus weißer Keramik mit hohem Kaolinanteil, der aus dem 13.–11. Jh. v. Chr. stammt, zählt zum »Protoporzellan«.

*Die technisch aufwendige Thermo-
luminiszenzanalyse ermöglicht
genaue Altersbestimmungen an
Keramik. Sie beruht auf der Teilchen-
strahlung radioaktiver Isotope, die in
der Keramik in geringen Mengen
vorhanden sind. Seit 1960
angewandt, erreicht sie mittlerweile
eine Genauigkeit von plus oder
minus 5 Prozent.*

war und ist immer mit hohen Materialverlusten verbunden, weil sehr viel Feuchtigkeit in den feinen Poren des Tons enthalten ist, die bei steigenden Temperaturen in Wasserdampf übergeht und im Falle ungenügender Vortrocknung oder Magerung das Gefäß sprengt. Die Technik des Keramikbrennens erforderte daher von Anfang an ein enormes Fachwissen. Der möglichst kontrollierte Umgang mit hohen Temperaturen (bis über 1000 °C), wie sie für die Herstellung von Keramik und auch zur Verhüttung metallhaltiger Erze nötig sind, lässt es plausibel erscheinen, dass beide Technologien in der Urgeschichte eng miteinander verbunden waren. War aber das technische Know-how vorhanden, boten unterschiedliche Gefäßformen, Verzierungen und die Art der Oberflächenbehandlung viele Variationsmöglichkeiten, sodass Keramik eine viel genutzte Ausdrucksmöglichkeit für ästhetisches Empfinden und für Gruppenidentität sein konnte. Dies und die leichte Zerbrechlichkeit von Tongefäßen macht Keramik zu einem in der archäologischen Forschung außerordentlich wichtigen Fundtyp. Unterschiede in Form und Verzierung lassen regionale oder zeitliche Differenzierungen von Kulturen erkennen, Materialanalysen an Dünnschliffen machen Handelsverbindungen deutlich und die Thermolumineszenzanalyse ermöglicht eine recht genaue Altersbestimmung, wodurch auch moderne Fälschungen älterer Keramik eindeutig erkannt werden können.

Textilien aus Naturfasern – Seit 9000 Jahren beliebt

Um die Frage »authentisch oder nicht?« ging es auch lange Zeit bei dem wohl bekanntesten textilen Objekt, dem Grabtuch von Turin, das daher eingehend mit naturwissenschaftlichen Methoden untersucht wurde. Das 4,36 m lange und 1,10 m breite Tuch in Leinenbindung zeigt Blutspuren und den Abdruck eines menschlichen Körpers; es wird als Grabtuch Jesu Christi verehrt.

Die Geschichte der textilen Gewebe ist ebenso wie die der Töpferei mit der Jungsteinzeit im Vorderen Orient verbunden. Der bisher älteste Nachweis für die Weberei überhaupt stammt aus Jarmo im heutigen Irak, wo Abdrücke von Leinengewebe auf Lehmklumpen gefunden wurden, die in die Zeit um 7000 v. Chr. datieren. Etwas jünger sind die ältesten erhaltenen Gewebereste, etwa aus der Nahal-Hemar-Höhle in Israel (um 6500 v. Chr.). Das wohl älteste fast vollständig erhaltene Kleidungsstück, ein Leinenhemd, stammt aus Tarkhan in Ägypten (um 3000 v. Chr.). Diese Gewebe und auch das Grab-

Das **Keramikgefäß** aus dem nordchinesischen Neolithikum zeigt einen Vogel und einen Fisch als Sippenembleme; die Streitaxt mit Steinklinge symbolisiert Macht. Das zur Yangshao-Kultur zählende Gefäß ist etwa einen halben Meter hoch und wurde als Vorratsbehälter genutzt.

tuch von Turin wurden in Leinwandbindung hergestellt; sie gilt als die einfachste Verkreuzungsform der senkrechten Kett- und der waagerechten Schussfäden. Trotzdem war bis zum Einsatz von maschinellen Webstühlen im 19. Jahrhundert immer ein recht hoher Aufwand nötig, bis ein Stück Tuch zu einem Kleidungsstück weiterverarbeitet werden konnte. So musste Flachs, die vermutlich älteste faserliefernde Kulturpflanze, angebaut werden, und langhaarige Wollschafe mussten gezüchtet werden. Die Rohfasern, zu denen in Mitteleuropa während der Jungsteinzeit auch Baumbaste vor allem von Linde und Eiche gehörten, waren zu möglichst langen Garnen zu verspinnen, wozu über Jahrtausende hinweg die Handspindel genutzt wurde. Diese und auch Webstühle haben die Zeiten aber leider nicht überdauert, sodass nur bildliche Darstellungen und archäologische Funde helfen können, den Vorgang der Textilherstellung zu rekonstruieren.

Spinnwirtel und Webgewichte, meist aus gebranntem Ton, gehören dagegen zu dem ganz normalen Fundspektrum auf Siedlungsplätzen vom Neolithikum bis zum Mittelalter, als im 11./12. Jahrhundert der Trittwebstuhl, im 13./14. Jahrhundert das handbetriebene Spinnrad und etwas später das Flügelspinnrad bekannt wurden. Der schräg stehende Gewichtswebstuhl war über Jahrtausende hinweg und in ganz Europa das optimale Gerät zur Herstellung von Stoffen; in Mitteleuropa war er vom Neolithikum bis ins Hochmittelalter üblich, auf der norwegischen Insel Stord wurde er noch 1956 benutzt. In Dalem bei Cuxhaven wurden die Reste eines Gewichtswebstuhls ausgegraben, die zeigen, dass es möglich war, mit diesem Gerät bis zu 3,5 m breite Stoffe zu weben.

ULRICH ZIMMERMANN

Im Dom von Turin wird ein **Leinentuch** als Reliquie aufbewahrt, das einen Abdruck Jesu wiedergeben soll; die Datierung des »Turiner Grabtuchs« in die Zeit des Neuen Testaments ist aber äußerst fraglich.

Kupfer, Bronze, Eisen

Die Metallurgie

Schon früh brachte die Metallverarbeitung nicht nur Gebrauchsgeräte, sondern auch Schmuckgegenstände und Prestigegüter hervor.

Verblüfft oder sogar erschrocken mochte die vor 9000 Jahren um ein Holzfeuer irgendwo im Vorderen Orient sitzende Menschengruppe gewesen sein, als man in der Asche kleine, metallisch glänzende Tropfen fand. Ein paar Stunden vorher hatten an dieser Stelle noch grüne und blaue Schmucksteine gelegen, die durch Absicht oder ein Missgeschick – dies muss für uns offen bleiben – ins Feuer geraten waren und bei denen es sich, was die Menschen noch nicht wussten, um die Kupfererze Malachit und Azurit handelte.

Ex oriente lux – Ursprung im Orient

Die Metamorphose vom Gestein zu einem neuen, glänzenden und leicht verformbaren Rohstoff, dem Metall, in diesem Fall dem Kupfer, blieb in ihren chemischen Zusammenhängen und Abläufen über Jahrtausende hinweg unerklärlich und geheimnisvoll. Angebrochen war jedenfalls ein neues Zeitalter, das Metallzeitalter, das seit nunmehr mindestens 8000 Jahren andauert; mindestens deshalb, weil die bisher frühesten Nachweise einer in ihren Abläufen gesteuerten Kupfergewinnung aus der Zeit um 6000 v. Chr. stammen (Çatal Hüyük, Türkei; Yarim Tepe, Irak), zu diesem Zeitpunkt bereits aber in Mesopotamien, Anatolien und Südosteuropa kleine Schmuckstücke aus Kupfererz oder auch aus gediegenem Kupfer seit langem bekannt waren; mit einiger Sicherheit stand in diesen Regionen die Wiege der eurasischen Metallurgie. Alle Funde zeigen, dass man über lange Zeiträume hinweg mit den neuen Werkstoffen experimentierte und nur sehr langsam materialgerechte Technologien entwickelte. Von einer entwickelten Metallurgie mit einer systematischen Erzgewinnnung und -verarbeitung war man zunächst noch weit entfernt. Gleichwohl wurden bereits ab etwa 4000 v. Chr. einzelne Metallobjekte oder Halbfertigprodukte gehandelt, sogar bis ins südliche Mitteleuropa, wo man 1985 in der jungsteinzeitlichen Ufersiedlung Hornstaad am Bodensee eine Kupferscheibe fand, die sicher in die Zeit um 4000 v. Chr. fällt und ursprünglich aus Ost- oder Südosteuropa stammt.

Auch in unseren Breitengraden folgte einem ersten Kontakt mit dem neuen Material und einer Initialphase, begüns-

Die **Eisenzeit** war nach Stein- und Bronzezeit die dritte große vorgeschichtliche Periode; sie ist gekennzeichnet durch die Verwendung des Eisens als Werkstoff für Waffen, Geräte und Schmuck (Dolch der Hallstattkultur; Bern, Historisches Museum).

tigt durch einen wahrscheinlichen Technologietransfer aus dem Südosten nach Mitteleuropa, schließlich die Vervollkommnung der Techniken gemäß den örtlichen Gegebenheiten. Dies gilt für das Kupfer ebenso wie für das Eisen, das ab etwa 4800 v. Chr. im Orient genutzt und um 1350 v. Chr. nördlich der Alpen bekannt wurde. Es war daher ein geographisch und chronologisch langer Weg von der »Entdeckung« des Kupfers in der Asche des Holzfeuers, das vor 9 000 Jahren irgendwo im Vorderen Orient brannte, über die Entwicklung der Zinnbronze, aus der in Mittel- und Nordeuropa vor 3 500 Jahren in großen Mengen Waffen, Schmuck und Werkzeuge gegossen wurden, bis zur Produktion von Waffen und sonstigen Gütern des täglichen Bedarfs aus Eisenerzen ab etwa 700 v. Chr. Dieser Weg war geprägt von technologischen Neuerungen, von soziokulturellen, ökonomischen und ökologischen Veränderungen, die bis in die Moderne nachwirken.

Diese **Eisenwerkzeuge und -waffen** wurden in der Býčí-skála-Höhle, im Mährischen Karst nördlich von Brünn gelegen, gefunden. Sie werden in die Hallstattzeit um 700–500 v. Chr. datiert (Wien, Naturhistorisches Museum).

Erste Bergbaugebiete, aufwendige Techniken

Die metallischen Elemente Kupfer (Cu), Zinn (Sn) und Eisen (Fe) sind nur mit sehr geringen Anteilen am Aufbau der Erdkruste beteiligt. Obwohl es in der Natur gelegentlich kleine Vorkommen mit reinen Metallen gibt, war und ist der Mensch darauf angewiesen, Plätze zu finden, die metallhaltige Minerale in größeren Mengen und in zugänglicher Lage

Hephaistos, der göttliche Schmied der griechischen Mythologie, war, wie auch seine irdischen Nachfahren, bei den griechischen Vasenmalern ein beliebtes Motiv (rotfigurige attische Schale, um 500 v. Chr.; Berlin, Antikensammlung).

Noch heute sind in der Region von Timna südlich des Toten Meeres alte **Schachtmündungen** zu erkennen. Möglicherweise wurde hier schon im frühen 4. Jahrtausend Kupfer gewonnen.

Azurit, auch Bergblau genannt, ist ein blaues Mineral aus basischem Kupfercarbonat. Es kommt oft zusammen mit dem verwandten Malachit vor und wird wie dieser zu Schmucksteinen verarbeitet. Azurit war von der Antike bis in das 17. Jahrhundert das in der europäischen Malerei am häufigsten verwendete blaue Pigment.

aufweisen. An diesen Stellen begann der Bergbau, zunächst oberflächennah, dann auch unter Tage. Immerhin 8 m breite, 100 m lange und bis 20 m tiefe Abbauspuren, die in die 2. Hälfte des 5. Jahrtausends v. Chr. datieren, sind im bulgarischen Aibunar nachgewiesen.

Der Abbau des Erzes ist aber nur ein erster Schritt im Produktionsablauf vom Gestein zum metallischen Endprodukt. Alle Bemühungen des Menschen, aus solchen Lagerstätten das Erz abzubauen, aufzubereiten, zu verhütten und zu reinigen, lassen sich unter dem Begriff der Anreicherung zusammenfassen. Die hochwertigen, aber seltenen Erze Malachit und Azurit enthalten lediglich 50 bis 60 % Kupfer; man kann sie schleifen, polieren oder durchbohren, aber nicht schmelzen oder gießen. Erst wenn die übrigen Elemente durch mechanische, physikalische und chemische Vorgänge entfernt sind (Anreicherung) und das Kupfer, das im Erz nur in oxidierter, karbonatischer oder sulfidischer Form vorliegt, reduziert ist, kann es geschmolzen, gegossen und auch mit anderen Metallen legiert werden. Für die Verhüttung von Malachit genügt eine Temperatur von 800–1000 °C, die in fast jedem Lagerfeuer zu erreichen ist, für die Verarbeitung von Kupferkies und die Gewinnung von Eisen sind aber mindestens 1200 °C über viele Stunden hinweg notwendig.

Der Arbeits- und Materialaufwand für die Erzverhüttung war immens. Immerhin aber lässt sich abschätzen, dass in Aibunar aus einem Fördervolumen von bis zu 30 000 t Gestein bis zu 3 000 t Kupfererz gewonnen und daraus rund 500 bis 1 000 t Kupfer produziert werden konnten. Mit einer Jahresproduktion von etwa 10 t Kupfer hat das Bergwerk im österreichischen Mitterberg während der Bronzezeit vermutlich den Gesamtbedarf in Mitteleuropa abgedeckt. Für Eisen lassen sich aufgrund archäologischer Ausgrabungen in Polen ähnliche Modellrechnungen für die Zeit zwischen 100

v. Chr. bis 400 n. Chr. aufstellen. Im Heiligkreuzgebirge hat man zahlreiche Verhüttungszentren mit jeweils über 100 so genannten Rennöfen zur Gewinnung von schmiedbarem Eisen nachgewiesen. Jedes dieser Zentren hat nach Schätzungen etwa 19 t Erz und über 20 t Holzkohle verbraucht und dabei fast 2 t Eisen produziert; die Öfen konnten nur einmal benutzt werden und waren am Ende eines Verhüttungsprozesses irreparabel verschlackt. Aus der Anzahl der bekannten Eisenzentren dieser Zeit im Heiligkreuzgebirge hat man eine Gesamtproduktion zwischen 3800 und 5400 t Eisen, also rund 11 t pro Jahr abgeleitet.

Metall als Katalysator für die Veränderung der Welt

Da die Produktion von Metall außerordentlich aufwendig war, rentierte sie sich nur, wenn sie mit gut organisiertem Handel in großem Stil verbunden war. Als Vorbedingung für die Nutzung von Metallen gilt aber, dass eine Gesellschaft bereits in einem solch hohen Maße strukturiert sein musste, damit ein Bedarf an Metallwaren überhaupt entstehen konnte. Bezeichnenderweise haben reine Jäger-und-Sammler-Kulturen mit einer egalitären Gesellschaftsstruktur fast nie die reichen Erzvorkommen in ihrem Umfeld genutzt. Erst die Sesshaftwerdung des Menschen im Verlaufe der neolithischen Revolution mit der Entstehung dauerhafter Siedlungen und dem Aufkommen der für die Jungsteinzeit kennzeichnenden Wirtschaftsform der Landwirtschaft hatten eine hierarchisch gegliederte Sozialstruktur zur Folge. Neolithische Gesellschaften entwickelten daher schnell einen Bedarf an Prestigegütern und Machtsymbolen, wofür Metallobjekte bestens geeignet waren.

Metall hat aber nicht nur bestehende Hierarchien öffentlich sichtbar gemacht, sondern auch Begehrlichkeiten geweckt und damit neue Märkte und kriegerische Auseinandersetzungen vorbereitet. Unverzichtbar für eine Metall produzierende und verhandelnde Gesellschaft war das Vorhandensein von Spezialisten für die Auffindung der Erzgänge, für den Bergbau und für die Verhüttung der Erze; eventuell bereits in Ansätzen vorhandene Strukturen einer arbeitsteiligen Gesellschaft mussten vertieft und ausgeweitet werden. Um jedoch ein Spezialistentum für die Metallgewinnung in einer Gesellschaft zu begründen und dieses zu tragen, war es notwendig, in der Landwirtschaft überschüssig zu produzieren; schließlich konnte sich der Metallfachmann in einem industriell organisierten Verhüttungsbetrieb der Bronzezeit nicht nebenbei auch noch selbst ernähren. Auf diese Weise trug die Metallurgie ihrerseits massiv zum Wandel der Gesellschaft bei.

ULRICH ZIMMERMANN

Kupferkies muss auf mindestens 1 200 °C erhitzt werden. Die meisten geförderten Kupfererze müssen wegen ihres geringen Kupfergehaltes zunächst angereichert werden, bevor sie verhüttet werden können.

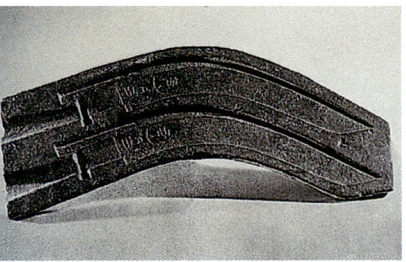

In China fand man 1978 in einem Grab einen Dolch mit Eisenklinge und Bronzegriff, der ins 8. Jh. v. Chr. datiert wird; die früheste zuverlässige schriftliche Erwähnung von Eisen stammt aus dem Jahr 513 v. Chr. Mit einer solchen **Gussform** konnten zwei Eisensicheln in einem Arbeitsgang gefertigt werden.

Das Wagnis, mit einfachen Schiffen die Meere zu befahren, erschloss dem Menschen neue Lebensräume.

Der Beginn der Seefahrt

Die Erdoberfläche ist zu 71 % von Wasser bedeckt. Die riesigen Gewässer haben zunächst Grenzen für den Drang des Menschen zur Erschließung der ganzen Festlandswelt bedeutet. Vor etwa 50 000 Jahren, gegen Ende der mittleren Altsteinzeit, traten unsere Vorfahren in ein aktives Verhältnis zum Meer. Wir erkennen es daran, dass der Mensch Australien erreichte. Er muss mental und »technisch« die Abgrenzung seines Lebensraums durch das Meer überwunden haben. Die Fahrzeuge können aber keine vom Wind ins Wasser geworfenen Bäume gewesen sein, auf denen der Mensch reitend und mit den Händen paddelnd erstmals Gewässer befahren hätte, wie früher vermutet wurde. So ließen sich nur Binnenseen überqueren – nicht das Meer, das Australien umgab. Die Menschen müssen seetüchtigere Fahrzeuge verwendet haben. Darüber ist jedoch nichts bekannt.

Viel später, vom 3. Jahrtausend v. Chr. an, hat der Mensch im Pazifischen Ozean alle weit verstreuten Inselgruppen entdeckt und besiedelt. Er verwendete hierbei Einbäume, mit Feuer und Steingeräten ausgehöhlte Baumstämme, deren Seiten durch angebundene Planken erhöht waren. Seitliche Schwimmer verhinderten das Kentern, oder zwei Boote waren zu einem Katamaran vereinigt. Neben dem Antrieb durch Stechpaddel war das Segel überall bekannt. Die Polynesier navigierten nach den Sternen, den Meeresdünungen und anderen, noch weniger auffälligen Naturerscheinungen. Die Navigationskunst, von Generation zu Generation weitergegeben, stützte sich auf uralte Erfahrungen.

Bevor sich Routen für weit reichende Kontakte zu Lande, noch ohne streng festgelegte Streckenführung oder gar ausgebaute Wege, etablierten, war das Wasser der wichtigste Verkehrsweg der Menschen – nicht nur in Form der Flüsse und Seen im Binnenland, sondern auch der Küstengewässer von Meeren und Ozeanen.

Die ersten Seefahrer Europas

Unser Erdteil schließt zwei »Seefahrerwelten« ein, in denen jeweils unterschiedliche Bedingungen herrschen: einerseits Nordsee- und Atlantikküste, andererseits Mittelmeer und Schwarzes Meer. Als ältester Nachweis für ein Seefahrzeug im Norden gilt ein bei Husum gefundener, aus Rentiergeweih geschnitzter Spant für ein mit Seehundshaut bespanntes einsitziges Jagdboot. Er stammt aus dem 9. Jahrtausend v. Chr., der Periode der ausgehenden Altsteinzeit. Der »Husum-Kajak« eignete sich nur zur Fahrt entlang der Küsten, bei der man an Land übernachten konnte. Daneben gab es

vielleicht schon jetzt größere Fahrzeuge in der Art der von den Eskimos verwendeten hautbespannten Umiaks. Nur mit solchen konnten die vielerorts an der norwegischen Küste gefundenen rohen »Beile« transportiert worden sein, die aus einem Felsgestein bestehen, das nur auf einigen Inseln bei Bergen im 6. Jahrtausend v. Chr. abgebaut wurde. Mit Booten dieser Art wurde später, in der Jungsteinzeit, sogar die Nordsee überquert, wie gleichartige Steinkugeln von unbekannter Funktion in Schottland und Südwestnorwegen belegen. In Dänemark nutzten die Menschen den dort im 6. Jahrtausend reichlich vorhandenen Wald zum Bau von Einbäumen, oft groß genug für eine ganze Familie. Das Vorhandensein von Feuerstellen auf etlichen Booten lässt darauf schließen, dass man an Bord »gewohnt« hat, etwa so, wie zur Entdeckerzeit die Ureinwohner Feuerlands. In der Jungsteinzeit, als man schon in kleinen Dörfern wohnte, behielt man Einbaumboote bei; nun nicht mehr als Wohnung, sondern als Fahrzeuge zum Fischfang und Verkehr mit anderen Siedlungen in der Nachbarschaft.

Im Mittelmeerraum begann in der späten Altsteinzeit die Besiedlung der großen Inseln, vermutlich mithilfe von einfachen Flößen. Auf der südlichen Balkanhalbinsel, dem Gebiet des heutigen Griechenland, lebten im 9. und 8. Jahrtausend v. Chr. mittelsteinzeitliche Jäger, Fischer und Sammler. Die vorgelagerte Inselwelt der Ägäis verlockte diese Menschen zur Seefahrt. Fast überall ist mindestens eine Insel in Sicht. Zudem ist monatelang das Risiko von Stürmen gering. In einer Fundstelle aus dieser Periode, der Franchthi-Höhle, kamen kleine Klingen aus Obsidian, einem vulkanischen Glas von der fernen Insel Melos, zutage. Anscheinend haben mittelsteinzeitliche Seefahrer bei ihren Erkundungsfahrten in der Ägäis den Obsidian von Melos entdeckt und, weil sich Klingen aus diesem Material schnell abnutzen, regelmäßig Nachschub zum Festland geholt. Da große Steinwerkzeuge zum Einbaumbau in der ägäischen Mittelsteinzeit unbekannt sind, wird angenommen, dass die Menschen auf Flößen aus Papyrusrohr nach Melos gereist sind. In einem Experiment mit einem solchen Floßnachbau wurde die Eignung der Rohrflöße für Seereisen bewiesen.

Eine Vorstellung vom **Fischfang auf dem Nil** vermittelt diese Wandmalerei aus dem Grab des Ipi in Theben aus dem 13. Jahrhundert v. Chr. Das Schalenboot der Ägypter hat den Schiffsbau der Antike bis in das 6. Jahrhundert n. Chr. beeinflusst.

Die neolithische Revolution zur See

Im 7. Jahrtausend v. Chr. wurde der Thunfisch zur Hauptnahrung der Nutzer der Franchthi-Höhle. Dieser große Fisch kann kaum von ungelenken Rohrflößen aus erbeutet worden sein. Gab es nun andersartige Boote, die sich zum Thunfischfang besser eigneten? Archäologische Hinweise aus dieser Zeit fehlen, sie setzen erst in der Jungsteinzeit ein. Erste Tonmodelle einfacher Einbäume sind aus dem 5. Jahrtausend v. Chr. bekannt. Ein Modell aus Tsangli gibt ein raffinierter gebautes Boot wieder, dessen Rumpf wohl aus Teilen zusammengebunden war, die wie beim Einbaumbau aus Baumstämmen »geschnitzt« waren. Ein Modell aus Osikowo in Bulgarien zeigt, dass diese Bauweise auch am Schwarzen Meer bekannt war. Der Befund ist wichtig, da die hoch entwickelte Warnakultur in Bulgarien im Schwarzen Meer Seeverbindungen unterhielt, die mindestens bis zur Nordküste Anatoliens und vielleicht sogar bis zum Kaukasus reichten.

Das **Felsbild von Tanum** in Bohuslän in Schweden dokumentiert, dass die Schiffe in der nordischen Bronzezeit nicht nur dem Fischfang dienten. Rätselhafte kultische Handlungen, wie sie diese Äxte schwingenden Männer vollführen, erscheinen häufiger in Schiffsdarstellungen der Felsbildkunst.

Die »zusammengesetzten Einbäume« wurden vermutlich mit Stechpaddeln bewegt. Nur die Ritzzeichnung auf einem Tongefäß aus der Grapčevahöhle auf der Adriainsel Hvar könnte ein Segel zeigen. Die Deutung des Bildes ist aber umstritten.

In der späten Jungsteinzeit wurde Obsidian von der bei Sizilien gelegenen Insel Lipari aus über See im ganzen westlichen Mittelmeer verbreitet. Ebenso wie schon in den weiter oben betrachteten Fällen Bergen in Norwegen und Melos zeigt sich hier, dass Beschaffung und Vertrieb von Steinwerkzeugen und Rohstoffen ebenso wichtige Motive für die frühesten Seefahrer waren wie die Neugier von Entdeckernaturen oder die Suche nach fruchtbaren Böden durch Bauern.

Steinzeitliche Schiffsbautechnik als Vorbild für die Antike

Vor der Pyramide des Pharaos Cheops in Giseh wurde um 2600 v. Chr. ein fast 60 m langes Nilschiff, das so genannte **Schiff des Cheops,** beigesetzt. Die Bauweise mit verschnürten Planken ist so kunstvoll, dass sie eine lange Entwicklung und Bautradition voraussetzt, deren Wurzeln wohl in die Jungsteinzeit zurückreichen.

Wie bereits erwähnt, gibt es im Mittelmeer keine Originalfunde von steinzeitlichen Seefahrzeugen. Jedoch lassen spätere Funde gewisse Rückschlüsse zu. »Kronzeuge« ist ein aus der Zeit um 2600 v. Chr. stammendes großes Nilschiff des ägyptischen Pharaos Cheops, das bei seiner berühmten Pyramide »beigesetzt« war; die Bergung und Erforschung eines zweiten ist noch im Gang. Die Bauweise mit verschnürten Planken und Spanten, die nachträglich in die fertige Rumpfschale eingesetzt wurden, ist so hoch entwickelt, dass eine lange Erfahrung in dieser Bautechnik vorausgesetzt werden kann. Der trapezoide Rumpfquerschnitt des Cheopsschiffes mit einem flachen oder schwach gewölbten Boden und gleichartigen Seiten, die in stumpfem Winkel an den Boden stoßen, lässt auf die Herkunft von zusammengesetzten Einbäumen schließen, die, wie es an dem Modell von Tsangli rekonstruiert werden kann, aus Planken bestanden, die aus Baumstämmen geschnitzt waren. Technisch gesehen, ist das Cheopsschiff ein Schalenbau: Ganz anders als heute üblich, ging der Bau nicht von einem Skelett aus Kiel und Spanten aus, das dann mit Planken verkleidet wurde, sondern hier wurde zuerst die Außenhaut (»Schale«) des Rumpfs gebaut, indem man die Planken in neolithischer Tradition zusammenband und die Spanten erst nachträglich einfügte.

Diese Schalenbautechnik hat später den Schiffbau der Phöniker, Griechen, Punier und Römer bis etwa zum 6. Jahrhundert n. Chr. beherrscht. Mit anderen Worten gesagt, lässt sich der Schiffbau der Antike letztlich auf Wurzeln in der Jungsteinzeit zurückführen. Spätere Neuerungen, wie die Verzimmerung der Planken mittels Feder und Nut, oder die Verwendung von Metallnägeln, haben die uralte Bautradition nicht unterbrochen, sondern nur bereichert. Der Erfindergeist, der aus dem mehr als 6500 Jahre alten Modell von Tsangli spricht, ist so bewundernswert wie der Mut der frühen »Vorfahren« des Kolumbus.

OLAF HÖCKMANN

Zeichen in der Landschaft

Monumentalgräber

**Steinerne »Riesen-
betten«, gewaltige
Pyramiden: Die
Lebenden schufen
für die Toten
dauerhaft und
sichtbar Platz.**

Im Denken der Menschen nimmt der Tod einen zentralen Platz ein. Es gibt keine Gesellschaft, die sich ihren Toten gegenüber gleichgültig verhält. Vielmehr haben alle Gesellschaften, die wir kennen, geregelte Formen des Abschieds von ihren Verstorbenen oder der Erinnerung an sie entwickelt. In deren Zentrum stehen bestimmte mehr oder minder ritualisierte Formen des Umgangs mit dem Leichnam, wie wir sie schon für die mittlere Altsteinzeit, also für die Zeit des Neandertalers etwa 100 000 bis 30 000 Jahre vor heute, nachweisen können. Dabei ist die Vielzahl der Formen des Umgangs mit den Toten auffällig: Menschen vergraben die Körper der Verstorbenen oder verbrennen sie, sie konservieren sie oder werfen sie Raubvögeln zum Fraß vor. Während manche Kulturen die sterblichen Reste ihrer Toten beseitigen, weisen ihnen andere einen dauerhaften und sichtbaren Ort zu. Dazu errichten sie über der Grabstelle ein Grabmal, das unter bestimmten Umständen monumentale Ausmaße annehmen kann. Der immense materielle und personelle Aufwand, der in solchen Fällen für die Grablegung getrieben wird, zeigt sich besonders deutlich an den ägyptischen Pyramiden des 3. und 2. Jahrtausends v. Chr. Doch steht die altägyptische Kultur in dieser Hinsicht weder allein noch kann sie die Urheberschaft für diese Praxis der Grablegung für sich beanspruchen. Vergleichbare Monumentalgräber gibt es, wenn auch zumeist von begrenzteren Ausmaßen, vielmehr in zahlreichen anderen Kulturen der Alten und Neuen Welt.

In seiner Studie »Die Stadt« schreibt der amerikanische Soziologe **Lewis Mumford** 1961:

> »Inmitten der ziellosen Wanderschaft des vorgeschichtlichen Menschen waren die Toten die ersten, die dauernde Wohnung fanden: eine Höhle, ein mit Steinen geschmückter Erdhügel oder ein Sammelgrab.«

Die Megalithkulturen in Europa

In verschiedenen Teilen Europas, so auf der Iberischen Halbinsel, in Norddeutschland und in Südskandinavien, finden wir entsprechende Großgrabanlagen schon im 5. und 4. Jahrtausend v. Chr. im Rahmen der »Megalithkulturen«, der durch Großsteinbauten gekennzeichneten Kulturen. Sie wurden unter Bezeichnungen wie »Hünengräber« oder »Dolmen«, bretonisch »Steintisch«, schon früh zum Gegenstand antiquarischen Interesses. Auch heute noch verleihen sie bestimmten Gegenden ein ganz besonderes Gepräge und setzen so Zeichen in der Landschaft. Das moderne Erscheinungsbild dieser aus tonnenschweren Felssteinblöcken er-

richteten Bauten täuscht allerdings; die heute sichtbaren
steinernen Grabkammern und die diese umgebenden recht-
eckigen oder runden Steinkränze waren ursprünglich von
einem Erd- oder Lesesteinhügel bedeckt.

Wie archäologische Forschungen gezeigt haben, wurden die meisten dieser Anlagen tatsächlich als Bestattungs-
plätze genutzt. Dazu besaßen sie eine oder mehrere steinerne oder hölzerne Kammern unterschiedlicher Form
und Größe. Diese Kammern waren bei den größeren Mega-
lithbauten über einen bis zu 20 m langen Gang von außen her
zugänglich. Die Zahl der nachgewiesenen Bestat-
tungen schwankt zwischen sehr wenigen und mehreren Hundert Individuen pro Grab. Unsicher ist, ob
die Leichname gleich nach dem Tod in die Kammer
verbracht wurden oder ob die Gräber als Knochen-
häuser oder Ossuarien dienten. Für beide Praktiken
gibt es archäologische Belege. Teilweise finden wir
aber auch Hinweise auf Brandbestattungen.

Schon früh hat man über die Konstruktion dieser
Megalithgräber nachgedacht. 1857 hielt der dänische
König Friedrich VII. vor der Königlichen Gesellschaft für nordische Altertumskunde einen Vortrag
»Über den Bau der Riesenbetten der Vorzeit«, in
dem er der Frage nachging, wie die großen Steinblö-
cke der Megalithgräber ohne moderne Hilfsmittel
transportiert worden sein konnten. Er schlug verschiedene Methoden vor, wie über hölzerne Rollen,
Erdrampen und Hebel die Trag- und Decksteine in
Position gebracht werden konnten. Diese Techniken werden in der Forschung auch heute noch diskutiert. Außerdem hat man ihre Praktikabilität und
Effektivität auch experimentell überprüft. Dabei
stellte sich heraus, dass zur Konstruktion entsprechender Anlagen durchaus ein gewisses Spezialistentum vorausgesetzt werden muss. Berechnungen
belegen, dass der zur Errichtung notwendige Ar-
beitsaufwand im Allgemeinen zwischen 5 000 und
100 000 Personenstunden lag. Für wenige megali-
thische Großgräber wie die Ganggräber im irischen Boynetal
wurde sogar ein weit darüber hinausgehender Aufwand er-
rechnet. Diese Werte liegen zwar noch deutlich unter denjenigen entsprechender Anlagen aus dem hochkulturellen Bereich, doch belegen sie in Relation zur anzunehmenden geringen Bevölkerungszahl dennoch ganz beträchtliche Ar-
beitsinvestitionen. Sie sind auch deshalb bemerkenswert, da
es sich bei den betreffenden Gemeinschaften, nach allem
was wir über ihre politische Struktur erschließen können,
nicht um staatlich organisierte Gemeinschaften mit einem
zentralen Herrschaftsapparat handelte, sondern entweder
um »segmentäre Gesellschaften«, also um Gesellschaften
ohne politische Zentralinstanz, oder um »Häuptlingstü-

Das **Galeriegrab** nahm, wie auch das Ganggrab,
die Gebeine mehrerer Generationen einer
Familie oder Sippe auf. Die etwa 16 m lange
Kammer des Megalithgrabs im nordhessischen
Lohne, die mindestens 27 Menschen barg, hat
an der Stirnseite ein rundes »Seelenloch«.

König Cheops erbaute um 2600 v. Chr. die größte der drei Pyramiden von Giseh. Für die **Cheops-Pyramide,** mit der ursprünglichen Höhe von 146,6 Metern und einer Kantenlänge von 233 Metern, wird die Zahl der verarbeiteten Steine auf 2,3 Millionen geschätzt.

mer«. Insofern repräsentieren diese Bauten wohl weniger die Grabdenkmäler herausgehobener Einzelpersönlichkeiten, sondern dienten primär als Symbole für eine größere Gemeinschaft der Lebenden und der Toten.

Die Pyramiden Ägyptens

Dies unterscheidet sie grundlegend von den ägyptischen Pyramiden des 3. und 2. Jahrtausends v. Chr. Die Pyramide als exklusiv königliche Bauform symbolisierte den Abstand zwischen dem gottgleichen König und den Menschen. Dabei war ihre Höhe das ausschlaggebende Merkmal. Die Pyramide überragt alle anderen Bauten. Errichtet wurde sie durch ein schon industriell zu nennendes spezialisiertes Handwerk unter Beteiligung von Arbeitern, Aufsehern und spezialisierten Handwerkern. Es war paramilitärisch organisiert, wobei man sich die Arbeiter eher als Soldaten denn als Sklaven vorzustellen hat.

Die Entwicklung der ägyptischen Grabarchitektur ist das Ergebnis eines jahrhundertelangen Prozesses. Schon im vorgeschichtlichen Ägypten entstand die Gewohnheit, dem unterirdischen Grab ein symbolisches Haus zuzuordnen. Daraus entwickelte sich die Mastaba, ein lang gestreckter Baukörper mit einem flach gewölbten Dach und geraden oder geböschten Wänden aus Lehmziegeln. Sie diente herausragenden Persönlichkeiten als Begräbnisstätte. Die Mastabas der Könige der 1. Dynastie nahmen erstmals monumentale Dimensionen an. Die Pyramide selbst ist erst eine Erfindung der 4. Dynastie und gilt als Symbol eines Bündels von Sonnenstrahlen, auf dem der »Ka« des Königs, seine Seele oder schöpferische geistige Kraft, zur Sonne aufsteigt.

Die Pyramide bildet das Zentrum eines heiligen Bezirks. Dieser besteht zunächst aus dem monumentalen Nachbau der ganzen königlichen Residenz. So umgibt beispielsweise die Stufenpyramide des Djoser in Sakkara eine Art steinernes »Palastmodell«, dessen Gebäude größtenteils massiv, also unbegehbar sind. Später reduziert sich die Zahl der

Die **Stufenpyramide in Sakkara** ließ der ägyptische König Djoser nach 2700 v. Chr. errichten. Der Baumeister Imhotep, der in griechischer Zeit mit Aeskulap gleichgesetzt und als Gott der Heilkunst verehrt wurde, war für den Bau der gesamten Pyramidenanlage verantwortlich.

Nebengebäude. Wichtig wird vor allem der Totentempel vor der Pyramide. Er ist durch einen gedeckten Aufweg mit dem Taltempel, der an einem Nilarm liegt, verbunden.

Die Technik des Pyramidenbaus ist durch den Aufbau der großen Mastabas mit Außenmantel und Kernbau vorbereitet. Davon ausgehend entwickelt sich an den Pyramiden der Könige Djoser und Snofru ein kombinierter Aufbau in Horizontal- und Vertikalschichten, der Struktur einer Zwiebel vergleichbar. Um einen konischen inneren Kern legen sich nahezu senkrechte Mauerschalen. Der Aufbau in getrennten Schichten ermöglicht den Ausgleich von Spannungen und Senkungen innerhalb des riesigen Materialbergs. In Giseh erreicht die Pyramidenform ihren Höhepunkt mit den Grabstätten für die Könige Cheops, Chephren und Mykerinos. Die Nachfolger des Cheops jedenfalls bauten sehr viel bescheidener und weniger perfekt. Dennoch wurden in Ägypten noch lange Zeit Pyramiden errichtet.

221 v. Chr. nahm der erste chinesische Zentralherrscher den Kaisertitel an und ließ sich als »**Qin Shi Huangdi**« (»Erster Göttlich Erhabener von Qin«) verehren. Von seiner Macht zeugt das 1974 entdeckte Mausoleum, das von einer Armee von 7 000 lebensecht gestalteten Terrakottafiguren bewacht wurde.

Monumentalgräber kennen wir auch aus vielen anderen Kulturräumen. Erwähnt seien hier nur die minoisch-mykenischen Tholosgräber des 3./2. Jahrtausends v. Chr., die bronze- und eisenzeitlichen Großgrabhügel des mitteleuropäischen Raumes des 2./1. Jahrtausends v. Chr. oder die »Kurgane« der ukrainischen Steppe. Von der Errichtung dieser skythischen »Königsgräber« und den damit verbundenen umfangreichen Riten berichtet uns im 5. Jahrhundert v. Chr. der griechische Historiker Herodot, der übrigens auch schon Ägypten bereiste. Herodots Werk markiert zwar noch nicht das Ende des Monumentalgrabbaus, aber den Beginn seiner historischen und ethnographischen Erforschung.

ULRICH VEIT

Fixierung der Gedanken

Die Erfindung der Schrift erlaubte es dem Menschen, Informationen außerhalb seines Gedächtnisses zu speichern, der Nachwelt zu erhalten.

Die Schrift

»**Weil der Bote** einen ›schweren Mund‹ hatte, die Botschaft nicht wiederholen konnte, knetete der Herr von Kullab einen Klumpen Ton, setzte das Wort darauf wie auf eine Tafel. Niemand hatte vorher Worte auf Ton gesetzt: Jetzt geschah es auf Anweisung des Gottes Utu.« So stellte man sich nach dem Enmerkar-Epos in Babylonien über tausend Jahre nach ihrem tatsächlichen Erscheinen die Entstehung der Schrift vor. Die Wirklichkeit war ganz anders: Bereits von den frühesten Tagen der Menschheit an entstand offenbar immer wieder der Wunsch, etwas außerhalb des menschlichen Gedächtnisses zu speichern. Altsteinzeitliche Steine oder Stöcke mit Kerbungen mögen die Anzahl von vergangenen Tagen oder von Tieren festgehalten haben, sie dienten als Stützen beim Zurückrufen einer Gesamtinformation in das Gedächtnis. Vom 7. Jahrtausend v. Chr. oder von der Jungsteinzeit an gibt es Anzeichen, dass eine gewisse Anzahl von Einzelmarken durch eine Marke anderer Form ersetzt werden kann: Statt zu neun kleinen Stäbchen eines hinzuzufügen, werden alle Stäbchen zum Beispiel durch eine Kugel ersetzt, die für zehn steht. Ein solches System lässt durch das Zusammenfügen verschiedenartiger Marken jede denkbare Zahl ausdrücken. Im Vorderen Orient, wo wir diese Entwicklung am besten verfolgen können, sind diese Marken immer aus Ton geformt.

Aber nicht nur Zahlen waren schwer zu behalten, sondern auch, wem etwas gehörte. So brachte jeder, der fürchtete, dass sein Besitz angetastet wird, auf dem tönernen Verschluss eines Vorratsgefäßes oder Speichers eine Markierung an, von der der Eigentümer abzulesen war. Dazu wurde ein kleiner Siegelstein abgedrückt, in den ein besonderes Muster eingeschnitten war, von dem jeder sofort auf den Eigentümer schließen konnte. Beide Vorkehrungen dienten dazu, wirtschaftliche Vorgänge unter Kontrolle zu behalten; sie wurden jahrtausendelang als ausreichend angesehen.

In dem Maße, in dem während des 6. bis 4. Jahrtausends die Siedlungen im Vorderen Orient anwuchsen, wurden die wirtschaftlichen Verhältnisse komplizierter. Vor allem die entstehenden zentralen Verwaltungen benötigten immer leistungsfähigere Systeme der Informationsspeicherung. In der

Diese **Keilschrift-Tontafel,** gefunden in Schicht III des Tempelkomplexes Eanna in Uruk, enthält Angaben darüber, wie viel Gerstenschrot und Malz erforderlich waren, um verschiedene Sorten von Backwaren und Bier herzustellen. Solche Aufstellungen benötigte die Speicherverwaltung des Tempels.

Die **babylonische Schrift** war eine
Abwandlung der von den Sumerern über-
nommenen Keilschrift. Sie wurde mit rund
600 Wort- oder Silbenzeichen geschrieben und
verfügte über 20 Konsonanten und acht Vokale.

2. Hälfte des 4. Jahrtausends nahm die Wirtschaft in Babylonien einen derartigen Aufschwung, dass man auf verschiedenen Wegen versuchte, die Kapazität der Systeme der Informationsspeicherung zu erhöhen. Als Abschluss dieser
Versuche entstand um 3100 v. Chr. die erste Schrift als das
System, das alles festzuhalten gestattete, was gewünscht
wurde.

Vom Bild zum Zeichen – Die babylonische Keilschrift

Als Schreibmaterial dienten handgroße Tafeln aus Ton, in
deren Oberfläche mit Rohrgriffeln Vertiefungen für Zahlen
und Linien für Schriftzeichen eingedrückt wurden, auf deren Form und Bedeutung man sich geeinigt hatte. Die
Schriftzeichen waren von Anfang an meist abstrakt oder aus
Bildern abstrahiert, nur zum Teil bildhaft. Der Wunsch nach
einfacherer Anwendung machte die Schrift bereits kurze
Zeit später zu einem völlig abstrakten System, dessen Zeichen aus keilförmigen Linien bestanden – daher der Name
Keilschrift. Die meisten frühen Texte enthalten Aufzeichnungen einer Buchhaltung, die die Ein- und Ausgänge zentraler Speicher unter Kontrolle zu halten hatte, aus denen die
Bevölkerung versorgt wurde. Andere Tafeln betreffen die
Größe und Zusammensetzung von Herden oder Abrechn-
nungen von Werkstätten über die Verwendung von Rohstof-
fen. Wieder andere Texte dienten der Vermittlung von
Kenntnissen über Verwaltung und Buchführung in Schulen;
Schreiben wurde durch das Abschreiben von Texten erlernt,
in denen alle Wörter einer bestimmten Bedeutung zusammengefasst waren, wie etwa alle Namen von Bäumen oder
Tieren, oder aber alle Verwaltungsausdrücke, die später benötigt wurden. Rechnen wurde in der Schule besonders an
Beispielen geübt, wie man die Größe von Feldern berechnet.
Über 600 Jahre lang wurde die Schrift fast nur für eine Buch-
haltungssprache benutzt, die keine Feinheiten der Sprache
kannte und beispielsweise Zeitwörter nur im Infinitiv verwendete. Erst ab 2500 v. Chr. wurde das Schriftsystem so erweitert, dass alle Teile der Sprache wiedergegeben werden

*Das Entziffern der Schriften unter-
gegangener Sprachen ist oft nur
möglich, wenn Texte gefunden
werden, die in mehreren Sprachen
verfasst sind. So gelang dem
Franzosen Jean-François Champollion
1822 die Entzifferung der ägyptischen Hieroglyphen erst aufgrund der
dreisprachigen Inschrift des Steins
von Rosette.*

konnten. Erst von dieser Zeit an schrieb man nun auch Dichtungen oder Texte, in denen die Herrscher ihre Taten rühmen.

Die Keilschrift diente lange Zeit nur der Wiedergabe der sumerischen Sprache. Nach 2500 wurden mit ihrer Hilfe auch andere Sprachen geschrieben, wie die zur semitischen Sprachfamilie gehörige akkadische Sprache. Als später auch die Elamer und Hethiter ihre Sprache schreiben wollten, verwendeten auch sie die Keilschrift. Die semitische Sprachen sprechenden Gruppen waren nach den Sumerern ins Land eingewandert und wurden durch immer neue Zuzüge zur stärksten Bevölkerungsgruppe, sodass ab 1900 v. Chr. fast nur noch ihre Sprache gesprochen und geschrieben wurde. Nur im Kult hielt sich das Sumerische. Im Laufe der fast 3000-jährigen Entwicklung der Keilschrift veränderten sich die Schriftzeichen so sehr, dass man den späteren Zeichen ihren bildhaften Ursprung nicht mehr ansieht.

Ägyptische Hieroglyphen und phönikische Buchstabenschrift

Aus ähnlichen Gründen und möglicherweise nach Anregung aus Babylonien entstand ebenfalls gegen 3100 v. Chr. in Ägypten die Hieroglyphenschrift, die jedoch völlig andere Zeichen benutzt und weitaus bildhafter ist als selbst die früheste babylonische Schrift. Anders als bei der Keilschrift wurde hier im Laufe der Zeit nicht die gesamte Schrift vereinfacht, vielmehr entstanden neben der offiziellen Schrift, die bis in die Spätzeit ihren bildhaften Charakter behielt, stark vereinfachte Kanzlei- und Schreibschriften, das Hieratische und das Demotische. Hieroglyphen wurden zumeist in Stein gemeißelt oder auf Wände gemalt, Hieratisch und Demotisch mit Pinseln und Tinte auf Papyrus geschrieben. Ebenfalls anders als in Babylonien diente die Schrift in Ägypten schon kurz nach der Entstehung zum Schreiben von Literatur und Herrscherinschriften neben ihrem Einsatz in der Wirtschaftsverwaltung. Berühmt sind vor allem die langen Totentexte, die der Rechtfertigung der Taten des Toten in seinem vergangenen Leben dienen, religiöse und literarische Texte oder der Sonnenhymnus des Echnaton.

Vermutlich um 1200 v. Chr. wurde im syrisch-palästinensischen Raum aus der demotischen Schrift Ägyptens durch weitere Vereinfachung eine neue Schrift geschaffen, die im Gegensatz zu den jeweils mehrere Hundert Zeichen umfassenden babylonischen und ägyptischen Schriften nur 22 Zeichen enthält. Während in den älteren Schriften Zeichen für Wörter oder Silben standen, wurde in der phönikischen Schrift jedes Wort in Laute zerlegt, denen jeweils ein Zeichen entsprach. Damit war die Urform aller Buchstabenschriften entstanden, zu denen nicht nur die griechische, kyrillische und lateinische Schrift gehören – und damit unsere eigene –, sondern auch die arabische, die hebräische und die indische.

Schreiber nahmen in Ägypten eine wichtige Stellung ein. Ohne Schreib- und Rechenkunst wäre die Verwaltung der frühen Hochkulturen des Vorderen Orients nicht möglich gewesen.

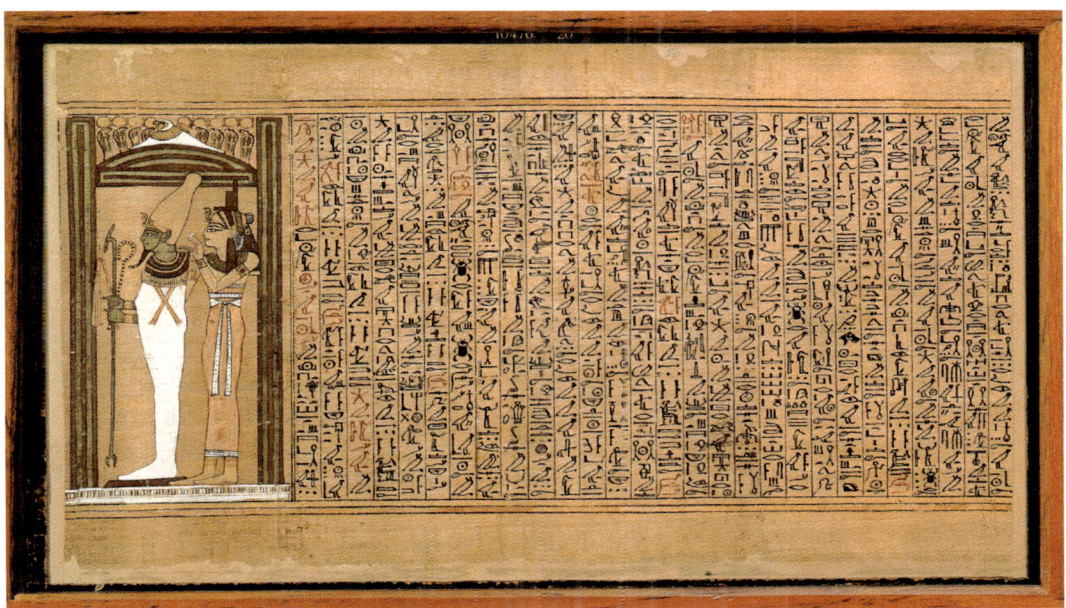

Lesen und Schreiben

Allen alten Schriften außer dem zum Schluss entstandenen
Alphabet war gemein, dass sie schwer zu benutzen waren.
Die Ausbildung zum Schreiber dauerte lange Jahre und wird
dennoch vielen nur eine Verwendung in der Wirtschaftsverwaltung ermöglicht haben. Die größte
Schwierigkeit war, dass die einzelnen Zeichen je nach Zusammenhang unterschiedlich gelesen
werden konnten. Perioden der
Einschränkung dieser Poly-
phonie und somit Vereinfachung der Schrift wechselten
mit Zeiten, in denen zusätzlich zu einer sehr komplizierten Schrift quasi Geheim-
schriften dadurch entstanden,
dass die Zeichen nur mit un-
gewöhnlichen Lautwerten benutzt
wurden.

Der Prozentsatz derer, die schreiben und lesen konnten,
ist wahrscheinlich zu allen Zeiten sehr gering gewesen, wobei wieder zwischen denen zu unterscheiden ist, die mit wenig mehr als Abrechnungen zu tun hatten, mit einem ganz
begrenzten Zeichensatz also, und den Dichtern und Gelehrten. In jedem Fall gehörte Lesen und Schreiben zum Herr-
schaftswissen.

HANS J. NISSEN

Kennzeichen der **ägyptischen Hieroglyphen**
ist ihre Bildhaftigkeit. Neben Isis und Osiris
ist auf diesem Papyrus mit einem Ausschnitt aus
einem ägyptischen Totenbuch ein Text in
Hieroglyphenschrift zu sehen (London,
British Museum).

Der »**Diskos von Phaistos**« (um 1600 v. Chr.;
Heraklion, Archäologisches Museum), eine
Tonscheibe mit in spiralförmiger Anordnung
eingestempelten, bislang nicht entzifferten
Zeichen, ist Zeugnis eines auf Kreta sonst kaum
belegten Systems bildhafter Schriftzeichen.

Der Nutzen kam später

Die Erfindung des Rades

Das Rad, zunächst Sinnbild der Sonnenscheibe, wurde erst durch den Straßenbau zum vielseitigsten Mittel der Fortbewegung.

Transport über Land auf Rädern braucht zweierlei: Kraft und Infrastruktur. Dies gilt für Auto und Fahrrad unserer Tage ebenso wie für das etwa 5500 Jahre alte zweiachsige, schlittenartige Gefährt, das als frühsumerisches Schriftzeichen auf den Tontafeln von Uruk in Südmesopotamien erhalten ist. Es wird als der bisher älteste Beleg für Räderfahrzeuge im Vorderen Orient angesehen, wobei völlig unklar ist, ob ein solcher Wagen jemals gefahren ist, und, wenn ja, wie er fortbewegt wurde. Menschenkraft als Antrieb mag es gegeben haben, war aber sicherlich nicht die Regel. Als potenzielle Zugtiere kommen Rind und Esel in Frage; beide gehörten in Mesopotamien ab dem 4. Jahrtausend v. Chr. zum festen Haustierbestand, sind aber als Zugtiere langsam, wenn auch ausdauernd. Man hat den Hausesel daher mit dem Onager gekreuzt, einem Halbesel, der einst über ganz Vorderasien bis nach Indien verbreitet war. Diese Gebrauchskreuzungen versprachen Ausdauer und eine annehmbare Schnelligkeit. Auch ohne Pferd, das in Mesopotamien erst ab etwa 2500 v. Chr. gehalten wurde, war das Problem der Energie zur Fortbewegung von Räderfahrzeugen also einigermaßen gelöst. Eine Infrastruktur in Form von Straßen oder befestigten Wegen wird man voraussetzen können, weil die frühen aufstrebenden Städte Mesopotamiens um diese Zeit einen großen Bedarf an Landtransportmöglichkeiten für den Handel und für die Kriegsführung untereinander entwickelten.

Lange Zeit war man in der Forschung der Meinung, dass in Mesopotamien, wo die ältesten Belege für eine sesshafte Lebensweise mit Ackerbau und Viehzucht zu finden sind und die frühesten stadtähnlichen Siedlungen entstanden, auch das Räderfahrzeug entwickelt worden sei: Die schnell drehende Töpferscheibe, die ab 3500 v. Chr. im Vorderen Orient in Gebrauch war und das Prinzip der Rotation eines flachen Zylinders um eine fest stehende Achse bereits beinhaltete, stehe mit der Entwicklung von Achssystemen und Radwagen in Zusammenhang. Mittlerweile sind aber aus Bulgarien, dem Kaukasus und aus den südrussischen

Eine frühe plastische **Nachbildung eines Wagens** mit vier Rädern in Europa ist das Tongefäß aus der 2. Hälfte des 4. Jahrtausends v. Chr. Es wurde in einem Gräberfeld in Budakalasz in Ungarn entdeckt.

Die Reste eines der wenigen aus der Shangzeit stammenden pferdebespannten **Streitwagens** wurden bei Anyang in der chinesischen Provinz Henan gefunden (12./11. Jh. v. Chr.).

und ukrainischen Steppenregionen zahlreiche Gräber bekannt geworden, in die als Grabbeigaben Wagen mitgegeben worden waren. Sie stammen aus der Zeit um 3000 v. Chr. oder sind noch etwas älter und zeigen, dass die Erfindung des Wagens etwa zeitgleich, aber in weit auseinander liegenden Regionen vonstatten ging. In der Westschweiz und im nordalpinen Raum Mitteleuropas bis nach Holland und Dänemark fand man zahlreiche Wagenteile, vor allem Räder, die ebenfalls etwa 4900 Jahre alt sind. Etwas älter, aus der Zeit um 3200 v. Chr., sind die Wagendarstellungen in einigen Steinkammergräbern und auf einem Tongefäß aus Polen; dasselbe gilt für tönerne Wagenmodelle aus Ungarn.

Eiernde Räder und andere technische Probleme

Alle frühen Wagenräder aus Europa sind aus Vollholz, meist Eiche, hergestellt, haben einen Durchmesser bis über 90 cm und zeigen runde oder viereckige Achslöcher. Diese deuten auf unterschiedliche Wagenkonstruktionen hin: Entweder rotiert die Achse zusammen mit den Rädern oder die Achse wird unter dem Wagen fixiert, wobei sich dann während der Fahrt die Räder um die runden Achsschenkel drehen. In beiden Fällen war mit Schwierigkeiten bei der Aufhängung von Achse und Rad und dem bis ins 18. Jahrhundert n. Chr. weitgehend unlösbaren Problem der Reibung und des Materialabriebs an Achse und Radnabe zu kämpfen. Achsbruch und nicht mehr die Spur haltende, »eiernde« Räder waren die Regel. Aber bereits ab der Bronzezeit hat man in Mitteleuropa auswechselbare Radbuchsen in der Radnabe fixiert und leichtere und flexiblere Speichenräder in Gebrauch genommen. Zu dieser Zeit, etwa um 2000–1600 v. Chr., entstanden erstmalig mit einer beweglichen Vorderachse versehene und damit lenkbare Zweiachser: Bis dahin konnten Zweiachser um keine Kurve fahren oder wenden; wollte man Achs- und Deichselbruch verhindern, mussten sie vorn angehoben und in die neue Richtung gedreht werden.

Der fast 60 cm lange »**Sonnenwagen von Trundholm**« (14. Jh. v. Chr.; Kopenhagen, Nationalmuseet) ist ein Zeugnis eines bronzezeitlichen Sonnenkults. Die Sonnenscheibe auf dem Wagengestell ist auf einer Seite vergoldet, auf der anderen aus Bronze – wohl Symbol für den Wechsel von Tag und Nacht.

Wagen für Kriege, Prunk und Gräber

Bei Einachsern ist die Lenkung natürlich nie ein Problem gewesen, weshalb im Vorderen Orient diese Konstruktion schon recht früh bevorzugt wurde. Ab 2300 v. Chr. sind hier von Pferden gezogene und mit Speichenrädern versehene Einachser belegt, die als leichte Kampfwagen die damalige Kriegstechnik revolutionierten. In Anatolien waren es die Hethiter, die ganze Streitwagengeschwader für ihre Eroberungskriege einsetzten; einem Erlass des Hethiterfürsten Anitta aus dem 18. Jahrhundert v. Chr. ist zu entnehmen, dass er 1400 Mann Fußtruppen und 40 Pferdegespanne und Streitwagen für einen Feldzug in Marsch setzte.

Diese Innovation verbreitete sich im ostmediterranen Raum sehr schnell; der Prunkwagen des Tut-ench-Amun aus dem 14. Jahrhundert v. Chr. lässt die Leichtigkeit und Schnelligkeit eines solchen Gefährts erahnen. In Ägypten wurden Einachser als Kriegswaffe, aber auch als Jagd- und Sportwagen genutzt, während für den Gütertransport weiterhin schwer gebaute, behäbigere Wagen mit Ochsengespann zum Einsatz kamen. Ohnehin sind Rinder aufgrund ihres Körperbaus als Zugtiere besser geeignet als Pferde, zumal ihre Hörner in die Techniken der Anschirrung einbezogen werden konnten. Aber auch die Esel-Onager-Kreuzungen und Pferde wurden angeschirrt. In Osteuropa waren Pferde bereits um 4000 v. Chr. domestiziert, in Mitteleuropa ab 3000 v. Chr.; sie dienten als Nahrungsvorrat und als Reittiere, während Rinder auch für den »Antrieb« der Wagen und Karren sorgten.

Der 1902 in einem Moor bei Trundholm in Dänemark gefundene Wagen zeigt allerdings ein Pferd als Zugtier; es steht auf einem Zweiachser und zieht einen Einachser, auf dem eine goldbelegte Bronzescheibe montiert ist. Dieses einzigartige, insgesamt nur 60 cm lange Fundstück datiert aus der Zeit um 1600 v. Chr. und wird als Kultwagen, als »Sonnenwagen von Trundholm«, interpretiert. Die etwas jüngeren Radfunde von Stade bei Hamburg zeigen aber, dass man durchaus in der Lage war, aus Bronze auch größere, gebrauchsfähige Speichenräder mit Achsbuchsen herzustellen. Solche Räder waren ehedem sicherlich nicht an einen normalen »Lastwagen« montiert, sondern an ein besonderes Gefährt, das eine herausragende, vielleicht kultische Bedeutung hatte. Tatsächlich werden Wagen, spätestens ab etwa 1200 v. Chr. in Europa zum Statussymbol und Zeremonialgerät geworden, den Verstorbenen als besondere Beigabe mit in das Grab gegeben.

Für die Hallstattzeit von 800 bis 500 v. Chr. sind in Mitteleuropa über 240 reich mit Waffen ausgestattete Gräber bekannt, die zusätzlich einen Wagen als Beigabe aufzeigen. Der griechische Historiker Herodot berichtet von den Skythen im nördlichen Schwarzmeergebiet, dass sie ihre Toten zunächst 40 Tage auf einem Wagen durch das Land fahren, bevor diese mit dem Wagen und der Dienerschaft beerdigt werden. Für die Kelten in Mitteleuropa kann Ähnliches angenommen werden. Der für das Leben nach dem Tode überaus reich ausgestattete »Keltenfürst von Hochdorf«, der um 550 v. Chr. verstarb, hat einen 4,5 m langen, eisenbeschlagenen Wagen mit ins Grab bekommen.

Ob diese großen und schweren Zweiachser, die von Pferden gezogen wurden, bereits mit Gleitrollenlagern ausgerüstet waren, wird seit langem diskutiert; der Reibungswiderstand an den Achsen würde erheblich gemindert, aber ein gültiger Nachweis fehlt weiterhin. Vermutlich hat man Schmiermittel wie tierische Fette und Baumharze benutzt. Trotzdem wird man auch für diese Zeit noch von stark quietschenden Fahrgeräuschen, von sehr schwer arbeitenden Zugtieren und häufigen Achsbrüchen ausgehen müssen, wenn alle diese Wagen überhaupt eine längere Zeit in Fahrt gewesen sind. Denn zum einen waren nicht alle Wagen in fahrtüchtigem Zustand, als sie in das Grab gelegt wurden, zum anderen sind nicht alle Wagen lenkbar, obwohl die Technik hierfür schon bekannt war. Eine überregionale Infrastruktur für Landtransporte kann für diese Zeit vorausgesetzt werden, ist aber kaum erforscht. Als in Mitteleuropa um 3000 v. Chr. die ersten Wagen gebaut wurden, waren Straßen oder breitere Wege sicher nicht vorhanden, sodass der unmittelbare Nutzen solcher Vehikel sicher sehr gering war. Noch war nicht vorherzusehen, dass Transporte mit Wagen einst die Welt verändern würden.

ULRICH ZIMMERMANN

Zu Lebzeiten des Königs war der zum Grabschatz gehörende **Prunkwagen des Tut-ench-Amun** bei festlichen Aufzügen zu sehen. Die Verkleidung des Wagenkastens besteht außen aus einem in Gold getriebenen Ornamentmuster. Der Bildstreifen an der Innenseite des Kastens zeigt Gefangene, die vor Tut-ench-Amun knien.

Von der Siedlung zum Reich

Der Staat war nicht von Anfang an, gleichsam natürlich, gegeben, er ist eine Errungenschaft der menschlichen Zivilisation.

Die Staatenbildung

Als der vierte Herrscher der Dynastie von Akkad sich um 2200 v. Chr. »Naramsin, der Mächtige, der König der vier Weltufer« nannte, war das akkadische Reich des alten Babylonien auf dem Höhepunkt seiner Macht und Ausdehnung. Es umfasste nicht nur die ganze Ebene des südlichen Mesopotamien, sondern hatte mit Kriegszügen nach Nordmesopotamien und Westsyrien den Anspruch auf ein weit größeres Gebiet angemeldet. Für ein politisches Gebilde mit fest umrissenem Territorium, eingeteilt in Verwaltungsbezirke, an deren Spitze abhängige Beamte, meist Verwandte des Königs, standen, das zudem den Versuch unternahm, den Außenhandel zu monopolisieren, und über eine schnelle Eingreiftruppe verfügte, die die Macht nach innen und außen verteidigte, ist die Bezeichnung Territorialstaat angebracht. Der von Naramsins Großvater Sargon begründete Staat ist der erste in der Geschichte Vorderasiens, dem wir diese Bezeichnung zubilligen.

Vor dieser Zusammenfassung in einen Territorialstaat war die politische Macht auf verschiedene Stadtstaaten verteilt, die aus der Stadt und dem zu ihrer Ernährung benötigten Umland bestanden. Der Weg zu ihrer Vereinigung kann einerseits vordergründig damit beschrieben werden, dass Sargon von seiner Hauptstadt Akkad aus die übrigen Landesteile eroberte, ist aber andererseits das Ergebnis eines längeren Prozesses.

Frühe Staatlichkeit in Babylonien und Altägypten

Hintergrund dieser Entwicklung ist, dass sich in der 2. Hälfte des 4. Jahrtausends Städte mit ihrem Umland so auf der babylonischen Ebene verteilt hatten, dass zwischen ihnen genügend Pufferflächen geblieben waren, um keine territorialen Konflikte aufkommen zu lassen. Interne Umverteilungen und eine enorme Bevölkerungsvermehrung führten jedoch unter anderem zur Ausbildung von Zentren in diesen Pufferzonen und damit zur Überlappung von Interessenbereichen. Von den vielfältigen Versuchen, die nun entstehenden Konflikte zu entschärfen, nahm schließlich einer an Intensität zu, bei dem durch Schaffung einer höheren Autorität versucht wurde, den zwischenstädtischen in einen innerstaatlichen und damit leichter beherrschbaren Konflikt

Dieser lebensgroße, stilisiert gearbeitete **Bronzekopf** eines akkadischen Herrschers (möglicherweise König Naramsin) wurde in Ninive gefunden (um 2150 v. Chr.; Bagdad, Irak-Museum).

zu verwandeln. Nach einer Reihe von mehr oder weniger
gescheiterten Anläufen zur Bildung größerer Territorien
konnte sich Sargon mithilfe zentralisierender Maßnahmen
wie den oben genannten durchsetzen und einen Staat begründen, der mehrere Generationen bestehen blieb.

> Die 2 m hohe **»Siegesstele«** des Königs Naramsin von Akkad
> zeigt den Sieg des Herrschers über das Gebirgsvolk der
> Lullubäer (um 2150 v. Chr.; Paris, Louvre). Eroberer aus einem
> benachbarten Reich verschleppten das Monument 1160
> v. Chr. nach Susa, wo französische Archäologen es zu Beginn
> des 20. Jh. ausgruben.

Damit war eine Entwicklung zu einem gewissen Abschluss
gekommen, die bereits in den Vorstufen zur Bildung von
Stadtstaaten wirksam gewesen war: die Entstehung immer
höherer Ebenen politischer wie wirtschaftlicher und sozialer Organisationsformen. Das begann mit der Ausbildung
von einfachen Siedlungssystemen, die aus einem Zentrum
und einer Reihe von zugeordneten Siedlungen des Hinter-
lands bestanden. Das Zentrum zeichnete sich gegenüber den
anderen Siedlungen durch höherwertige Aufgaben und
Möglichkeiten aus: Es war Sitz der Verwaltung, oft auch
eines Zentralheiligtums, und es hatte Bedarf an Handwerkern in Spezialberufen. Durch weitere Zentralisierung und
Spezialisierung kam es zur Entstehung höherrangiger Zentren, die mehrere solcher einfacher Systeme beherrschten;
in ihnen wuchsen Umfang und Komplexität von Entschei-
dungs- und Organisationsvorgängen, vor allem aber auch
die Notwendigkeit und Kompetenz, mit Konflikten wie den
oben genannten umzugehen.

Die bisweilen vorgetragene Erklärung der Staatsbildung
als Folge einer ethnischen Überlagerung könnte sich zwar
darauf berufen, dass die semitischsprachigen Akkader sich
gegen die früheren sumerischen Stadtstaaten durchsetzen
konnten, doch waren gerade von diesen die ersten Eini-
gungsbestrebungen ausgegangen. Die Herausbildung der
auch an vielen anderen Stellen der Erde in der Frühzeit entstandenen Stadt- und Territorialstaaten ist in kaum einer
anderen Region so gut zu verfolgen wie im Bereich des alten
Vorderen Orients, für den die Erforschung gerade dieser
frühen Perioden besonders intensiv vorangetrieben wurde.
Für andere Regionen reicht es oft nur zur Aussage, dass dort
die Entwicklung anders verlaufen ist, ohne die Schritte im
Einzelnen benennen zu können.

Im alten Ägypten ist dieser Prozess schon deswegen
anders verlaufen, weil dort die allmähliche Herausbildung
höherer Organisationsebenen in Siedlungssystemen nicht
gegeben war. Im Gegensatz zu Babylonien haben Städte als
dominierende Form in Ägypten offenbar nie eine Rolle gespielt. Die Vereinigung von Ober- und Unterägypten gegen
Ende des 4. Jahrtausends zu dem einheitlichen Staatsgebiet,

Die **Goldmaske Tut-ench-Amuns** (um 1340 v. Chr.; Kairo, Ägyptisches Museum) bedeckte Gesicht und Brust des toten Pharaos. Das Kopftuch, der ans Kinn gebundene Zeremonialbart und die Wappenzeichen von Ober- und Unterägypten – Geier und Kobra – sind Zeichen seiner Königswürde.

das Ägypten während seiner gesamten Geschichte blieb, hat zudem vor der Zeit stattgefunden, von der an wir schriftliche Nachrichten erwarten können. Wegen der besonderen Gegebenheiten der ägyptischen Landschaft, die nur an wenigen Stellen archäologische Aufschlüsse außerhalb der Monumentalanlagen erlaubt, ist es nicht möglich, diesen Mangel mit archäologischen Forschungsergebnissen auszugleichen. So bleibt nur die magere Feststellung, dass die politische Führungsrolle oberägyptischer Stämme beim Einigungswerk auch später noch erkennbar blieb. Inwieweit von einer Überlagerung der unterägyptischen bäuerlichen Bevölkerung gesprochen werden kann, ist fraglich.

Indien, China, Südamerika: Hier Städte, dort ein Riesenreich

Noch unklarer sind die Vorgänge um die Bildung der Städte der Harappakultur des Industales in der Mitte des 3. Jahrtausends. Orte wie Mohenjo Daro mit seinen etwa 40 000 Einwohnern oder Harappa treten fast ohne Ankündigung in unser Blickfeld und verschwinden nach 800 Jahren wieder ohne größere Nachwirkungen. Auch diese Blütezeit bleibt für uns verschwommener als vergleichbare städtische Kulturen, weil die ohnehin wenig umfangreichen schriftlichen Zeugnisse noch nicht lesbar sind. Auf der anderen Seite weist die ungeheuer weite Verbreitung einheitlicher archäologischer Zeugnisse über das Indusgebiet bis nach Nordindien und nach Afghanistan auf ein dichtes Kommunikationsgeflecht hin. Von einer politischen Gemeinsamkeit im Sinne eines staatlichen Gebildes kann jedoch keine Rede sein.

Chinesische Quellen sprechen zwar bereits für das 3. Jahrtausend von staatsähnlichen Gebilden, doch gibt es tatsächliche Hinweise auf große Städte erst für das 16. Jahrhundert v. Chr., ohne Möglichkeit, sie in einen größeren, möglicherweise territorialstaatlichen Kontext stellen zu können. Die Entstehung solcher Städte, von denen zum Beispiel Ao eine 7 km lange, 30 m breite Stadtmauer besaß, ist ebenso wenig zu verfolgen wie die von größeren politischen Ge-

Die **Landvermessung** gilt als Erfindung der Ägypter. Sie ermöglichte die Berechnung der Grundsteuer. Eine Wandmalerei aus dem Grab des »Ackervorstehers des Amun« Menena in Theben vom Ende des 15. Jahrhunderts v. Chr. zeigt Beamte beim Vermessen eines Kornfelds mithilfe eines durch Knoten unterteilten Seils.

bilden. Es bleibt uns daher nichts anderes übrig, als spätere Äußerungen zu akzeptieren, wonach immer die militärische Überlegenheit einer Gruppe zur Bildung eines Staates führte.

Vorgänge wie die zuletzt genannten sind dagegen aus Südamerika nicht nur aus der schriftlichen Tradition bekannt, sondern auch durch archäologische Forschungen untermauert. Bevor die Inka im 15. Jahrhundert n. Chr. das riesige Territorium eroberten, das die heutigen Staaten Ecuador, Peru und Chile umfasste, war dieses Gebiet in zahllose kleine Herrschaften aufgeteilt, unter denen die der Inka nur eine von vielen war. Offenbar gingen die Inka aus einem nachbarschaftlichen Abwehrkampf nicht nur siegreich, sondern so gestärkt hervor, dass drei aufeinander folgende starke Herrscherpersönlichkeiten in weniger als 100 Jahren das Inkareich begründen konnten. Ob freilich die organisatorischen Grundlagen ausgereicht hätten, dieses Gebiet von 4 000 km Länge auf Dauer zusammenzuhalten, ist nicht zu entscheiden, da es bereits 1532 von den Spaniern erobert wurde.

Durch die zunehmende Erforschung der älteren Perioden der Menschheit werden die früheren Versuche, Staatsbildungen immer als Folge von Eroberungen oder Überlagerungen einer ethnischen Gruppe durch eine andere zu erklären, von differenzierteren Betrachtungsweisen abgelöst. Es bleibt die Erkenntnis, dass der Bildung eines Staates immer der Aufbau einer politischen Machtstruktur und einer entsprechenden Organisationsform vorausgehen musste.

HANS J. NISSEN

Die Herausbildung des Inkareiches erfolgte etwa um 1 200 n. Chr. Am Hang des namengebenden Berges liegt **Machu Picchu,** die Ruinenstätte einer um 1450 erbauten festungsartigen Stadtanlage der Inka in Südperu. Die Terrassenbautechnik ermöglichte die Unterbringung der vielen heiligen Bezirke, Plätze und auf engstem Raum.

Als Kennzeichen für einen Staat gelten im Allgemeinen Territorialität, Arbeitsteilung und soziale Schichtung der Gesellschaft, aber auch ihre kulturelle Geschlossenheit, dann vor allem die Institutionalisierung von Macht und, fast immer, die Verwendung der Schrift. Grundbedingungen sind Sesshaftigkeit und Nahrungsmittelproduktion.

Die Zeit wird eingeteilt

Der Kalender

Die Beobachtung der Himmelskörper ermöglichte es den Menschen, dem Lauf der Zeit und damit ihrem Leben eine Ordnung zu geben.

Ohne Kalender ist unser Leben heute nicht vorstellbar. Die meisten Lebensbezüge unserer Gesellschaft sind von einer einheitlichen und verbindlichen Zeitrechnung abhängig. Wo aber liegen die Ursprünge des Kalenders?

Wahrscheinlich ist in der Beobachtung der periodischen Erscheinungen am Himmel der Ursprung der Zeitrechnung zu suchen. Vor allem die Mondphasen, die man auch heute noch in Taschenkalendern verzeichnet findet, haben schon lange vor der Entstehung der ersten Hochkulturen die zeitlichen Lebensrhythmen der Menschen bestimmt. In vielen Sprachen ist die Bezeichnung für »Mond« und »Monat« gleich oder verwandt. Uralt ist auch die Erfahrung, dass Sommer und Winter, Hitze und Regenzeit, Saat und Ernte mit dem Sonnenlauf zusammenhängen. Die Wiederholung all dieser Vorgänge im Jahreslauf war am Wechsel von Tag und Nacht, an Sonnenaufgängen und -untergängen abzählbar.

Es ist also das Phänomen der Periodizität, welches der Mensch aus den Naturerscheinungen abgelesen hat, um es zur Einteilung des Zeitstroms zu nutzen. In Analogie zum Kreislauf der Gestirne am Firmament ist der Jahreskreis daher zu einem Symbol des Kalenders geworden, wie es etwa in antiken Darstellungen des Tierkreises zum Ausdruck kommt. Hier sind es allerdings nicht Sonne und Mond, sondern die Gestirne der zwölf Tierkreisbilder, die besonders seit der hellenistisch-römischen Zeit über Kultur- und Religionsgrenzen hinweg als kalendarische Orientierungsgrößen dienten.

Kalender und Religion

Von den Anfängen der Menschheitsgeschichte bis in die Neuzeit hinein war die Entwicklung des Kalenders aufs Engste mit der Religion verknüpft. Ein berühmtes archäologisches Beispiel für den Zusammenhang von Kalender und Religion ist in unseren Breiten das im Südwesten Englands gelegene Steinzeitheiligtum von Stonehenge, das anscheinend auch eine astronomisch-kalendarische Funktion hatte. Die elementaren zeitlichen Lebensrhythmen der Menschen spiegeln sich in vielfacher Weise in den Mythen und Riten der alten Kulturen wider. Das Wissen um die Einteilung der

Auf einem Grenzstein des Königs Melischipak II. (12. Jh. v. Chr.; Paris, Louvre) findet sich die Darstellung des Mondgottes Nanna; der Herrscher steht vor dem Thron und bringt dem Gott seine Tochter zur Weihe. Die Beobachtung der Himmelskörper stand wohl am Anfang der **Zeitrechnung,** die in allen Kulturen von religiösen Vorstellungen begleitet wurde.

Stonehenge, nördlich von Salisbury in Südengland gelegen, gilt als der größte noch stehende Megalithbau Europas. Die Konzeption der Anlage lässt erkennen, dass sie sowohl zur Beobachtung des Laufs von Sonne und Mond als auch für die damit in Zusammenhang stehenden kultischen Handlungen errichtet worden ist.

Zeit war vor allem die Domäne der Priester. Die astronomisch bedeutsamen Zeitpunkte im Kalender waren meist mit religiösen Festen besetzt, etwa die Tagundnachtgleichen (Äquinoktien) oder die Sonnentiefst- und Sonnenhöchststände (Solstitien) mit Neujahrsfesten. In allen alten Kulturen galten Sonne, Mond und andere auffällige Gestirne als wichtige Gottheiten, die meist an den markanten Punkten ihres Umlaufs kultisch verehrt wurden. Gegen diese Vergötterung der Gestirne richtet sich die funktionale Sicht von Sonne, Mond und Sternen im biblischen Schöpfungsbericht aus dem 6. Jahrhundert v. Chr. Danach hat der Gott Israels die »Himmelslichter« als eine Art kosmische Uhr an den Himmel gesetzt. Diese biblische »Entgötterung« der Gestirnwelt ist eine unmittelbare Konsequenz des Monotheismus, der nur die Verehrung eines Gottes zulässt.

Auf dem Hintergrund dieser religiösen Revolution ist etwa auch die Entstehung der Siebentagewoche zu verstehen. Es spricht einiges dafür, dass der Sabbat ursprünglich ein Vollmondfest zu Ehren einer Mondgottheit war. Seit dem babylonischen Exil im 6. Jahrhundert v. Chr. wurde im Judentum jedoch unabhängig von den Mondphasen regelmäßig alle sieben Tage der Sabbat als heiliger Tag und als Bekenntniszeichen für den Gott Israels begangen. In der biblischen Schöpfungsgeschichte wird diese neue Siebener- oder Sabbatstruktur der Zeit theologisch begründet: Die Erzählung von der Schöpfung in sechs Tagen gipfelt in der Ruhe Gottes am siebten Tag.

Die Kalender der Hochkulturen

Auch wenn es schon im China des 3. Jahrtausends v. Chr. eine hoch entwickelte Kultur mit einem an die Sonne »gebundenen« Mondkalender, einem Lunisolarkalender, gegeben hat, gilt Mesopotamien als die Geburtsstätte der Astronomie und Mathematik und Wiege eines solchen Kalenders.

Im **Schöpfungsbericht** aus dem Buch Genesis des Alten Testaments wird die Bedeutung der Sterne für die Messung der Tage und Jahre ausgesprochen:

> *»Und Gott sprach: Es werden Lichter an der Feste des Himmels, die da scheiden Tag und Nacht und geben Zeichen, Zeiten, Tage und Jahre und seien Lichter an der Feste des Himmels, dass sie scheinen auf die Erde. Und es geschah so.«*

Im jährlichen Umlauf der Erde um die Sonne durchläuft diese für den irdischen Beobachter die zwölf **Tierkreissternbilder** Widder, Stier, Zwillinge, Krebs, Löwe, Jungfrau, Waage, Skorpion, Schütze, Steinbock, Wassermann, Fische. Dies ließ den Tierkreis in hellenistischer Zeit zu einer kalendarischen Größe werden. Vorbilder gab es in Babylonien, wo auch die Ursprünge der Astrologie liegen.

Durch eine Ungenauigkeit im Schaltsystem des julianischen Kalenders war im 16. Jahrhundert eine Verschiebung von zehn Tagen gegenüber dem Sonnenjahr entstanden. Papst Gregor XIII. ließ daher 1582 eine Korrektur vornehmen: Auf den 4. folgte der 15. Oktober, und alle 400 Jahre werden seitdem drei Schalttage ausgelassen.

Hierbei werden die zwölf Mondmonate mit meist abwechselnd 29 und 30 Tagen Monatslänge, insgesamt 354 Tage, durch Einschaltung weiterer Monate in bestimmten Zeitabständen mit dem Sonnenjahr von etwa 365 $\frac{1}{4}$ Tagen in Übereinstimmung gebracht. Die mondorientierten Völker des Altertums erklärten die erste Sichtbarkeit des neuen Mondes am Abendhimmel, das Neulicht, zum Monatsbeginn.

Im 3. Jahrtausend v. Chr. hatten die einzelnen sumerischen Stadtstaaten im Süden Mesopotamiens noch jeweils eigene Kalender. Am Anfang des 2. Jahrtausends jedoch setzte sich der Kalender der Stadt Nippur mit seinen Monatsnamen als Standardkalender des gesamten Zweistromlands durch. Bis zum 6. Jahrhundert v. Chr. wurden die Einschübe von Schaltmonaten, die Interkalationen, durch königliches Dekret je nach Bedarf angeordnet. Erst danach kam es zu Schaltungen in längeren Perioden wie 8-Jahres- oder 19-Jahres-Zyklen, die auf Vorausberechnungen anhand gewachsener astronomischer Kenntnis beruhten. Im Altertum wurde die Schaltungspraxis mesopotamischen Ursprungs über das Perserreich im Vorderen Orient verbreitet. Auch im antiken Griechenland waren lunisolare Kalender im Gebrauch; ähnlich war es in Rom bis zur Kalenderreform Caesars. In der Gegenwart findet der gebundene Mondkalender in Israel nicht nur als religiöser Kalender Verwendung, sondern dient neuerdings auch zur Paralleldatierung in offiziellen Dokumenten. Im Unterschied dazu ist der islamische Mondkalender ein »freier« Mondkalender, da nach dem Koran das Einschalten ganzer Monate verboten ist. Aufgrund der fehlenden Schaltung wandern der Jahresanfang, die Monate und die Feste einmal in 33 Jahren durch das Sonnenjahr.

Für eine Ackerbaukultur ist ein lunares »Wanderjahr« allerdings ungeeignet, da die Vegetationszyklen nicht an die Mondphasen gebunden sind, sondern an das Sonnenjahr. Als Wiege des Sonnenkalenders gilt das alte Ägypten, weil dort die Sonne in verschiedenen Gestalten als höchste Gottheit verehrt wurde. Allerdings waren auch im Reich des Sonnengotts verschiedene Mondkalender in Gebrauch, und das offizielle ägyptische Jahr richtete sich, genau genommen, nicht nach der Sonne. Vielmehr bestand es unabhängig von Sonne und Mond aus zwölf schematischen Monaten zu je 30 Tagen und fünf Zusatztagen, den Epagomenen, am Ende des Jahres, sodass es mit 365 Tagen der Länge des Sonnenjahres, des tropischen Jahres, von etwa 365 $\frac{1}{4}$ Tagen sehr nahe kam. Neben dem 365-Tage-Jahr haben wir übrigens den alten Ägyptern auch die Einteilung des Tages in 24 Stunden zu verdanken.

Bei der Herausbildung des ägyptischen Kalenders am Beginn des 3. Jahrtausends v. Chr. spielten die für die Landwirtschaft so wichtigen jährlichen Nilüberschwemmungen eine entscheidende Rolle. Diese traten etwa gleichzeitig mit der Sommersonnenwende und der ersten Sichtbarkeit des hells-

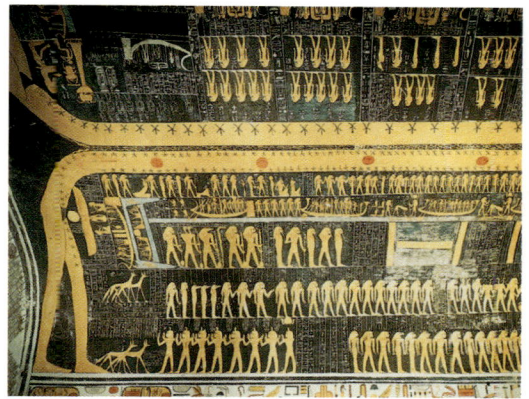
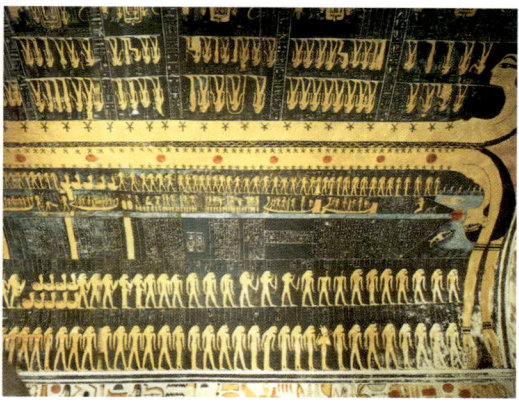

ten Fixsterns am Morgenhimmel, des Sirius, ägyptisch Sopdet und griechisch Sothis genannt, ein. In Ägypten wurde er deshalb als »Bringer des Neuen Jahres und der Überschwemmungen« verehrt. Da jedoch das Jahr von 365 Tagen um einer Vierteltag kürzer war als das tropische Jahr, verzögerte sich dessen Morgenaufgang alle vier Jahre um einen Kalendertag, nach 120 Jahren um einen ganzen Monat. Jahrtausendelang haben die Ägypter mit dieser Verschiebung gelebt, bei der der Anfang der Monate erst nach einer »Sothisperiode« von 1460 (= 4×365) Jahren wieder mit dem Sothisaufgang zusammenfiel.

Erst der römische Staatsmann und Feldherr Gaius Iulius Caesar setzte eine Anpassung an das tropische Sonnenjahr durch, nachdem 200 Jahre zuvor in Ägypten eine entsprechende Kalenderreform, das Dekret von Kanopus, gescheitert war. Caesar ließ den alexandrinischen Astronomen Sosigenes eine Kalenderreform erarbeiten, die 46 v. Chr. in Kraft trat: Von nun an wurde alle vier Jahre ein zusätzlicher Schalttag eingefügt. Dieser »julianische Kalender« mit seinen bei uns auch heute noch gebräuchlichen Monatsnamen Januar bis Dezember erwies sich als äußerst zweckmäßig und verdrängte allmählich alle anderen Kalender im Römischen Reich So bildete er, 1582 leicht durch die gregorianische Reform korrigiert, die Grundlage für Zeitrechnungen bis in die Neuzeit.

MATTHIAS ALBANI & UWE GLESSMER

Der **Sonnenlauf** nach dem »Buch vom Tag und der Nacht« ist eine der vielen mythischen Ausdeutungen der in Ägypten als höchste Gottheit verehrten Sonne. Am Morgen tritt die Sonne aus der Scheide der Himmelsgöttin hervor (links), fährt am Tag in der Barke an ihrem Körper entlang bevor sie am Abend verschluckt wird (12. Jh. v. Chr.; Theben, Deckengemälde im Grab Ramses' VI. im Tal der Könige).

Die Entwicklung der
Geldwirtschaft
machte es möglich,
Äpfel mit Birnen zu
vergleichen – durch
Tauschmittel
als Wertmesser.

Der Beginn der Geldwirtschaft

Die Ursprünge des Geldes liegen im Dunkel der Frühge-schichte verborgen. Informationen finden sich in den ältes-ten Schriftkulturen der Menschheit. Als Modellfall kann das alte Mesopotamien dienen, wo seit Erfindung der Schrift um 3100 v. Chr. Tausende Dokumente über wirtschaftliche Vor-gänge und Strukturen informieren.

Die vier Funktionen von Geld – Tauschmittel oder Tauschvermittler; Zahlungsmittel für religiöse, rechtliche oder soziale Verpflichtungen; Wertmesser; Schatzmittel – müssen vor dem Hintergrund der Wirtschaftsordnung frü-her Hochkulturen gesehen werden. Deren Wirtschaft ist eine Agrarwirtschaft. Die Wirtschaftseinheit ist der sich selbst versorgende Haushalt. Man unterscheidet zwischen bäuerlichen Familienhaushalten mit einer Produktion auf kleinen Flächen, die gerade den Eigenbedarf deckte, und den institutionellen Haushalten wie Tempel oder Palast mit großen landwirtschaftlichen Domänen. Als idealtypisches Beispiel für einen institutionellen Haushalt bezeichnet der deutsche Soziologe Max Weber den in der »Ilias« des Homer beschriebenen Haushalt, »Oikos«, des Priamos von Troja. Man spricht daher von Oikos-Wirtschaft als einer typischen Wirtschaftsform früher Staaten. Im Idealfall ist der Haus-halt des Herrschers mit dem Staat identisch. Alle Bewohner sind ihm eingegliedert und werden in ihm versorgt. Alles zum Leben und zur Reproduktion eines Haushalts Erforder-liche wird selbst produziert und selbst verbraucht. Auch die handwerkliche Produktion geschieht innerhalb des Haus-halts und dient ebenfalls dessen Bedürfnissen. Überschüsse werden in diesem System nur in begrenztem Maße erzeugt. Der Bedarf an Gütern oder Leistungen, die wie vor allem Metalle und wertvolle Materialien zur Herstellung von Prestigeobjekten nicht im Haushalt selbst produziert oder erbracht werden können, wird durch Tausch oder Dienst-verpflichtung der Bevölkerung befriedigt.

Da der Bedarf des zum Leben Notwendigen durch Eigen-produktion innerhalb eines Haushalts gedeckt wurde, war die Notwendigkeit für Austausch, der im Übrigen auf der Ebene von Individuen in der Regel in der Form von Natural-tausch geschah, äußerst gering. Damit entfiel auch die Not-wendigkeit für ein reichlich vorhandenes Tauschmittel etwa

In der Naturalwirtschaft war **Gerste** einer der ersten Wertmesser.

in der Form von Silber. Silber spielte hingegen als Tauschvermittler, vor allem aber als Wertmesser zur Verrechnung
innerhalb eines Haushalts und beim Austausch von Ressourcen mit anderen Haushalten eine wichtige Rolle. Dem-
zufolge war der Bedarf an Silber »in natura« extrem gering.
Er konnte daher ohne Schwierigkeiten auf friedlichem Wege
durch Fernhandel befriedigt werden. Wertschöpfung beruhte auf landwirtschaftlicher Produktion, ohne Ausbeutung von Erzlagerstätten durch Sklaven oder zwangsweise
beschäftigte Untertanen.

Die frühesten Tauschvermittler

Nach Ausweis der frühesten Texte hat in den institutionellen Haushalten Mesopotamiens zunächst Gerste als Wertmesser gedient. Seit etwa 2700 v. Chr. wird in Kaufurkunden
zuerst Kupfer und dann in zunehmendem Maße Silber als
Wertmesser, Tauschvermittler und schließlich als Zahlungsmittel genannt. Daneben haben so genannte vertretba-
re Güter, das sind – in der Rechtssprache – bewegliche Güter,
die im Verkehr nach Maß, Zahl und Gewicht bestimmt zu
werden pflegen, bis ins 1. Jahrtausend v. Chr. als Tauschmittel und Wertmesser gedient, so vor allem die bereits genannte Gerste. Wir wissen, dass im 18./17. Jahrhundert v. Chr.
Söldner mit silbernen Emblemen beschenkt wurden und im
Geschäftsverkehr silberne Ringe im genormten Gewicht
von einem Schekel (8,35 Gramm) als Tauschmittel in Kauf-
verträgen dienten. Dies sind echte Vorläufer von Münzgeld –
so wie später vor dem 7. Jahrhundert im ägäischen Raum Beile, Anker oder Spieße (Oboloi). Das Konzept einer »Wirtschaft ohne Metallgeld« trifft auf die Zeitspanne vom frühen
3. bis zum Ende des 2. Jahrtausends trotzdem zu, wenn man
in erster Linie die Funktion des Geldes als Tauschvermittler
im Auge hat, auf den man angewiesen ist, um den täglichen
Nahrungsbedarf zu befriedigen.

Rechts- und Verwaltungsurkunden lassen erkennen,
dass im südlichen Mesopotamien, also in Babylonien, seit
dem 7. Jahrhundert v. Chr. Silber als gebräuchlicher Tauschvermittler vor allem in der ökonomischen Sphäre der städtischen Eliten, der institutionellen Haushalte von Tempel und
Palast, eine zunehmend größere Rolle eingenommen hat.
Man kann jedoch noch nicht von einer allgemeinen Moneta-
risierung der Wirtschaft sprechen, da wichtige Sektoren der
Wirtschaft weiterhin ohne Silber »in natura« auskamen.
Denn für die Sphäre der dörflichen Bevölkerung und auch
der städtischen Unterschichten gilt vermutlich weiterhin,
dass deren Bedarf an Nahrung durch Naturalrationen aus
den institutionellen Haushalten, denen sie verpflichtet waren, oder durch kleinbäuerliche Eigenproduktion gedeckt
wurde. Abgaben als Pächter an Tempel oder Palast leistete
man in Form von Naturalien. Marginale Bedürfnisse befriedigte man im Rahmen von traditioneller Solidarität auf der

Einen **Tribut** hatte ein besiegtes Volk in den
frühen Hochkulturen in festgelegten Werteinheiten
heiten zu entrichten. Der »Schwarze Obelisk«
des assyrischen Königs Salmanassar III. (9. Jh.
v. Chr.; London, British Museum) schildert in
einem der Bildfelder die Zeremonie der Tribut-
übergabe: Dem israelitischen König Jehu, der
sich vor der Flügelsonne des Gottes Assur
beugen muss, folgen Frauen und Männer mit
den Tributgaben.

Die Lyder prägten im 8./7. Jh. v. Chr. die ersten Münzen im abendländischen Kulturkreis. Sie verwendeten dazu **Elektrum,** eine natürlich vorkommende Goldlegierung aus etwa 3 Teilen Gold und einem Teil Silber. Die abgebildete lydische Münze war im 6. Jh. v. Chr. im Umlauf.

Basis von gegenseitigen Leistungen ohne Verwendung eines Tauschvermittlers.

Mit dem Begriff Geld verbindet sich unmittelbar der der Geldwirtschaft, in der alle oder fast alle wirtschaftlichen Transaktionen und Beziehungen zwischen Personen und Institutionen durch Geld in der Form von genormten und staatlich garantierten Zahlungsmitteln wie Münzen oder Banknoten bestimmt oder ausgedrückt werden. Geldwirtschaft in diesem Sinn ist auch heute auf bestimmte Regionen der Welt und Sektoren wirtschaflichen Handelns beschränkt, ländliche Gebiete in Entwicklungsländern sind oft nicht oder nur partiell von Geldwirtschaft erfasst.

Das Verwenden von Metallen wie Kupfer, Zinn, Bronze, Silber oder Gold als Tausch(ver)mittler, Zahlungsmittel, Wertmesser und als Schatzmittel, ist auf bestimmte ökonomische Sphären beschränkt, die sowohl regional als auch sozial zu definieren sind: Innerhalb der Oberschicht herrschen andere Bedingungen als in der Unterschicht, in städtischen andere als in dörflichen Siedlungen. Insofern ist es höchst problematisch, antike Kulturen und deren Wirtschaftssysteme als geldwirtschaftlich bestimmt zu betrachten.

Die ersten Münzen

Münzgeld tritt erst sehr spät im Verlauf der nachvollziehbaren Wirtschaftsgeschichte auf; erstmals werden um die Mitte des 7. Jahrhunderts v. Chr. im griechischen Raum und im kleinasiatischen Lydien Münzen geprägt. Sie waren, wie die eingangs abgebildete, meist aus Elektron, einer Gold-Silber-Legierung im Verhältnis 3 : 1; ihr Gewicht betrug etwa 15 oder 16 Gramm. Auf den lydischen König Krösus, der Mitte des 6. Jahrhunderts v. Chr. regierte, gehen Kroiseios genannte, 10,8 Gramm wiegende Goldmünzen zurück. Münzen haben dann vor allem im Mittelmeerraum eine

Demarete, die Gemahlin des Tyrannen Gelon, ließ aus dem Erlös eines ihr von karthagischen Kriegsgefangenen dargebrachten goldenen Kranzes Münzen prägen, um damit Gelons Kriegsschulden zu bezahlen. Das **Demareteion** ist eine in den Jahren nach 480 v. Chr. in Syrakus geprägte Silbermünze im Wert von zehn Drachmen; sie gilt als eine der bedeutendsten Schöpfungen der antiken Münzprägekunst.

wichtige Rolle im Wirtschaftsleben gespielt. Vom Vorderen Orient aus haben die vom Perserkönig Dareios I. erstmalig um 515 v. Chr. nach lydischem Vorbild geprägten, meist bohnenförmigen, Dareikos genannten Goldmünzen Verbreitung bis in den Mittelmeerraum gefunden. Ihr Gewicht von rund 8,35 Gramm entspricht einem Schekel, der im Alten Orient seit dem 3. Jahrtausend v. Chr. gängigen Gewichtseinheit zum Messen von Silber. Andersartige soziale und wirtschaftliche Verhältnisse, auch die Notwendigkeit Söldner zu entlohnen, haben die zunehmende Bedeutung von Münzgeld in Griechenland und Rom geprägt.

Die Entwicklung in Babylonien scheint von der der Levante und der Mittelmeerwelt abgekoppelt geblieben zu sein. Weder zur Zeit des Perserreiches noch unter der makedonischen und seleukidischen Oberherrschaft über Babylonien bis ins 3. Jahrhundert v. Chr. hat die Münze im Geschäftsverkehr Babyloniens eine eigenständige Rolle gespielt. Die Ursache liegt im Wirtschaftssystem Mesopotamiens und seiner Institutionen begründet. Es spricht einiges dafür, dass in makedonischer und seleukidischer Zeit mit zwei getrennt operierenden ökonomischen Sphären in Babylonien zu rechnen ist, der der einheimischen städtischen Oberschicht, die mit den traditionellen babylonischen institutionellen Haushalten, in dieser Zeit Tempelhaushalten, verbunden war, und der der ins Land gekommenen Griechen, in der Münzgeld das Wirtschaftsgeschehen geprägt zu haben scheint. In der babylonischen Sphäre dagegen wurde Silber als Tauschvermittler weiterhin als zu wiegender Stoff behandelt; selbst griechische Münzen wurden, wie Kaufverträge zeigen, gewogen.

JOHANNES RENGER

Papiergeld wurde in China seit dem 9. Jh. n. Chr. verwendet; es entwickelte sich aus einer Art von Wechsel, den Kaufleute oder staatliche Institutionen ausstellten, um größere Geldtransaktionen bequemer und gefahrloser tätigen zu können. In Europa wurden Banknoten erstmals 1661 in Schweden eingeführt (hier ein Schein der Deutschen Reichsbank über 500 Millionen Reichsmark aus dem Jahr 1923).

Der griechische Philosoph **Aristoteles** beschreibt in seinem Werk »Politika«, wie die Notwendigkeit, die in einer Gemeinschaft fehlenden Güter durch Tausch auch über die Landesgrenzen hinweg zu beschaffen, zur Einführung des Geldes geführt habe:

> »*Also kam man überein, beim Tausch gegenseitig eine Sache zu nehmen und zu geben, die selbst nützlich und im täglichen Verkehr handlich war, wie Eisen, Silber usw. Zuerst bestimmte man sie einfach nach Größe und Gewicht, schließlich drückte man ihr ein Zeichen auf, um sich das Abmessen zu ersparen.* «

Ausgrabungen im Industal brachten die gewaltigen Überreste einer lange versunkenen frühen Hochkultur ans Licht des Tages.

Die Metropole Mohenjo-Daro

Das Tal des Indus war neben Mesopotamien und Ägypten Schauplatz einer der drei frühen Hochkulturen der Menschheit im 3. Jahrtausend v. Chr.: der Harappa- oder Induskultur. Sie entwickelte sich aus regionalen Vorgängerkulturen um Zentren wie Amri oder Kot-Diji und erlangte ihre Blüte um 2500 v. Chr., indem sich dank eines kurzen, aber intensiven Innovationsschubs große städtische Zentren bildeten. Es ist sehr wahrscheinlich, dass Mohenjo-Daro, am unteren Indus in der heutigen pakistanischen Provinz Sind gelegen, das Hauptzentrum, die »Metropole«, dieser Bewegung war. Rasch dehnte sich die Harappakultur entlang des Indus und seiner Nebenflüsse derart aus, dass uns heute auf einer Fläche von etwa 1 Million km^2 mehr als 1 000 Fundorte dieser Kultur bekannt sind.

Nah am Wasser gebaut: Die Stadt auf der Ziegelplattform

Im Wesentlichen bestand der »Innovationsschub« in der technischen Möglichkeit, sich den Indus als Transportsystem zu erschließen. Dazu zählte aber auch die Fähigkeit, nahe dem jährlich über die Ufer tretenden Strom bauen zu können. Dieses Problem lösten die Menschen der Harappakultur durch gewaltige Plattformunterbauten aus Lehmziegeln und gebrannten Ziegeln, auf denen sie in Flussnähe siedeln konnten. So blieben sie das Jahr über per Schiff

Das Bauwerk, das als das **»Große Bad«** (Bildmitte) bezeichnet wird, ist in seiner Art einmalig in der Harappakultur. Die im Nordwesten der »Zitadelle« entdeckte Anlage erstreckt sich über 1 800 m^2. Das Bassin lag in einem von Kolonnaden umgebenen Innenhof. Eine rituelle Nutzung dieses großen Bades kann nur vermutet werden.

transportfähig. Die untere Indusebene war während der Überschwemmungsperiode von Juli bis Oktober für normalen Landtransport völlig unzugänglich. Und genau an dieser Stelle erbauten die Indusleute die größte ihrer bisher gefundenen Siedlungen, Mohenjo-Daro, den »Hügel der Toten«, wie die antike Ruinenstadt in der lokalen modernen Sprache, dem Sindhi, genannt wird.

Im Rahmen des gewaltigen Innovationsschubes um 2500 v. Chr. hatte man aber nicht nur das Konzept von Plattformbauten nahe dem Indus entwickelt. Es muss sich vorher bereits eine Gesellschaftsstruktur entwickelt haben, die den großen Sprung von den Dorfsiedlungen mit ihren dezentralen Organisationsformen zu einem städtisch geprägten politisch-wirtschaftlichen System innerhalb des Industals ermöglichte. Dazu entwickelte man auch eine Schrift, die sich vorwiegend auf kleinen Steatitsiegeln findet und als noch nicht entziffert gilt. Ein weiteres Unikum dieser Kultur ist das Fehlen weltlicher und sakraler Herrschaftsarchitektur. Zumindest konnte eine solche, wie sie etwa in Mesopotamien und Ägypten klar erkennbar ist, in den Siedlungen des Industals bisher kaum identifiziert werden. Dafür sind die Siedlungen durch einen hohen Standard an Infrastruktur geprägt; sie hatten beispielsweise eine sehr gute Wasserversorgung über zylindrisch gemauerte Brunnenschächte und eine perfekte Entsorgung über ebenfalls gemauerte Abwasserkanäle. Überhaupt war der gebrannte und ungebrannte Ziegel heutigen Handformats Standard in der Harappakultur: Alle Gebäudeteile, von der Mauer mit Kragwölbeöffnungen über die Kanäle und Brunnen bis hin zu den Treppen, waren in der Regel aus solchen Ziegeln meist im Blockformat errichtet. Die Ziegelgröße betrug im Durchschnitt 6×13×27 Zentimeter.

Um etwa 2000 v. Chr. ist der Übergang in eine Spätphase zu beobachten, die spätestens um 1700 v. Chr. zu Ende ging. Eine der drei großen frühen Hochkulturen hörte auf zu existieren. Inwieweit sie in der späteren Gangeskultur, deren Träger die eingewanderten Arier waren, fortlebte, ist bis heute eine große Frage. Mit der Zufallsentdeckung Harappas 1921 und Mohenjo-Daros 1922 durch britisch-indische Archäologen zeigte sich die Induskultur der Menschheit ein zweites Mal. Heute steht Mohenjo-Daro als die größte erhaltene Stadt der Bronzezeit auf der Liste des UNESCO-Weltkulturerbes.

Eine Großstadt ragt empor: Mohenjo-Daro

Etwa 40 Kilometer südlich der modernen Stadt Larkana liegt Mohenjo-Daro inmitten der hier 100 km breiten Indusebene am rechten Ufer des Flusses, der erst im späten 19. Jahrhundert unter den Briten eingedeicht wurde. Schon von weitem ist der Ruinenhügel in der Ebene erkennbar. Am höchsten, bis zu 15 Meter, ragt noch heute die westlich der Unterstadt

Die **Büste einer männlichen Gestalt,** die einen kleeblattgemusterten Umhang und ein Stirnband trägt, wurde als Darstellung eines Priesterkönigs gedeutet. Das etwa 17 cm hohe Fragment einer Statue aus weißem Steatit wurde in einem einfachen kleinen Wohnhaus entdeckt. Der Fundort und die Einmaligkeit des Fundes lassen die vorgeschlagene Deutung der Figur jedoch zweifelhaft erscheinen.

gelegene Zitadelle empor. Vor 4500 Jahren muss der Anblick überwältigend gewesen sein: Da der Indus die Ebene um Mohenjo-Daro seitdem um mehr als sieben Meter aufgeschwemmt hat, erhob sich die Stadt damals noch imposanter über ihre Umgebung.

Wie es scheint, ist Mohenjo-Daro in verhältnismäßig kurzer Zeit nach festen Plänen entstanden. Die Unterstadt wurde von mindestens einer großen, in Nord-Süd-Richtung gerade verlaufenden, etwa 10 m breiten Hauptstraße (First Street) durchquert. Von dort zweigten viele Sträßchen und Gassen knickachsig ab, die in der großen, bis auf 50 °C ansteigenden Sommerhitze angenehmen Schatten spendeten. Von der Straße wurden die meisten Häuser durch verdeckte Eingänge über einen zentralen Innenhof erschlossen. Hier findet sich schon der Typus des »orientalischen Hofhauses«, der uns auch aus Mesopotamien bekannt ist. Wohl eher klimatisch als durch Wohntradition bedingt waren die meisten der Räume direkt über den Zentralhof erreichbar. Auch wenn die Häuser in der Größe stark variieren – sie konnten 30, aber auch 800 m² groß sein –, weisen sie als Wohnhäuser vorwiegend das gleiche Erschließungsmuster auf: knickachsiger Eingang, zentraler Innenhof, von dort radiale Erschließung der übrigen Räume. Selten liegen mehrere Räume linear hintereinander. Die Bade- und Sanitärräume befinden sich meist nahe der Straße; dorthin entleerten sie sich über einen Fallschacht in einen Kanal oder einen Sickerschacht. Oft führten Treppen auf das Flachdach oder in eine höhere Etage, was aber archäologisch nicht nachgewiesen ist. Kochbereiche sind häufig dem halb offenen Innenhofbereich zugeordnet. Der Wasserversorgung dienten Ziehbrunnen, wobei sich die Bewohner kleinerer Häuser einen Gemeinschaftsbrunnen teilten. Mit hochgerechnet mehr als 600 Ziegelbrunnen kann Mohenjo-Daro wohl als die brunnenreichste Stadt der Weltgeschichte gelten. Innerhalb der Unterstadt lassen sich keine »bevorzugten« Wohnviertel ausmachen, dagegen sind oft Ringstrukturen erkennbar: Um ein großes Haus gruppieren sich mehrere kleine. Ob daraus auf soziale Strukturen geschlossen werden kann, hier also eine reiche (bedeutende) Familie mit zugeordnetem Dienstpersonal wohnte, lässt sich bisher nur vermuten.

Lediglich die »Zitadelle« weist einige Sonderformen der Architektur auf. Hier ist vor allem das »Große Bad« zu nennen, aber auch der »Kornspeicher«. Die Benennung der Gebäude stammt aus den Jahren der Entdeckung. Vor allem ist die Funktion des »Kornspeichers« archäologisch keineswegs bewiesen. Die ungefähr 60 m lange und 27 m breite Architektur besteht aus einem massiv gemauerten Ziegelunterbau, der sich im oberen Bereich in 3×9 m große, rechteckige Plattformen untergliedert, die durch etwa 80 cm hohe und 1 m breite Passagen voneinander getrennt sind. Der Ausgräber, Sir Mortimer Wheeler, sah in dieser Konstruktion den

Die Schrift der Harappakultur

Bei den Ausgrabungen wurden langrechteckige Steatitsiegel mit einer Kantenhöhe von etwa 1,3 cm gefunden, die eingeschnittene **Schriftzeichen** der Indusschrift tragen. Sie konnte bislang nicht entziffert werden, weil noch keine Übersetzungen in bekannte Sprachen gefunden wurden.

Unterbau eines gewaltigen, aus Holz errichteten Getreidespeichers, das Zentrallager der zentralen Wirtschaft eines
örtlichen Priesterkönigs. Leider ist weder der hölzerne Über-
bau noch die Funktion eines Getreidespeichers bis heute
nachweisbar. Ebenso fehlen konkrete Hinweise auf ein
Priesterkönigtum. Das 17 cm hohe Fragment einer Statuette,
als Priesterkönig gedeutet, wurde etwa 1000 Meter von der
Zitadelle entfernt im östlichen Bereich der Unterstadt gefunden und ist bisher innerhalb des Gesamtbefundes der
Induskultur ein Unikat.

Mehr als 600 **Brunnen** wurden
in Mohenjo-Daro entdeckt.
Zylindrisch aus keilförmigen
Ziegeln gemauert, reichten sie
bis zu 20 Meter in die Tiefe, eine
erstaunliche Ingenieurleistung.
Sie dienten im Innern der
Wohnhäuser der Wasser-
versorgung der gesamten
Bevölkerung.

Ebenfalls ein Unikat ist das »Große Bad«, eine etwa 60×30 m
große Anlage, in deren Innenhof ein 7×12 m großes Bassin etwa 2 m tief in den Boden versenkt ist. Jeweils eine Treppe im
Norden und eine im Süden führen in das Bassin. Hier mag
der Hinweis auf eine rituelle Nutzung noch am ehesten weiterführen. Es ist unwahrscheinlich, dass eine so aufwendige
Anlage lediglich der Hygiene gedient haben soll, vor allem,
da sich der Indus in Reichweite befand.

So bleiben noch viele Fragen zu dieser Stadt und dieser
Kultur offen, die wohl von den Archäologen allein nicht geklärt werden können. Weitere Forschungen sind notwendig
und eine größere Anzahl von Texten, deren Entzifferung
mehr Licht in das Dunkel dieser staunenswerten Kultur
bringen könnte.

MICHAEL JANSEN

*Hammurapi von
Babylon wollte
als »König der
Gerechtigkeit« in die
Erinnerung eingehen.
Seine Stele hat
die Zeiten überdauert.*

Der Codex Hammurapi

Französische Archäologen entdeckten im Winter 1901/02 in Susa im heutigen Südwestiran eine Dioritstele des babylonischen Herrschers Hammurapi, auf der eine umfangreiche Sammlung von Rechtssätzen eingemeißelt ist. Hammurapi, eine der großen Herrschergestalten des Alten Orients, regierte 1792–1750 v. Chr. in Babylon, nach anderer Zeitrechnung 1728–1686. Die Stele wurde einige Hundert Jahre nach seinem Tod von einem elamischen Eroberer als Beute nach Susa verschleppt; heute befindet sie sich im Louvre in Paris.

Vincent Scheil, Mitglied des Grabungsteams, der den Text der Stele ein Jahr nach dem sensationellen Fund publizierte, sprach von den »Lois de code de Hammourabi«, den Gesetzen des »Codex« des Hammurapi, und spielte damit, bewusst oder unbewusst, auf die von Napoleon veranlasste Gesetzessammlung, den Code Napoléon, an. Seitdem nimmt der »Codex Hammurapi« einen wichtigen Platz in der rechtshistorischen Diskussion ein. Denn er war die umfangreichste Sammlung von Rechtsnormen aus dem Alten Orient und darüber hinaus der antiken Welt vor der Kodifizierung des römischen Rechts unter dem byzantinischen Kaiser Justinian im 6. Jahrhundert n. Chr. – älter als das Bundesbuch des Mose, älter als das älteste römische Gesetzeswerk, das Zwölftafelgesetz aus dem 5. Jahrhundert v. Chr. Dass man den Codex Hammurapi ganz selbstverständlich als Gesetzeskodifikation begriffen hat, war sicher auch zeitbedingt, denn die bedeutende Rolle von umfassenden Gesetzeskodifikationen wurde zu Beginn des 20. Jahrhunderts, als in vielen Staaten Europas neue Zivilgesetzbücher in Kraft gesetzt wurden, sehr bewusst erlebt.

Seine Rolle als älteste schriftliche Sammlung rechtlicher Normen hat der Codex Hammurapi allerdings inzwischen abgeben müssen: In den Jahren nach dem Zweiten Weltkrieg

Die 282 Rechtssätze des **Codex Hammurapi** sind auf einer 2,25 m hohen Dioritstele überliefert, die 1901/02 in Susa gefunden wurde (18. Jh. v. Chr.; Paris, Louvre). Die Texte bekrönt ein Relief: König Hammurapi steht mit verehrend erhobener Hand vor dem Sonnengott Schamasch, der, da die Sonne alles ans Licht bringt, zugleich Gott des Rechts und des Gerichts war.

wurden drei weitere mesopotamische Sammlungen von Rechtssätzen bekannt. Sie zeigen, dass der Codex Hammurapi in einer Tradition steht, die sich vorläufig bis in die Mitte des 21. Jahrhunderts v. Chr. zurückverfolgen lässt.

Die Rechtssätze Hammurapis

Der Codex Hammurapi besteht aus einer sehr ausführlichen Einleitung, dem Prolog, gefolgt von 282 Rechtssätzen (»Paragraphen«) und einem Epilog. Der Prolog beginnt mit einer langen Passage, in der die Berufung Hammurapis zum Herrscher als ein göttlicher Akt dargestellt ist, der in mythischer Vergangenheit stattgefunden habe. Es fällt auf, dass der Codex Hammurapi nicht alle denkbaren Gebiete aus dem Rechtsleben berücksichtigt. So sind beispielsweise eine ganze Reihe von Tatbeständen erfasst, die sich aus einer Eheschließung und vor allem den Folgen einer Ehescheidung ergeben können; Regelungen für die Eheschließung selbst aber fehlen. Auch andere aus der zeitgenössischen Urkundenpraxis bekannte Rechtsinstitute wie Bürgschaft und Vertragspfand werden ebenso wenig behandelt wie simple Fälle von Feldpacht.

Die Rechtssätze sind in kasuistischer Weise formuliert, das heißt, sie beziehen sich jeweils auf einen Einzelfall. Auf den mit »Wenn ein Mann ...« eingeleiteten Bedingungssatz, in dem der rechtliche Tatbestand dargestellt wird, folgt in einem Aussagesatz die sich ergebende Rechtsfolge. Damit ergibt sich als Schema: Wenn (einer so etwas tut), dann (tritt die Rechtsfolge ein). Die Gliederung der Rechtsmaterie im Codex Hammurapi orientiert sich nicht an rechtssystematischen Kriterien, die heutigen Vorstellungen entsprechen würden. Die einzelnen Fälle einer Tatbestandsgruppe wurden etwa im Hinblick auf die zeitliche Abfolge von Handlungen, die soziale Stellung der Beteiligten oder die Wertigkeit von Objekten angeordnet. Man nennt dies »Elaboration«. So kommt zum Beispiel zuerst der Fall des Mitglieds der herrschenden Oberschicht, dem ein Auge zerstört wird, dann der des gewöhnlichen Untertanen und schließlich der des Sklaven, dessen gleiche »Beschädigung« die geringste Strafe erfordert. Durch ein derartiges Aneinanderreihen von Einzelfällen, die sich jeweils nur in bestimmten Details voneinander unterscheiden, wird ein allgemeines Prinzip deutlich gemacht, mit dessen Hilfe auch nicht ausdrücklich benannte Tatbestände beurteilt werden können. Diese Art, rechtliche Tatbestände zu formulieren und damit ein allgemeines Prinzip zu definieren, unterscheidet sich von der Art, in der sich die Zehn Gebote mit den Worten »Du sollst nicht stehlen!« auf Diebstahl beziehen – man spricht von einem apodikti-

Von dem Gesetzeswerk, das auf der Stele des Hammurapi eingemeißelt ist, existieren zahlreiche **Abschriften auf Tontafeln** (18. Jh. v. Chr.; Istanbul, Museum orientalischer Altertümer). Diese Keilschrifttafeln, die in einem Zeitraum von über 1500 Jahren angefertigt wurden, dienten der Lehre des Rechts in Schulen.

Bei Körperverletzung galt nur zwischen Gleich-gestellten das Prinzip **»Auge um Auge, Zahn um Zahn«,** wie diese Rechtssätze der Stele Hammu-rapis zeigen:

> *»Wenn ein Bürger ein Auge eines (anderen) Bürgers zerstört, so soll man ihm ein Auge zerstören.*
>
> *Wenn er ein Auge eines Palast-hörigen zerstört ..., so soll er eine Mine Silber zahlen.*
>
> *Wenn er ein Auge eines Sklaven eines Bürgers zerstört ..., so soll er die Hälfte seines Kaufpreises zahlen.«*

schen Rechtssatz – oder von einer modernen Definition, die besagt »Wer sich eine fremde, bewegliche Sache widerrecht-lich aneignet, der ...«.

Der Vergleich mit den älteren Sammlungen von Rechts-sätzen aus Mesopotamien macht es mehr als wahrscheinlich, dass die Schreiber Hammurapis viele Rechtsnormen von äl-teren Rechtssammlungen übernommen, sie auch neu for-muliert haben. Neben der Rechtsmaterie, die deutlich ihre Nähe zu älterem Material zeigt, sind im Codex Hammurapi auch Tatbestände formuliert, die aus den älteren Rechts-sammlungen nicht bekannt waren.

Nach seiner Entdeckung ist der Codex Hammurapi lange Zeit als ein von Hammurapi zusammengestelltes Gesetzes-werk verstanden worden, dessen Zweck es gewesen sei, ein einheitliches Recht im ganzen Lande zu schaffen. Erst all-mählich sind Zweifel an dieser Position geäußert worden. Auf der einen Seite stehen vor allem solche Gelehrten, deren Denken von Rechtsschulen geprägt ist, in denen kodifizier-tes Recht – im Gegensatz zum angelsächsischen Präzedenz-recht – eine dominierende Rolle spielt, also diejenigen, die ihre juristische Erfahrung im Wesentlichen dem System des

Die **Bronzefigur eines knienden Beters** stammt vermutlich aus Larsa (heute Senkere) in Südmesopotamien (18. Jh. v. Chr.; Paris, Louvre). Wie die Inschrift bezeugt, ist sie dem Leben König Hammurapis geweiht, der mit seinen Rechtssätzen Grundprinzipien sozialer Ordnung aufgestellt hatte.

römischen Rechts verdanken. Die andere Position versteht den Codex Hammurapi nicht nur als ein juristisches Dokument, sondern fragt nach seinem Platz und seiner Entstehung im Bereich babylonischer Gelehrsamkeit. Danach gibt es keine Anzeichen dafür, dass der einmal verfasste Text in irgendeiner Weise in Kraft gesetzt wurde und von da an (ex nunc) als verbindliches Recht im gesamten Herrschaftsbereich Hammurapis gegolten hat. Erkennt man an, dass der Codex Hammurapi rechtliche Regelungen enthält, die in den zeitgenössischen Rechtsurkunden ihre Entsprechung finden, also geltendes Recht enthält, so bietet sich der aus dem mittelalterlichen deutschen Recht geläufige Begriff des »Rechtsbuches« zur Charakterisierung des Codex Hammurapi an.

Der »König der Gerechtigkeit«

Wo andere Herrscher ihre Leistungen, die es zu rühmen galt, im Wesentlichen im Bau von Tempeln für die Gottheiten des Landes gesehen haben, ging es Hammurapi darum, als »König der Gerechtigkeit« erinnert zu werden. Denn im Codex Hammurapi nehmen die Rechtssätze den Platz ein, der etwa in Weihinschriften babylonischer Herrscher dem Bericht über den Bau von Tempeln und anderen großen Bauwerken zukommt. Hammurapi dagegen möchte als rechter Hirte seines Volkes und als gerechter Richter in Erinnerung bleiben.

Dass die Leistungen Hammurapis als gerechter Richter in der Tat bemerkenswert waren, dokumentieren zahlreiche erhaltene Briefe an seine Statthalter oder Beauftragten. Hammurapi tritt uns darin als ein Herrscher entgegen, der sich auch um kleine Details kümmerte, seinen Untertanen ohne Ansehen ihres Ranges Gehör schenkte und Unrecht, das ihnen durch administrative Maßnahmen seiner Beamten zugefügt worden war, zu korrigieren suchte. Es erscheint nun durchaus plausibel, dass administrative Anliegen, die uns in den Briefen Hammurapis entgegentreten, von den »Redakteuren« des Codex Hammurapi aufgenommen und als kasuistische Rechtssätze formuliert worden sind. Das erscheint umso bedenkenswerter, als der Codex Hammurapi weitgehend Tatbestände behandelt, an denen der Palast ein besonderes Interesse hatte. Es geht dabei vor allem um Regelungen, die die umfangreichen Wirtschaftsoperationen des Palastes betreffen, die dieser durch außerhalb des Palastes tätige Personen, die den Entrepreneuren, den Unternehmern des französischen Merkantilismus, vergleichbar sind, ausführen ließ.

JOHANNES RENGER

Der so genannte **Kopf des Hammurapi** (18. Jh. v. Chr.; Paris, Louvre) wurde in Susa gefunden. Das 15 cm hohe Fragment aus Diorit stellt vielleicht aber auch einen Herrscher von Eschnunna dar.

Die homerischen Epen

Zwei Meisterwerke markieren den Übergang von der mündlichen zur schriftlichen Dichtung: die »Ilias« und die »Odyssee«.

Sänger gab es im ägäischen Raum schon im 3. Jahrtausend v. Chr., wie Kultstatuetten, so genannte Idole, zeigen, und auch der Vortrag griechischer Götter- und Heldenlieder ist sehr viel älter als die beiden homerischen Epen, mit denen die schriftlich überlieferte europäische Literatur einsetzt.

Auf den Burgen der mykenischen Zeit wurden wohl schon um 1200 v. Chr. Gesänge vorgetragen, darauf deutet ein Sängerfresko aus dem Palast von Pylos. Dieser Brauch dürfte sich in den folgenden, den so genannten Dunklen Jahrhunderten weiter entfaltet haben. Der Sänger, Aoidos, trug zur Leier aus dem Gedächtnis ein in sich zusammenhängendes Stück aus der Götter- oder Heldensage in Hexametern vor, wie wir das noch heute im achten Gesang der »Odyssee« lesen. Dabei stützte er sich auf Formeln, die an bestimmten Stellen des Verses ihren Platz haben. Zu ihnen gehören etwa die schmückenden Beiwörter wie »der fußschnelle Achilleus«, aber auch die Beschreibungen von häufigen, typischen Handlungen: »Als er/sie so gesprochen hatte, ging er/sie davon ...«, oder, einen ganzen Vers füllend, um die Beendigung eines Mahles zu bezeichnen: »Aber als sie ihre Lust auf Trank und Speise gestillt hatten, ...«. Auch größere Textstücke bei der Schilderung einer sich häufig wiederholenden ganzen Szene, etwa Opfer oder Mahlzeit, Empfang oder Abschied, Rüstung oder Aufbruch zum Kampf, waren formelhaft geprägt. Doch hatte hier und überhaupt in den umfassenderen Zusammenhängen der Aufführung der Sänger gewiss auch Spielraum zur improvisierenden Umgestaltung. Solche mündlich in der »Oral Poetry« tradierten und variierten Gesänge sind nun in den Bau der beiden homerischen Epen eingegangen.

Die homerischen Epen

Die beiden großen Epen »Ilias« und »Odyssee«, die uns unter dem Namen des eingangs als blinder Sänger abgebildeten Homer überliefert sind, stehen als geschlossene literarische Kunstwerke am Anfang der griechischen Literatur. Sie sind mit ihren rund 16 000 beziehungsweise 12 000 Hexametern in jeweils 24 Gesängen im 8. Jahrhundert v. Chr. entstanden. Unschwer lässt sich ein bis in Einzelheiten geplanter Aufbau mit Textbezügen über viele Gesänge hin nachweisen. Daher

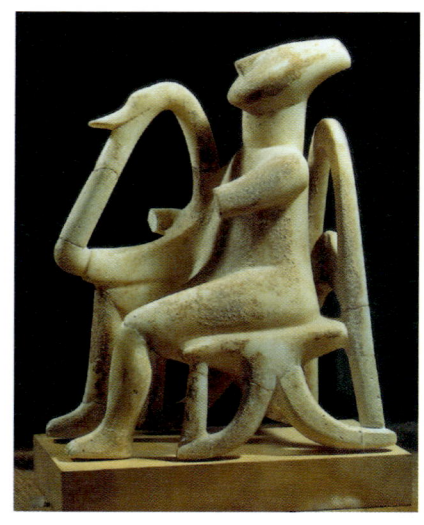

Harfe und Leier, bevorzugte Musikinstrumente im frühgriechischen Raum, eigneten sich besonders gut dazu, rezitierte Dichtung zu begleiten. Das **Musikantenidol** aus Marmor, ein stilisierter Harfenspieler, wurde auf der Kykladeninsel Keros gefunden (2700–2300 v. Chr.; Athen, Archäologisches Nationalmuseum).

ist die Gestaltung des Ganzen von »Ilias« und »Odyssee« durch jeweils eine große Dichterpersönlichkeit unter Verwendung der Schrift kaum zu bestreiten.

Schon seit dem Ende des 5. Jahrhunderts v. Chr. gab es in Griechenland die Meinung, die beiden Epen könnten nicht von ein und demselben Dichter stammen; zu dieser Ansicht neigt man auch heute. In der Neuzeit begann die kritische Analyse mit dem Abbé d'Aubignac (1664) und vor allem mit Friedrich August Wolf (1795). Sie setzte bei offensichtlichen Widersprüchen in den Epen an. Grundmuster des Fragens war und ist dabei bis heute: Was ist das Ursprüngliche, was sind spätere Erweiterungen? Die Neo-Analyse des 20. Jahrhunderts setzt dagegen vielfältige Vorstufen voraus, die in den erhaltenen Epen noch erkennbar sind, sieht aber in diesen im Wesentlichen jeweils eine dichterische Einheit. Daher lassen sich ihre Ergebnisse zu einem guten Teil mit denen der Oral-Poetry-Forschung zusammenfügen.

Der künstlerische Griff ist in beiden Epen vergleichbar. Aus den zehn Jahren des Kampfes um Troja werden in der »Ilias« Ereignisse von rund 50 Tagen des letzten Kriegsjahrs erzählt, wobei der Großteil der Gesänge vier Kampftagen gewidmet ist. Thematisch wird die »Ilias« vom Zorn des Achilleus zusammengehalten. Er ist in seiner Ehre von Agamemnon, dem obersten Heerführer der Griechen, durch die Wegnahme seiner Kriegsbeute, der gefangenen Briseis, gekränkt und enthält sich trotz aller Bitten des Kampfes, was die Griechen an den Rand der Niederlage bringt. Als er daraufhin seinen Freund Patroklos mit seinen eigenen Waffen in die Schlacht sendet, wird dieser von Hektor erschlagen; jetzt wandelt sich Achills Zorn zum Streben nach Rache, und das führt zu einem gewaltigen Gemetzel unter den Troern und zum Tode Hektors durch Achill. Endgültig löst sich Achills Zorn im letzten Gesang, als er mit dem greisen König Priamos, der die Leiche seines Sohnes Hektor ausgelöst hat, über das eigene und das Los der Menschen klagt.

Aus den zehn Jahren der Irrfahrten des Odysseus werden in der »Odyssee« ungefähr 40 Tage erzählt, in denen der Held endlich heimkehrt. Die ersten vier Gesänge sind dem Schauplatz Ithaka und der Peloponnes gewidmet, wo Telemach auf der Suche nach seinem Vater Odysseus aktiv wird. Im fünften Gesang springt die Erzählung auf die mythische Insel Ogygia, auf der mit der Trennung des Odysseus von Kalypso dessen Heimkehr in Gang kommt, die durch Ankunft und Aufenthalt bei den Phäaken auf Scheria (Korkyra/ Korfu) aber wieder aufgehalten wird. In insgesamt vier Gesängen erzählt dort Odysseus seine Irrfahrten; besonders in diese Berichte mag manches Motiv aus Seefahrermärchen eingegangen sein. Nach dem zwölften Gesang aber erleben wir mit, wie Odysseus auf Ithaka Frau und Königsherrschaft wiedergewinnt. Thematisch wird die »Odyssee« zusammengehalten von der Bewährung des Odysseus in den Nö-

In einem **Gleichnis** gibt der Held Glaukos in der Ilias seine Sicht vom Menschenschicksal wieder:

> *»Wie das Laub, so ist auch das Geschlecht der Menschen; mal weht der Wind die Blätter zu Boden, andere lässt der frische Wald sprießen, und es naht die Zeit des Frühlings; so kommen und gehen auch die Geschlechter der Menschen.«*

Antike Porträts Homers – hier eine römische Kopie eines griechischen Originals (2. Jh. v. Chr.; Paris, Louvre) – stellen den Dichter als Blinden dar. Die **Blindheit Homers** wurde unter anderem als Strafe für seine als frevelhaft empfundene Darstellung der Mythen gedeutet.

Das 12 000 Hexameter lange Epos der **Odyssee** schildert vielfältige Abenteuer der Seefahrt, märchenhafte Erlebnisse und blutige Kämpfe. Die Blendung des einäugigen Zyklopen Polyphem ist auf dieser Schale dargestellt (6. Jh. v. Chr.; Paris, Bibliothèque Nationale de France).

In seinem Werk über die Ausbildung des Redners sagt der Römer **Quintilian** über die Bedeutung Homers:

> *»Wie nach Homers eigenen Worten Flüsse und Quellen aus dem Ozean entspringen, so verdanken ihm alle Bereiche der Beredsamkeit Vorbild und Ursprung.«*

ten der Irrfahrten durch seine Listen, seine Tapferkeit und vor allem seine Treue zu seiner Frau Penelope. Voraussetzung dafür, dass Odysseus seine Königsherrschaft gegen die Freier der Penelope wiedererringt, ist, dass er sich zuvor als ein guter König erwiesen hatte. So ist er nicht nur der listenreiche Dulder, sondern auch der vorbildliche Herrscher.

Eine große Zahl von Gleichnissen steigert die erzählerische Anschaulichkeit der beiden Epen. Dabei ist die »Ilias« in den Bildern und überhaupt in ihrer Sprache archaischer. Das gilt auch für ihr Götterbild. Die Götter der »Ilias« können bei aller Zuwendung zu ihren Schützlingen große Willkür zeigen. In der »Odyssee« steht dagegen die Frage der Rechtmäßigkeit des Verhaltens von Göttern und Menschen stärker im Vordergrund. Nicht die Götter, sondern die Menschen selbst verursachen durch ihre Rechtsbrüche ihr Unglück.

Die homerischen Epen waren für die Griechen Grundlage ihrer Bildung: nicht nur Schulbuch, sondern auch Quelle, aus der spätere Dichter schöpften, und Autorität, auf die sich sogar Philosophen berufen konnten. Die epische Großform und Darstellungsweise wurde in der griechischen Literatur später mehrfach wieder aufgenommen. In der römischen Literatur waren Homers Epen unter anderem Vorlage für

Auf das **Gilgamesch-Epos** beziehen sich zwei Terrakottaplatten aus babylonischer Zeit (8./7. Jh. v. Chr.; Berlin, Vorderasiatisches Museum). Sie zeigen Kampfszenen aus der Dichtung wie hier die Tötung des Ungeheuers Huwawa durch Gilgamesch und Enkidu.

Vergils Epos »Aeneis« und wirkten vor allem durch diese Vermittlung in der europäischen literarischen Tradition weiter.

Die homerischen Epen und das Gilgamesch-Epos

Auf zwölf Keilschrift-Tontafeln aus dem 7. Jahrhundert
v. Chr. ist, teilweise fragmentarisch, das altbabylonische Gilgamesch-Epos mit über 3 000 Versen überliefert. In seiner
wohl um 1200 v. Chr. entstandenen Großform wurden jahr-
hundertealte, zunächst noch voneinander unabhängige Ein-
zelerzählungen um den sumerischen König Gilgamesch von
Uruk, der um etwa 2600 v. Chr. lebte, durch den Priester Sin-
leke-Unnini zusammengefasst. Das Gilgamesch-Epos war
im ganzen Alten Orient bekannt, und Motive mögen ihren
Weg auch in die griechische Welt gefunden haben, doch ver-
lieren sich in der europäischen Literatur seine Spuren bis zur
Wiederentdeckung im 19. Jahrhundert.

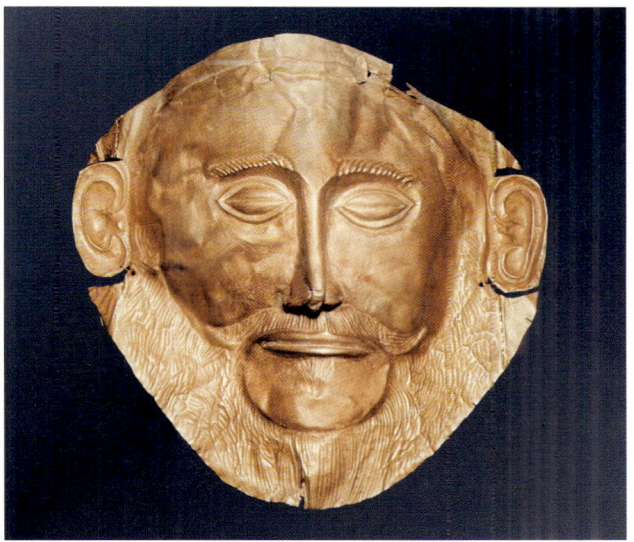

Agamemnon, nach mythischer Überlieferung
König von Mykene oder Argos, führt in der
»Ilias« die Griechen in den Kampf um Troja. Die
aus Goldblech getriebene **»Maske des
Agamemnon«** wurde in Schachtgrab V von
Mykene gefunden (16. Jh. v. Chr.; Athen,
Archäologisches Nationalmuseum).

Bei einem Vergleich mit den homerischen Epen zeigen sich
gewisse Ähnlichkeiten: Der Held hat Kämpfe zu bestehen
und verliert seinen engsten Freund Enkidu wie Achilleus den
Patroklos; er muss sich auf eine weite Jenseitsreise begeben –
auch Odysseus musste an den Rand der Welt zum Eingang
der Unterwelt fahren. Das Gilgamesch-Epos hat einen klaren
Aufbau, die Figuren sind deutlich gestaltet, es gibt Monologe
und Dialoge. Andererseits wirkt die Darstellung des Geschehens additiv gereiht, nicht wie in den homerischen Epen gedrängt zusammengefasst und vielfältig und eng verwoben.
Die religiösen und ethischen Fragen des Menschen, die im
Gilgamesch-Epos allgemein angesprochen werden, erscheinen in den homerischen Epen sehr stark von den politischen
und sozialen Gegebenheiten der griechischen Welt bestimmt,
in der die europäische Kultur einen ihrer Ursprünge hat.

HANS ARMIN GÄRTNER & HELGA GÄRTNER

Der Monotheismus

Das neue Konzept des Monotheismus ist in der Jahwereligion Israels in einer langen, wechselhaften Geschichte entstanden.

Stammesgruppen aus dem Osten, die im Gefolge einer semitischen Völkerwanderung im 12. Jahrhundert v. Chr. in Palästina einsickerten, brachten nomadische »Wegegottheiten« mit, die als »Kriegsgottheiten« bei den Kämpfen um Weideland mit anderen Stämmen halfen und »Bundesschlüsse« garantierten. Ihr Kult oblag den Sippenoberhäuptern, den »Vätern«. Vieles spricht dafür, dass jede Sippe oder jeder Stamm nur eine Gottheit verehrte, also einen Monokult praktizierte. Jahwe, der Gott der biblischen Überlieferung, gehörte nicht zu diesen Göttern. Sein Name (JHW) ist jedoch schon in vorisraelitischer Zeit im Umfeld Ägyptens bezeugt. Während die israelitischen Stämme von Ost nach West einwanderten, driftete eine Gruppe nach Süden ab und geriet in Gebiete, die unter ägyptischer Vorherrschaft standen. Offensichtlich hat diese »Mosegruppe« damals den in dieser Region praktizierten Jahwekult übernommen und ihre eigene Gottheit oder ihre Götter aufgegeben.

Vom Sippengott zum Gott Israels

Nach den Erzählungen des Alten Testaments offenbarte sich Jahwe auf einem heiligen Berg und zeigte sich in einer Feuersäule bei Nacht und einer Rauchwolke am Tag. Jahwe war also ein Berg- oder Vulkangott; er wurde, anders als die nomadischen Gottheiten, an einem festen Ort verehrt. Das Alte Testament ortet den heiligen Berg auf der Sinaihalbinsel. Dort allerdings finden sich keine Zeugnisse vulkanischer Tätigkeit. An einer Stelle aber, nämlich in dem sehr alten Deboralied, wird von Jahwe ausgesagt, dass er aus Seir komme, dem von Edomitern bewohnten Gebiet südlich von Palästina, im asiatischen Osten des Sinai. Wahrscheinlich also siedelte hier, anders als die späteren Berichte es nahelegen, die Mosegruppe.

Als diese sich nach Norden zu ihren Stammesbrüdern aufmachte, nahm sie Jahwe auf nomadische Weise mit. Das war nicht so einfach, weil dieser Gott ortsgebunden war. Deshalb schufen sie die Bundeslade, einen transportablen Thronsessel Jahwes, und das heilige Zelt. So behielt Jahwe einen Rest von Ortsbezogenheit und war zugleich auf nomadische Weise Wegbegleiter, er war Berg- und Hirtengott. Beide Eigenschaften Jahwes sind wohl die Ursache dafür,

Diese Bronzemünze aus der zweiten Hälfte des 1. Jh. v. Chr. zeigt die **Menora,** den siebenarmigen Leuchter, der zum Kultgerät der Stiftshütte und des Jerusalemer Tempels gehörte.

Der **Baalskult** erlebte viele regional unterschiedliche Ausprägungen. In römischer Zeit wurde Baal in Palmyra als Hauptgott verehrt. Auf diesem Relief sind die Götter Aglibol (Mondgott) und Malakbel (Sonnengott) dargestellt, die man nur in Palmyra kannte. Die Dreiheit, die Baal mit ihnen bildete, diente vor allem der Zusammenführung der nicht nur religiös verschiedenen Volksgruppen.

dass er sich nach der Ankunft der Gruppe in Palästina mit der Zeit in allen israelitischen Stämmen durchsetzen und die ererbten nomadischen Gottheiten verdrängen konnte; denn nach der Landnahme lebten die Israeliten zwar weiterhin als Hirten, zugleich aber besiedelten sie feste Territorien im Umfeld der kanaanäischen Städte. Für diese Lebensform der beginnenden Sesshaftigkeit war Jahwe die geeignete Gottheit; er konnte die Landnahme religiös sanktionieren: Wo die Bundeslade – auf Anhöhen – niedergestellt wurde, war »Land Jahwes« oder »heiliges Land«. Einen Einschnitt in der Geschichte des Jahweglaubens brachte der allmähliche Übergang vom Hirtentum zur Bauernkultur. Von seiner Herkunft her hatte Jahwe nichts zu tun mit der neuen ökonomischen Form, also mit den Zyklen der Vegetation, mit Aussaat und Ernte, mit der Fruchtbarkeit. Hierfür waren die kanaanäischen Gottheiten besser geeignet. Die vorisraelitischen Einwohner Palästina-Syriens, die Kanaanäer, verehrten weibliche Fruchtbarkeitsgöttinnen wie Astarte, Anat oder Aschirat und männliche Gottheiten, die Baale, deren Stiergestalt als Symbol für männliche Potenz und Fruchtbarkeit galt; daneben gab es noch die Els, Gottheiten, die im Himmel wohnten und das Wetter bestimmten, und Astraloder Gestirngottheiten.

Auch in Israel verbreiteten sich diese Kulte. Die frühen Propheten kämpften immer wieder vor allem gegen die Baalskulte. Damit sich Jahwe in Israel durchsetzen konnte, war es wichtig, dass ihm auch die Kompetenzen für die neuen Wirtschaftsformen zugeschrieben wurden, sodass vor allem die Baale überflüssig wurden. Die El-Gottheiten brachten für den Jahweglauben keine großen Probleme, weil sie nicht mit sexuell geprägten Kulten verehrt wurden. Jahwe sog sie gewissermaßen in sich auf und wurde zu »Jahwe Elohim«: Jahwe, dem Inbegriff aller Els. Er wohnte nicht mehr auf einem Berg, sondern im Himmel.

Der Jahweglaube musste sich also in der Königszeit mühsam behaupten. Oft war er bis zur Unkenntlichkeit mit anderen Kulten vermischt, doch gewann Jahwe auch neue Kompetenzen; sein »Gottsein« wurde immer umfassender verstanden. Dennoch blieb er mit der langen Geschichte Israels

Der Sieg Jahwes über die Baale spiegelt sich in der alttestamentlichen Erzählung vom Kampf des Elias mit den je 450 Priestern des Baal und der Aschirat. Diese vermögen es nicht, Regen herbeizuführen, wohl aber ist das Opfer des Elias für Jahwe erfolgreich: »Das ganze Volk sah es, warf sich auf das Angesicht nieder und rief: Jahwe ist Gott, Jahwe ist Gott« (1. Könige 18,39).

Ein **El,** Himmelsgottheit der vor-israelitischen, kanaanäischen Bewohner Palästinas, ist vermutlich hier auf einer 47 cm hohen Sandsteinstele aus Ugarit dargestellt (13. Jh. v. Chr.; Aleppo, Nationalmuseum). Der thronende Gott segnet einen vor ihm Opfernden. Über der Gottesgestalt, die eine Tiara mit geschwungenen Hörnern trägt, schwebt ein geflügeltes Gestirnssymbol.

verbunden. Die Jahweanhänger konnten gerade deswegen das alte monokultische Erbe aus der Nomadenzeit aufrecht erhalten; sie forderten die alleinige Jahweverehrung. Die anderen Götter wurden in ihrer Existenz nicht bestritten, aber sie durften nicht verehrt werden. Man nennt dies auch einen praktizierten Monotheismus.

Jahwe, der einzige und universale Gott

Den Durchbruch zu einem auch theoretischen Monotheismus brachte erst das babylonische Exil. Ende des 7. Jahrhunderts v. Chr. kam es zur Eingliederung des Königreichs Juda in den Staatsverband des Neubabylonischen Reichs und, nach Aufständen, 587 v. Chr. zur Eroberung und Zerstörung Jerusalems und zum Ende des davidischen Königtums. Die Babylonier deportierten große Teile der Bevölkerung und siedelten sie in Mesopotamien an. Die Juden in Babylon hatten durch das Exil wichtige Bezugspunkte verloren: das Zusammenleben als Volk, die politischen und religiösen Institutionen, den Tempel und seinen Kult. Sie waren als Einzelne auf sich selbst zurückgeworfen. Wenn sie weiter an Jahwe festhalten wollten, obwohl in ihrer neuen Umgebung andere Gottheiten öffentlich verehrt wurden, musste jeder für sich persönlich diese Entscheidung treffen. Damit aber erlangte Jahwe, wenigstens der Tendenz nach, allgemeine, »universale« Geltung; aus dem ehemaligen Sippengott und späteren Gott Israels wurde der personale Partner des einzelnen Gläubigen, der sich nicht mehr ausschließlich als Teil seines Volkes verstand. Der entstehende Monotheismus entsprach also der stärkeren Rolle des Individuums.

Die jüdische Religion war in eine Lage geraten, die es in der Geschichte vielfach gab: Bei der Bildung von Großreichen, der damit erzwungenen Öffnung des Blicks auf einen weiteren, für damalige Verhältnisse universalen Horizont und dem konkreten Nebeneinander unterschiedlicher Kulte erschien die eigene Religion plötzlich nur noch als eine Möglichkeit unter vielen. Dies führte meist zu einer Relativierung der eigenen religiösen Besonderheit. Die Gottesvorstellung veränderte sich von einem (Poly-)Theismus, in dem »Personen« eine Rolle spielten, zu einem Denken, das Gott als unpersönliches Prinzip hinter und in aller Wirklichkeit auffasst. Die Juden im Exil gingen diesen Weg – als Einzige in der Religionsgeschichte – nicht und beharrten beinahe gewaltsam auf der unbedingten Geltung ihrer eigenen Tradition und vor allem Jahwes. Er, nur er, sollte verehrt werden. Dies aber war unter den neuen Bedingungen nur noch möglich bei gleichzeitiger Bestreitung der Existenz anderer Gottheiten. Nur so konnte der Monokult mit der Universalität des Bewusstseins versöhnt werden. Die Einheit Gottes wurde nicht zur Einheit eines Prinzips wie in den fernöstlichen Religionen. Für den Monotheismus ist aus-

Das jüdische Gottesbild, das von Christen und Muslimen übernommen wurde, zeichnet einen Gott, der nach menschlichen Maßstäben handelt. Zur Strafe für den **Sündenfall** vertreibt er Adam und Eva aus dem Paradies (Ausschnitt aus dem Deckengemälde von Michelangelo in der Sixtinischen Kapelle des Vatikan, 1508–1512).

schließlich der konkrete Jahwe, die einmalige Person, universal gültig.

Aufgrund dieser geschichtlichen Prozesse ist eine Gottesvorstellung von ganz eigentümlicher Weise entstanden, die auch von Christen und Muslimen übernommen wurde. Die Vorstellung, dass Gott personal und handlungsfähig ist, die Welt geschaffen hat und die Geschichte zu einem guten Ende führt, überträgt menschliche Eigentümlichkeiten auf Gott; denn »Person« und bewusstes Handeln gibt es nur beim Menschen. So verbirgt sich hinter dem Monotheismus die Hoffnung, dass nicht die sachhafte Natur, Gott als unpersönliches Prinzip, das Maß vorgibt, sondern die Geschichte des Menschen. Das ist nur möglich unter der Annahme, dass die Evolution des Menschen nicht nur eine vorübergehende Laune der Natur, sondern sinnvoll und »gewollt« ist. Der Monotheismus macht somit eine »letzte« Würde des Menschen denkmöglich; nur wenn dieser einem personalen Gott gegenübersteht und sich vor ihm verantworten muss, gewinnen seine Entscheidungen und auch die Person jedes Einzelnen eine bleibende Gültigkeit. Insofern repräsentieren die monotheistischen Religionen die äußerste Möglichkeit an Hoffnungspotenzial für den Menschen, auch angesichts der offensichtlichen Allgewalt der Natur.

KARL-HEINZ OHLIG

Der **theoretische Monotheismus** war spätestens um 540 v. Chr. geboren, als der namentlich nicht bekannte Exilsprophet, dessen Sprüche dem Jesajabuch eingefügt sind, die Existenz fremder Götter bestritt (Jesaja 45, 14 und 43, 11):

> *»Nur bei dir (Israel) ist Gott,*
> *und sonst gibt es keinen,*
> *überhaupt keinerlei Gottheit.*
>
> *Ich bin Jahwe, ich, und außer*
> *mir gibt es keinen Retter.«*

Die Lehre des Siddharta Gautama, genannt Buddha, eine der ältesten Weltreligionen, prägt die Kulturen Ost- und Südostasiens bis heute.

Der Buddhismus

Eine der großen Weltreligionen, der Buddhismus, ist aus der indischen Tradition erwachsen. Dort hatte sich die vedische Religion von einem anfänglich bunten Polytheismus zu einem Glauben an Gott als ein sachhaftes Prinzip, das »Brahman«, entwickelt, das als die letzte Wirklichkeit von Kosmos und Mensch galt. Es gab also keine persönliche Gottheit, die handeln und an die sich der Mensch in seiner Erlösungssehnsucht wenden konnte; er musste sich selbst helfen: durch Selbsterlösung. Man war überzeugt, dass alles Leid beendet sei, wenn sich das Selbst des Menschen in das Brahman aufhebt und mit ihm eins wird. Dies aber ist nur möglich, wenn sich der Einzelne von allen Bindungen an das Leben freimacht. Solange er durch gute oder böse Taten an das Leben gebunden ist, bleibt bei seinem Tod eine Art Restbilanz, das »Karman«, übrig; er muss wieder geboren werden und kann sein Ziel nicht erreichen.

Erwachen unter dem Feigenbaum: Buddha

Vor diesem Hintergrund entwickelte der aus dem heutigen Nepal stammende indische Adlige Siddharta Gautama, dem später der Ehrenname Buddha, »der Erwachte« oder »der Erleuchtete«, gegeben wurde, seine Lehre, die nur aus späteren Niederschriften bekannt ist. Weil die uns bekannten buddhistischen Schriften, vor allem der »Pali-Kanon«, erst im 1. Jahrhundert v. Chr. niedergeschrieben wurden und oft legendenhafte Züge tragen, ist über Buddhas Leben nicht viel Historisches bekannt. Nach einer Reihe von Jahren, die er als Asket verbrachte, predigte er seine neue Lehre im Gebiet zwischen Himalaja und Ganges. In der älteren Forschung datierte man sein Leben in die Jahre von etwa 560 bis 480 v. Chr., manche neueren Untersuchungen nehmen an, dass er 30 bis 130 Jahre später gelebt hat.

Die buddhistische Legendenbildung malt die Biographie Buddhas in vielen Einzelheiten aus, die bestimmte Aspekte seiner Lehre anschaulich darstellen sollen. Danach existierte Buddha, nach einer Reihe vorheriger Geburten, als Gottheit im Himmel. Als er sich entschloss, in die Welt zu kommen, wählte er als seine Mutter die Prinzessin Maya, Frau eines Königs oder Provinzgouverneurs, ging als weißer Elefant in

Die erste der **vier edlen Wahrheiten** beschreibt die Existenz als eine Abfolge von Leiden:

> *»Geburt ist Leiden, Alter ist Leiden, Krankheit ist Leiden, Tod ist Leiden ... mit Unliebem vereint, von Lieben getrennt zu sein ist Leiden.«*

sie ein und wurde von ihr schmerzfrei geboren. Im Alter von
16 Jahren heiratete er, mit 29 Jahren wurde ihm ein Sohn geboren. Bis dahin hatte er in glücklichen Umständen gelebt.
Kurz nach der Geburt seines Sohnes aber machte Buddha
vier Ausfahrten und begegnete dabei einem schwächlichen
Greis, einem Kranken und einem Toten, die ihn mit der
hässlichen Realität des Lebens konfrontierten. Schließlich
begegnete ihm ein Bettelmönch; Buddha verließ seine Familie und wurde ein Asket. Nach sieben Jahren erkannte er,
dass ihn die harte Askese nicht weiterführte und entschied
sich zum »mittleren Weg« zwischen radikaler Askese und
Genuss. In dieser Phase gelangte Buddha im Monat Mai nach
langer Meditation unter einem Feigenbaum zur Erleuchtung
(Bodhi). Von Varanasi aus, wo er seine erste Predigt hielt,
setzte er »das Rad der Lehre« in Gang. Mehr als 45 Jahre lang
verkündigte er seine Lehre (Dharma) und gründete einen
Mönchsorden sowie, nach langem Zögern, auch einen Frau-
enorden. Während einer Meditation starb Buddha im Alter
von 80 Jahren.

Im 4. Jahrhundert v. Chr. bildeten sich zwei Gruppen in
der Gemeinde: die Theravadins (»Anhänger der Lehre der
Alten«) und die Mahasangikas (»Angehörige der Großen
Gemeinde«). Aus ihnen entwickelten sich später, um die
Zeitenwende, die beiden größten buddhistischen Richtungen: das Hinayana (»kleines Fahrzeug«), heute wegen der
geographischen Verbreitung auch als »südlicher Buddhismus« bezeichnet, und das Mahayana (»großes Fahrzeug«),
der »nördliche Buddhismus«. Aus einer Vermischung des
Buddhismus mit archaischen Kulturformen entstand noch
eine dritte Richtung, der mit sexuellem Symbolismus verbundene Tantrismus (von Tantra, »Faden«, dann »Folge von
Lehren«) oder Vajrayana (»Diamantfahrzeug«), dessen tibe-
tische Variante, der Lamaismus, am bekanntesten ist. Wahrscheinlich steht die strenge Richtung des Theravada der
Lehre des historischen Buddha am nächsten.

Buddhistische Mönche meditieren vor einer
monumentalen Buddha-Statue in einem
indischen Tempel.

Der **Borobodur** gilt als das bedeutenste
Bauwerk des Mahayana-Buddhismus auf
Java. Terrassenartig gestuft erheben sich
über vier quadratischen Ebenen mit
reichem Ornamentdekor und
zahlreichen Reliefs mit Szenen aus dem
Leben Buddhas drei runde Zonen. Der
den Bau bekrönende Zentralstupa ist ein
Grab- oder Ehrenmal für den historischen Buddha.

Die Erkenntnis der »vier edlen Wahrheiten«

Die Erleuchtung (Bodhi) unter dem Feigenbaum bestand nach der Tradition in der Erkenntnis der »vier edlen Wahrheiten«. Die erste besagt, dass die Existenz durchgehend von Leid geprägt ist. Um dem Leid, also dem Existierenmüssen, zu entkommen, muss die Ursache für die Entstehung des Leides erkannt werden; darüber spricht die zweite Wahrheit: Es ist »der mit Leidenschaft verbundene Durst, der Durst nach Wiedergeburt«. Unter Durst ist das Lebenwollen, die Bindung an das Leben, verstanden. Daraus ergibt sich die dritte edle Wahrheit von der Aufhebung des Leides: »die restlose Aufhebung, Vernichtung, Aufgabe, Verwerfung, das Freigeben und Ablegen des Durstes«. Wer keinen »Durst« mehr hat, sammelt kein Karman an. Es entfällt dann jeder Grund für eine Wiedergeburt, und der Mensch kommt zu seinem Ziel, dem Nirvana (»Verlöschen«). Die vierte Wahrheit schließlich beschreibt den »achtteiligen Weg« zu diesem Ziel. Er beginnt mit der Vermeidung von schlechten und dem Wirken guter Taten, was zu einer besseren Wiedergeburt führt; am Ende aber sollen sowohl böse wie gute Taten vermieden werden, damit der Kreislauf der Existenzen durchbrochen wird. Denn auch die guten Taten, etwa die Liebe, binden an das Leben.

Die meisten Statuen zeigen **Buddha** im Lotussitz. Die Darstellung im Liegen, wie bei dieser etwa 14 m langen Statue in Polonnaruwa auf Sri Lanka, verweist auf den Tod des Buddha. Die Fußstellung deutet an, dass er schon ins Nirwana eingegangen ist.

Die »Erleuchtung« geht also aus von einer Erfahrung, die allen Religionen gemeinsam ist: Leben ist unerlöst und niemals ganz gelungen. Anders aber als etwa die monotheistischen Religionen, die auf eine gottgewirkte Wende der Geschichte zum Guten hoffen, geht der Buddhismus den umgekehrten Weg und strebt das »Erlöschen« der Existenz an. Das Nirvana ist hierbei aber nicht das bloße Nichts, sondern das Aufhören individueller Existenz und des dadurch entstehenden Leids. Das Nirvana ist sowohl Ende wie Vollendung, höchster, überpersönlicher Glückszustand.

Worin allerdings das besteht, was in der Kette der Wiedergeburten identisch bleibt, ist unklar; die buddhistische Anatta-Lehre (von an-Atman, »kein Selbst«) besagt ja, dass es, anders als im Hinduismus, keine Person gibt. In manchen Richtungen umfasst deswegen die »Erleuchtung« auch die Erkenntnis des Scheincharakters der Samsara, des Kreislaufs von Geburt, Tod und Wiedergeburt. Im Hinayana haben nur Mönche – Nonnen meist erst nach ihrer Wiedergeburt als Männer – die Chance, das Nirvana zu erreichen, während sich die »Laien« um ein gutes Leben bemühen und die Mönche unterstützen müssen, um eine bessere Wiedergeburt zu erreichen.

Erlösung für alle: der Mahayana-Buddhismus

Das Mahayana will allen Menschen, nicht nur den Mönchen, den Zugang zum Nirvana ermöglichen. Vorbild ist die Gestalt Buddhas selbst, der ja darauf verzichtete, sofort ins Nirvana einzugehen, um zuerst durch seine Lehre auch anderen zu helfen – ein Element eines Fremderlösungsgedankens. Diese Tendenzen wurden schon früh dadurch verstärkt, dass die Asche Buddhas in verschiedenen Schreinen, Stupas, aufbewahrt und verehrt wurde, woraus sich ein Reliquienkult entwickelte, der von frommen, asketischen Männern, die sich vielleicht schon Bodhisattvas nannten, geleitet wurde. Daraus entwickelte sich die Lehre der verschiedenen Richtungen des Mahayana: Ein Bodhisattva ist ein Frommer, der die »Erleuchtung« erreicht hat und ins Nirvana eingehen könnte. Um anderen zu helfen, verzichtet er für eine gewisse Zeit darauf; dabei überträgt er seine Verdienste auf andere. Das ist möglich, weil alle Dinge und Menschen in- und miteinander verwoben und nur durch diese Beziehungen überhaupt sind. Grundsätzlich aber gibt es nur »Leere«, erst durch das Zueinander von Beziehungen entsteht »Realität«. Diese den ganzen Kosmos und die Menschen umspannende Wirklichkeit ist neben dem ersten, historischen, und dem zweiten, seinen Erscheinungen in Bodhisattvas, der »dritte Körper« Buddhas, obwohl dieser letztlich »Leere« ist. In manchen Richtungen entwickelte sich sogar eine »Buddhologie«, in der Buddha alle möglichen Würdenamen, oft zu 80 Titeln geordnet, zugesprochen werden.

KARL-HEINZ OHLIG

Von Indien aus verbreitete sich die buddhistische Lehre über den asiatischen Raum. Nach schweren Verfolgungen wurde in China der meditative **Chan-Buddhismus** zu einer starken Bewegung. Die Abbildung aus dem 1238 zeigt den Patriarchen Wuzhun.

Die Philosophie

Das Staunen und das Fragen sah Aristoteles am Anfang aller Philosophie. Urbild des Philosophen ist der fragende Mensch.

Das altgriechische Wort »Mythos« bedeutet »Erzählung«, »Sage«. Mit dem Gattungsbegriff »Mythos« ist der Komplex der Erzählungen über Entstehung und Ende der Welt, über Götter und Helden gemeint. Nicht nur in der altgriechischen Kultur, vielmehr in allen frühen Kulturen spielten Mythen eine wichtige Rolle für die Selbst- und Weltdeutung der Menschen. Sie waren eng mit den religiösen Vorstellungen und Ritualen sowie den Bräuchen des öffentlichen Lebens, des Stammes oder des Staates verbunden.

Auch das Wort »Logos« hat ursprünglich die Bedeutung »Erzählung«, »Rede«, »Wort«. Insbesondere bedeutet es jedoch »Zählung«, »(Ab)rechnung«, und davon abgeleitet »Überlegung«, »Wertschätzung«, »Grund«, »Beweis«, »Sinn«, »vernünftige Erklärung«. Anders als die Erzählform des Mythos geht der Logos darauf aus, Sachverhalte in Begriffe zu fassen.

Der Mythos stellt die Welt als Bühne dar. Er personifiziert die Kräfte der Natur, der Gesellschaft und des Seelenlebens zu Göttern und Helden und entwirft Bilder und Szenen, in denen diese miteinander ringen und das Schicksal der Menschen bestimmen. Für den Logos ist dagegen die Welt ein Text, den es begrifflich zu entschlüsseln gilt.

Göttermythen waren eine vorphilosophische Form der Welterklärung. Die Rekonstruktionszeichnung aus dem Jahr 1873 zeigt das Innere des **Zeustempels von Olympia** mit der 12 m hohen Sitzstatue des Zeus im Hintergrund. Mit solchen Weihgeschenken sollten die Götter – und damit das Wirken der Natur – besänftigt werden.

Zunächst war der Mythos die kulturell vorherrschende Form des Bewusstseins. Die Entdeckung des Logos, des rationalen Denkens, vollzog sich in der griechischen Kultur des 6.–4. Jahrhunderts v. Chr. In dieser Zeit wurden immer weitere Bereiche des Lebens den mythisch-religiösen Vorstellungen entzogen und hinsichtlich ihrer natürlichen Ursachen erforscht. Der Fortschritt des Logos gegenüber dem Mythos bestand darin, die Frage nach der Wahrheit und der vernünftigen Begründung aufzuwerfen. Dies geschah auf zweierlei Wegen, die anfangs kaum voneinander abgegrenzt waren, im Weiteren aber unterschiedlich verliefen: als Philosophie und als Erfahrungswissenschaft. Auch in anderen Kulturen des Altertums, in Israel, Indien und China, gab es philosophische Ansätze. Von diesen unterscheidet sich aber die Philosophie der Griechen dadurch, dass sie als Einzige den Rahmen der Religion sprengte und Natur und Mensch ganz aus ihnen selbst heraus zu erklären suchte.

Sokrates wurde von Platon und Xenophon mit einem Silen, einem der hässlichen alten Begleiter des Weingottes Dionysos, verglichen. Über den charakterisierenden groben Zügen wölbt sich aber die hohe Stirn, die den Philosophen kennzeichnet.

Die naturphilosophische Spekulation

Die Naturphilosophie des 6. und 5. Jahrhunderts v. Chr. übernahm vom Mythos den Anspruch, die letzten Wurzeln und Zwecke der Natur zu erschließen, unterschied sich aber vom Mythos, indem sie durchgehende Begründungszusammenhänge der Welt im Ganzen auf begrifflichem Weg aufzuweisen suchte. Dabei wurde »Logos« die Bezeichnung für das innewohnende Prinzip des Kosmos, für die Gesetzmäßigkeit, den Sinn und den Grund des Weltgeschehens. Auf ein solches Urprinzip sollten sich alle vielfältigen und vergänglichen Erscheinungen zurückführen lassen.

Die ersten Philosophen formulierten das Urprinzip unterschiedlich, entweder stofflich oder abstrakt-begrifflich. So glaubte der von Aristoteles so genannte »Ahnherr der Philosophie«, Thales aus Milet, der wie andere antike Denker bis hin zu Sokrates nur mündlich lehrte, dass der Urstoff aller Dinge das Wasser sei. Darunter war nicht der rein physikalische Stoff zu verstehen, sondern das »Flüssige« als einheitliches Lebensprinzip alles natürlichen Werdens und Vergehens. Materie und Geist galten noch nicht als Gegensätze. Andere Philosophen proklamierten als Urstoff das Feuer oder die Luft. Sehr bald wurden auch abstrakte, nicht stoffliche Formulierungen gewählt. Anaximander, der als Erster philosophische Schriften verfasste, sah die gesuchte Einheit des Seins im »Grenzenlosen«, aus dem alles individuell Begrenzte hervorgeht und in das es wieder zurückkehrt. Pythagoras nannte als oberstes Prinzip die Zahl. Diese Suche nach dem Wesen alles Seienden erreichte ihren Höhepunkt mit Parmenides, der ein ewiges, unveränderliches, sich selbst denkendes Sein annahm.

Im Verlauf des 5. Jahrhunderts wurde statt nach der Einheit mehr und mehr auch nach den Zerlegungsprinzipien der

Das früheste überlieferte Bruchstück aus einer philosophischen Schrift ist der Satz des **Anaximander,** nach dem das Dasein der Einzelwesen eine unrechtmäßige Herauslösung aus dem ewigen Sein darstellt:

> *»Der Ursprung der Dinge ist das Grenzenlose. Woraus sie entstehen, darin vergehen sie auch mit Notwendigkeit. Denn sie leisten einander Buße und Vergeltung für ihr Unrecht nach der Ordnung der Zeit.«*

Aristoteles schreibt in seiner »Metaphysik« über den Ursprung der Philosophie:

> *Staunen veranlasste zuerst wie noch heute die Menschen zum Philosophieren ... Wer aber fragt und staunt, hat das Gefühl der Unwissenheit ... Um also der Unwissenheit zu entkommen, begannen sie zu philosophieren.«*

Gaben die Standbilder des Platon und Sokrates die antiken Philosophen noch als vorbildliche, gute Bürger wieder, so zeigt die hellenistische Sitzstatue den Stoiker **Chrysippos** als Intellektuellen. In angespannter Körperhaltung und mit angestrengten Gesichtszügen scheint der Philosoph dem Betrachter seine Lehre zu erläutern (Paris, Louvre; Kopf nach einem Stück im British Museum, London, ergänzt).

Natur gefragt. Empedokles nahm mit Wasser, Feuer, Erde, Luft vier Grundelemente an, dazu die kosmischen Kräfte von Anziehung und Abstoßung, Liebe und Hass. Anaxagoras differenzierte die Elemente weiter und Demokrit nannte ihre kleinsten Bruchteile Atome.

Die sophistische Aufklärung

Das 5. Jahrhundert und insbesondere dessen zweite Hälfte gilt als die Epoche der griechischen Aufklärung, die von den so genannten Sophisten – das bedeutet »Gelehrte« – getragen wurde. Diese zogen im Land umher und vermittelten gegen Geld praktisch verwertbare Bildung, Redekunst und politisch-rechtlichen Beistand. Aufklärer waren sie, weil sie die überkommenen Vorstellungen des Wahren und Guten nicht unbefragt hinnahmen und die Bedingungen der menschlichen Erkenntnis selbst zum Gegenstand von Erkenntnis machten. Durch Kommerzialisierung, Vielwissererei und vor allem durch die Kritik Platons erhielt der Ausdruck »sophistisch« eine abwertende Bedeutung.

Es ist jedoch das unbestreitbare Verdienst der Sophisten, dass sie die philosophische Kritik der Erkenntnis und der Moral begründet und die für die gesamte vormoderne Ethik zentrale Frage aufgeworfen haben, worin ein glückliches Leben besteht. Die Sophisten gingen von der Verschiedenheit und Veränderlichkeit der menschlichen Sitten aus und zogen daraus unterschiedliche Schlussfolgerungen. Protagoras, der Bedeutendste unter ihnen, vertrat einen Relativismus, nach dem alle Wahrheit und aller Wert vom je Einzelnen abhängen sollte. Während er Tugend lehrte, verschrieb sich der Redner Gorgias der erkenntnistheoretischen und ethischen Skepsis, ja dem Nihilismus.

Die Suche nach dem Allgemeinverbindlichen

Auch für Sokrates war der Mensch das Maß aller Dinge, aber nicht jeder Einzelne, sondern der Mensch, sofern er seiner Bestimmung folgt, sich selbst zu erkennen. Sokrates suchte nach allgemein verbindlichen (universellen) Grundlagen des Wissens und Handelns, auch und gerade, sofern sie dem jeweils einzelnen Menschen nicht bewusst sind. Er sagte von sich: »Ich weiß, dass ich nichts weiß.« Er lehrte nicht, sondern fragte nach. Er war aber kein Skeptiker, sondern vertraute auf das Gespräch, in dem sich verschiedene, einseitige Ansichten wechselseitig korrigieren sollten. Sokrates suchte eine verbindliche moralische Lebensorientierung in demjenigen Logos, der sich in der Diskussion am ehesten bewährt hatte und den er dann in allgemeinen Definitionen, etwa von Schönheit oder Gerechtigkeit, formulierte. Individuelle Selbstbestimmung des Gewissens, nicht die Ansprüche von Religion, Wissenschaft oder Politik, sollten handlungsleitend sein. Dafür wurde er von den Athenern 399 v. Chr. zum Tode verurteilt.

Das antike **Symposion** war eine festliche Form der Geselligkeit (rotfigurige Vasenmalerei, 4. Jh. v. Chr.; Paris, Louvre). Das Gelage mit ausgiebigem Weinkonsum wurde von Musikdarbietungen begleitet und bot Gelegenheit, Bildung und Kultur zur Schau zu stellen. Ein literarisches Denkmal setzte Platon dem Symposion in seiner Schrift »Das Gastmahl«.

Sokrates diskutierte mit seinen Athener Mitbürgern, hinterließ aber nichts Schriftliches. Wir wissen von ihm vor allem aus den Dialogtexten seines Schülers Platon. Bei diesem wurde das Sterben des Sokrates zum Symbol des philosophischen Denkens: Um das wahre und höchste Seiende, das Platon die »Idee des Guten« nannte, zu erfassen, muss man sich aus den Banden des Stofflichen befreien.

Platon bildete das sokratische Denken zu einer eigenen Lehre vom vollkommen Seienden fort. Der Ausdruck »Philosophie« hat bei ihm eine doppelte Bedeutung. Einerseits ist, im Unterschied zu bloßem Faktenwissen, jede systematisch betriebene Erkenntnis gemeint, zum Beispiel die Geometrie, andererseits ist Philosophie das Streben nach Erkenntnis und Schau der Prinzipien des Seienden als solchem.

Platons dialogische Schriften sind für ein größeres Publikum bestimmte Kunstwerke, die seines Schülers Aristoteles Nachschriften von Vorträgen und Lehrschriften. Auch Aristoteles bestimmte als Gegenstand der Philosophie das Allgemeine, Notwendige und Unveränderliche. Aristoteles kritisierte aber an Platon, dass dieser das Wesen der Dinge in einen jenseitigen Bereich verlegt habe, statt es in den Dingen selbst aufzusuchen. Er setzte die Wesenheiten mit den Gründen und Ursachen des Daseins und Soseins der Dinge selbst gleich. Damit wurde Aristoteles zum Begründer der Philosophie, die sich wissenschaftlicher Methoden bedient und zugleich in ihrem Erkenntnisanspruch über das wissenschaftliche Einzelwissen hinausreicht.

GUNZELIN SCHMID NOERR

Die Frage nach dem Glück war für Platon in dem Dialog »Gorgias« ein wichtiger Streitgegenstand der Philosophen:

>*Ist doch auch das, worüber wir streiten, nichts Kleines, sondern fast wohl dasjenige, welches zu wissen das Schönste und nicht zu wissen das Hässlichste ist …: Wer glückselig ist und wer nicht.«*

Das Drama beginnt

Die griechische Tragödie

Obwohl zunächst nur für eine einzige Aufführung geschrieben, haben die griechischen Tragödien überzeitliche Geltung erlangt.

Das Spiel in Verkleidung und Maske gehört von jeher und überall zu den Formen menschlicher Äußerung. Es hatte am Beginn der Kulturen einen bevorzugten Platz im kultischen Bereich. Auch die uns bekannte, literarisch reich entfaltete attische Tragödie hatte dort ihren Ursprung und eine veränderungsreiche Vorgeschichte. Als deren Elemente sind vor allem zu nennen die maskierten, tanzenden Satyrn; diese Fruchtbarkeitsdämonen wurden mit Dionysos zusammengebracht, dem Maskengott, der Menschen in selbstvergessener Ekstase zu anderen werden lässt. Umstritten ist, auf welchen Ursprung das Wort Tragödie verweist. Man geht unter anderem von den Tragodoi, den »Sängern beim Bocksopfer«, aus und verweist auf Opfersituationen in den erhaltenen Tragödien.

Dagegen entstand nach Ansicht des Philosophen Aristoteles die Tragödie aus Stegreifliedern der Sänger, die den Dithyrambos, das Chorlied im Dionysoskult, anstimmten, und wandelte sich von unerheblichen Stoffen und Gelächter auslösender Sprache, was zum Satyrhaften gehöre, erst spät zur Erhabenheit. Die Komödie dagegen wurde zu einer der Tragödie zwar benachbarten, aber doch eigenen Gattung. Sie hatte nach Aristoteles ihren Ursprung in Umzügen, bei denen Phallosträger in ihren Liedern auch Spott über die Zuschauer ausgossen; freilich kann man dabei noch an andere Formen des Possenspiels denken.

Aischylos, Sophokles und Euripides

Als eigentlicher Schöpfer der Tragödie galt in der Antike Thespis, der im 6. Jahrhundert v. Chr. dem Chor einen

Das europäische Theater fußt auf dem **Dionysoskult** der Griechen. Zu Ehren dieses Gottes wurde gesungen und getanzt, es entstanden Wechselgesänge sowie Trink- und Festgesänge. Das Mosaik zeigt den festlichen Einzug des Dionysos mit seinem Gefolge in Athen.

Im Südosten des dem Asklepios gewid-
meten Heiligtums in **Epidauros** liegt das
besterhaltene griechische Theater. Es
wurde wohl Anfang des 3. Jh. v. Chr.
erbaut. Die Orchestra, die zwischen
Bühnenhaus und der Zuschauertribüne
gelegene runde Spielfläche, misst circa
20 m im Durchmesser.

Schauspieler mit Sprechversen gegenübertreten ließ. Ihm
folgten Choirilos, Phrynichos und Pratinas. Aischylos führte
den zweiten Schauspieler ein und ermöglichte so den Wi-
derstreit der Schauspieler vor dem Chor, der seinerseits wie
ein Schauspieler reagieren, aber auch stellvertretend für die
Zuschauer das von den Schauspielern Verhandelte deuten
kann. Sophokles erhöhte durch die Einführung des dritten
Schauspielers noch die Vielfalt spannungsreicher Kombinationen der Schauspieler mit dem Chor. Sie wurden von Euripides weiterentwickelt. Bei ihm tritt der Chor zwar als Mit-
spieler zurück, immer stärker wird aber seine Funktion, dem
Zuschauer eine Deutung des Geschehens zu vermitteln.

Im öffentlichen Leben der Stadt Athen hatten die Tragö-
dienaufführungen, besonders die an den »Großen Diony-
sien« im März/April eine zentrale Bedeutung; die Tragödie
ist ein athenisches Gewächs. Eine antike Nachricht ordnet
die drei Dichter chronologisch dem Jahr der siegreichen Seeschlacht von Salamis gegen die Perser 480 v. Chr. zu: Aischylos kämpfte in ihr mit, Sophokles war als sehr junger Mann
Vorsänger im Siegesgesang, und Euripides wurde in diesem
Jahre geboren.

Die Stadt Athen etablierte sich nach diesem Sieg als griechische Vormacht. Die folgenden ungefähr 50 Jahre bis zum
Beginn des von 431 bis 404 v. Chr. während den Peloponnesi-
schen Kriegs waren Athens hohe Zeit. Sophokles und Euripides, die beide 406 v. Chr. starben, erlebten aber noch diesen Krieg. Der durch ihn bewirkte politisch-moralische Um-
bruch bestimmte stark das Schaffen des Euripides in diesen
Jahren.

Die Handlungen der Tragödien spielten sich innerhalb
eines einzigen Tages an einem einzigen Ort ab. Ihre Themen
entstammten meist dem Mythos. Hier nun zeigt Aischylos
eindringende theologische Reflexion; an seinen großen Dramengestalten wird ein Miteinander von göttlichem, mitur-
sächlichem Wirken und menschlicher Verblendung und

*Sophokles' Tragödie »Antigone«, in
der die Heldin gegen das Verbot ihres
Onkels den Bruder, der gegen die
eigene Stadt die Hand erhoben hatte,
bestattet und bereit ist, dafür in den
Tod zu gehen, übt bis heute ihre
Wirkung aus. Moderne Dichter wie
Bert Brecht und Jean Anouilh wurden
durch sie zu eigenen Bearbeitungen
angeregt.*

Der ursprünglich kultische Charakter des Theaters wird unter anderem durch diesen steinernen **Priestersessel** belegt, der sich als Ehrenplatz vor der Orchestra des Dionysostheaters in Athen befand.

Masken gehörten im römischen wie im griechischen Theater zur festen Ausstattung, verkörperten hier jedoch keine individuellen Gestalten, sondern bestimmte Typen (späthellenistisches Mosaik, wohl 2. Jh. v. Chr.; Neapel, Museo Archeologico Nazionale).

Verfehlung sichtbar. Die Menschen bleiben verantwortlich für ihre Taten und werden so tragisch schuldig. Schuld kann aber durch göttliche Gnade wie in der »Orestie« aufgehoben werden.

Die Tragödien des Sophokles kennzeichnet eine mit unerbittlicher Konsequenz verlaufende dramatische Handlung. In tragischer Ironie erfüllen sich Aussagen in unerwartetem Sinne, die Menschen können wegen ihrer übermäßigen Größe an der furchtbaren, nicht zu verstehenden Übermacht der Götter scheitern; allerdings findet im Alterswerk »Ödipus auf Kolonos« der Held eine Erlösung.

In den Dramen des Euripides stehen Frauengestalten im Vordergrund, so Medea, die sich an Jason, der sie verlassen hatte, durch die Ermordung ihrer Kinder rächt. Oft lässt er eine überraschende Lösung durch das Erscheinen des Deus ex Machina eintreten: Ein Schauspieler sprach in der Rolle eines Gottes von einer Art Kran herab auf Spieler und Zuschauer. Allerdings erscheinen Götter bei Euripides moralisch nicht selten in zweifelhaftem Licht; hier wirkt die rationale und moralische Götterkritik der Sophisten. Der ältere Euripides will das Interesse des Zuschauers daran wecken, wie Menschen mit ihrer jeweiligen Situation fertig werden. Freilich zeigt sein Alterswerk »Die Bakchen«, in dem die zerstörerische dionysische Raserei alles überrennt, die Weite der Visionskraft dieses Tragikers.

Innerhalb von vier Jahrzehnten erlebte somit die Tragödie von Aischylos bis zu Euripides starke Veränderungen, konnte bei dem Letzten unter Wegfall dessen, was wir heute als tragisch verstehen, zum bloßen dramatischen Spiel werden. In dieser Entwicklung traf sie sich mit der »Mittleren« und der »Neuen Komödie«, die anders als die »Alte Komödie« des Aristophanes statt der spottenden Kritik an Personen und Themen der politischen und kulturellen Öffentlichkeit den versöhnlich-ironischen Umgang mit allgemein menschlichen Problemen in den Vordergrund rückten.

Elektra

Beispielhaft erkennen kann man die Beziehung der drei Tragiker untereinander und ihre jeweilige Eigenart an ihrer Darstellung der Elektra beim Vollzug der von Apoll gebotenen Rache durch Orest: Aus der Fremde nach Argos heimgekehrt, erschlug dieser seine Mutter Klytämnestra und deren Geliebten Ägisth, die seinen Vater Agamemnon, den Sohn des Atreus und König von Argos, ermordet hatten; dabei machte sich Orest mit dem Muttermord seinerseits wieder schuldig. Aischylos handelt davon im mittleren Stück seiner »Orestie«, die aus den drei Tragödien »Agamemnon«, »Choephoren« und »Eumeniden« besteht. Er stellte dar, wie sich an Orest der Geschlechterfluch, der an den Atriden hing, von neuem erfüllte; erst im dritten Stück befreit der Spruch des Areopags, des höchsten Gerichts von Athen,

Orest von der Verfolgung durch die Rachegöttinnen. Beim Vollzug der Rache in den »Choephoren« hatte Elektra nur eine Nebenrolle gespielt. Das wurde in den »Elektra«-Tragödien des Sophokles und des Euripides anders, die die »Choephoren« des Aischylos umgewichtend und auch im Detail umgestaltend, die Elektragestalt in den Mittelpunkt stellten und den Geschlechterfluch zurücktreten ließen. Bei Sophokles ist Elektra eine Person, die, angestoßen durch das Verhalten der skrupellosen Klytämnestra, in ihrem leidenschaftlichen Kampf gegen die Mutter das dem Menschen gesetzte Maß durchbricht. Bei Euripides hingegen wird Orest durch Apolls Gebot, vor allem aber durch Elektras Anstiften zum Mörder seiner Mutter, obwohl diese ihrerseits unter ihrer Schuld leidet. Nach dem Muttermord aber brechen Elektra und Orest unter der Last der Tat zusammen. Diese euripideischen Gestalten sind schuldige und erbärmliche Menschen.

Das Fortwirken des tragischen Dramas

Die drei Dichter wurden auch vom Komödiendichter Aristophanes miteinander in Beziehung gesetzt. Er lässt den Theatergott Dionysos in der Unterwelt Schiedsrichter über die drei verstorbenen Dichter sein; es siegt der konservative Aischylos. Man sah sie also schon im Jahre 405 v. Chr. als die drei großen Tragiker an. In dieser Zeit gewann das tragische Drama seine feste literarische Form. So konnte es Aristoteles in seiner »Poetik« beschreibend definieren; nach ihm wirkt es durch »Mitleid und Furcht«. Seine Theorie wurde weitergeführt, wie später die »Ars poetica« des römischen Dichters Horaz zeigt. In der Neuzeit steht Lessing mit seiner »Hamburgischen Dramaturgie« in dieser Theorietradition.

In der Dichtung stellten die Tragödien des römischen Philosophen Seneca ein wichtiges Bindeglied zu den Dramen der europäischen Literatur dar. Von den antiken Dramengestalten sind besonders Medea und Elektra bis heute lebendig.

HANS ARMIN GÄRTNER & HELGA GÄRTNER

Auf der so genannten **Theaterscherbe aus Tarent** (Würzburg, Martin von Wagner-Museum), dem Fragment eines um die Mitte des 4. Jh. v. Chr. entstandenen Gefäßes, ist die perspektivische Darstellung eines Bühnengebäudes zu sehen.

In der »Hamburgischen Dramaturgie« von 1768/69 bemerkt **Gotthold Ephraim Lessing:**

> *»Die dramatische Form ist die einzige, in welcher sich Mitleid und Furcht erregen lässt; wenigstens können in keiner anderen Form diese Leidenschaften auf einen so hohen Grad erreget werden.«*

»In unserer Stadt aber
hat die meiste Gewalt
die Menge. Sie teilt die
Ämter und Gewalt
denen zu, welche
jedes Mal dafür
gelten, die Besten zu
sein.«

Platon

Die Geburt der Demokratie

Das Schicksal der Griechen verschmilzt in vielerlei Hinsicht mit dem Schicksal einer Stadt: der Polis Athen. Lange hatte sie im Schatten mächtiger Nachbarn gestanden und war den großen Kolonistenzügen ferngeblieben, an deren Ende die Griechen um das Mittelmeer saßen »wie die Frösche um den Teich« – so sah sie im 4. Jahrhundert v. Chr. der Philosoph Platon. Athens Stunde schlug, als 491 v. Chr. Gesandte des persischen Weltreichs von allen Städten Griechenlands Erde und Wasser als Zeichen der Unterwerfung forderten. Viele kamen dieser Aufforderung nach, wenige scharten sich um Athen und Sparta, töteten die persischen Boten und rüsteten zum Widerstand. 480, in der Schlacht von Salamis, war der Kampf entschieden: Die in den Jahren davor gebauten Kriegsschiffe und der Mut und das Können athenischer Ruderer triumphierten über die Allmacht des »Königs der Könige«.

Die siegreiche Stadt riss die Initiative des Krieges an sich, schmiedete einen Seebund, der weiträumigen imperialen Zielen dienen konnte, und beanspruchte, die erste Macht in der Ägäis zu sein. Binnen weniger Jahre sah sich eine Bürgerschaft, die in ihrer bisherigen Geschichte nur selten über die engere Nachbarschaft hinausgeblickt hatte, mit der Politik des gesamten östlichen Mittelmeerraums konfrontiert und auf dem Weg zur Weltmacht. In dieser Rolle entfaltete Athen die Kräfte, die der Stadt den ersten Platz innerhalb des Griechentums und seiner Geschichte einräumen sollten. Die Demokratie, die Tragödie, die Geschichtsschreibung, die Baukunst der Akropolis ebenso wie die politische Rationalität und Philosophie – nichts davon hätte es in einem militärisch gedemütigten Athen geben können.

Mittels eines **Scherbengerichts** konnte das Volk von Athen ab dem 5. Jh. die Verbannung einzelner Bürger auf zehn Jahre aussprechen. Die Bürger mussten den Namen des zu Verbannenden auf Tonscherben (Ostraka) ritzen, die Mehrheit der Stimmen entschied (Athen, Agora-Museum).

Im Schatten des Krieges: Die Enstehung der Demokratie

Die Demokratie entstand nicht, weil es ein Modell für sie gab oder aufständische Massen politische Mitsprache und soziale Gerechtigkeit gefordert hätten. Sie wurde auch nicht in einem revolutionären Akt geboren, vergleichbar dem Sturm auf die Bastille 1789. Und niemand spornte die Unteren zum Angriff auf die Festungen der herkömmlichen Macht an. Die Demokratie kam auf leisen Sohlen und im Schatten von Krieg und Expansion.

Seit 454 v. Chr. war die **Akropolis von Athen** auch religiöser Mittelpunkt des ersten attischen Seebunds, aus dessen Mitteln die Bauten der klassischen Zeit – der Parthenon und die Propyläen – finanziert wurden.

Seit den Zeiten, in denen der Bauer als Hoplit, als Schwerbewaffneter, in der Schlachtreihe neben den adligen Herrn getreten war, hatte sich als Grundregel des politischen Handelns durchgesetzt, dass Militärdienst den Anspruch auf Mitsprache ausreichend begründet. Seit dem Tag von Salamis galt dies auch für die Besitzlosen, die Theten, und jedes Kriegsjahr, das die Flotte erfolgreich sah, machte offenkundig, dass Macht und Reichtum Athens von ihr und von den Männern abhingen, die ihre Rücken auf den Ruderbänken krümmten. So nahmen sie sich Sitz und Stimme in der Volksversammlung und den Gerichten, ohne dass es darüber Streit gab. »Jeder von uns«, verkündete den Athenern stolz ihr adliger Führer Perikles, »ist fähig, Recht zu sprechen, jeder von uns ist bereit, für Athen zu kämpfen und zu sterben.«

Dies galt für Arm und Reich, für Hoch und Niedrig. So hatte der Adel Zeit, sich auf Veränderungen einzustellen, in die seine führenden Köpfe immer selbst, mal hemmend, mal fördernd, eingegriffen hatten. In keiner Phase der Entwicklung gaben sie die Macht ganz aus den Händen. Dort, wo es um ihre ureigensten Domänen ging, nämlich um Außenpolitik und Krieg, waren sie ohnehin nicht zu ersetzen. So ging die Ausdehnung der politischen Entscheidungsgewalt auf alle Bürger Hand in Hand mit der Übernahme erprobter aristokratischer Spielregeln der Begründung und der Aus-

> *»Mit Recht sind die Armen und*
> *das Volk berechtigt, den*
> *Vorzug vor den Vornehmen*
> *und Reichen zu haben, und*
> *zwar deshalb, weil nur das*
> *Volk es ist, das die Schiffe*
> *treibt und dadurch der Stadt*
> *ihre Machtstellung*
> *verschafft.«*

Mit **Alexander dem Großen** endete die
demokratische Tradition in Griechenland. Der
Maler Apelles verherrlichte in einem Gemälde
in Ephesos den Monarchen in der Pose des
Göttervaters Zeus (römische Kopie aus
Pompeji).

übung von Macht. Dazu zählten, getreu dem adligen
Grundsatz, immer nach dem Besten Ausschau zu halten,
die Wahl für die Staatsämter, die für Krieg und Finanzen
zuständig waren, und der Mehrheitsbeschluss, der alle
Stimmen als gleichwertig behandelte und einen klar formulierten politischen Willen zustande bringen konnte.
Demokratie hieß damit zugleich die Herrschaft der Mehrheit über eine Minderheit, wer auch immer sich darunter
befand: »Das demokratische Recht ist nämlich die Gleichheit nach der Zahl, nicht nach dem Ansehen«, formulierte
Aristoteles.

Die Ziele und Ideale der Demokratie

Das Überleben des alten Adels und die Vergabe der politischen Rechte an die Armen setzten der demokratischen
Neuordnung des Staates drei Ziele: Die Beteiligung aller am
politischen Leben, die Schwächung der exekutiven Gewalt
und die absolute Geltung der Gesetze. Das erste Ziel machte die Volksversammlung zum Souverän des Staates. Sie
tagte regelmäßig und nicht nach der Laune eines Beamten
oder anderer Institutionen. Ihre Kompetenz erfasste alle
Bereiche des öffentlichen Lebens: die Wahlen, die Gesetzgebung, die Entscheidung über Krieg und Frieden, die
Steuern, die Verleihung des Bürgerrechts sowie soziale
Maßnahmen für die Bevölkerung. Zutritt zu den Abstim-
mungen hatte jeder freie und mündige athenische Mann,
und die Hand, die er hob, entschied über die vorgelegten
Anträge.

Das zweite Ziel verlangte die Entmachtung der Beamten-
schaft. Ihre Kompetenzen verteilte der Gesetzgeber auf eine
Vielzahl von kurzfristig regierenden und durch das Los
bestimmten Amtsträgern, die jederzeit zur Rechenschafts-
legung gezwungen werden konnten. Zehnmal im Jahr setzte
allein die Volksversammlung die Amtsführung der Beamten
auf die Tagesordnung und gab jedermann Gelegenheit, Beschwerden vorzutragen.

Das dritte Ziel hatte bereits Anfang des 6. Jahrhunderts
v. Chr. Solon vorgegeben. »Gilt das Gesetz, fügt es zu schöner Ordnung das Ganze«, beschwor er in schwerer Zeit
seine Landsleute und lehrte sie, Abschied von dem Gedanken zu nehmen, das Recht müsse auf einer unverbrüch-
lichen, von den Göttern gestifteten Ordnung beruhen. So
machte sich Athen auf den Weg, alle auftretenden Probleme einem geschriebenen und für jedermann gültigen Gesetz zu unterwerfen; es wurde von Bürgern geschaffen,
hatte ihren Zwecken zu dienen und war korrigierbar,
wenn die Vernunft oder die gesellschaftlichen Konflikte
dies forderten.

Die Athener sahen in ihrer Demokratie keine Heilslehre.
Dazu fehlte ihnen der Glaube, einen für alle Menschen
vorbildlichen Staat geschaffen zu haben. Verglichen sie

allerdings ihre mit anderen Lebensordnungen, so waren sie sich schnell ihrer Überlegenheit gewiss. »Wer ist der Landesfürst?«, fragt in den »Schutzflehenden« des Euripides ein Herold aus Theben die Athener. Was er als Antwort hört, macht ihn zornig und die Athener glücklich: »... hier gebietet nicht ein Einzelner; die Stadt ist frei. Die Bürger selbst bekleiden Jahr um Jahr der Reihe nach die Ämter, wobei sie nicht dem Reichtum einen Vorrang geben, nein, auch der Arme gleiches Recht genießen darf.«

Der Gedanke der Gleichheit leuchtet über der Freiheit. Sie gewährte die Gleichheit vor dem Gesetz, die Gleichheit von Reich und Arm und die Gleichheit auf der Bühne des Redners. Die Einwände dagegen hörte man, nahm sie aber nicht ernst: Gleichheit orientiere sich nur an der Zahl, nicht aber an erprobten Prinzipien wie Leistung, Herkunft, Reichtum und Ansehen; Politik fordere Erfahrung, Bildung und Sachverstand – alles Eigenschaften, die breite Massen nicht besäßen.

Die Wiedergeburt der Demokratie in Europa

Die Demokratie Athens starb, als im 4. Jahrhundert v. Chr. mit Alexander dem Großen die Monarchen obsiegten und ihren Herrschaftsanspruch für viele Jahrhunderte so gründlich festigten, dass selbst der Name »Demokratie« aus dem öffentlichen Bewusstsein schwand. Im 18. Jahrhundert jedoch tauchte er aus dem Dunkel der Gelehrtenstuben, in denen er überlebt hatte, wieder auf, wurde erneut zu einem leidenschaftlich umkämpften politischen Begriff und umschrieb wie im alten Athen eine Ordnung, in welcher der Wille der Bürger über alle staatlichen Angelegenheiten herrscht. Und mit ihm kehrte eine besondere Interpretation von Freiheit zurück: Diese sei, schrieb Aristoteles, zum einen dadurch bestimmt, dass das Regieren und Regiertwerden reihum gehe und der Beschluss der Mehrheit gelte, zum anderen gebe sie jedem die Möglichkeit, so zu leben, wie er wolle.

WERNER DAHLHEIM

Seit 443 v. Chr. fast jährlich als Stratege gewählt, leitete **Perikles** die Geschicke der athenischen Demokratie. Von beeindruckender persönlicher Ausstrahlung und Autorität und mit außergewöhnlicher Rednergabe ausgestattet, hat er die Politik maßgeblich bestimmt und Athen zu einer glanzvollen Epoche verholfen.

Rom, die erste europäische Weltmacht, versprach allen Untertanen Frieden, Wohlstand und Recht für immer.

Beginn der europäischen Vorherrschaft

Rom begann seine Geschichte wie viele Griechenstädte und Karthago als Stadtstaat. Aber es ging früh seinen eigenen Weg. Am Ende hatte es ein für die Ewigkeit gedachtes Weltreich geschaffen, das die Ränder dreier Kontinente miteinander verband: Südeuropa, Asien und Nordafrika. In seinem Zentrum lag das Mittelmeer, lagen mit Rom, Konstantinopel, Jerusalem und Alexandria alle Weltstädte der damals bekannten Erde. Seine letzte historische Leistung vollbrachte es unter Konstantin dem Großen, als es das Bündnis mit dem gekreuzigten Gott schloss und den christlichen Missionaren die Tore Europas öffnete.

Die Einigung Italiens

Von seiner ersten Stunde an war Rom gezwungen, sich in Italien mächtiger äußerer Gegner zu erwehren. Der Krieg entschied über sein Schicksal. Er begann in der Mitte des 5. Jahrhunderts v. Chr. mit den Kämpfen gegen die Völker Mittel- und Süditaliens, und er endete nach 250 Jahren mit der Unterwerfung der keltischen Stämme in Oberitalien. In diesen langen Jahren glanzvoller Siege und demütigender Rückschläge festigte sich der Machtanspruch der Nobiles, der adligen Führer, die immer die Herren des Krieges blieben

Die **Kapitolinische Wölfin,** eine lebensgroße Bronzestatue einer Wölfin im Konservatorenpalast auf dem Kapitol in Rom, ist eine italisch-etruskische Arbeit des frühen 5. Jh. v. Chr. Sie galt stets als »Mater Romanorum«, als »Mutter der Römer«. In der Renaissance wurden die beiden Figuren der Zwillinge Romulus und Remus hinzugefügt.

und von Sieg zu Sieg ihre Autorität steigerten und schließlich unanfechtbar machten. So brach Rom früh das Experiment der Volksherrschaft ab und überließ die staatliche Gewalt seinen im Senat versammelten Eliten. Ihre Freiheit, als Diener des Gemeinwesens zu tun, was ihnen beliebte, wurde identisch mit der Freiheit der Republik.

Im Schatten von Krieg und Eroberung entwickelte Rom auch die Herrschaftsinstrumente, die ihm Italien dienstbar machten: das Municipium, die Kolonie und das Bündnis. Der Status eines Municipiums verpflichtete die Einwohner besiegter Städte, ihr künftiges Leben als römische Bürger zu führen, ihre inneren Angelegenheiten jedoch selbsttätig zu regeln. Kolonien, gegründet an allen strategisch wichtigen Orten der Halbinsel, sicherten als Militärfestungen den Bestand der römischen Herrschaft. Auf ewig abgeschlossene Militärallianzen schließlich zwangen die Wehrfähigen der besiegten Stämme zum Dienst in den römischen Legionen. Mit dieser Ordnung war der Weg frei, auf dem Italien zu dem einheitlichen Land lateinischer Sprache und Kultur fortschritt, als das es seither gilt.

Die Gründung des Weltreichs

Der Griff zur Weltmacht begann mit den Kriegen gegen Karthago 264–201 v. Chr. und gipfelte in den folgenden beiden Jahrhunderten in der Eroberung des östlichen Mittelmeers und seiner Anrainerstaaten; Pompeius zog die Grenze nach Osten am Euphrat und markierte damit zugleich den Verzicht Roms auf den Besitz der Staaten des Mittleren Ostens. Damit war der Weg frei zur Eroberung der großen Binnenräume Mittel- und Westeuropas. Den Anfang machte Caesar mit der Unterwerfung Galliens, ihm folgten die Generäle des Augustus, die 30 Jahre lang Germanien, die Alpenvölker und die Donaugebiete mit Krieg überzogen. Ihre Siege veränderten den Charakter des Imperiums als ein auf das Mittelmeer zentriertes Weltreich. Künftig lag sein militärischer Schwerpunkt an Rhein und Donau, und die dortigen Grenzprovinzen forderten vorrangig die ordnende Hand Roms.

Auf seinem Siegeszug durch den Mittelmeerraum lernte Rom, große Gebiete in Besitz zu nehmen und als Provinzen einzurichten. Wer dort lebte, tat es als Untertan und gehorchte einem von Rom entsandten Statthalter, der alle militärische und zivile Gewalt in seiner Hand hielt. Mit ihm hatte Rom eine Ordnung gefunden, die es gestattete, große Ländermassen auf Dauer zu beherrschen und dort auch die in Italien erprobten Herrschaftsformen anzuwenden. Widerstand erstickte der Stiefel des Legionärs. Am Ende beugten Apathie und Resignation die Provinzialen und rang ihnen die Einsicht ab, sich einer römisch gewordenen Welt anpassen zu müssen.

Als der letzte Gegner niedergerungen war, oblag Rom die Versöhnung zwischen Siegern und Besiegten. Denn seine

Die **Gemma Augustea** (zwischen 4 v. Chr. und 14. n. Chr; Wien, Kunsthistorisches Museum) fasst die Weltherrschaft des Augustus in ein allegorisches Bild. Wie der Göttervater Jupiter thront der Kaiser, ihm zur Seite sitzt die personifizierte Roma. Links kehrt der erfolgreiche Tiberius von einem Kriegszug auf dem Triumphwagen zurück. Der untere Bildabschnitt zeigt die Unterwerfung der Barbaren.

Der in der Zeit um Christi Geburt lebende **Geograph Strabon** sagte über die Bedingungen der römischen Expansion:

»Italien ist von Natur aus sehr gut geeignet zur Hegemonie, da es die umgebenden Länder an Tapferkeit und an Zahl der Bewohner überragt und sich zugleich ihre Dienste aufgrund der Nähe leicht zunutze machen kann.«

Als Monumente des Sieges entstanden im römischen Imperium **Ehrenbögen.** Der Titusbogen wurde 81 n. Chr. auf dem Forum Romanum erbaut und feiert den Sieg des Vespasian und des Titus über die Juden im Jahr 71 n. Chr., bei dem der Tempel in Jerusalem zerstört und der siebenarmige Leuchter geraubt wurde (Relief an der Innenseite).

Der Anspruch Washingtons, ein neues Rom zu sein, wird in dem 1793–1824 nach Plänen William Thorntons errichteten Kapitol besonders deutlich. Der amerikanische Parlamentssitz erhielt seinen Namen nach dem Machtzentrum der römischen Republik, in seiner Gestalt greift er mit seiner mächtigen Kuppel das Vorbild des Petersdoms in Rom auf.

Herrschaft konnte nur Bestand haben, wenn die Unterworfenen ihre Leiden vergaßen und alle ihre Hoffnungen und Energien letztendlich doch auf das Imperium richteten. Der Tag kam, als sich mit Augustus die schwere Hand des Monarchen auf die adligen Barone der Republik legte und ihre Raubgier zügelte, die die Provinzen ruiniert hatte. Alles weitere folgte der Logik der politisch und zivilisatorisch überlegenen Macht Roms: Im Westen des Reiches erhielten um Rom verdiente einheimische Städte den Status eines Municipiums, während neu gegründete städtische Vororte (Civitates) die bezwungenen Stämme an die mediterrane Lebensart heranführten. Im Osten behielten die Städte ihre Eigenständigkeit und den Stolz auf ihre griechische Vergangenheit. Für alle galt ein einfacher Grundsatz: Wer treu zu Rom hielt, bekam das römische Bürgerrecht und war fortan in der Pflicht, seine Landsleute loyal an Rom zu binden; als Lohn warteten eine glanzvolle Karriere innerhalb des Reichsregiments, soziale Anerkennung und die Versorgung mit Land und Ehrenstellen.

Am Ende waren die meisten bereit, das Imperium gegen jeden Gegner zu verteidigen. Denn es umspannte die Grenzen der Zivilisation und ließ ihre Segnungen zur vollen Entfaltung kommen: die griechische Kultur, die sie in sich aufnahm, die mediterrane Stadt in der Gestalt von Municipium, Kolonie und Civitas, ein Regierungssystem, das die Selbstorganisation der Gesellschaft und die Freiheit der Städte förderte, und eine Ideologie, welche die Eliten zwang, dem Imperium zu geben, was immer es verlangte.

Das Vermächtnis Roms

Rom hat seinen europäischen Erben nur wenig direkt übergeben können. Was in Südosteuropa und im Vorderen Orient von ihm geblieben war, wandte unter der Führung von Byzanz sein Gesicht nach Osten. Im Westen ging es im 5. Jahrhundert unter, auch wenn die Vision von der »Renovatio imperii«, das heißt von der Wiederaufrichtung der universalen Herrschaft eines von Gott eingesetzten Kaisers, als politische Losung immer neu beschworen wurde. Niemals wieder sollte der Palatin in Rom, dort, wo Gras über die Trümmer der kaiserlichen Paläste des Augustus und seiner Nachfolger wuchs, Sitz eines Kaisers werden. So verblasste unter der Herrschaft germanischer Könige, byzantinischer Kaiser und islamischer Kalifen die Erinnerung an ein Weltreich, das seinen Untertanen Frieden, Wohlstand und Recht für immer versprochen hatte. Was davon noch Fleisch und Blut besaß, verkörperte in den Augen der Nordvölker die christlich-katholische Kirche: Allein ihre Würdenträger vermittelten römisches Recht und römische Verwaltungspraxis, allein die Autorität des Papstes erinnerte an den universalen Machtanspruch des Kaisers, allein die Bibel und die Texte der lateinischen Kirchenväter sprachen von Bildung. Aber es waren eben doch nur Bruchstücke einer versunkenen Welt.

Die Ersten, die zu ihrer Wiederentdeckung aufbrachen, waren die Dichter und Gelehrten des 14. Jahrhunderts. Es war nicht die Leidenschaft des Forschers, die sie trieb, sondern der Eifer des Weltverbesserers. Denn jedes dem Vergessen entrissene Wort diente als Anklage gegen die Tradition und als Rechtfertigung eines neuen Weges in die Zukunft. So feierte die Renaissance alle in diesem Geist vollbrachten Totenbeschwörungen als einen Akt der Selbstfindung, über den die »aus dem Grab ans Licht« gebrachten Klassiker als neue Heilige wachten.

Der Vorgang wiederholte sich in den kommenden Jahrhunderten in immer neuer Gestalt. Bald erfasste er alle Bereiche der Literatur, der Kunst, der Philosophie und des Rechts. Vor allem aber steigerten die auferstandenen Römer ihre öffentliche Macht. So standen sie im 18. Jahrhundert den Revolutionären Frankreichs bei der Suche nach einer neuen Republik zur Seite und halfen, einen passiven Untertan in einen aktiven Bürger zu verwandeln. Jenseits des Atlantiks beugten sich die Väter der amerikanischen Verfassung über Cicero, während die Architekten die Hauptstadt Washington als das Rom der Neuen Welt bauten. Und am Ende stellte sich auch der zentralistische Kaiserstaat Frankreichs als legitimer Nachfolger des römischen Kaiserreiches vor. Napoleon, aufgebrochen, um ein neues Weltreich zu schaffen, hüllte sich in die Erinnerung an Augustus: Auch dieser hatte seine Herrschaft der Armee verdankt, auch er hatte seinem Reich Gerechtigkeit, Ordnung, Frieden und Dauer gegeben.

WERNER DAHLHEIM

Diese berühmte Statue des **Augustus** in Feldherrntracht (Rom, Vatikanische Sammlungen) stand einst in der Villa der Kaiserin Livia bei Prima Porta. Die Darstellung auf dem Brustpanzer des Kaisers schildert bild- und symbolreich den 20 v. Chr. mit den Parthern geschlossenen Verhandlungsfrieden, der von den Römern wie ein Sieg gefeiert wurde.

Der Konfuzianismus

Zwischen Religion und Philosophie: Die Lehre des Konfuzius war mehr als 2000 Jahre die Grundlage der chinesischen Gesellschaft.

Mit der Einführung von Staatsämtern, die eigens zur Auslegung konfuzianischer Schriften geschaffen wurden, begann 136 v. Chr. in China die mehr als 2 000 Jahre während Verbindung des auf den Weisen Konfuzius zurückgehenden Konfuzianismus mit dem Kaisertum. Zeremonie, Hofritual und Geschichtsschreibung lagen in den Händen der konfuzianisch gebildeten Beamtenschicht, und die vom Konfuzianismus propagierten ethischen Werte, insbesondere Kindespflicht und Loyalität, wurden zu Eckpfeilern der chinesischen Gesellschaft. Die enge Bindung des Konfuzianismus an das Kaisertum führte in den folgenden Jahrhunderten zu einer bis heute andauernden Gleichsetzung dieser Lehre mit der chinesischen Kultur schlechthin.

Der Konfuzianismus ist keine Erlösungsreligion wie etwa der Buddhismus oder das Christentum, und Konfuzius selbst kann nicht als Religionsstifter angesehen werden. Dennoch kennt der Konfuzianismus Formen der Andacht und Verehrung, die ihn in die Nähe einer Religion rücken. Er übernahm die älteren, lange vor Konfuzius bestehenden kultischen Formen der Himmels- und Ahnenverehrung. Während auf Staatsebene nur dem Kaiser als Sohn des Himmels die Darbringung der Opfer an den Himmel oblag, opferte in den Familien der älteste Sohn den Ahnen.

Der Konfuzianismus ist im engeren Sinne auch keine Philosophie, die das Denken zu ihrem Gegenstand hat und in der Erkenntnis ihr Ziel sieht. Das Bewusstsein, einer Tradition anzugehören, die in Konfuzius ihren Verkünder und Überlieferer gefunden hatte, und die Verpflichtung zur Wahrung dieser Tradition bildeten in der Geschichte des Konfuzianismus eine bindende Einheit.

Die Lehre des Konfuzius

Traditionsbewusstsein war bereits für Konfuzius Ausgangspunkt seiner Lehre. Er lebte von 551 bis 479 v. Chr., in einer Zeit des gesellschaftlichen Umbruchs, in der die Macht der Zhou-Dynastie nach 600-jähriger Herrschaft nur noch dem Namen nach bestand. Konfuzius stammte wahrscheinlich aus verarmtem niederen Adel, der sein Auskommen nicht mehr durch Grundbesitz fand, sondern Amtstätigkeiten an

Konfuzius wurde vor allem wegen seines vorbildlichen Lebens und wegen der Wertschätzung, die er der Bildung der Menschen beimaß, verehrt. Die Tuschzeichnung mit dem Porträt des Konfuzius stammt aus der Tang-Zeit (618–907).

Bevor eine Intrige ihn aus dem Staat verbannte, war Konfuzius lange Zeit Berater des Herzogs des Staates Qi. Die Abbildung illustriert seinen **Auszug aus Qi,** sie ist einem Bilderzyklus zum Leben des Konfuzius aus der Ming-Zeit (1368–1644) entnommen.

den Höfen der Landesfürsten nachging. Er selbst war nicht wohlhabend und hatte nur unbedeutende Ämter inne.

Konfuzius war bestrebt, durch die Unterrichtung einer Schar von Schülern und ihre Ausbildung zum Staatsdienst den Unruhen seiner Zeit entgegenzuwirken und eine Gesellschaftsordnung zu errichten, deren Ideal er in der Vergangenheit verwirklicht sah. Im Zentrum seiner Lehre stehen die Riten. Sie dienen im sakralen Bereich als Mittel der Kommunikation mit den Göttern und bestimmen im weltlichen die Harmonie der gesellschaftlichen Hierarchien. Seine Lehre stellte für seine Zeit eine Neuerung dar: Er löste Tradition und Riten aus ihrer ausschließlichen Bindung an Spezialisten, die mit ihrer Ausübung betraut waren, und machte sie zur allgemeinen Grundlage der Erziehung des Menschen. Dem fatalistischen Glauben an einen Himmel, der Strafen und Belohnung in Form von Katastrophen oder üppigen Ernten brachte, setzte Konfuzius seine Vorstellung eines Himmels entgegen, der die moralischen Gesetze für die menschliche Gesellschaft in sich barg, die der Mensch erkennen und in seinem Handeln umsetzen könne. Nicht mehr die Geburt war für die Stellung des Menschen entscheidend, sondern allein seine moralische Persönlichkeit. Konfuzius' Schüler stammten aus allen Schichten der Gesellschaft. Sein Lebensziel, einmal in einflussreicher Position seine Ideale der Staatsführung in die Tat umsetzen zu können, erreichte er jedoch nie.

Nach seinem Tod entwickelten sich verschiedene konfuzianische Schulrichtungen, unter denen die des Denkers Mengzi im 4. Jahrhundert v. Chr. die einflussreichste war. Mengzi, auch als Menzius bekannt, systematisierte die ethischen Gedanken des Konfuzius und bemühte sich um eine Begründung der Tugenden aus der Natur des Menschen. Die Tugenden Mitmenschlichkeit, moralisches Urteilsvermögen, rechtes Verhalten und Wissen sah er bereits in der Natur des Menschen angelegt.

Die Schriften

Eine tragende Funktion in der Überlieferung übernahm das Schrifttum, in welchem man Zeugnisse des rechten Weges des Altertums sah. Die von den konfuzianischen Schulern

Kongfuzi, der »Meister Kong«, im Westen besser bekannt in der latinisierten Form Konfuzius, hatte eine bescheidene Meinung von sich selbst:

»Ich übermittle, aber ich schaffe nichts Neues, ich vertraue auf das Alte und liebe es auch.«

Die **konfuzianischen Texte** wurden zur endgültigen Fixierung der orthodoxen Lehrmeinungen in 46 Steinstelen eingemeißelt. Von den zwischen 175 und 183 n. Chr. in Luoyang aufgestellten »Steinklassikerstelen« sind diese Fragmente erhalten. Durch das Verfahren der Steinabreibung wurden die aus insgesamt 200 000 Schriftzeichen bestehenden Texte der konfuzianischen Klassiker vervielfältigt und verbreitet.

tradierten Schriften wurden zu einem Kanon zusammengefasst, dessen Kern fünf Bücher bildeten: Das »Buch der Wandlungen« (Yijing), ein Orakelbuch, in dessen Zeichen eine Offenbarung der alten Ordnung gesehen wurde, das »Buch der Lieder« (Shijing), eine Sammlung alter, meist höfischer Lieder, die Auskunft über die Riten und den Sittenkodex der alten Zeit geben konnten, das »Buch der Urkunden« (Shujing), welches das Erbe der früheren Zeit in der Interpretation der Konfuzianer enthielt, die »Frühlings- und Herbstannalen« (Chunqiu), eine Chronik des Heimatstaats von Konfuzius, dem die Verfasserschaft selbst zugeschrieben wurde und aus dessen Wortwahl seine Kritik an den Umständen seiner Zeit gedeutet wurde, und schließlich ein Korpus von Schriften über die Riten. Die Sprache einiger dieser Werke unterschied sich bereits zu Konfuzius' Lebzeiten erheblich von der damals gesprochenen Sprache und war ohne umfassende Ausbildung unverständlich. Die Auslegung und Kommentierung schwer verständlicher Passagen und die Anpassung der Schriften an ihre Zeit wurden daher zur zentralen Beschäftigung des konfuzianischen Gelehrtentums.

Neuinterpretation und Kritik

Seit dem Ende der Han-Dynastie im 3. Jahrhundert n. Chr. prägten für lange Zeit Buddhismus und Daoismus (Taoismus) das geistige Klima. Der Konfuzianismus war jedoch für das Beamtentum und das Staatskultwesen weiterhin von Bedeutung. In der Tang-Zeit (608–907) begann man, den Verlust der Tradition deutlich zu empfinden. Die Wiederentdeckung des konfuzianischen Weges führte schließlich in der Song-Zeit (960–1279) zu einer Neuinterpretation des Konfuzianismus, in deren Zentrum nun die geistige Selbstvervollkommnung des Menschen stand. Die Ausformulierung der neuen konfuzianischen Philosophie nahm große Anleihen am buddhistischen und daoistischen Gedankengut. Mit dem Untergang der Ming-Dynastie (1368–1644) und der Fremdherrschaft der Mandschu-Dynastie Qing (1644–1911) entstand eine Abkehr von der idealistischen

Bilderzyklen zum Leben des Konfuzius kamen erst in der Ming-Zeit auf. Das Schlussbild ist zumeist das **Opfer an Konfuzius** durch Gaozu, den Begründer der Han-Dynastie, anlässlich seiner Reise durch Konfuzius' Heimatstadt Lu.

Zu Ehren von Konfuzius werden hier in einem Tempel in Taibei **Feierlichkeiten** begangen, zu denen die Aufführung eines Schreittanzes mit 36 gelb gewandeten Teilnehmern zu streng traditionellen Klängen gehört.

Richtung des Konfuzianismus. Die Suche nach der wahren Tradition des Konfuzius richtete sich zunächst auf den rechten Sinn der konfuzianischen Schriften, was zu einer reichen philologischen Gelehrsamkeit führte, und mündete am Ende der Kaiserzeit (1911/1912) in eine umfassende Kritik an der konfuzianischen Tradition. Mit der Abschaffung des Beamtenprüfungssystems im Jahr 1905 hatte der Konfuzianismus bereits seine Bindung an den Herrschaftsapparat verloren. Archäologische Funde eines reichen vorkonfuzianischen Gesellschaftssystems und Schrifttums zerstörten den Mythos vom Konfuzianismus als Substanz der chinesischen Kultur. Nun galt er als Hauptübel der gesellschaftlichen Misere und der rückständigen Entwicklung des Landes. Die Auseinandersetzung des 20. Jahrhunderts mit dem Konfuzianismus war im Wesentlichen politisch geprägt. In den Kampagnen des Politikers und Generals Chiang Kai-shek Ende der 20er-Jahre diente der Konfuzianismus dazu, einer westlichen Liberalisierung Einhalt zu gebieten und richtete sich gegen den Kommunismus. Als Höhepunkt der politischen Instrumentalisierung kann die Anti-Konfuzius-Kampagne während der Kulturrevolution der Volksrepublik China betrachtet werden, hinter der sich ein mit ideologischen Mitteln geführter Machtkampf in den Führungskadern der kommunistischen Partei verbarg.

Die Umgestaltung der modernen chinesischen Gesellschaft, die Tatsache, dass die konfuzianischen Schriften ohne Ausbildung in der klassischen Schriftsprache nicht mehr im Original gelesen werden können, und nicht zuletzt die Abschaffung des Beamtenprüfungssystems dürften ausschlaggebend dafür sein, dass mit der Wende zum 21. Jahrhundert nach 2 500 Jahren der Konfuzianismus seine gesellschaftliche Bedeutung zu einem großen Teil eingebüßt hat.

DENNIS SCHILLING

Konfuzius wollte die alte, von ihm als ideal angesehene Ordnung wieder herstellen. Jeder sollte die ihm aufgrund seiner sozialen Stellung zukommende Rolle wieder richtig ausfüllen:

»Der Herrscher handle wie ein Herrscher, der Minister wie ein Minister, der Vater wie ein Vater und der Sohn wie ein Sohn.«

Das Christentum

»Ich selbst war das
Werkzeug, dessen
Dienst er wählte und
für geeignet hielt
zur Ausführung
seines Willens.«

Konstantin

Im Jahre 30 starb in Jerusalem als Aufrührer gegen die Ordnung Roms der Mann, der wie kein zweiter antiker Mensch europäische Geschichte schreiben sollte: Jesus von Nazareth. Seine Anhänger, die ihn als Gottes Sohn liebten und als Richter des letzten Tages fürchteten, kehrten der Welt den Rücken. War sie doch voller Fallstricke für den irdischen Pilger, der während seines kurzen Erdendaseins die ewige Seligkeit nicht verspielen wollte. »Keine Angelegenheit ist uns fremder als eine öffentliche«, hatte stellvertretend für sie der Kirchenvater Tertullian gelehrt. So verfolgte sie der römische Staat als todeswürdige Verbrecher, da ihre Abkehr von den Nöten und Herrlichkeiten dieses Lebens den Frieden der Gesellschaft störte.

Fast drei Jahrhunderte waren vergangen, als Ende Oktober des Jahres 312 n. Chr. der römische Kaiser Konstantin ein Heer vor die Tore Roms führte. Dort, an der Milvischen Brücke, wagte sein Gegner Maxentius alles und verlor. Niemand mochte jetzt noch zweifeln, dass ein Gott dem Kaiser beigestanden hatte. Vor allem die Christen waren sich dessen sicher. Denn in ihren Augen erschien dieser Kampf, der ihr Leben von Grund auf verändern sollte, nicht als das uralte Ringen zweier Rivalen um die Macht, sondern als die Entscheidung über die Wahrheit ihres Glaubens. Wie aber hatte Gott seinen Willen kundgetan, er, der schon die Mauern von Jericho zum Einsturz gebracht hatte?

Jahre später wusste der Kirchenvater Eusebios genau zu berichten, was sich zugetragen hatte: Konstantin und seine

Der **byzantinische Kaiser,** nach eigenem Verständnis Herr der Kirche, beanspruchte auch in der Liturgie einen herausragenden Platz. Die Mosaiken in der 547 geweihten Kirche San Vitale in Ravenna zeigen Kaiser Justinian I. mit seinem Gefolge beim Einzug in die Kirche.

Truppen hätten noch vor dem Marsch über die Alpen am hellen Mittagshimmel, hoch über der Sonne, »ein Kreuz aus Licht, und dazu die Worte: Darin siege!« gesehen; in der Nacht darauf sei Christus dem Kaiser im Traum erschienen, habe auf das Himmelszeichen des Vortags gedeutet, und ihn aufgefordert, es nachzubilden. Der Kaiser tat wie ihm geheißen und »die Hand Gottes waltete über dem Schlachtfeld« und gab ihm den Sieg.

Der Bericht verdichtet zu einen Gnadenbild, was die historische Forschung den Anbruch einer neuen Epoche nennt. Denn dieser Oktobertag bildet das auffallendste Glied einer Kette von Entscheidungen, die alle in eine Richtung wiesen: die Christianisierung des Imperiums. Diese konnten sich die Frommen nicht als Ergebnis rationalen Kalküls, sondern nur als einmaligen Akt der Bekehrung erklären. Gott, so verstand es im Licht der Erzählung jedes Kind, hatte den Sieg denen gegeben, die ihm vertrauten.

Das Bündnis von Staat und Kirche

Das Bündnis, das Kaiser und Kirche in den folgenden Jahrzehnten schlossen, versprach beiden Vorteile. Der Monarchie gab es die sakrale Würde einer von Gott gegebenen Institution. Den Christen schenkte es ein neues, wenn auch für ihre Seelen gefahrvolles Leben. Denn ihr kaiserlicher Patron drängte sie jetzt von den Rändern in die Mitte des Lebens. Dort wartete die Verantwortung für Staat und Kommune, für Armee und Krieg. Viele waren vorbereitet, sie auch zu übernehmen, allen voran die Bischöfe. Sie hatten ihre Gemeinden nach römischen Mustern geordnet, und ihre besten Köpfe hatten unbeirrbar in der römischen Tradition die geistige, innerhalb des Imperiums die politische und soziale Heimat jedes Christen gesehen. So fiel es ihnen leicht, Gott und dem Kaiser zu dienen – auch mit dem Schwert in der Hand, wenn es galt, Krieg gegen aggressive Barbaren zu führen, die alles zu vernichten drohten, was die römische Zivilisation der Welt gegeben hatte: Friede, Wohlstand und städtische Lebensordnung.

Der Staat erwartete jedoch mehr. Schon bald mussten die bestürzten Christen erfahren, dass das Wohlwollen des Kaisers in Bevormundung umschlug und er sich nicht scheute, den innerkirchlichen Zank um die rechte Lehre zu verstaatlichen. Den Weg dorthin wiesen ihm enttäuschte Hoffnungen: »Ich war überzeugt«, schrieb Konstantin an den Bischof von Alexandria, »würde es mir gelingen, die Diener Gottes zur Einheit zu bringen, würden sich auch die politischen im Einklang mit den religiösen Angelegenheiten zum Besseren wenden.« Nichts davon trat ein. Denn die Bischöfe fanden nicht die Kraft, der Häretiker Herr zu werden und ihre dogmatischen Streitigkeiten zu lösen. Damit zwangen sie den

Um die Glaubensstreitigkeiten über die göttliche Dreifaltigkeit zu beenden, berief Kaiser Konstantin I. 325 das erste ökumenische **Konzil von Nicäa** ein. Die mehrere Jahrhunderte später entstandene Buchmalerei (976; El Escorial, Monasterio de San Lorenzo) zeigt ein fiktives Bild dieser Versammlung.

Der Kirchenlehrer **Augustinus** sagte über die heilsgeschichtliche Aufgabe Roms:

> *»Die Stadt Rom ward gegründet und war gewissermaßen das zweite Babylon. Gott aber gefiel es, durch sie den Erdkreis zu unterwerfen, ihn in eine einzige Staats- und Gesetzesgemeinschaft zu überführen und weit und breit zu befrieden.«*

Kaiser, notfalls selbst zu ordnen, was die Theologen nicht entwirren konnten. So regelte im Jahre 380 ein kaiserliches Edikt den Streit um die Natur Christi und definierte, wer Katholik und wer Ketzer sei.

Der Widerstand gegen diese Anmaßung, über den Inhalt des Glaubens per Gesetz zu verfügen, formierte sich schnell und hatte im Westen des Imperiums Erfolg. »Die Kirche gehört Gott – sie wird darum nicht dem Kaiser ausgeliefert«, rief 386 Ambrosius, Bischof von Mailand, seiner Herde zu. Gestützt auf diesen Grundsatz zog die Kirche des Westens am Ende eines langen Kampfes eine Grenze zwischen sich, der einen, an ihren universalen Missionsauftrag gebundenen Institution Gottes, und der weltlichen Macht, deren Schicksal von vielen einander ablösenden Staaten geprägt sein konnte. Der griechische Osten folgte dem nicht: Dort blieb immer unbestritten, was Mitte des 4. Jahrhunderts der Bischof von Milive seinen Brüdern geschrieben hatte: »Nicht ist der Staat in der Kirche, sondern die Kirche ist im Staat.«

Im byzantinischen Staat unterstand die weltliche Macht des von Gott erwählten Kaisers der Herrschaft Christi. Das Mosaik in der **Hagia Sophia** zeigt den Kniefall eines nicht näher bezeichneten Kaisers.

Die Einheit des Reiches, so hatte der erste christliche Kaiser gehofft, werde durch die Förderung der christlichen Kirche gestützt. Das Gegenteil trat ein. Denn der Gott der Christen war ein eifersüchtiger Gott. Weder im Himmel noch auf Erden wollte er einen Rivalen neben sich dulden. Also führten seine Gläubigen Krieg gegen die alten Götter und stürzten ihre Bilder um. Den Kaiser machten sie in diesem Kampf zu ihrem Verbündeten, dessen Gnadenerweise ihrer Kirche nützen und dessen Zorn die Heiden treffen musste. Niemand konnte diesen Konflikt, der die Gesellschaft spaltete, aufhalten; er endete 416 mit dem Ausschluss der Heiden vom Kriegs- und höheren Verwaltungsdienst.

Das im 13. Jh. entstandene Fresko in der Kirche Santi Quattro Coronati in Rom stellt die **Konstantinische Schenkung** dar. In der Szene überreicht Kaiser Konstantin I. dem Papst Silvester I. Baldachin und Tiara als Zeichen der weltlichen Herrschaft über Rom. Die erst im 15. Jahrhundert als Fälschung erkannte Konstantinische Schenkung diente im Mittelalter in der Auseinandersetzung zwischen Kaisertum und den Päpsten der Untermauerung der päpstlichen Herrschaftsrechte in Italien.

In der Entscheidungsschlacht über die Allein-
herrschaft im Römischen Reich schlug
Konstantin I., der Große, 312 seinen Rivalen
Maxentius vernichtend – unter dem Zeichen
des christlichen Kreuzes, wie es die Legende
behauptet. Mit dem 313 erlassenen Toleranz-
edikt von Mailand verfügte Konstantin – hier die
Fragmente einer Kolossalstatue dieses
Herrschers (4. Jh.; Rom, Konservatorenpalast) –
die Gleichstellung des Christengottes mit den
anderen Göttern.

Noch gefährlicher für den inneren Frieden wurde das Ringen
um den rechten Glauben. Jesus hatte die Erlösung von allem
Übel jenseits der Schwelle des Todes versprochen, aber den
Weg dorthin nur ungenau beschrieben. Also brach immer
wieder Streit aus, kam es zu Abspaltungen, verfingen sich
die Theologen in spitzfindigen Diskussionen über die We-
senseinheit von Gott Vater, Sohn und Heiligem Geist, das
Verhältnis der göttlichen zur menschlichen Natur Jesu, die
heilsgeschichtliche Rolle der Jungfrau Maria, die Vergebung
der Sünden und die Wirksamkeit der göttlichen Gnade. Damit taten sie das ihrige, auf der Landkarte des Reiches einen
Graben zu ziehen, der entlang des 20. Längengrades das Mittelmeer in eine westliche (lateinische) und östliche (griechische) Hälfte spaltete. Hier, in der 330 neu gegründeten
Hauptstadt Konstantinopel, beanspruchte der Patriarch
denselben Ehrenrang wie der Bischof von Rom. 1054
schließlich verfluchten die römisch-katholische und die
griechisch-orthodoxe Christenheit einander und lösten
endgültig eine Verbindung, die das römische Schwert geschaffen und für immer hatte erhalten wollen.

Die Folgen des Sieges

Am Ende des 4. Jahrhunderts hatte der auf Golgatha Gekreu-
zigte über alle seine heidnischen Widersacher gesiegt. Weitere 600 Jahre später, als im fernen Island der letzte Bewohner sein Knie beugte, war der Sieg vollständig: Nach Jahrhunderten unendlicher Mühen erblickten die Missionare
Christi nur noch die Wasserwüsten des Nordatlantiks und
glaubten ihr Werk vollendet. Ihre Gemeinden hatten sie
nach römischen Vorbildern organisiert, und Kult, Lehre und
Glaube hüllten sie in den Mantel der Sprache Roms. So
sprach das ganze Mittelalter hindurch Gott zu den Seinen
ausschließlich Lateinisch und sein universaler Herrschaftsanspruch spiegelte sich in der Universalität der Sprache des
einst weltumspannenden Imperiums.

WERNER DAHLHEIM

Kaiser **Konstantin der Große** schrieb an die
Christen von Karthago:

*»Die Leute aber, die bewirken,
dass dem höchsten Gott nicht
mit der gebührenden Verehrung
gedient wird, werde ich
vernichten.«*

Das Dezimalsystem

Das Zeichen für »Leerstelle« entwickelte sich in Indien zu etwas völlig Neuem: einem Wert der Mathematik.

Der Begriff »Null« ist uns im Deutschen ganz geläufig. Umgangssprachliche Redewendungen wie »null und nichtig« oder »Er ist eine Null« charakterisieren die Bedeutung des Begriffs. Aber woher stammen das Wort und seine Bedeutung? Wir müssen uns dafür in Gebiete begeben, in denen Zahlen eine Rolle spielen: die Astronomie und die Mathematik.

Es ist allgemein bekannt, dass die von uns gebrauchten Ziffern 1, 2, 3 ... »arabisch« sind und letztlich aus Indien stammen. Aber es hat auch außerhalb des von Indien her überkommenen Rechnens eine Form der Null gegeben.

Das alphanumerische Zahlsystem der Griechen

Die Griechen der Antike, unsere Lehrmeister auf so vielen Gebieten des Wissens, schrieben Zahlen üblicherweise voll in Worten aus. Diese Notierung war natürlich für Zahlentabellen, zum Beispiel in der Astronomie, nicht geeignet. In der Astronomie war und ist bis heute das sexagesimale System auf der Basis 60 gebräuchlich; wir haben es von den Griechen und diese hatten es von den Babyloniern übernommen. Ein Großkreis am Himmel wie die Ekliptik, der Äquator oder der Meridian wird in 360° geteilt, jeder Grad in 60 Minuten ('), jede Minute in 60 Sekunden ("). Für die Notierung solcher Werte kam bei den Griechen ein alphanumerisches System in Gebrauch: α bezeichnete 1, β 2, und so weiter bis ι (10), dann folgten die Zehner bis 90 (Ϙ, Koppa) und die Hunderter bis 900 (ϡ, Sampi). Dieses System enthielt also schon ein dezimales Element, war aber noch weit von unserem Dezimalsystem entfernt; die Einer sowie jede dezimale Einheit von 10 bis 900 wurden durch je ein eigenes Zeichen markiert. Der Ursprung dieses Systems ist noch nicht endgültig geklärt. Die Griechen benutzten dabei nicht ihr gewöhnliches Alphabet, das sie aus semitischen Modellen abgeleitet haben, sondern wendeten darin drei an sich ausgestorbene Zeichen an und folgten damit ganz eng der Sequenz des altsemitischen Alphabets. Es ist noch nicht endgültig geklärt, ob diese Notierung von Zahlen von den Griechen selbst erfunden oder – wie die Buchstaben an sich – von einem semitischen Vorbild übernommen ist. Auf jeden Fall werden auch im Syrischen, Hebräischen und

Arabischen die Buchstaben in derselben Weise und in der Reihenfolge des altsemitischen Alphabets zur Zahlennotierung verwendet.

Wenn nun in astronomischen Tabellen, zum Beispiel bei den Koordinaten von Sternen, die in Grad und Minuten angegeben wurden, ein Wert von 0°30′ oder 9°0′ verzeichnet werden sollte, so ließ man offensichtlich in der betreffenden Spalte zunächst links oder rechts den Platz der Grad oder Minuten leer. Dann ging man dazu über, zunächst für die Grade, später auch für die Minuten, ein eigenes Zeichen für »Nichts« einzusetzen. Es bestand aus einem kleinen Kreis, über den ein Strich gesetzt wurde, später auch aus einer Ligatur aus Omikron mit einem darüber gesetzten Ypsilon – die ersten beiden Buchstaben des griechischen Wortes für »Nichts«. Im Laufe der historischen Entwicklung haben auch die Araber, zum Beispiel bei der Übersetzung griechischer astronomischer Werke wie des »Almagest« von Ptolemäus aus dem 2. Jahrhundert n. Chr., ein analoges Zeichen angewendet, und Gerhard von Cremona, der den »Almagest« in der 2. Hälfte des 12. Jahrhunderts in Toledo aus dem Arabischen ins Lateinische übersetzte, verwendete ein ähnliches Zeichen für den Nullwert der Grad oder Minuten. Hier haben wir also eine Art sexagesimaler Null, die aber noch nicht unsere bekannte dezimale Null ist.

Soweit gab es also, bei den Griechen und später bei den Arabern, nur die umständliche Notierung von Zahlen entweder in Worten oder mit dem alphanumerischen System der Zahlbuchstaben.

Die Notierung der Zahlen mit neun Zeichen

Außerhalb des mediterranen Kulturkreises wurde aber eine großartige Erfindung gemacht, die das gesamte Zahlen- und Rechensystem revolutionierte. In Indien kam man auf die Idee, dass sich, bei exakter Anwendung eines dezimalen Stellensystems, alle ganzen Zahlen beliebiger Größe durch nur neun Zeichen ausdrücken lassen. Wann diese Erfindung gemacht wurde, ist nicht genau greifbar; die Meinungen der Forscher gehen hier stark auseinander. Die älteste Erwähnung des neuen, genialen Systems außerhalb Indiens findet sich bei einem syrischen Gelehrten, dem Bischof Severus Sebokht, im Jahr 662. Er notierte, dass nicht alle großen Entdeckungen den Griechen zuzuschreiben seien, sondern dass auch andere Völker Wichtiges zur Entwicklung der Kultur beigetragen hätten, wie die Inder mit ihrem über alles Lob erhabenen System der Notierung von Zahlen mit neun Zeichen.

Im 8. Jahrhundert lernten dann die Araber in Bagdad dieses neuartige System und die damit verbundenen Rechenoperationen kennen. In der Folge entstand eine reiche arabische Literatur über das »indische Rechnen«. Der bekannteste Autor dieses Genres ist Mohammed ibn Musa al-Charismi,

Das deutsche Wort Null geht auf das lateinische »nullus« (keiner) zurück. Das arabische Wort »sifr« dagegen wurde über »cifra« zu Ziffer und bezeichnete bis ins 16. Jahrhundert allein die Null, während die Zahlzeichen Figuren hießen. Die gleiche Herkunft hat das Verb chiffrieren (in Geheimschrift abfassen), das an die mittelalterliche Einstellung zu den neun Ziffern und der Null erinnert, die als magische Zeichen betrachtet wurden.

Heutige Computertechnologie wäre ohne die Verwendung eines **Binärcodes** undenkbar. Im binären System herrschen ausschließlich zwei gegensätzliche Zustände, zum Beispiel »an« oder »aus«, »wahr« oder »falsch«, »1« oder »0«. Alle Informationen werden nur mithilfe dieser beiden Binärzeichen dargestellt, meistens werden dabei die Dezimalziffern 1 und 0 verwendet.

	1	2	3	4	5	6	7	8	9
BABYLONISCH (Keilschriftzeichen)	𒁹	𒐈	𒐈	𒐉	𒐋	𒐌	𒐍	𒐎	𒐏
GRIECHISCH (alphanumerische Zeichen)	α	β	γ	δ	ε	ϛ	ζ	η	ϑ
INDISCH (Devanagari)	९	२	३	४	५	६	७	८	९
ARABISCH (alphanumerische Zeichen)	١	⌣	⌐	ﺝ	٥	ﻭ	ﺯ	ﺡ	ﻁ
WESTARABISCH (Gobarziffern)	1	2	3	𐌗	٢	6	7	8	9

der in der 1. Hälfte des 9. Jahrhunderts in Bagdad wirkte. Sein Buch über das indische Rechnen wurde im 12. Jahrhundert in Spanien ins Lateinische übersetzt und machte so diese neuartige Zahlenschreibweise und Rechenmethode auch in Europa weithin bekannt. Der Begriff »Algorithmus« für das Rechnen nach der indischen Methode ist von der latinisierten Form seines Namens abgeleitet.

In diesem System konnte man die neun Einer einfach so niederschreiben; bei größeren Zahlen, zum Beispiel 124, schrieb man die 4 an die Stelle der Einer, die 2 links daneben an die Stelle der Zehner, die 1 wiederum links daneben an die Stelle der Hunderter. Wollte man aber 104 schreiben, so blieb die Stelle der Zehner leer, das heißt auf sie entfiel keines der neun Zeichen. Um diese Leere kenntlich zu machen, damit der Stellenwert nicht übergangen wird, setzten die Inder ein besonderes Zeichen, das sie *shūnya* (»Leere«, eingangs in der indischen Devanagarischrift abgebildet) nannten. Die Araber lernten dieses Zeichen in Form eines kleinen Kreises kennen, und so übernahmen es die Europäer. In Anlehnung an die indische Bezeichnung nannten die Araber das Zeichen für die »Leere« einer Stelle *sifr* (»leer«), und daraus entstand in Europa das Wort, das wir als »Ziffer« kennen und das wir heutzutage für alle Zahlzeichen, einschließlich der Null, verwenden.

Der Siegeszug der Null

Die »indischen Ziffern« gelangten aus dem arabischen Osten im 9./10. Jahrhundert auch in den arabischen Westen – nach Nordafrika und in das arabisch beherrschte Spanien. Dabei nahmen einige Ziffern eine andere Form an. In Spanien lernten die Europäer diese Ziffern kennen, die für sie aufgrund der Herkunft »arabische« Ziffern waren. Das älteste euro-

0	20	50	60	100	200	500	600	1000	0
	《《	《《《	𒁹				〈		𐐡
	κ	ν	ξ	ϱ	6	φ	χ	͵α	ō
									٥
	ٮ	ں	س	ٯ	ر	ث	ح	غ	٥

Zahlensysteme ohne dezimale Null, wie das babylonische oder das attische Zahlensystem der Griechen, benötigten verschiedene Sonderzeichen für die Zehnerpotenzen. Die indische Mathematik führte ein Zahlzeichen für die Leerstelle ein und verwendete diese im dezimalen Positionssystem. Damit konnten alle Zahlen mit zehn Zahlzeichen dargestellt werden.

päische Dokument, das die neun Ziffern zeigt, datiert von 976. Durch die lateinische Übersetzung von al-Charismis Arithmetikbuch im 12. Jahrhundert wurden die »arabischen Ziffern« in ihrer eigentlichen Funktion, mit den Rechenoperationen, in Europa bekannt. Bis zur Durchsetzung dieser neuen Ziffern auch im allgemeinen öffentlichen Gebrauch vergingen aber dann nochmals etwa zwei Jahrhunderte.

Es ist nicht zu verwundern, dass dabei gerade die Null dem Verständnis besondere Schwierigkeiten bereitete. Einerseits stellt sie für sich selbst »nichts« dar, hat keinen Wert. Mit einer der neun Ziffern zusammengestellt, vermehrt sie dagegen deren Wert beträchtlich: Neben eine 1 gestellt, macht sie daraus Zehn, zwei Nullen neben einer 1 ergeben Hundert und so weiter. Es bedurfte einer langen Anlauf- und Gewöhnungsphase, bis die geheimnisvolle Null, zusammen mit den neun »arabischen« Ziffern und dem dezimalen Positionssystem, in Europa ihren Platz im Bewusstsein der Menschen fand. Dies umso mehr, als ja der lateinische Westen seit der Antike in Gestalt der römischen Ziffern ein Zahlensystem kannte, das ohne dieses Hilfszeichen auskam und das neben den neuen »arabischen« Ziffern ständig weiterbenutzt wurde und auch heute noch gelegentlich zur Anwendung kommt.

PAUL KUNITZSCH

Georg Cantor bewirkte im 19. Jahrhundert mit der Begründung der Mengenlehre eine weitere Umwälzung in der Geschichte der Mathematik. Sein Beweis der Existenz verschiedener unendlicher Kardinalzahlen zeigte, dass das Unendliche mehr als nur eine Redensart ist: Es gibt beliebig viele Werte von unendlicher Größe, für die eigene Rechengesetze gelten.

Der Islam

**»Siehe, mein Gebet,
meine Verehrung und
mein Leben ...
gehören Allah, dem
Herrn der Welten ...
ich bin der erste der
Muslime.«**

Mohammed

Vieles, allem voran die politische Macht Westroms, war in den Jahren der Völkerwanderung zerstört worden. Geblieben war die Einheit des Mittelmeerraumes, getragen durch gemeinsame historische Erinnerungen und gehalten vom christlichen Glauben. Um 700 gab es diese Welt nicht mehr: Unter der grünen Fahne ihres Propheten Mohammed hatten arabische Stämme im Osten Palästina, Syrien, Mesopotamien und Iran überrannt, im Süden fielen Ägypten und die wichtigsten Häfen der Cyrenaika in ihre Hände. Bis zum Ende des Jahrhunderts brach jeder Widerstand auch im Maghreb zusammen; 711 schließlich setzte der Berbergeneral Tarik nach Spanien über und öffnete dem Islam das Tor nach Europa.

Der Glaube an Allah und die Einigung Arabiens

Alles begann in Arabien. Seine Wüsten und Steppen durchwanderten seit unvordenklichen Zeiten Beduinen, und seine großen Oasen beherrschten die Stadtbürger von Mekka und Medina. Hier Sesshafte, dort Nomaden: Es waren zwei grundverschiedene Welten, die nichts zu gemeinsamem Handeln einlud und die daher lange von den Grenzen der Kulturländer ferngehalten werden konnten. Dass sich dies mit der Gewalt einer Explosion änderte, war das Verdienst eines Mannes: Mohammed. Geboren um 570 in Mekka, begann der Vierzigjährige den Glauben an Allah zu verkünden, dem einzigen, unsichtbaren Gott, dem Schöpfer der Welt und Richter der Seelen, der alles menschliche Tun seinem Willen unterwirft. Vor seinem Thron konnte nur bestehen, wer ihm und keinem anderen gedient und wer nach Recht und Barmherzigkeit anstatt nach irdischen Gütern gestrebt hatte.

Mohammed hat die ihm vom Engel Gabriel verkündete göttliche Offenbarung, die spätere Generationen im Koran festhielten, den Bürgern seiner Heimatstadt gepredigt. Sie aber wollten davon nichts hören: Die leidenschaftlichen Visionen vom nahe bevorstehenden Gericht und die offen gezeigte Verachtung der mekkanischen Lokalgottheiten, die Scharen zahlungswilliger Pilger anlockten, stieß die nüchtern denkenden Kaufleute ab. Der missachtete Prophet verfluchte sie und wanderte mit der kleinen Schar sei-

In kostbaren **Korankästchen** (um 1525; Istanbul, Museum für Türkische und Islamische Kunst) wird das heilige Buch der Muslime aufbewahrt. Der Islam ist eine Schriftreligion, und das Buch selbst stellt die Offenbarung Gottes dar. Mohammed ist nicht Autor, sondern Sprachrohr Gottes.

ner Getreuen 622 nach Jathrib, das nach seinem Tod den Namen Medina, Stadt des Propheten, erhielt. Dort, wo seit Menschengedenken rivalisierende Stämme Mord und Totschlag in die Stadt getragen hatten, setzte er sich durch. Er einte als politischer Führer die Zerstrittenen, gründete die durch den Glauben an Allah zusammengehaltene Umma (»Gemeinde« oder »Gemeinschaft«) und kehrte 630 triumphierend an der Spitze seiner Krieger nach Mekka zurück. Jetzt, als Krieger, gewann er die Adelsfamilien der Stadt für sich, ohne deren politische und kriegerische Erfahrungen die Ausbreitung der Umma weit über die Arabische Halbinsel hinaus nicht möglich gewesen wäre.

Als Letzte traten der Umma auch die Stämme der Wüste bei und nahmen das Gebet mit dem Gebetsruf und die Pflicht zur Armensteuer als die wichtigsten Zeichen des Islam an. Vor allem aber schworen sie ihren ewigen Blutfehden ab und beugten sich der Forderung, künftig keine Kriege gegen Muslime (»die sich Gott völlig Ergebenden«) zu führen. Der uralte Zwist zwischen Städtern und Nomaden war geschlichtet und die neu geschaffene Gemeinschaft fähig, die Bürger der Städte gemeinsam mit den Beduinen Arabiens zu neuen Ufern zu führen.

Mohammed, mit verhülltem Gesicht im Kreise seiner Gefährten sitzend, zeigt diese türkische Miniatur (um 1559/1600; Dresden, Sächsische Landesbibliothek). Als der Stifter des Islam 632 starb, war er religiöser und politischer Führer Arabiens.

Der Aufbruch Arabiens unter dem Banner des Propheten

Als Mohammed 632 starb, hatte er seine prophetische Sendung vollendet. Nichts jedoch hinterließ er über die künftige Lenkung der Gemeinde und die Bestellung eines Nachfolgers. Eins nur war gewiss: Wer immer es wurde, zu ihm würde Gott nicht mehr sprechen. Die engsten Anhänger des Propheten improvisierten und wählten einen aus ihrer Mitte, Abu Bakr, zum Oberhaupt und erklärten ihn zum Kalifen, das heißt »Nachfolger« und »Stellvertreter«. Er erfüllte seine historische Aufgabe, als er dem von Mohammed geschmiedeten Bündnis von Stadt und Wüste ein neues, für alle Partner nützliches Ziel setzte: Krieg und Expansion, solange und wo immer es Ungläubige gab, die sich widersetzten. So verband sich der Glaube an Allah mit der Ideologie von Eroberern, und der Heilige Krieg, der Djihad, band die Beduinen auf Dauer an den Islam.

Jetzt brachen sie aus der Wüste aus, geführt von den Eliten der Städte Mekka und Medina und in der Gewissheit des Prophetenwortes: »Auf dem Weg Gottes ist der, der für den Sieg Gottes kämpft.« Aus den vorislamischen Raubzügen einzelner Stämme war damit der gezielte Angriff der islamischen Umma auf die gesamte nichtmuslimische Welt

Der Hadith, das heißt Erzählung, über
Mohammeds Verständnis vom Krieg:

> »Ein Mann kam zum Propheten und sagte: ›Manche Menschen ziehen in den Krieg, um Beute zu machen ... oder um später mit ihrer Tapferkeit prahlen zu können! Wer aber ist wirklich auf dem Weg Gottes?‹ Der Prophet erwiderte: ›Auf dem Weg Gottes ist der, der für den Sieg von Gottes Wort kämpft!‹ «

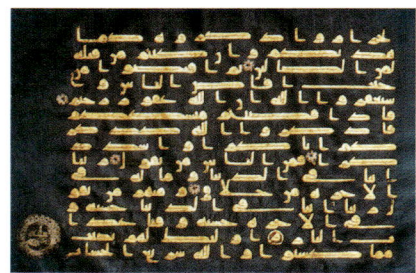

Das heilige Buch des Islam, der **Koran,** ist nach muslimischem Glauben dem Propheten Mohammed wörtlich in arabischer Sprache geoffenbart. Der Koran enthält die von Mohammed zwischen 609/610 und 632 als Gottesbotschaften verkündeten Texte, in 114 Suren genannte Abschnitte unterteilt – hier eine in der kufisch genannten arabischen Schreibschriftausgabe aus dem 9. Jahrhundert.

geworden. Das in wenigen Jahren eroberte Land blieb ungeteilt und wurde als gemeinschaftliches Eigentum aller Muslime verwaltet. Auf die nichtarabischen Untertanen wartete das Los tributpflichtiger Schutzbefohlener (Dhimmis), denen ihr alter Glaube blieb. Allein in Arabien durfte es nur Muslime geben; wer dort der Lehre des Propheten nicht folgen wollte, starb.

Die Spaltung des Islam: Sunniten und Schiiten

Kein Gläubiger wollte in den ersten beiden Jahrzehnten der Expansion daran zweifeln, dass sich die Krieger Allahs bald die ganze Erde unterwerfen würden. Da trat im Jahr 656 ein Ereignis ein, das die Tore des Bürgerkriegs öffnete und die Welt des Islam für immer spalten sollte: Den dritten Kalifen Othman (644–656) trafen in Medina die Dolche seiner Mörder und machten Ali, den Schwiegersohn des Propheten und Vater der Enkel Hasan und Husain, zum Kalifen. Die Anhänger des Ermordeten flohen nach Damaskus. Dort trat Moawija, der Vetter des Getöteten und Statthalter Syriens, als Bluträcher auf, erklärte die Wahl Alis für ungültig und ließ sich 660 in Jerusalem als Kalif huldigen. Der Bruderkrieg war unvermeidlich geworden und mit ihm das Wiederaufleben der alten Fehden der beduinischen Stämme. Als 661 Ali einem Mordanschlag zum Opfer fiel, sprach niemand mehr von Versöhnung.

Die Welt des Islam wurde in diesen Kriegen für immer gespalten. Die Anhänger Alis, die Schiiten – abgeleitet von Schia, »Partei« Alis –, wollten als rechtmäßigen Kalifen nur einen Nachfolger aus der Familie des Propheten anerkennen; von ihnen spalteten sich die Charidjiten, »die hinausgingen«, ab, die bei der Wahl des Kalifen das Einvernehmen der

Die **Kaaba** in Mekka war schon in vorislamischer Zeit ein Heiligtum, an dessen Traditionen Mohammed anknüpfte. Als Verehrungsort Allahs ist die Kaaba Mittelpunkt des islamischen Glaubens und gibt die Gebetsrichtung an. Sie ist Ziel der allen Muslimen vorgeschriebenen Pilgerfahrt.

749 kam es in Damaskus zu einer Rebellion gegen die Kalifen, die damals der Dynastie der Omaijaden entstammten. Ihr Oberhaupt, Abd ar-Rahman I., konnte nach Spanien fliehen, wo er 756 in **Córdoba** ein Emirat begründete. Noch unter Abd ar-Rahman begann man 785 mit dem Bau einer riesigen Freitagsmoschee, der »Mezquita«, deren Betsaal den Eindruck eines unendlichen Säulenwaldes erweckt.

Frommen forderten. Die Sunniten, benannt nach der Sunna, wie die sich um Mohammed rankende Überlieferung genannt wird, sahen dies anders. Sie, die die Mehrheit bildeten, betonten die freie Wahl des Kalifenamtes, für das jeder Muslim geeignet sei, der Koran und Sunna gläubigen Herzens annimmt.

Den Graben, den dieser Streit um das rechtmäßige Kalifat gezogen hatte, vertieften bald theologische Konflikte. Die politische Macht schließlich verließ Mekka und Medina und siedelte sich in den Hauptstädten der großen Provinzen Syrien, Ägypten und Irak an. Dort stützten sich die Statthalter des Kalifen auf ihnen ergebene Kriegerstämme und schürten beim Kontrahenten die alten Stammesrivalitäten.

Die Spaltung des Mittelmeerraums

Der mit dem Mord an Othman begonnene Zwist zerstörte alle Hoffnungen auf den endgültigen Sieg über die Reiche der Christen. Zwar gelang es, Byzanz aus dem südlichen und westlichen Mittelmeer dauerhaft zu verdrängen, aber keine militärische Anstrengung konnte verhindern, dass die Stadt am Bosporus ihre Herrschaft über die Ägäis, Kleinasien und die Provinzen des Balkans festigte. Auch gelang es, Nordafrika bis zum Atlantik zu erobern und damit den Schlüssel zum westlichen Mittelmeer in die Hand zu bekommen, aber Italien und Frankreich hielten jedem Angriff stand.

Der Ausbruch der Nomaden aus der Wüste brachte das Elend gerade in die Gebiete, in denen die Völkerwanderung die geringsten Verheerungen angerichtet hatte. Vielerorts verwandelte der arabische Sieger das Agrarland in Weiden: Die Sesshaftigkeit bildete sich zurück und die Städte verkümmerten. Die Welt des Mittelmeers und des Orients, welche die Kriegszüge Alexanders, das Imperium der Römer und der Glaube an den Gekreuzigten geeint hatten, teilte sich politisch, religiös und kulturell in zwei feindliche Lager.

WERNER DAHLHEIM

Die Nachfahren der arabischen Eroberer waren im Mittelalter zu Trägern einer blühenden Kultur geworden. Arabische Wissenschaftler in Spanien und Süditalien führten die philosophischen Traditionen der Antike fort und wurden auf den Gebieten der Astronomie, Mathematik und Medizin zu Lehrmeistern des christlichen Westens.

Die Entwicklung der Notenschrift verlieh der Musik Dauer auch über den Augenblick ihrer Aufführung hinaus.

Die Notation

Die abendländische Musik basiert in ihrer Eigenart auf der Erfindung und Geschichte der Tonschrift. Klingendes wird in eigens dafür geschaffenen Zeichen aufgeschrieben, sodass es in geronnener Form sichtbar, lesbar und transportabel ist und aus der Sichtbarkeit der Zeichen jederzeit und allerorts in das gemeinte Klingende rückgeführt werden kann. Darauf beruht die ganze musikalische Geschichtskultur der Gegenwart, die die europäische Musik von 1000 Jahren sich verfügbar macht. Auch in anderen Kulturen gab und gibt es eigenständige Tonschriften. Und wenn gesagt wird, die europäische Notation sei in ihrer geschichtlichen Entwicklung die lebhafteste und in ihren Erscheinungen die differenzierteste, so ist diese Aussage nicht eurozentrisch-wertend, sondern lediglich beschreibend gemeint im Sinne der Geschichtlichkeit und Differenziertheit der als Notation aufgezeichneten europäischen Musik.

Gestalt										Fähnchen
Bezeichnung u. Wertverhältnis	Brevis = 2 Ganze	Ganze	2 Halbe	4 Viertel	4 Achtel	4 Sechzehntel	4 Zweiunddreißigstel	8 Vierundsechzigstel		Hals (Stiel) — Kopf — Verlängerungspunkt
Pausen für je eine Note										
Einzelnoten										Balken

Seit dem 13./14. Jh. gibt es Zeichen für die verschiedenen Notenwerte und die Taktvorzeichnung. Ausgangswert der heute verwendeten **Notenschrift** ist die ganze Note, die bis hin zu Vierundsechzigsteln aufgeteilt werden kann. Pausenzeichen gibt es in den entsprechenden Werten.

Die Bezeichnung der Tonhöhe – Guido von Arezzo

Ausgangspunkt der europäischen Notenschrift waren im 9. Jahrhundert die Neumen des lateinischen Kirchengesangs. Durch ihre Zeichenform visualisieren sie die Melodiebewegung im Sinne einer Gedächtnisstütze. Eine solche schriftliche Fixierung des Gesangs wurde notwendig im Zuge der westlichen Vereinheitlichung des liturgischen Gesangs in der durch Karl den Großen errichteten Universalmonarchie. Fortan war Eindeutigkeit die Tendenz der Tonschrift. Denn man wollte sich nun nicht mehr nur an Melodien erinnern, man wollte auch neue Gesänge, Sequenzen und Tropen schaffen und verbreiten, und zudem begann man, sich theoretisch und praktisch mit den Möglichkeiten der Mehrstimmigkeit zu beschäftigen. Zunächst wurden die

Neumen um eine Richtlinie platziert, bald
auch um mehrere Linien, die die Tonhöhen
verdeutlichen. Eine entscheidende Neuerung erfand um 1025 der italienische
Musiktheoretiker Guido von Arezzo: Er
zeichnete vier oder fünf Notenlinien und
versah sie mit den Tonbuchstaben C und F
derart, dass alle Linien je im Abstand einer
Terz zueinander standen. Eine eindeutige
Tonhöhenaufzeichnung war nun möglich,
während die Tondauern nach wie vor
durch das Metrum des Textes vorgegeben
waren. Man sollte nicht denken, dass
die vorhergehende Erinnerungsschrift der
Neumen unvollständig oder gar »primitiv«
war. Die Neuerungen der Notation konsti-
tuierten zu allen Zeiten nicht einen Nota-
tions-»Fortschritt«, sondern reagierten auf
das, was man musikalisch brauchte. Und
hier gab es eine bis heute währende beständige Bewegung des musikalischen Denkens, das eine
beständige Veränderung der Schrift zur Folge hatte, die dann
ihrerseits neue Musik ermöglichte.

Philippe de Vitrys Anfang des 14. Jahrhunderts
erschienener Traktat »**Ars nova«,** der bald
einer Musikepoche die Bezeichnung geben
sollte, lehrte die Differenzierung der Mensuralnotation. Von de Vitrys umfangreichem kompo-
sitorischem Schaffen sind nur 14 Motetten
erhalten, die in zum Teil reich illuminierten
Handschriften überliefert sind (1310/14; Paris,
Bibliothèque Nationale).

   Die Veränderungen reagierten in der Folgezeit auf die
zunehmende Artifizialisierung der Musik, das heißt auf eine
Bereicherung der kompositorischen Möglichkeiten in Richtung schriftlich fixierbarer Eigenständigkeit musikalischen
Sinns. Die Neumenformen wurden zu quadratischen Köp-
fen rationalisiert (Quadratnotation), sodass der Tonort
deutlich abgebildet werden konnte. Und die Aufeinanderfolge der Notenverbindungen (Ligaturen), bei denen die
Stimmen melismatisch, also ohne Textvortrag, zu singen
waren, wurden mit rhythmischer Bedeutung versehen. Es
entstand um 1200 in Nordfrankreich die Modalnotation.
Sie ist benannt nach den sechs Grundrhythmen, den Modi,
von denen jeder durch eine eigene Folge von zwei- oder drei-
tönigen Ligaturen geschrieben werden konnte. So zum Beispiel bedeutet die Ligaturenfolge 3 2 2 ..., also ▙ ▐▙ ..., die
Folge lang–kurz: ♩♪♪♩♪♪ ..., den 1. Modus. Nicht die Form der
Noten, sondern ihre abgezählte Gruppierung durch die
Ligaturenschreibung zeigt hier den Rhythmus an. Die
Modalnotation ist die im Umkreis der Pariser Notre-Dame-
Kathedrale entwickelte Tonschrift für die mehrstimmige, als
Organum bezeichnete liturgische Musik. Zu ihrer Eigenart
gehörte es, dass sie nur dort angewandt werden konnte,
wo der Gesang melismatisch als Jubilus, etwa als lang ge-
dehntes Schluss-a des Alleluja, gesungen und dementsprechend in Ligaturen aufgeschrieben wurde, während für den
syllabischen Gesang der Textrhythmus oder der Wechsel
von kon- und dissonanten Zusammenklängen maßgebend
blieb.

*Mit Organum wurden zunächst
Instrumente, etwa die Orgel, und die
menschliche Stimme bezeichnet. Die
seit dem 9. Jahrhundert nachweisbare
zweistimmige Vokalmusik nannte
man jedoch ebenfalls so; drei- und
sogar vierstimmig waren schließlich
die Organa der Pariser Notre-Dame-
Schule des 13. Jahrhunderts.*

Der Rhythmus wird aufgeschrieben – Die Mensuralnotation

Ein nächster entscheidender Schritt bestand darin, dass die Noten nicht nur die Tonhöhe, sondern durch ihre Form zugleich die Dauer des Tons anzeigten. Es entstand die Mensuralnotation, die Franco von Köln um 1250 Epoche machend systematisierte. Jetzt galt zum Beispiel die mit einem Abwärtsstrich versehene quadratische Note (∎) als lang (Longa), die quadratische Note ohne Strich (∎) als kurz (Brevis) und die rhombisch geschriebene Note (♦) als halbe Kurze (Semibrevis). Auch die Ligaturen wurden von der Gruppenzählung befreit und durch ihre Form auf mensurale Bedeutungen festgelegt.

Quadratnotation (oben) und eine gotische Notation aus **Messbüchern** des 15. Jh.

Auf dieser Basis erfolgten zu Beginn des 14. Jahrhunderts und abermals in Frankreich die als Ars nova bezeichneten Neuerungen der Notation, die mit dem Namen Philippe de Vitry verbunden sind und maßgebend wurden für den wohl berühmtesten Komponisten des Mittelalters, Guillaume de Machaut. Neben der zuvor herrschenden dreizeitigen (perfekten) Teilung der Notenwerte trat nun als gleichberechtigt die zweizeitige (imperfekte) Teilung; Zeichen für eine Vielzahl kleiner und kleinster Tonwerte wurden erfunden, und die Mensurzeichen, aus denen sich die Taktzeichen der Taktstrichmusik entwickelten, wurden eingeführt.

Damit waren die Grundlagen der neuzeitlichen Notation geschaffen, die sich mit der Kompositionskunst immerfort veränderte, teils durch Vereinheitlichung und Vereinfachung, in der Tendenz jedoch beständig durch Zufügung neuer Schriftfixierungen. Stichworte sind: die weiße und runde statt der schwarzen und eckigen Schreibung der Notenköpfe, die Preisgabe der Ligaturen und Einführung der Bindebögen, die Differenzierung der Tonhöhenschlüssel, die Verwendung von Akkordziffern, die Erfindung von Verzierungszeichen und die wachsende Fülle der Phrasierungs-, Tempo- und Vortragsanweisungen.

Schriftlich erfasste Musik kann Zeit und Raum überwinden. Sie kann aufbewahrt und reproduziert, vervielfältigt und verbreitet werden – so wie diese von dem preußischen König **Friedrich II., dem Großen,** notierte Melodie.

Notation als musikalische Grafik

In der auf der Atonalität beruhenden seriellen, aleatorischen und als offene Form konzipierten Musik nach 1950 differenzierte sich das Schriftbild bis hin zu einem Stadium, bei dem für jede neue Komposition neue Aufzeichnungsarten und Schriftzeichen erfunden wurden. Als Gegenreaktion entstand die Idee, sich von der schriftlich festgelegten Anwei-

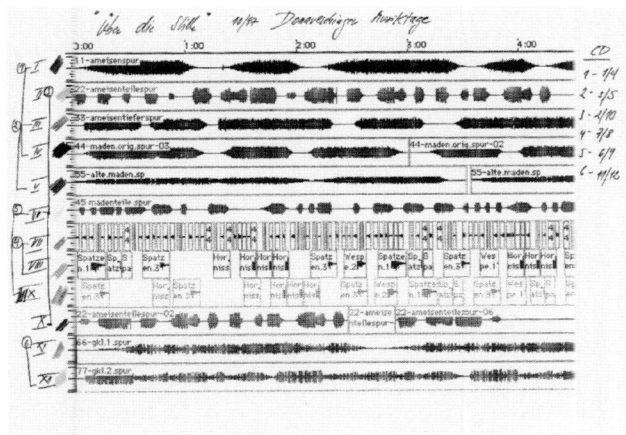

Die Musik des 20. Jh. stellte **neue Anforderungen** an die Notation. Die mit grafischen Zeichen und Farben gestaltete Partitur von Christina Kubischs Installation »Über die Stille« (1997) macht dem Hörer das Musikwerk auch auf visuellem Weg verständlich.

sung an den Interpreten überhaupt zu lösen und in Formen musikalischer Grafik einen kreativ improvisierenden Prozess der Ausführung von Musik nur noch anzuregen und zugleich freizugeben, während die auf Tonband produzierte elektronische Musik weithin die Schriftlichkeit überhaupt ausschloss. Für alle Notation von Musik gilt, dass sie nur dasjenige aufnimmt und fixiert, was jeweils als wesentlich für eine konkrete musikalische Intention angesehen wurde. Die Notation ist die erstarrte Zeichnung einer Musik, die erst bei ihrer Klangverwirklichung zum Leben erweckt wird. Dabei sind nicht nur die geschichtlich verloren gegangenen Selbstverständlichkeiten der jeweiligen Aufführungspraxis zu rekonstruieren oder bewusst zu ersetzen, sondern weit darüber hinaus ist dem ästhetisch reflektierenden Verstehen der Zeichensprache, ihres Gemeinten und Möglichen, unausweichlich ein großer und immer wieder neuer Spielraum gegeben. Insofern ist auch alle schriftlich aufgezeichnete Musik niemals ganz aus der Schriftlosigkeit entlassen.

HANS H. EGGEBRECHT

Grundlage zum Schreiben

Das Papier

Erst durch Verrat wurde die Erfindung der Chinesen bekannt und konnte ihren Siegeszug durch die Welt antreten.

Glatte Steinflächen, weicher Lehm und Platten aus Kupfer oder Bronze zählten zu den ersten Materialien, auf denen Menschen in Bildern und Schriftzeichen die Informationen festgehalten haben, die ihnen wichtig und bewahrenswert erschienen. Vom Schreiben konnte dabei allerdings noch keine Rede sein.

Vor etwa 5 000 Jahren entdeckten die Ägypter, dass sich aus dem zu Streifen gepressten Mark der dicken Papyrusstängel eine geeignete Schreibunterlage herstellen ließ. Die Produktion war aufwendig und damit teuer, die dicken Papyrusrollen schwer und unhandlich, doch mangels besserer Alternativen behauptete dieser Exportartikel Ägyptens viele Jahrhunderte seine führende Stellung. Die in Konkurrenz immer wieder zu Schreibzwecken genutzten Tafeln aus Leder, Metall, Holz oder Wachs konnten ihm seinen Rang nicht streitig machen. Das gelang jedoch um 1000 v. Chr. mit nicht gegerbten Häuten junger Rinder, Schafe, Ziegen oder Esel, die geglättet und rechteckig zugeschnitten wurden. Sie ließen sich beschreiben, bemalen und zusammengerollt lagern. Ihre Herstellung für diesen Zweck erreichte um die Mitte des 3. Jahrhunderts v. Chr. in Pergamon eine Qualität, die der des Papyrus weit überlegen war. Die vom Namen der Hauptstadt des hellenistischen Königreichs abgeleitete Bezeichnung Pergament wurde für Jahrhunderte zum Gattungsbegriff für das gängige, aber teure Material von Schriftstücken.

Der Weg des Papiers nach Europa

Wegen der hohen Kosten für die technisch und zeitmäßig aufwendige Produktion eignete sich das Pergament aber nicht für die Massenherstellung von Büchern oder Druckschriften. Daher wurde es in Europa bis zum Hochmittelalter meistens nur für einzelne Bibeln, Chroniken oder Urkunden verwendet. Im 12. Jahrhundert konnte man hier jedoch auf das Papier zurückgreifen, das bereits rund 1 000 Jahre zuvor in China entwickelt worden war. Das Herstellungsverfahren ließ sich in Asien so lange geheimhalten, bis es im 8. Jahrhundert die Araber in Samarkand von chinesischen Kriegsgefangenen erfuhren, die damit ihr Leben retten wollten. Über den Orient, Nordafrika und Spanien ge-

Papyrus lässt sich als Beschreibstoff in Ägypten ab dem Beginn des 3. Jt. v. Chr. nachweisen. Vermutlich im 6. Jh. v. Chr. gelangte die Papyrusrolle über Ionien nach Griechenland. Die erhaltenen Papyrusfragmente – hier der »Papyrus Rhind« (15. Jh. v. Chr.; London, Britisches Museum) – überliefern entweder urkundliche Dokumente oder literarische Texte.

Die **höfische Kanzlei** oder das klösterliche Skriptorium waren bis zum 12. Jh. in Europa die einzigen Entstehungsorte für Bücher. Zumeist waren mehrere Schreiber an der Abschrift der Werke beteiligt. Der Blick in die königliche Kanzlei von Palermo zeigt griechische, arabische und lateinische Schreiber sowie Matheus de Ajello (»Liber ad honorem Augusti sive de rebus Siculis«, Codex 120 II der Burgerbibliothek Bern).

langten diese Kenntnisse durch Vermittlung der Mauren auch ins Abendland. Im spanischen Xativa, dem heutigen San Felipe bei Valencia, damals noch unter maurischer Herrschaft, wurde schon 1074 Papier aus Leinenhadern hergestellt. Eine erste Papiermühle zum mechanischen Zerkleinern der Lumpen ist dort für das Jahr 1144 belegt. Der zweite Weg nach Europa führte für das Papier über Sizilien, wo Roger II. im Jahre 1102 die Errichtung von Papierwerkstätten durch herrscherliches Privileg förderte. Die erste Papiermühle als Ersatz für die mühselige Handarbeit beim Quetschen und Zerstoßen feuchter Stoffreste lässt sich für Italien 1276 in Fabriano in der Provinz Ancona nachweisen. Bis heute ist die kleine Stadt für ihr erlesenes Büttenpapier berühmt. Die älteste französische Mühle dieser Art arbeitete 1338 in La Pielle bei Troyes, und in Deutschland ließ sich der Nürnberger Kaufmann Ulman Stromer seine Ölmühle an der Pegnitz von italienischen Papiermachern und heimischen Handwerkern 1389 zu einer Papiermühle mit zwei Wasserrädern umbauen. Im folgenden Jahr begann er in Ravensburg mit dem Bau einer weiteren Anlage, die 1393 ihren Betrieb aufnahm.

Im 15. Jahrhundert gab es dann auch in Straßburg, Regensburg und Lübeck Papiermühlen in entsprechenden Handwerksbetrieben. In Richtung Norden ging die weitere Verbreitung dieser Technik langsamer voran. Die britischen Inseln wurden erst mit mehr als 100 Jahren Verspätung erreicht. Als einer der ersten Papiermacher in England kann der Deutsche Johann Spielmann aus Lindau am Bodensee gelten, der 1585 in Dartford in der Grafschaft Kent eine Papiermühle errichtete und für seine Verdienste um die Herstellung dieses neuartigen Schreibmaterials sogar geadelt wurde. Seine Leistung ehrte der englische Kriegsmann und Dichter Thomas Churchyard in einem langen Gedicht, in dem er auch den besonderen Wert des Papiers betonte.

In einem Gedicht würdigt **Thomas Churchyard** den Papiermacher Johann Spielmann:

»Ich preis' den Mann, der uns zuerst Papier gemacht,

Papier allein ist ja der Tugend wahrer Hüter.

Es schafft uns neue Bücher und wahrt auch mit Bedacht,

was höher ist an Wert als sonst'ge Erdengüter.«

Vom Abfall zum Bütten

Für die Papierherstellung waren mehrere Arbeitsgänge erforderlich: Nach chinesischem Vorbild mussten zunächst Bast, Baumwollfasern und Hanf zu einer Masse zerstampft und gemeinsam mit zerkleinerten Lumpen in einer Lauge aus Pflanzenasche zu einem dünnen Faserbrei zerkocht werden. In Mitteleuropa ließ sich die Baumwollstaude aus klimatischen Gründen nicht anbauen. Baumwolle wurde daher in gesponnener Form als Import aus dem Mittelmeerraum für die eigene Herstellung von Textilien genutzt, als Rohstoff zur Papierproduktion war sie zu teuer. Die Verbreitung baumwollener Gewebe legte jedoch den Gedanken nahe, für die Papierherstellung auf abgetragene Kleidungsstücke und Schneiderabfälle aus diesem Stoff zurückzugreifen. Vorteilhaft erwies sich dabei die besondere Struktur des Baumwollgewebes mit seinen kurzen Fasern, die sich in den Stampfen der Mühlen mechanisch gut zerkleinern und anschließend in der Aschenlauge schnell auflösen ließen. Lumpen, auch Hadern genannt, aus Flachs oder Leinen setzten diesen Prozessen aufgrund ihrer wesentlich längeren Gewebefasern erheblich mehr Widerstand entgegen. Wie viele aus dem 14. Jahrhundert erhaltene Urkunden, Briefe und Handschriften belegen, bestand in Deutschland die Masse des Rohmaterials für die Papierherstellung aus den in großen Mengen verfügbaren leinenen Hadern, die dann auch zu reinem Linnenpapier verarbeitet wurden.

Der entscheidende Fortschritt bei der Papiererzeugung lag im Verzicht auf pflanzliche Fasern zugunsten der Textilabfälle aus Hadern von Baumwoll- und Leinengeweben. Diese Lumpen wurden nach mehreren Waschgängen, nach Kochen und Bleichen zunächst mit Handmühlen oder mit Stößeln im Mörser, seit dem 12. Jahrhundert dann in den erwähnten Mühlen durch mechanische Werke mit Antrieb über Wasserräder unter Zusatz von Wasser zerkleinert. Dabei entstand ein Brei, der in einen Bottich gefüllt und mit Klebstoff zu einer trüben milchigen Flüssigkeit umgewandelt wurde. Der Papierer schöpfte aus dieser Brühe mit dem als Bütte bezeichneten hölzernen Siebrahmen im gewünschten Blattformat. Dadurch entstand auf dem Sieb nach Ablaufen des Wassers ein Papierbogen, der mit anderen zu einem Stoß zusammengelegt, noch weiter entwässert und anschließend zum Trocknen aufgehängt wurde. Die fertigen Bögen konnten dann beschrieben oder bemalt werden.

Das aus behandelten Tierhäuten hergestellte **Pergament** löste im 4. und 5. Jh. Papyrus als vorrangigen Beschreibstoff ab. Es bot den Vorteil, dass es eine feine Oberfläche hatte und beidseitig beschriftet werden konnte. Nach Erfindung des Papiers verlor das Pergament seit dem 15./16. Jh. an Bedeutung. Die Landkarte des Mateo Prunes (1559) ist noch auf Pergament gezeichnet.

Das Handwerk der Papiermacher entstand ausschließlich in Städten mit enger Verbindung zum Wasser und zu den verschiedenen Textilgewerben, die mit ihren Abfällen als billige Rohstofflieferanten dienten. Diese Stoffreste reichten aber schon im 14. Jahrhundert für den steigenden Papierbedarf nicht aus. So wurde das Lumpensammeln zu einem einträglichen Gewerbe. Der Senat der Republik Venedig erteilte zum Beispiel 1366 den Papiermühlen von Treviso, das zum venezianischen Machtbereich gehörte, ein entsprechendes Privileg und verbot generell die Ausfuhr von Lumpen und Papierabfällen. Die offenkundig angestrebte Wiederverwendung von Papierresten macht deutlich, dass man bei knappen Rohstoffen schon damals sehr bewusst Recycling betrieb.

In Deutschland verfügten nur wenige politisch mächtige Herren über Weitblick in Bezug auf die Förderung der Papierherstellung. Zu ihnen zählte Markgraf Wilhelm I. von Meißen, der dem Benediktinerkloster in Chemnitz 1398 ein entsprechendes Privileg zusprach. Mit dem dank der Mühlen- und Schöpftechnik in beliebigen Mengen herstellbaren Papier war eine wichtige Voraussetzung für die Vervielfältigung gerade auch von Drucken gegeben, worauf sich dann um 1450 auch Johannes Gutenberg stützen konnte.

VOLKER SCHMIDTCHEN

Die Stadt **Nürnberg im Jahr 1493** zeigt der kolorierte Holzschnitt von Michael Wolgemut in Hermann Schedels Weltchronik. Vor der Stadtmauer ist am Lauf der Pegnitz eine Papiermühle angesiedelt. Der Nürnberger Patrizier Ulman Stromer hatte 1389 die erste Papiermühle in Deutschland gegründet.

Die »große Freiheits-urkunde« war die Grundlage für Englands Weg zu einer rechtsstaatlichen, verfassungs-mäßigen Ordnung.

Die Magna Charta

Die berühmte Verfassungsurkunde Englands, die »Magna Charta (Carta) Libertatum«, die »große Freiheitsurkunde«, kann auf eine lange Geschichte zurückblicken. In ihrer Erstfassung enthielt sie noch 63 Artikel und wurde im Juni 1215 von König Johann Ohneland in der Form eines einseitigen Privilegs ausgestellt, um einen drohenden Bürgerkrieg zu vermeiden. Vom Papst bald danach auf Drängen des Königs für nichtig erklärt, wurde sie erst nach dem Tode Johanns 1216 in einer auf 42 Artikel verkürzten und modifizierten Form wieder in Kraft gesetzt und, jeweils nach weiteren Änderungen, 1217 und schließlich 1225 von König Heinrich III. erneut bestätigt. In dieser letzten Version wurde sie als geltendes Recht anerkannt und schließlich auf Befehl Eduards I. 1297 in die neu geschaffene Serie der »Statute Rolls« aufgenommen.

Der adlig-kirchliche Widerstand gegen die Krone

»Niemand kann ihm jemals vertrauen, denn sein Herz ist weich und feige.« Dieses wenig schmeichelhafte Urteil eines Zeitgenossen bezog sich auf Johann, der im Jahre 1199 seinem Bruder, Richard I. Löwenherz, als König von England nachfolgte. Der Protest, der in der Magna Charta zum Ausdruck kam, richtete sich jedoch weniger gegen Johann persönlich als vielmehr gegen bestimmte Erscheinungsformen eines seit den Tagen Heinrichs II. üblich gewordenen autokratischen Regierungsstils. Hiernach betrachtete es der König als sein gutes Recht, nicht nur die sich aus dem Lehensverhältnis ergebenden Leistungspflichten der Kronvasallen einseitig nach seinem Gutdünken zu bestimmen, sondern darüber hinaus auch durch einfache Willenserklärungen, ohne jede rechtliche Kontrolle, tief in die Rechte und den Besitzstand seiner Untertanen einzugreifen. Unter Johann uferte diese königliche Praxis in einem Maße aus, dass sie von den Betroffenen geradezu als ein neues System königlicher Willkürherrschaft empfunden wurde, das immer deutlicher vitale Interessen der Kronvasallen und des Klerus bedrohte. Dazu kam die glück- und erfolglose Außenpolitik des Königs. Von seinen Vorgängern hatte er die Feindschaft des französischen Königs Philipp II. geerbt, die als Hypothek auf den Ländern des »Angevinischen Reichs« lastete, also auf

Der britische Verfassungshistoriker **William Sharp McKechnie** schrieb 1914 über die Bedeutung der Magna Charta:

> »Die Größe der Magna Charta liegt nicht so sehr in dem, was sie ihren Schöpfern im Jahre 1215 bedeutete, als vielmehr darin, was sie danach für die politischen Führer, die Richter und Juristen sowie für die ganze Masse der englischen Bevölkerung der späteren Jahrhunderte wurde.«

den Territorien, die Heinrich II., der Begründer der Dynastie Anjou-Plantagenet, in seiner Hand vereinigt und an seine Nachfolger vererbt hatte. Im Einzelnen handelte es sich dabei als väterliches Erbe um das Herzogtum Normandie und die Grafschaften Anjou, Maine und Touraine. Dazu kamen 1152 durch Heirat das Herzogtum Aquitanien, 1154 als mütterliches Erbe nach dem Tod König Stephans das Königreich England und bis 1173 die Kontrolle über das Herzogtum Bretagne und die Grafschaften Toulouse und Auvergne.

Philipp wirkte zwar, machtpolitisch gesehen, im Vergleich zu Johann eher wie ein »Zwerg«; als Lehnsherr des englischen Königs für dessen französische Besitzungen war er jedoch in der Lage, diesen in lästige Prozesse vor seinem Lehnsgerichtshof zu verwickeln. Dazu bot sich bald Gelegenheit, als Arthur von der Bretagne, der Sohn des inzwischen verstorbenen älteren Bruders Johanns, Gottfried Plantagenet, Ansprüche auf den englischen Thron erhob und sich dabei um Hilfe an den gemeinsamen Lehnsherrn, König Philipp, wandte. Zwar unterlag Arthur und starb unter ungeklärten Umständen in der Haft Johanns. Am Ende, 1204, gelang es jedoch König Philipp, nicht nur die Normandie, sondern auch alle mittelfranzösischen Besitzungen des englischen Königs nördlich der Loire in seine Hand zu bekommen.

Einen weiteren Missgriff leistete sich Johann, als er im Streit um die Besetzung des Erzbischofsstuhls von Canterbury eine langwierige Auseinandersetzung mit Papst Innozenz III. provozierte. Während der Papst das Land mit der Kirchenstrafe des Interdikts belegte und den König exkommunizierte, hielt sich dieser an den romtreuen Klerikern schadlos, deren Kirchenbesitz er rücksichtslos für die Krone einziehen ließ. Zwar gelang es Johann, eine vom Papst initiierte Invasion Englands durch den französischen König noch im letzten Augenblick abzuwenden, indem er vor den päpstlichen Forderungen kapitulierte und seine Königsherrschaft vom Papst zu Lehen nahm; angesichts der Misserfolge und der immer maßloseren Fiskalpolitik sank jedoch sein Anse-

Der unter Wilhelm dem Eroberer 1078 angelegte **Tower of London** repräsentiert noch heute den Machtanspruch der englischen Krone.

Die glücklose Außenpolitik von König Johann Ohneland bereitete den Boden für die Widerstandsbewegung aus Klerus und Adel, die die Magna Charta erzwang. Auch Johanns Nachfolger hatten sich mit den Ansprüchen Frankreichs auseinander zu setzen. Die Miniatur zeigt **Eduard I.**, der dem französischen König Philipp IV., dem Schönen, huldigt (Paris, Bibliothèque Nationale de France).

hen im Lande auf einen Tiefpunkt. Als im Juli 1214 endlich auch der letzte Versuch, dem französischen König die ehemals »angevinischen« Gebiete wieder zu entreißen, in der Schlacht von Bouvines scheiterte, formierte sich in Hochadel und Klerus eine Widerstandsbewegung, die entschlossen war, den König notfalls mit Gewalt zur Aufgabe seines despotischen Regiments und zur Anerkennung des alten Herkommens zu zwingen. Nachdem auch die Stadt London Partei für die Rebellen ergriffen hatte, erklärte sich Johann bei Runnymede, unweit von London, zu Verhandlungen bereit, deren Ergebnis dann in der Magna Charta beurkundet wurde.

Vom feudalen Herrschaftsvertrag zum Grundgesetz

Historisch gesehen handelte es sich bei der Magna Charta nicht um die Vorwegnahme demokratisch-parlamentarischen Gedankenguts, sondern eher um einen feudalen Herrschaftsvertrag, der vor allem den Interessen der Kronvasallen und des hohen Klerus entgegenkam. So bezogen sich die meisten der Artikel auf das lehnsrechtliche Verhältnis zwischen König und Kronvasallen, wobei die einzelnen Bestimmungen darauf abzielten, die maßlose Ausweitung der Vasallenpflichten einzudämmen – etwa bei der Zahlung des »Schildgeldes«, einer Ablösungsgebühr für nicht persönlich geleisteten Militärdienst. Gleiches gilt für zahlreiche Artikel, die sich gegen die Missbräuche bei der Ausübung der königlichen Gerichtsbarkeit und regionalen Administration wandten.

Entscheidend war jedoch, dass der betroffene, relativ kleine Personenkreis bereit war, die dem König abgetrotzten Regelungen als geltendes Recht auch für die eigenen Vasallen und Untervasallen anzuerkennen. Dazu kam, dass die Barone auch keine Probleme hatten, über ihre unmittelbaren Interessen hinaus auch Beschwerden anderer Gruppen aufzugreifen, was ihnen die Legitimität verlieh, praktisch für

Von der **Magna Charta** und ihren 63 Artikeln sind heute noch vier Abschriften erhalten (Manuskript »August II 106«; London, British Museum).

In der Magna Charta wurde die Erhebung neuer staatlicher Abgaben von der Zustimmung des Allgemeinen Rates abhängig gemacht, für den sich unter König Heinrich III. der Name **Parlament** einbürgerte. Der heutige Parlamentskomplex in London entstand in neogotischen Formen im 19. Jh. und hat mit seinen mittelalterlichen Ursprüngen nur noch den Standort an der Themse gemein.

alle Freien im Lande zu sprechen. Allerdings sollte man dabei bedenken, dass zu Beginn des 13. Jahrhunderts nur ein kleiner Teil der Bevölkerung dem privilegierten Stand der Freien angehörte und damit auch von den zugestandenen Rechtsgarantien profitieren konnte, sodass die Magna Charta damals noch weit davon entfernt war, die Rolle eines fundamentalen Grundgesetzes für die englische Nation zu spielen.

Dies sollte erst Jahrhunderte später eingeleitet werden, als im Zuge der Auseinandersetzungen des Parlaments mit dem Stuartkönigtum, die 1628 zur »Petition of Right« führten, einer der führenden Parlamentsjuristen, Sir Edward Coke, in der Magna Charta die Verbriefung fundamentaler Individualrechte sah, die jetzt vom Parlament gegenüber der Krone eingefordert wurden. Dabei stützten sich Coke und seine Anhänger vor allem auf die berühmte Rechtsschutzgarantie zugunsten aller Freien (Artikel 29 der Fassung von 1225), die bisher kaum beachtet worden war. Von nun an diente die Magna Charta nicht nur als Vorbild für spätere Gesetzesvorhaben wie die Habeas-Corpus-Akte oder die Verfassung der Vereinigten Staaten von Amerika, sondern wurde immer wieder als ein unverzichtbares, fundamentales Grundgesetz zur Wahrung der Freiheit des Einzelnen gegenüber staatlicher Willkür in Anspruch genommen.

KARL-FRIEDRICH KRIEGER

Mit der Einrichtung der ersten Banken wurden im Mittelalter die Grundlagen des modernen Finanzverkehrs gelegt.

Das Bankwesen

Der moderne Kapitalismus hat eine seiner Wurzeln in Italien. Geld und Kredit gab es zwar schon im antiken Rom und im indischen, chinesischen sowie im islamisch-arabischen Kulturraum. Mit dem Niedergang des Weströmischen Reichs in den Wirren der Völkerwanderung verkümmerten aber der Geldverkehr und das Kreditwesen bis auf kleinste Reste. Zur Zeit der Kreuzzüge entstand durch den grenzüberschreitenden Verkehr eine Art »Frühkapitalismus«. Die Notwendigkeit, unterwegs Waren mit fremden Münzen zu bezahlen, führte zu dem Bedürfnis, das eigene Geld in die orts- oder landesübliche Währung einzuwechseln. In den italienischen Handelszentren wie Genua, Mailand und Venedig schlugen professionelle Geldwechsler ihre Bänke auf, die man *banchieri* nannte. Diese Geldwechsler dehnten im 12. Jahrhundert ihr Geschäft nach ganz Europa aus, wo man sie wegen ihrer Herkunft Lombarden nannte. Noch heute erinnert daran die aus dem Italienischen stammende Bankterminologie mit Begriffen wie Lombardkredit, Saldo, Agio oder Storno. Die ersten *banchieri,* die ihre Dienste auch auf Depots und Kredite und eigentliche Beteiligungen ausdehnten, sind um 1200 in Genua nachweisbar, doch blieben ihre Aktivitäten punktuell. Die Wiege des modernen europäischen Bankwesens, das auf einem grenzüberschreitenden Beziehungsgeflecht beruht, stand in Florenz.

Marinus van Reymerswaeles **»Der Geldwechsler und seine Frau«** (Madrid, Prado) schildert eine Alltagsszene und zugleich eine moralisierende Lebensregel. Den eitlen Geschäften des Mannes, der den Wert des Goldes prüft, wird die Haltung der Frau gegenübergestellt, die ihre (vermutlich fromme) Lektüre unterbricht und sich der Attraktivität des Geldes nicht entziehen kann.

Warum ausgerechnet Florenz?

Die Frage nach dem Warum führt in der Geschichte selten zu einer klaren und eindeutigen Antwort. Entscheidend sind meist höchst komplexe Konstellationen von topographischen, ökonomischen, technologischen, politischen und soziokulturellen Gegebenheiten und kreativen Einzelpersönlichkeiten. Florenz ist keine Hafenstadt. Sein zunächst bescheidener Wohlstand beruhte auf dem Handwerk und speziell auf der Webkunst und der Textilveredelung, die ein

Florenz war die Wiege des modernen Bankwesens. Das historische Stadtbild – hier mit dem Dom und dem Palazzo Vecchio im Mittelpunkt – verweist noch heute auf den Aufschwung in Handel und Kultur, der Florenz im 13. und 14. Jh. zur führenden Macht Mittelitaliens erhob.

Netzwerk von Import- und Exportverbindungen benötigte. Die Kombination von Handel und Seefahrt mag zwar den Unternehmergeist und die kurzfristige Spekulations- und Risikofreude anstacheln, die im Bankgeschäft wichtige Komponente der qualitätsbewussten, langfristig angelegten Vertrauensbildung entsteht aber nur in Verknüpfung mit einer über Generationen hinweg gepflegten handwerklichen Qualitätskultur. Nur ein über die Dauer berechenbares Geschäft ermöglicht es, Risiken zu verteilen und das Kapital in einem rationalen Verhältnis zu den Gestehungskosten und dem Verkaufspreis gewinnbringend einzusetzen. Banken leben von ihrem Ruf, und ein guter Ruf beruht auf der Fähigkeit, glaubwürdig zu sein und zu bleiben. Banken sind möglicherweise nichts anderes als Häfen des Kapitalverkehrs, und diese von Menschen geschaffenen Häfen liegen vorzugsweise nicht an den exponierten Küsten der Ozeane. Die Florentiner verstanden es im 13. Jahrhundert, in einer Konstellation von Mängeln und von verschiedenen schwierigen Voraussetzungen, die Gunst ihrer historischen Stunde zu nutzen und in der Konkurrenz der Stadtstaaten das lukrativste Gewerbe zu entwickeln. Sie setzten als qualitätsbewusste Handwerker, anders als ihre spekulationsfreudigen Konkurrenten in den Hafenstädten Genua und Venedig, auf bescheidene Verdienstspannen und große Umsätze, kalkulierten scharf und verzichteten auf allzu hohe Risiken. Eine Voraussetzung des Vertrauens schufen sie 1252 mit einer eigenen Münzprägung, dem Fiorino d'oro, der ersten städtischen Goldmünze.

Der Florin entwickelte sich zu einer der bedeutendsten Währungen Europas, und er hat mit seinem Kürzel fl. und £ bis in die heutige Zeit seine Spuren hinterlassen. Die Verlässlichkeit des Fiorino d'oro entspricht dem Kunst- und Qualitätssinn der Künstler und Handwerker und der Ver-

Die Medici erlangten durch Handel und Bankgeschäfte eine führende Rolle in der mittelalterlichen Republik Florenz. Seit dem 15. Jh. waren sie mit kurzen Unterbrechungen faktisch Herren der Stadt. Herzog **Cosimo de' Medici** errichtete im 16. Jh. eine unumschränkte bürokratisch-absolutistische Herrschaft.

lässlichkeit der Kaufleute. Folgender Geschäftsgrundsatz, der auch heute noch jedem Firmenleitbild wohl anstehen würde, ist aus dem Florenz des 13. Jahrhunderts überliefert: »Der Kaufmann darf nie vergessen, dass er schließlich nur fremdes Gut verwaltet und dass er von fremdem Vertrauen lebt.«

»Im Namen Gottes und des Gewinns«

A nome di Dio e di guadagno – diese Präambel, die man als Taufspruch des hochmittelalterlichen Bankwesens bezeichnen könnte, wird erstmals in der Buchhaltung von Castra Gualfredi dei Borghesi aus dem Jahr 1253 bezeugt. Aus Tuchhandel und Geldwechsel entstand im 13. Jahrhundert sukzessive ein neuer Wirtschaftszweig: das Bankwesen. Das Herstellen, Veredeln und Vermarkten von Stoffen war auf eine weltweit vernetzte Import-, Export- und Finanzierungsorganisation angewiesen, die sich dann auch für andere Zwecke nutzen ließ. Für ihre profitable Verbindung von Geschäft, Religion, Politik und Kunst ist zu Recht die Familie Medici in die Geschichte eingegangen. Die Medici waren nicht nur Bankiers, sondern stellten auch politische Machthaber, Päpste und Kunstmäzene. Ihre 1397 gegründete Bank ist die berühmteste, aber nicht die einzige Florentiner Bank. In seiner Blütezeit kannte Florenz über 80 Bankhäuser, die in ganz Italien und in ganz Europa ihre Filialen hatten. Die Niederlassungen der Medici befanden sich in Rom, Neapel, Mailand, Venedig und Pisa sowie in Genf, Lyon, Avignon, Brügge, Basel und London. Wirtschaftliche Globalisierung ist also keine neue Erscheinung und sie ist engstens mit einem grenzüberschreitend funktionierenden Bankwesen verknüpft.

Der unersättliche Geldhunger der Mächtigen

Bemerkenswert ist der rasche Aufstieg des neuen Geschäfts mit vielfältigen Finanzdienstleistungen, der trotz mittelalterlichen Zinsverbots mit »aktiver Duldung« der Kirche erfolgte. Zwischen den Gründungen im 13. und der ersten großen Blüte im 14. Jahrhundert liegt nur eine Generation. Einer der Gründe ist der Mangel an Edelmetall und das große Transportrisiko. Die weltlichen und kirchlichen Machthaber waren auf Steuern und Ablassgelder angewiesen, um ihren Hofstaat, ihre Heere und Flotten, ihre Bauten und ihre Kreuzzüge zu finanzieren. Dazu brauchte es Kapital, und dieser Kapitalbedarf ist die Wurzel des modernen Kapitalismus, und nicht der »kapitalistische Geist« des Kalvinismus.

Der Kapitalismus und das Bankgewerbe als notwendige Infrastruktur sind durch den staatlichen und kirchlichen Abgabenhunger vorangetrieben worden. Der Bedarf an Abgaben war durch Naturalien nicht mehr zu befriedigen, Waren mussten schließlich gegen Geld getauscht werden, und

Jakob Fugger hatte sich durch Beteiligung am ostindischen Gewürzhandel und durch den Kauf von Kupferbergwerken ein Handelsimperium aufgebaut. Unter ihm, dem Bankier der Päpste und der Kaiser Maximilian I. und Karl V., stieg das Bankhaus der Familie zum größten Europas auf (»Die Fugger in ihrem Kontor«, 1518; Braunschweig, Herzog Anton Ulrich-Museum).

dazu brauchte es die Vermittlung von Kreditinstituten. Die Florentiner Banken standen in direktem Verkehr mit Steuereintreibern und Ablasshändlern, gaben Kredite und kauften Wolle für ihre Textilindustrie, bezahlten dann die kirchlichen Auftraggeber mit dem Erlös der Tuche und kassierten von den Päpsten eine hohe Provision. Der päpstliche Auftrag, für Rom Geld einzuziehen, war ein gutes Geschäft. Die verwandtschaftlichen Bande der Medici-Bankiers und der Medici-Päpste sind wohl auch ein Grund für die zwar einträgliche, aber auf die Dauer nicht haltbare Kombination von Religion, politischer Macht und Kommerz, die schließlich die Reformation auslöste. Es ist kein Zufall, dass eines der bedeutendsten Kunstwerke der Frührenaissance, die zusammen mit Masolino ab 1424/25 ausgeführten Fresken des Masaccio in der Brancacci-Kapelle der Florentiner Kirche Santa Maria del Carmine, die neutestamentliche Szene der Diskussion um die Tempelsteuer darstellt, die das Spannungsfeld von Finanzen, Kirche und Staat versinnbildlicht. Zwei Generationen später wird der Prediger Savonarola den Florentinern zurufen: »Die Zeremonien, die man heute in der Kirche feiert, finden nicht mehr zu Ehren Gottes statt, sondern um des Geldes willen.« Er wird dafür 1498, an der Schwelle zur Neuzeit, gehängt und verbrannt.

ROBERT NEF

Der **Ablasshandel** der Kirche kurbelte im Spätmittelalter die Bankgeschäfte an (Papst Clemens VII. mit Ablasshändlern; Holzschnitt von Hans Holbein dem Jüngeren, um 1524).

Das Schießpulver

Mit Gewehr und Kanone entstanden die Waffen, die für Jahrhunderte Europas Vormachtstellung erzwangen.

Schleuder, Pfeil und Bogen, Wurfspeer und Bumerang zählen zu den ältesten Waffen des Menschen; wie das biblische Beispiel von David und Goliath zeigt, war eine optimal eingesetzte Fernwaffe allen anderen kämpferischen Qualitäten überlegen. Die Waffenwirkung aus der Distanz beruhte Jahrtausende hindurch auf der Ausnutzung mechanischer Prinzipien. Das galt gleichermaßen für die Fernwaffe des einzelnen Kriegers wie für die unterschiedlichen Typen von Wurfmaschinen. Im späten Mittelalter kam es dann in Europa zu einem Strukturwandel in der Kriegstechnik, der in der Folge das gesamte Kriegswesen nachhaltig veränderte: Die chemische Reaktion bei der Zündung eines Gemenges aus Salpeter, Schwefel und Holzkohle ließ sich als Antriebsenergie für Geschosse nutzen und erhielt daher in Deutschland die Bezeichnung Schießpulver. Ein neuartiger und im Wortsinn »unerhörter« Klang kündigte mit dem lauten Abschussknall der Feuerwaffen ein neues Zeitalter an.

Von China nach Europa

Beim Experimentieren hatten chinesische Alchimisten schon um 850 die Explosivwirkung eines bestimmten Mischungsverhältnisses dieser drei Stoffe entdeckt, es jedoch nur zur Herstellung von Brandsätzen und Feuerwerkskörpern verwendet. Über die Kontakte der muslimischen Welt nach Asien gelangten verschiedene Pulverrezepte im 13. Jahrhundert bis in den Mittelmeerraum. Der entscheidende Entwicklungsschritt zur Feuerwaffe erfolgte in Europa aber erst im 14. Jahrhundert und bestand im Einsatz der »Büchse«. Nach der bislang ältesten Illustration einer solchen Waffe in einer englischen Handschrift von 1326 aus Oxford handelte es sich dabei um eine auf eine Bank gelegte vasenförmige Büchse, mit der besonders starke Pfeile verschossen wurden. Aus dem gleichen Jahr stammt ein Dokument aus Florenz, in dem es um die Herstellung von *canones de metallo* geht, und für die folgenden Jahrzehnte sind an vielen Orten in Europa Einsätze der neuartigen Pulverwaffen belegt. Vom lateinischen *canna* abgeleitet, das »Röhre« oder »Tube« bedeutet, wurde diese Bezeichnung im Zuge der weiteren Entwicklung zunächst in den romanischen Län-

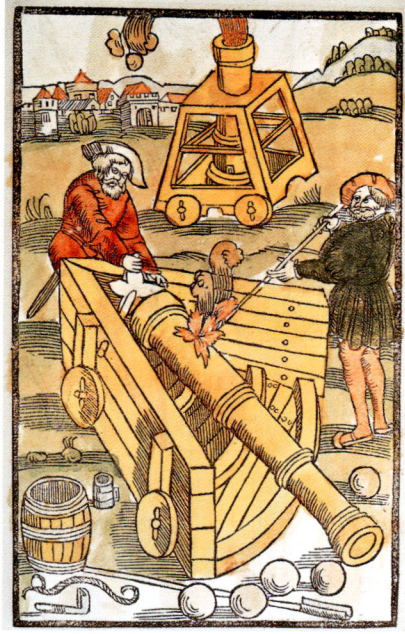

Erste **Schießpulvergeschütze** waren in China um 1200 eingesetzt worden. Im 16. Jh. war die Technik auch in Europa zur Herstellung von Geschützen zum Abschießen von Steinkugeln schon ausgereift. Der Holzschnitt aus dem Jahr 1529 zeigt Landsknechte beim Abfeuern einer Kanone.

dern, dann aber auch in England als *canon* und in Deutschland als »Kanone« zum Gattungsbegriff für schwerere Kali-
ber der Artillerie.

Bis heute haben sich die Fragen nach einem oder mehre-
ren Erfindern nicht klären lassen. Als historisch gesichert
gilt, dass in der ersten Hälfte des 14. Jahrhunderts die
Technologie zur Produktion von Büchsen, Schießpulver und
Geschossen, zu denen außer den speziellen Büchsenpfeilen
auch kleine Eisen-, Blei- und Steinkugeln gehörten, in
Italien, England, Frankreich, Burgund und Deutschland bereits verbreitet war. Von entscheidender Bedeutung für das
Schießen war der Ladevorgang, bei dem das Pulver von der
Mündung her in die Büchse eingebracht und am Bodenstück
festgestampft wurde. Danach führte der Büchsenmeister
einen runden, dem inneren Durchmesser der Büchse entsprechenden Holzklotz ins Rohr ein, legte ihn mit kleinen
Keilen fest und verdämmte ihn mit Lumpen, bevor er die
Stein- oder Eisenkugel einschob. Diese Konstruktion sorgte
bei der Zündung des Pulvers für eine kurzzeitige Hemmung
der Pulvergase und verstärkte den Druck, mit dem dann die
Kugel auf ihre Flugbahn gebracht wurde.

Hinsichtlich Aufbau, Handhabung und Wirkungsweise
gab es für die kleinen Handbüchsen wie für die größer di-
mensionierten Geschütze zunächst keine strukturellen Unterschiede. Gefertigt wurden die ersten Büchsen überwiegend aus Schmiedeeisen. Handbüchsen von etwa 0,5–3 cm
Rohrdurchmesser schmiedete man als massive zylindrische
Stücke und bohrte sie dann auf das jeweils gewünschte Kali-
ber aus. Leichte, mittlere und schwere Steinbüchsen, die ihre
Bezeichnung den im 14. und 15. Jahrhundert als Geschosse
bevorzugten Steinkugeln von 12–45 cm Durchmesser verdankten, wurden aus eisernen Längsstäben mit rechtecki-
gem Querschnitt und Eisenringen hergestellt, die der Büch-
senschmied in glühendem Zustand über die senkrecht um
ein hölzernes Modell des inneren Rohrs angeordneten
Stäbe zog und nochmals überschmiedete. Sie schrumpften
beim Erkalten und hielten damit die Konstruktion dieser

Seit dem 16. Jh. wurden in den Städten neben
schlichten Nutzbauten auch besonders
repräsentative **Zeughäuser** zur Aufbewahrung
von Waffen und Kriegsmaterial errichtet.
Das Zeughaus in Wolfenbüttel wurde 1613
begonnen.

Die Erfahrungen mit den Büchsen des 14. Jh.
zeigten, dass nach gelungener Schussabgabe
oftmals die Steinkugeln an der bekämpften
Mauer zerschellten, statt die Mauer zu
durchbrechen. In der Folge baute man im 15. Jh.
Riesengeschütze wie die 1411 gegossene
»Faule Mette« von Braunschweig
(Kupferstich von Johann Georg Bäck, 1717;
Wolfenbüttel, Herzog August Bibliothek).

Aufkommen und Fortentwicklung der Feuerwaffen zogen auch eine veränderte **Wehrarchitektur** nach sich. Im 16. Jh. wurde Jülich als Festungsstadt geplant und errichtet. In der Folgezeit wurden die Festungsanlagen immer wieder erweitert, zuletzt durch französische und preußische Truppen im 19. Jahrhundert.

Stabringgeschütze zusammen. Am hinteren Ende dieses Rohrs wurde dann die aus massiven gerundeten Eisenblöcken geschmiedete Pulverkammer eingepasst und im Schmiedefeuer mit dem Rohrteil verbunden. Diese zweigeteilte Form aus Rohr und Kammer war typisch für die frühen Steinbüchsen.

Die ältesten Nachrichten über aus Bronze gegossene Stein- und Handbüchsen reichen in die zweiten Hälfte des 14. Jahrhunderts zurück. Sie belegen die Anwendung der vom Glocken- und Kunstguss bekannten Verfahren auf das neue Rüstungsprodukt. Noch 100 Jahre später aber war trotz fertigungstechnischer Vorteile der Geschützguss aus Bronze nicht häufiger als das Schmieden von Büchsen. Das lag an der Standortbezogenheit des Bronzegusses, für den außer erfahrenen Gießern und geeigneten Schmelz- und Gussöfen auch hinreichende Mengen der sehr teuren Rohstoffe Kupfer und Zinn sowie Holzkohle als Energieträger und Wasserkraft für die Verarbeitungsprozesse benötigt wurden. So kam es im 15. und 16. Jahrhundert zu einer Konzentration der Feuerwaffenproduktion aus Bronze in der Tiroler Region und in einigen großen bayerischen Städten, wo die geforderten Bedingungen gegeben waren. Die in der Mehrzahl eisernen, auf einer Stange montierten oder mit einem Kolben geschäfteten Handbüchsen kamen wegen des umständlichen Ladevorgangs zunächst nur stationär auf Befestigungsanlagen zum Einsatz. Mit einem an der Unterseite angeschmiedeten Haken ließ sich beim Auflegen auf der Brüstung der starke Rückstoß verringern. Erst gegen Ende des 15. Jahrhunderts gewannen die Schützen mit Handbüchsen auch in der Feldschlacht größere Bedeutung, obwohl sie in Bezug auf die Feuergeschwindigkeit noch für Jahrzehnte den Langbögen und den Armbrüsten unterlegen blieben.

Die Wirkung der Geschütze

Mit den Steinbüchsen konnten erstmals Geschosse auf gestreckter Flugbahn mit hoher Wucht gegen Befestigungsanlagen gefeuert werden und Breschen in die Mauern legen. Das war mit den mechanischen Wurfmaschinen im Mittelalter nicht möglich gewesen. Burgen und mittelalterliche Stadtbefestigungen boten keinen Schutz mehr gegen die neuen schweren Feuerwaffen, die zudem ständig verbessert wurden. Ein weiterer Entwicklungsschritt bestand in der Verwendung von Eisenkugeln, die bei gleicher Masse um zwei Drittel kleiner waren als Steinkugeln und damit die Produktion von leichteren Geschützen erlaubten, die besser zu transportieren sowie schneller und einfacher zu handhaben waren und im Ziel dennoch die gleiche Wirkung zeigten. Außerdem wurden unter den Habs-

Das Abfeuerern mehrerer nebeneinander stehender Geschütze erhöhte die Wirksamkeit beträchtlich. Die Darstellung dieser **Geschützbatterie** aus dem Jahr 1505 zeigt die reichen Verzierungen, mit denen die Kanonenläufe gegossen wurden.

burger Kaisern Maximilian I. und Karl V. im 16. Jahrhundert mit allgemein verbindlichen Festlegungen von Geschütztypen und Kalibern zwei Strukturreformen umgesetzt, denen sich später mit nur wenigen Ausnahmen auch Frankreich und England anschlossen, und die letztlich die Voraussetzungen für die Entstehung der Artillerie als eigenständiger Waffengattung in den europäischen Heeren der Neuzeit bildeten. Für die Seefahrerstaaten machte erst die Ausstattung der Schiffe mit Geschützen die erfolgreiche Eroberung und Behauptung der Kolonien möglich.

Eine vom Umfang her gigantische Konsequenz hatte das Aufkommen der Feuerwaffen für die Wehrarchitektur: Städte und andere feste Plätze wurden nach den Erfordernissen des neuzeitlichen, am Artillerieeinsatz der Angreifer wie der Verteidiger orientierten Festungsbaus umgestaltet oder neu errichtet. Das konnten sich finanziell nur große Territorialfürsten oder reiche Städte leisten. Damit änderten sich auch die politischen Verhältnisse zugunsten der Mächtigen, die es mithilfe dieser neuen und stärksten Waffen der Zeit schafften, ihre Ziele auf militärischem Wege durchzusetzen.

VOLKER SCHMIDTCHEN

»Ultima Ratio Regum« – »Letztes Argument der Herrscher« stand als programmatische Inschrift auf vielen Kanonen.

Die Rationalisierung der Zeit

Die mechanische Uhr

Ein neues Zeitgefühl entstand, als mechanische Uhren begannen, die Tag- und Nachtstunden in einem fort durchzuzählen.

Die seit der Antike gebräuchlichen Sonnen- und Wasseruhren wurden in Europa im 13. Jahrhundert durch erste mechanische, von Gewichten angetriebene Räderuhren ergänzt. Bei diesen Uhrwerken erfolgte die Gangregulierung durch einen als Waag bezeichneten, horizontal pendelnden Balken und eine sich mitdrehende vertikale Spindel. Ein ausgeklügeltes System von Wellen und Zahnrädern übertrug diese rhythmische Bewegung auf einen Zeiger, der vor ein Zifferblatt montiert war. Dort ließen sich die jeweiligen Stunden von Tag und Nacht ablesen. Bei der Bewegung der Spindel und dem Zahn für Zahn folgenden Weiterdrehen des Räderwerks kam es jedoch aufgrund von Reibung und Verschleiß ständig zu Abweichungen, die pro Tag bis zu einer halben Stunde betragen konnten. Bis zum Ende des 15. Jahrhunderts gelang es nicht, diese mechanischen Uhrwerke genauer zu justieren. Sie mussten jeden Tag nachgestellt werden.

Schlagwerkuhren und öffentliche Uhren

Eine zusätzliche akustische Zeitangabe boten Uhren mit Schlagwerken. Der italienische Dichter Dante Alighieri betonte 1318 in seiner »Göttlichen Komödie« diese Besonderheit, indem er mit »tin tin sonando« sogar den Klang beim Schlagen beschrieb. 1370 lieferte der französische Chronist Jean Froissart in einem Gedicht über »Die Liebesuhr« die exakte Beschreibung einer solchen Schlagwerkuhr. Die ersten öffentlichen Uhren lassen sich in dieser Zeit bereits in einigen Städten Europas nachweisen. Sie fanden in den meisten Fällen ihren Platz auf Kirch- oder Rathaustürmen, so etwa zu Beginn des 14. Jahrhunderts im Benediktinerkloster in Erfurt, 1324 in der Abtei St. Albans im englischen Hertford, 1335 an der Kathedrale von Wells in England oder 1336 auf dem Kirchturm von San Gottardo in Mailand. Giovanni de Dondi, Professor der Medizin und der Astronomie in Pavia und Padua, fertigte 1344–64 in Padua eine Planetenuhr, und 1386 gab es auch in der Kathedrale von Salisbury in Südengland eine große Turmuhr mit Glockenschlagwerk.

Das kunstvollste Werk dieser Art war zweifellos die 1354 errichtete astronomische Standuhr eines heute unbekann-

Schon vor der Erfindung der mechanischen Uhr gab es Ansätze zu einer Zeiteinteilung, die nicht mehr den kirchlichen Gebetsstunden folgte. So zeigte im italienischen Massa Marittima ab 1228 Glockenläuten den Bergleuten Anfang und Ende ihres Arbeitstags an.

ten Meisters im Straßburger Münster. Ihr Gangwerk steuerte bewegliche Figuren der Heiligen Drei Könige, die zu jeder vollen Stunde Maria mit dem Kind huldigten. Das Schlagwerk trieb ein Glockenspiel. Im französischen Rouen baute 1389 Meister Jehan de Felains die erste Turmuhr, die ein Viertelstundenschlagwerk besaß, wie es auch heute noch üblich ist.

Mit den öffentlichen Uhren wurde den Menschen in den Städten die Zeit besser erfahrbar. Zifferblatt und Zeiger der großen Turmuhren ließen sich auch aus größerer Entfernung wahrnehmen. Im Falle einer zusätzlichen Ausstattung der Uhr mit einem Schlagwerk, das meist vom Gangwerk getrennt war, konnte man sogar auf den Sichtkontakt verzichten. Zunehmend regelten diese Uhren nun zentral den täglichen Ablauf des öffentlichen Lebens zwischen Arbeit, Geschäft, sonstigen Verpflichtungen und freier Zeit. Auf dem Lande dagegen blieb die Zeiteinteilung weiterhin ziemlich ungenau. Als zeitliche Orientierungsmarken galten Morgengrauen und abendliche Dämmerung, bei schönem Wetter Aufgang, mittäglicher Höchststand und Untergang der Sonne. An Sonnentagen erlaubte die Sonnenuhr mit ihrem Schattenzeiger eine ungefähre Bestimmung der einzelnen Stunden. Gerade diese Abhängigkeit von der Natur war jedoch mit der mechanischen Räderuhr überwunden. Die meisten der dann seit dem 16. Jahrhundert neu errichteten Dorfkirchen erhielten Schlagwerkuhren. Die damit möglichen, durch Glocken übertragenen Zeitsignale erreichten auch die Bauern bei der Feldarbeit.

Die »persönliche« Zeit

An einigen europäischen Fürstenhöfen tauchten im 15. Jahrhundert erstmals Tisch- und Standuhren auf, bei denen die Uhrmacher ein neues Antriebsprinzip umgesetzt hatten.

Die kunstvoll gestalteten **astronomischen Uhren** gaben neben der Zeit auch den Lauf der Planeten, Ebbe und Flut, Himmelserscheinungen wie eine Finsternis und die beweglichen Festtage an. Die abgebildete astronomische Uhr am Altstädter Rathaus in Prag wurde 1490 geschaffen.

An Bahnhöfen garantieren heute elektrische **Zentraluhranlagen** die dauernde Übereinstimmung mehrerer Uhren. Sie bestehen aus einer sehr genau gehenden, als Haupt- oder Mutteruhr bezeichneten Normaluhr und beliebig vielen Nebenuhren, die vom Impulsgeber synchronisiert werden.

Kleine tragbare Uhren in Dosenform, die der Nürnberger Mechaniker Peter Henlein seit 1510 herstellte, waren die ersten **Taschenuhren** (Nürnberg, Germanisches Nationalmuseum). Die schmuckvoll gearbeiteten kleinen Uhren waren beliebte Geschenke und ermöglichten es ihren Besitzern, jederzeit und überall die Uhrzeit zu kennen.

Statt der Gewichte sorgte nun eine spannbare Feder für die regelmäßige Bewegung des als Unruhe dienenden Waagbalkens. Als älteste erhaltene Uhr dieser Art gilt eine Standuhr Herzog Philipps des Guten von Burgund, die 1429–35 vom Uhrmacher Pierre Lombart aus Mons und dem Goldschmied Jehan Pentin aus Brügge gebaut wurde. Ihre Federzugmechanik lässt sich als direkter Vorläufer des Antriebs für die mehr als 70 Jahre später entwickelten ersten Taschenuhren bezeichnen. Sie sind mit dem Namen des Nürnberger Mechanikers Peter Henlein verbunden. Seine »erfinderische« Leistung lag in einer Miniaturisierung der herkömmlichen Tischuhren. Er konstruierte kleine Uhrwerke mit Stundenschlag, die von einer Feder angetrieben wurden und 40 Stunden liefen. Eine wesentliche Verbesserung der Ganggenauigkeit und eine geringere Abnutzung der Waag erreichte Henlein durch den Einbau von zwei elastischen Schweinsborsten als Anschlag für die Enden des Waagbalkens. Die fertigen Werke montierte er in kleine zylindrische Dosen in Größe der damals üblichen Pillenschachteln. Damit konnte man sie als Sack- oder Taschenuhren bequem mit sich führen.

Der Antrieb des Werks durch eine Feder bildete die entscheidende Voraussetzung für die Handlichkeit der Taschenuhren. Sie waren damit nicht mehr von der Schwerkraft abhängig wie eine Uhr mit Gewichten und konnten in allen drei räumlichen Dimensionen bewegt werden, was eine Gewichtsuhr sofort zum Stillstand gebracht hätte. Als nachteilig erwies sich allerdings die Ungleichmäßigkeit des Federantriebs. Je stärker die Feder aufgezogen war, umso schneller lief die Uhr, und je länger sie lief, umso schwächer wurde die Zugkraft der Feder und entsprechend langsamer der Gang. Bei einer Lösung dieses Problems ging es vor allem darum, die Antriebskraft konstant zu halten. Das gelang mit der für das Jahr 1539 erstmals belegten Schnecke. Dabei handelte es sich um einen Kegelstumpf mit einer spiralförmigen Nut, in der beim Aufziehen der Feder eine mit dem anderen Ende an der Federtrommel befestigte Schnur aufgewickelt wurde. Diese Konstruktion garantierte eine starke Kraft bei kleinem Radius und eine entsprechend geringe Kraft bei großem Radius, wodurch die mit der Zeit nachlassende Federkraft zugunsten eines konstanten Drehmoments einigermaßen ausgeglichen werden konnte. Dennoch gingen solche Uhren in zwölf Stunden etwa 20 Minuten vor oder nach. Diese Ungenauigkeit wurde erst 1674 von dem niederländischen Physiker, Mathematiker und Astronomen Christiaan Huygens behoben, als er Henleins Prinzip der Spindel-

Mit der in Düsseldorf errichteten Installation »**Zeitfeld**«, bestehend aus 24 Uhren, kommentierte der Künstler Klaus Rinke 1986/87 die Herrschaft der Zeit in der modernen Welt.

hemmung mit Schweinsborsten durch eine von ihm entwickelte Spiralfederunruhe ersetzte. Dieser noch erheblich kleinere Typ von Taschenuhren erlaubte aufgrund der Ganggenauigkeit jetzt auch die Verwendung von Minutenzeigern.

Zu den bekanntesten Taschenuhren des 16. Jahrhunderts zählten die seit 1540 immer mehr verbreiteten Nürnberger Eierlein, die an einer Schnur um den Hals getragen wurden und oft tatsächlich Eiform aufwiesen, ihren Namen jedoch einem sprachlichen Missverständnis verdankten: Vom lateinischen *hora* für Stunde abgeleitet, bezeichnete man sie zunächst als »hörlein« oder »ührlein«, woraus letztlich Eierlein wurde. Ihre bronzenen, silbernen und teilweise auch vergoldeten Gehäuse waren oft mit feinen Gravuren oder durchbrochenen Reliefdarstellungen kunstvoll verziert. Die stolzen Besitzer trugen daher die praktischen Zeitmesser auch als Schmuckstücke.

Die Menschen des Mittelalters hatten in ihrem weitgehend von der Natur bestimmten Lebensablauf keine auf Minuten exakte Zeitmessung benötigt. Im Übergang zur Neuzeit entdeckte man dagegen die Welt neu. Beobachten und Messen natürlicher Abläufe mithilfe von eigens dazu entwickelten Instrumenten bildeten dabei die wichtigsten Schritte auf dem Weg zu neuen Erkenntnissen. Hierzu zählte auch eine genauere Bestimmung der Zeit. Die großen öffentlichen Uhren schufen einen definierten Zeitrahmen. Mit der Taschenuhr wurde die Zeitmessung personalisiert. Der Besitzer einer solchen Uhr war unabhängig von der zentralen Zeitangabe, die er nur ab und zu als Anhalt benötigte. Er hatte für seinen eigenen Tagesablauf seine zeitliche Orientierung stets verfügbar.

VOLKER SCHMIDTCHEN

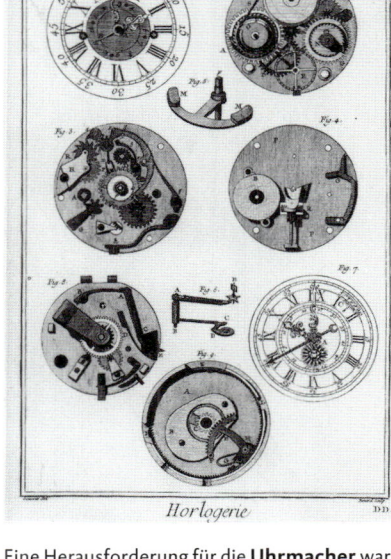

Eine Herausforderung für die **Uhrmacher** war bis ins 18. Jh. die Entwicklung einer ganggenauen Uhr, die auch Temperaturschwankungen und die Einflüsse auf schwankenden Schiffen ausgleichen konnte (Stich aus der »Encyclopédie«, um 1760).

Der Wunsch, die Welt so darzustellen, wie sie erscheint, war die treibende Kraft bei der Erfindung der Zentralperspektive.

Die Zentralperspektive

Nach Anfängen in der Antike, vor allem in der Theater- und Wandmalerei, wurde die Linearperspektive im frühen 15. Jahrhundert in Florenz von dem Künstler und Architekten Filippo Brunelleschi neu »erfunden«. Was sich bei diesen Perspektivexperimenten noch rein empirisch, aus Beobachtungen und Vergleichen mit der Realität, entwickelte, wurde um 1425 von Masaccio in dem Dreifaltigkeitsfresko in Santa Maria Novella in Florenz durchkonstruiert. Zum ersten Mal in der Geschichte der Malerei sind Figuren und Raum exakt auf den Betrachter an einem bestimmten Standort im Kirchenraum bezogen. Doch bereits mit Giotto und Duccio hatte in Italien um 1300 die Öffnung der mittelalterlichen Bildfläche zu einem Kastenraum begonnen, in den die plastisch gestalteten Figuren wie in einem frommen Krippenspiel hineingestellt wurden. In Giottos Fresken in der Oberkirche von San Francesco zu Assisi spielen die Heiligenszenen innerhalb einer geschlossenen Raumbühne, deren Versatzstücke allerdings noch nicht richtig perspektivisch wiedergeben, sondern so weit abstrahiert sind, dass sie lediglich die Erzählung begleiten und den historischen Ort angeben.

Masaccio wandte im »**Dreifaltigkeitsfresko**« in Santa Maria Novella in Florenz um 1425 erstmals die Gesetze der zentralperspektivischen Darstellung an. Die gemalte Architektur ist auf den Blickpunkt des im Kirchenraum stehenden Betrachters ausgerichtet. So entsteht der Eindruck, als könne man in eine Wandöffnung und damit in die Golgathakapelle mit Maria und Johannes unter dem Kreuz Christi sehen.

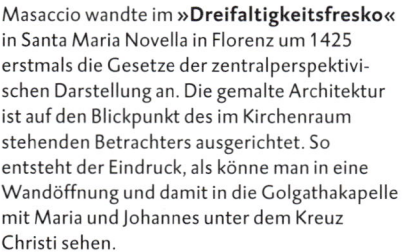

Während Giotto und Duccio keinen unmittelbaren Nachfolger hatten, gelang es in der 1. Hälfte des 14. Jahrhunderts Ambrogio Lorenzetti in Siena, einen »modernen« Systemraum zu entwerfen, in dem die Raumtiefe und die darin handelnden Personen den Sehgewohnheiten des Menschen entsprechen. Der Humanist, Architekt und Gelehrte Leon Battista Alberti schrieb dann um das Jahr 1420 die Grundregeln der Perspektive nieder, nach denen Masaccio sein Dreifaltigkeitsfresko konstruierte. Die Lehre von der Per-

spektive konstituierte sich bald darauf als eigene wissenschaftliche Disziplin, der die gesamte Malerei der Renaissance verpflichtet ist. Um die Mitte des 15. Jahrhunderts gab es bereits in verschiedenen Städten Italiens Lehrstühle für diesen Wissenschaftszweig, was allerdings bald zu einer Dogmatisierung, vor allem in den Bereichen der Intarsienkunst und der Vedutenmalerei, führte.

Die einfache, linearperspektivische Konstruktion lässt sich am besten am »Glastafelverfahren« erläutern. Zwischen Betrachter und Gegenstand stellt man sich dabei eine frontparallele Glasplatte vor, die der Bildebene des Malers entspricht. Die Schnittpunkte der vom Auge des Betrachters zum Gegenstand verlaufenden Sehstrahlen mit der Projektionsebene kennzeichnen den jeweiligen Gegenstand im Bild. Parallel zur Ebene, auf der der Betrachter steht, verläuft die Horizontlinie in Augenhöhe. Auf ihr treffen Fluchtlinien im Fluchtpunkt zusammen, der dem Auge des Betrachters direkt gegenüberliegt. Im Fluchtpunkt schneiden sich alle Geraden, die in Wirklichkeit parallel vom Gegenstand in die Raumtiefe verlaufen. Künstler wie der Florentiner Paolo Uccello und Piero della Francesca aus San Sepolcro waren sich jedoch schnell der Beschränktheit der durch Alberti eingeführten Rastermethode bewusst und konstruierten eigene Systeme. Besonders Uccello war so angetan von den Möglichkeiten der Perspektivenkonstruktion, dass er im Schlaf gemurmelt haben soll: »Oh, wie süß ist die Perspektive.«

Die Perspektive im Norden

Das Werk von Michael Pacher zeigt bereits die Kenntnis perspektivischer Konstruktionen, während die altdeutsche Malerei sonst eher mit der Bedeutungsperspektive arbeitete, bei der die Größe der Figuren im Bild ihrer Bedeutung entspricht. Albrecht Dürer setzte sich auch theoretisch mit der Zentralperspektive auseinander. Zu genaueren Konstruktionen war er aber erst nach der zweiten Italienreise, die ihn 1505–07 bis nach Florenz und Rom führte, fähig. Zur Verbesserung der Perspektivenzeichnung erfand Dürer eigene Apparate zur Konstruktion der Perspektive.

Die Tafelbilder mit Darstellungen einer **Idealstadt,** die ein unbekannter Künstler um 1480 für den Hof von Urbino malte, sind frühe Meisterwerke perspektivischer Raumillusion. Die Stadt als Kunstwerk zu planen und antike und zeitgenössische Bauweisen zu kombinieren, ist Ausdruck des Geschichte und Gegenwart verbindenden Denkens der Renaissance.

Hundert Jahre nach der Entdeckung der Zentralperspektive entstand Parmigianinos **Selbstporträt** (um 1523/24; Wien, Kunsthistorisches Museum). Mit diesem virtuosen Einsatz der perspektivischen Gestaltungsmittel in dem aus einem Konvexspiegel auf eine Kugelkalotte aus Holz gemalten Bildnis kündigt sich der zu Übertreibungen und Überlängungen in der Figurengestaltung tendierende Stil des Manierismus an.

Albrecht Dürers Holzschnitt »**Zeichner mit dem liegenden Weib**« illustriert Leon Battista Albertis Prinzip der perspektivischen Zeichnung: Über die Spitze eines senkrecht gestellten Stabes ist das Auge des Künstlers auf den vor ihm liegenden Körper gerichtet. Das Raster in dem aufgestellten Rahmen ermöglicht eine Übertragung des Körpers Punkt für Punkt auf das entsprechend in Quadrate unterteilte Blatt.

Wie erfindungsreich große Künstler im Norden mit den Gesetzen der Wahrnehmung und der Perspektive umzugehen wussten, zeigen schon die Bilder des Niederländers Jan van Eyck, die bei scheinbar richtiger Anwendung der Zentralperspektive wohl überlegte Abweichungen vornehmen, um ein subjektives Raum- und Realitätsempfinden besser darstellen zu können. Ein weiteres Mittel zur Raumdarstellung war aber auch die Farb- und Luftperspektive, das Verblauen und Verblassen der Farben in der Bildtiefe, womit die flämischen und besonders die holländischen Maler des 15. und 16. Jahrhunderts bei ihren Landschaftsausblicken beeindruckende Raumeffekte erzielten.

Die größten Erkenntnisse gewann Leonardo da Vinci, dessen kurvilineares Perspektivsystem die Verzerrungen der Wahrnehmung durch Anlage verschiedener Fluchtpunkte berücksichtigen sollte. Leonardo selbst wandte diese Perspektive zwar nie praktisch an, vor allem im 20. Jahrhundert griffen jedoch Künstler wie David Hockney und Jan Dibbets auf sie zurück.

Im Manierismus des 16. Jahrhunderts versuchte man Unzulänglichkeiten und Beschränkungen der Zentralperspektive zu überwinden und durch Verzerrungen von Figuren

Die **barocke Deckenmalerei** steigert den Illusionismus und öffnet den Raum als Blick in den göttlichen Himmel. Mit der unteransichtigen Figurendarstellung und perspektivisch richtigen Verkürzungen, die auf die verschiedenen Standpunkte des sich im Raum bewegenden Betrachters ausgerichtet sind, vollenden die Fresken des Giovanni Battista Tiepolo, hier das Deckenbild des Kaisersaals, die Raumschöpfungen Balthasar Neumanns in der Würzburger Residenz zu einem Gesamtkunstwerk (um 1750–53).

und Gegenständen, auch Anamorphosen genannt neue Möglichkeiten der räumlichen Darstellung zu schaffen. Der Venezianer Tintoretto
schuf mithilfe von Raummodellen ungewohnt
moderne, vielschichtige Bildräume mit Sturzperspektiven, die das Motiv wie bei einer Kamerafahrt näher heranholen.

Mit der Verwendung der Untersicht erweiterte
die Barockmalerei die Mittel der Perspektive; vor
allem in den Deckenfresken von Kirchen und Palästen wird der Blick des Betrachters, oft über eine
perspektivisch verkürzte Scheinarchitektur, in
wahrhaft himmlische Höhen geführt.

Das Ende der Perspektive

Die Künstler des 19. und vor allem des 20. Jahrhunderts empfanden die Linearperspektive als zu
einseitig, um dem modernen Weltbild, das durch
Mobilität und Geschwindigkeit gekennzeichnet
ist, zu entsprechen, und wandten sich anderen
Raumdarstellungen zu. Bereits Paul Cézanne versuchte durch Anlage verschiedener Blickpunkte
im Bild die Beweglichkeit des Auges wiederzugeben. Die Kubisten zertrümmerten den Gegenstand und fügten seine Teile in vielansichtigen Facetten zusammen, um so die Dreidimensionalität
in das Raumbild einzuführen. Mit Simultanansichten versuchten die italienischen Futuristen auch den Faktor Zeit,
die Geschwindigkeit des modernen Lebens darzustellen.
Giorgio De Chirico dagegen verwendete zwar wieder die
zentralperspektivische Konstruktion, jedoch nicht in eindeutiger Funktion, sondern zu rätselhaften Raumfluchten
gesteigert. Die abstrakte Kunst schließlich verzichtet ganz
auf die Perspektive zugunsten von Flächenkomposition und
Farbraum.

Perspektivische Konstruktion ist heute nur noch eines
von vielen Mitteln, um dem Betrachter Raum und Tiefe im
Bild zu suggerieren. Die Begeisterung für Albertis »geöffnetes Fenster« ist längst abgeklungen und hat einer komplexeren Betrachtungsweise Platz gemacht. Es ist sicher kein
Zufall, dass die Perspektive zu einem Zeitpunkt erfunden
wurde, als sich der Mensch seiner selbst bewusst wurde und
als Maß aller Dinge setzte. Und es ist wiederum kein Zufall,
dass die Perspektive in dem Maße an Bedeutung verlor, als
der Mensch seinen Herrschaftsanspruch über die Welt zu
relativieren begann.

HAJO DÜCHTING

Giorgio De Chiricos Bilder leben
aus dem Gegensatz einer höchst
realistischen Malweise und einer
widersprüchlichen perspektivischen Darstellung, die die
Wirklichkeit verfremdet und einen
magischen Charakter enthüllt. Bei
den »Beunruhigenden Musen«
irritieren die überlangen, in unterschiedliche Richtungen verlaufenden Schlagschatten auf einem
bühnenartigen Aufbau in einer
menschenleeren Platzarchitektur
(1917; Mailand, Privatsammlung).

Der Buchdruck mit beweglichen Lettern

»Mehr als das Gold hat das Blei in der Welt verändert.
Und mehr als das Blei in der Flinte das Blei im Setzkasten.«

Georg Christoph Lichtenberg

Die Erkenntnis, dass man Texte nicht nur mit der Hand abschreiben, sondern auf technischem Weg in großen Stückzahlen vervielfältigen kann, entwickelte sich in Ostasien, lange bevor sie in Europa heimisch wurde. Schon im frühen Mittelalter kannte man in China, Korea und Japan Vorformen des modernen Buchdrucks, etwa die Technik der Vervielfältigung von Texten mithilfe von Holzschnitten, die Abdrucke auf Papier oder Seide ermöglichten. Holztafeldrucke mit religiösen Texten wurden im Fernen Osten bereits im 8. Jahrhundert millionenfach hergestellt.

Auch der Druck mit beweglichen Schriftzeichen wurde außerhalb Europas erfunden. Zwischen den Jahren 1041 und 1048 fügte der chinesische Schmied Pi Sheng gebrannte tönerne Zeichen in Eisenrahmen zu Seiten zusammen, die im Abreibeverfahren einseitige Abdrucke erlaubten. Koreanische Drucker entwickelten das Verfahren entscheidend weiter. Mindestens zwei Jahrhunderte vor Gutenberg druckte man in Korea bereits mit bronzenen Schrifttypen, die sich zur massenhaften Herstellung buddhistischer Texte weit besser als die zerbrechlichen Keramiktypen eigneten. Die erforderlichen Gussformen entwarf man in Anlehnung an Vorbilder, die bei der Münzherstellung gebräuchlich waren. Der koreanische Buchdruck mit metallenen Schriftzeichen blieb auf klassische chinesische Literatur beschränkt, der Druck von Texten im koreanischen Alphabet wurde vernachlässigt. Die bahnbrechende Erfindung trug deswegen weder zur Modernisierung des Landes bei, noch konnte sie eine Wirkung außerhalb Koreas entfalten.

In Europa, das Papier als Beschreibstoff erst seit dem 12. Jahrhundert durch die Vermittlung der Araber von den Chinesen kennen gelernt hatte, wurden bis ins 15. Jahrhundert Bücher fast ausschließlich in mühsamer Schreibarbeit hergestellt. Während des Mittelalters schrieben oder kopierten Mönche, Nonnen und Lohnschreiber in Klöstern, an Höfen und in Städten religiöse und weltliche Texte auf Pergament, seit dem 14. Jahrhundert auch auf Papier. Erst im späten Mittelalter nutzte man auch schon die Technik des Holztafeldrucks für Einblattdrucke. »Blockbücher«, die mehrere Einblattdrucke zusammenfassten, vereinigten in

Bücher waren vor der Erfindung des Buchdrucks Mangelware – jedes einzelne Exemplar musste in mühsamer Handarbeit geschrieben und illustriert werden (Initiale einer medizinischen Handschrift; um 1306; Paris, Bibliothèque Nationale de France).

einfacher Form oft Texte und Bilder und sollten die kaum gebildeten Schichten der Bevölkerung ansprechen.

Gutenberg – Der Erfinder der »schwarzen Kunst« in Europa

Johannes Gensfleisch zur Laden, der sich später Gutenberg
nannte, kommt das Verdienst zu, den Buchdruck mit beweglichen Lettern für Europa neu erfunden und technisch weiterentwickelt zu haben. Johann Mentelin in Straßburg oder
Laurens Coster in Haarlem und andere, weniger bedeutende
Konkurrenten können ihm, nach allem, was man weiß, diesen Erfolg kaum streitig machen. Auch eine direkte Beeinflussung durch ostasiatische Vorläufer
konnte bislang nicht nachgewiesen werden. Von
Gutenbergs Lebenslauf ist wenig bekannt. Er
stammte aus Mainz, erlernte möglicherweise das
Goldschmiedehandwerk; vielleicht hat er auch ein
Universitätsstudium absolviert. Zwischen 1434
und 1440 lebte er in Straßburg, schließlich wieder
in seiner Heimatstadt, wo er 1468 auch starb. Das
Jahr 1440 gilt als das Geburtsjahr des Buchdrucks,
wobei unklar bleibt, ob die ersten Drucke in Straßburg oder in Mainz entstanden. 1448 richtete er eine Druckerei in Mainz ein. Seit 1449 arbeitete er
mit Johannes Fust zusammen. Gutenbergs be-
rühmtestes Werk, die 42-zeilige Bibel in zwei Bänden, entstand in den Jahren 1452–55.

   Die Leistung Gutenbergs bestand in der Per-
fektionierung mehrerer Details, die im Vergleich
zu den ostasiatischen Vorläufern das Druckver-
fahren revolutionierten. Von großer Bedeutung
war die Erfindung eines technisch anspruchsvollen Hand-
gießinstruments aus Messing, das mithilfe unterschiedlicher Buchstabenmatrizen an einem Tag die Herstellung
mehrerer Hundert wieder verwendbarer Buchstaben aus einer Blei-Zinn-Antimon-Mischung erlaubte. Die Lettern
wurden vom Setzer aus dem Setzkasten mithilfe eines Win-
kelhakens zu Zeilen und Seiten zusammengefügt, wobei
Wortzwischenräume und Leerstellen mit unterschiedlich
großen Ausschlüssen festzulegen waren. Vor dem Druck
wurde mit Druckerballen, den Tampons, eine Ruß-Leinöl-
Mischung, die Druckerschwärze, aufgetragen. Besonders
wichtig wurde die Erfindung der Druckerpresse, die Gutenberg nach dem Vorbild von hölzernen Pressen entwickelte,
wie sie beim Keltern des Weins oder beim Bedrucken von
Textilien mit Holzmodeln gebräuchlich waren. Die neue
Druckerpresse ermöglichte zweiseitig bedruckte Seiten, außerdem weit raschere und gleichmäßigere Abdrücke als die
alte Abreibetechnik mit der Hand. Sie wurde über 300 Jahre
fast unverändert nachgebaut. Später ersetzte man sie durch
eiserne Konstruktionen und schließlich durch die modernen Schnellpressen.

In der Darstellung einer niederländischen
Druckerwerkstatt auf einem Holzschnitt von
1628 erstellt der Setzer (rechts) mit Winkel-
haken und Setzschiff die Seiten. Dem an der
Presse stehenden Drucker reicht ein Gehilfe die
mit Druckerschwärze eingefärbten Ballen.

Die 42-zeilige **Gutenberg-Bibel,** die Johannes Gutenberg zwischen 1452 und 1455 gesetzt und gedruckt hat, gilt als das bedeutendste Werk der Mainzer Frühdrucke. Von den ursprünglich 140 auf Papier und 40 auf Pergament hergestellten Exemplaren sind noch 48 bekannt, darunter das abgebildete Shuckburg-Exemplar (Mainz, Gutenberg-Museum).

Die Demokratisierung der Bildung

Der Buchdruck mit beweglichen Lettern gehört zu den Fundamenten der modernen Kultur. Die Erfindung Gutenbergs breitete sich bald in der ganzen Welt aus. Sie ermöglichte die Verbreitung geistiger Güter in einer zuvor nicht gekannten Geschwindigkeit. Schon bald druckte ein Drucker an einem Tag, schließlich in wenigen Stunden mehr, als ein Schreiber in einem Jahr mit seiner Feder schreiben konnte. Weil sich ein Text mit dem neuen Verfahren fast unbegrenzt vervielfältigen ließ, erreichten die Gedanken eines Einzelnen in standardisierter Form bald Millionen von Menschen. Dies war möglich, weil gedruckte Broschüren und Bücher auch für diejenigen Bevölkerungsschichten erschwinglich wurden, die sich die teuren Pergamenthandschriften nicht hatten leisten können. Ohne den Buchdruck wäre die Demokratisierung der Bildung nicht denkbar gewesen.

Schon die frühen Einblattdrucke dienten nicht nur der Verbreitung religiös-erbaulicher Texte, sondern auch der politischen und reformatorischen **Propaganda.** Das abgebildete Flugblatt zeigt Luther, der mit der Schrift in der Hand die Reformation gegen die katholischen Geistlichen verteidigt. Die Illustration stammt von Sebald Beham, der Text von Hans Sachs; gedruckt wurde das Flugblatt 1524 in Nürnberg bei Hieronymus Höltzel.

Der Buchdruck hat sämtliche großen historischen Entwicklungen der Neuzeit beschleunigt und intensiviert. Die Verbreitung der antiken Schriften während des Humanismus und der Renaissance wäre ohne Gutenbergs Erfindung ebenso unmöglich gewesen wie der rasche Erfolg der protestantischen Reformation, die sich der neuen Technik von Anfang an mit nachhaltigem Erfolg bediente. Nicht weniger profitierten der Schul- und Universitätsunterricht, die Politik sowie die wissenschaftliche Diskussion von den Einblattdrucken, Flugschriften, Büchern, Zeitungen und Zeitschriften, die einen lebhaften literarischen Markt entstehen ließen. Der Druck von Werken der schönen Literatur, der bildenden Kunst und der Musik ermöglichte die ästhetische Bildung breiter Bevölkerungsschichten. Schon bald war es möglich, in einer Bibliothek, die sich zunächst nur Adlige, Städte und reiche Bürger, später auch weitere Kreise der Bevölkerung leisten konnten, in kurzer Zeit mehr Druckwerke zu studieren, als das zuvor einem umherreisenden Gelehrten während seines ganzen Lebens möglich gewesen war.

Der englische Philosoph **Francis Bacon** äußerte sich in seiner Abhandlung »Neues Organ der Wissenschaften« von 1612:

> »Wir sollten unser Augenmerk auf die Kraft, die Auswirkungen und die Folgen von Erfindungen richten, die nirgends auffälliger waren als im Fall jener drei den Alten unbekannten Errungenschaften, nämlich dem Buchdruck, dem Schießpulver und dem Kompass. Diese drei Errungenschaften haben das Erscheinungsbild und den Zustand der ganzen Welt verändert.«

Für die Inkunabeln der Frühdruckzeit, wie für die in höheren Auflagen erscheinenden späteren Bücher, waren die **Klosterbibliotheken** die vornehmlichen Abnehmer. Als Repräsentationsräume waren die Säle der barocken Bibliotheken – hier der des Klosters Wiblingen bei Ulm (1714–83) – reich mit Fresken und Stuck ausgestattet.

Die Erzeugnisse der Druckerpresse transportierten von Anfang an nicht nur dasjenige Wissen, das im Auftrag von Staat, Kirche und Gesellschaft verbreitet werden sollte, aus den Druckerpressen strömten stets auch Meinungen, die den herrschenden Mächten nicht genehm waren und deswegen von kirchlichen und staatlichen Zensurinstanzen verfolgt wurden. In demokratischen Gesellschaften ermöglicht der Buchdruck die freie und rasche Artikulation von Meinung und Gegenmeinung. Das in den Bibliotheken versammelte Wissen bildet eine notwendige Voraussetzung jeden wissenschaftlichen und technischen Fortschritts, auch wenn es künftig statt in gedruckten Büchern in elektronischen Medien gespeichert werden sollte.

PAUL MÜNCH

Das Porträt

Stolz begannen in der frühen Neuzeit Adlige, Geistliche und Bürger, ihr Selbstbewusstsein im Porträt auszudrücken.

Das Bedürfnis, sich selbst oder eine bestimmte Person mit wiedererkennbarer Ähnlichkeit darzustellen, entwickelte sich erst wieder in der Neuzeit, genauer in der beginnenden Renaissance. Auch in dieser Hinsicht konnte man aber auf antike Überlieferungen zurückgreifen, denn die Porträtkunst gilt als eine der herausragendsten Leistungen der Römer. Die im 1. bis 4. Jahrhundert entstandenen Mumienporträts, die in der ägyptischen Oase Faijum gefunden wurden, sind die ersten überlieferten realistischen Individualporträts und ein Höhepunkt der Bildnismalerei überhaupt. Sie entstanden aus der Begegnung des ägyptischen Grabkults mit der hellenistischen Malerei in Ägypten und waren mit Wachsfarben auf Holz gemalt. Erbe dieser Porträtkunst wurde Byzanz, das allerdings die lebendige Unmittelbarkeit des individuellen Bildnisses in eine überindividuelle, streng kanonisierte Ikonenmalerei verwandelte.

Vom 4. bis ins 14. Jahrhundert spielte das individuelle Bildnis eine untergeordnete Rolle. Die Bildnisse der Kaiser und Könige der karolingischen und ottonischen Zeit sind in erster Linie Sinnbilder ihres Amtes und finden sich als Widmungsbilder in Handschriften. Auch in der romanischen Malerei sind die meisten Bildnisse Miniaturen, doch tritt daneben das monumentale Wandbildnis auf. Man ging auch hier von einer idealen Bildniskonzeption aus, wie sie die Münzbildnisse aus römischer Zeit zeigten, und erweiterte die Darstellung bis hin zu realistischen Zügen, etwa bei dem Bildnis Konrads II. im Dom zu Aquileja (um 1031).

Das neuzeitliche Bildnis

Für den neuzeitlichen Bildnistypus sind die Bildnisse der Stifter von Kapellen oder anderen kirchlichen Bauwerken von großer Bedeutung. Am häufigsten begegnet man dem strengen Profilbildnis, wie man es etwa in Giottos Freskobild des Enrico Scrovegni in der Arenakapelle in Padua (um 1305) findet.

Aus ganz anderen Zusammenhängen entwickelte sich das Dreiviertelporträt von Erzherzog Rudolf IV. von Habsburg (um 1365). Es entstammt dem böhmischen Kunstkreis, zu dem auch die um 1360 entstandenen Bildnisse in der Burg Karlstein gehören. Als Vorläufer für diesen Typ dienten

Ägyptische **Mumienporträts** – hier ein in Faijum gefundenes Exemplar (Kairo, Ägyptisches Museum) – gelten als Vorläufer des individuellen Porträts. Es waren Bildnisse des Verstorbenen, die in die Mumienbinde eingefügt wurden und vom 1. bis 4. Jh. n. Chr. die Mumienmasken ersetzten.

Brustbilder von Heiligen, aber auch Epitaphien, deren Bildnisse meist in Dreiviertelporträt gegeben waren. Hier fand
die monumentale realistische Bildnisplastik der Grabmäler
des 12. und 13. Jahrhunderts ihre Fortsetzung, wie überhaupt
betont werden muss, dass die Plastik und nicht die Malerei
den ersten Schritt zum individuellen Porträt tat. Das 14. Jahrhundert brachte eine Erweiterung des darstellungswürdigen
Personenkreises auf Standesbildnisse: Im Wiener Stephans-
dom hingen Einzeltafeln von Universitätsprofessoren aus
den Jahren 1360–70, 1388 entstanden in Nürnberg Bildnisse
von Kriegshauptleuten, in Italien wurden mit den Bildnis-

Jan van Eycks »**Hochzeit des Giovanni
Arnolfini und der Giovanna Cenami**«
(1434; London, National Gallery) schildert
die Trauungszeremonie des aus Lucca
stammenden, in Brühhe tätigen Handelsagenten
und seiner zukünftigen Gemahlin. Das frühe
ganzfigurige Doppelbildnis gibt Einblick in die
bürgerlich-private Sphäre und hält zugleich den
offiziellen Akt des Treuegelöbnisses fest; damit
gilt dieses Porträt als ein gemalter Ehevertrag.

sen Petrarcas und der Künstlerfamilie Gaddi die ersten
Künstlerporträts geschaffen.

Von kaum zu überschätzendem Einfluss war der Niederländer Jan van Eyck, der neben Fürsten und Diplomaten
Beamte und Kaufleute malte. Mit ihm beginnt die Bildnismalerei für Auftraggeber, wie das berühmte Doppelbildnis
»Die Hochzeit des Giovanni Arnolfini und der Giovanna
Cenami« von 1434 zeigt. Aufgrund einer frühen Inventarisierung wurde der Porträtierte als jener italienische Kaufmann erkannt, der in Brügge, wo van Eyck tätig war, die

Mit dem Bildnis Papst Pauls III. mit seinen Nepoten Kardinal Alessandro Farnese und Herzog Ottavio Farnese schuf **Tizian** einen neuen Typ des ganzfigurigen Gruppenporträts, bei dem das stabile Kompositionsschema zugunsten einer scheinbar spontanen Bewegung aufgehoben ist (1545; Neapel, Museo e Gallerie Nazionali di Capodimonte).

Niederlassung des Lucceser Kaufhauses Marco Guidecon leitete. Aus Urkunden ist bekannt, dass seine Frau, die in Paris geborene Jeanne (Giovanna) Cenami war. Arnolfini blickt dem Betrachter entgegen, während seine Braut demütig-scheu den Blick senkt. Das üppige Gewand hält sie vor dem Leib gerafft, was nicht einer – oft interpretierten – Schwangerschaft entspricht, sondern einer rituellen Geste, die ein Fruchtbarkeitsversprechen bezeichnen soll, denn das Doppelbildnis wurde anlässlich der Hochzeit des Paares gemalt. Als Trauzeuge fungierte Jan van Eyck selbst, der im Spiegel an der Rückwand zusammen mit einer zweiten Person erscheint und darüber durch die Inschrift bezeugt: »Johannes de Eyck fuit hic« (Jan van Eyck war hier). Im ganzen Bild sind symbolische Gegenstände verteilt, die auf die Ehepflichten anspielen. So ist zum Beispiel der Hund ein Symbol der ehelichen Treue, während der auf der Fensterbank liegende Apfel an den Sündenfall im Paradies gemahnen soll.

Durch das steigende Selbstbewusstsein der Kaufleute erweiterte sich der Kreis der Auftraggeber rasch, und bald entwickelte sich in den großen Handelsstädten Europas ein Bildnisspezialistentum mit Malern wie Hans Holbein dem Jüngeren, Giovanni Battista Moroni oder Anthonis Mor, das bis zum 19. Jahrhundert ständig zunahm.

In Italien gaben Ende des 15. und Anfang des 16. Jahrhunderts Leonardo da Vinci und Raffael dem Brust- und Halb-

Rembrandts zahlreiche Selbstbildnisse sind Ausdruck eines gewachsenen Selbstbewusstseins des Künstlers in der Gesellschaft wie auch der quälerischen Selbstbeobachtung und der Selbstzweifel des Menschen. Mit zum Teil schonungsloser Offenheit hält Rembrandt die Züge des Alters und Leids fest, wie in diesem im Todesjahr des Malers entstandenen Porträt (1669; London, National Gallery).

figurenbild die klassische, bis in die Moderne gültige Form. Der Venezianer Tizian führte die Bildniskunst auf einen weiteren Höhepunkt. Mit seinen Bildnissen gelang es ihm, auch im Standesporträt Schicksal und Psyche der dargestellten Herrscher sichtbar werden zu lassen.

Im Barockzeitalter entstand das Historienporträt, in dem sich Personen als Gestalten aus der Mythologie, der Geschichte oder der Bibel präsentieren. Das 17. Jahrhundert war zudem die große Zeit der Fürstenporträts, die mit großem Aufwand und Gestus als Repräsentationsbilder geschaffen wurden. Würdeformeln wie Säule, drapierter Vorhang, glänzende Rüstung oder schillernde Stoffe verherrlichen als Attribute den Fürsten. Als Sonderform des Porträts kann die Bildnisbüste betrachtet werden, die nach antiken Vorläufern im 14. und 15. Jahrhundert verstärkt Porträtaufgaben übernahm. Ihren Höhepunkt erlebte diese Form im Barock bei Gian Lorenzo Bernini, der mit der Büste des Francesco d'Este oder der ähnlich pathetisch aufgebauten von Ludwig XIV. von Frankreich das Vorbild des absolutistischen Herrscherporträts schuf.

Auf der anderen Seite entstand das psychologisierende Porträt. Der Niederländer Rembrandt stellte den Menschen in seinem oft erbärmlichen Schicksal dar, wobei die Einkleidung einfacher, von der Straße stammender Modelle in fantastische Kostüme die Eitelkeit des irdischen Glücks anzeigt. Rembrandt entwickelte auch das Künstlerselbstbildnis von der stolzen Darstellung des sich seiner Meisterschaft sicheren jungen Künstlers bis hin zur schonungslosen Offenlegung des physischen wie psychischen Zerfalls.

Das Bildnis als Selbstausdruck des mündigen Bürgers

Kulturgeschichtlich gesehen, entsprechen die in der frühen Neuzeit geschaffenen Bildnisse den in der Philosophie der Renaissance aufkommenden Vorstellungen von der Würde des Menschen. Das auf Grund technischer und ökonomischer Fortschritte gesteigerte Selbstbewusstsein des Bürgertums feiert sich im Bildnis und bildet ein heroisches Identitätsmuster, das für das höfische wie bürgerliche Selbstverständnis für lange Zeit gültig bleibt.

Überholt erschien diese Gattung zunächst mit der Ausbreitung der Fotografie im 19. Jahrhundert, die schneller, bequemer und auch billiger den Repräsentationswünschen des Bürgers nachkommen konnte, schließlich aber auch mit der Differenzierung der Malerei im 20. Jahrhundert, durch die die rein abbildenden Funktionen zugunsten der neuen Möglichkeiten der Malerei immer mehr zurückgedrängt wurden.

HAJO DÜCHTING

Der Pariser Schriftsteller, Karikaturist und Fotograf **Nadar** war der herausragende Vertreter der Porträtfotografie in der zweiten Hälfte des 19. Jahrhunderts. Er fotografierte Künstler und Intellektuelle ebenso wie den für seine Grausamkeit bekannten General Marquis de Galliffet, der sich hier in ziviler Kleidung ablichten ließ. Die Kopfbedeckung verweist auf den militärischen Einsatz in Nordafrika.

Der Seeweg nach Indien

Im Zeitalter der Entdeckungen weitete sich das Blickfeld der Europäer und erfasste nun beinahe den gesamten Erdball.

Mit dem Indienfeldzug Alexanders des Großen 327 v. Chr. trat der indische Subkontinent zum ersten Mal ins Blickfeld des Abendlands. Nicht nur die Berichte über Alexander, sondern auch die Schriften der alten Geographen und die Erkenntnisse von Reisenden wie Marco Polo hatten den Traum von Indien ständig mit neuer Nahrung versorgt. Die Christen des Mittelalters glaubten außerdem, dass sich im fernen Osten Asiens das Paradies befände.

Das Vordringen der Türken im Mittelmeerraum, die 1453 Konstantinopel, 1517 auch Ägypten eroberten, zwang das Abendland, das auf die Handelswaren des Ostens nicht verzichten wollte, erneut nach Wegen in Richtung Indien und China zu suchen. Die Eröffnung eines Seewegs nach Indien

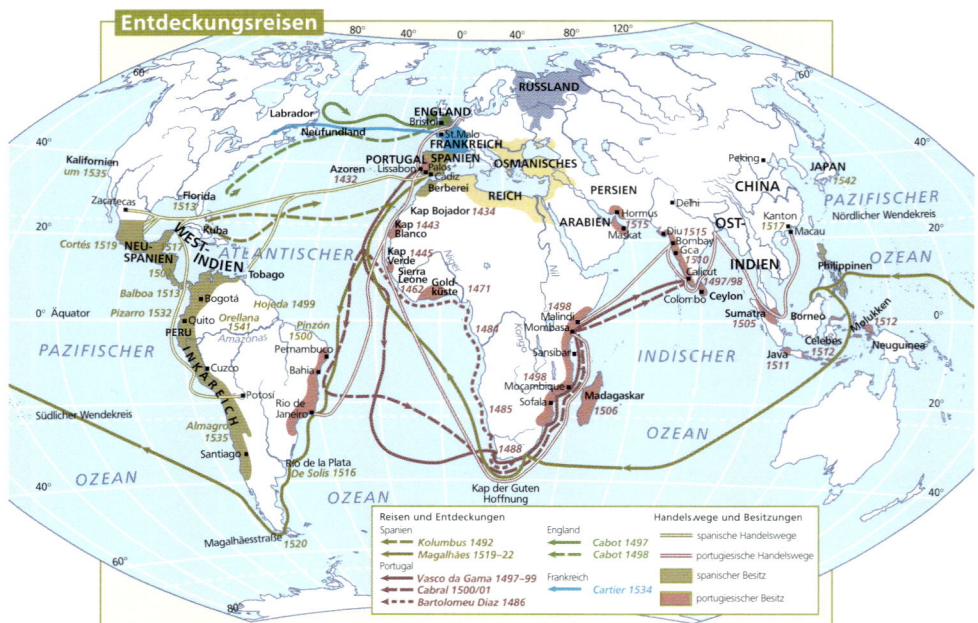

Am 3. August 1492 stach Kolumbus zu seiner ersten Fahrt mit den drei Schiffen »**Pinta**«, »**Niña**« und »**Santa María**« in See. Auf der zweiten Fahrt mit 17 Schiffen und etwa 1500 Mann entdeckte er die Kleinen Antillen, Puerto Rico und Jamaika und besuchte Haiti. Auf der dritten Fahrt erreichte Kolumbus mit sechs Schiffen das nördliche Küstengebiet Südamerikas, auf der vierten Fahrt berührte er die Küste Zentralamerikas.

Die **Weltkarte** aus dem 15. Jahrhundert folgt der Weltsicht des Claudius Ptolemäus, der im 2. Jahrhundert n. Chr. lebte. Europa und vor allem der Mittelmeerraum sind bereits vergleichsweise exakt wiedergegeben, während Afrika als Teil eines vermuteten Südkontinents angesehen wird, der den Indischen Ozean zum Binnenmeer macht (Venedig, Biblioteca Nazionale Marciana).

war für den europäischen Handel zur wirtschaftlichen Notwendigkeit geworden. Unter Indien, dem Wunderland im Osten, verstand man damals nicht nur Vorder- und Hinterindien, wie wir die Region heute nennen, sondern die gesamte Weite jenseits des islamischen Sperrgebiets von Äthiopien und Arabien bis nach Kathai (China) und Zipangu (Japan). Noch auf den von Claudius Ptolemäus beeinflussten Karten des 15. und 16. Jahrhunderts war der Indische Ozean als Binnenmeer dieses gewaltigen Kontinents eingezeichnet.

Heinrich der Seefahrer gibt den Anstoß

Der Anfang des europäischen Entdeckungszeitalters kann auf das Jahr 1415 festgelegt werden. Prinz Heinrich der Seefahrer sah in der portugiesischen Eroberung von Ceuta den ersten erfolgreichen Einbruch in die Welt des Islam zur Erschließung nicht nur der Schätze Afrikas, sondern womöglich einer noch unbekannten Welt. Mithilfe eines Bündnisses mit dem legendären Priesterkönig Johannes, der angeblich in seinem Reich irgendwo im Märchenland Indien die Muslime geschlagen hatte, glaubte der Prinz die islamische Sperre brechen zu können. Damit wurde Heinrich, der selber nie eine längere Seereise unternommen hat, unbeabsichtigt zum ersten großen Verfechter der Idee, Indien auf dem Seeweg um Afrika zu suchen. Fast am Rande und ungewollt wurden auf den nun eingeleiteten Suchfahrten nach Indien viele der Entdeckungen gemacht, die zum heutigen Erdbild führten.

Der erste wahrnehmbare Schritt zur Horizonterweiterung war die Umschiffung des Kaps der Guten Hoffnung durch Bartolomeu Dias 1488. Damit war für die Europäer der Seeweg in den Indischen Ozean geöffnet. Rechtlich war die Route durch eine päpstliche Bulle und den Vertrag von Tor-

In seinem Werk »Die Lusiaden« von 1572 nahm Luís de Camões die Fahrt Vasco da Gamas zum Anlass, die Geschichte und Größe Portugals zu besingen. Das Werk wurde rasch zum Nationalepos Portugals: Noch heute ist der 10. Juni, der Todestag des Dichters, der portugiesische Nationalfeiertag.

Als **Kolumbus** am 6. Dezember 1492 auf Hispaniola (dem heutigen Haiti) landete, wollte er damit nicht nur Reichtum erwerben, sondern auch das Christentum verbreiten. In der Darstellung von Johann Theodor de Bry (veröffentlicht 1594) wird im Hintergrund das Kreuz aufgerichtet, die Ureinwohner bringen Geschenke.

In einem Gedicht ironisiert **Erich Kästner** die glückliche Fügung, die Kolumbus' vermeintliche Westfahrt nach Indien zu einem guten Ende führte und ihn unbeabsichtigt einen neuen Kontinent entdecken ließ:

> »Irrtümer haben ihren Wert
>
> jedoch nur hier und da.
>
> Nicht jeder, der nach Indien fährt,
>
> entdeckt Amerika.«

desillas in den Jahren 1493 und 1494 abgesichert. Die dort festgelegte Demarkationslinie entspricht etwa dem 46. Meridian westlich von Greenwich. Alle Gebiete westlich davon sollten Spanien gehören, die ostwärts gelegenen dagegen an Portugal fallen. Am 20. Mai 1498 erreichten, nach 96 Tagen auf See, zum ersten Mal vier portugiesische Schiffe unter Führung von Vasco da Gama im heutigen Kappata bei Calicut die indische Westküste. Für Portugal schuf Vasco da Gama die Grundlage, um zur meerbeherrschenden Macht aufzusteigen, die ihren Anspruch auf die »Weltherrschaft« nur mit Spanien teilen musste. Es war nicht Afrika, es war Indien, wo Portugal seine überseeische Stellung am eindrücklichsten entwickeln konnte. Dies war der erste Schritt zu einer globalen Verkehrsstrategie, Voraussetzung unserer modernen Mobilität. Doch der Glanz war nicht von langer Dauer. Schon gegen Ende des 17. Jahrhunderts begann der Abstieg.

Die bis heute bekannten Quellen geben uns keinen genauen Aufschluss darüber, wann und an welchem Ort der Gedanke an eine Westfahrt nach »Indien« aufgekommen ist. Ein solcher Gedanke war bereits von griechischen Kosmographen geäußert worden. Diese Vorstellung musste sich eigentlich in Gelehrtenkreisen überall dort ganz von selbst bilden, wo man an die Kugelgestalt der Erde glaubte. Als die christliche Kirche die Vorstellung einer scheibenförmigen Erde im Mittelalter durchzusetzen versuchte, geriet das antike Wissen überwiegend in Vergessenheit.

Kolumbus auf Westfahrt nach »Indien«

Die irrtümlichen Berechnungen des zu seiner Zeit berühmten Mathematikers Paolo dal Pozzo Toscanelli aus Florenz führten 1474 zu der Annahme, Asien reiche so weit nach Osten, dass die Entfernung zwischen seiner Ostgrenze und der portugiesischen Atlantikküste nicht größer sei als die Strecke von Lissabon bis zur Walfischbai im heutigen Namibia. Eine solche Entfernung wurde von den portugiesischen Schiffen damals bereits zurückgelegt. Toscanelli inspirierte Kolumbus zu seiner vermeintlichen Westfahrt nach »Indien«. Im Jahre 1492 landete Kolumbus auf einer der Bahamainseln. Erst auf seiner dritten Reise betrat er 1498 in der Nähe der Insel Trinidad amerikanisches Festland.

Kolumbus hatte trotz seiner vier Amerikareisen bis zu seinem Tod im Jahr 1506 fest daran geglaubt, in Indien gelandet zu sein, eine Annahme, die noch für das ausgehende 17. Jahrhundert in Dokumenten zu belegen ist. Wir sprechen noch heute von Westindien und Indianern. Kolumbus' Rivale Amerigo Vespucci war dagegen schon nach seiner zweiten Reise 1499/1500 davon überzeugt, einen selbstständigen Erdteil entdeckt zu haben. Diese Erkenntnis und seine anschaulichen Berichte sorgten für berechtigtes Aufsehen und führten zu der Annahme, dass nicht Kolumbus, sondern Vespucci das amerikanische Festland zuerst entdeckt habe. So kam es, dass die beiden deutschen Gelehrten Martin Waldseemüller und Matthias Ringmann 1507 nach dem Vornamen Amerigo Vespuccis den Namen »Amerika« kreierten, der sich sehr schnell als Bezeichnung für den ganzen Erdteil ausbreitete. Im 15. und 16. Jahrhundert, im Zeitalter der großen Entdeckungen, weitete sich das Blickfeld der Europäer, in dem bis dahin nur ein Viertel der Erdoberfläche aufgetaucht war, und erfasste nun beinahe den gesamten Erdball.

Die erste Weltumseglung

Doch erst mit der Weltumseglung 1519–22 durch den Portugiesen Fernão de Magalhães, der 1521 unterwegs starb, und den Spanier Juan Sebastián del Elcano, der die Reise zu Ende führte. begann sich das ptolemäische Weltbild endgültig zu wandeln. Mit spanischen Schiffen fand der große Entdecker Magalhães, der als Fernando de Magellan bekannt geworden ist, im fast schon subantarktischen Südende der Neuen Welt eine Durchfahrt zur jenseits gelegenen Südsee, die bereits Vasco Nuñez de Balboa 1513 als erster Europäer entdeckt hatte. Der europäische Kontinent, der bis dahin im technischen und wissenschaftlichen Bereich eher nur Mittelmaß erreicht hatte, übernahm plötzlich die Führung und unterwarf sich den Rest der Welt.

Mit der nun einsetzenden enormen Ausweitung des Handels begann der Wettlauf um eine neue Aufteilung der Welt, an dem sich im 16. und 17. Jahrhundert nach Spanien und Portugal im wachsenden Maße die Niederlande, England und Frankreich beteiligten.

OSWALD DREYER-EIMBCKE

Kolumbus' Rivale **Amerigo Vespucci** wurde zum Namengeber des neu entdeckten Kontinents. Der Kosmograph Matthias Ringmann bezeichnete den aus Florenz stammenden Seefahrer 1507 als Entdecker der »Neuen Welt« und veranlasste Martin Waldseemüller, die Bezeichnung »America« – nach Vespuccis Vornamen – auf einer Karte und einem kleinen Globus einzutragen.

Die Reformation

Sogar Päpste und Konzilien können irren, befand Luther. Aus einzelnen Differenzen zur Römischen Kirche erwuchs ein neues Bekenntnis.

31. Oktober 1517: Ein Augustinermönch namens Martin Luther heftet 95 lateinische Thesen an die Tür der Schlosskirche von Wittenberg. Welche Symbolkraft! Hammerschläge gegen die Wittenberger Immobilie, die hier gewissermaßen stellvertretend für die ganze Römische Kirche ihre Stöße abbekommt, ein Anschlag auf die alte Ordnung. Generation auf Generation gläubiger Protestanten hat sich die Geburtsstunde ihrer Kirche so vorgestellt – aber es hat sich wahrscheinlich nie so zugetragen. Frühe Legendenbildung, vermutet die moderne Forschung.

Die 95 Thesen, die gab es natürlich schon, und sie waren der Anlass, wenn auch nicht der tiefere Grund, dafür, dass die Glaubenseinheit des christlichen Abendlandes zerbrach. Aber Martin Luther hat seine Thesen wahrscheinlich ganz unspektakulär verschiedenen Briefen an Korrespondenzpartner beigelegt. Ohne sein Wissen verbreiteten sie sich wie ein Lauffeuer überall im Reich.

Was stand in diesen Thesen, warum waren sie so brisant? Luther stellte verschiedene Züge der Ablasspraxis der Zeit kritisch in Frage. Was der Ablass eigentlich bedeutete, war theologisch noch gar nicht so genau festgelegt, aber der einfache Mann hatte doch fest umrissene, handfeste Vorstellungen davon: Ich entrichte eine bestimmte Summe Geldes an einen Ablassprediger der Kirche, dafür sorgt diese Kirche zuverlässig dafür, dass mir eine bestimmte Summe an Sündenstrafen im Jenseits nachgelassen wird. Ich investiere also in meine jenseitige Zukunft. Diese Vorstellung war für die Kirche sehr gewinnbringend, konnte aber zu einer bedenkenlosen Lebensgestaltung verführen. Man hatte ja für das ewige Heil längst vorgesorgt, sich ein schönes Leben nach dem Tode erkauft. Die Kurie in Rom reagierte auf Luthers Kritik mit scharfen Instrumenten: Ermittlungen wegen Ketzerei, Verhör, schließlich Exkommunikation. Es ging um Geld, und die Kurie brauchte viel Geld. Die Renaissancepäpste verstanden sich zunächst einmal als Herrscher; sie mischten ungeniert bei allen möglichen weltlichen Händeln mit, führten Kriege, bauten gerne und ließen sich als Kunstmäzene feiern. Das war auch einer von vielen Kritikpunkten an der bestehenden Kirche. So groß, ja, überbordend damals Frömmigkeit und Heilsverlangen waren, so verbreitet war

Lucas Cranach den Älteren, Hofmaler in Wittenberg, verband seit 1518 eine Familienfreundschaft mit **Martin Luther.** Er schuf zahlreiche Porträts des Reformators und druckte 1522 Luthers deutsche Übersetzung des Neuen Testaments. Aus seiner Werkstatt stammt auch das abgebildete Bildnis (Florenz; Uffizien).

das Unbehagen an der Kirche als Institution. Nur vor diesem Hintergrund ist es zu verstehen, dass Luthers Kirchenkritik so zündete.

Eine neue »Konfession«

Es ging bald um Grundsätzlicheres als um Stilfragen beim Ablasshandel und die dabei eingesetzten marktschreierischen Methoden. Gegen die verbreitete »Werkheiligkeit« – ich investiere in mein Seelenheil, indem ich Notleidenden eine milde Gabe schenke, fromme Stiftungen einrichte oder einen Ablassbrief kaufe – betonte Luther, dass das Seelenheil überhaupt nicht verdient werden könne, sondern ein Gnadenakt Gottes sei. Dieser werde allen Glaubenden, aber auch nur ihnen, zuteil: »allein aus Gnade« und »allein durch den Glauben«.

Der Autoritätsgläubigkeit der Römischen Kirche stellte er das »Schriftprinzip« entgegen: Nur die Bibel ist Quelle der Offenbarung, zählt insofern wirklich für den wahrheitssuchenden Menschen, nicht die kirchliche Tradition; sogar Päpste und Konzilien können irren. Aus punktuellen Differenzen erwuchs eine neue »Konfession«, ein neues Bekenntnis. Es machte auch außerhalb des Reiches Furore, erfasste vor allem Nordeuropa, während im Westen die von Luther nicht unbeeinflussten, aber anders akzentuierten Lehren Johannes Calvins Eindruck machten.

Ein neues Bekenntnis – und eine neue Kirche. Besser gesagt: viele neue Landeskirchen, und das auf dem Boden des einen Reiches! Das Heilige Römische Reich Deutscher Nation war ein Dachverband über Hunderten von mittleren und kleineren Flächenstaaten und Reichsstädten. Deren Obrigkeiten, die Fürsten, Grafen und reichsstädtischen Magistrate, übten viele Hoheitsrechte in Eigenregie aus. Unter anderem fühlten sie sich für das Seelenheil ihrer Untertanen verantwortlich. Wenn der Fürst oder die Mehrheit des Stadtrats lutherisch geworden waren, folgte dem die Einführung der neuen Lehre im gesamten Herrschaftsbereich auf dem Fuße; die Untertanen hatten sich zu fügen. Man löste sich aus der alten römischen Kirchenorganisation, errichtete neue, eigenständige lutherische Landeskirchen. Als »Notbischof« übernahm der weltliche Regent zunächst auch die Leitung »seiner« Kirche, denn vom zuständigen katholischen Bischof ließ man sich ja nichts mehr sagen.

Nach ihren stürmischen Anfangsjahren verlor die Reformation so rasch den Charakter einer dynamischen Volksbewegung; die Obrigkeiten rissen das Gesetz des Handelns

Durch die Entrichtung einer Geldsumme erwirkte man nach volkstümlicher Auffassung Schutz vor Fegefeuer und Strafe beim Jüngsten Gericht. Lucas Cranach der Ältere unterstützte mit seinen als Flugblätter verteilten Holzschnitten die Kritik der Reformatoren an der Praxis des **Ablasshandels.**

Aus Luthers **95 Thesen** vom 31. Oktober 1517:

»Es predigt menschliche
Dummheit, wer behauptet,
dass, sobald der Groschen
im Kasten klingt, die Seele in
den Himmel springt.«

Auf dem **Augsburger Reichstag** von 1530 verlas Melanchthon vor Kaiser Karl V. eine Zusammenfassung der protestantischen Lehre, die als Vorschlag zur Verständigung mit den Katholiken gedacht war. Der Kupferstich von Johann Dürr entstand zum 100. Jahrestag des Augsburger Religionsfriedens.

an sich. Die lutherisch gewordenen von ihnen suchten Reste alter Kirchlichkeit mit Stumpf und Stiel auszureißen, katholisch gebliebene hingegen jeden Ansatz von »Ketzerei« in ihrem Territorium zu unterbinden. Und nicht nur da. Der Kaiser war katholisch, die Mehrheit am Reichstag war lange Zeit noch eindeutig katholisch, und so lagen Versuche nahe, das Luthertum auf Reichsebene zu bekämpfen. Dass die lutherische Minderheit am Reichstag von 1529 gegen einen mehrheitlich beschlossenen Expansionsstopp für die neue Lehre protestierte, brachte den Lutheranern, zunächst in katholischen Akten, den Namen »Protestanten« ein. Daneben gab es immer wieder kurzfristige Arrangements, befristeten Waffenstillstände, die nicht wirklich weiterhalfen; zwei Kriege der Epoche, der »Schmalkaldische« und der »Fürstenkrieg«, waren nicht zuletzt vom Glaubenszwiespalt verursacht. Nach aufregenden Jahrzehnten wuchs die Friedenssehnsucht auf beiden Seiten.

Der Augsburger Religionsfrieden

Aber erst 1555 gelang es, eine unbefristete Vereinbarung abzuschließen, einen Frieden, der nicht bloß wieder Notbehelf, Waffenstillstand war. Er bestätigte ausdrücklich, dass allein der jeweilige Landesherr für die Wahl des Bekenntnisses zuständig war; seine Untertanen hatten das, wenn sie nicht auswandern wollten, genauso zu akzeptieren wie die anderen Landesherren und das Reich. Damit stand endgültig fest, dass Mitteleuropa konfessionell gespalten war. Anders war es im Westen und im Norden des Kontinents: Die dort in der Entstehung begriffenen Zentral- und Nationalstaaten blieben entweder geschlossen bei der alten Kirche oder öffneten sich geschlossen der Reformation. Hingegen überließ das Reich, als föderalistische Organisation, die Glaubensentscheidung den einzelnen Obrigkeiten vor Ort, und von diesen votierte eben die eine so, die benachbarte anders. Nördlich des Mains wurden mehr Gebiete lutherisch als im Süden.

Philipp Melanchthon, seit 1519 engster Mitarbeiter Martin Luthers, war um eine friedliche Durchsetzung der reformatorischen Ideen bemüht. Neben seiner kirchlich-theologischen Tätigkeit erwarb er sich als »Praeceptor Germaniae« (»Lehrer Deutschlands«) große Verdienste um die Förderung des Hoch- und Lateinschulwesens (Gemälde von Lucas Cranach dem Älteren, nach 1532; Dresden, Gemäldegalerie Alte Meister).

Es gab nun verschiedene Konfessionen unter einem Dachverband, dem Reich, aber mit Toleranz hatte das nichts zu
tun. Der Augsburger Religionsfriede war ein politischer
Friede, theologische Gesichtspunkte klammerte er aus.
Keine Seite gab ihren Monopolanspruch auf Wahrheit preis,
nur verzichtete man auf eine gewaltsame Durchsetzung
dieses Monopolanspruchs. Keine Toleranz also und Gewissensfreiheit erst recht nicht, der einzelne Untertan hatte
praktisch keine Wahlfreiheit; auszuwandern war unter den
damaligen Umständen eine heroische Lebensentscheidung,

**»Hier stehe ich, ich kann nicht
anders.«** Diese populäre Version von
Luthers Verteidigung auf dem
Wormser Reichstag kam erst zehn
Jahre nach dem Tod des Reformators
auf. Eine frühe bildnerische Gestaltung
ist dieser Straßburger Holzschnitt
(1557).

zu der sich nur wenige durchrangen. Toleranz und Gewissensfreiheit, das sind Ideen, die die Aufklärung im 18. Jahrhundert propagieren sollte, und erst das frühe 19. Jahrhundert sah dann unbeschränkte Glaubensausübung und vollständige Gleichberechtigung beider Konfessionen in ein
und demselben Herrschaftsbereich; die Mitgliedsstaaten
des Deutschen Bundes waren konfessionell gemischt. Davor, bis 1803, war ein Territorium geschlossen katholisch
oder geschlossen lutherisch gewesen, die oft recht eindeutigen konfessionellen Mehrheitsverhältnisse einer Stadt oder
eines Landstrichs künden noch im heutigen Deutschland
davon.

AXEL GOTTHARD

Zu Beginn der Neuzeit begann der Mensch den forschenden Blick auch auf sich selbst und den eigenen Körper zu richten.

Die Geburtsstunde der Anatomie

»In Löwen habe ich seziert und über den Bau des ganzen menschlichen Körpers gelehrt. Infolgedessen scheinen die jüngeren Professoren nun ernsthaft bestrebt zu sein, Kenntnisse der Teile des menschlichen Körpers zu gewinnen, denn sie wissen, welch wertvolles philosophisches Material aus solcher Kenntnis gewonnen werden kann.«

Diese beiden Sätze schrieb 1543 der 28-jährige Andries van Wesel, der sich latinisierend Andreas Vesalius, kurz Vesal, nannte, in der an Kaiser Karl V. gerichteten Widmung seiner berühmten »De humani corporis fabrica libri septem« (Sieben Bücher über den Bau des menschlichen Körpers). Wer war dieser Mann, der in der medizinhistorischen Tradition als der neuzeitliche Begründer der wissenschaftlichen Anatomie dargestellt wird?

Zu Silvester 1514 als Spross einer ursprünglich aus Wesel stammenden deutschen Familie namens Witing in Brüssel geboren, verlebte er seine Jugend dort als Sohn des Leibapothekers von Karl V. Mit 14 Jahren begann Vesal ein Studium der klassischen Sprachen Latein und Griechisch in Löwen, 1531 wechselte er als Medizinstudent nach Paris. Bei seinen akademischen Lehrern Johann Guenther von Andernach und Jacques Dubois lernte Vesal vor allem traditionelle »galenische« Medizin und Anatomie. Sein Mentor Jacques Dubois sezierte als einer der ersten Anatomen tote Menschen anstelle von Schweinen, benannte Muskeln mit Namen statt mit Zahlen, erfand die Injektion von Farblösungen in Blutgefäße, entdeckte einige Venenklappen und beschrieb das Bauchfell anatomisch korrekt. Dubois blieb aber intellektuell zeitlebens der Tradition verhaftet und erklärte seine eigenen, von den Lehrtexten abweichenden Entdeckungen zu anatomischen Anomalien, um nicht in einen für ihn unerträglichen Widerspruch mit der Überlieferung zu geraten.

Andreas Vesal, der Begründer der systematischen Anatomie, war seit 1537 Professor für Chirurgie und Anatomie an der Universität Padua. Nach der Veröffentlichung seines Lehrbuchs der Anatomie 1543 wurde Vesal Leibarzt Kaiser Karls V. und König Philipps II. von Spanien. Das Porträt schuf Jan Steven van Kalkar, der auch Holzschnitte für Vesals »De humani corporis fabrica libri septem« anfertigte (Sankt Petersburg, Eremitage).

Eigene Anschauung gegen gelehrte Tradition

Vesal ging eben diesen einen Schritt weiter: Auf Friedhöfen und Hinrichtungsstätten organisierte er sich Leichen zur eigenen Präparation, deren Resultate oft gar nicht mit den Texten der Bücher in Übereinstimmung zu bringen waren. So geriet der junge Arzt immer deutlicher in dasselbe Dilemma

wie seine Lehrer: Der Versuch, die antiken Autoritäten zu
bestätigen, mündete in deren allmähliche Demontage. Nach
Löwen zurückgekehrt, führte Vesal 1536 eine öffentliche
Sektion durch, was damals eine Rarität war. Im Dezember
1537 promovierte Vesal an der Universität Padua, worauf er
in Padua vom Venezianischen Senat einen fünfjährigen Zeit-
vertrag als Professor für Chirurgie mit Lehrverpflichtung zur
Anatomie erhielt.

In diesen fünf Jahren zwischen seinem 23. und 28. Le-
bensjahr schuf Vesal sein anatomisches Lebenswerk 1538
veröffentlichte er in Venedig sechs anatomische Tafeln mit
drei von ihm selbst entworfenen Arterien- und Eingeweide-
darstellungen sowie drei Skelettfiguren des Tizianschülers
Jan Steven van Kalkar. In diesen Tafeln wurden manche
»Unstimmigkeiten« der galenischen Anatomie wie die fünf-
lappige Leber oder das sechsteilige Brustbein korrigiert.
Zwischen 1539 und 1541 beteiligte sich Vesal an einer lateinischen Galenausgabe nach den besten griechischen Handschriften, wobei er vor allem die Übersetzungen seines Leh-
rers Johann Guenther von Andernach bearbeitete. Philolo-
gische Akribie, eigene anatomische Forschungsbegabung
und ein hoch entwickelter Sinn für die adäquate optisch-
künstlerische Präsentation seiner Leistungen bildeten so ein
spezifisches Ensemble von Fähigkeiten, die Vesal für jenes
epochale Werk benötigen sollte, das er nun bis zum Herbst
1542 vorantrieb.

Die Aufgaben des forschenden Professors und des hand-
werklich tätigen Prosektors in einer Person vereinigend,
sezierte Vesal 1539 die Leichen aller in Padua zum Tode ver-
urteilten Delinquenten. 1540 folgten anatomische Demonstrationen in Bologna. Dabei wurde ihm von Tag zu Tag
klarer, dass Galen von Pergamon im 2. Jahrhundert n. Chr.
offenbar keine Menschen, sondern überwiegend Rhesus-
affen präpariert hatte. So hatte der antike Forscher einen
Lendenwirbelfortsatz beschrieben, den Vesal nur am Af-
fenskelett finden konnte. Vesal erkannte aber zugleich, dass
Galen auch gar nicht behauptet hatte, eine Anatomie des
Menschen darzustellen. Dies war offenbar vielmehr eine
irrtümliche Annahme der mittelalterlichen Galentradition.

Die Wiedergeburt der Zergliederungskunst

Nach dreijähriger Forschungsarbeit erschien im August
1543 in Basel »De humani corporis fabrica libri septem«, ein
663 Seiten starker Foliant, mit dem der Autor berühmt und
zum viel gerühmten Begründer der wissenschaftlichen Anatomie der Neuzeit wurde. Mehr als 250 Illustrationen, 14
ganzseitige »Muskelmänner« und drei Skelette, gezeichnet
von Tizian oder einem seiner Schüler, vor Landschaftsmoti-
ven des von Tizian beeinflussten Malers Domenico Campa-
gnola, mit einem Vesalporträt von Jan Steven van Kalkar vor
dem eigentlichen Text, machten das in ciceronianischem

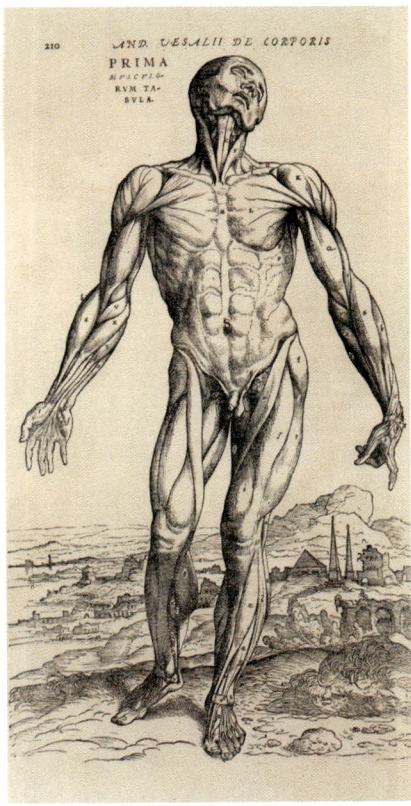

1543 veröffentlichte Andreas Vesal seine **»De
humani corporis fabrica libri septem«.** Das
fast 700 Seiten umfassende Werk mit den mehr
als 250 Holzschnittillustrationen zur Anatomie
des menschlichen Körpers wurde das Vorbild
eines für Jahrhunderte gültigen Typus des
wissenschaftlichen Lehrbuchs.

Die Sektionen im anatomischen Hörsaal regten die niederländischen Maler des 16. und 17. Jh. zur Gestaltung eines neuen Typus des Gruppenbildnisses an. Rembrandts »**Anatomie des Dr. Tulp**« ist das berühmteste Beispiel dieser repräsentativen Standesporträts, in denen ein der Chirurgengilde angehörendes Ärztekollegium an einer geöffneten Leiche steht (1632; Den Haag, Mauritshuis).

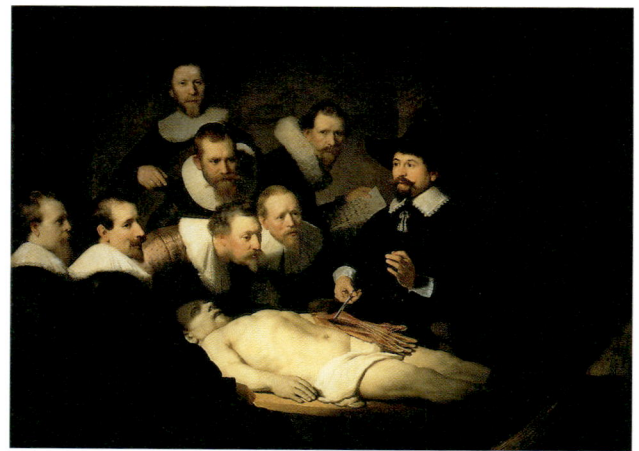

Neulatein gehaltene Werk nicht nur in anatomischer und stilistischer, sondern auch in ästhetischer Hinsicht zu einem einzigartigen Buchprojekt.

Die »Fabrica« zeigt keineswegs nur eine statische Anatomie der Körpermechanik, sondern bietet eine Rekonstruktion von Gestalt und Funktion. Das Studium der Funktion gelang Vesal mithilfe von Sektionen an lebenden Hunden und sogar an trächtigen Schweinen. Dass es sich bei diesen aus heutiger Sicht grausamen Tierexperimenten nicht um nebensächliche Randerscheinungen handelte, wird auch aus der Komposition des Gesamtwerks deutlich: Während sich

Das erste **anatomische Theater** wurde 1594 in Padua errichtet. Die umlaufenden Sitzreihen waren so angeordnet, dass der Sektionstisch von allen Plätzen eingesehen werden konnte. Anfangs waren die Sektionen nur für Mediziner und Studenten, doch dann fanden sie auch vor zahlendem Publikum statt, das seine Sensationsgier befriedigen wollte.

der Text am Schluss des siebenten Buchs, also ganz am Ende der »Fabrica«, mit der Vivisektion beschäftigte, wurde der Holzschnitt mit einem auf ein Brett fixierten Tier in das Initial Q des Wortes »Quantumvis« übernommen, mit dem die einleitende Widmung beginnt.

Die »Fabrica« als Dokument einer »Renata dissectionis ars«, einer Wiedergeburt der Zergliederungskunst, bestimmte im folgenden Jahrhundert den Forschungsprozess in Anatomie und Chirurgie, während die Holzschnitte aus dem Umfeld Tizians ebenso auf die Darstellung des Menschen in der bildenden Kunst zurückwirkten. Auch in der Medizin wirkte das Werk des Vesal zum einen über seine Illustrationen, zum anderen durch seinen Text.

Vesal beendete bald nach der Veröffentlichung der »Fabrica« seine akademische Laufbahn und folgte als Leibarzt Kaiser Karl V. auf dessen Eroberungszügen, sofern er nicht in Brüssel als Arzt und Chirurg praktizierte. 1544 heiratete er Anna van Hamme, die ihm eine Tochter gebar. Mit König Philipp II., dem Nachfolger Karls auf dem spanischen Thron, ging Vesal 1559 in die neue Residenz nach Madrid, wo er seine letzten Lebensjahre als Leibarzt und Fachautor verbrachte. Im Frühjahr 1564 begab er sich auf eine angebliche Pilgerreise nach Jerusalem, die er in Venedig unterbrach, um wegen der Übernahme des freien Lehrstuhls für Anatomie an der Universität Padua zu verhandeln. Auf dem Rückweg von Jerusalem soll Vesal am 5. Oktober 1564 auf der Insel Zakynthos im Ionischen Meer plötzlich gestorben sein. Die Spekulationen um seine Todesursache reichen von Ertrinken über Krankheit bis Mord, aber diese Frage wird wohl für immer ungeklärt bleiben.

AXEL W. BAUER

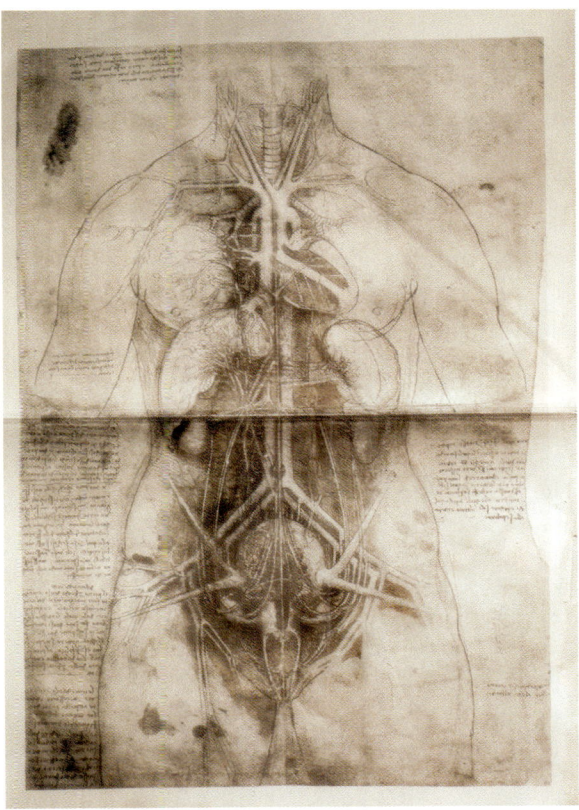

Leonardo da Vinci sezierte menschliche Körper und legte **anatomische Studien** vor, die dem medizinischen Wissen der Zeit weit voraus waren. Die bildende Kunst war für Leonardo sowohl Quelle der Erkenntnis als auch Mittel zur anschaulichen Vermittlung wissenschaftlicher Beobachtung.

Das heliozentrische Weltbild

Die »kopernikanische Revolution« hat die Erde und mit ihr den Menschen aus dem Zentrum des Kosmos vertrieben.

»In der Mitte aber von allen steht die Sonne. Denn wer möchte in diesem schönsten Tempel diese Leuchte an einen andern oder bessern Ort setzen, als von wo aus sie das Ganze zugleich erleuchten kann? ... So lenkt in der Tat die Sonne, auf dem königlichen Throne sitzend, die sie umkreisende Familie der Gestirne.« Diese neuen Ideen veröffentlichte Kopernikus in seinem Hauptwerk »Von den Umdrehungen der Himmelssphären«, erschienen 1543 in Nürnberg. Angeregt von antiken Quellen, besonders von Aristarch von Samos, gab er der Sonne statt der Erde den Platz im Zentrum des Kosmos.

Nikolaus Kopernikus, der eigentlich Kopernigk hieß, war aber nicht nur Astronom, sondern ein vielseitiger Renaissancegelehrter: Nach seinem Studium der freien Künste in Krakau, das damals eines der bedeutendsten europäischen Zentren der Wissenschaften war, ging er 1496 nach Italien, um in Bologna und Padua Jura und Medizin zu studieren. 1503 promovierte er in Ferrara in Kirchenrecht, am bekanntesten war Kopernikus bei seinen Zeitgenossen allerdings als Arzt. Neben seinen Verpflichtungen als Domherr in Frauenburg amtierte er im Auftrag des ermländischen Bischofs als Verwalter des Ermlandes in Allenstein und führte

Das nach Claudius Ptolemäus benannte **ptolemäische Weltsystem** stellte die Erdkugel in den Mittelpunkt des Planetensystems. Eine vereinfachende, aber erzählerisch ausgeschmückte Darstellung der »Harmonia Macrocosmica« des Christoph Cellarius aus dem Jahr 1660 zeigt die sich um die Erde bewegenden Planetengottheiten.

In Christoph Cellarius' »Harmonia Macro-cosmica« von 1660 ist der Darstellung des geozentrischen Weltsystems des Claudius Ptolemäus das **kopernikanische Weltsystem** gleichberechtigt gegenübergestellt. Für sein heliozentrisches Weltsystem hatte Kopernikus wie schon Aristoteles einen kreisförmigen Verlauf der Planetenbahnen, allerdings mit der Sonne als Zentrum, angenommen.

sogar Friedensverhandlungen mit dem Deutschen Orden. Zudem verfasste Kopernikus ökonomische Schriften zur Reform des preußischen Münzwesens. All dies ist heute in Vergessenheit geraten, unbedeutend im Vergleich zu dem Umsturz im Weltbild, den er herbeiführte.

Das alte und das neue Weltbild

In der Antike waren zwei Weltsysteme entwickelt worden, bei denen die Erde das Zentrum des Universums bildete; sie behielten auch noch im Mittelalter ihre Gültigkeit. Für den griechischen Philosophen Aristoteles ruhte die Erde inmitten von konzentrischen Kugelschalen, in die die sieben Planeten, zu denen auch Sonne und Mond gehörten, eingelassen waren. Diese Äther-Kugelschalen existierten für ihn als physikalische Realität. Um die Schleifenbahnen der Planeten am Himmel besser erklären zu können und um größere Übereinstimmung mit den Beobachtungen zu erreichen, erdachte sich Claudius Ptolemäus im 2. Jahrhundert n. Chr. ein mathematisches Modell: Unter Verwendung komplizierter, teils exzentrischer Kreisbewegungen, so genannter Epizykel, konnte er mit seinem geozentrischen Weltsystem die Planetenbewegungen vorausberechnen.

Kopernikus strebte ein harmonisches Weltbild an, das heißt, er versuchte, wieder eine Einheit zwischen dem mathematischem Modell und der physikalischen Realität herzustellen. Besonderen Wert legte er dabei auf die Einhaltung der beiden antiken Voraussetzungen, wie sie von Platon erhoben worden waren: Die himmlischen Körper sollten sich nur auf Kreisbahnen und zudem nur mit gleichmäßiger Geschwindigkeit bewegen können. Die entscheidenden neuen Ideen waren bereits im etwa 1510 entstandenen »Commentariolus« des Kopernikus enthalten, doch bis zur Veröffentlichung des Hauptwerks dauerte es noch über 30

Nach dem Studium der Medizin und der Rechtswissenschaft in Italien war **Kopernikus** als Arzt und Domherr in Frauenburg tätig. Die astronomischen Forschungen, deren Ergebnisse Kopernikus berühmt machten, betrieb er stets als Privatmann. Das Porträt entstand nach einem zeitgenössischen Bildnis im 18. Jh. für die Johanneskirche in Kopernikus' Geburtsstadt Thorn.

In seiner Schrift »**Commentariolus**« formulierte Kopernikus um 1510 folgende Thesen:

> »Die Himmelsbewegungen
>
> haben verschiedene
>
> Mittelpunkte.
>
> Die Erde ist nicht Mittelpunkt
>
> der Welt.
>
> Der Mittelpunkt der Welt
>
> befindet sich
>
> in der Nähe der Sonne.«

Der dänische Astronom **Tycho Brahe** konnte mithilfe eines großen Mauerquadranten in seinem 1576 gebauten Observatorium auf der Insel Ven genaue Beobachtungsergebnisse über das Planetensystem vorlegen. Die von Tycho Brahe konstruierten, wesentlich verbesserten Instrumente ermöglichten schließlich zu Beginn des 17. Jh. Johannes Kepler die Erneuerung der Astronomie.

Jahre. Der deutsche Astronom Georg Joachim Rheticus, der Kopernikus in Frauenburg besuchte, verfasste 1540 einen ersten Bericht, seine »Narratio prima«, über das neue Weltsystem. Schließlich überredete er Kopernikus, sein Werk zu veröffentlichen.

Wirkung und Durchsetzung des neuen Weltbilds

Das neue Weltbild des Kopernikus, das allerdings auch nicht ohne die komplizierten Epizykel auskam, führte bald zu theologischen und philosophischen Auseinandersetzungen. Zudem wurde die Berechnung der Planetenpositionen aufgrund der heliozentrischen Lehre weder genauer, noch war diese physikalisch oder astronomisch überprüfbar.

Das schärfste Argument gegen Kopernikus war das Fehlen einer Fixsternparallaxe, einer scheinbaren Verschiebung der Stellung der Fixsterne aufgrund der sich ändernden Perspektive des Beobachters, die sich durch die Bewegung der Erde um die Sonne ergibt. Da diese Veränderung der Fixsternörter aber selbst von Tycho Brahe, dem Meister der astronomischen Messkunst, mit den damaligen Instrumenten nicht festgestellt werden konnte, hätten die Fixsterne ungeheuer weit entfernt sein müssen. So hatte es Kopernikus auch angenommen, aber Brahe hielt dies für unvorstellbar oder zumindest für eine unbegründete Annahme. Daher entwickelte er 1588 ein neues, ein geoheliozentrisches Weltbild: Die anderen Planeten bewegen sich um die Sonne, aber mit der Sonne um die Erde, die ihren Platz im Zentrum behielt.

Solange es keine physikalische Begründung für die Bewegungen der Himmelskörper gab, konnte dieses Weltsystem die Beobachtungen genauso gut beschreiben. Im Wortsinne bahnbrechend wirkte Brahes Erkenntnis, dass es keine festen Kugelschalen im Himmel gibt. Er hatte bei der Beobachtung eines Kometen festgestellt, dass eine Bahn quer durch verschiedene Sphären verlief. Diese Zerschlagung der Sphären bedeutete eine Öffnung des Himmels und führte den italienischen Naturphilosophen Giordano Bruno konsequent zur Idee der Unendlichkeit. Sein Gedanke von der Vielheit der Welten wurde im 18. Jahrhundert besonders populär und führte zu vielfachen Spekulationen, dass es unendlich viele Sonnen mit Planetensystemen gebe.

Doch soll hier die heliozentrische Idee weiterverfolgt und die Frage geklärt werden: Welches Weltbild entsprach nun der Wirklichkeit und wie verlief die Durchsetzung? Im Jahrhundert nach Kopernikus verbesserte der deutsche Astronom Johannes Kepler das neue System, indem er Ellipsenbahnen statt Kreisen oder Sphären einführte und sich auch von dem antiken Dogma der gleichförmigen Bewegung löste. Kepler setzte die Sonne in den einen Brennpunkt der Ellipse statt ins Zentrum eines Kreises und konnte damit erstmals die Planetenörter genau berechnen. Doch zu allgemeiner Anerkennung in der Öffentlichkeit gelangten die kopernikanischen Ideen damals noch nicht. Im Gegenteil – nachdem sich in protestantischen Kreisen schon Mitte des 16 Jahrhunderts Ablehnung gezeigt hatte, formulierten die Theologen der katholischen Indexkommission am 24. Februar 1616: »Zu behaupten, die Sonne stehe unbeweglich im Mittelpunkt der Welt, ist absurd, philosophisch falsch und außerdem ketzerisch, weil es ausdrücklich der Heiligen Schrift zuwider ist.« Diese Ablehnung erfuhr auch der Italiener Galileo Galilei, der ebenfalls versuchte, Beweise für das heliozentrische System zu finden. Sein »Dialog über die beiden hauptsächlichen Weltsysteme« wurde noch im Erscheinungsjahr 1632 auf kirchlichen Befehl wieder eingezogen Hier bot das Weltbild von Brahe, das die Erde im Zentrum beließ, einen günstigen Kompromiss zwischen altem und neuem Weltbild. So war Brahes Weltbild im 17. Jahrhundert verbreitet und wurde vonseiten der Kirche, besonders von den Jesuiten, favorisiert, da es Widersprüche

1633 musste **Galileo Galilei** vor dem Inquisitionsgericht seine These widerrufen, dass die Erde sich um die Sonne bewege. Nur so entging er dem Todesurteil (Gemälde eines anonymen Künstlers aus dem 17. Jh; New York, Privatsammlung).

zur Bibel vermied. Eine physikalische Grundlage für die Bewegung der Planeten um die Sonne als Gravitationszentrum schuf erst Isaac Newton im Jahre 1687. Damit konnte sich, obwohl der Nachweis der Erdbewegung noch fehlte, die heliozentrische Idee im 18. Jahrhundert durchsetzen.

Ein Staubkorn im All

Kopernikus machte den Menschen zur Randfigur im Weltall; der Philosoph Friedrich Nietzsche klagte sogar: »Seit Kopernikus rollt der Mensch aus dem Zentrum ins x«, ins Unbestimmte also. Doch nicht genug damit – im 20 Jahrhundert rückte der Mensch noch mehr an den Rand. Um 1920 versetzte der amerikanische Astronom Harlow Shapley in einer »zweiten Revolution« unsere Sonne an den Rand der Milchstraße. So wurde der Mensch im Laufe der Geschichte vom zentralen Platz im Kosmos vertrieben und immer weiter an den Rand gedrängt: Unsere Sonne ist ein winziger leuchtender Punkt am Rande der Milchstraße, und die wiederum ist nur eines unter zahllosen anderen Sternsystemen in einem unbegrenzten All.

GUDRUN WOLFSCHMIDT

Der Erfindungssinn holländischer Brillenmacher schuf die Instrumente für die neuzeitliche Erforschung von Weltall und Mikrokosmos.

Fernrohr und Mikroskop

»**Was weit entfernt ist,** muss ganz nah erscheinen und umgekehrt. Denn es können durchsichtige Medien so für das Auge angeordnet werden, dass wir ein Ding in der Ferne sehen können ..., ja wir würden gleichsam Sonne und Mond vom Himmel herabziehen.« So hat als Erster der englische Philosoph und Theologe Roger Bacon, auf den übrigens auch der Begriff »Naturgesetz« zurückgeht, bei seinen um 1250 unternommenen optischen Studien das Prinzip des Fernrohrs als Wunschvorstellung beschrieben. In die Praxis konnte er seine Theorie jedoch noch nicht umsetzen. Der

Mit einem von ihm selbst gebauten **Fernrohr** entdeckte Galileo Galilei ab 1610 die vier größten Jupitermonde, die bergige Struktur des Mondes, die Saturnringe, die Phasen der Venus und die Sonnenflecken (1609; Florenz, Museo di Storia della Scienza).

Arzt und Humanist Girolamo Fracastoro aus Verona schlug im Jahre 1538 zur Verbesserung der Sehleistung des menschlichen Auges ein komplexes Linsensystem vor. Dies blieb jedoch ebenso Theorie wie eine 1571 erschienene Abhandlung des englischen Mathematikers Leonard Digges, der im Experiment mit einer Linse und einem konkaven, also nach innen gewölbten Spiegel ein deutlich vergrößertes Abbild eines Objekts erzielt hatte.

Von alledem wusste der Brillenmacher Jan Lippershey im holländischen Middelburg jedoch nichts, als er 1608 eher zufällig das erste dioptrische Fernrohr mit einer konvexen, also nach außen gewölbten Linse als Objektiv und einer konkaven als Okular konstruierte. Seine Kinder sollen in der Werkstatt mit Linsen gespielt haben. Sie hielten zwei davon

Der italienische Kupferstich des 16. Jh. zeigt **Brillengläser** verschiedener Stärken. Die Herstellung optischer Gläser war damals ein gut gehendes Geschäft.

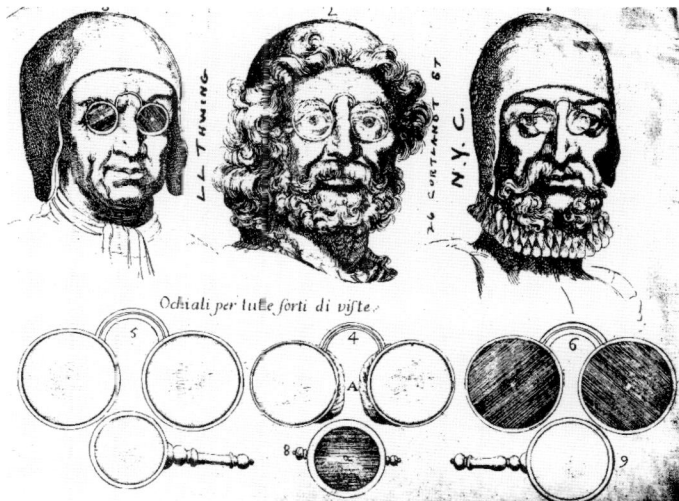

hintereinander, blickten hindurch und sahen dabei zu ihrer Überraschung den weit entfernten Kirchturm ganz nah vor sich. Der Vater montierte die eigentlich als Brillengläser gedachten Linsen in einen schmalen geraden Zylinder. Das Fernrohr war geschaffen. Erfahrene Brillen- und Instrumentenmacher hatten keine Probleme mit dem Bau solcher »holländischen Fernrohre«, die daher schnelle Verbreitung in Europa fanden. Innerhalb weniger Jahre konnte man sie auf den Messen in Frankfurt und Paris, in Venedig, Padua und London kaufen.

Das Instrument für die Astronomie

Galileo Galilei, Mathematikprofessor, Physiker und Philosoph an der Universität von Padua, hielt sich 1609 in Venedig auf, hörte hier erstmals gerüchteweise von der neuartigen holländischen Erfindung und begriff trotz ungenauer Angaben sofort das Prinzip. Aus zwei Brillengläsern baute er ein eigenes Fernrohr mit dreifacher Vergrößerung und experimentierte weiter. Am 21. August des Jahres konnte er dem Dogen und den Senatoren der Republik am Lido ein Instrument mit neunfacher Vergrößerung vorführen und als Geschenk überreichen. In Venedig dachte man praktisch und rüstete damit zunächst den Wächter auf dem Kampanile am Markusplatz aus, der nun erheblich früher als zuvor feindliche Truppen entdecken konnte.

Ab dem Ende des 13. Jahrhunderts stellten oberitalienische Linsenschleifer die ersten Brillen her. Zwei Eingläser wurden mit einem Niet zu einem Zweiglas verbunden, das mit der Hand vor die Augen gehalten wurde. Im 15. Jahrhundert wurden die Gläser durch einen Bügel verbunden und als Bügelbrille auf die Nase geklemmt.

Der niederländische Tuchhändler und Naturforscher **Antony van Leeuwenhoek** fertigte insgesamt mehr als 200 Mikroskope mit bis zu 270facher Vergrößerung an, mit denen er biologische Objekte untersuchte.

Mit einem weiteren selbst gebauten Instrument beobachtete der Begründer der modernen Naturwissenschaft in Padua immer wieder den Nachthimmel und entdeckte dabei im Jahre 1610 die ersten vier Monde des Planeten Jupiter und die Ringe des Saturn, die Sonnenflecken und die Berge auf unserem Mond, woraufhin er die erste Mondkarte zeichnete. Vergrößerungswirkung und Lichtstärke des Fernrohrs waren sehr begrenzt, doch für Galilei reichte es, um neue Erkenntnisse über das Weltall und unser Sonnensystem zu gewinnen. Seine Beobachtungen bestätigten die Richtigkeit des schon 1542 von dem Mediziner, Juristen und Astronomen Nikolaus Kopernikus entwickelten heliozentrischen Systems mit der Sonne im Mittelpunkt, um die sich die Planeten drehen. In einem Briefwechsel tauschten Galilei und der damals in Prag tätige protestantische Theologe, Mathematiker und Astronom Johannes Kepler ihre Forschungsergebnisse aus. Auf der Basis der von Kepler daraufhin 1611 veröffentlichten optischen Theorie der Linsen und des astronomischen Fernrohrs konstruierte Christoph Scheiner, Jesuitenpater, Physiker, Astronom und Mathematikprofessor in Ingolstadt und Freiburg, im gleichen Jahr ein Fernrohr, das für astronomische Beobachtungen besonders gut geeignet war.

Im Unterschied zum Modell Galileis wies dieses Teleskop zwei konvexe Linsen auf, die eine scharfe und kaum verzerrte, dafür aber seitenverkehrte und auf dem Kopf stehende Abbildung des anvisierten Objekts lieferten. Für astronomische Beobachtungen spielte dies allerdings keine Rolle, da oben und unten sowie rechts und links bei weit entfernten Sternen wie den Planeten unseres Sonnensystems bedeutungslos sind. Für alle anderen Zwecke ließ sich der Effekt über eine weitere Konkavlinse ausgleichen. Ergebnis war das »terrestrische Fernrohr«, das in den folgenden drei Jahrhunderten vorzugsweise beim Militär und in der Seefahrt eingesetzt wurde. Einen weiteren optischen Innovationsschritt stellten die 1661 vom schottischen Mathematiker und Astronomen James Gregory und 1671 vom berühmten englischen Universalgelehrten Sir Isaac Newton gebauten Spiegelteleskope dar. Gregory erzielte mit einem Hohlspiegel in der Okularebene lichtstärkere und schärfere Abbildungen, und Newton lenkte die durch das Objektiv einfallenden Lichtstrahlen mit einem Planspiegel im rechten Winkel zum Okular um. Damit befand er sich seitlich außerhalb des Strahlengangs und gewann mehr Bewegungsfreiheit für die oft langen und anstrengenden Beobachtungen.

Einblick in die verborgene Welt

Vergrößerungseffekte auf sehr kurze Distanz erlaubt die Lupe. Das bislang älteste Exemplar ist aus Bergkristall geschliffen, wurde in Ninive am Tigris ausgegraben und lässt sich ins 7. Jahrhundert v. Chr. datieren. Im antiken Rom stellte man

plankonvex geschliffene Linsen unter anderem aus Glasfluss
her, und seit dem 13. Jahrhundert waren die europäischen
Brillenmacher in der Lage, ihre Produkte so zu schleifen,
dass sie die individuelle Sehschwäche des Kunden in etwa
ausgleichen konnten. Wie beim Fernrohr waren es Brillenmacher in Middelburg, die ein erstes Mikroskop bauten.
Hans und Zacharias Janssen konstruierten schon 1590 ein
Exemplar mit einer Sammellinse als Objektiv und einer Zer-
streuungslinse als Okular, das jedoch noch stark verzerrte
Abbildungen lieferte. Bessere Ergebnisse garantierte das
vom englischen Physiker Robert Hooke 1665 gefertigte Instrument, das schon die bis heute übliche Form, allerdings
noch ohne den Beleuchtungsspiegel, aufwies. Dieser
gilt als Erfindung von Christian Gottlieb Hertel aus
Halle und erlaubte seit 1716 bei einer für die genaue
Beobachtung wichtigen senkrechten Aufstellung
des Instruments die Reflektierung von Tages-
oder Kerzenlicht auf den winzigen Gegenstand
vor dem Objektiv.

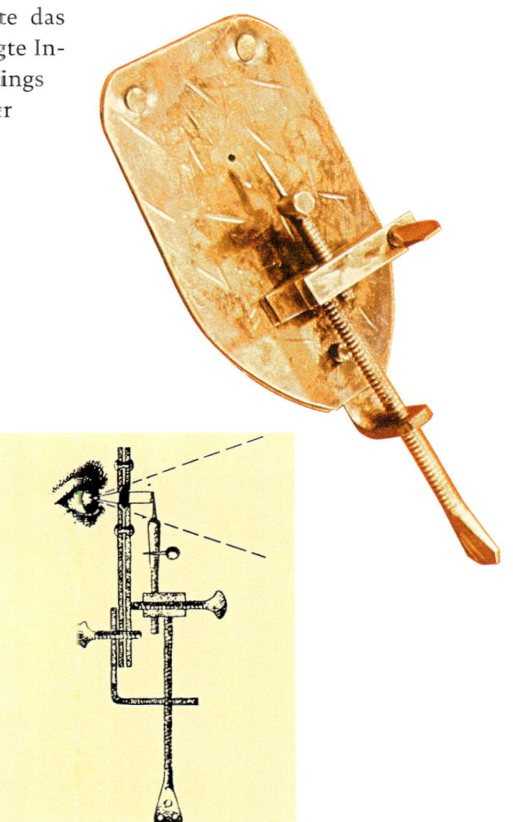

Mit einem wesentlich einfacheren Mikroskop hatte Antony van Leeuwenhoek schon
Jahrzehnte zuvor epochale Entdeckungen gemacht. Der wohlhabende holländische Tuchhändler betrieb das Linsenschleifen als Hob-
by, brachte es darin zu großer Meisterschaft
und begeisterte sich als Amateurforscher für
den Mikrokosmos. Er baute sich Instrumente, bei denen eine extrem fein geschliffene kleine Linse zwischen zwei ebenso kleine
Löcher in zwei Metallplatten geklemmt war.
Sein Beobachtungsobjekt konnte er über einen
Schraubenmechanismus exakt in den Brennpunkt dieser feinen Lupen rücken, die bei
durchfallendem Licht eine fehlerfreie, mehr als
300fache Vergrößerung erlaubten. Damit entdeckte er als Erster 1674 die Welt der einzelligen
Lebewesen und Bakterien, beschrieb 1677 tierische
und menschliche Keimzellen, 1680 die Kugelstruk-
tur der Hefe und erkannte 1682 die roten Blutkörperchen wie die quergestreiften Muskelfasern.

Dank der von ihnen entwickelten Instrumente gelangten
Galilei wie van Leeuwenhoek bei der Beobachtung von Ma-
kro- wie Mikrokosmos zu Erkenntnissen, die für die meisten
ihrer Zeitgenossen eine Zumutung darstellten. Die Wirklichkeit war anders, als man sie mit den eigenen Sinnen erfahren konnte, aber deshalb nicht weniger real. Fernrohr und
Mikroskop eröffneten den Weg in Welten, deren Erschließung wichtige Bausteine für unsere Zivilisation lieferte.

VOLKER SCHMIDTCHEN

Antony van Leeuwenhoek baute zahlreiche
solcher **einfachen Mikroskope** mit nur einer
Linse, die eine Brennweite von nur wenigen
Millimetern hatte und in eine rechteckige
Metallplatte von etwa 2,5×4,5 cm Größe gefasst
war. Ein verstellbarer Objekthalter konnte durch
Schraubgewinde senkrecht und waagerecht
eingestellt werden. Hiermit gelangen
Leeuwenhoek Entdeckungen und Beschrei-
bungen vieler Einzeller, der Bakterien, der roten
Blutkörperchen und der menschlichen
Spermien.

Die Oper wurde zu einer Kunstform, die nicht nur in Venedig die Menschen aller Schichten zusammenführte.

Die Oper

Sie muss einer der Höhepunkte der Karnevalssaison 1637 gewesen sein, die erste Opernvorstellung in Venedig, mit den Sängerstars einer bekannten Theatertruppe und einer verblüffenden Küstenlandschaft als Kulisse, so täuschend echt, dass die Zuschauer zweifelten, »ob sie wirklich in einem Theater seien« – so die Aussage des zwei Monate später gedruckten Textbuchs. Gezeigt wurde die Oper »L'Andromeda« des Komponisten Francesco Manelli. Damit war das erste öffentliche und auf Dauer angelegte Opernhaus eingeweiht: das Teatro di San Cassiano, so benannt nach der Kirchengemeinde, in der es lag. Es war den Betreibern, der Adelsfamilie Tron, ausdrücklich als *teatro de musica* genehmigt worden.

Komponierte Rhetorik auf der Bühne

Die »Erfindung« der Oper knapp 40 Jahre vorher ging von dem Wunsch aus, die gesangsähnliche Rezitation der griechischen Tragödien mit modernen Mitteln nachzubilden. So entwickelte man die Monodie, die als Sologesang mit einfacher Begleitung eine Alternative zur bisher üblichen komplizierten Chorpolyphonie darstellte. Textverständlichkeit und zum ersten Mal eine halbwegs realistische musikalische Umsetzung eines Gesprächs auf der Bühne waren also die großen Neuerungen der ersten Oper »La Dafne« des oben abgebildeten Iacopo Peri, die 1598 in Florenz uraufgeführt wurde. Die radikale Einfachheit der Musik ließ eine Rezitation fast im Sprechtempo zu, erlaubte aber trotzdem noch eine musikalische Ausdeutung von Gefühlen der handelnden Figuren. Diese Technik entwickelte der wichtigste Opernkomponist dieser Zeit, Claudio Monteverdi, zu einem ausgefeilten dramaturgischen Repertoire: Die Musik konnte durch Harmoniewechsel, die Wahl der Instrumente oder typische melodische Figuren der Singstimme zwischen Trauer und Freude, Kampf und Schicksal fast alles darstellen. Das Zusammenwirken zwischen Regieanweisungen und Komposition wurde immer enger. In seiner Oper »Die Rückkehr des Odysseus in die Heimat«, die 1641 auch im Teatro di San Cassiano aufgeführt wurde, formulierte Monteverdi deshalb: »Hier erscheint das Schiff der Phäaken mit dem schlafenden Odysseus, und damit er nicht aufwacht, wird

Der herausragende Opernkomponist zu Beginn des 17. Jh. war **Claudio Monteverdi.** Sein »Orfeo« von 1607 gilt als der erste bedeutende Beitrag der Gattung Oper, die Musikdramen »Il ritorno d'Ulisse in patria« (1640) und »L'incoronazione di Poppea« (1642) wurden in den ersten öffentlichen Opernhäusern Venedigs uraufgeführt.

die folgende Sinfonia ganz sacht immer auf einer Saite angeschlagen.«

Aus der Keimzelle der neuen Theatermusik, dem am
Textduktus orientierten *recitativo* mit einfacher Akkordbe-
gleitung, entwickelte sich bald die Kombination von Rezita-
tiv und musikalisch anspruchsvollerer Arie, die auch Text-
wiederholungen und Verzierungen verwendet. Die Chöre
wurden in den venezianischen Opern aus Kostengründen
oft fortgelassen.

Das neue Verlangen nach Realismus

Die vertonten Stoffe entstammten zunächst der griechischen Mythologie, wurden aber der damaligen Mode
entsprechend oft in einem idyllischen, zauberhaften Schä-
ferambiente angesiedelt. Mit den öffentlichen Opernvor-
stellungen setzte jedoch eine neue Entwicklung ein. Für die
Betreiber des Theaters, in diesem Fall die Adelsfamilie Tron,
war die Oper durch Vermietung der Logen und Verkauf der
Plätze im Parkett eine Einnahmequelle. Ihr Hauptanliegen
war nicht die verschwenderische Selbstdarstellung der Fürstenhöfe, sondern Wirtschaftlichkeit. Das Interesse des Publikums musste immer wieder neu geweckt werden. Dies
schlug sich in der Verkleinerung des Orchesters und einer
realistischeren Handlung nieder. Gefragt waren Verwechs-
lungskomödien, geistreiche Dialoge und das Nebeneinander
von Helden und Dienerfiguren, eine Konstellation, die
den Standesunterschied von Logen- und Parkettpublikum
widerspiegelte. Anklang fanden auch historische Stoffe mit
verblüffenden Szenen wie zum Beispiel Seeschlachten,
außerdem stellte man das komische Element stärker heraus.

In seiner Abhandlung über die venezianischen
Opernhäuser schreibt **Cristoforo Ivanovich**
1687:

> »*Verschiedene Erträge gewann
> man aus dem Theater; das
> Erste waren die Karten, die
> jeden Abend zum Einlass
> dienten; das Zweite die
> Sitzplätze, das Dritte die
> Beiträge, die aus den kleinen
> Läden zusammenkamen, in
> denen man sich erfrischen
> konnte ... Der letzte Ertrag, den
> man gewann, war der aus der
> Vermietung der Logen.*«

Im 18. Jh. wurde Wien unter Führung des Hofes
zur wichtigsten Musikmetropole Europas. Die
Aufführung von Christoph Willibald Glucks
Oper »**Il Parnasso confuso**« fand 1765 im
Zeremoniensaal von Schloss Schönbrunn statt
(Gemälde von Johann Franz Greippel).

Immer wieder waren es Handlungen, die auf dem Meer spielen, mit denen sich die Seemacht Venedig in ihren Opernhäusern feierte.

Im Jahr 1657 übertrugen die Besitzer des San Cassiano die
künstlerische Organisation und kaufmännische Verwaltung
des Theaters dem Advokaten Marco Faustini. Damit war
der Typus des barocken Theaterunternehmers geschaffen,

der aus den Einnahmen des Kartenverkaufs ein möglichst attraktives Theatererlebnis kalkulierte und zu diesem Zweck Textdichter, Komponisten, Maschinenbauer, Kulissenmaler, Sänger und Instrumentalisten beschäftigte. Im Venedig des 17. Jahrhunderts entstanden so die Grundzüge der Bühnenberufe, die es heute noch gibt.

Die Aufteilung des Zuschauerraums spiegelte die Hierarchie der Gesellschaft wider. Das Theater hatte 1637 wahrscheinlich schon die später üblichen fünf übereinander liegenden Reihen von je etwa 30 Logen, das heißt kleinen separaten Zuschauerräumen. Sie waren im Halbkreis um das Parkett herum angeordnet und erstreckten sich von einem Bühnenrand zum anderen. Reiche Kaufleute, Adlige und Inhaber politischer Ämter mieteten diese Logen für die knapp sechsmonatige Spielzeit vom 26. Dezember bis Fastnachtsdienstag, von Himmelfahrt bis zum 15. Juni und vom 1. September bis zum 30. November – das Halten einer solchen Loge wurde bald zum Statussymbol. Preiswert waren dagegen die Plätze im Parkett, die pro Abend an das »gemeine Volk« verkauft wurden. Erst diese Subvention der einfachen Plätze zulasten der Logen öffnete die Oper der ganzen Gesellschaft. Der regelmäßige Opernbesuch wurde für viele möglich, und durch Beifall oder Pfiffe entstand ein allgemeines Meinungsbild, das der Betreiber zu berücksichtigen hatte.

Das Bürgertum stellt sich selbst dar

Diese neue Öffentlichkeit begründete die wichtige gesellschaftliche Funktion der Oper. Opernaufführungen waren nicht mehr nur prunkvolle Privatangelegenheiten der Fürstenhöfe, sie boten vielmehr einem gemischten, aber anspruchsvollen Publikum die Gelegenheit zur Unterhaltung und damit auch dem Bürgertum, der staatstragenden Schicht der Republik, die Möglichkeit zur künstlerischen Selbstdarstellung. Denn nur wenn die Belange dieses Standes, die *accidenti verissimi,* thematisiert wurden, war man bereit, dafür zu zahlen. Die Geschichten von Göttern und Helden wandelten sich nach und nach zum bloßen äußeren Rahmen für das zwischen Komik und Tragik schillernde venezianische Intrigendrama.

Das zeigte sich nicht nur im Repertoire. Als wirtschaftlicher Faktor erwies sich auch eine anspruchsvolle Bühnentechnik. Um den Hunger nach sensationellen Effekten zu stillen, griffen die konkurrierenden Theaterbetreiber auf schon vorher vereinzelt angewandte Illusionstechniken zurück und entwickelten diese weiter: Der Hauptvorhang wurde erfunden und ein Rahmen trennte Publikum und Sänger, wodurch die bis heute verbreitete »Guckkastenbühne« entstand. Um größere räumliche Tiefe vorzutäuschen, lief das Bühnenbild nach hinten perspektivisch zu, schräg gestellte seitlich verschiebbare Kulissen verstärkten diesen Eindruck und schufen eine Auftrittsmöglichkeit von

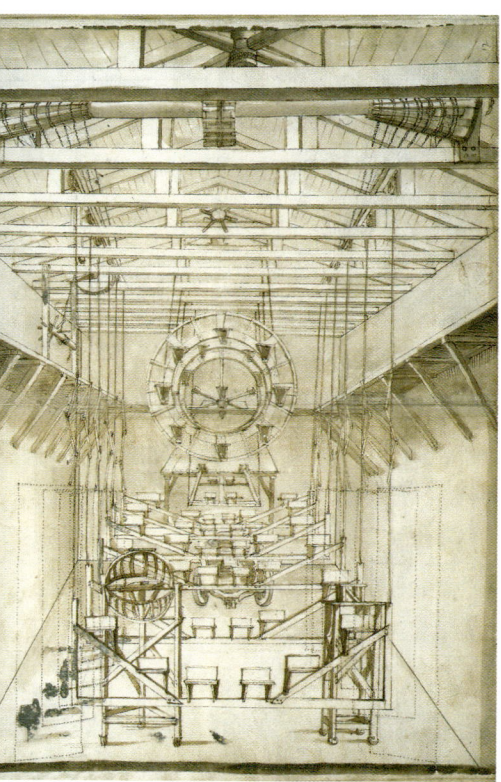

Mit aufwendiger **Bühnenmaschinerie** konnten bereits in der Barockoper spektakuläre Effekte erzielt werden. Die Konstruktion eines großen Holzgestells mit Zahnradgetrieben, Winden und Seilen, die bei der Uraufführung von Giovanni Legrenzis Oper »Germanico sul Reno« 1676 im Teatro di San Salvatore in Venedig eingesetzt wurde, überliefert eine Zeichnung (Paris, Bibliothèque-Musée de l'Opéra).

der Seite her. Außerdem gab es Hebewerke für schwebende
Wolken, fliegende Götter oder Ungeheuer. Ein Orchester-
graben sorgte für akustische Verschmelzung der Instrumente mit den Sängerstimmen und vervollkommnete gleichzeitig die Illusion, da das Orchester unsichtbar wurde. Als
kulturelles Zentrum stellte Venedig die Rahmenbedingun-
gen sicher, unter denen ältere bühnentechnische Erfindungen zusammengeführt, mit neuen kombiniert und weiterentwickelt wurden. Bühnenbildner wie der berühmte
Giacomo Torelli gingen aus der venezianischen Theaterland-
schaft hervor und wirkten stilbildend für ganz Europa.

Der Erfolg der ersten Spielzeiten im Teatro di San Cassiano führte schon zwei Jahre später zur Eröffnung des Theaters
der Heiligen Johannes und Paul (Giovanni e Paolo), bis zum
Jahrhundertende folgten mindestens zwölf weitere. Gleichzeitig hatte sich die Oper an italienischen und deutschen
Fürstenhöfen endgültig etabliert. Privatunternehmerische
und höfische Aufführungen beeinflussten sich gegenseitig,
und viele Fürsten fanden schließlich Gefallen daran, ein
großes Publikum zu beeindrucken. Der Erfolg dieser neuen
Theaterform strahlte auf die Musikzentren Wien und München, später auch Paris, London und Hamburg aus. Der
Siegeszug der italienischen Oper hatte begonnen.

TILMAN SCHLÖM?

Das europäische Musikleben des 18. Jh. war von
der Eröffnung zahlreicher neuer Opernbühnen
geprägt. Das prachtvoll ausgestattete Markgräf-
liche Opernhaus in **Bayreuth** wurde 1745–48
gebaut.

Mit seinen
Vorstellungen vom
Wesen der Elemente
bereitete Robert Boyle
der modernen
Chemie den Weg.

Vom Elementbegriff bis zum Periodensystem

Als chemisches Element versteht man einen Stoff, der sich mit chemischen Mitteln nicht weiter auftrennen lässt. Obwohl der Mensch seit jeher von chemischen Elementen umgeben war, kam er erst in der Neuzeit auf diese »elementare« Erkenntnis. Luft zum Beispiel ist knapp 80-prozentiger Stickstoff; Gold, Silber und Platin findet man in ziemlich reiner Form vielerorts in Sandbänken oder zwischen den Kieseln von Bachbetten. Auch die kristallinen Kohlenstoffmineralien Graphit und Diamant kommen nicht allzu selten vor.

Das erste chemische Element, das der Mensch schon in der Steinzeit künstlich erzeugte, war wohl Holzkohle als Rückstand vom Lagerfeuer. Erst viel später begann er sich für Gold, Silber, Kupfer und meteoritisches Eisen zu interessieren. Dass Kupfer durch bloßes Erhitzen aus sulfidischen Kupfermineralien entsteht, war eine weitere Errungenschaft der prähistorischen »Lagerfeuerchemie«. Dasselbe gilt auch für Blei, Zinn und Quecksilber. Zweifellos erregte der sich in vulkanischen Gebieten an der Erdoberfläche niederschlagende gelbe Schwefel schon früh die Aufmerksamkeit. Dennoch war der Weg zum Elementbegriff und von da zum Periodensystem der Elemente lang und keinesfalls immer geradlinig.

Vom Urstoff zum Element

Die Gelehrten der griechischen Antike führten im 6. Jahrhundert v. Chr. das Konzept des Urstoffs ein. Damit wollte man Ordnung in die verwirrend reiche Vielfalt der unbelebten und belebten Natur bringen. Der Wahrheit verblüffend nahe kam Demokrit aus Abdera, der als Urkomponenten der Welt im 5. Jahrhundert v. Chr. leeren Raum und »Atome« postulierte, das heißt unsichtbare kleine, unteilbare Partikeln verschiedener Gestalt und Größe, aus deren Verbindung alle Körper hervorgingen. Anschaulicher, aber falsch waren die vorangegangenen spekulativen Vorstellungen der Philosophen Thales von Milet, Anaximenes von Milet und Heraklit von Ephesos. Sie betrachteten Wasser, Luft beziehungsweise Feuer jeweils als den Urstoff. Empedokles von Agrigent hingegen erklärte im 5. Jahrhundert v. Chr., die Stoffe bestünden nicht aus einem Urstoff, son-

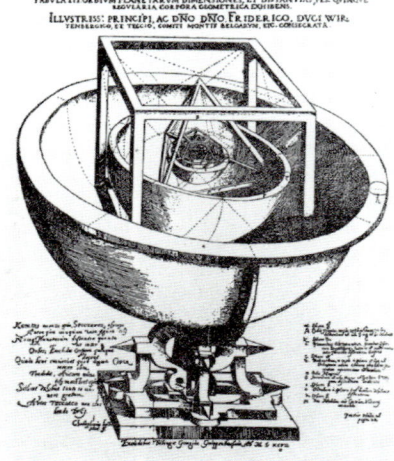

Schon die Philosophie der Antike befasste sich mit den Urstoffen oder Elementen. Die fünf regulären Körper benutzte Platon zur Beschreibung und Interpretation der fünf Urelemente und ihrer Eigenschaften. Dabei stellte er sich das Feuer als Tetraeder, die Erde als Würfel, die Luft als Oktaeder, das Wasser als Ikosaeder und den Äther als Dodekaeder vor. 1596 verwendete Johannes Kepler diese **platonischen Körper,** um den Aufbau des heliozentrisch vorgestellten Planetensystems zu erklären.

dern seien aus den vier Elementen Wasser, Luft, Feuer und Erde zusammengesetzt. Aristoteles erweiterte die Lehren seiner Vorgänger und ordnete einem Urstoff die Grundeigenschaften »heiß«, »kalt«, »trocken« und »feucht« zu. Aus der Paarung von jeweils zwei dieser Eigenschaften entstanden die vier vorgängig erwähnten Elemente: Heißer und trockener Urstoff war Feuer, trockener und kalter Urstoff war Erde, kalter und feuchter Urstoff war Wasser, feuchter und heißer Urstoff war Luft. Zudem nahm er als unveränderliches fünftes Element den die Welt umspannenden Äther, auch lateinisch *quinta essentia* genannt, an. Im Laufe der Jahrhunderte schwankte die Zahl der Elemente in den Theorien zwischen zwei und fünf. So fügte der Arzt und Naturforscher Paracelsus im 16. Jahrhundert der alchimistischen Schwefel-Quecksilber-Theorie als drittes Element das Salz hinzu.

Erste Ansätze zur heutigen Definition des chemischen Elements aufgrund der Nichtzerlegbarkeit von Stoffen verdanken wir dem deutschen Gelehrten Joachim Jungius und dem englischen Chemiker Robert Boyle. Boyle definierte im Jahr 1661 Elemente als einfache, ungemischte Körper, in die zusammengesetzte Körper zerlegt werden können. Der französische Chemiker Antoine-Laurent de Lavoisier versuchte 1789 erstmals die damals bekannten oder vermuteten chemischen Elemente zu ordnen. Seine Liste umfasste bereits 26 »einfache Körper«, die echte chemische Elemente waren. Die folgenden Generationen von Chemikern entdeckten dann immer mehr nichtauftrennbare Stoffe.

Das erste Element, das aufgrund gezielter wissenschaftlicher Versuche dargestellt wurde, war Sauerstoff. So berichtete 1775 der britische Chemiker Joseph Priestley über die thermische Zersetzung von Quecksilberoxid mit einem Brennglas, wobei Quecksilber und Sauerstoff entstanden. Gut zwei Jahre zuvor hatte der Schwede Carl Wilhelm Scheele dasselbe Experiment durchgeführt, er veröffentlichte seine Ergebnisse aber erst nach dem Erscheinen von Priestleys Bericht.

Die neue Ordnung: Das Periodensystem

Um Ordnung in die unüberschaubar werdende Vielfalt der Elemente zu bringen, versuchte man im 19. Jahrhundert die Elemente in »Familien« zu gruppieren, die jeweils ähnliche Eigenschaften aufwiesen. Dazu gehörten die Alkalimetalle Lithium, Natrium und Kalium, die Erdalkalimetalle Calcium, Strontium und Barium sowie die Chalkogene Schwefel, Selen und Tellur. Die Einordnung dieser Elementefamilien in ein übergeordnetes System gelang fast gleichzeitig dem Deutschen Julius Lothar Meyer und dem Russen Dmitrij Iwanowitsch Mendelejew. Meyer kam 1868 als Erster auf das Konzept eines Periodensystems, publizierte es aber erst, nachdem er von den sehr ähnlichen Arbeiten Mendelejews

Die **Vorstellungen der frühen Philosophen** kennen wir meist nur aus zweiter Hand. So schreibt der römische Dichter und Philosoph Lukrez in seinem Werk »Über die Natur der Dinge«:

> »Es gibt Menschen, die glauben,
> dass alles aus vier Dingen
> hervorgehen kann, aus Feuer,
> Erde, Lufthauch und Regen.
> Unter diesen ist zunächst
> Empedokles von Agrigent zu
> nennen.«

Der britische Naturforscher, Philosoph und Theologe **Joseph Priestley** veröffentlichte als erster Untersuchungen, die den Sauerstoff als chemisches Element entdeckten.

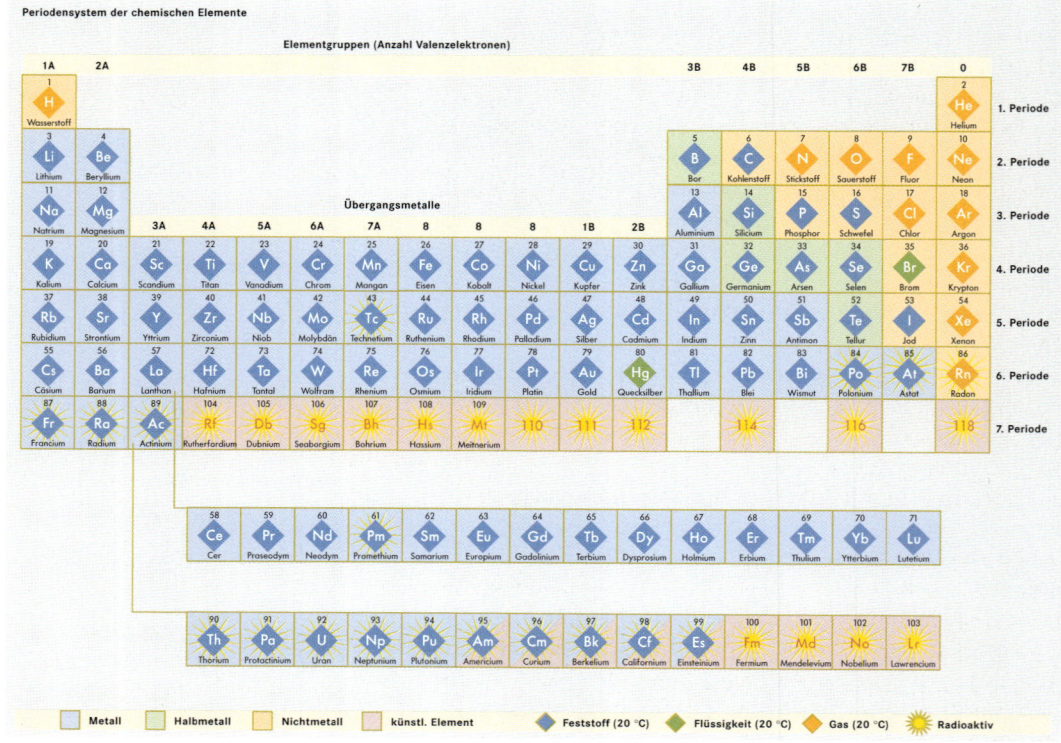

Periodensystem der chemischen Elemente

Elementgruppen (Anzahl Valenzelektronen)

| | Metall | Halbmetall | Nichtmetall | künstl. Element | Feststoff (20 °C) | Flüssigkeit (20 °C) | Gas (20 °C) | Radioaktiv |

Das **Periodensystem der chemischen Elemente** bietet die systematische tabellarische Anordnung aller chemischen Elemente. Es verzeichnet die Gesetzmäßigkeiten des atomaren Aufbaus und der physikalischen und chemischen Eigenschaften der Elemente. In den waagerechten Zeilen, den Perioden, werden die Elemente nach steigender Ordnungszahl, in den senkrechten Spalten, den Gruppen oder Elementfamilien, nach ähnlichen chemischen und physikalischen Eigenschaften eingeordnet.

von 1869 Kenntnis genommen hatte. Mendelejew reihte die 61 ihm bekannten Elemente in der Reihenfolge der Atomgewichte und entsprechend ihren chemischen »Verwandtschaften« in so genannte Perioden ein, unter Berücksichtigung der früher erkannten Elementefamilien. Um Widersprüche zu vermeiden, musste Mendelejew mehrere Lücken in seinem System belassen, denen er unbekannte Elemente zuordnete. Auf diese Weise sagte er die Existenz und die Eigenschaften von Gallium, Germanium und Hafnium korrekt voraus. Selbst die viel später entdeckten Edelgase fanden einen logischen Platz in Mendelejews Periodensystem. Letzteres reflektiert den schalenartigen Aufbau der Elektronenbahnen um den Atomkern und ihre Unterteilung in Orbitale.

Heute wissen wir, dass es in der Natur 81 stabile und 13 instabile, das heißt radioaktive Elemente gibt. Zwei der Letzteren, nämlich Technetium und Promethium, besetzen lange offen gebliebene Lücken mitten im Periodensystem. Eine spektakuläre Erweiterung in Richtung auf immer höhere Ordnungszahlen begann 1940 mit der Synthese von Neptunium und Plutonium durch Beschuss von Uran mit Neutronen oder schweren Wasserstoffkernen, den so genannten Deuteronen. Später zeigte es sich, dass diese radioaktiven Elemente in der Natur vorkommen, wenn auch nur in winzigen Mengen.

Die darauf folgenden Elemente Americium bis zu dem noch unbenannten mit der Ordnungszahl 112 sind reines Menschenwerk. Bis zur Ordnungszahl 106 stellte man die neuen Elemente Atom für Atom durch Bombardieren eines bereits verfügbaren Elements möglichst hoher Ordnungszahl mit leichten Ionen her. Die Verschmelzung der Atomkerne lieferte schwerere Kerne mit der gewünschten, für das jeweilige Element charakteristischen Zahl von Protonen. Die meisten dieser Elemente wurden zuerst in den USA, in Berkeley, synthetisiert, einige davon im russischen Dubna. Die künstlichen Elemente sind umso kurzlebiger, je höher ihre Ordnungszahl ist. Vom Americium gibt es ein relativ langlebiges Isotop mit einer Halbwertszeit von 7370 Jahren. Anschließend geht es rapide abwärts. Das langlebigste Isotop des Elements mit der Ordnungszahl 106, das zu Ehren des Radiochemikers Glenn T. Seaborg als Seaborgium bezeichnet wird, bringt es gerade noch auf eine Halbwertszeit von 0 9 Sekunden.

Die Elemente 107 bis 112 wurden alle von Wissenschaftlern der Gesellschaft für Schwerionenforschung (GSI) in Darmstadt synthetisiert, wobei ein stationäres Ziel aus Blei oder Bismut mit beschleunigten Metallionen genau definierter Energie, wie zum Beispiel Chrom, Mangan, Eisen oder Cobalt, bombardiert wurde. Die Lebensdauer dieser extrem instabilen Atomkerne reicht von knapp 12 Millisekunden beim Element 107, dem Bohrium, bis etwa 0,3 Millisekunden beim 1996 synthetisierten Element 112. Der Nachweis erfolgte rein physikalisch aufgrund der radioaktiven

Mittels der **Spektralanalyse** können die einzelnen chemischen Elemente bestimmt werden. Das Verfahren beruht darauf, dass für ein Element charakteristische Elektronenübergänge in der äußeren Elektronenhülle der Atome Spektrallinien mit definierter Wellenlänge im elektromagnetischen Spektrum ergeben. Die erste Anwendung von Linienspektren für die chemische Analyse erfolgte 1859 durch den Physiker Gustav Robert Kirchhoff und den Chemiker Robert Bunsen. Bunsen entdeckte auf diesem Weg 1861 die Elemente Cäsium und Rubidium.

Zerfallsketten. Das Element mit der bisher höchsten Ordnungszahl, mit dem Chemie getrieben werden konnte, ist Seaborgium. Das Periodensystem ist nach oben offen. Die Herstellung weiterer Elemente der Transactiniden-Gruppe ist sicher möglich und dürfte auch gelingen. Wegen ihrer sehr kurzen Lebenszeit werden aber Synthese und Nachweis dieser künstlichen Elemente immer schwieriger und kostspieliger.

LUCIEN TRUEB

Ein Apfel, der in Newtons Garten zu Boden fiel, gab angeblich den Anstoß zur Formulierung der Gravitationstheorie.

Newtons Gesetze der Mechanik

In einem Brief erinnerte 1718 Isaac Newton an die wissenschaftlich fruchtbarste Zeit seines Lebens, als er in den beiden Pestjahren 1665/66 die Grundlagen für den Infinitesimalkalkül und seine Gravitationstheorie legte. Bereits mit dem 1638 von Galileo Galilei in den »Discorsi« veröffentlichten Gesetz für den freien Fall und zumindest mit dem dritten keplerschen Gesetz vertraut, hatte er die Kraft ermittelt, »mit der ein im Innern einer Kugel rollendes Kügelchen auf die Oberfläche der Kugel drückt«. Unter der Voraussetzung kreisförmiger Planetenbahnen hatte er gefolgert, »dass die Kräfte, die die Planeten auf ihren Bahnen halten, umgekehrt proportional zu den Quadraten ihrer Abstände von den Mittelpunkten sein müssen, die sie umlaufen«.

Ausgangspunkt solcher Überlegungen war das von René Descartes formulierte Trägheitsgesetz. Danach verharrt ein Körper in Ruhe oder dem Zustand der geradlinigen Bewegung mit konstanter Geschwindigkeit, solange keine äußeren Kräfte auf ihn wirken. Auf einen Körper, der sich auf einer gekrümmten Bahn bewegt, müssen deshalb äußere Kräfte wirken, die Newton für den einfachsten Fall einer mit konstanter Geschwindigkeit durchlaufenen Kreisbahn bestimmen konnte. Newton hat dann aus der so ermittelten konstanten Zentripetalkraft und dem dritten keplerschen Gesetz, unter der speziellen Voraussetzung, dass die Planeten mit gleichförmiger Geschwindigkeit auf Kreisen um die im Mittelpunkt ruhende Sonne laufen, das von ihm beanspruchte inverse Abstandsquadratgesetz für die von der Sonne auf die Planeten ausgeübte Anziehungskraft berechnet. Nach dem galileischen Gesetz für den freien Fall eines Körpers verhalten sich die von dem Körper zurückgelegten Strecken so wie die Quadrate der seit Beginn des Falls verstrichenen Zeiten. Newton dehnte den Gültigkeitsbereich des Quadratgesetzes früh auf das gesamte Sonnensystem aus. Danach würde der Mond unter der Wirkung der von der

Der Ruhm des 1705 geadelten **Isaac Newton** geht besonders auf sein 1687 erschienenes Hauptwerk »Philosophiae naturalis principia mathematica« zurück, in dem er die drei Grundgesetze der Mechanik und sein Gravitationsprinzip veröffentlichte.

Erde ausgeübten Schwerkraft demselben Quadratgesetz folgend wie ein in die Höhe geworfener Stein auf die Erde fallen. Er fällt aber nach Newton deshalb nicht auf die Erde, weil die sich aus seinem Umlauf um die Erde ergebende Zentrifugalkraft die Wirkung der von der Erde ausgeübten Schwerkraft gerade aufhebt.

Wichtig für die endgültige Ausarbeitung seiner Mechanik waren für Newton die keplerschen Gesetze der Planetenbewegung. Danach bewegen sich die Planeten nicht, wie

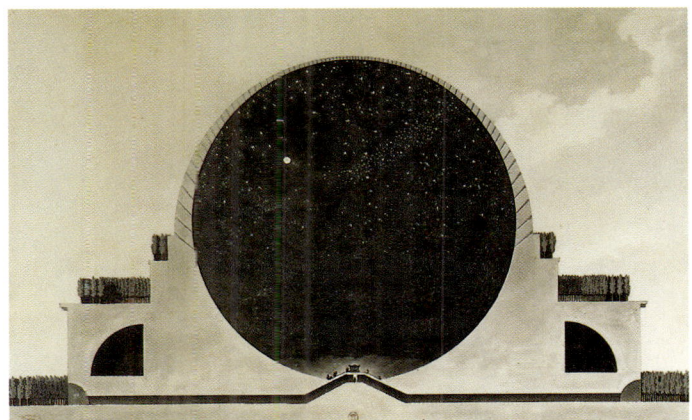

1784 legte der französische Architekt Étienne-Louis Boullée Entwürfe für ein Grabdenkmal zu Ehren Isaac Newtons vor (Paris, Bibliothèque Nationale de France) Das »**Newton-Kenotaph**« wurde nicht verwirklicht, doch ist es als unvergleichliches Beispiel einer fantastischen Konzeption und einer »Architecture parlante«, einer sprechenden Architektur, in die Geschichte eingegangen Die Kugelform ist Symbol für das Universum.

Kopernikus angenommen hatte, mit konstanter Geschwindigkeit auf Kreisbahnen um die Sonne. Vielmehr sind ihre Bahnen elliptisch, und ihre Geschwindigkeit ändert sich kontinuierlich nach dem Flächensatz, wonach die Verbindungsgerade zwischen den Mittelpunkten der Sonne und eines Planeten in gleichen Zeiten gleiche Flächen überstreicht, und schließlich ist das Verhältnis des Quadrats der Umlaufzeit eines Planeten zur dritten Potenz seines mittleren Abstands von der Sonne für alle Planeten unseres Sonnensystems gleich.

Die Idee, die Planetenbewegungen und die Erscheinungen des freien Falls und des Wurfs als Wirkungen eines einzigen Prinzips »von größter Allgemeingültigkeit«, des Gravitationsprinzips, zu verstehen, war schon Mitte der 1660er-Jahre von Robert Hooke geäußert worden. Hooke war auch davon überzeugt, dass die elliptischen Planetenbahnen genau einem dem Gravitationsprinzip entsprechenden inversen Abstandsquadratgesetz folgen. Er konnte seine Vermutungen aber nicht beweisen und stellte deshalb verschiedenen Mitgliedern der Royal Society das Problem, aus einer von der Sonne ausgehenden Anziehungskraft, die mit dem Quadrat der Entfernung abnimmt, also einem inversen Abstandsquadratgesetz genügt, die bekannten Planetenbewegungen abzuleiten. Vor Newton, dem Hooke dieses Problem 1679 vorlegte, war es niemandem gelungen, eine mathematisch befriedigende Lösung anzubieten.

Die drei keplerschen Gesetze beschreiben die Planetenbewegung:
1. Die Bahnen der Planeten sind Ellipsen, in deren einem Brennpunkt die Sonne steht.
2. Die Verbindungslinie vom Planeten zur Sonne überstreicht in gleichen Zeiten gleiche Flächen.
3. Die Quadrate der Umlaufzeiten der Planeten verhalten sich wie die dritten Potenzen ihrer mittleren Entfernung zur Sonne.

Newton entdeckt das Gravitationsprinzip

Newton stellte seine wahrscheinlich noch 1679 gefundene Lösung dem Astronomen Edmond Halley 1684 vor. Tief beeindruckt, regte Halley an, Newton solle die Voraussetzungen für diese Lösung mit all ihren Konsequenzen niederschreiben. So entstand in etwa 18 Monaten das Manuskript für die »Philosophiae naturalis principia mathematica«, die »Mathematischen Prinzipien der Naturlehre«, kurz »Principia« genannt. Die gedruckte Fassung des Werks von 1687 enthält drei Bücher. Im ersten Buch entwickelt Newton die Grundlagen einer auf dem Kraftbegriff beruhenden Bewegungslehre, um damit im dritten Buch die damals bestehenden Probleme der Himmelsmechanik zu lösen. Das zweite behandelt die Bewegung von Körpern in Widerstand leistenden Medien. Für die spätere Wirkung des Werks war vor allem das dritte, »Über das Weltsystem« betitelte Buch entscheidend, das alle damals bekannten Bewegungen von Himmelskörpern in unserem Sonnensystem aus einem einzigen Prinzip herleiten konnte. Nach dem allgemeinen Gravitationsprinzip wirkt die Schwerkraft auf alle Körper und ist für jeden proportional zu seiner Masse. Newton verband damit einen für seine Zeitgenossen nahezu unfassbar weiten

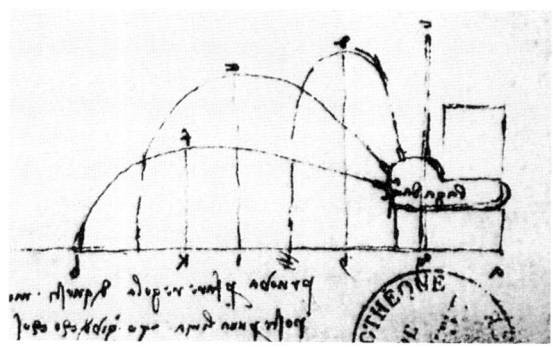

Aus der Beobachtung von Kriegsgeschossen folgerte bereits Ende des 15. Jh. Leonardo da Vinci, dass die von Aristoteles vermuteten geraden Bahnen nicht der Wirklichkeit entsprechen, sondern vielmehr **gekrümmte Bahnen** anzunehmen sind. Zur Demonstration seiner These schlägt Leonardo den Bau einer Apparatur vor, bei der aus einem Lederbeutel durch kleine Löcher Wasserstrahlen ausströmen sollen.

Gültigkeitsanspruch vom freien Fall bis zu einer Theorie der Bewegung und Natur der Kometen. Seine Durchsetzung bot später ein Motiv für Newtons Verherrlichung als übermenschliches Genie.

Anders als seine Gegner versuchte Newton nicht, das Wirken der Schwerkraft durch zusätzliche Hypothesen zu erklären. Dieses aus seiner Sicht nur scheinbare Defizit verstand er als Argument für den Wahrheitsanspruch seiner Mechanik, in der solche Hypothesen keinen Platz haben sollten. Newton benutzte als Bezugssystem für die von ihm mathematisch beschriebenen Körperbewegungen den unendlich ausgedehnten absoluten Raum. Hauptziel der von ihm geschaffenen neuen Mechanik war es, Bewegungen und ihre Ursachen, die zwischen Massen wirksamen Kräfte, in diesem System zu bestimmen. Wirkungsgeschichtlich gesehen, stellte Newtons Entscheidung für absoluten Raum und Zeit einen wesentlichen Teil eines physikalischen Programms dar, das einfach genug war, um mit dem verfügbaren mathematischen Instrumentarium durchgeführt zu werden, das aber auch hinreichend komplex war, um den Aufgaben der folgenden zwei Jahrhunderte gerecht werden zu können. Die Grundlage dieses Programms waren die drei Bewegungsgesetze: Ein Körper verharrt im Zustand der Bewegung oder der Ruhe, solange keine äußeren Kräfte auf ihn wirken; jede Kraftwirkung auf einen Körper zieht eine der Dauer der Wirkung entsprechende Änderung seines Impulses nach sich; jeder Kraft entspricht eine gleich große Gegenkraft. Gerade das dritte Bewegungsgesetz setzte die strenge Gültigkeit der keplerschen Gesetze außer Kraft, weil danach nicht nur die Planeten von der Sonne angezogen werden, sondern auch die Sonne von den Planeten.

Einer der für den Aufbau der »Principia« wesentlichen Sätze, die auf der Basis der drei Bewegungsgesetze abgeleitet wurden, besagt, dass die von einer homogenen Kugel auf einen Körper außerhalb von ihr ausgeübte Kraft auch noch in unmittelbarer Nähe der Kugeloberfläche dem inversen Abstandsquadratgesetz folgt. Damit war bewiesen, dass ein Apfel derselben Gravitationskraft gehorcht wie der von der Erde auf seiner Bahn gehaltene Mond. Wenn Newton, wie er später glauben machte, das Schlüsselerlebnis für die Gravitationstheorie hatte, als er im Sommer 1666 in einem Garten in Lincolnshire einen Apfel zur Erde fallen sah, dann war die durch den Apfelfall geförderte Einsicht zumindest bis zu dem erst 1685 erbrachten Beweis dieses Satzes erheblich behindert.

Die Wirkung der »Principia«

Mit den »Principia« war eine der wichtigsten Phasen der neuzeitlichen Wissenschaftsentwicklung abgeschlossen. Sie boten die Grundlage einer Denk- und Forschungsrichtung, des Newtonianismus, der die Entwicklung von Physik und Astronomie bis weit ins 19. Jahrhundert bestimmte. Die konsequente Weiterführung der von Newton formulierten Forschungsregeln veranlasste Ernst Mach in seiner Mechanik von 1883 dazu, den absoluten Raum als nicht mehr tragfähig zu eliminieren. Machs Kritik an Newtons absolutem Raum initiierte das Programm einer Physik relativer Bewegungen, für das sich eine Reihe von Physikern und Mathematikern zu interessieren begann. Albert Einsteins Infragestellung vorher unproblematischer Begriffe wie Gleichzeitigkeit und Abstand führte zu einer Relativitätstheorie, mit der die raumzeitlichen Vorstellungen Newtons ihre Gültigkeit verloren.

IVO SCHNEIDER

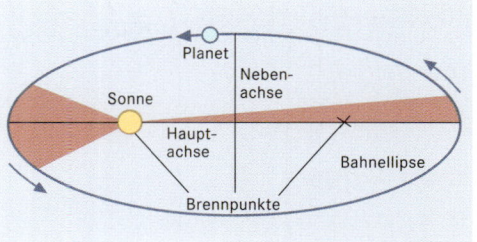

Die Zeichnung veranschaulicht das **2. keplersche Gesetz** zur Planetenbewegung: Die von der Sonne zu einem Planeten gezogene Linie (Fahrstrahl) überstreicht in gleichen Zeiträumen gleich große Flächen, da die Geschwindigkeit des Planeten aufgrund der Gravitation nahe der Sonne entsprechend höher ist als in größerer Entfernung zu ihr.

Als kaiserlicher Mathematiker Rudolfs II. am Prager Hof konnte **Johannes Kepler** aus dem Beobachtungsmaterial von Tycho Brahe die so genannten keplerschen Gesetze herleiten. Die drei Gesetze betreffen die elliptische Bahnform, die Bahngeschwindigkeit und den Zusammenhang zwischen Umlaufzeit und Bahngröße der Planeten.

Die Habeas-Corpus-Akte verbriefte ein rechtsstaatliches Grundprinzip: keine längere Haft ohne richterlich festgestellten Haftgrund.

Ein Schritt zum Rechtsstaat

Wer heutzutage verhaftet wird, muss spätestens nach zwei Tagen wieder freigelassen werden, es sei denn, ein Richter entscheidet, dass Anklage wegen einer Straftat erhoben wird. Was uns heute im Rechtsstaat wie selbstverständlich vorkommt, ist allerdings nicht immer eine Selbstverständlichkeit gewesen. Vor gut 200 Jahren, am 14. Juli 1789, stürmte die Pariser Bevölkerung die verhasste Bastille, in der Missliebige auf Befehl des Königs hin ohne Gerichtsverfahren unbegrenzt in Haft gehalten werden konnten. Erst 110 Jahre zuvor, genau im Mai 1679, ist der Grundsatz »Keine Haft über eine bestimmte Frist hinaus ohne richterliche Anordnung« in einem europäischen Land verfassungsmäßig verbrieftes Recht geworden. Damals stimmte das englische Parlament der »Habeas Corpus Amendment Act« zu, der Habeas-Corpus-Akte, die dann von König Karl II. unterzeichnet wurde und somit in England Gesetzeskraft erhielt.

Die Vorgeschichte des Gesetzes ...

Die lateinischen Worte »Habeas Corpus«, auf Deutsch etwa: »Du mögest des Körpers von ... habhaft werden«, bilden den Anfang einer Haftbefehlsformel, die in England seit dem Mittelalter in Gebrauch war. Das entsprechende Schreiben mit königlichem Siegel verfügte neben der Verhaftung, dass die betreffende Person dem für den Haftanlass zuständigen Gericht vorgeführt wurde. Diese Regelung erhielt im frühen 17. Jahrhundert besonderes Gewicht. Damals zog König Karl I. von seinen reicheren Untertanen mit Gewalt Gelder ein und ließ sie, wenn sie sich weigerten, durch Sonderanweisung und ohne Angabe von Gründen ins Gefängnis werfen. Dagegen verwahrte sich das Parlament, unter anderem mit Bezug auf die berühmte Magna Charta von 1215, bereits 1628 in der »Petition of Right«. Karl I. akzeptierte sie in der Hoffnung, dass man ihm dafür Steuern bewilligen würde. Er überwarf sich jedoch rasch mit der Versammlung, regierte über ein Jahrzehnt ohne sie und erpresste weiterhin Abgaben. 1640 brauchte er größere Summen, um einen Aufstand seiner schottischen Untertanen niederwerfen zu können. Er musste daher wieder ein Parlament einberufen, das nun ein Druckmittel gegen ihn besaß. 1641 verbot es seine willkürliche Gerichtsbarkeit und verfügte, dass Verhaftungen nur

Das Porträt **»Karl I. auf der Jagd«** (um 1635–38; Paris, Louvre) des flämischen Künstlers Anthonis van Dyck, der seit 1632 Hofmaler in London war, zeigt den absolutistischen Monarchen scheinbar ungezwungen in der Natur. Doch auch hier verliert der später hingerichtete König die ambitionierte Herrscherpose nicht.

noch unter Angabe eines ausreichenden Haftgrunds vorgenommen werden dürften. Nachdem sich Parlament und König in einem Bürgerkrieg bekämpft hatten und Karl 1649 hingerichtet worden war, herrschte unter der Militärdiktatur Oliver Cromwells Kriegsrecht. 1660, nach der Wiederherstellung der Monarchie, kehrte man zu den Regelungen von 1640 zurück. Allerdings flammten die alten Konflikte um die Rechte des Königs bald wieder auf. Karl II. musste sich 1667 auch deswegen von seinem leitenden Minister trennen, weil diesem willkürliche Verhaftungen ohne Befristung vorgeworfen wurden. Die Missbräuche hielten

In dem alten **Machtkampf** zwischen Krone und Parlament hatte das Letztere mit der Hinrichtung Karls I. 1649 eine unbeschränkte Stellung erlangt. Im Volk ließ die Exekution des Königs royalistische Sympathien wieder aufleben. Dieser Kupferstich von 1649 stilisiert ihn zum Märtyrer.

jedoch an, vor allem gegenüber politischen Gegnern des Königs. Oft wurden zum Beispiel gerade freigelassene Häftlinge gleich wieder in Haft genommen oder nach Schottland, Irland oder auf die Inseln Jersey und Guernsey im Ärmelkanal verbracht, wo das englische Recht nicht galt.

... und seine Entstehung

Seit 1668 gab es im Parlament angesichts der sich häufenden Verstöße gegen das Habeas Corpus mehrere Versuche, eine strengere Regelung zu finden. Sie blieben aber entweder in den Ausschüssen des Unterhauses hängen oder gelangten im Oberhaus nicht zur Entscheidung, weil man sich über die Einzelheiten nicht einigen konnte.

1678 kam es zu einer innenpolitischen Krise. Gerüchte über ein vom Papst gesteuertes Komplott zur Wiedereinführung des katholischen Bekenntnisses in England führten zu Unruhen und Anfang Februar 1679 zur Auflösung des Parlaments, in dem der König eine starke Anhängerschaft besaß. Im Unterhaus des neuen Parlaments konnte Karl II. nur noch auf wenige Gefolgsleute zählen. Der Bruder und Thronfolger des Königs, Herzog Jakob von York, der zum katholischen Glauben übergetreten war, sollte von der Thronfolge ausgeschlossen werden. Hierfür wurde im Mai 1679 ein Gesetzentwurf, die »Exclusion Bill«, eingebracht. Zugleich hatte man sich auf eine strengere Handhabung des Habeas-Corpus-Verfahrens geeinigt. Um der Verabschiedung der »Exclusion Bill« zuvorzukommen, löste Karl im Juli 1679 das Parlament auf, zugleich aber unterzeichnete er, um in der Öffentlichkeit nicht als Tyrann dazustehen, die »Zusatzregelung« zur Habeas-Corpus-Akte: die »Habeas Corpus Amendment Act«.

Bei dem Gesetz handelt es sich also nicht um eine Neuregelung, sondern um Zusatzbestimmungen zu einem offiziell längst gültigen, wenn auch nicht immer eingehaltenen Verfahren. Der insgesamt aus 20 Abschnitten bestehende Text enthält eine Fülle von Einzelvorschriften und ist daher relativ unübersichtlich.

Das Grundsätzliche wird in Abschnitt I festgehalten. Dort steht: »Wann immer eine oder mehrere Personen einen an einen Sheriff, Kerkermeister, Beamten oder an eine sons-

Der **Tower of London** wurde 1078 von Wilhelm dem Eroberer als Festungsbau angelegt und war bis zur Zeit Karls II. gelegentlich Wohnsitz der englischen Könige. Bis 1820 als Staatsgefängnis genutzt, ist der Tower heute Arsenal, Kaserne und Museum.

tige Person, in deren Gewahrsam sie sich befinden, gerichteten Habeas-Corpus-Erlass vorweisen und dieser dem besagten Beamten überreicht oder im Kerker oder Gefängnis bei irgendeinem Unterbeamten oder Unterkerkermeister oder bei den Stellvertretern ... hinterlassen wird, so sollen diese innerhalb von drei Tagen nach ... Überreichung des Erlasses ... diesen sowie den Verhafteten oder Eingesperrten leibhaftig zu dem ... Gerichtshof, von dem der besagte Erlass ergangen ist, ... bringen oder bringen lassen.« Bei sehr großen Entfernungen zum nächsten Gerichtsort konnte die Dreitagesfrist auf bis zu 20 Tage verlängert werden. Dem Häftling durften die Transportkosten berechnet werden, und er musste versprechen, keinen Fluchtversuch zu unternehmen. Die Verbringung von Häftlingen in Gebiete außerhalb des englischen Rechtsbereichs wurde ausdrücklich untersagt. Bei Zuwiderhandeln gegen die neuen Regelungen hatten die betreffenden Amtsträger oder Richter laut Abschnitt IV eine Geldbuße in Höhe von 100, im Wiederholungsfall sogar von 200 Pfund zu zahlen, eine gewaltige Summe, wenn man bedenkt, dass man Ende des 17. Jahrhunderts das jährliche Durchschnittseinkommen eines wohlhabenden Kaufmanns auf 200–400 und das eines Landrichters auf höchstens 60 Pfund schätzte. Die weiteren Vorschriften regelten unter anderem die Freilassung von Untersuchungsgefangenen gegen Bürgschaft und bestimmten, dass Personen, die wegen ihrer Schulden in Haft waren, von der Habeas-Corpus-Akte nicht profitieren sollten.

Bis heute gültig: Die Wirkungen der Habeas-Corpus-Akte

Diese Bestimmungen waren eigentlich weder nach dem Geschmack Karls II. noch nach dem seines Nachfolgers Jakob II. Dessen Sturz und der Übergang der Krone an Wilhelm III. von Oranien und seine Frau Maria II. im Zuge der ›Glorreichen Revolution‹ von 1688/89 bestätigten neben der allgemeinen Regelung der englischen Verfassungsverhältnisse im Sinne des künftigen Zusammenwirkens von Königtum und Parlament auch das Habeas-Corpus-Grundrecht. 1816 wurde es auf Minderjährige und Geisteskranke ausgedehnt. Allerdings war man sich stets darüber einig, dass die Habeas-Corpus-Akte in Krisenzeiten durch Parlamentsbeschluss ausgesetzt werden könne. Dies geschah zum Beispiel in den Kriegen mit Frankreich um 1800 sowie während des Ersten und Zweiten Weltkriegs.

Die mit der Habeas-Corpus-Akte verbundenen Grundrechtsideen haben seit dem späten 18. Jahrhundert weithin Eingang in das Verfassungsleben gefunden, so in die französische Menschenrechtserklärung von 1789, in den Grundrechtskatalog der amerikanischen Verfassung von 1791, in die Verfassung Belgiens von 1831, in die deutschen Reichsverfassungen von 1849 und 1919 sowie in das Grundgesetz der Bundesrepublik Deutschland von 1949.

MICHAEL ERBE

Oliver Cromwell gehörte als Unterhausabgeordneter zunächst zu den Führern der antimonarchistischen Opposition. Die Verfassung vom Dezember 1653 gab ihm eine gleichsam diktatorische Gewalt als »Lord Protector«. Cromwells erfolgreiche Außenpolitik begründete die Weltstellung Englands. Seine puritanische Gestaltung des öffentlichen Lebens hat England nachhaltig geprägt.

Das **Grundgesetz für die Bundesrepublik Deutschland** greift in Artikel 104 das Grundprinzip der Habeas-Corpus-Akte auf:

»Über die Zulässigkeit und Fortdauer einer Freiheitsentziehung hat nur der Richter zu entscheiden. Bei jeder nicht auf richterlicher Anordnung beruhenden Freiheitsentziehung ist unverzüglich eine richterliche Entscheidung herbeizuführen«.

Der Bürger als Leser

Mit dem Anwachsen der Romanproduktion entstand im 18. Jahrhundert auch eine neue Spezies: die Leseratte.

»Eines Tages, da ich gegen Mittag zu meinem Boot ging, gewahrte ich zu meiner größten Bestürzung am Strand den Abdruck eines nackten menschlichen Fußes, der im Sand ganz deutlich zu sehen war. Ich stand da wie vom Donner gerührt, oder als hätte ich ein Gespenst gesehen; ich horchte, ich blickte um mich, aber es war nichts zu hören, noch zu sehen.« – Wer erinnert sich nicht an diese Szene aus der Geschichte Robinson Crusoes, als dieser nach 15 Jahren des einsamen Lebens auf seiner Insel zum ersten Mal wieder mit Menschen in Berührung kommt, allerdings, wie sich bald herausstellt, mit Menschen fressenden Wilden. Als Kinderbuch zumeist und damit allerdings in gekürzter oder nacherzählender Fassung ist der Roman »The life and strange surprizing adventures of Robinson Crusoe...« bis heute lebendig. Er erschien erstmals 1719, kurz darauf folgten noch zwei Fortsetzungsbände.

1719 erschien Daniel Defoes Roman **»Robinson Crusoe«.** Angeregt durch Berichte über den schottischen Seemann Alexander Selkirk, schildert Defoe das Schicksal des auf einer einsamen Insel auf sich selbst gestellten Menschen, der das Leben meistert und im Sinne puritanischer Selbstkontrolle reflektiert.

Die Grundsituation des Romanhelden ist die des einsamen Individuums und seines siegreichen Kampfes mit einer feindlichen Umwelt. Als einziger Überlebender eines Schiffbruchs hat Robinson sich auf eine Insel retten können, wo er sich mithilfe einiger aus dem Schiffswrack geborgener Utensilien eine eigenständige Welt aufbaut. Es ist eine auf ihre individuelle Zelle verkleinerte bürgerlich-puritanische Welt, angesiedelt auf einer tropischen Insel im Atlantik vor Südamerika.

Schon lange bevor Robinson auf seine Insel verschlagen wird, hat er vielfältige Abenteuer zu bestehen gehabt. Ein unwiderstehlicher Drang nach der Ferne und nach Erlangung von Reichtümern hat ihn aus dem Elternhaus in England weggeführt, entgegen dem eindringlichen Gebot seines Vaters, die Segnungen jenes Standes nicht aufs Spiel zu setzen, »welcher der menschlichen Glückseligkeit am günstigsten« sei, nämlich des Mittelstandes.

Robinson muss auf seiner Insel viele der Güter, die in der arbeitsteiligen Zivilisation selbstverständlich sind, zuallererst mühsam selbst herstellen. Sein Leben ist gekennzeichnet durch soziale Einsamkeit, aber auch technischen Erfindungsgeist, Selbstdisziplin, Arbeitsfleiß und Sparsamkeit bezüglich knapper Ressourcen. Sein Charakter ist der Inbegriff bürgerlicher Individualität.

Im Laufe der Zeit lernt er, seinen Schiffbruch als göttliche Strafe für seine Sünden und als Chance zum Neuanfang zu verstehen. Die Sündhaftigkeit besteht wesentlich darin, das väterliche – und zugleich göttliche – Gebot der Mäßigung des Erwerbstriebs missachtet zu haben. Aus der Reue über ein verfehltes Leben wird allmählich der Trost der göttlichen Vorsehung, die ihn vor einem noch elenderen Schicksal bewahrt hat. Die materielle Verlustbilanz erweist sich als geistliche Gewinnbilanz, die sich am Ende dann auch wieder in materiellem Wohlstand ausdrückt. Nachdem Robinson, nach 28 Jahren auf seiner Insel und mehreren Hundert Romanseiten, schließlich wieder in die Zivilisation zurückgekehrt ist, ist er vor allem und ausführlich damit befasst, seine Vermögensverhältnisse zu ordnen.

Eine Revolution auch des Lesens

Der Autor des Romans, Daniel Defoe, war ursprünglich Kaufmann, musste überschuldet Bankrott anmelden, arbeitete sich als Fabrikant wieder hoch, wurde politischer Propagandist und Regierungsberater, verfasste zahlreiche Flugschriften und wurde so zum populärsten Journalisten Englands; er wurde ins Gefängnis geworfen, machte erneut ökonomisch Bankrott, gründete eine der ersten Wochenzeitungen und wurde ein äußerst produktiver und erfolgreicher Schriftsteller.

Seine Tätigkeiten waren gekennzeichnet durch Unrast und Maßlosigkeit. Er war ein Mann der ökonomischen, politischen und journalistischen Strategien und Versteckspiele, deren Preis die seelische Vereinsamung war. Robinsons Schicksal war, wie er bekannte, ein Gleichnis für sein eigenes Leben. Und dieses Leben war ein geradezu beispielhafter Ausdruck der Modernisierung, die die englische Gesellschaft um 1700, nach einem Jahrhundert der Religions-

Defoe forderte Toleranz auf allen Gebieten, was ihn mehrmals ins Gefängnis brachte. Ein Angriff auf die religiöse Unduldsamkeit der anglikanischen Kirche (»The shortest way with Dissenters«, 1702) brachte ihn an den **Pranger,** wo ihm das Volk begeistert zujubelte (Holzstich des 19. Jh).

In Deutschland bildeten sich unter dem Eindruck aufklärerischer Gedanken in der zweiten Hälfte des 18. Jahrhunderts zahlreiche bürgerliche Lesegesellschaften. Druckwerke aller Art wurden hier zusammengetragen, gelesen und diskutiert. Die liberale Einstellung der Mitglieder war den Herrschenden vor allem nach der Französischen Revolution oft so verdächtig, dass sie die Lesegesellschaften verboten.

Um 1800 kam das bürgerliche Lesepublikum in Cafés als Stätten der Information und Kommunikation zusammen und widmete sich dort vor allem der Zeitungslektüre. Das Königsporträt im Gemälde **Berliner Lesecafé** von Gustav Taubert betont die konservativ-liberale Gesinnung der hier versammelten Leser (1827; Berlin-Museum).

und Bürgerkriege, erfasst hatte und womit England dem übrigen Europa fast um ein Jahrhundert voranging. In dieser Zeit entstanden alle wichtigen Institutionen, die die bürgerliche Ökonomie bis heute bestimmen: Zentralbank, Papiergeld, Börse, Kreditwesen, Versicherungen, freier Handel.

Die »Glorreiche Revolution« von 1688/89 hatte die Vorherrschaft der Protestanten über die Katholiken besiegelt und damit die Machtbefugnisse der Monarchie beschränkt. Mit der Deklaration der »Bill of Rights« war die Basis für eine verfassungsmäßige Gewaltenteilung der entstehenden bürgerlichen Gesellschaft gelegt. Damit wurde noch keine parlamentarische Regierungsform im heutigen Sinn geschaffen, vielmehr wurde die Macht zwischen Monarchie, Staatskirche, adligen Grundherren und großbürgerlichen Handels- und Finanzherren verteilt. Verwaltung, Handel und Gewerbe bedurften jedoch in der Folgezeit zunehmend besser ausgebildeter Menschen, und so drängte im Laufe des 18. Jahrhunderts auch das niedere Bürgertum zur politischen Macht. Dass dieses ein entsprechendes Selbstbewusstsein entwickelte, dazu trug nicht zuletzt eine geschichtlich ganz neuartige Lesekultur bei.

Diese Kultur war vor allem eine der Zeitschriften, die nicht mehr bloß den Gelehrten vorbehalten waren. Man begnügte sich bei der Lektüre nicht mehr mit der Bibel und einigen religiösen Erbauungsschriften, sondern verlangte nach Belehrung, Unterhaltung und aktuellen Nachrichten für das alltägliche bürgerliche Leben. Man las und diskutierte die Flugschriften und Zeitungen in den neu entstandenen Kaffeehäusern und Klubs. Dabei ging es teils um Wirtschaftspolitik, teils um Fragen der Moral und des richtigen Verhaltens, etwa was einen »Gentleman« ausmache. Nicht mehr die Zugehörigkeit zu einem bestimmten Stand legiti-

Maurice Quentin de La Tours Porträt zeigt **Madame de Pompadour** als Förderin der Literatur (um 1755; Versailles, Musée National). Mit den im Bildhintergrund dargestellten Bänden der »Encyclopédie« wird ihr zudem die Rolle der Schutzherrin dieses wohl bedeutendsten Unternehmens systematischer Aufbereitung des Wissens in der Aufklärung zugeschrieben.

mierte die Teilnahme an der öffentlichen Debatte, sondern allein die Beherrschung ziviler Umgangsformen.

Ein neuer Markt entstand, der der Zeitungen und Bücher, und eine neue Macht, die öffentliche Meinung. Nachdem 1694 eine weitgehende Pressefreiheit eingeführt worden war, erschienen zahlreiche neue Blätter, so auch Defoes »Review«, das erste Wochenblatt, das nicht nur Nachrichten, sondern auch Kommentare enthielt.

Ein Schlüsseltext der Moderne

Die wichtigste literarische Form, mittels derer das Bürgertum in einer Zeit des rapiden sozialen Aufstiegs sein Selbstverständnis entwickelte und eine neue Innerlichkeit herausbildete, war die des Romans, und »Robinson Crusoe« war der erste realistische Roman. Mit ihm bemächtigte sich das Bürgertum der hohen Literatur, die zuvor dem Adel vorbehalten war. Seine Erzähltechnik ist die des detaillierten Tat-

> Der Erfolg des »Robinson Crusoe«, dessen erste deutsche Übersetzung schon 1720 erschien, beruhte auch auf dem Eindruck vollkommener **Authentizität.** Dazu befleißigte sich Defoe einer bis dahin im Roman unbekannten, auch kleinste Details berücksichtigenden Faktentreue, d e er in seinen journalistischen Arbeiten erprobt hatte.

Der Wilde fällt nach seiner Erlösung dem Robinson zun Füssen.

sachenberichts. Diese Wirkung wird dadurch verstärkt, dass Defoe sich in der Vorrede als bloßen Herausgeber einer in der Ichform verfassten Autobiografie präsentiert.

Nicht zufällig ist die Grundsituation Robinsons, die Einsamkeit, auch die des Lesers. Romane zu lesen ist ein individuelles Vergnügen, das dem Bedürfnis der Subjektivierung des Erlebens entspricht. So ist »Robinson Crusoe« ein Schlüsseltext der Moderne. In weiteren Romanen, deren bekannteste Jonathan Swifts »Gullivers Reisen«, Samuel Richardsons »Pamela« und Henry Fieldings »Tom Jones« sind, wurde die Kulturrevolution der bürgerlichen Gefühlswelt, im Widerspruch zu den nun als bizarr oder verkommen erscheinenden Verhaltensweisen des Adels, vorangetrieben.

»Robinson Crusoe« spiegelt und befestigt zugleich die für das Zeitalter der Aufklärung eminent wichtige Bejahung des gewöhnlichen Lebens. Der Roman enthält eine eigentümlich doppelte, in sich widersprüchliche Botschaft: Dem ausdrücklichen Erleben des Helden zufolge ist sein Dasein elend und sein geistlicher Zustand Reue und Buße. Zugleich haben, der lebendigen Schilderung nach, noch die alltäglichen Verrichtungen den hohen Reiz des Abenteuers; die Leser können sich mit Genuss in Robinsons Welt, seine Behausung, seine fortschreitenden Überlebenstechniken, seine Streifzüge hineinträumen. Seine Einsamkeit ist nicht nur Strafe, sondern auch Zuflucht.

GUNZELIN SCHMID NOERR

Kritik, Moral, Glück

Die Aufklärung

»Sapere aude!
Habe Mut, dich deines
eigenen Verstandes
zu bedienen!
ist also der
Wahlspruch
der Aufklärung.«

Immanuel Kant

Mit dem Wort »Aufklärung« bezeichnete man etwa seit der Mitte des 18. Jahrhunderts die Bestrebungen, Verstand und Moral der Individuen zu fördern sowie das Wohl der Gesellschaft, ja der Menschheit im Ganzen zu verbessern. Als »aufgeklärt« sollten diejenigen gelten, denen sich die Dinge in ihrem wahren Licht zeigten. Damit knüpfte man an das in der christlichen Theologie seit jeher gebräuchliche Sinnbild des Lichts an. Angesichts der Hoffnung auf die Einrichtung einer vernünftigen bürgerlichen Gesellschaft erschienen die vergangenen Jahrhunderte als solche der Verfinsterung und Barbarei.

Diejenigen Publizisten, Wissenschaftler und Politiker, die sich mit der Aufklärung identifizierten und glaubten, selbst am geschichtlichen Fortschritt, der Überwindung der Unmündigkeit, unmittelbar teilzuhaben, nannten sich in Frankreich »philosophes«. Sie sahen den Menschen als Schöpfer seiner selbst an, dessen Selbstverwirklichung keine ein für alle Mal feststehenden Grenzen habe. Gegen Ende des 18. Jahrhunderts behauptete der Mathematiker und Philosoph Condorcet kühn, der Mensch werde dank seiner Fähigkeit zur Vervollkommnung schon bald Mangel, Schwäche, Krankheit und Tod überwinden. Der Epochenbegriff »Aufklärung«, der dann im 19. Jahrhundert rückblickend für das ganze 18. Jahrhundert gebraucht wurde, galt nicht selten der Distanzierung von ihr. Unter der Vorherrschaft von Idealismus und Romantik wurde der Aufklärung Flachheit, Materialismus, Mechanismus, Vernunft- und Fortschrittsgläubigkeit vorgeworfen. 1840 konnte man in der mit der politischen Restauration verbündeten »Evangelischen Kirchenzeitung« vom »Satanswesen der Aufklärlinge« und vom »Aufkläricht« lesen.

Das **Licht** war Sinnbild der geistesgeschichtlichen Epoche der Aufklärung, die dem Menschen mithilfe der Vernunft zum »Ausgang aus seiner selbst verschuldeten Unmündigkeit« (Immanuel Kant) verhelfen und ihn zu Erkenntnis und Wissen führen wollte. Daniel Chodowieckis Radierung »Aufklärung« (1791), in der die Sonne über einer wohlgestalteten Landschaft aufgeht, ist die bildkünstlerische Umsetzung des aufklärerischen Gedankens.

Die heute angemessene Beurteilung der Aufklärung ist von beidem, Selbstüberschätzung wie Verdammung, gleich weit entfernt. In der Aufklärung vereinigten sich höchst unterschiedliche Auffassungen und Strebungen, die alle Bereiche des Wissens sowie Politik, Religion und Künste betrafen. Eines ihrer gemeinsamen Losungsworte war das der »Kritik«. Mehr als alles andere waren die Aufklärer Kritiker, nämlich Kritiker der bislang herrschenden Vorurteile, Dogmen, Traditionen und Institutionen. Wissens- und Herrschaftsansprüche aller Art sollten nicht unbefragt, sondern nur mit guten Gründen gelten. Damit bildet die Aufklärung die bis heute tragende Grundlage der modernen, wissenschaftlich geprägten Weltauffassung sowie des demokratischen Gesellschafts- und Politikverständnisses.

Natürliche Religion, moralisches Gefühl

Die von den Aufklärern geübte Kritik richtete sich vor allem gegen politische und religiöse Bevormundung. Schon zuvor waren die kirchlichen Autoritäten durch die grausam geführten, zerstörerischen Machtkämpfe und Bürgerkriege von der Reformation und Gegenreformation bis zum Dreißigjährigen Krieg in Misskredit geraten. Nachdem sich alle religiösen Parteien gleichermaßen auf Gottes Willen und ihr religiös erleuchtetes Gewissen berufen hatten, ließ sich der Anspruch, dass allein vom wahren Glauben das moralische Heil zu erwarten sei, nicht mehr aufrechterhalten.

Vorläufer der Aufklärung, insbesondere im England des 17. Jahrhunderts, hatten aus solchen Erfahrungen radikal pessimistische Auffassungen über die menschliche Natur gewonnen. Sie schätzten das individuelle Gewissen als moralisch höchst unzuverlässig ein und gründeten ihre Hoffnung auf eine haltbare politisch-rechtliche Ordnung auf eine absolute staatliche Autorität. Am Ende dieses Jahrhunderts wandelte sich jedoch die Lage. Die Verfolgung der nicht regierungskonformen Religionsgemeinschaften hörte auf, und ein Zustand der bürgerlichen Sicherheit trat ein. Seit Beginn des 18. Jahrhunderts wurden in fortschrittlichen Kreisen Englands religiöse Bekenntnisse zunehmend unmodern und konfessionelle Gegensätze nicht mehr besonders ernst genommen. Der für die Gefühlskultur des 18. Jahrhunderts einflussreiche Earl of Shaftesbury belegte die Sekten mit mildem Spott und empfahl guten Humor als Gewähr gegen Schwärmerei und für wahre Religion.

Das 18. Jahrhundert suchte nach der »natürlichen Religion«, die, frei von einengenden Dogmen und Traditionen, in ihrem Kern als natürliche Moral fungierte. Das moralische Heil wurde nicht mehr von »oben«, von der geistlichen oder

Dem französischen Philosophen und Schriftsteller **Denis Diderot** oblag seit 1746 die Betreuung und Herausgabe des Projekts der »Encyclopédie ou Dictionnaire raisonné des sciences, des arts et des métiers«. Auf ihn geht die Absicht zurück, das Wissen nicht nur lexikalisch zusammenzufassen, sondern kritisch aufzuarbeiten, wodurch die Encyclopédie zu einem wesentlichen Organ der Aufklärung wurde.

Der Franzose **François Quesnay,** Arzt, Philosoph und Volkswirtschaftler, schreibt in der von Diderot herausgegebenen »Encyclopédie«:

> »Ruhm, Größe, Macht eines Königreiches – wie nichtig und sinnlos sind diese Wörter neben den Wörtern Freiheit, Wohlstand oder Glück der Untertanen.«

staatlichen Autorität, erwartet, die Not und Schuld der menschlichen Natur durch Disziplin läutern sollte, sondern von »unten«, von der Natürlichkeit. In deren Namen erhob man Einspruch gegen die Verderbtheit, Schwelgerei und Tyrannei der herrschenden Institutionen. Die menschliche Natur galt weniger als böse, gierig, verworfen, sondern eher als gut, unschuldig, sozial wohlwollend. Hatten die Frühaufklärer des 17. Jahrhunderts das individuelle Gewissen als moralisch höchst unzuverlässig entwertet, so galt jetzt das soziale Gewissen als eigentliche Triebfeder der Moral. Das moralische Gefühl wurde zum Ursprung und Ziel des Zusammenhalts der bürgerlichen Gesellschaft erklärt. Seither ist die Moral weniger auf Gott als auf den Nutzen für die Gesellschaft bezogen.

Die Wissenschaften vom Menschen

Schon im 16. und 17. Jahrhundert hatten Physik und Astronomie enorme Fortschritte gemacht. Kopernikus, Kepler, Galilei, Newton und andere demonstrierten die Überlegenheit empirischer Beobachtung und mathematischer Analyse über theologisch-philosophische Spekulationen. Diese Wissenschaften trugen maßgeblich dazu bei, das überkommene anthropozentrische, auf den Menschen als Mittel-

Immanuel Kant gibt 1784 in »Beantwortung der Frage: Was ist Aufklärung?« folgende Definition:

> *»Aufklärung ist der Ausgang des Menschen aus seiner selbst verschuldeten Unmündigkeit.«*

Die **»Encyclopédie«** umfasste siebzehn Foliobände und elf Bände mit Kupferstichen, die zwischen 1751 und 1772 erschienen und fünf nachgelieferte Supplementbände mit zwei Registerbänden. In der Vorankündigung formuliert Diderot das Programm des Unternehmens: »Es geht darum, die entfernteren und näheren Beziehungen der Dinge aufzuzeigen, aus denen die Natur besteht und die die Menschen beschäftigt haben, ein allgemeines Bild der Anstrengungen des menschlichen Geistes auf allen Gebieten und in allen Jahrhunderten zu entwerfen.«

punkt bezogene Weltbild aufzulösen. Darüber hinaus verkörperten sie das Ideal des methodisch gesicherten Wissens. Eines der Hauptziele der Aufklärung bestand nun darin, entsprechende Erfahrungswissenschaften auch von der menschlichen Natur zu entwickeln. Ob Physiologie, Psychologie, Pädagogik, Geschichtswissenschaften oder politische Ökonomie, alle diese neu entstehenden Wissenschaften sollten allein auf Beobachtung und logischer Ableitung beruhen. Sie lieferten einen dynamischen Begriff des Menschen. Dieser erschien nicht mehr ein für alle Mal auf einen von Gott bestimmten Platz in Raum und Zeit festgelegt, sondern als Produkt einer Entwicklungsgeschichte, als Resultat von Umwelteinflüssen und Lernprozessen, als Wirkung natürlicher Ursachen, als »Maschine«.

Philosophisch setzten sich die Aufklärer von den aus dem 17. Jahrhundert überkommenen rationalistischen Systemen ab, die die Gesetzmäßigkeiten der Wirklichkeit aus einer als objektiv geltenden Vernunft abgeleitet hatten. Charakteristisch dafür ist die von Diderot 1751–80 herausgegebene, von über 200 Mitarbeitern verfasste »Enzyklopädie der Wissenschaften, Künste und Gewerbe«. Der Begriff der »Vernunft« wandelte sich von einer Region ewiger Wahrheiten, die Gott, der Natur und dem Menschen gemeinsam ist, zu einer Form des Erwerbs von Wissen, der richtigen Analyse und systematischen Verknüpfung von Erfahrungstatsachen. Insofern war die Aufklärung weniger das Zeitalter der Vernunft, wie es gelegentlich auch genannt wurde, als das der Vernunftkritik.

Wesentliche Elemente der Aufklärung waren die Hochschätzung des Gefühls, des individuellen Glücksstrebens und des gesellschaftlichen Nutzens. In der Wertschätzung des individuellen Gefühlslebens spiegelte sich die Bejahung des gewöhnlichen Lebens, der Arbeit und der Familie. Der Begriff des Glücks wurde allgemein von metaphysischen Wahrheitsansprüchen entlastet und auf die größtmögliche Befriedigung des jeweils als angenehm Empfundenen zurückgeführt. Dadurch kamen auch die eigensüchtigen und zerstörerischen Seiten des menschlichen Begehrens zu ihrem Recht, die nur in die richtigen Kanäle zu leiten waren, um dem Fortschritt zu dienen. Das moralisch Gute wurde zumeist mit dem gesellschaftlich Nützlichen gleichgesetzt.

Die Aufklärung entwarf die Grundlagen der modernen bürgerlichen Gesellschaft. Dass die Wissenschaften und Techniken, der freie Handel und das Privateigentum aber auch zu neuer Unmündigkeit führen können, hat sich in der Folgezeit und bis heute erwiesen. Die Aufklärung hat alte Mythen zerstört, aber auch neue in die Welt gesetzt.

GUNZELIN SCHMID NOERR

Ergebnis von **Voltaires** Beschäftigung mit der englischen Philosophie und dem politischen System der konstitutionellen Monarchie waren seine »Philosophischen Briefe«, die erstmals die Vorstellungen der Aufklärung über Gewissensfreiheit, religiöse Toleranz und politische Gleichheit zusammenfassten und dem Autor 1734 in Frankreich den Haftbefehl einbrachten.

Mit öffentlichen Sinfoniekonzerten bekräftigte das Bürgertum seinen Anspruch, auch die kulturell führende Schicht zu sein.

Die Sinfonie

Das Wort Sinfonie hatte eine lange, viel gegliederte Geschichte hinter sich, bevor es im 18. Jahrhundert zum Namen der großen orchestralen Musikwerke wurde, die heute als Sinfonien der bedeutendsten Komponisten seit Joseph Haydn die Konzerte beherrschen. Griechisch *symphonia* heißt »Übereinstimmung«, »Zusammenklang« und bezeichnete in der Antike und im Mittelalter gelegentlich Musik und Gesang überhaupt, in der Musiktheorie jedoch meist die vollkommenen Konsonanzen Oktave, Quinte und Quarte, daneben auch einzelne Musikinstrumente, besonders die Drehleier. Im Frühbarock, etwa bei Giovanni Gabrieli und Heinrich Schütz, avancierte das Wort zur Benennung von Ensemblemusik mit Instrumenten und Vokalstimmen.

Mit dem Vordringen der reinen Instrumentalmusik im 17. Jahrhundert wurde Symphonie, zumeist in der italienischen Wortform Sinfonia, zur Bezeichnung orchestraler Vorspiele von Suiten, Kantaten, Oratorien und vor allem von Opern, wobei zwischen der zweiteiligen venezianischen Opernsinfonia mit einem langsamen und einem schnellen Teil und der zukunftsträchtigen dreiteiligen neapolitanischen Sinfonia mit einem raschen, einem ruhigen und einem tanzartigen Teil unterschieden wurde. Die Sinfonie als Orchestermusik war hier noch an die Funktion der Eröffnung einer folgenden Darbietung gebunden.

Die Sinfonie wird selbstständig

Aus dieser Funktionsgebundenheit löste sich die Sinfonie zu orchestraler Selbstständigkeit seit Mitte des 18. Jahrhunderts, wobei die »vorklassischen« Kompositionsschulen in Mannheim mit Johann Stamitz, Berlin mit Carl Philipp Emanuel Bach und Wien mit Georg Mathias Monn und Georg Christoph Wagenseil eine avantgardistische Rolle spielten. Entscheidend für die Sinfonie als etablierte Gattung großer selbstständiger Orchestermusik in ihrer standardisierten Form mit einem Eröffnungssatz in dreiteiliger Sonatensatzform, einem langsamen Satz, einem Menuett und einem Finale wurde in Wien Joseph Haydn. In seinen mehr als 100 Sinfonien aus der Zeit von 1759 bis 1795 hat er in unentwegtem Experimentieren und immer wieder

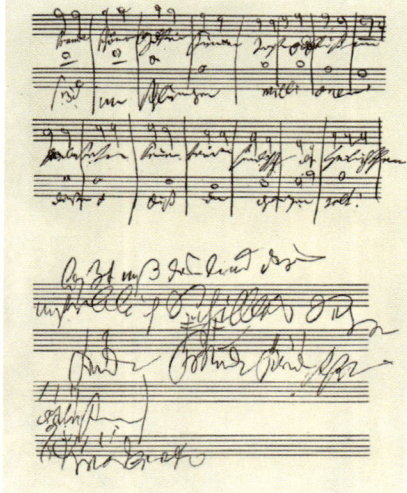

Eine handschriftliche Skizze überliefert Aufzeichnungen Ludwig van Beethovens zu Schillers **»Ode an die Freude«.** Mit dem Schlusschor im letzten Satz der 9. Sinfonie hat der Komponist Schillers Dichtung ein monumentales musikalisches Denkmal gesetzt.

neuen kompositorischen Einfällen die Sinfonie zum internationalen Inbegriff der großen zyklischen Orchestermusik erhoben. Hier knüpfte Wolfgang Amadeus Mozart an mit seinen zwischen 1764 und 1788 entstandenen etwa 50 Sinfonien, die in dem Geistreich-Spielerischen und Tiefsinnig-Schönen seiner letzten drei Sinfonien, der Es-Dur-, der g-Moll- und der C-Dur-, der »Jupiter-Sinfonie«, gipfelten. Ludwig van Beethovens ab 1799 entstandene neun Sinfonien schlossen dann die Entwicklung der Wiener »klassischen« Sinfonie ab und eröffneten zugleich, zumal seine »Neunte Sinfonie« von 1824, das sinfonische Schaffen des 19. Jahrhunderts. Wie ist es zu erklären, dass im 18. Jahrhundert die großformatige, rein instrumentale, an keinen Einleitungszweck gebundene, nur zum stillen Zuhören bestimmte Gattung der Sinfoniemusik entstanden ist?

Zusammen mit der vorrevolutionären Emanzipation des Bürgertums wurde die Musik aus ihren kirchlichen, höfischen, standesmäßigen Bindungen weitgehend entlassen, die als soziale Vorgaben ihre Kompositionsweise funktional bestimmt hatten. Die Musik wurde überführt in den Freiraum der Öffentlichkeit, des Publikums. Dieser Freiraum stiftete die Bedingungen für eine Befreiung der Musik gleichsam zu sich selbst, das heißt zu einer ästhetisch zweckfreien Verwirklichung einer spezifisch musikalischen Sprache, die als Widerspiegelung einer Welt des Inneren das reine Hinhören erforderte und ermöglichte. Dabei allerdings erwartete die junge Öffentlichkeit eine allgemeine Verständlichkeit der innermusikalischen Information. Aus dem Bedürfnis eines befreiten Hinhörens auf eine zu sich selbst befreite Musik und dem Anspruch auf öffentliche Verständlichkeit entstand die Sinfonik Haydns, Mozarts und Beethovens die bis heute als Inbegriff »klassischer« Musik Geltung behielt.

Überall in Europa, besonders in Paris und London, Berlin, Leipzig und Wien, etablierte sich seit Mitte des 18. Jahrhunderts das öffentliche Konzert, getragen von Bürgerinitiativen, Vereinen und geschäftsbeflissenen Unternehmern, begleitet von dem ebenfalls sich ausbreitenden Musikmarkt und der journalistischen Kritik. Man las die Ankündigung, ging hin, zahlte Eintritt, saß still und hörte zu. Haydn feierte seine größten Triumphe mit jenen zwölf Sinfonien, die der Impresario Johann Peter Salomon zwischen 1791 und 1795 in London zur Aufführung brachte. Mozart war als »freier Künstler« grundsätzlich auf die Öffentlichkeit angewiesen. Und in Beethovens sinfonischem Schaffen wurden die Menschen des Konzerts zur Menschheit, an die Beethoven sich

Angeregt von Ludwig van Beethovens »Chorfantasie« op. 80 für Klavier, Chor und Orchester entstand Moritz von Schwinds Gemälde **»Die Symphonie«** (1852; München, Neue Pinakothek). Bei der Aufführung einer Sinfonie sind unter einer Beethoven-Büste im Hintergrund der Dirigent Franz Lachner und links daneben Franz Schubert zu erkennen. Der halbkreisförmige, einem Altarblatt vergleichbare obere Abschluss des Bildes verleiht der Musik eine sakrale Deutung in einem Gemälde, das als Musikzimmerdekoration geplant war.

gleichsam in öffentlichen musikalischen Reden wandte: »Freude, schöner Götterfunken ... Alle Menschen werden Brüder.« Beethovens »Neunte Sinfonie« wurde zum Inbegriff der großen bürgerlichen Konzertmusik und blieb es bis heute – Inbegriff der an alle Menschen in verständlicher Weise gerichteten musikalischen Offenbarung einer idealisierten Welt.

Die Wege des 19. Jahrhunderts

Das 19. Jahrhundert blieb die Ära des öffentlichen Sinfoniekonzerts. Doch im Zeichen Beethovens trennten sich die Wege. Der eine Weg verstand sich als Fortsetzung der »absoluten« Musik, das heißt des von allen »außermusikalischen« Implikationen freien sinfonischen Sagens der Welt, wenngleich dieses Sagen sich bei Schubert, Mendelssohn Bartholdy, Spohr, Schumann, Brahms, Bruckner, Smetana, Dvořák, Tschaikowsky in eine je zeitgeprägte und individuelle Aussage erneuerte.

Der andere Weg sah in Beethoven, auch in seinen sinfonischen Ouvertüren, den »Ideenkomponisten«, der in der sprachlosen Sprache der Instrumentalmusik ein gedankliches Sujet als Aussage gestaltet hat. Es entstand die Programmsinfonie, die in Epoche machender Gültigkeit, freilich zunächst in einem französischen Verständnis der Orchestersinfonie als *Drame instrumental* zuerst Hector Berlioz in seiner »Symphonie fantastique« von 1830 verwirklichte. Hier wurden in die Orchestersprache Titel und verbale Bedeutungsangaben, Leitmotivik und Tonmalerei als Motivation der Komposition und Wegweiser ihres Verstehens einbezogen. Franz Liszt prägte hierfür den Namen sinfonische Dichtung, um die für den »dichtenden Komponisten« maßgebende Verbindung

Eine Gouache von Johann Zitterer gibt **Joseph Haydn** am Klavier sitzend wieder. Der aufgeschlagene Band auf dem Notenpult zeigt die Notation zu Haydns Sinfonie Nr. 94, der »Sinfonie mit dem Paukenschlag« (um 1795; Wien, Haydn-Museum).

Der **Aufführung öffentlicher Konzertmusik** für ein bürgerliches Publikum dienten zunächst Wirts- und Privathäuser. Erst Ende des 18. Jh. wurde der Konzertsaal als eigenständige Stätte des bürgerlichen Musiklebens erbaut. Das Gemälde von Sebastian Staasens zeigt eine Ansprache des Arztes Franz Anton Mai im Konzertraum des Mannheimer Nationaltheaters (1793; Mannheim, Reiss-Museum).

von Musik und Poesie in den Rang einer sinfonischen Gattung zu erheben. Seine 1847–60 entstandenen 17 sinfonischen Dichtungen fanden eine Fortsetzung in zahlreichen Werken anderer Komponisten vor und nach 1900 und einen gebündelten geschichtlichen Endpunkt in den zehn ›Tondichtungen‹ aus den Jahren 1868–1915 von Richard Strauss.

Gleichzeitig führte Gustav Mahler die Sinfonie als repräsentative Musik des bürgerlichen Konzerts zu höchster Steigerung. Eine Sinfonie musste nach seiner Auffassung »die ganze Welt« in sich enthalten und dies so, wie er sie in seiner Zeit – stellvertretend für alle Menschen – erlebte, erlitt und zu bewältigen versuchte. Mahler verband die Ideale der absoluten Musik und der Ideenmusik zu einer sinfonischen Aussage, die an der Wende ins 20. Jahrhundert das Lebensbewusstsein der Morbidität und der Utopie sich gleichsam programmatisch zum Inhalt machte. Dabei bestand sein Weg nicht zuletzt darin, dass er die »untere«, die als trivial und banal verachtete Musiksprache, in die »obere«, die ästhetisch abgehobene Musik integrierte, sie gleichsam »einrührte«, um das Verlogene und das Heile, den Zweifel und die Hoffnung einer gesellschaftlichen Befindlichkeit musikalisch zu benennen.

Dies aber, die sinfonische Vision einer Überwindung der getrennten Sphären, die das neue Jahrhundert dann weitgehend kennzeichnete, signalisierte das Ende der Gültigkeit der von der Wirklichkeit ins Genießerisch-Schöne abgehobenen bürgerlichen »Hinhör«-Musik, wenngleich auch in der Neuen Musik, an ihren Rändern, Idee und Name der Sinfonie sich immer wieder zu behaupten versuchen.

HANS H. EGGEBRECHT

Gustav Mahler brachte als Dirigent und Direktor der Wiener Hofoper exemplarische Aufführungen, z. B. der Beethoven-Symphonien, hervor. Sein erklärtes Ziel war es, nicht wohlklingende, sondern »richtige« Aufführungen zu realisieren und damit gegen eine unreflektierte Aufführungspraxis anzugehen.

Im 18. Jahrhundert legten die Briten das Fundament für das größte Kolonialreich der Weltgeschichte, das Britische Empire.

Weltmacht Großbritannien

»Herrsche, Britannien, beherrsche die Meere« – »Rule Britannia, Britannia Rule the Waves«, so hatte der Dichter James Thomson 1740 geschrieben und damit jene Verse verfasst, die bald zum Text einer viel gesungenen patriotischen Hymne wurden. Sie standen wie ein Motto über dem 18. Jahrhundert, in dem die Grundlagen für das Britische Empire gelegt wurden. Die koloniale Expansion war zum nationalen Prinzip geworden, von den wirtschaftlichen Vorteilen gar nicht zu sprechen. Das Jahr 1763 war dafür entscheidend, denn mit dem Sieg über Frankreich im Siebenjährigen Krieg konnte Großbritannien nicht nur seine Vormachtstellung in Europa behaupten, sondern auch jene über die Meere ausbauen. Das katholische Frankreich war der politische und zugleich konfessionelle Hauptgegner im Ringen um die Vorherrschaft in der Welt. In der Folge der Glorreichen Revolution von 1688 bestand Großbritanniens Erfolgsrezept darin, politische Stabilität, parlamentarische Liberalität, die Dominanz eines starken Adels, eine verfassungsmäßig eingeschränkte Monarchie sowie stetiges wirtschaftliches Wachstum miteinander zu verbinden.

Dafür war der Kolonialbesitz seit der Besiedlung der Ostküste Amerikas unerlässlich geworden. Man kann davon ausgehen, dass die Kolonien ebenso von Großbritannien beeinflusst wurden wie diese ihrerseits auf die Identität des Mutterlands einwirkten. Großbritannien war der größte Handelsstaat Europas, der sich um die Mitte des 18. Jahrhunderts ungefähr 6 000 Handelsschiffe mit etwa 100 000 Seeleuten leistete. Im atlantischen Dreieckshandel wurden Baumwollstoffe und andere Manufakturwaren von den britischen Häfen nach Westafrika geschafft und dort gegen Negersklaven eingetauscht, die zu den Plantagenkolonien der Westindischen Inseln gebracht wurden. Auf dem Rückweg transportierten die Schiffe Tabak, Rum, Baumwolle und Zucker nach Großbritannien. Zumindest bis zur Unabhängigkeitserklärung der 13 amerikanischen Kolonien 1776 und während der ersten Phase der industriellen Revolution konzentrierte sich das Empire noch ganz auf den atlantischen Raum. Im 19. Jahrhundert lag dann sein Schwerpunkt in Asien, Australien und später Afrika.

Die britische Vorherrschaft in Asien reichte bis weit in das 20. Jh. hinein. Die historische Aufnahme zeigt das Wiegen der **Teeernte** unter Aufsicht von im Dienste der Briten stehenden Verwaltungsangestellte, die Kleidung nach europäischer Mode tragen.

Die **britische Herrschaft in Indien** wurde durch den Sieg des britischen Offiziers Robert Clive über den Nawab (Fürst) von Bengalen in der Schlacht bei Plassey 1757 entscheidend gefestigt. Das Gemälde von Francis Hayman zeigt Clive, der im Dienst der Ostindienkompanie stand, mit seinem indischen Verbündeten Mir Jafar.

Die britischen Kolonialgebiete

Der Siebenjährige Krieg 1756–63 hatte deutlich gemacht, wie wichtig das Empire für Großbritanniens Stellung als europäische Großmacht und sein nationales Überleben geworden war. Zwar verlor es als Konsequenz von 1776 fast alle Besitzungen in Nordamerika, aber dafür gewann es in Asien beträchtlich dazu. Um 1770 betrug die Bevölkerungszahl in den amerikanischen Kolonien, hauptsächlich Siedler, etwa 2,3 Millionen. Die überwiegende Mehrheit in den Westindischen Inseln aber machten Sklaven aus. Hier hatte England mit Jamaika schon seit 1655 einen Stützpunkt, im 18 Jahrhundert erhielt es als Kriegsgewinn noch zahlreiche weitere dazu, bis zuletzt 1815 Britisch-Guayana hinzukam. In der Karibik waren die unermesslich großen Zuckerplantagen die wichtigste Einnahmequelle.

　　Die Kontrolle über die asiatischen Gebiete hatte lange Zeit in den Händen der britischen Ostindischen Kompanie gelegen, die den Handel von Europa über das Kap der Guten Hoffnung zu den Küsten Indiens beherrschte. Auch hier ist im Anschluss an 1763 und insbesondere nach den Napoleonischen Kriegen ein außerordentlicher Machtzuwachs zu erkennen: Ganz Ostindien bis Bengalen, das Tal des Ganges und Ceylon, das heutige Sri Lanka, insgesamt etwa 40 Millionen Menschen, standen unter britischer Kontrolle, desgleichen auch der chinesische Hafen von Kanton. Dem entsprachen Steuereinnahmen von 18 Millionen Pfund, das war ungefähr ein Drittel der Einnahmen, die die britische Steuerbehörde in Friedenszeiten im eigenen Land erzielte. Um 1815

1740 veröffentlichte James Thomson die **Ode »Rule Britannia«,** die von Thomas Arne vertont wurde und als heimliche Nationalhymne Großbritanniens gilt. Ihre dritte Strophe lautet in deutscher Übersetzung:

> »Hochmütige Tyrannen werden dich niemals zähmen; / all ihre Bemühungen, dich in die Knie zu zwingen, / werden deine edle Flamme auflodern lassen, / ihnen selbst Leid bringen und deinen Ruhm mehren.
>
> Herrsche, Britannien, beherrsche die Meere, / niemals werden Briten Sklaven sein!«

hatten die Briten in Indien eine Armee von 30 000 Soldaten stationiert, dazu kamen noch weitere etwa 140 000 indische Soldaten. Schließlich gehörten zum Empire auch Malta, Gambia und die Goldküste im Westen Afrikas, die Kapkolonie, Sankt Helena und die Südspitze Australiens.

Handel, Herrschaft und Krieg

Mit einem Blick auf die Weltkarte lässt sich erkennen, dass das Britische Empire in erster Linie ein Weltreich über die Meere war. Während die Schifffahrt nach Amerika schon fast Routine war, dauerte die Reise nach Indien durchschnittlich sechs Monate. Der Handel mit Indiens wertvollen Gütern wie Tee, Seide und Stoffen war zwar vergleichsweise lohnend, viel größere Ausmaße hatte jedoch der Handel über den Atlantik mit Zucker oder Baumwolle. Erst in der 2. Hälfte des 18. Jahrhunderts, spätestens seit 1776, verlagerte sich der Schwerpunkt allmählich vom Atlantik zum Fernen Osten. Besonders ertragreich war der Teehandel mit China, der in den 1790er-Jahren jährlich 20 Millionen Pfund einbrachte und von der Ostindischen Kompanie beaufsichtigt wurde. Man spricht daher für die Phase nach dem Siebenjährigen Krieg von einem »zweiten Empire«.

Zur Verteidigung und Erweiterung des Empires und des weltweiten Handels war eine starke Flotte nötig. Im Gegensatz zu den meisten europäischen Mächten setzte Großbritannien nicht auf ein stehendes Heer, das ja eher den Interessen der Monarchie diente und leicht zu Machtmissbrauch führen konnte, sondern auf eine perfekt organisierte Seeherrschaft, deren glänzende Siege im Volk viel Popularität genossen. Seekriege waren ein geeignetes Mittel zur Vergrößerung des Empire, das auf Kosten der Franzosen (Mauritius), Spanier (Trinidad) und Niederländer (Kapkolonie) kontinuierlich wuchs. So entstanden die im Unterschied zu den zuvor eroberten Siedlungskolonien so genannten Kronkolonien.

Vom Ende des 17. bis zum Anfang des 19. Jahrhunderts herrschte zwischen Großbritannien und Frankreich siebenmal der Kriegszustand, was für Frankreich schließlich bedeutete, ganz aus seinen nordamerikanischen Besitzungen verdrängt zu werden und fortan nur eine untergeordnete Rolle im Indienhandel zu spielen. In Wirklichkeit also ging es um mehr als um die bloße Verteidigung von Handelsinteressen: Großbritannien baute systematisch sein Weltreich auf und besaß damit, neben der Krone, ein zweites Symbol, mit dem sich Engländer, Schotten, Iren und Waliser gleichermaßen identifizieren konnten. Und umgekehrt kam es zu einer kulturellen und sozialen Anglisierung der Kolonien, zum Beispiel durch Kolonialeliten, die sich das Londoner Gesellschaftsleben, die englische Literatur und die heimischen kulturellen Normen für das Leben in der Fremde zum Vorbild nahmen. Als die amerikanischen

An den Kriegen gegen das revolutionäre und das napoleonische Frankreich beteiligte sich Großbritannien unter **William Pitt dem Jüngeren** auch mit dem Ziel, den britischen Besitzstand in Übersee auszubauen. Thomas Gainsborough malte den britischen Politiker, der 1783–1801 und 1804–06 als Premierminister amtierte.

Nachdem **Napoleon** 1805 Österreich und
Russland in der ›Dreikaiserschlacht‹ von
Austerlitz vernichtend geschlagen hatte, war
Frankreich – wenn auch nur vorübergehend –
Hegemonialmacht Europas geworden; einziger
Widersacher war nun noch Großbritannien
(zeitgenössische englische Karikatur »John Bull,
mit Napoleon boxend«).

Kolonisten 1776 gegen das britische Parlament aufbegehr-
ten, nahmen sie im eigentlichen Sinne Freiheitsrechte in
Anspruch, die man seit 1688 als »urbritisch« bezeichnen
könnte.

Doch trotz des Verlustes der 13 nordamerikanischen
Kolonien und auch einer zeitweiligen parlamentarischen
Unabhängigkeit in Irland zwischen 1782 und 1800 zog Großbritannien keine Konsequenzen für seine imperialen, sowohl militärisch-direkten als auch wirtschaftlich-indirekten
Herrschaftsmethoden. Nicht zuletzt dank der Schwäche der
europäischen Gegner im maritimen Kampf um die Vorherrschaft in der Welt konnte sich die Insel nach den
Napoleonischen Kriegen 1815 die »Splendid Isolation« genannte Politik der »freien Hand« gegenüber Europa leisten
und die Tradition seiner Kolonialpolitik weiterführen, wie
sie sich 1763 bewährt hatte. Überdies hatte sich der britische
Handel gegen Ende des 18. Jahrhunderts weltweit, das
heißt über die Grenzen des Empire hinaus, entwickelt;
zum damals größten Markt gehörten auch die gerade in die
Unabhängigkeit entlassenen Vereinigten Staaten. Damit
hatte Großbritannien durch seine imperiale Politik und
seine, durch die industrielle Revolution geförderte, pro-
tektionistische Handels- und Wirtschaftspolitik im Sinne
des Merkantilismus bereits im 18. Jahrhundert die Weichen
für die globalen Entwicklungen der folgenden 200 Jahre
gelegt.

BENEDIKT STUCHTEY

*Im Zuge der allmählichen
Entkolonisierung wurde 1931 der
Begriff »British Empire« offiziell
durch die Bezeichnung »British
Commonwealth of Nations« ersetzt.
Nach dem Zweiten Weltkrieg und
insbesondere seit der Entlassung
Indiens in die Unabhängigkeit 1947
wurde daraus das »Commonwealth
of Nations«, eine Gemeinschaft
unabhängiger Staaten, die die
britische Krone als Symbol ihrer
Vereinigung anerkennen.*

Dampfmaschine und industrielle Revolution

> »Auf jeden Fall ist die Dampfmaschine die feinste Erfindung, die in der Mechanik jemals der menschliche Witz hervor-gebracht hat.«
>
> Eine Enzyklopädie von 1803

Schon in der griechischen Antike waren Zylinder und Kolben sowie die Eigenschaften des Drucks und der Bewegungskraft des Dampfs bekannt, die Mechaniker zur Zeit Alexanders des Großen zu den damals machbaren Experimenten nutzten. Doch der Kenntnisstand der Metallbearbeitung, der Metalleigenschaften und der Werkzeugkunde ließen eine Nachfrage nach der Nutzung von kontrolliertem hohem Dampfdruck vorerst nicht entstehen.

Wasser in den Gruben der englischen Bergwerke ...

Der immer größere Kohleverbrauch in England erforderte ständig tiefere Schächte. So drangen die Bergleute in Tiefen bis über 40 Meter, in den Gruben von Northumberland sogar bis zu 120 Meter vor. Dabei reichte die Stärke der wassergetriebenen Pumpen nicht mehr aus, weil sich mit der Länge auch das Eigengewicht des Pumpengestänges vergrößerte. Da Wasser mit Wasser gepumpt wurde, also die Wasserhebemaschinen mit Wasserenergie arbeiteten, war die Grubenwasserüberflutung die Folge des Energiewassermangels und der technischen Grenzen des althergebrachten Energiesystems. Das »Absaufen« der Gruben konnte daher nur von der Energieseite her gelöst werden. Die wirtschaftliche Existenz vieler Eigentümer von Kohle-, Blei- und Zinngruben war bedroht. Vor diesem Hintergrund entwickelten englische Ingenieure ein neues System der Energieerzeugung und Kraftübertragung, bei dem Wasser durch Kohle, Feuer und Dampf aus den Gruben gehoben werden konnte.

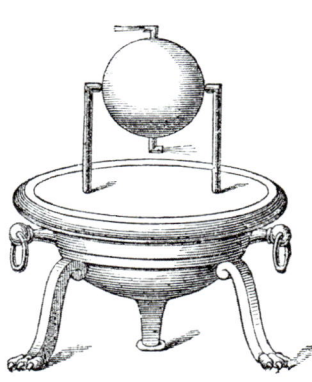

Erste überlieferte Versuche mit Dampf machte **Heron von Alexandria.** Er entwickelte unter anderem eine Drehkugel: In einem geschlossenen Gefäß wird über Feuer Wasser erhitzt. Durch den erhöhten Druck gelangt es über ein Rohr in eine hohle Kugel. Da diese drehbar gelagert ist, löst der über die beiden Ansatzröhrchen austretende Dampf eine Rotationsbewegung der Kugel aus.

... und erste Abhilfe: Die Kolbendampfmaschinen

Während Denis Papin und Thomas Savery scheiterten, gelang 1712 dem englischen Eisenhändler und Eisenmeister Thomas Newcomen der Bau der ersten für Grubenzwecke leistungsfähigen Dampfmaschine. Bei Papins Entwicklungen von 1690 entstand durch die Abkühlung von Wasserdampf ein luftverdünnter Raum und damit ein Unterdruck im Zylinder, sodass der atmosphärische Luftdruck den Kol-

Mit solchen dampfgetriebenen **Wasser-
pumpen** wurden im 18. Jh. die Schächte der
Bergwerke vor Überflutung geschützt. Der im
Kessel erzeugte Dampf bewirkte über den
Kolben die Auf- und Abbewegung der
Pumphebel.

ben im Zylinder nach unten schob; dagegen entwickelte
Savery 1698 eine Dampfpumpe ohne Kolben, die im Wech-
sel von direkter expansiver Kraft des sich ausdehnenden
Dampfes und indirekter Wirkung durch Erzeugung eines
Vakuums erstmals praktische Pumparbeit leistete. Dass der
Bau einer Dampfmaschine von den damaligen Möglichkei-
ten der Material- und Werkzeugtechnik abhängig war, zeigte
sich auf tragische Weise, als bei einem Versuch, die Förder-
leistung einer Savery-Dampfmaschine durch höheren
Dampfdruck zu steigern, ihr Kessel explodierte und den
Schacht verwüstete.

   Da Saverys Patentrechte noch nicht ausgelaufen waren,
entwickelte Newcomen seine atmosphärische Dampfmaschine nach dem papinschen Prinzip. Durch ihren Einsatz konnten die Bergleute tiefer in die Gruben vordringen.
1779 entwässerte eine Newcomen-Dampfmaschine ein
Bergwerk in Derbyshire mit 278 m Grubentiefe. Von 1712 bis
1800 standen etwa 1500 Newcomen-Maschinen im Einsatz.
Sie konnten überall aufgestellt und ganzjährig betrieben
werden.

   Allerdings gab es eine neue Abhängigkeit: Kohle- und
Transportpreise bestimmten die Kalkulation bei der An-
schaffung einer Dampfmaschine mit. Die Entwicklung, Fertigung und Verbreitung der Dampfmaschinen erforderte einen Ersatz des Holzes als bisherigen Werkstoff, Metall wurde für Feueranlagen, Dampfkessel, Rohrleitungen, Zylinder,
Kolben, Ventile und Hähne benötigt. Die Vorteile des Me-

*Schon Giovanni Branca, ein
italienischer Gelehrter aus der ersten
Hälfte des 17. Jahrhunderts, ließ den
aus einer Düse ausströmenden
Dampfstrahl auf ein Schaufelrad
wirken, um so die Dampfkraft
praktisch zu nutzen. Besonders
beliebt war es, einen Bratspieß mit
diesem Dampfrad anzutreiben.*

talls gegenüber dem Holz liegen in der weit größeren Dichte bei gleichem Gewicht und Umfang. Da der durch höhere Leistungsanforderungen der Grubenbesitzer an Dampfmaschinen immer größer werdende Hohlzylinder nicht mehr aus Schmiedeeisen hergestellt werden konnte, wurde er aus Messing gegossen, was den Herstellungspreis verteuerte. Erst das ab 1722 bewährte Verfahren, den Zylinder aus Eisen zu gießen, ermöglichte der Newcomen-Maschine, einen entscheidenden Entwicklungsschritt nach vorn zu machen. Das dünnflüssige Koksgusseisen erlaubte den Guss eiserner Zylinder in einer so dünnen Wandstärke, dass die Dampfmaschine bei der wechselweise aufeinander folgenden Erhitzung und Abkühlung des Zylinders wärmetechnisch und -ökonomisch arbeitsfähig war. Eindrucksvoll bewies sich bei den Bauteilen der Newcomen-Dampfmaschinen die Überlegenheit des Koksgusseisens gegenüber dem Messing in der Formbarkeit, in der Härte sowie in der Hitze- und Feuerbeständigkeit; dadurch wurde eine bessere Betriebstauglichkeit bewirkt. Die Technik der Eisenverhüttung und des Luftfrischens von Gusseisen, um den Kohlenstoffgehalt zu senken und das Eisen zu härten, war jedoch keine Neuheit, prinzipiell war sie bereits in der alten chinesischen Hochkultur bekannt, die abendländische Kultur wurde in dieser Hinsicht erst mit der Erfindung und Verbreitung der Dampfmaschine technologisch führend.

Die Dampfmaschine von James Watt

James Watt, der zeitweilig Betreuer der physikalischen Sammlung der Universität Glasgow war, hatte den Auftrag, anlässlich des akademischen Jahres 1763/64 ein Modell einer Newcomen-Dampfmaschine funktionsfähig zu machen, das vorher zu Lehrzwecken eingesetzt worden war.

Zwischen 1782 und 1784 entwickelte James Watt die **doppelt wirkende Dampfmaschine.** Sie setzte die hin- und hergehende Bewegung des Kolbens in eine rotierende Bewegung um. Abgebildet ist eine nach diesem Prinzip arbeitende Maschine aus dem Jahr 1849 in der Zeche Alte Elisabeth in Freiberg.

Beobachtungen der Pumpmaschinen im Betriebsalltag führten unter anderem zu der Erkenntnis, dass Wärmeverluste im Zylinder eine größere Leistungsfähigkeit der Maschinen verhinderten. Im Mai 1765 sah Watt die Notwendigkeit eines Zylinders, der immer so heiß wie der einströmende Dampf und gleichzeitig immer so kühl wie die notwendige Kondensationstemperatur gehalten werden konnte. Diese Anforderung ließ sich nur durch den Bau eines zweiten Zylinders realisieren, der als Kondensator mit Wasserkühlung und Luftpumpe wirkte. Damit ermöglichte Watt aus dem zeitlichen Nacheinander von Erhitzung und Abküh-

1764 erfand **James Hargreaves** die Spinnmaschine »Jenny«, die eine tief greifende Veränderung in der Textilindustrie einleitete. Die Kosten der Massenproduktion wurden nun immer geringer, zudem wurden zahlreiche Handwerker erwerbslos und verarmten (englische Tuchfabrik um 1840).

lung eines Zylinders mit dem räumlichen Nebeneinander von zwei Zylindern die Gleichzeitigkeit der Vorgänge. Da die Zylinder nun nicht mehr abkühlten, stieg die Effektivität der Maschine um etwa 80 Prozent.

Der Weg von der atmosphärischen zur direkt wirkenden Dampfmaschine konnte nun von James Watt beschritten werden: Ein luftdichter Deckel schloss den Zylinder, ein Dichtungsgehäuse bildete den Zugang der Kolbenstange in den Zylinder, es gab dichte Ventile und einen dichten Kolben an einer glatten Zylinderwand, und anstelle der Abdichtung mit Wasser wurde der Kolben mit Öl geschmiert. James Watts entscheidende Weiterentwicklung bestand in der technischen Umwandlung der hin- und hergehenden Bewegung des Kolbenhubs in eine Rotationsbewegung mittels eines Sonnen- oder eines Planetengetriebes. Die nun zur Verfügung stehende Antriebswelle ermöglichte den Einsatz der Dampfmaschine als zentrale Kraftmaschine in Fabriken, mit der über Transmissionswellen und -riemen Arbeits- und Werkzeugmaschinen angetrieben werden konnten.

Die ständige Verbesserung der wattschen Dampfmaschine prägte die Ausbildungsinhalte der Metallarbeiter und der Eisenhüttenleute. Die Optimierung des Werkstoffs Eisen und die Entwicklung verbesserter und neuer Werkzeuge und Werkzeugmaschinen führten mit zum systematischen Ausbau der Ingenieurwissenschaften. Mit Fug und Recht kann die Dampfmaschine als Motor der industriellen Revolution bezeichnet werden.

HARTMUT H. KNITTEL

1787 wurde die Dampfmaschine als Antrieb in der Textilindustrie verwendet, zunächst für Maschinenwebstühle, ab 1795 auch für Spinnmaschinen. Dies war ein entscheidender Schritt der industriellen Revolution, die sich bald auf die Eisenbearbeitung und den Bergbau ausdehnte und schließlich mit Eisenbahn und Dampfschiff das gesamte Verkehrswesen veränderte.

**Mit der Unabhängig-
keitserklärung
schufen sich Bürger
unterschiedlichster
Herkunft aus freien
Stücken einen
neuen Staat.**

Amerika als Idee

Schon vor dem 4. Juli 1776, dem Tag der Unabhängigkeitserklärung, stand Amerika für die Möglichkeit des Neu-
beginns. Ob es darum ging, frei von der Last der Vergangenheit eine neue Ordnung zu schaffen, oder die Hoffnung des
Auswanderers gemeint war, für sich und seine Nachkommen ein besseres Leben zu finden – Amerika bot dem Einzelnen und der Menschheit eine zweite Chance. Daher schrieb
der Publizist Thomas Paine Anfang 1776 in einem viel gele-
senen Pamphlet: »Wir haben es in unserer Hand, die Welt
von neuem zu beginnen.« Es war also nicht nur vom Streben
nach individuellem Glück die Rede, sondern auch von einem
Auftrag. Beides zusammen macht jene besondere kulturelle
Mischung aus, die Alexis de Tocqueville in seinem Werk
»Die Demokratie in Amerika« beschrieben hat: In Amerika
habe man zwei Kräfte miteinander verbunden, die sich sonst
bekämpften, nämlich den »Geist der Religion
und den Geist der Freiheit«.

Der Geist der Religion ...

So begann die Geschichte des modernen Amerika mit jenen englischen Auswanderern, die sich
selbst als »Pilgrims«, als Pilger, bezeichneten. Sie
wurden nicht von materieller Not getrieben,
sondern glaubten, ihnen sei wie einst dem Volk
Israel ein gelobtes Land zugewiesen, damit dort
jeder für sich gottgefällig lebe und zugleich ein
Gemeinwesen entstehe, das der Welt als ein
weithin sichtbares Vorbild dienen könne.
Diese Kongregationalisten, die so genannten
Puritaner, verstanden Freiheit nur als die Freiheit von Irrtum und sahen zwischen politi-
schem und religiösem Regiment keinen Unter-

Aus Stolz auf die eigene Nation dekorieren viele
patriotische Amerikaner ihr Haus mit der amerikanischen Flagge, den **»Stars and stripes«.**
Die Streifen stehen für die 13 Kolonien, die sich
vom britischen Mutterland lösten, die Sterne
symbolisieren die einzelnen Bundesstaaten der
Vereinigten Staaten von Amerika.

schied. In ihrer Kolonie sollte niemand Bürgerrechte erhalten, der nicht in die »Gemeinde der Heiligen« passte. Doch
unter dem Druck weiterer Zuwanderer mit anderen Zielen
brach diese Einheitskultur bald zusammen, und den Anhän-
gern der alten Ordnung blieb nur die Gründung exklusiver
Kirchengemeinden. Damit legten sie unfreiwillig den
Grundstein zu der für den amerikanischen Protestantismus
so typischen Vielfalt unabhängiger Kirchen und verschaff-

ten dem Prinzip der Wahlfreiheit kulturelle Geltung. In diesen Auseinandersetzungen kündigten sich aber auch noch weitere amerikanische Besonderheiten an. Je deutlicher die religiöse und kulturelle Pluralisierung voranschritt, desto mehr betonten die Amerikaner den Wert von Religion als solcher. Anders als die Französische Revolution war die amerikanische keineswegs religionsfeindlich. Sie vertrat die Staatsunabhängigkeit und Gleichberechtigung aller Religionen, also die Wahlfreiheit des Einzelnen, garantiert bereits im ersten Zusatzartikel (Amendment) zur amerikanischen Verfassung. Später erschienen zunächst die abstrakte Einheit des Protestantismus und dann der gemeinsame Nenner aus Judentum und Christentum als Garanten einer gemeinsamen Wertorientierung. Im Sinne einer solchen Zivilreligion erklärte schließlich Präsident Dwight D. Eisenhower im 20. Jahrhundert, die Demokratie benötige Religion, aber um welche es sich jeweils handele, sei ihm gleichgültig.

Die religiös imprägnierte amerikanische Kultur begünstigte die freiwillige religiöse Selbstzuordnung. So gehören vier von fünf Amerikanern noch heute zu einer Religionsgemeinschaft, und die meisten Kinder konfessionsloser Eltern schließen sich später einer solchen an. Entsprechend blieb nur die Andersartigkeit fremder Religionen von dem Anpassungsdruck frei, dem die Einwanderer sonst ausgesetzt waren. Das puritanische Experiment in politischer Theologie ist also missglückt, doch blieb es keineswegs folgenlos.

Der um 1850 entstandene Stahlstich zeigt die **»Mayflower«**, mit der puritanische Briten sich nach Amerika einschifften und am 21. November 1620 bei Cape God im heutigen Massachusetts landeten.

... und der Geist der Freiheit

Die Bedeutung von Wahlfreiheit und Wettbewerb zeigt, dass sich in Amerika der Liberalismus der angloschottischen Aufklärung und die Kirchen bereits im 18. Jahrhundert arrangiert hatten. Auch die in Virginia vorherrschenden Anglikaner und die Kongregationalisten Neuenglands lernten mit der Zeit, nicht mehr direkt über staatliche Zwangsmittel sondern nur noch indirekt durch Meinungsbildung öffentlich zu wirken, und die ohnehin staatsfernen Baptisten trugen in den Jahrzehnten vor der Revolution aktiv zur Politisierung der Öffentlichkeit bei. Sie behandelten John Locke, den englischen Staatstheoretiker des 17. Jahrhunderts, wie den fünften Evangelisten und predigten die Prinzipien der Vertragstheorie einschließlich des Widerstandsrechts.

Locke selbst hatte schon auf das Alte Testament und Amerika angespielt: Am Anfang sei die ganze Welt wie Amerika gewesen. Den Naturzustand habe man sich etwa so vorzustellen wie die Lage von Kolonisten, die neu beginnen können. Die Amerikaner ihrerseits definierten sich in der Unabhängigkeitserklärung durch einen obersten Glaubenssatz, den sie wie eine Zusammenfasssung der lockeschen Lehre formulierten: Alle Menschen seien gleich geschaffen

1791 wurde die amerikanische Verfassung durch zehn Zusatzartikel, die **»Bill of Rights«**, ergänzt. Von zentraler Bedeutung ist das Erste Amendment, das unter anderen Grundrechten auch das auf freie Religionsausübung garantiert:

> *»Der Kongress darf kein Gesetz erlassen, das die Einführung einer Staatsreligion zum Gegenstand hat, die freie Religionsausübung verbietet, die Rede- oder Pressefreiheit oder das Recht des Volkes einschränkt, sich friedlich zu versammeln.«*

A Declaration by the Representatives of the UNITED STATES OF AMERICA, in General Congress assembled.

When in the course of human events it becomes necessary for one people to dissolve the political bands which have connected them with another, and to assume among the powers of the earth the separate and equal station to which the laws of nature & of nature's god entitle them, a decent respect to the opinions of mankind requires that they should declare the causes which impel them to the separation.

We hold these truths to be self-evident, that all men are created equal & independent; that from that equal creation they derive rights inherent & inalienable, among which are the preservation of life, & liberty, & the pursuit of happiness; that to secure these ends, governments are instituted among men, deriving their just powers from the consent of the governed; that whenever any form of government shall become destructive of these ends, it is the right of the people to alter or to abolish it, & to institute new government, laying it's foundation on such principles & organising it's powers in such form, as to them shall seem most likely to effect their safety & happiness. prudence indeed will dictate that governments long established should not be changed for light & transient causes: and accordingly all experience hath shewn that mankind are more disposed to suffer while evils are sufferable, than to right themselves by abolishing the forms to which they are accustomed. but

Nach den seit 1763 zunehmenden Auseinandersetzungen zwischen dem britischen Mutterland und den Kolonien und den wiederholt gescheiterten Versöhnungsversuchen beschloss der Kongress am 2. Juli 1776 die staatsrechtliche Loslösung der 13 Kolonien von der britischen Krone. Am 4. Juli 1776 wurde die **Unabhängigkeitserklärung** verabschiedet; die meisten Unterschriften wurden erst am 2. August unter das Dokument gesetzt (Auszug aus dem handschriftlichen Entwurf Thomas Jeffersons).

und von ihrem Schöpfer mit unveräußerlichen Rechten ausgestattet worden, wozu das Leben, die Freiheit und das Streben nach Glück zählten. Regierungen seien dazu eingesetzt, diese Rechte zu sichern. Damit aber wurde die politische Revolution auch zu einer kulturellen, denn die naturrechtliche Begründung der individuellen Freiheit kann auch ganz egalitär als die Unabhängigkeitserklärung des gemeinen Mannes gelesen werden, der sich von den Eliten emanzipiert.

Dieser Kult des gemeinen Mannes hat besonders zwei Denk- und Verhaltensgewohnheiten erzeugt. Einerseits einen polarisierenden Argwohn, der den gemeinen Mann gegen die Elite, die Tugend gegen die Kultiviertheit, alles Kleine gegen alles Große, die überschaubare Gemeinschaft gegen die anonymen Gebilde und schließlich das ganze Land gegen Washington ausspielt, der aber als Motiv zur Kontrolle der Macht noch mit seinem liberalen Ursprung verbunden bleibt. Andererseits die dynamische Seite der Respektlosigkeit, die sich als Tradition der Traditionslosigkeit oder auch als Glaube an die unbegrenzte Regenerationsfähigkeit äußert und es für unamerikanisch hält, sich in die Gegebenheiten zu fügen oder sich mit dem Erreichten zufrieden zu geben. Nur in Amerika konnte daher der Kapitalismus als Negation alles Etablierten, die »schöpferische Zerstörung«, zur Ideologie des gemeinen Mannes werden.

Nation als politisches Konzept

Welche Rolle der Gegensatz zwischen elitärem und egalitärem, »populistischem« Denken bei der Entstehung der Verfassung spielte, wird oft übersehen, zumal die beiden Positionen unterschiedlich dokumentiert sind. Während die Zeitungsartikel der so genannten Federalists Alexander Hamilton, James Madison und John Jay, die für einen Bundes-

John Trumbulls Gemälde zeigt das **Komitee,** das die Unabhängigkeitserklärung der Vereinigten Staaten von Amerika ausarbeitete: Ihm gehörten (vor dem Tisch stehend von links nach rechts) John Adams, Roger Sherman, Robert R. Livingston, Thomas Jefferson und Benjamin Franklin an (1787–1820; New Haven, Yale University Art Gallery).

staat mit starker Zentralregierung eintraten, als »Federalist papers« zu einem Klassiker wurden, sind die Argumente der »Antifederalists« George Mason oder Richard H. Lee, die stärker auf dem Schutz der individuellen Freiheiten beharrten, nie entsprechend präsentiert worden. Dennoch entstand die Verfassung aus langwierigen Diskussionen, und die Federalists setzten sich erst durch, als sie den von den Antifederalists geforderten Grundrechtskatalog, die »Bill of Rights«, in zehn Zusatzartikeln zur Verfassung von 1787 akzeptierten. Den Kern des Konflikts beschreibt die oft abgewandelte Formulierung, dass die Federalists dem Volk misstrauten, aber an Personen glaubten, während die Antifederalists an den gemeinen Mann glaubten, aber niemandem genug trauten, um ihm Macht zu verleihen. Am Ende einigte man sich auf eine Teilung der Macht, also auf jenes System der »checks and balances«, das nun seit mehr als zwei Jahrhunderten besteht. Wenn die Amerikaner also gelegentlich über Unregierbarkeit klagen, dann darf man sie daran erinnern, dass sie bekommen haben, was beabsichtigt war.

Langfristig wichtig war der geradezu sakrale Rang der Verfassung, der zur Stabilität der gesamten Ordnung beitrug und noch heute daran erinnert, dass die Amerikaner ihre Nation politisch verstehen. Die Unverwechselbarkeit des Projekts Amerika, sein Ausnahmestatus in der Geschichte, ergab sich daraus, dass es die Zustimmung zu bestimmten Ideen ist, die jemanden zum Amerikaner macht. Dies führte dazu, dass Ideen immer wieder, ob zutreffend oder nicht, als unamerikanisch bezeichnet wurden und eine Kultur mit hohem Konformitätsdruck entstand. Entscheidend aber bleibt, dass man Amerikaner werden kann und dass Amerika sich immer wieder beim Wort nehmen lässt, weil es auf Worte gegründet ist.

MICHAEL ZÖLLER

Die **Freiheitsstatue** symbolisiert seit ihrer Errichtung im Jahr 1886 am Hafeneingang vor New York für alle Einwanderer das Tor zur Neuen Welt und zur Freiheit. Das Werk des französischen Bildhauers Frédéric Auguste Bartholdi war ein Geschenk der Franzosen an die Vereinigten Staaten von Amerika.

Kant unternahm den Versuch, die Grenzen zu bestimmen, die dem Erkenntnisvermögen der reinen Vernunft gesetzt sind.

Die »kopernikanische Wende« der Philosophie

Immanuel Kant ist einer der bedeutendsten Vertreter der europäischen Aufklärung und der neuzeitlichen Philosophie. Wie außer ihm nur mit Sokrates verbindet sich mit Kant die Vorstellung einer epochalen Wende und einer tief greifenden Zäsur in der Geschichte des Denkens. Diese Wende hat Kant vor allem mit der Neubestimmung der Aufgaben und des Gegenstands der Philosophie herbeigeführt. Er stellt die Philosophie in den Dienst der Idee einer universalen und von der Bevormundung durch Staat und Religion freien Vernunft, an der im Prinzip alle Menschen teilhaben. Kants originärer Gedanke besteht darin, Subjektivität als schöpferischen Grund des theoretischen, praktischen, ästhetischen und religiösen Verhältnisses des Menschen in und zu seiner Welt auszumachen. Das wesentliche Mittel, mit welchem die Vernunft sich darin selbst erkennt und begrenzt, ist Kritik als eine Methode der Aufklärung und der Selbstbestimmung.

Hier liegt die Wurzel der drei zentralen Fragen, deren Beantwortung nach Kant in die Zuständigkeit der Philosophie fällt und die sich an jeden einzelnen Menschen richten mit der Aufforderung, durch eigenes Denken mündig zu werden und sich durch Einsichten der Vernunft leiten zu lassen: Was kann ich erkennen? Was soll ich tun? Was darf ich hoffen? Weit über ihre unmittelbare philosophische Bedeutung hinaus haben die Schriften Kants die Entwicklung eines freiheitlich-modernen, sich von den Fesseln der feudalen Ordnung lösenden Denkens geprägt.

Eine Revolution der Denkart gleich der des Kopernikus

Von seinem erst 1781 beendeten Hauptwerk »Kritik der reinen Vernunft«, das zunächst unbeachtet blieb, dann aber in zweiter Auflage (1787) zu einem viel diskutierten Bestseller wurde, ging, wie Heinrich Heine festhielt, eine solch gewaltige »Geisterbewegung« aus, dass alle Wissenschaften, die Literatur und die schönen Künste mitgerissen wurden. Während die Französische Revolution die überkommene staatliche Ordnung praktisch beseitigte, hat Kant vom ostpreußischen Königsberg aus eine mit den Worten Hegels

Immanuel Kant wurde am 22. April 1724 in Königsberg in Preußen geboren. 1755 wurde er Privatdozent, 1770 Professor für Logik und Metaphysik an der Königsberger Universität, an der er bis 1796 lehrte. Kant hat den Raum Königsberg nie verlassen und starb am 12. Februar 1804 in seiner Heimatstadt (Porträt von Gottlieb Doebler, 1791; Duisburg, Museum der Stadt Königsberg).

unaufhaltsame Revolution als »Gedanke, Geist, Begriff«
eingeleitet. Es war keineswegs vermessen, wenn Kant selbst
die Wende, die er mit seiner kritischen Philosophie auf dem
Gebiet der Metaphysik eingeleitet hatte, in eine »Geschichte
der Revolutionen der Denkart« einordnete und mit der
Leistung des Astronomen Nikolaus Kopernikus verglich,
der das bis in die Renaissance vorherrschende, auf Ptole-

Kant führte ein sehr ruhiges und zurück-
gezogenes Leben in Königsberg. Die
Geselligkeit in seinem streng geregeltem
Tagesablauf beschränkte sich auf die
Mittagsmahlzeit, zu der der Philosoph
regelmäßig einige ausgewählte Freunde
einlud (Lithographie nach einem
Gemälde von Emil Doerstling, 1892/93).

mäus zurückgehende geozentrische Weltbild überwunden
hatte.

In Übereinstimmung mit der Sphärenlehre des Aristoteles
hatte man angenommen, dass die Erde der unbewegte
Mittelpunkt des Kosmos sei, um den die Himmelskörper
kreisten. Berechnungen und Beobachtungen des Kopernikus führten jedoch zu Widersprüchen, die auf der Grundlage dieser Annahme nicht gelöst werden konnten. Kopernikus sah sich deshalb veranlasst, das überkommene Modell zu bezweifeln. Um Fortschritte in der Erkenntnis des
Weltalls zu ermöglichen, nahm er einen radikalen Wechsel
der Sicht vor, einen »Paradigmawechsel«, wie ihn die Wissenschaftstheorie heute nennt. Das heißt, Kopernikus ging
nun umgekehrt von der revolutionären Annahme aus,
dass die Sonne und nicht die Erde den Mittelpunkt der kreisförmigen Planetenbahnen bildet und die Erde selbst ein
in Bewegung befindlicher Planet ist, der sich sowohl um
seine eigene Achse wie auch um die Sonne dreht. Mit diesem mutigen Schritt trug er dazu bei, dass das geschlossene,
von den Autoritäten der Religion gestützte und verteidi-
digte geozentrische Weltbild des Mittelalters allmählich
zerbrach.

Die »Kritik der reinen Vernunft«

Mit Blick auf solche eindrucksvollen Erkenntnisfortschritte
der Mathematik und der Naturwissenschaften schlug Kant

Über Kant sagte **Johann Wolfgang von Goethe**
1827:

>*»Kant ist der vorzüglichste,*
>*ohne allen Zweifel. Er ist auch*
>*derjenige, dessen Lehre sich*
>*fortwirkend erwiesen hat und*
>*in unsere deutsche Kultur am*
>*tiefsten eingedrungen ist.«*

Critik
der
reinen Vernunft

von

Immanuel Kant
Professor in Königsberg.

Riga,
verlegts Johann Friedrich Hartknoch
1 7 8 1.

In der philosophischen Entwicklung Kants werden, orientiert an den Titeln seiner Hauptwerke, die vorkritische und die kritische Periode unterschieden. Die kritische Periode beginnt mit der 1781 erschienenen **»Kritik der reinen Vernunft«**, mit der Kant nach eigenen Worten eine »kopernikanische Wende« in der Philosophie herbeiführen wollte (Titelblatt der zweiten, veränderten Auflage 1787).

der Metaphysik ebenfalls einen Paradigmawechsel vor. Denn die Metaphysik, jene philosophische Disziplin, die sich traditionell mit der Frage nach dem Sein und dem Denken beschäftigt, hatte für ihn beklagenswerterweise nicht dazu beigetragen, das Wissen über die Welt methodisch und systematisch zu erweitern. Sie solle nun nicht mehr wie bisher davon ausgehen, die Erkenntnis müsse sich nach den Gegenständen richten, sondern solle umgekehrt die Einsichten der Vernunft zum Ausgangspunkt nehmen und danach den Erkenntnisprozess methodisch steuern.

Kant nennt die von ihm vollzogene kopernikanische Wende, die Vernunft als erkenntnisleitend ins Zentrum zu rücken, »Transzendentalphilosophie«. In ihrem Zentrum steht die Frage nach den »synthetischen Urteilen a priori«. Transzendental werden dementsprechend alle Erkenntnisse genannt, die sich nicht nur mit den Gegenständen, sondern zugleich auch mit der Erkenntnis von Gegenständen a priori befassen. Jede Erfahrung von konkreten Gegenständen beruht auf gedanklichen Voraussetzungen. Diese Voraussetzungen können nicht erfahrungsbedingt, a posteriori (»vom Späteren her«), sein, sondern sie sind a priori (»vom Früheren her«) wirksam und somit Gegenstand der Metaphysik.

Synthetische Urteile a priori beruhen nach Kant auf den beiden Stämmen des Erkenntnisvermögens: Anschauung (Raum und Zeit) und Verstand (Begriffe), die, durch die synthetisierende Leistung eines Selbstbewusstseins zusammengefasst, die Welt der Phänomene konstituieren und deren Erkenntnis ermöglichen. Die Vernunft ist hier indirekt und vermittelt wirksam. Die grundlegenden Ideen der Vernunft wie Freiheit, Seele und Gott transzendieren die Erfahrungsgegenstände und beziehen sich auf ein noumenales (bloß gedachtes) »Ding an sich«. Bis zum heutigen Tag hat sich Kants konstruktivistischer Neuansatz als bahnbrechend für die Entwicklung der Philosophie, der Wissenschaften und der Wissenschaftstheorie erwiesen.

Moral, Sittlichkeit, Recht

Auch in seinen Schriften zur praktischen Philosophie, insbesondere in der »Grundlegung zur Metaphysik der Sitten« (1785) und in der »Kritik der praktischen Vernunft« (1788),

Kants Pünktlichkeit und Pedanterie waren Gegenstand vieler **Anekdoten und Karikaturen.** Friedrich Hagemann zeichnete 1801 den Philosophen beim Anrühren des Senfs, der, vom Hausherrn selbst zubereitet, zu jeder Mahlzeit gereicht wurde.

leitete Kant eine Wende ein, bei der die Bestimmung der Subjektivität zum Ausgangspunkt der Beantwortung ethischer Fragen wird. Was getan werden soll, darüber können weder die vielfältigen empirisch erfahrbaren Ziele von Handelnden noch die vorgefundenen Normen, die in einer Gemeinschaft gültig sind oder die von einer Autorität diktiert werden, Auskunft geben.

Kant ging davon aus, dass Vorstellungen von Sittlichkeit und von höchsten, im Handeln anzustrebenden Zielen nicht ohne Bezug auf den freien Willen zu definieren sind. Der freie Wille, der die Autonomie des Handelnden begründet, äußert sich weder in Willkür noch in Triebhaftigkeit, sondern in der Freiheit des Handelnden, sich von Einsichten der Vernunft leiten zu lassen. Die höchste Forderung der Vernunft, die den Einzelnen zur Orientierung, zur Prüfung und zur Korrektur seines Handelns veranlasst, bezeichnet Kant als »kategorischen Imperativ«. Dieser lautet in seiner allgemeinsten Formulierung: »Handle so, dass die Maxime deines Handelns jederzeit zugleich als Prinzip einer allgemeinen Gesetzgebung gelten könnte.« Kant verknüpft so die Moral, die sich an den Einzelnen richtet, mit der Vorstellung von Sittlichkeit und Recht. Den Staat verpflichtet er auf Gewaltenteilung, Volkssouveränität und Menschenrechte. In seiner berühmten Schrift »Zum ewigen Frieden« (1795) entwickelt Kant das Modell zu einem Friedensbund der Völker und zu einem Weltbürgerrecht. Sein »Prinzip Hoffnung« richtet sich auf einen Fortschritt in der Geschichte, der zur Verbesserung der Lebensverhältnisse führt. Im Unterschied zu vielen Ideologen des 19. und 20. Jahrhunderts geht Kant aber nicht davon aus, dass die Menschheit einst in einem »paradiesischen« Zustand leben wird.

In Preußen jedoch stagnierte die Entwicklung zu einem aufgeklärten, die Meinungs- und Religionsfreiheit anerkennenden Rechtsstaat. Kurz vor Beendigung seiner universitären Lehrtätigkeit geriet der 70-jährige Kant wegen der Veröffentlichung seiner Schrift »Religion innerhalb der Grenzen der bloßen Vernunft« (1794) in Konflikt mit der Zensurbehörde Friedrich Wilhelms II., des Nachfolgers Friedrichs des Großen. Kant wurde gemaßregelt, und seine Religionsphilosophie durfte nicht mehr unterrichtet werden – ein hilfloses Vorgehen der Obrigkeit gegenüber einer Revolution der Denkart, der niemand mehr Einhalt gebieten konnte.

CHRISTIANE BENDER

Die Bürger Königsbergs ließen auf **Kants Grabstein** eine Gedenktafel mit den berühmten Worten aus dem Schlusskapitel der »Kritik der praktischen Vernunft« anbringen: »Zwei Dinge erfüllen das Gemüt mit immer neuer Bewunderung und Ehrfurcht, je öfter und anhaltender sich das Nachdenken damit beschäftigt: Der bestirnte Himmel über mir und das moralische Gesetz in mir.«

*Als der Mensch die
Elektrizität be-
herrschte, ließ sich
Energie auch
über weite Strecken
transportieren.*

Die Elektrizität

Wann wurde die Elektrizität entdeckt? – Die Frage ist nicht ganz einfach zu beantworten. Es gibt Berichte zu Phänomenen, die wir heute als elektrisch kennen, schon aus der Frühzeit der Hochkulturen, insbesondere über den Blitz als gewaltige Waffe der Götter. Aus der griechischen Antike kennen wir das Elmsfeuer, bei dem elektrische Entladungen als Flammenspitzen auf Schiffsmasten oder Lanzen tanzten, oder die elektrischen Fische; die anziehende Kraft von Bernstein ist seit dem 4. Jahrhundert v. Chr. bekannt.

William Gilbert, Leibarzt der Königin Elisabeth I. von England, nannte um 1600 alle Materialien, die ähnliche Effekte wie Bernstein zeigten, also nach Reibung leichte Teilchen anzogen, nach dem griechischen Wort für Bernstein, Elektron, Electrica, das heißt »Bernsteinartige«. Aber erst im 18. Jahrhundert wurde die Elektrizität in der Wissenschaft »salonfähig«. Große Popularität gewann sie durch die Möglichkeit, auch Menschen zu elektrisieren. Im Januar 1746 schrieb der holländische Physiker Pieter van Musschenbroek aus Leiden über »eine schreckliche Erfahrung«. Er hatte einen starken Elektroschock aus seiner später so genannten Leidener Flasche erhalten. Der Kondensator war entdeckt!

Berühmt wurde nun bald der amerikanische Wissenschaftler, Schriftsteller, Unternehmer und Politiker Benjamin Franklin durch seinen Blitzableitervorschlag im Jahre 1752. Schon länger war bekannt, dass zugespitzte Leiter die Elektrizität aus geladenen Körpern entluden, wenn sie sich in geeigneter Entfernung gegenüberstanden. Franklins geniale Idee war es, Spitzenleiter auch gegenüber Blitzen zur Ableitung der Elektrizität vorzuschlagen. Die Blitzableiter setzten sich ab den 1770er-Jahren schnell durch, da diese erste Elektrotechnik sehr einfach zu installieren war und zwei der mächtigsten und reichsten Institutionen der Gesellschaft besonders daran interessiert waren: die Kirche, weil sie die höchsten Gebäude hatte, und das Militär. Dieses besaß Pulvermagazine, die zwar sehr

Blitze sind natürliche Funkenentladungen sehr großen Ausmaßes. Jedem Blitz gehen schwächere »Vorentladungen« voraus, die durch schrittweise Ionisation der Luft Entladungskanäle aufbauen.

viel seltener, aber umso folgenreicher in die Luft gehen konnten.

Von Galvanis Fröschen zum Elektromagnetismus

Der Professor der Anatomie in Bologna, Luigi Galvani, machte ab dem Jahre 1780 Untersuchungen, die die Elektrizitätslehre gewaltig erschüttern sollten. Auf den Spuren anderer Physiologen befasste er sich mit der elektrischen Erregbarkeit von Nerven und Muskeln sezierter Tiere, vor allem von Fröschen. Im Herbst 1786 schließlich fand er heraus, dass Froschmuskeln zuckten, wenn sie an das Gitter seines Balkons gedrückt wurden, ohne Vorhandensein sonstiger Elektrizität. Offenbar entlud sich aber etwas Ähnliches aus den präparierten Froschteilen über die Metallleitung des Balkongitters. Weiter kam er nicht. Er glaubte, eine eigene tierische Elektrizität entdeckt zu haben, die im Frosch steckte wie in einer Leidener Flasche.

Alessandro Volta, sein italienischer Kollege, erfahrener Physiker und Chemiker, erklärte das »galvanische Element« aber rein physikalisch: als erstes Batterieelement der Geschichte. Man musste nur zwei verschiedene Metalle nehmen, zwischen sie eine leitende Flüssigkeit, also einen Elektrolyten, bringen und die Metalle außerhalb des Elektrolyten leitend miteinander verbinden. Der Frosch war für die Elektrizitätserzeugung völlig unnötig. Er spielte nur die Rolle eines empfindlichen Messinstruments. 1799 fand Volta etwas Neues: Bei Hintereinanderschaltung von einzelnen Elementen wurde die Spannung proportional zur Anzahl der Elemente erhöht, und auch die physiologischen Wirkungen wie Erschütterungen wurden enorm verstärkt.

Die Welt war sofort begeistert für das gewaltige Instrument, mit dem man die elektrischen Wirkungen offenbar endlos steigern konnte. Volta führte seine Experimente 1801 in Paris vor. Der damalige Erste Konsul Napoléon Bonaparte wohnte den Sitzungen der Akademie bei und versah Volta mit höchstem Lob. Mit dieser »Voltasäule« und ähnlichen Batterien wurde nun auch die Elektrochemie begründet. Doch dauerte es noch bis weit in das 19. Jahrhundert, bevor man länger konstante, alltagstaugliche Batterien produzieren konnte.

Schon lange wusste man, dass Kompassnadeln durch Blitzeinschläge Nord- und Südpol austauschten, was auf Schiffen öfters Verwirrung stiftete. Andererseits konnte nichtmagnetisches Eisen durch den Blitz und auch durch starke Reibungselektrizität magnetisiert werden. Doch erst der Däne Hans Christian Ørsted kam 1820 auf die Idee, eine Magnetnadel unter den Strom führenden Draht einer elektrochemischen Batterie zu halten – sofort wurde die Magnetnadel abgelenkt. Das war eine epochale Entdeckung und die Voraussetzung für elektromagnetische Messtechnik und für Elektromotoren.

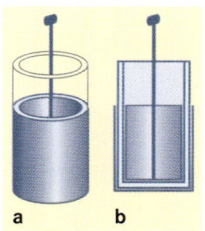

Der Leidener Physiker Pieter van Musschenbroek und der pommersche Domdechant Ewald Georg von Kleist erfanden 1745/46 unabhängig voneinander den ersten elektrischen Kondensator: die »**Leidener Flasche**«. Ein zylindrisches Glasgefäß ist innen und außen mit Stanniolbelägen beschichtet, mit denen ein Metallstab in leitender Verbindung steht (a Draufsicht, b Querschnitt). Beim Laden der Leidener Flasche wird die äußere Belegung geerdet, während der Metallstab mit einer Spannungsquelle verbunden wird.

In der Französischen Akademie der Wissenschaften wurde **Benjamin Franklin,** der sich nicht nur als Erfinder, sondern auch durch seinen Einsatz für die amerikanische Unabhängigkeit einen Namen gemacht hatte, gerühmt:

»Dem Himmel entriss er den

Blitz und den Tyrannen das

Szepter.«

1799 erfand der italienische Physiker **Alessandro Volta** die nach ihm benannten Voltasäulen. Dabei handelte es sich um eine Reihenschaltung galvanischer Elemente, die als erste elektrochemische Stromquelle relativ hohe Spannungen bis zu über 100 V lieferte.

Beim Einschalten des **Nernst-Strahlers** fließt der Strom durch eine Heizspirale um den Glühkörper, bis dieser erhitzt und leitend ist; dann unterbricht der Magnet den Hilfsstrom (EM: Elektromagnet, VW: Vorschaltwiderstand, PW: Platinwendel).

1831 entdeckte der Brite Michael Faraday den umgekehrten Effekt, dass man mit elektrischen Strömen und mit Magnetismus auch andere elektrische Ströme erzeugen konnte: die elektromagnetische Induktion. Nun wurden auch elektrische Generatoren zur Stromerzeugung möglich. Doch es dauerte noch Jahrzehnte, bis sich daraus die Starkstromtechnik entwickelte. Zwar gab es schon bald Elektromotoren als wissenschaftliche Versuche und auch Generatoren, die zum Beispiel zur Straßenbeleuchtung eingesetzt wurden, aber der Wirkungsgrad war noch bescheiden. Das änderte sich in den 1860er-Jahren. Bei den Generatoren war es insbesondere die Entdeckung des dynamoelektrischen Prinzips durch Werner von Siemens 1866: Man brauchte keine kräftigen und mit der Zeit nachlassenden Stabmagnete für Dynamomaschinen mehr. Der Restmagnetismus im normalen Eisen reichte aus, um durch Selbstverstärkung genügend starke elektromagnetische Felder zur Stromerzeugung aufzubauen. Doch noch wurden solche Maschinen fast nur für Bogenlampenlicht oder für die Galvanotechnik eingesetzt. Erst in den 1880er-Jahren waren Dynamomaschinen, Elektromotoren und die Fernübertragung von Strom so weit, dass elektrische Kraftwerke und damit auch Elektroantriebe etwa bei Kränen und Fahrstühlen entstanden. Wesentlichen Anteil daran hatte auch die Entwicklung der Glühlampe.

Glühlampe und Telefon: Elektrotechnik im Alltag

Die ersten elektrischen Beleuchtungen waren Bogenlampen; zwischen Kohlestiften sprang der elektrische Strom über und erzeugte einen gleißenden Lichtbogen. Doch war dieses Licht zu stark für kleinere Räume und auch zu umständlich zu handhaben. Den Durchbruch brachte deshalb

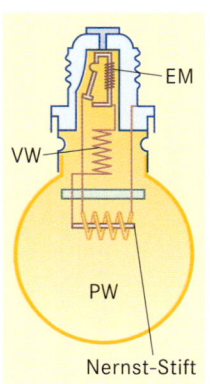

Nernst-Stift

die Glühlampe. Erste Versuche dazu gab es schon vor 1850. Die ersten Glühlampen mit Kohlefäden stammten 1854 von Heinrich Goebel, einem in Amerika lebenden Deutschen. Doch konnte er diese Erfindung nicht allgemein brauchbar weiterentwickeln. Das gelang erst dem Universalerfinder Thomas Alva Edison ab 1878. Von da an trat die Glühlampe ihren Weg um die Welt an, zusammen mit Elektrizitätswerken und Dynamomaschinen. Erst ab den 1930er-Jahren übrigens wurde sie durch »kaltes« elektrisches Licht ergänzt – die Gasentladungslampen, auch Neonlampen genannt, wurden entwickelt.

Die Entwicklung der elektrischen Messtechnik ab 1820 führte zur elektrischen Nachrichtentechnik, man konnte elektrische Signale über größere Entfernungen leiten. So bauten

Der deutsche Physiker und Chemiker **Walther Nernst,** hier bei einer Vorführung im chemischen Institut in Berlin, meldete 1897 eine Glühlampe zum Patent an, der jedoch der große Erfolg versagt blieb.

schon Carl Friedrich Gauß und sein Physikerkollege Wilhelm Weber 1833 in Göttingen einen elektromagnetischen Telegrafen als physikalischen Grundlagenversuch. Doch war es auch hier Amerika, das Erfindungen in breite Innovation umsetzte. Samuel Morse ließ 1837 seinen Schreibtelegrafen patentieren, sein Morsealphabet wird noch heute, zum Beispiel im Amateurfunk, verwendet. 1876 erhielt Graham Bell sein Patent für ein Telefon. 1888 entdeckte Heinrich Hertz die elektromagnetischen Wellen und leitete damit die drahtlose Telegrafie ein. Alle drei Erfindungen veränderten das Gesicht unseres 20. Jahrhunderts radikal. Computer und Internet sind in gewissem Sinne die Fortsetzung dieser elektronischen Kommunikation – auf der Basis der Mikroelektronik.

JÜRGEN TEICHMANN

1791 beschrieb **Luigi Galvani** in seinem Werk »Über die Kraft der Elektrizität bei muskulären Bewegungen« seine Entdeckungen zur »tierischen Elektrizität«:

> *»Wir geben diese Hinweise, damit jeder, der unsere Versuche wiederholt, sich nicht in der Bewertung der Kraft dieser Muskelbewegungen und der Elektrizität täuscht und nicht glaubt, dass wir uns darin getäuscht haben.«*

Die »Erklärung der Menschen- und Bürgerrechte« war die Geburtsurkunde einer neuen, bürgerlich-liberalen Gesellschaft.

Die Menschenrechtserklärung

»Die erste Revolution, die auf den Rechten der Menschheit basierte« – so hat Maximilien de Robespierre in seinem Testament vom 26. Juli 1794 die Bedeutung des Aufbruchs von 1789 charakterisiert. Tatsächlich bezeichnet die in der Anfangsphase der Französischen Revolution verkündete »Erklärung der Menschen- und Bürgerrechte«, französisch »Déclaration des droits de l'homme et du citoyen«, vom 26. August 1789 eine entscheidende Wegmarke in der Entwicklung des modernen westlichen Verfassungsdenkens. Beflügelt vom Geist der Aufklärungszeit und dem optimistischen Glauben an die Allmacht der Vernunft, legten die Mitglieder der französischen verfassunggebenden Nationalversammlung hier die Prinzipien fest, die zur Grundlage einer neuen, auf Freiheit und Rechtsgleichheit gegründeten politischen Ordnung werden sollten.

Ohne Frage hat das amerikanische Beispiel nachhaltigen Einfluss auf die Formulierung der Menschenrechtserklärung ausgeübt. In Frankreich war die »Bill of Rights«, die verschiedene nordamerikanische Einzelstaaten ihren Verfassungen vorangestellt hatten, ebenso bekannt wie die Verankerung der Menschenrechte in der amerikanischen Unabhängigkeitserklärung vom 4. Juli 1776. Es war kein Zufall, dass General La Fayette, gefeierter Held des amerikanischen Unabhängigkeitskriegs, der Erste war, der in der Pariser Nationalversammlung Anfang Juli 1789 den Entwurf einer Menschenrechtserklärung vorlegte, welcher sich stark an den von Thomas Jefferson für den Staat Virginia verfassten Text anlehnte. Dennoch ging es den französischen Verfassungsvätern nicht um eine sklavische Nachahmung des amerikanischen Vorbilds; sie wollten dieses vielmehr übertreffen. Frankreich, so hieß es, solle das Werk vervollkommnen, etwas Neues schaffen, das auf die ganze Menschheit ausstrahlen könne. Dieser universalistische Anspruch verlieh den Debatten in der Nationalversammlung ein Pathos, in dem sich alle Hoffnungen und Sehnsüchte trafen, die freiheitlich gesinnte Menschen seit Jahrhunderten im Kampf gegen obrigkeitliche Willkür und Unterdrückung gehegt hatten.

Der berühmte **Wahlspruch** »Freiheit, Gleichheit, Brüderlichkeit« (»Liberté, égalité, fraternité«) endete meist mit den Worten »oder Tod« (»ou la mort«; Plakat von 1793).

Erst die Rechte, dann die Verfassung

Zunächst ging der Streit darum, ob es zweckmäßig sei, die Menschenrechte noch vor Aufnahme der eigentlichen

Verfassungsberatungen zu formulieren. Der Abgeordnete Jean-Joseph Mounier, Mitglied der Verfassungskommission, sprach sich am 9. Juli 1789 nachdrücklich dafür aus: »Damit eine Verfassung gut sei, muss sie sich auf die Menschenrechte gründen und sie schützen. Man muss die Rechte kennen, die das Naturrecht allen Individuen zugesteht; man muss an alle Grundsätze erinnern, die die Basis für jede Art von Gesellschaft bilden, und jeder Artikel der Verfassung muss aus einem solchen Grundsatz folgen.«

Diese allegorische Darstellung zeigt den Sieg der Revolutionäre über die Bourbonen: Die 1794 eingeführte Nationalflagge, die **Trikolore,** entsteht aus dem im Feuer und Rauch der Revolution untergehenden Lilienbanner der französischen Könige.

Am 4. August 1789 fiel die Grundsatzentscheidung: Mit großer Mehrheit stimmte die Nationalversammlung dafür, der Verfassung eine Erklärung der Menschen- und Bürgerrechte voranzustellen. Gleichzeitig wurde der vor allem von Vertretern des Klerus befürwortete Antrag verworfen, die Erklärung der Rechte mit einer Fixierung der Pflichten zu verbinden. Einem Ausschuss von fünf Abgeordneten wurde die Aufgabe übertragen, aus der Fülle der vorliegenden Entwürfe ein Konzept zu entwickeln, das als Diskussionsgrundlage dienen konnte. Das Ergebnis, das Graf Mirabeau am 17. August vorstellte, fiel allerdings enttäuschend aus. Die Nationalversammlung entschied sich daher für einen anderen, leichter handhabbaren Entwurf, der in einem ihrer »Büros« ausgearbeitet worden war.

Die abschließenden Beratungen fanden zwischen dem 20 und 26. August statt. In den teilweise hitzigen Debatten wurde zäh um jede Formulierung gerungen. Da die Abgeordneten in der parlamentarischen Arbeit noch ungeübt waren, fiel die Einigung auf Kompromisse manchmal schwer. Und dennoch: »Das Unwahrscheinliche trat ein«, so hat der Historiker Alphonse Aulard später das Ergebnis kommentiert. »Diese 1200 Deputierten, die zu keinem knappen und klaren Ausdruck gelangen konnten, wenn sie einzeln oder in kleinen Gruppen arbeiteten, fanden die richtigen, kurzen und edlen Formeln im Lärm der öffentlichen Debatte.«

»Freiheit, Gleichheit, Brüderlichkeit« lautet die wohl bekannteste Parole der Französischen Revolution. Bezeichnen Freiheit und Gleichheit, in der Praxis häufig Gegensätze, Grundrechte des Individuums, so gehört die Brüderlichkeit eher in die Sphäre der Pflichten und der Gemeinschaft.

Wie viele andere war der Dichter **Christoph Martin Wieland** von der Gewalt während der Revolutionsjahre in Frankreich abgestoßen. 1793 räumte er jedoch in einem Brief ein:

> »Mein Trost bei allem diesem ist, dass das mannigfaltige Gute, das die Französische Revolution mitten unter den grässlichsten Ausbrüchen ... in Bewegung gebracht hat, für die Menschen nicht verloren gehen, sondern nach und nach, im Stillen ... tausendfältige Früchte tragen wird.«

Am 26. August 1789 nahm die Nationalversammlung die **»Déclaration des droits de l'homme et du citoyen«** an. Die »Erklärung der Menschen- und Bürgerrechte« wurde als Präambel der Verfassung von 1791 vorangestellt (Tafelbild aus der Revolutionszeit mit den 17 Artikeln der Erklärung).

Natürlich, unveräußerlich und heilig: die Menschenrechte

In der Präambel bekräftigte die Nationalversammlung ihren Entschluss, »in einer feierlichen Erklärung die natürlichen, unveräußerlichen und heiligen Menschenrechte darzulegen, damit diese Erklärung allen Mitgliedern der Gesellschaft vor Augen ist und sie unablässig an ihre Rechten und Pflichten erinnert«. Der erste Artikel lautet: »Die Menschen werden frei und gleich an Rechten geboren und bleiben es. Soziale Unterschiede dürfen nur im gemeinen Nutzen begründet sein.« Artikel 2 präzisiert die »natürlichen und unveräußerlichen Menschenrechte«: »Freiheit, Eigentum, Sicherheit und Widerstand gegen Unterdrückung«. »Der Ursprung der Souveränität«, heißt es in Artikel 3, »liegt letztlich bei der Nation.« Von der monarchischen Souveränität ist keine Rede mehr. Freiheit wird, nach der berühmten Definition des Artikels 4, als das Recht bezeichnet, »alles tun zu können, was einem anderen nicht schadet«. Ihre Grenze findet sie in den Bestimmungen des Gesetzes, das »Handlungen, die der Gesellschaft schädlich sind«, verbieten kann (Artikel 5). Während das Gesetz im Sinne des Philosophen Jean-Jacques Rousseau als »Ausdruck des Gemeinwillens« verstanden wird (Artikel 6), enthalten die nachfolgenden Artikel 7–9 fundamentale rechtsstaatliche Garantien wie den Schutz vor willkürlichen Verhaftungen und die Unschuldsvermutung bis zum Beweis des Gegenteils. Artikel 10 fixiert den Grundsatz weltanschaulicher Toleranz: »Niemand soll wegen seiner Ansichten, auch nicht der religiösen, behelligt werden«; Artikel 11 nennt die Meinungs- und Pressefreiheit »eines der kostbarsten Menschenrechte«. Artikel 12–15 betreffen Steuern, die gleichmäßig auf alle Staatsbürger, je nach Vermögen, verteilt werden sollen, sowie das Recht auf Kontrolle von Regierung und Verwaltung. In Artikel 16 wird das Prinzip der Gewaltenteilung als Grundlage jeder Verfassung festgeschrieben, und schließlich nennt der Artikel 17, der noch in letzter Minute aufgenommen wurde, das Eigentum »ein unverletzliches und heiliges Recht«, das niemandem genommen werden dürfe.

Schon die Aufzählung macht deutlich, dass es sich hier nicht um ein geschlossenes Werk, sondern eher um eine unsystematische Aneinanderreihung handelt. Manche Artikel tragen die Spuren eines Kompromisses. Der Zeitdruck, unter dem die Beratungen standen, erklärt überdies das Fehlen einiger wichtiger Grundrechte wie des

Der »**Freiheitsbaum**«, eines der Siegeszeichen der Französischen Revolution, wurde oft mit einer Jakobinermütze gekrönt 1792 soll er schon in 60 000 Orten der Republik gestanden haben. Kurzzeitig errichtete man auch in Deutschland und in der Schweiz Freiheitsbäume.

Versammlungs- und Petitionsrechts. Auf die Aufnahme sozialer Rechte, etwa des »Rechts auf Arbeit«, wurde ganz verzichtet.

So unvollständig und improvisiert die »Erklärung der Menschen- und Bürgerrechte« auch war, sie wurde doch schon bald kanonisiert und in den Rang eines zeitlos gültigen politischen Katechismus gehoben. Im August 1791 erklärte der Abgeordnete Jacques Thouret in der Nationalversammlung: »Die Rechte-Erklärung von 1789 darf nicht geändert werden. Sie hat sich einen religiösen Charakter erworben; sie ist ein Symbol des politischen Glaubens geworden. An allen öffentlichen Orten ist sie angeschlagen, sie hängt in den Wohnstuben der auf dem Lande lebenden Bürger aus, und die Kinder erlernen mit ihr das Lesen.«

Trotz aller Kritik, der sie von Anfang an ausgesetzt war, hat die Menschenrechtserklärung von 1789 Maßstäbe gesetzt. Dem Ancien Régime, dem überlebten ständischen, in der Person des Königs gipfelnden Herrschaftssystem, stellte sie den Totenschein aus, und zugleich war sie die Geburtsurkunde einer neuen, bürgerlich-liberalen Gesellschaft. Wesentliche Elemente fanden Eingang in die Verfassung anderer Länder, etwa in den Grundrechtskatalog der Frankfurter Paulskirche von 1848, später in die Weimarer Verfassung von 1919 und das Bonner Grundgesetz von 1949. Auch die Menschenrechtskonventionen der Vereinten Nationen haben in der Deklaration von 1789 eine ihrer Wurzeln.

VOLKER ULLRICH

Seit der Französischen Revolution gehört der Begriff »Nation« zu den Grundbegriffen unserer politischen Sprache.

Die »Erfindung« der Nation

Menschen brauchen eine Vorstellung von sich selber. Das gilt für Individuen wie Kollektive gleichermaßen. Wie dem Einzelnen bei der Geburt ein Name gegeben wird oder er sich in Initiationsriten einen sucht, so benötigen auch Gemeinschaften ein Bild von sich, in dem sie sich ihrer Identität vergewissern. Namen werden von Individuen gegeben, ebenso sind Vorstellungen über das Kollektiv gesellschaftliche Konstruktionen. Sie werden erfunden und gesetzt, entstehen in sozialen Auseinandersetzungen und Kämpfen. Eine der erfolgreichsten Erfindungen ist die Nation. Im 18. Jahrhundert in Europa entstanden, hat die Nation als einer der zentralen politischen und kulturellen Begriffe der Moderne seither nicht nur politisches Handeln in den europäischen Gesellschaften, sondern in der gesamten Welt geprägt. Die überseeischen Kolonien etwa, als Stammesherrschaften im 17. und 18. Jahrhundert von europäischen Königreichen erobert, lösten sich nach 1945 von dieser politischen Herrschaft im Namen einer »nationalen« Befreiung. Gegen die imperialistische Bevormundung erwies sich der Rekurs auf die Nation als äußerst erfolgreiche Strategie. Die globale Verbreitung dieser Erfindung wird auch daran deutlich, dass sich die Institution, die heute einen weltumfassenden politischen Gestaltungsanspruch erhebt, als »Vereinte Nationen« bezeichnet – im Gegensatz zum Völkerbund von 1920.

Die Französische Revolution von 1789 und die Ausbreitung des Gedankens der Volkssouveränität stellten die Monarchie in Frage, die jahrhundertelang nationale Identität gestiftet hatte. Als am 20. Juni 1789 die Abgeordneten der französischen Nationalversammlung im Auftrag des Königs des Saals verwiesen werden sollten, schworen die Mitglieder des dritten Standes im **»Ballhausschwur«,** nicht eher auseinander zu gehen, als bis sie eine Verfassung verabschiedet hätten (Gemälde von Jacques-Louis David, 1791; Paris, Louvre).

Johann Gottlieb Fichte rief in den »Reden an die deutsche Nation« (1807/08) zur gesellschaftlichen Erneuerung durch eine Nationalerziehung im pestalozzischen Sinn auf (Wandgemälde von Arthur Kampf in der ehemaligen Friedrich-Wilhelm-Universität in Berlin).

Wir hier, ihr dort – Gemeinsamkeit und Abgrenzung

Was aber ist eine Nation? Das 19. Jahrhundert suchte die Antwort in vermeintlich unveränderlichen Sphären wie der Geschichte, der Sprache, der Natur. Das späte 20. Jahrhundert hingegen betonte die Erfindung von Nationen, hat sie als gedachte Ordnung entdeckt: Der Mensch macht die Nation. Einen Staat kann man leicht definieren; er konstituiert sich durch die Dreiheit von Staatsgebiet, Staatsvolk, Staatsgewalt. Die Nation enthält diese Elemente, zielt jedoch auf mehr: auf die Vorstellung einer Gleichheit untereinander und der Unterschiedenheit von anderen. Der Wille zur Gemeinsamkeit und die Notwendigkeit der Abgrenzung gehören zusammen. Damit kann es nur eine Pluralität von Nationen geben. Kollektives Selbstbild einerseits, Feindbild andererseits – zwischen diesen beiden Polen formt sich die Idee der Nation. Das »Nationale« bezeichnet dann die besondere Qualität eines Kollektivs, dem relativ unwandelbare Eigenschaften mit einfachen Grundmustern zugeschrieben werden, die ebenso einfache Unterscheidungen ermöglichen. Wer dazugehört und wer nicht, ist dann sehr leicht festzulegen. Die Inhalte der jeweils nationalen Gemeinsamkeiten können sehr verschieden sein, oft vermischen sie sich auch miteinander. Sie können politischer, religiöser, kultureller, biologischer Natur sein.

Die französische Nation hat sich seit ihrer revolutionären Entstehung nach 1789 als politische Größe verstanden, mit dem Staatsbürger, dem Citoyen, als expansiv-universaler Kategorie. In Deutschland hingegen wurde die Nation im christlich-moralischen Gewand erfunden; der Begriff des »Erbfeindes« ist ein Produkt dieser Entstehung. Die rassischen Interpretationen der Nation seit dem späten 19. Jahrhundert finden sich in vielen Ländern, Deutschland zeichnete sich hierin nur durch eine besondere Radikalität aus. Die

Der Schriftsteller **Elias Canetti** behandelt in seinem Werk »Masse und Macht« von 1960 auch das Phänomen der Nationen:

> »Es sollen also die Nationen hier so angesehen werden, als wären sie Religionen. Sie haben die Tendenz, von Zeit zu Zeit wirklich in diesen Zustand zu geraten. Eine Anlage dazu ist immer da, in Kriegen werden die nationalen Religionen akut.«

Formen dieser biologistischen Fantasien waren vielfältig. In der Schweiz suchte man in den 1930er-Jahren nach einem speziellen »Homo alpinus helveticus« – im multikulturellen und vielsprachigen Land vermied man es wohlweislich, rassische Gemeinsamkeiten durch kulturelle Gemeinsamkeiten postulieren zu wollen, und sah die Natur der Berge als überindividuelle, prägende Kraft.

Das Versprechen auf Gleichheit

Allen diesen verschiedenen Varianten von Nation jedoch war und ist eines gemein: das Versprechen auf Gleichheit. Die Einheit als Nation erwuchs zum Zweck an sich. Politisch konnte das in ganz unterschiedliche Handlungsaufforderungen umgemünzt werden. Die Französische Revolution tat es missionarisch-menschheitlich; religiös und selbstbezogen antworteten die Deutschen der Befreiungskriege des frühen 19. Jahrhunderts auf diese zugleich universalistische und nationale Herausforderung; imperialistisch wendeten dann im späten 19. Jahrhundert fast alle europäischen Nationen ihr Einheitsversprechen. Die Verheißung einer biologisch-rassischen Gleichheit, die der Nationalsozialismus im 20. Jahrhundert aufstellte, diente ihm schließlich sogar dazu, die Vernichtung der derart als ungleich Definierten zu legitimieren.

Nationalitätenkonflikte gehen meist mit starken Feindbildern einher. Auf die friedliche Demonstration von Kosovo-Albanern, die gegen den »serbischen Terror« protestierten, reagierte die Polizei in der Provinzhauptstadt Priština am 2. März 1998 mit brutaler Gewalt.

Die Nation als Wille und Vorstellung ermöglichte die symbolische Konstituierung politischer Handlungseinheiten. Daraus erwuchsen im Verlauf des 19. Jahrhunderts in Europa die Nationalstaaten. Mentalitäten, politische Weltbilder und kulturelle Leitbilder verbanden sich miteinander. Die Idee der Nation ermöglichte es, in bisher nicht gekanntem Ausmaß Menschen für politische Ziele zu mobilisieren, und setzte immense soziale Bindekräfte frei. Weder die französische Levée en masse (Massenaushebung) von 1792 noch die allgemeine Wehrpflicht in Preußen von 1813, weder das allgemeine Wahlrecht – für Männer im 19. Jahrhundert, für Frauen im 20. Jahrhundert – noch die fremdenfeindlichen

Ausgrenzungspraktiken gegenüber Minderheiten, weder die Forderung nach einer allgemeinen Schulbildung noch der Anspruch auf eine sozialstaatliche Grundversicherung für jeden Bürger und jede Bürgerin – nichts davon ist denkbar, ohne die Suggestionskraft der Nation, ohne das ihr innewohnende Postulat, das Gleichheitsversprechen auch in politische Handlungen umzusetzen.

Die Nation war immer an Feinde gebunden. Das ist in den Jahren nach dem Ende des Kalten Kriegs, nach dem Ende einer alles überformenden weltanschaulichen Abgrenzung, in brutaler Deutlichkeit wieder erkennbar geworden. Die Auflösung der Sowjetunion, die Umstrukturierung des Balkans, aber auch die Kriege in Afrika demonstrieren, dass die Entstehung eines nationalen Selbstbildes untrennbar mit kriegerischer Abgrenzung verknüpft ist. Das Sterben des Einzelnen für die Nation verleiht dieser dabei eine überindividuelle Legitimation und Wertigkeit, wie sie in der Moderne sonst nicht mehr zu finden ist. Der politische Totenkult bringt diese sakrale Aura der Nation zum Ausdruck.

Nationen, auf Gefühle gebaut

Nationen sind unverzichtbar auch auf Gefühle gebaut. Die Vorstellung einer kollektiven Zugehörigkeit gewinnt nur durch emotionale Bindungen Wirkmächtigkeit. Die nationalen Emotionen konnten auf unterschiedliche Art und Weise dargestellt werden. Die vielfältigen Formen der Erinnerung an die Kriege war eines der zentralen Ausdrucksmittel hierfür, doch ebenso sind die Feste zu nennen. Auch hier war die Französische Revolution in vieler Hinsicht beispielgebend. Die Nationalbewegungen des 19. Jahrhunderts konzentrierten sich in allen europäischen Ländern um Feste und Denkmäler. Man suchte die symbolische Gestaltung der Nation, es entstanden die Fahnen, Hymnen, Mythen, Feiertage und Embleme. Diese Erfindungen des 19. Jahrhunderts bestimmen noch heute den Symbolhaushalt der Nationen; man denke nur an die schon 1792 entstandene »Marseillaise« in Frankreich, an das »Deutschlandlied« Hoffmann von Fallerslebens von 1841 oder an das »Ihr Brüder Italiens« von 1847.

Im 19. Jahrhundert dienten die politischen und historischen Feste der emotionalen Selbstvergewisserung – im 20. Jahrhundert ist der Sport an diese Stelle getreten. Es gibt, zumindest im Großteil Europas, keine Nationalkriege mehr; die Nationaldenkmäler wandelten sich meist vom politischen Bedeutungsträger zum historischen Überrest. Doch inzwischen gibt es Nationalmannschaften, bietet der Sport die Gelegenheit, nationale Leidenschaften darzustellen und auszuleben. Darin werden dieselben Bedürfnisse erfüllt, die seit mehr als zwei Jahrhunderten an die Vorstellung der Nation geknüpft waren: die Gleichheit untereinander und die Unterscheidung von anderen.

MANFRED HETTLING

Nationalgefühl verleiht heute oft der Sport. Insbesondere die **Fußballnationalmannschaften** vermögen die Leidenschaften der Massen zu entfesseln. Fußballstars wie Lothar Matthäus und Jürgen Klinsmann werden zu nationalen Helden – wenn sie Erfolge erringen (hier der Gewinn der Fußballweltmeisterschaft in Italien 1990).

*Die Idee der allge-
meinen Bildung
veränderte Schulen
und Lehrpläne und
löste schließlich
eine wahre
Bildungsrevolution
aus.*

Die Pädagogik

Schulische Einrichtungen, das heißt professionell betreute Formen des Lernens, sind so alt wie die menschlichen Hochkulturen, allgemeine Bildung dagegen ist ein sehr junges Phänomen. In Westeuropa seit dem frühen 17. Jahrhundert programmatisch entwickelt, wurde diese Idee in unterschiedlichen Etappen realisiert: rascher und relativ früh im Westen und Norden Europas, etwa in protestantisch-kalvinistischen Regionen wie Schottland und Schweden oder in Handelsstädten mit internationalen Beziehungen wie Amsterdam, im Süden, in ländlichen Regionen oder in katholischen Gebieten eher verzögert. Erst seit dem ausgehenden 19. Jahrhundert ist allgemeine Bildung in Europa und Nordamerika, dann auch in Asien, etwa in Japan, Wirklichkeit geworden.

»Allgemeine Bildung« löst nicht etwa die älteren Formen der Erziehung ab, die in den Familien das Aufwachsen der Kinder begleiten oder, ergänzend, als Ausbildung zu Beruf oder gelehrter Existenz schon länger verselbstständigt waren, sondern tritt als historisch neuartiges Phänomen hinzu. Sie umfasst den Anspruch, »alle alles zu lehren«, wie es Johann Amos Comenius 1657 formulierte, das heißt alle Heranwachsenden einer Generation unabhängig von Herkunft und Stand zu bilden und sie als Lernende in öffentlichen Schulen mit den Grundlagen der Kultur vertraut zu machen, und zwar so weit, dass die Schüler selbstständig in der Gesellschaft lern- und handlungsfähig werden und zur Zivilisierung der Kultur beitragen können. Es geht nicht allein um den Erwerb von Kenntnissen und Fertigkeiten, sondern um übertragbare Kompetenzen und das »Lernen des Lernens«. Wilhelm von Humboldts Formel aus seinem Königsberger Schulplan von 1809 zeigt die Funktion, die allgemeiner Bildung bis heute zukommt. Zugleich wird damit verständlich, dass es sich wirklich um einen Bildungsprozess handelt; denn der Weg durch die moderne Schule setzt die Selbsttätigkeit der Lernenden voraus, und ihr Ziel ist erst erreicht, wenn diese selbst handlungsfähig geworden sind.

Dieser Anspruch bezeichnet zugleich die schwierige Aufgabe, mit der sich die Pädagogen in der modernen Welt auseinander setzen. Sie haben nicht nur die Methode zu erfinden, mit der alle Lernenden wirklich alles lernen können, sondern müssen auch in der Konstruktion eines Lehrplans

Wilhelm von Humboldt reformierte 1809 als Leiter des Kultus- und Unterrichtswesens das gesamte Bildungssystem Preußens. Er regelte alles bis hin zum Wochenstundenplan:

> »Keine Schule dringt einem
> Schüler mehr als 36 Stunden,
> was das Maximum ist, und
> einem Lehrer mehr als 24
> Stunden auf ... Mit noch verrin-
> gerter Stundenzahl den gleichen
> Zweck zu erreichen, steht frei
> und ist, wenn der Hausfleiß
> gefördert wird, lobenswert.«

festlegen, was den Inhalt »allgemeiner Bildung« ausmacht, »Grundlagen, Ursachen und Zwecke der wichtigsten Sachverhalte und Ereignisse« (Comenius) darstellt und also wert ist, gelernt zu werden. Für die Methode sind die Prinzipien der Anschauung, der Elementarisierung und der Selbsttätigkeit, die dem Schweizer Pädagogen Johann Heinrich Pestalozzi zugeschrieben, aber erst nach 1800 kontinuierlich entwickelt wurden, zum Symbol der Erneuerung der Schule geworden. Der Lehrplan zeigte zunächst eine Zweiteilung von Elementarbildung und »Gelehrter Bildung«. Einerseits repräsentierte er die Tradition der Vorbildung für die akademischen Berufe, andererseits enthielt er Kulturtechniken, Religion und Realienkunde, die für die Volksbildung typisch waren. Erst im 20. Jahrhundert näherten sich höhere und Elementarbildung im gemeinsamen wissenschaftlichen Anspruch einander an.

Theorie und Praxis: Dimensionen der Realisierung

Hochgespannte Erwartungen, wie sie die Idee der »allgemeinen Bildung« formuliert, sind also nicht ohne Schwierigkeiten und Brechungen realisierbar. Auch wenn es Zweifel gibt, ob man Bildungsprozesse überhaupt messen kann – für die Frage, welche Realität allgemeine Bildung heute hat, sind relativ einfache Indikatoren durchaus aussagekräftig.

Nimmt man die Versorgung der Heranwachsenden mit Schulbildung zum Gradmesser, sind die Verhältnisse weltweit sehr unterschiedlich: In den Industriestaaten Westeuropas, Asiens oder Nordamerikas besuchen nahezu alle Kinder eines Jahrgangs Schulen und verweilen dort auch immer länger, etwa neun bis zwölf Jahre. In den Ländern der Dritten Welt dagegen liegt die Schulbesuchsrate deutlich niedriger, auch die Schuldauer ist mit rund drei bis fünf Jahren wesentlich geringer. Die Wirkungen des Schulbesuchs, gemessen am Grad der Alphabetisierung, lassen sich ebenfalls präzise darstellen. Eine hohe Schulbesuchsrate geht selbstverständlich mit einem hohen Maß an Alphabetisierung parallel und umgekehrt. Im 20. Jahrhundert ist der Anteil der Analphabeten an der Weltbevölkerung deutlich zurückgegangen; 1990 betrug er 27 %. Man kann aber auch nicht übersehen, dass in den Ländern der Dritten Welt der Erfolg bei etwa 40 % Analphabeten stagniert und sogar in den Industriestaaten der Anteil der funktionalen Analphabeten stetig wächst; er betrug 1990 rund 4,5 %. Die Beherrschung der Kulturtechniken ist nicht selbstverständlich und selbstbestimmtes Handeln und die kompetente Teilhabe an der Kultur nicht von jedem zu erwarten.

Blickt man auf die Inhalte, das Kerncurriculum der grundlegenden Bildung, so gibt es trotz aller Begründungsprobleme doch eine relativ hohe Übereinstimmung. Zum Kernlehrplan zählen die Kulturtechniken, also Lesen und Schreiben, die Muttersprache, zunehmend auch eine Fremd-

Der tschechische Theologe und Pädagoge **Johann Amos Comenius** forderte bereits im 17. Jahrhundert eine allgemeine Schulbildung:

> *»Nicht nur die Kinder der Reichen und Vornehmen sollen zum Schulbesuch angehalten werden, sondern alle in gleicher Weise, Adlige und Nichtadlige, Reiche und Arme, Knaben und Mädchen aus allen Städten, Flecken, Dörfern und Gehöften.«*

Johann Heinrich Pestalozzi legte in seinen Schriften um 1800 grundlegende Gedanken zu einer Erziehung im Sinne von Volksbildung vor. Pestalozzi, der auch mehrere Erziehungsinstitute gründete und leitete, verstand Erziehung als Entfaltung der in der menschlichen Natur liegenden positiven Kräfte und suchte Erziehung und Unterricht auf Anschauung anstelle des Buchwissens zu gründen.

Die Einführung der **Schulpflicht** war ein wichtiger Schritt auf dem Weg zur Verwirklichung eines allgemeinen Bildungsanspruchs. Viele Eltern allerdings sperrten sich aus wirtschaftlicher Not oder Desinteresse gegen den Schulbesuch ihrer Kinder (Carl Hertel, »Jung-Deutschland«, 1874; Berlin, Nationalgalerie).

sprache, Mathematik und Naturwissenschaften sowie politisch-soziale Bildung. Der Standard der Durchsetzung ist kulturell verschieden, die Leistungsfähigkeit, gemessen am Können der Schulabsolventen, ebenfalls. Das hängt von der Qualität der Schulen ab, aber auch von dem Gewicht, das jeweils zum Beispiel auf die Wissensvermittlung oder die Fähigkeit zur Problematisierung oder das selbstständige Lernen gelegt wird. Und schließlich bestimmt nach wie vor die Zugehörigkeit zu Nationen und Kulturen und auch die soziale Herkunft, zusammen mit dem Geschlecht, den Zugang zu Bildungschancen.

Dennoch, es bleibt eine erstaunliche Tatsache, dass wir in Kulturen leben, in denen wir die Fähigkeit zu schriftsprachlicher Kommunikation, die Vertrautheit mit den Standards und Werten der Kultur und die Bereitschaft zum Lernen nahezu universell voraussetzen können. Man kann wirklich von einer »Bildungsrevolution« in modernen Gesellschaften sprechen und die Bedeutung von Bildung gleichrangig neben die einer demokratischen Staatsverfassung und der Marktwirtschaft stellen.

Die Zukunft der Schulen: Lernen für die Welt von morgen

Die Bedeutung von Bildungsprozessen wird in der absehbaren Zukunft auch nicht geringer, sondern eher größer. Wir leben bereits jetzt in einer Wissensgesellschaft, und Wissen wird noch stärker zur entscheidenden Produktivkraft werden. Es gibt daher keine Alternative zu dem Programm, allgemeine Bildung für alle Heranwachsenden zu sichern, damit sie für die Zukunft handlungsfähig werden. Die Idee

»**Inseln des Friedens**« hieß ein UNESCO-Projekt zum Wiederaufbau des Bildungswesens in Somalia. Mithilfe der Sonderorganisation der Vereinten Nationen werden besonders in den Entwicklungsländern Erziehungs- und Schulunterrichtsprogramme unterstützt, um den Analphabetismus zu bekämpfen und den Kindern dieser Länder bessere Lebens- und Berufschancen zu ermöglichen.

Mit Ausnahme weniger Gymnasien werden heute an allen deutschen Schulen Mädchen und Jungen gemeinsam erzogen und unterrichtet. Seit der Jahrhundertwende forderte besonders die Reformpädagogik die **Koedukation.**

der »allgemeinen Bildung« ist dafür auch hervorragend geeignet. Angesichts der offenen Zukunft unserer Weltgesellschaft wird ihre Leitlinie bestätigt, dass es auf das Lernen des Lernens ankommt. Nicht schnell veraltende Fertigkeiten müssen gelernt werden, sondern die Kompetenz, neues Wissen zu erwerben, mit neuen Problemen kreativ und lernbereit umzugehen und die eigenen Möglichkeiten in neuen Situationen produktiv zu nutzen. Bildung ist notwendige, wenn auch nicht hinreichende Bedingung gesellschaftlicher Entwicklung.

Auf Schulen und ihre Lehrer warten dabei schwierige Aufgaben, denn die Festlegung der Inhalte für solches Lernen ist so wenig selbstverständlich wie die Gestaltung der Lernformen. Niemand wird bestreiten, dass der kompetente Umgang mit neuen Technologien in den Kanon der Schule gehört, schon weil der Erwerb und die Erneuerung des Wissens zunehmend von diesen Medien abhängig wird. Gleichzeitig verlangt der rasche soziale Wandel, dass auch klassische Erwartungen weiterhin kultiviert werden: Die Fähigkeit zur Selbstbestimmung, Solidarität, die Achtung vor dem Fremden. So neu manche aktuellen Schlüsselprobleme aussehen, allgemeine Bildung wird für die individuelle und kollektive Gestaltung der Welt nicht bedeutsam sein können ohne die universalen Prinzipien der Gerechtigkeit, Gleichheit und Solidarität, die gemeinsam mit der Idee der Bildung selbst seit dem Ursprung der Moderne gelten.

HEINZ-ELMAR TENORTH

Immanuel Kant hebt in seiner 1803 veröffentlichten Schrift »Über Pädagogik« die **Notwendigkeit der Erziehung** hervor:

> *»Der Mensch ist das einzige*
> *Geschöpf, das erzogen werden*
> *muss ... Der Mensch kann nur*
> *Mensch werden durch*
> *Erziehung. Er ist nichts, als was*
> *die Erziehung aus ihm macht.«*

Die Presse, Medium der öffentlichen Meinung, entwickelte sich zu einem Machtfaktor der demokratischen Gesellschaft.

Die Massenpresse

Johannes Gensfleisch zur Laden, genannt Gutenberg, erfand Mitte des 15. Jahrhunderts den Druck mit beweglichen Lettern. Einzelne, in Blei gegossene Lettern konnten nun zu Wörtern und Sätzen zusammengefügt, eingefärbt und in der Druckpresse auf Büttenpapier abgedruckt werden. Schon zu Lebzeiten Gutenbergs führten dessen Schüler die Kunst des Buchdrucks in Italien ein. Nach seinem Tod 1468 verbreitete sie sich in ganz Europa. Diese Drucktechnik blieb bis ins 19. Jahrhundert hinein in ihren Grundzügen unverändert und entwickelte sich erst im Zeitalter der industriellen Revolution mit der Konstruktion der Druckmaschine 1810 weiter.

Die Flugschriften der Reformationszeit

Die technische Innovation des Drucks von Texten entfaltete ihre revolutionäre Kraft im Zuge der kulturellen, politischen und wirtschaftlichen Veränderungen, die Europa an der Schwelle vom Mittelalter zur frühen Neuzeit radikal verwandelten. Von Italien aus hatte sich die Bildungsbewegung des Humanismus über Europa ausgebreitet; mithilfe der Druckpresse konnte die Nachfrage nach Buchausgaben lateinischer und griechischer Klassiker befriedigt werden. Das wachsende Interesse an Büchern sorgte für eine rasche Ausbreitung des Druckerhandwerks. Aber nicht das gedruckte Buch entwickelte sich zum ersten »modernen« Massenmedium, sondern die Flugschrift. Die gedruckte Flugschrift erlebte während der Reformation ihre Blütezeit. Die Reformatoren entdeckten schnell die Vorzüge des neuen Mediums, um einen heftigen Meinungsstreit über religiöse Ideen und gesellschaftliche Missstände zu entfachen und ihre Ideen in der Gesellschaft zu verankern. Vor allem die Flugschriften Luthers und seiner Anhänger Melanchthon und Hutten erlebten hohe Auflagen und erreichten schnell ein großes Publikum.

Wirklich gelesen werden konnten die Flugschriften nur von wenigen Menschen. Nur etwa 1 % der Landbevölkerung und rund 30 % der Stadtbevölkerung, so wird geschätzt, waren lesekundig. Die Inhalte der Flugschriften wurden deshalb oft in Gedicht- und Liedform abgefasst und den

Bis zum Erscheinen früher **Zeitungen** wie der 1615 in Nürnberg verlegten »AVISO« wurden aktuelle Nachrichten von Korrespondenten gesammelt und exklusiv an Kunden wie Kaufleute und Hofbedienstete verschickt. Innovative Verleger nutzten diese brieflichen Mitteilungen über Tagesereignisse oder auch Berichte von Auslandsaufenthalten und druckten sie als Zeitung für ein breiteres Publikum.

Leseunkundigen in anschaulicher Weise vorgelesen oder vorgesungen. Für die gebildeten Schichten blieben das Buch und die handschriftliche Korrespondenz die primäre Quelle der Reproduktion und Verbreitung von Nachrichten und Wissen.

Handgeschrieben und gedruckt: Die Zeitung

Dies änderte sich erst mit der Weiterentwicklung der Flugschrift zur regelmäßig erscheinenden Zeitung. Die Erfindung der Zeitung war eine Antwort auf das Bedürfnis von Kaufleuten und Gelehrten nach regelmäßiger, zuverlässiger Information. In der frühen Neuzeit entwickelte sich in Europa ein reger Waren- und Nachrichtenaustausch. Mit der Ausweitung des Waren- und Geldverkehrs in Europa und bald auch über dessen Grenzen hinaus nach Amerika, Afrika und Asien stieg der Wert von Nachrichten und Informationen. Nachrichten entwickelten sich zu einer handelbaren Ware. Ihre Kenntnis konnte über den Erfolg oder Misserfolg von Handelsunternehmen entscheiden.

Im 18. Jh. waren Zeitungen und Zeitschriften nicht nur Träger von Nachrichten, sondern auch Multiplikatoren von moralischen und politischen Anschauungen. Es entstanden nun **Kaffeehäuser,** in denen die Besucher lesen und Meinungen austauschen konnten (Stich von Gabriel de Saint-Aubin, 1752).

LES NOUVELLISTES.

Um die Wende zum 17. Jahrhundert gab es in vielen Städten Korrespondenten, die wöchentlich Nachrichten an verschiedene Kunden, vor allem an Kaufleute, Diplomaten und Hofbedienstete, schickten. Man sammelte und verbreitete sie zunächst in Form handgeschriebener Briefe. Diese handgeschriebenen »Korrespondenzen« hießen Zeitungen oder Avisen. Deren zunehmende Verbreitung war erst dadurch möglich geworden, dass allmählich regelmäßige Postverbindungen zwischen den Städten eingerichtet wurden. Die Korrespondenzen enthielten informative und weltläufige Berichte über Reichstage, Kriege, Ernteerträge, Steuern und vieles andere mehr.

Anfang des 17. Jahrhunderts kamen in einigen Städten Drucker auf die Idee, die Nachrichten der Korrespondenten regelmäßig zu drucken und zu verkaufen. Die ersten Zeitun-

Durch **Zensurbestimmungen** war die Presse in den Staaten des Deutschen Bundes eingeschränkt. In der Frankfurter Reichsverfassung von 1849, die nie in Kraft trat, sollte die Pressefreiheit in Artikel 4 als Grundrecht garantiert werden:

> »Die Pressfreiheit darf unter
> keinen Umständen und in keiner
> Weise durch vorbeugende
> Maßregeln, namentlich Zensur,
> Konzessionen, Sicherheitsbestel-
> lungen, Staatsauflagen,
> Beschränkungen der Drucke-
> reien oder des Buchhandels,
> Postverbote oder andere
> Hemmungen des freien Verkehrs
> beschränkt, suspendiert oder
> aufgehoben werden.«

Bei der so genannten **Mammutrotationspresse,** die der Amerikaner Robert Hoe konstruiert hatte, waren zehn kleinere Zylinder mit den Druckformen um einen großen Druckzylinder angeordnet. Zehn Arbeiter mussten die Bogen auflegen, damit die 30 Tonnen schwere Maschine 20 000 Bogen in einer Stunde einseitig bedrucken konnte.

gen erschienen zunächst wöchentlich, um die Mitte des 17. Jahrhunderts schon täglich. Für die Korrespondenten wie für die Drucker lag es nahe, weitere zahlende Abnehmer für Nachrichten und Informationen zu gewinnen. Zum Massenmedium konnte die periodische Presse allerdings erst werden, als Post und Buchdruck schnell genug waren, um die Nachrichtenblätter rasch und in ausreichender Anzahl herzustellen und zu verbreiten. Mit den Postboten, die die Auslieferung der Zeitungen übernahmen, fand sich erstmals auch eine Möglichkeit, die Verteilung von Massenschriftsachen regelmäßig und zuverlässig zu gewährleisten. Schon seit dem letzten Drittel des 17. Jahrhunderts wurden die Zeitungen durch periodisch erscheinende Zeitschriften ergänzt, die nicht in erster Linie Informationen, sondern gelehrte Instruktionen, Kritiken und Rezensionen enthielten. Im Laufe des 18. Jahrhunderts hielt mit dem so genannten gelehrten Artikel das Räsonnement Einzug in die Tagespresse. Trotz vieler Zensurversuche entwickelte sich die Presse zu einem Medium, in dem und mit dem die Öffentlichkeit der lesenden und schreibenden Privatleute den Staat zur Rechenschaft ziehen konnte. Die öffentliche Meinung entwickelte sich zu einem machtvollen Gegengewicht zu den Interessen des Staates.

Seit dem 17. Jahrhundert wurden periodische Nachrichtenblätter gedruckt und mit der Post an eine wachsende Leserschaft verteilt. Die »massenhafte« Versorgung von Millionen von Lesern mit »täglichen« Informationen, mit Unterhaltung und Werbung wurde aber erst durch die Kombination verschiedener neuer Techniken möglich, allem voran durch die im 19. Jahrhundert entwickelte Rotationsdruckmaschine, durch den Ausbau der Verkehrsinfrastruktur und die Einführung neuer Massentransportmittel wie der Eisenbahn. Der gesellschaftliche Durchbruch der Massenpresse und ihrer technisch-ökonomischen Grundlagen ist ein Produkt und Ergebnis der industriellen Revolution, die, von Großbritannien ausgehend, im 18. und 19. Jahrhundert große Teile Kontinentaleuropas und Amerikas erfasste. Die Industrialisierung mit ihrem wachsenden Bedarf an gut ausgebildeten Arbeitern förderte die Alphabetisierung der Gesellschaft über alle Standes- und Klassengrenzen hinweg. Die Industriegesellschaft ist eine städtische Gesellschaft und eine Bildungsgesellschaft.

Die Presse als Massenmedium

1810, einige Jahre nach der Französischen Revolution, die eine ungeheure Nachfrage nach politischen und kulturellen Informationen ausgelöst hatte, erfand Friedrich Gottlob Koenig die erste Druckmaschine, die so genannte Schnell-

presse. Die Kombination dieser Technik mit der Dampfmaschine als Kraftantrieb schuf die Grundlage für den endgültigen Durchbruch der großindustriellen Massenpresse.
1845 erhielt der Amerikaner Richard M. Hoe das Patent für
die erste moderne Rotationspresse. 1851 gelang es dem britischen Konstrukteur Thomas Nelson, die Rotationsmaschine
für den Druck von »endlosen« Papierrollen einzurichten.

In Deutschland wurde die erste **Rotationsmaschine für den Buchdruck**
1873/74 im Bibliographischen Institut in
Leipzig eingesetzt. Über die große Rolle
(rechts) wurde das Papier »endlos«
zugeführt. Die Papierbahnen konnten
dann beidseitig bedruckt und schließlich
in dem angeschlossenen Falzapparat
(links) auf das gewünschte Format
gebracht werden.

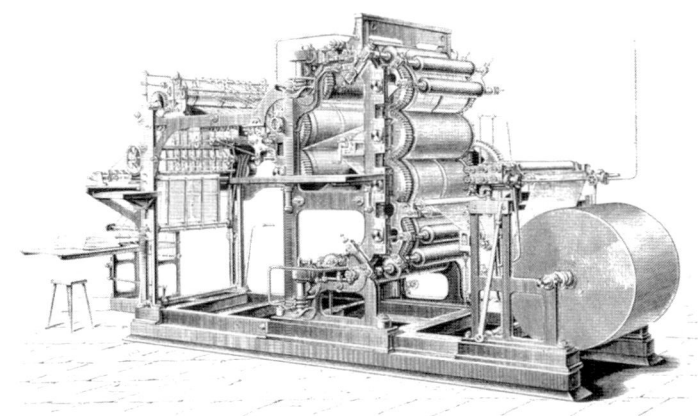

Die technischen Voraussetzungen für die Entwicklung der
gedruckten Massenmedien trafen auf eine Informations-
und Kommunikationskultur, die sich in ihren Grundzügen
bereits seit dem Ende des Mittelalters ausgebildet hatte. Die
auf der modernen Maschine und den Strukturen der großindustriellen Massenproduktion beruhende massenhafte
Vervielfältigung von Texten und Bildern spiegelt die Dynamik der politischen und der industriellen Revolutionen in
Europa und Amerika wider.
   Die Geschichte der Entstehung des Massenmediums
Zeitung verdeutlicht, dass die Technologieentwicklung
ein sozialer Prozess ist, in dem Kultur, Gesellschaft und
Ökonomie auf das Tempo und die Richtung technischer
Entwicklungen einwirken und gleichzeitig von technologischen Veränderungen stimuliert werden. Im Begriff Presse,
der sowohl auf die Erfindung der technischen Vervielfältigung von Texten als historischem Meilenstein verweist als
auch die einflussreiche Personengruppe bezeichnet, die sich
der Druckerpresse als technischem Machtmittel bediente
und heute die »neuen« Medien wie Radio, Fernsehen und
Internet beherrscht, zeigt sich zum ersten Mal öffentlich,
dass die Produktion und Verteilung von Wissen eine Quelle
der Macht ist.
               CHRISTIANE BENDER & HANS GRASSL

Die Fotografie hat das, was das Privileg weniger war, allen möglich gemacht: das eigene Bild dem Wandel der Zeit zu entreißen.

Die Fotografie

Es gibt neben dem Buchdruck wohl kaum eine andere Erfindung, die unsere Wahrnehmung und unser Verständnis von der Welt so tief greifend verändert hat, wie die Fotografie. Der fotografische Blick macht jedes Ereignis global verfügbar und verknüpft es zu einem dichten Informationsnetz, das Aufklärung und Wissen bis in die entlegensten Winkel der Welt verbreitet. Doch führt die Fülle der Bilder und Fakten auch zu einer Abstumpfung, die nach immer stärkeren Reizen ruft, wie an den aggressiven Werbekampagnen einiger Firmen deutlich wird. Technische Bilder sind außerdem extrem manipulierbar, was einer neuen Form gesellschaftlicher Verzerrung und Verschleierung Vorschub leisten kann, die mit der ursprünglichen Absicht der Fotografie, nämlich das wahre Abbild der Wirklichkeit zu zeigen, weiter nichts gemeinsam hat als eine technische Grundlage.

Die Erkenntnis, dass Licht abbildende Funktion haben kann, hatten bereits um 1000 arabische Wissenschaftler bei der Erfindung der Camera obscura, eines einfachen Holzkastens mit Lochblende und Glasplatte, auf der ein umgekehrtes Abbild zu sehen war. Dieses Gerät diente noch bis ins 19. Jahrhundert hinein den Malern als Hilfsmittel für die Kompositionszeichnung. Doch erst um 1800 begannen verschiedene Forscher, angeregt unter anderem durch die Entdeckung hoch empfindlicher Silbersalze 1727 durch Johann Heinrich Schulze, an der Fixierung der flüchtigen Bilder zu arbeiten, um eine schnelle, billige mechanische Methode zur Herstel-

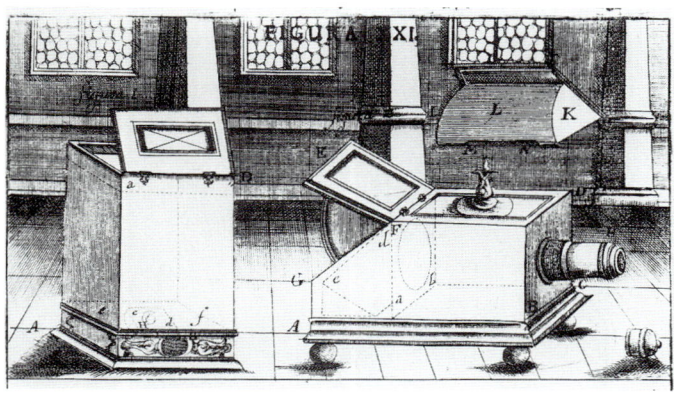

Die **Camera obscura** diente holländischen Malern im 17. Jh. als Hilfsmittel. Durch ein Linsenobjektiv projizierten sie die Außenwelt auf eine Mattscheibe; das so erzeugte Kopf stehende, seitenverkehrte Bild konnte nachgezeichnet werden.

lung und Vervielfältigung von Bildern zu erhalten. Nach zahllosen Versuchen gelang es 1826 Joseph Nicéphore Niepce, den Blick aus seinem Arbeitszimmer auf einer Zinnplatte mit acht- bis zehnstündiger Belichtung festzuhalten. Im gleichen Jahr entwickelte er ein Verfahren zur Fertigung einer Druckplatte, die sich ätzen ließ und von der Papierabzüge hergestellt werden konnten: die Heliographie. Sein Partner Louis Jacques Mandé Daguerre entdeckte 1835 ein Entwicklungsverfahren, bei der mit Jod sensibilisierte Silberplatten durch Quecksilberdämpfe belichtet wurden. Nach seinem Erfinder nannte man es Daguerreotypie. Zwei Jahre später gelang es Daguerre, diese Jodsilberbilder durch eine Kochsalzlösung beständig zu machen.

Am 19. August 1839 wurde der Ankauf dieser Erfindung durch den französischen Staat als »Geschenk an die Menschheit« bekannt gegeben. Da die Daguerreotypie noch 3 bis 45 Minuten Belichtungszeit benötigte, wurden nur Stillleben und Atelieraufnahmen gemacht, bis es um 1841 möglich war, mithilfe von lichtstärkeren Objektiven, kleineren Formaten und Bromsilber auch Porträts aufzunehmen. Daguerreotypien waren bis 1860 gebräuchlich, hatten aber den Nachteil, immer nur Unikate zu sein.

Die Alternative zu Daguerreotypien war ab 1841 die von William Henry Fox Talbot erfundene Calotypie, ein Papierverfahren mit Fixierung durch Kochsalz, später mit Fixiernatron im Negativ-Positiv-Verfahren. Es entstanden »Salzbilder«, das heißt farbig übermalte Papierbilder, außerdem erste Bücher mit Kupfer- und Stahlstichen sowie Lithographien von Stadtansichten nach Daguerreotypien oder mit eingeklebten Papierbildern. Talbot selbst gab 1844 ein erstes ganz mit Fotografien illustriertes Buch heraus.

Neue Verfahren

1850 gilt als Beginn der »Gewerbezeit« der Fotografie. Die Glasplatte mit der Kollodiumschicht wurde als Negativträger ab 1851 eingeführt. Bei diesem Nassverfahren musste die lichtempfindliche Schicht am Ort der Aufnahme aufgegossen, belichtet und sofort entwickelt werden, was eine komplette Dunkelkammerausrüstung mitsamt Zelt erforderte. Das meist großformatige Negativ wurde bei Tageslicht auf glänzendem gelblich braunem Albuminpapier kopiert, wie es für die Fotografie im 19. Jahrhundert typisch ist. Der aufwendige Prozess beschränkte das Fotografieren immer noch auf Berufsfotografen.

Beliebt waren damals Visitenkartenbilder. Mit einer vierlinsigen Kamera wurden auf einer Platte acht Porträts in verschiedenen Stellungen aufgenommen. Die herausgeschnittenen Einzelbilder wurden dann auf Karton aufgezogen. Ab

Louis Jacques Mandé Daguerre entdeckte ein nach ihm benanntes fotografisches Verfahren: 1837 entstand die erste **Daguerreotypie**, ein Stillleben mit Gipsabgüssen. Bei diesem Verfahren wurden Kupferplatten mit jodierten Silberschichten in der Kamera belichtet. Bei der anschließenden Entwicklung entstanden an den belichteten Stellen Aufhellungen, die mit Kochsalz und später Natriumthiosulfat sichtbar gemacht wurden.

Über die Möglichkeiten der **Amateurfotografie** äußert sich das Pfennig-Magazin in einer Ausgabe von 1839 zurückhaltend:

»Allerdings bedarf man zur Hervorbringung von Bildern dieser Art nicht der mindesten Übung im Zeichnen, dafür muss man aber mit mancherlei technischen Operationen und Manipulationen, auf deren genaue Ausführung viel ankommt, desto vertrauter sein. Das Verfahren ist so kompliziert, dass es vielleicht zwanzigmal misslingt, ehe es einmal gelingt.«

Nachdem die fotografischen Verfahren der Anfangszeit sehr aufwändig und an das Atelier gebunden waren, ermöglichte die Fortentwicklung der **Kamera** immer breitere Einsatzmöglichkeiten (Reisekamera der Firma Agfa im Holzgehäuse).

Als der amerikanische Erfinder George Eastman 1888 eine kleine und leichte, einfach zu bedienende Kamera auf den Markt brachte, verließ die Fotografie die weihevolle Atmosphäre des Ateliers. Fortan konnte jeder **Amateurfotograf** »Schnappschüsse« für das Familienalbum knipsen.

1860 übernahm die Fotografie neben dem gedruckten Wort die heute selbstverständliche Funktion als Informations- und Bildungsträger für die neue Massen- und Industriegesellschaft. Der Lichtdruck ermöglichte ab 1868 die Herstellung größerer Mengen von Positiven innerhalb kurzer Zeit und somit auch die Herstellung von Büchern mit Kunstreproduktionen und Porträts. Der britische Arzt Richard Leach Maddox brachte lichtempfindliche Bromsilbergelatine-Platten auf den Markt, die die aufwendige Vorbereitung der Fotoaufnahme abkürzten. Cellulosenitrat wurde 1887 als flexibler Schichtträger entdeckt, wodurch auf einem Band eine Reihe von Aufnahmen gemacht und der Rollfilm bei Tageslicht aus der Kamera genommen werden konnte. Ende des 19. Jahrhunderts waren die Voraussetzungen für die moderne Fotografie geschaffen: Mobilität, universelle Einsetzbarkeit, leichte Bedienbarkeit.

Die Dokumentarfotografie und die Fotoreportage begannen Bilder von den entlegensten Schauplätzen massenhaft zu verbreiten. Die ab 1920 enorm zunehmende Amateurfotografie erfüllte den Wunsch, alle wichtigen privaten Ereignisse zu dokumentieren, und eröffnete einen neuen, schnell wachsenden Markt, der heute mit der Erfindung der digitalen Kamera und den Bearbeitungsmöglichkeiten am Computer eine weitere Dimension erreicht hat.

Fotografie und Kunst

Das Verhältnis zwischen Fotografie und Kunst blieb lange problematisch. Da die Fotografie in erster Linie eine vorhandene Wirklichkeit abbildet, wurde ihr der Kunststatus zunächst verweigert, obwohl bereits in der Pionierzeit der Fotografie bedeutende Fotokünstler wie Antoine Claudet, Nadar, William E. Kilburn auftraten. Ab Mitte des 19. Jahrhunderts benutzten viele bildende Künstler Fotomaterial als Kompositionsvorlagen, am intensivsten wohl Edgar Degas.

Fotografie als Kunstrichtung zu betrachten setzte aber erst mit den Piktoralisten des 19. Jahrhunderts ein, die sich an Motiven der Jugendstilmalerei orientierten. Mit ihnen etablierten sich ein höherer Qualitätsstandard und neue Akzente in der Porträtfotografie. In New York begründete Alfred Stieglitz Anfang des 20. Jahrhunderts seine Galerie »291« und die Zeitschrift »Camera Work«, die sich als Forum der Piktoralisten verstand. Neben der Kunstfotografie entwickelte sich um 1900 eine sozialkritische Dokumentarfotografie, zu deren Hauptvertretern Jean-Eugène-Auguste Atget in Paris, Heinrich Zille in Berlin, Giuseppe Primoli in Rom und Paul Martin in London sowie Lewis W. Hine und Jacob Rijs in New York zählen. Ihr endgültiges Selbstverständnis fand die Fotografie durch die Anerkennung führender Kunsttheoretiker wie Walter Benjamin, die in der kühlen Funktionalität der Lichtbilder das eigentliche, authentische

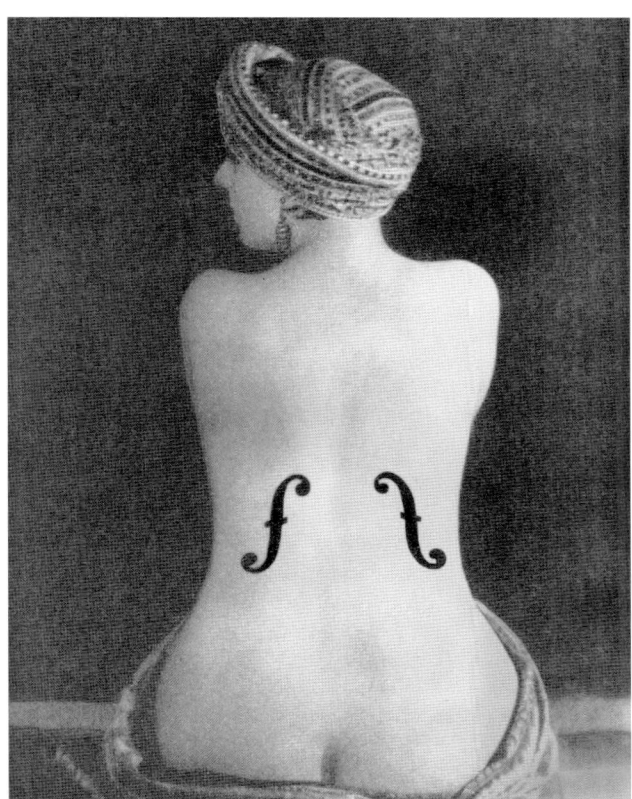

Für die Komposition »**Le violon d'Ingres**«
retuschierte Man Ray 1924 zwei Schalllöcher
auf die Fotografie eines weiblichen Rückenakts.
Er entwickelte auch das Rayogramm, bei dem
Objekte auf Fotopapier gelegt und angestrahlt
werden.

Bildmedium des 20. Jahrhunderts sahen, geprägt von Fortschritt und Wissenschaft. Das Medium selbst wurde in den
20er-Jahren am Bauhaus wie in den russischen Kunstwerk-
stätten experimentell erforscht und künstlerisch verfremdet, es entstanden so genannte Fotogramme, Rayogramme
und Fotomontagen.

Die avantgardistische Kunst der 60er- und 70er-Jahre, etwa Fluxus, Land Art und Concept Art, integrierte die Fotografie als notwendigen Bestandteil ihrer Kunstauffassung.
Viele Künstler bedienen sich heute der Fotografie zur Reali-
sation ihrer eigenen Ideen: Das Foto wird von Arnulf Rainer
übermalt, zerschnitten und neu montiert von Ger Dekkers,
Joseph Kosuth, David Hockney und wirkt auf Fotografen
wie Floris M. Neusüss, Robert Häuser und Duane Michaels
zurück. Neue Techniken machen die Fotografie mehr denn je
zu einem eigenständigen künstlerischen Medium.

HAJO DÜCHTING

Die erste Lokomotive

Das Ziel von James Watt bestand in der Optimierung der Be-triebstauglichkeit der direkt wirkenden Dampfmaschine, die stationär, also ortsfest, gebaut wurde, um anfangs als Pumpmaschine das Grubenwasser in englischen Bergwerken zu entfernen. Mit fortschreitender Verbesserung und Steigerung des Wirkungsgrads wurde die Dampfmaschine als zentrales Antriebsaggregat in Textilmanufakturen und später in den verschiedensten Fabriken eingesetzt.

Die ersten Versuche, die Dampfmaschine als Antrieb für Transportmittel zu nutzen, fanden in der zweiten Hälfte des 18. Jahrhunderts statt, zu einer Zeit, als die Newcomen-Maschine sich in Großbritannien zu bewähren begann und James Watt entscheidende Verbesserungen an ihr vornahm. 1769 baute in Frankreich im Auftrag und auf Kosten der Regierung der Artillerieoffizier Nicolas Joseph Cugnot einen kleinen dreirädrigen Dampfwagen. Der Wagen konnte nur wenige Minuten in Betrieb bleiben und kam über eine Geschwindigkeit von 4 km/h nicht hinaus. Trotz allgemeiner Unzufriedenheit wurde Cugnot beauftragt, einen größeren Dampfwagen zum Transport schwerer Geschütze zu bauen. Das 1770 betriebsfähige dreirädrige Fahrzeug besaß einen vor dem Vorderrad hängenden Kessel und zwei einfach wirkende Zylinder, deren Kolben auf das Triebrad wirkten. Durch Drehen der Vorderachse ließ sich der Wagen vom Führersitz aus lenken, dabei mussten die Maschine und der Dampfkessel mitbewegt werden. Der Dampfwagen verunglückte bei der Jungfernfahrt; weitere Arbeiten wurden wegen damals technisch unlösbarer Probleme, die Gewicht, Material, Steuerung und Dichtungen betrafen, nicht mehr ausgeführt.

Die 1801 und 1803 von Richard Trevithick gebauten Dampfwagen, bei denen der Kessel einen Dampfdruck von vier Atmosphären, also Dampfhochdruck, lieferte, funktionierten im Allgemeinen besser; der Durchbruch blieb ihnen jedoch wegen der schlechten Straßenverhältnisse versagt. Einen weitaus überzeugenderen Beweis, die hin- und her-

Nicolas Joseph Cugnot baute im Auftrag der französischen Regierung die ersten **Dampf-wagen,** die auf Straßen als Transportfahrzeuge genutzt werden sollten. Der Dampfwagen hatte drei Räder, eine Plattform für die Lasten und einen Dampfkessel (Nachbildung im Deutschen Museum in München).

gehende Bewegung des Kolbens im Zylinder in eine Dreh-
bewegung umzusetzen und damit ein Transportmittel zu-
friedenstellend zu bewegen, gelang dem Amerikaner Robert
Fulton. 1807 präsentierte er den Einsatz der Dampfmaschine
in einem Schiff als Schaufelradantrieb und begründete damit
die Anfänge der Dampfschifffahrt. Sein 43 m langes Dampfschiff »Clermont«, ausgerüstet mit einer Maschine von
Boulton & Watt, unternahm 1807 die erste Fahrt auf dem
Hudson River von New York nach Albany.

Das erste funktionsfähige **Dampfschiff** erbaute
der amerikanische Ingenieur Robert Fulton. Die
Jungfernfahrt der »Clermont« am 17. August
1807 auf dem Hudson River zwischen New York
und Albany zeigt ein zeitgenössischer
kolorierter Holzstich.

Von der spurgeführten Dampfmaschine zur Lokomotive

Nach dem Scheitern des straßentauglichen Dampfwagens
wandte sich Trevithick den spurgeführten Kolbendampf-
maschinen zu. Er wies nach, dass die Reibung der Räder auf
eisernen Schienen genügte, um bedeutende Lasten selbst auf
Steigungen zu befördern. Seit 1767 wurden in britischen
Gruben gusseiserne U-Schienen verwandt. Als Trevithick
seine erste Schienenlokomotive entwickelte, gab es bereits
eine Reihe von Eisenbahnen, die jedoch alle mit Pferden
oder ortsfesten Dampfmaschinen und Seilzug betrieben
wurden. Noch 1817, als die Bahnstrecke zwischen Stockton-
on-Tees und Darlington gebaut wurde, war man von einem
Betrieb mit Dampflokomotiven nicht restlos überzeugt,
da es immer noch eines überzeugenden Beweises für die
Betriebstauglichkeit einer spurgeführten Kolbendampf-
maschine im Eisenbahnalltag bedurfte.

Trevithick erhielt 1803 von den Pennydarren Eisenwer-
ken den Auftrag, eine Lokomotive für die Werkseisenbahn
zu bauen, deren Strecke über 13,5 km zum Verladeplatz an einem Kanal führte. Sein Fahrzeug »Invicta« besaß einen
Flammrohrkessel mit innen liegendem Feuerraum für einen
hoch gespannten Dampfdruck von 3 bar. Im oberen Teil des
Kessels war ein Zylinder waagerecht eingebaut. Der Kolben
arbeitete über einen Kreuzkopf auf ein großes Schwungrad,
von dem aus über zwei weitere Zahnräder die beiden Achsen

Der »**Quarterly Review**« schrieb 1829 als
Antwort auf George Stephensons Behauptung,
er könne eine 32 km/h schnelle Lokomotive
bauen:

> »*Selbst wenn man allen Versiche-*
> *rungen Glauben schenken*
> *wollte, könnte man doch eher*
> *annehmen, dass die Einwohner*
> *von Woolwich sich auf einer*
> *congreveschen Rakete abfeuern*
> *ließen, als dass sie sich einer so*
> *schnell fahrenden Maschine*
> *anvertrauten.*«

Als Urform aller späteren Dampflokomotiven gilt die von George Stephenson und seinem Sohn Robert konstruierte »Rocket«. Mit ihr gewannen die Stephensons am 8. Oktober 1829 den Wettbewerb auf der unter ihrer Leitung erbauten Bahnstrecke zwischen Liverpool und Manchester.

Für die erste Eisenbahn Deutschlands, die 1835 zwischen Nürnberg und Fürth Personen beförderte, wurde eine Lokomotive aus England importiert. Die 1823 in Newcastle gegründete Lokomotivenfabrik Stephenson baute den »Adler« (Nachbildung im Verkehrsmuseum in Nürnberg). Die Lokomotive war über 7 m lang und brachte es auf etwa 40 Pferdestärken. Der Eröffnungszug bestand aus neun Wagen, die ungefähr 200 Personen fassten.

angetrieben wurden. Die »Invicta« zog Lasten von 10 Tonnen mit einer maximalen Geschwindigkeit von 8 km/h, darüber hinaus konnte sie durch Aufbocken auch anderen Zwecken dienstbar gemacht werden. Das Reibungsproblem innerhalb des Rad-Schiene-Komplexes konnte noch nicht dauerhaft gelöst werden. Auch erwies sich die Kraftübertragung mittels Zahnräder als eine Entwicklung in die »Sackgasse«. Es ist Trevithicks Verdienst, die erste funktionsfähige Dampflokomotive entwickelt zu haben. Mit seiner Entscheidung zur Anwendung des hochgespannten Dampfes, gegen das Niederdruck-Dampfmaschinenmonopol von James Watt, wirkte er bahnbrechend für die weitere Entwicklung der Dampflokomotive.

Der 1813 von William Hedley, dem britischen Ingenieur der Wylam-Kohlengrube bei Newcastle, gebaute »Puffing Billy« gilt als erste alltagstaugliche Lokomotive; sie soll bis 1862, also fast 50 Jahre ihren Dienst getan haben.

Der Dampflokwettbewerb in Rainhill

George Stephenson arbeitete sich durch Selbststudium zum Heizer, Maschinenmeister und später bis zum Ingenieur hoch und war in Killingworth auf einer Kohlengrube tätig. Als Praktiker unternahm er in den Werkstätten der Kohlengrube mannigfaltige Versuche, die Dampflokomotive nachhaltig zu verbessern; der durchschlagende Erfolg blieb ihm vorerst versagt. In Verbindung mit der Stockton-Darlington-Bahn gründete Stephenson 1823 unter der Firma seines Sohnes Robert in Newcastle eine Lokomotivenfabrik. George Stephenson widmete sich nun ganz dem Lokomotivenbau. Dabei kamen ihm seine langjährigen Kontakte zu Henry Booth, dem Sekretär der sich im Bau befindlichen Manchester-Liverpool-Eisenbahn, zugute. Über Booth gelang es Stephenson, das Direktorium von dem geplanten Betrieb mit Pferden und Seilen abzubringen und schließlich ein Preisausschreiben zur Wahl der besten Dampflokomotive zu veranstalten.

Etwa 10 000 Zuschauer umsäumten am 8. Oktober 1829 den für den Wettbewerb freigegebenen Streckenabschnitt auf der Manchester-Liverpool-Eisenbahn. Die Maschinen der Mitbewerber fielen bald aus, und Stephensons »Rocket« wurde der Preis zuerkannt. Sie zog einen Zug von 19,4 Tonnen mit 21,5 km/h und erreichte mit einem von 36 Personen besetzten Wagen sogar eine Geschwindigkeit von 46 km/h. Die »Rocket« besaß erstmals einen Röhrenkessel und eine wasserumspülte Feuerbüchse. Der zylindrische Kessel wies 25 Heizrohre auf, war 1,83 m lang und 1,02 m breit. Seine Heizfläche betrug 12 m², die Rostfläche hatte eine Größe von 0,56 m², und der Dampfdruck erreichte 3,5 bar. Der Auspuff wurde durch ein Blasrohr zum Schornstein geleitet und diente zur Feueranfachung. Die Zylinder waren schräg am Langkessel angebracht; die Kolben trieben über

Kurbelstangen die vordere Treibachse. Die Zylinder besaßen
240 mm Durchmesser, der Kolben hatte 300 mm Hub. Die
»Rocket« wog leer kaum mehr als 3 Tonnen, und ihre
Treibräder hatten einen Durchmesser von 1220 mm. Sie
gilt als die erste streckentaugliche Dampflokomotive der
Welt.

Im Amerikanischen Bürgerkrieg
(1861–1865) spielte die Eisenbahn
erstmals eine entscheidende Rolle bei der
Mobilmachung und Verlegung von
Soldaten. Seitdem kam den Schienenwegen
für **Truppen- und Materialtransporte**
große Bedeutung zu.

Am 15. September 1830 fuhr dann ein verbesserter
»Rocket«-Typ bei der Betriebseröffnung auf der Manchester-
Liverpool-Bahn. Damit die starken Nickschwingungen und
der unruhige Lauf minimiert werden konnten, erweiterte
Stephenson die Achsfolge seiner Lokomotiven durch Hin-
zufügen einer weiteren Laufachse. So entstand die Achs-
anordnung 1A1, das heißt die Treibachse lag in der Mitte,
eingerahmt von einer vorderen und einer hinteren Laufachse.

Stephenson lieferte in alle Welt; der am 7. Dezember
1835 fahrende »Adler« zwischen Nürnberg und Fürth belegt
den Technikimport aus Großbritannien. Erst in den 1840er-
Jahren gewann der deutsche Lokomotivenbau mehr an Bedeutung.

HARTMUT H. KNITTEL

Die Narkose

Vor Entdeckung wirksamer Narkosemittel konnte schon das Ziehen eines Zahnes heftigste Schmerzen bereiten.

Schon immer haben Menschen versucht, Schmerzen mit Medikamenten zu lindern. Opiumhaltige Extrakte aus dem Mohn, Auszüge aus Bilsenkraut und der Alraune werden seit dem Altertum als Schmerzmittel verwendet. Das Mittelalter kannte Schlafschwämme, die mit einer opiumhaltigen Mischung getränkt waren und vor einer Operation eingesetzt wurden. Im Laufe der Jahrhunderte gerieten sie allerdings außer Gebrauch, und ab dem 16. Jahrhundert wurden chirurgische Eingriffe wie die Amputation von Gliedmaßen ohne jede Narkose durchgeführt. 1839 befand ein französischer Chirurg: »Schmerz bei Operationen vermeiden zu wollen, ist ein utopischer Traum, den wir heute nicht mehr hegen dürfen.« Er irrte sich – nur sieben Jahre später fand die erste öffentliche Operation unter Narkose statt.

Der Bostoner Narkosetag

Am Freitag, den 16. Oktober 1846, warteten der Chirurg John C. Warren, sein Patient und ein großes Publikum in Boston auf den Zahnarzt William Thomas Green Morton. Morton wollte an diesem Tag eine Technik öffentlich demonstrieren, die er bis dahin nur in seiner Praxis erprobt hatte, nämlich die Narkotisierung eines Patienten durch Äther. Die schmerzstillende Wirkung von Äther und auch von Lachgas war zwar schon verschiedentlich bemerkt worden, aber bis in die 40er-Jahre des 19. Jahrhunderts zog man daraus keine Konsequenzen für die Medizin. Vor Morton hatte bereits ein anderer Zahnarzt, Horace Wells, unter Lachgasnarkose Zähne gezogen. Sein Versuch, die neue Technik Anfang 1845 öffentlich zu machen, brachte ihm jedoch nur Spott ein, er hatte wahrscheinlich das Gas zu gering dosiert, und der Patient schrie vor Schmerz. Einer der Zuschauer dieser missglückten Demonstration war Morton.

Er stellte nun seine eigenen Experimente an und wagte sich im Oktober 1846 an die Öffentlichkeit. Sein Versuch gelang, Morton narkotisierte den Patienten, und der Chirurg Warren entfernte einen Tumor am Hals, ohne dass der Patient die geringste Äußerung des Schmerzes von sich gab. Die Anwesenden erkannten die revolutionäre Bedeutung des Geschehens: Operationen verloren für die Patienten nun

Voller Begeisterung schreibt der Chirurg **Johann Friedrich Dieffenbach** in seinem Werk »Der Äther gegen den Schmerz« von 1847:

> »Der Schmerz, diese deutlichste Empfindung der Unvollkommenheit unseres Körpers, hat sich beugen müssen vor der Macht des menschlichen Geistes.«

viel von ihrem Schrecken. Chirurgen gewannen durch die Narkose neue Handlungsfreiheit; während es bisher vor allem darauf ankam, so schnell wie möglich zu operieren, konnten sie nun am bewusstlosen Patienten langsamer und sorgfältiger arbeiten. Operationen im Brust- und Bauchbereich wurden durch die Narkose überhaupt erst möglich gemacht. Innerhalb kürzester Zeit verbreitete sich die Äthernarkose in weiten Teilen der Welt. Schon bald wurden auch andere Substanzen auf ihre Brauchbarkeit als Narkotika getestet, und 1847 wurden die ersten Operationen mit Chloroform durchgeführt. Chloroform wurde schnell populär, da es einen angenehmeren Geruch als Äther hat und keinen Hustenreiz auslöst. Bekannt wurde es vor allen Dingen durch den Umstand, dass die britische Königin Viktoria sich bei zwei Geburten Chloroform geben ließ. Allerdings traten bei Chloroformnarkosen auch vermehrt Todesfälle auf. Lachgasnarkosen wurden erst verbreitet eingesetzt als die Narkoseapparate verbessert wurden und eine Mischnarkose mit Lachgas, Sauerstoff und Äther möglich wurde.

›**Die Holzhammernarkose**« (Karikatur von Honoré Daumier, 1840) – heute nur noch als Redensart geläufig!

Kokain, Morphin und Aspirin

Die Risiken einer Vollnarkose waren im 19. Jahrhundert nicht unbeträchtlich, da der damalige Stand der Technik eine genaue Dosierung der Gase nicht erlaubte. Daher suchten verschiedene Forscher nach eine Substanz, die eine lokale Betäubung ermöglichte. Kokain, ein Extrakt aus den Blättern des Kokastrauchs, war schon lange bekannt. Verschiedene Forscher hatten auch schon festgestellt, dass Kokain örtliche Gefühllosigkeit hervorruft, aber erst 1884 wurde es als lokales Betäubungsmittel bei einer Augenoperation eingesetzt: Der Wiener Augenarzt Karl Koller operierte einen grauen

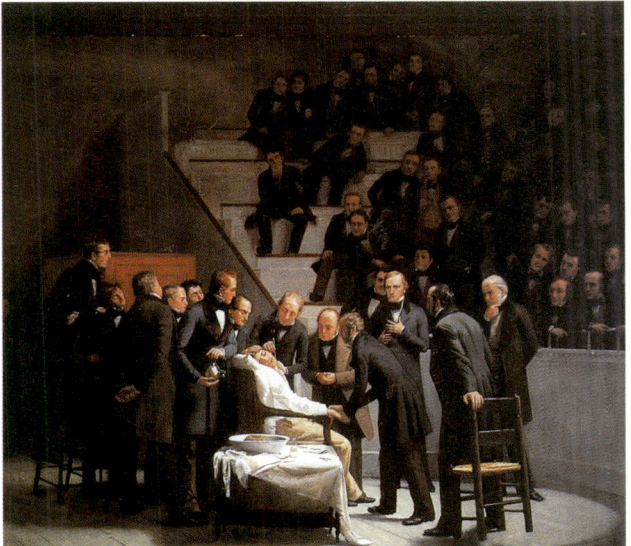

In seinem fast 2,5×3 m großen Gemälde »**Die erste Operation mit Äther**« folgte Robert C. Hinckley den Schilderungen des Chirurgen John C. Warren, der am 16. Oktober 1846 einem narkotisierten Patienten einen Tumor am Hals entfernt hatte (1881–94; Boston, Francis A. Countway Library of Medicine).

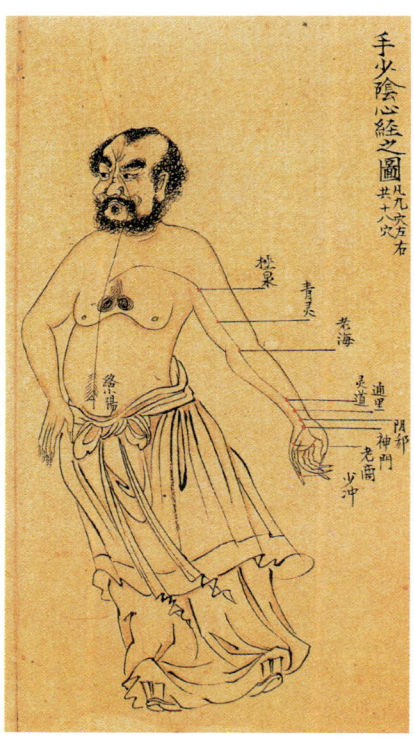

Die seit etwa vier Jahrtausenden in China angewendete **Akupunktur** wird im 17. Jh. erstmals in westlichen medizinischen Schriften erwähnt. Anwendung findet die Akupunktur heute besonders bei funktionellen Störungen wie Migräne oder Asthma, bei Alkohol- und Raucherentwöhnung; sie eignet sich aber auch zur Schmerzausschaltung bei medizinischen Eingriffen. Eine chinesische Malerei zeigt einige der mehr als 360 festgelegten Reiz- oder Akupunkturpunkte.

Star unter Kokainbetäubung. Die Lokalanästhesie durch Kokain erregte großes Aufsehen und wurde innerhalb kurzer Zeit in anderen Ländern übernommen. Sehr bald versuchte man auch, Operationen an anderen Körperteilen mithilfe örtlicher Betäubung durchzuführen, so verwendeten Ärzte im Hals-Nasen-Ohren-Bereich, in der Zahnheilkunde, der Urologie und der Gynäkologie die neue Technik. Der New Yorker Chirurg William Stewart Halsted kam auf die Idee, einzelne Nerven zu blockieren, indem er das Betäubungsmittel in die Nähe des Nervs spritzte. Diese Leitungsanästhesie unterbrach die Nervenleitung zwischen dem Körperteil, der operiert wurde, und dem Gehirn. Carl Ludwig Schleich führte die Infiltrationsanästhesie ein, bei der das Betäubungsmittel in tiefere Gewebsschichten injiziert wird. August Bier führte die erste Spinalanästhesie durch; er injizierte die Kokainlösung in den Rückenmarkskanal und erreichte so eine völlige Betäubung der unteren Gliedmaßen. Kokain war zwar ein wirksames Schmerzmittel, aber es hatte gefährliche Nebenwirkungen. Vor allem machte es süchtig. Man versuchte daher, Ersatzstoffe für Kokain zu finden, und das 1905 erstmals hergestellte Novocain verdrängte Kokain bald völlig.

Schmerzen sind jedoch nicht nur ein Problem bei Operationen, sie sind Begleiterscheinung vieler Krankheiten und können, wenn sie chronisch werden, selbst eine Krankheit sein. Opium ist eines der ältesten Mittel zur Schmerzbekämpfung. Der im Opium wirksame Stoff, das Morphin, wurde 1804 von dem Apothekergehilfen Friedrich Wilhelm Adam Sertürner entdeckt. In Deutschland wurde Morphin allerdings erst im zweiten Drittel des 19. Jahrhunderts zunehmend als Schmerzmittel verordnet, dabei spielte nicht zuletzt sein hoher Preis eine Rolle. Mit der Einführung der Injektionsspritze durch Charles Gabriel Pravaz 1853 beschleunigte sich seine Verbreitung, denn nun konnte es in geringerer Dosierung verabreicht werden und wirkte zudem schneller. Wie bei Kokain besteht auch bei Morphin das Problem der Suchtgefahr. Heute weiß man allerdings, dass bei richtigem therapeutischen Einsatz keine Abhängigkeit eintritt, und Morphin gehört weiterhin zu den wichtigsten Mitteln zur Bekämpfung sehr starker Schmerzen.

Ein anderer Meilenstein in der Geschichte der medikamentösen Schmerzbekämpfung ist die Entwicklung des Aspirins. Der Grundstoff für Aspirin ist Salizin, eine Substanz, die in Weidenrinde vorkommt, und in der Tat wurde Weidenrinde schon im Altertum gegen Schmerzen und Fieber verwendet. Aus Salizin gewann man zunächst Salicylsäure, die schmerzlindernd, fiebersenkend und antirheumatisch wirkt, aber erhebliche Nebenwirkungen aufweist. Die Suche nach einem verwandten Stoff mit geringeren Nebenwirkungen ging daher weiter. Acetylsalicylsäure war schon 1853 vom Chemiker Charles Gerhard hergestellt worden, ihr the-

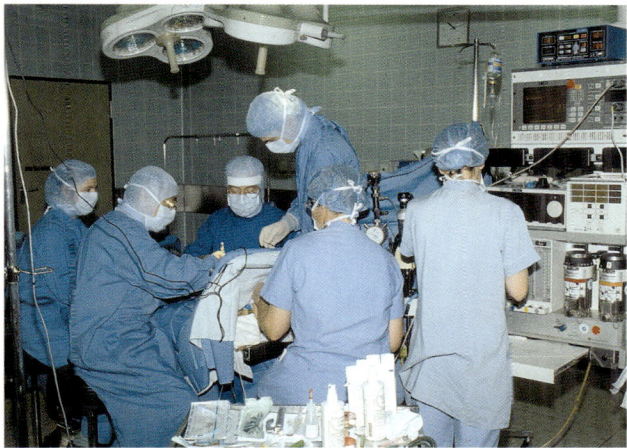

Vorbereitung und Durchführung der Narkose
sowie die Überwachung in der Aufwachphase
gehören zu den Aufgaben des **Anästhesisten.**
Die heute angewendeten Hauptverfahren sind
die Injektionsnarkose und die Inhalations-
narkose, meist in Form einer Verbindung beider.

rapeutischer Nutzen aber wurde erst gegen Ende des Jahrhunderts durch die Untersuchungen verschiedener chemischer Fabriken erkannt. Bei Bayer war es der Chemiker Felix
Hoffmann, der 1897 Acetylsalicylsäure herstellte. Zwei Jahre
später brachte Bayer sie mit großem Erfolg als Aspirin auf
den Markt, und noch heute ist Aspirin eines der beliebtesten
Schmerzmittel.

Schmerz als Krankheit

Akute Schmerzen können mit den Medikamenten, die heute zur Verfügung stehen, meistens gut behandelt werden.
Ein bleibendes Problem sind hingegen chronische Schmerzen. Bei einer chronischen Erkrankung ist der Schmerz häufig belastender als die Krankheit selbst. Schmerz kann sich
auch verselbstständigen und fortbestehen, wenn die ursprüngliche Erkrankung oder Verletzung schon längst aus-
geheilt ist. In diesen Fällen hat der Schmerz seine Warn- und
Schutzfunktion verloren, er wird zu einer eigenständigen
Krankheit. Die heutige Schmerzforschung richtet ihr Augenmerk vor allem auf die Frage, wie chronischer Schmerz
entsteht und wie man ihn therapieren kann. Dabei wird untersucht, ob Schmerz womöglich erlernt wird: Möglicherweise können sich Nervenzellen während eines akuten
Schmerzerlebnisses so verändern, dass sie auch dann noch
Schmerz signalisieren, wenn der ursprüngliche schmerzaus-
lösende Reiz nicht mehr vorhanden ist. Der Kampf gegen die
Schmerzen geht also auch heute noch weiter.

KATHARINA ERNST

*Ob geschnupft, injiziert oder als
Crack geraucht, Kokain galt lange
Zeit als Modedroge. Es steigert in
kurzer Zeit das Leistungsvermögen,
vermindert Hunger, Durst und
Müdigkeit und kann durch die
Erregung des Zentralnervensystems
euphorisierend wirken. Doch Kokain
macht süchtig, schädigt das Nerven-
system und kann Wahnvorstellungen
und Psychosen hervorrufen.*

Telegraf und Telefon

Wer hätte es einst für möglich gehalten, dass man heute über den ganzen Erdball Gespräche mit anderen Menschen führen kann?

Ein Nachrichtensystem, mit dem Informationen schneller übermittelt werden konnten, als es durch Boten möglich war, wurde erstmals zur Zeit der Französischen Revolution entwickelt. Am 22. März 1792 legte der Physiker Claude Chappe der französischen Nationalversammlung eine Petition vor, in der er ein von ihm entwickeltes Zeichenübermittlungssystem vorstellte. Dieses sei ein »sicheres Mittel zur Nachrichtenübermittlung, das die Gesetzgebende Körperschaft in den Stand setzt, ihre Befehle bis an unsere Grenzen zu schicken und noch in derselben Sitzung eine Antwort zu erhalten«. Chappe nannte sein System, bei dem die Nachricht von Station zu Station auf Sichtkontakt weitergegeben wurde, »Telegraph«, also Fernschreiber. Der optische Telegraf war in Europa weit verbreitet und wurde hauptsächlich für staatliche Zwecke eingesetzt. Er hielt sich in manchen Ländern bis zur Mitte des 19. Jahrhunderts. Dann wurde er vom elektrischen Telegrafen, der tageszeit- und witterungsunabhängig war, abgelöst.

Die elektrische Übertragung von Informationen

Die Idee, Nachrichten auf elektrischem Wege zu übertragen, kam bereits im 18. Jahrhundert auf, als man erste Erfahrungen mit der neu entdeckten Elektrizität sammelte. Versuche zeigten, dass es grundsätzlich möglich war, Informationen über Drähte auf elektrischem Weg zu übermitteln, und der schweizerische Physiker Louis Odier behauptete sogar, dass

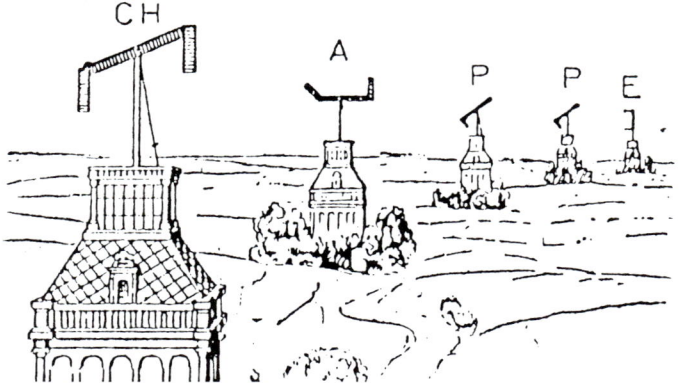

Eine Zeichnung veranschaulicht Claude Chappes Erfindung des **optischen Flügeltelegrafen.** Die verschiedenen Stellungen der an einem Mast befestigten, weithin sichtbaren beweglichen Arme entsprachen bestimmten Zeichen, die es zu übermitteln galt. Die erste, auf diesem System basierende staatliche Telegrafenlinie wurde 1794 zwischen Paris und Lille in Betrieb genommen. In zwei Minuten durchlief ein Zeichen die 22 Stationen auf der 270 km langen Strecke.

es auf diese Weise möglich sei, »in weniger als
einer halben Stunde über eine Entfernung von
vier- oder fünftausend Meilen mit dem Großen
Mogul oder dem Kaiser von China eine Unterhaltung zu führen«.

Aber erst die Erforschung der wissenschaftlichen Grundlagen der Elektrizität und technische Neuerungen, wie die Einführung der Isolation, ermöglichten eine Realisierung der Nach-
richtenübertragung über Drähte. Vor allem die
Entdeckung des Elektromagnetismus machte etwa ab 1830 eine elektrische Informationsüber-
tragung möglich, da sich Magnetnadeln mit
elektrischem Strom ablenken ließen. Den erfolgreichsten Nadeltelegrafen, der im Eisen-
bahnbetrieb dann für längere Zeit verbreitet war,
entwickelten 1837 in Großbritannien Charles Co
und William Fothergill Wheatstone. Eine weitere Entwicklung ab 1840 war der Zeigertelegraf,
eine Art Uhrwerk, mit dem Zeichen übermittelt
werden konnten. Diese Telegrafenart war aber
technisch kompliziert und zudem teuer und
langsam. Zu diesem Zeitpunkt jedoch hatte in
den Vereinigten Staaten ein technischer Außen-
seiter bereits den Telegrafen entwickelt, der sich
endgültig durchsetzen sollte.

Samuel F. Morse war Kunstmaler und Bildhauer von Beruf. Einer eher zufälligen Anregung folgend, wandte er sich
der Telegrafie zu, der damals in den Vereinigten Staaten aufgrund der raschen Ausweitung von Handel und Verkehr eine
besondere Bedeutung zukam. Der technische Laie hatte
einen ausschlaggebenden Gedanken, um die Nachricht
schriftlich fixieren zu können: Nicht die schwachen Kräfte
einer Magnetnadel sollten das Aufzeichnen übernehmen,
sondern die wesentlich stärkeren eines Elektromagneten.
Den Utensilien seines Berufsstands entsprechend, befestigte Morse die einzelnen Teile an einer Staffelei. So wie er
den Stromkreis öffnete und schloss, zog der Elektromagnet
einen eisernen Anker an, an dem wiederum ein Stift befestigt war. Dieser zeichnete das »Telegramm« auf einem
Papierstreifen als Linie mit kürzeren und längeren Zacken
auf; später ersetzte Morse diese Form der Aufzeichnung
durch Punkte und Striche. 1837 meldete er seinen Apparat
zum Patent an; dieses Gerät entsprach in der Funktion den
Morsetelegrafen, die sich in den folgenden Jahrzehnten über
die ganze Welt verbreiten sollten, und ähnelte ihnen im
Aussehen. Die erste Telegrafenlinie mit Morsetelegrafen
wurde nach einer längeren Versuchsphase im Mai 1844
zwischen Washington und Baltimore eröffnet und hatte
eine Länge von etwa 60 Kilometer. Fünf Jahre später wurde
zwischen Cuxhaven und Hamburg die erste europäische

Gugliemo Marconi übermittelte am 14. Mai
1897 eines der ersten Funktelegramme über
eine Distanz von fünf Kilometern zwischen
Lavernock an der englischen Küste und der Insel
Flatholm im Bristolkanal (zeitgenössische
Zeichnung).

Die Vorteile seines optischen Telegrafen
beschrieb **Claude Chappe** 1793 mit folgenden
Worten:

*»Die Einrichtung des Telegrafen
ist in der Tat die beste Antwort
auf jene Publizisten, die Frankreich für zu großflächig halten,
um eine Republik zu bilden. Mit
dem Telegrafen schrumpfen die
Entfernungen, und riesige Bevöl-
kerungsmassen werden gewissermaßen an einem einzigen
Punkt versammelt.«*

1838 erhielt der amerikanische Maler und »Hobbytelegraf« **Samuel Morse** das Patent für den ersten elektromagnetischen Schreibtelegrafen. Ihm verdankt die Telegrafie auch den lange fast ausschließlich verwendeten Code, das Morsealphabet, bei dem Buchstaben, Ziffern, Satz- und Sonderzeichen durch Kombinationen von Punkten und Strichen dargestellt und durch kurze und lange Stromstöße übermittelt werden.

Telegrafenverbindung mit Morseschreibern eingerichtet. Morses System begann sich endgültig durchzusetzen.

Gespräche über Tausende von Meilen hinweg

Ähnlich wie beim Telegrafen kann man auch beim Telefon die Erfindung keiner einzelnen Person zuschreiben. Auch hier gibt es eine längere Abfolge von Ideen, Vorläufern, technischer Realisierung und praktischem Einsatz. Und ähnlich wie beim Telegrafen gelang die letztendliche Durchsetzung einem wissenschaftlichen und technischen Laien.

Der Begriff »Telephon« war bereits Ende des 18. Jahrhunderts entstanden. Man bezeichnete damit eine Sprachrohranlage, die eine akustische Verständigung über größere Entfernungen möglich machen sollte. Die Idee, auf elektrischem Weg Schall zu übertragen, publizierte als Erster 1854 der französische Telegrafenbeamte Charles Bourseul, ohne sie jedoch praktisch zu realisieren. Der Erste, dem nachweisbar auf elektrischem Weg gelang, »die Tonsprache selbst direkt in die Ferne mitzuteilen«, war Philipp Reis, der damals Lehrer für Naturwissenschaften an einer Schule in der Nähe von Frankfurt am Main war. Nach vielen Versuchen gelang ihm ab 1859 die Übertragung von Tönen über Entfernungen bis zu 100 Meter. Der erste telefonisch übermittelte und mit Absicht sinnlos gewählte Satz lautete: »Das Pferd frisst keinen Gurkensalat.«

Am 26. Oktober 1861 fand vor dem Physikalischen Verein in Frankfurt am Main die erste öffentliche Sprach- und Musikübertragung statt. Drei Jahre später führte Reis seine Geräte vor der Naturforscherversammlung in Gießen vor. Die Resonanz war jedoch gering. Die Erfindung wurde als technische Spielerei betrachtet, und niemand dachte an eine kommerzielle Nutzung. Einige wenige Geräte verkaufte Reis jedoch bis ins Ausland. »Ich habe der Welt eine große Erfindung geschenkt«, äußerte Reis kurz vor seinem Tod gegenüber seinem alten Lehrer Garnier, »anderen muss ich es überlassen, sie weiterzuführen, aber ich weiß, dass auch das zu einem guten Ende kommen wird.«

Die erfolgreiche Realisierung gelang dem Amerikaner schottischer Herkunft Alexander Graham Bell, einem Lehrer für Gehörlose. Sein Engagement und seine Methodik auf diesem Gebiet waren herausragend und verbesserten die Ausbildungsmöglichkeiten von Gehörlosen entscheidend. Bell interessierte sich für alles, was mit Sprache zusammenhing, und befasste sich seit seiner Jugend mit akustischen Experimenten. Neben seiner Lehrtätigkeit experimentierte er mit Telegrafen. Die Arbeiten daran führten ihn – unter instinktiver und konsequenter Ausnutzung des Zufalls – zur Entwicklung des Fernsprechers. Bells Erfolg ist nicht zuletzt dem Umstand zuzuschreiben, dass ihm von seinem Schwiegervater beträchtliche finanzielle Mittel zur Verfügung gestellt wurden und dass ihm mit seinem Mechaniker Thomas

Watson ein kongenialer Partner zur Seite stand. Vor allem aber sein Geschick bei öffentlichen Vorführungen seines Telefons und die Tatsache, dass er in Amerika eine dafür aufgeschlossene Öffentlichkeit fand, trugen entscheidend zur raschen Durchsetzung seines Telefons bei. 1875 wurden die ersten Apparate fertig gestellt, und am 14. Februar des folgenden Jahres meldete Bell diese zum Patent an, nur wenige Stunden bevor sein Landsmann Elisha Gray ebenfalls ein Telefon zur Patentanmeldung einreichte.

Graham Bell führte den von ihm entwickelten Fernsprecher häufig öffentlich vor. Zu der noch recht unhandlichen Apparatur für die Sprachaufnahme gehörte ein separater Hörer.

Fast 6 000 Einsprüche mit den nachfolgenden Prozessen wurden gegen Bells Patent eingereicht. Im letzten Prozess von 1892 wurde Bell jedoch das Patent zum Telefon uneingeschränkt zuerkannt. Zu diesem Zeitpunkt hatte das Telefon längst seinen Siegeszug in den Vereinigten Staaten und in Europa angetreten. Während die Telegrafie in den meisten Ländern Staat und Wirtschaft vorbehalten blieb, setzte sich die Telefonie im geschäftlichen und privaten Bereich durch. Über Draht war es möglich geworden, einen Notruf zu tätigen, Waren zu bestellen oder sich einfach nur zu unterhalten.

ULRICH KERN

Die Evolutionstheorie

Als am 24. November 1859 ein fast 500 Seiten umfassendes Buch des britischen Naturforschers Charles Darwin mit dem umständlichen Titel »Über den Ursprung der Arten durch natürliche Auslese oder die Erhaltung der begünstigten Rassen im Kampf ums Dasein« erschien, war kaum abzusehen, welche geistigen Erschütterungen es auslösen würde. Mehr als 20 Jahre lang hatte Darwin gezögert, bevor er seine revolutionären Gedanken veröffentlichte, aus wissenschaftlicher Vorsicht, denn er wollte seine Evolutionstheorie anhand möglichst vieler Beobachtungen überprüfen, und aus Furcht, dass seine Zeitgenossen mit Ablehnung und Feindseligkeit reagieren würden. Sich zur Idee der Evolution bekennen sei »wie einen Mord gestehen«, hatte Darwin 1844 einem Freund anvertraut.

Es ist ein wichtiger Grundsatz der Wissenschaft, dass jede Theorie von verschiedenen Standpunkten aus überprüft wird, und je mehr Widerlegungsversuche sie erfolgreich überstanden hat, umso sicherer können wir sein, dass sie richtig ist. Zunächst muss eine neue Theorie jedoch die Beachtung der Wissenschaftler finden. Warum sind Darwins Forschungen nicht vergessen worden, wie das anderen widerfuhr?

Vom 27. Dezember 1831 bis zum 2. Oktober 1836 war Darwin auf der »Beagle«, einem Vermessungsschiff der britischen Admiralität, als Naturforscher und standesgemäße Begleitung des Kapitäns um die Welt gesegelt. Als Darwin mit der »Beagle« England verließ, hatte er noch geglaubt, dass jede Art unabhängig erschaffen worden war. Die ersten vorsichtigen Zweifel an dieser Ansicht zeigten sich auf den letzten Etappen seiner Reise, und wenige Monate nach seiner Rückkehr begann er seine Gedanken über die Entstehung neuer Arten in einer Reihe von Notizbüchern niederzuschreiben. Diese blieben erhalten und zeigen, wie Darwin im Wechsel zwischen spekulativen Hypothesen, genauem Beobachten und kritischem Nachdenken zu seiner späteren Theorie über die Evolution der Arten kam. Die Reise mit der »Beagle« machte Darwin aber auch zu einem bekannten Wissenschaftler und Forschungsreisenden, dessen Ergebnisse nicht so einfach ignoriert werden konnten.

Charles Darwin beschließt sein Werk »Über den Ursprung der Arten« mit den folgenden Worten:

»*Es liegt etwas Großartiges in dieser Auffassung, dass das Leben mit seinen mannigfaltigen Kräften vom Schöpfer ursprünglich nur wenigen Formen oder gar nur einer eingehaucht worden ist und dass ... aus so einfachem Anfang sich eine endlose Zahl der schönsten und wunderbarsten Formen entwickelt hat und noch immer entwickelt.*«

Vererbung erworbener Eigenschaften und Selektion

Darwins Buch sorgte noch für großes Aufsehen. Er wies nicht nur die Evolution der Arten nach, die deutlich der Idee eines Schöpfungsaktes widersprach, sondern zeigte auch einen Mechanismus auf, mit dem man diese Veränderungen erklären konnte. Diese Theorie der »natürlichen Auslese« oder Selektionstheorie ist der wohl bemerkenswerteste und zugleich umstrittenste Beitrag Darwins zur Biologie. Erst seit den 1940er-Jahren wird die Selektionstheorie im Rahmen der so genannten synthetischen Theorie der Evolution allgemein anerkannt.

Darwin war nicht der erste Naturforscher, der die Veränderlichkeit der Arten behauptet hatte. Am bekanntesten wurde die Evolutionstheorie von Jean-Baptiste de Lamarck. 1809, also genau 50 Jahre vor Darwins Buch, erschien Lamarcks Hauptwerk »Zoologische Philosophie«. Lamarck erklärt die Veränderung der Arten mit zwei sich ergänzenden Prinzipien: einem inneren Trieb zur Vervollkommnung und Anpassungen der Organismen an ihre Umwelt, die dann auf die Nachkommen vererbt werden. Die Vorstellung einer »Vererbung erworbener Eigenschaften« war bis in das 20. Jahrhundert weit verbreitet. Lamarck erwähnt als Beispiel die Giraffe. Der lange Hals soll dadurch entstanden sein, dass sich frühere Generationen von Giraffen nach Blättern an besonders hohen Ästen reckten. Der deutsche Naturforscher August Weismann hat 1882 die Vorstellung, dass »erworbene«, das heißt nicht ererbte Eigenschaften an die Nachkommen weitergegeben werden, scharf kritisiert, und heute gilt sie als widerlegt.

Wie aber stellte sich Darwin den Mechanismus der Evolution vor? Er ging von folgenden Beobachtungen aus: Alle Organismen tendieren dazu, sich exponentiell zu vermeh-

Dieses Porträt von **Charles Darwin** (London, National Portrait Gallery; Ausschnitt) wurde 1881 im Auftrag der »Linnean Society« angefertigt, vor der man am 1. Juli 1858 eine erste Fassung von Darwins Evolutionstheorie vorgetragen hatte.

1. *Geospiza magnirostris.*
2. *Geospiza fortis.*
3. *Geospiza parvula.*
4. *Certhidea olivacea.*

Die Beobachtung der Vogelwelt auf den Galápagosinseln gab Charles Darwin wichtige Hinweise auf den Ursprung der Arten, das »Geheimnis der Geheimnisse«, wie er es nannte. So vermutete Darwin im Reisebericht »The Voyage of the Beagle«, dass die verschiedenen **Finkenarten** der Galápagosinseln von einer einzigen amerikanischen Art abstammen. Geographische Isolation und unterschiedliches Nahrungsangebot hätten dazu geführt, dass sich verschiedene Arten mit speziell angepassten Schnabelformen herausgebildet haben.

Der **Birkenspanner,** ein ursprünglich weißlicher Schmetterling, der bereits 1848 in England in einer dunkelgefärbten Mutante gesehen worden war, ist ein Beispiel für die Wirkung der natürlichen Auslese. In den Industriegebieten waren die weißlichen Tiere auf den durch Luftverschmutzung dunkleren Birkenstämmen für ihre Feinde besser zu erkennen, während einzelne Schmetterlinge, die durch zufällige Mutation eine dunklere Farbe zeigten, besser geschützt waren.

ren; gleichzeitig bleibt aber ihre Zahl von kurzen Schwankungen abgesehen in der Regel stabil, auch weil es nur eine begrenzte Menge an Nahrungsmitteln und anderen lebensnotwendigen Ressourcen gibt. Da die Organismen mehr Nachkommen produzieren als überleben können, kommt es zwischen den Individuen einer Art zu einem Kampf ums Dasein. Ein wichtiger Unterschied zur traditionellen Auffassung besteht darin, dass dieser Kampf ums Dasein nach Darwin nun nicht zwischen Jägern und Beutetieren, beispielsweise zwischen Wölfen und Schafen, stattfindet, sondern immer nur jeweils unter den Jägern und den Beutetieren derselben Art.

Wenn man nun annimmt, dass es zwischen den Individuen gewisse erbliche Unterschiede gibt, so kann man weiter folgern, dass die Chance zu überleben von diesen Unterschieden abhängt. Dieses unterschiedliche Vermögen zu überleben, das Darwin natürliche Auslese nennt, führt durch viele Generationen zur Evolution. Denn je besser ein Individuum an eine besondere Situation angepasst ist, desto größer sind seine Chancen, zu überleben und Nachkommen zu produzieren. Der Ausdruck »Kampf ums Dasein« wurde in der Vergangenheit oft einseitig im Sinne eines blutigen Kampfes aufgefasst. Dies ist bei Darwin aber nur ein Aspekt. Als anderes Beispiel nennt er den Fall einer einzelnen Pflanze, die am Rande der Wüste ums Überleben kämpft. Zudem schließt der Kampf ums Dasein die Zusammenarbeit zwischen Individuen keineswegs aus. Viele Organismen sind auf Kooperation und gegenseitige Hilfe angewiesen, um zu überleben. Und schließlich steht bei der Evolution nicht das Überleben des Individuums im Vordergrund, sondern die Zahl der überlebenden Nachkommen.

Der Mensch – Produkt der Evolution

Darwins Theorie hätte wohl kaum dieses Aufsehen erregt, wenn sie nicht das traditionelle Bild des Menschen von sich selbst in den Grundfesten erschüttert hätte. Vor allem die Vorstellung, dass die Menschen, ihre geistigen Fähigkeiten und moralischen Überzeugungen durch einen natürlichen Vorgang, nämlich die natürliche Auslese, entstanden waren, hat erbitterten Widerstand hervorgerufen. Welche Folgerungen für die Organisation unserer Gesellschaft und das Zusammenleben der Menschen sind zu ziehen, wenn die Selektionstheorie richtig ist? Muss es Überbevölkerung, Hunger und Kriege geben, damit die Menschheit sich weiterentwickelt, und führt es umgekehrt zur Degeneration, wenn der

Ernst Haeckel entwickelte einen genealogischen **Stammbaum** aller Organismen und schloss den Menschen in dieses natürliche System ein. Dies trug ihm die heftige Gegnerschaft von Wissenschaftlern, Klerikern und Philosophen ein (zeitgenössische Karikatur).

Kampf ums Dasein beim Menschen durch die Medizin abgeschwächt wird? Und schließlich wurde auch die Frage aufgeworfen, ob man die Erkenntnisse der Selektionstheorie benutzen sollte, um die Evolution des Menschen zu beeinflussen.

In der Tier- und Pflanzenzucht ist das längst zur Routine geworden und auch die Idee einer Verbesserung der Menschheit durch die Biologie wurde schon im 19. Jahrhundert im Rahmen der »Eugenik« diskutiert. Seit dem Missbrauch durch den Nationalsozialismus gilt diese Idee als weitgehend diskreditiert. Es gibt aber auch heute noch einzelne Wissenschaftler, die davon ausgehen, dass es möglich ist, die biologische Evolution des Menschen mit Methoden zu beeinflussen, die mit humanen und demokratischen Wertvorstellungen vereinbar sind. Durch den Einsatz neuer gentechnischer Methoden soll dies ohne Kampf, Hunger und Tod erfolgen. Dies sind aber Fragen, die nicht von der Wissenschaft allein beantwortet werden können, sondern bei denen sich erweisen muss, ob unsere Gesellschaft ihre Wertvorstellungen ernst nimmt.

Der Sozialdarwinismus überträgt Darwins Evolutionstheorie auf die menschliche Gesellschaft. Prinzipien des Darwinismus wie Auslese, Kampf ums Dasein oder Anpassung an die Umwelt werden dabei auf den sozialen Bereich bezogen und als Vorwand zur Diskriminierung angeblich biologisch minderwertiger Personen oder Bevölkerungsgruppen benutzt.

Der deutsche Zoologe **Ernst Haeckel** gehörte zu den Ersten, die außerhalb Großbritanniens die Gedanken von Charles Darwin zur Evolutionstheorie aufgriffen und verbreiteten.

Was die wissenschaftliche Frage angeht, so sind die modernen Biologen mit wenigen Ausnahmen einig, dass sich Darwins Theorien der Evolution und der Selektion bewährt haben. Neue Erkenntnisse der Molekularbiologie, der Paläontologie und anderer Wissenschaften führten zwar zur Weiterentwicklung, aber bis heute bilden Darwins Theorien die Grundlage der Evolutionsbiologie.

THOMAS JUNKER

Das Rote Kreuz

Als das Töten und das Sterben im Krieg ungeahnte Ausmaße annahmen, galt es, zumindest das Leben der Verwundeten zu retten.

Die Rotkreuzbewegung entstand in der zweiten Hälfte des 19. Jahrhunderts, als mit dem Krimkrieg von 1853 bis 1856 und mit dem Krieg Sardinien-Piemonts und Frankreichs gegen die habsburgische Herrschaft in Oberitalien von 1859 sich in Europa eine neue kriegerische Periode ankündigte. Infolge völlig unzureichender hygienischer und medizinischer Versorgung durch die überforderten Sanitätsdienste der Heere starben in beiden Kriegen unzählige Soldaten an ihren Verwundungen, an Seuchen und Epidemien. So blieben nach der Schlacht von Solferino 1859 rund 40 000 verwundete und kranke Soldaten auf dem Feld zurück, denen der Genfer Bürger Henry Dunant mit Unterstützung der Bevölkerung zu helfen versuchte.

Entsetzen über das Leid – Dunants Aufruf zu helfen

In seiner im Jahre 1861 erschienenen Schrift »Eine Erinnerung an Solferino« rief Dunant dazu auf, Organisationen zu gründen, die den Verwundeten und Kranken schnelle Hilfe bringen könnten. Nötig seien »freiwillige Wärter und Wärterinnen, die im Voraus ausgebildet, geschickt und mit ihrer Aufgabe vertraut sind ... Wäre es nicht wünschenswert, dass die hohen Generäle irgendeine internationale rechtsverbindliche Übereinkunft treffen, die ... als Grundlage dienen könnte zur Gründung von Hilfsgemeinschaften für Verwundete in den verschiedenen Ländern Europas?« Als Träger und Motor dieser Forderungen konstituierte sich am 17. Februar 1863 aus der Genfer Bürgerschaft ein Aktionskomitee, das seit 1875 den Namen Internationales Komitee vom Roten Kreuz (IKRK) trägt.

Die weitere Entwicklung verlief ungewöhnlich schnell, weil die politischen und militärischen Eliten die Bedeutung

Auf Initiative des schweizerischen Bankiers und Schriftstellers **Henry Dunant** wurde auf der ersten internationalen Konferenz von 1863 in Genf das Rote Kreuz gegründet. Dunant hatte auf einer Geschäftsreise im Krieg in Oberitalien Elend und Leid der Verwundeten nach der Schlacht von Solferino erlebt, darüber einen erschütternden Bericht verfasst und die Versorgung und Pflege der Kriegsverletzten gefordert.

freiwilliger Sanitätsorganisationen für die Führung eines modernen Massenkriegs erkannten. Das Internationale Komitee lud zu einer Konferenz vom 26. bis zum 29. Oktober 1863 ein, an der Vertreter von bereits 16 Staaten teilnahmen. Man einigte sich darauf, in jedem Land eine Gesellschaft zu gründen, die schon im Frieden freiwillige Pflegekräfte ausbilden und Bedarfsmittel bereithalten sollte; die Hilfskräfte sollten der militärischen Führung unterstehen und mit einem roten Kreuz auf weißer Armbinde gekennzeichnet werden. Die Konferenz empfahl schließlich, die Ambulanzen und Hospitäler, das Personal der Heeressanitätsdienste und die freiwilligen Helfer als neutral unter völkerrechtlichen Schutz zu stellen.

Schon am 6. Juni 1864 beschloss der Schweizer Bundesrat in Absprache mit dem Internationalen Komitee, die Staaten zu einer Konferenz nach Genf einzuladen, um die »Konvention betreffend die Linderung des Loses der im Felddienst verwundeten Militärpersonen« zu unterzeichnen. Unter den zwölf Staaten, die dazu bereit waren, befanden sich auch vier deutsche Staaten. Seither wacht das Internationale Komitee nicht nur über die Einhaltung des humanitären Völkerrechts und den Schutz der Kriegsopfer, sondern versucht auch, diesen Schutz auszubauen. Vorwiegend aus den Kriegserfahrungen heraus formuliert das Internationale Komitee Vorschläge für effektivere Schutzbestimmungen, die es den Staaten vorlegt. So hatte sich im Ersten Weltkrieg die Fürsorge für die Kriegsgefangenen als zentrales Arbeitsfeld entwickelt. Das Internationale Komitee richtete in Genf einen Such- und Auskunftsdienst ein, für den rund 1200 Personen meist ehrenamtlich tätig waren, sammelte Nachrichten und vermittelte Auskünfte. Delegierte des Internationalen Komitees besuchten Kriegsgefangenenlager, um die Einhaltung der Schutzbestimmungen für Kriegsgefangene nach der Haager Landkriegsordnung von 1907 zu überprüfen. Im Jahre 1929 legte das Internationale Komitee einer nach Genf einberufenen Staatenkonferenz zwei Entwürfe vor: eine neue Fassung der Genfer Konvention von 1864 und eine umfangreiche Vereinbarung über den Schutz von Kriegsgefangenen.

Nach dem Zweiten Weltkrieg konzentrierte sich das Internationale Komitee auf den Schutz der Zivilbevölkerung. Einen Durchbruch brachte die Zustimmung der Teilnehmerstaaten der Genfer Konferenz von 1949 zu dem Vorschlag, auch den Opfern innerstaatlicher bewaffneter Konflikte den Schutz des humanitären Völkerrechts zu gewähren. Schließlich versuchten die beiden Protokolle, die das Internationale Komitee ausgearbeitet hatte und die am 8. Juni 1977 von der Internationalen Genfer Konferenz verabschiedet wurden, die Praxis der Entkolonialisierungs- und nationalen Befreiungskriege durch flexiblere Regelungen, die etwa den Guerillakrieg und den Bevölkerungsschutz

Theodor Heuss, der erste Bundespräsident der Bundesrepublik Deutschland, über den Gründer des Roten Kreuzes:

> »Henry Dunant hat Geschichte gewirkt, wenn nicht Menschheitsgeschichte, so doch Geschichte der Menschlichkeit.
> Er hat ein Symbol geschaffen, das Rote Kreuz, und mit ihm Trostkraft für Millionen.«

Clara Barton wurde im amerikanischen Sezes-
sionskrieg als »Engel der Schlachtfelder«
bekannt. Im Deutsch-Französischen Krieg
(1870/71) arbeitete sie als Schwester des Roten
Kreuzes und bei der Einrichtung von Lazaretten
in Paris und Straßburg. Nach jahrelangem
Bemühen erreichte sie, dass die Vereinigten
Staaten sich der Rotkreuzbewegung
anschlossen.

Am 22. August 1864 wurde in Genf die
**Konvention betreffend die Linderung des
Loses der im Felddienst verwundeten
Militärpersonen** unterzeichnet. Das
Abkommen verpflichtet Krieg führende Mächte
dazu, Ambulanzen, Militärkrankenhäuser und
deren Personal als neutral zu behandeln und zu
schützen sowie die Pflege und Versorgung der
Soldaten zu gewährleisten.

betreffen, aufzufangen. Grundsätzlich geht es dem humanitären Völkerrecht um das »Überleben der Menschen im
Krieg und um den Schutz seiner Würde«, wie es der Völker-
rechtler Hans-Peter Gasser formulierte.

Rotes Kreuz und Roter Halbmond – Der weitere Weg

Nach dem Ersten Weltkrieg wurde auf amerikanische Initiative als Zusammenschluss der nationalen Gesellschaften
1919 die Liga der Rotkreuzgesellschaften gegründet. Sie
entwickelte ein »Friedensprogramm«, setzte sich für die
öffentliche Gesundheitspflege, für die Bekämpfung von
Epidemien und für die Propagierung der Gesundheitserzie-
hung ein. Nach mehrjährigen Kompetenzstreitigkeiten
einigten sich Internationales Komitee und Liga im Jahre
1929 auf die Gründung des Internationalen Roten Kreuzes.
In den Statuten wurde dem Internationalen Komitee seine
Rolle als Schutz-, Vermittlungs- und Hilfsinstitution in
bewaffneten Konflikten und als Förderer des humanitären
Völkerrechts bestätigt; es war und ist zuständig für die
Anerkennung neuer Gesellschaften. Der Liga wurde die
Aufgabe übertragen, in Friedenszeiten die Hilfstätigkeit der
nationalen Gesellschaften bei Katastrophen zu koordi-
nieren.

In den 1920er-Jahren wurden erstmals vier Prinzipien der
Rotkreuzbewegung formuliert: Unparteilichkeit, Unabhängigkeit, Universalität und Gleichheit. Um dieselbe Zeit
gefährdeten faschistische und kommunistische Regime die
innere und äußere Einheit des Roten Kreuzes. Nach dem
Zweiten Weltkrieg setzte eine intensive Diskussion über die
»Doktrin« ein, die ihren vorläufigen Abschluss in der 1965
proklamierten »Charta des Roten Kreuzes« fand. Die neuen
fundamentalen Grundsätze der Menschlichkeit, Unparteilichkeit, Neutralität, Unabhängigkeit, Freiwilligkeit, Einheit
und Universalität wurden 1986 bestätigt, als eine Gesamtre-
vision der Statuten unter der besonderen Berücksichtigung
der Gesellschaften der islamischen Staaten auch zu einer
Umbenennung in Internationale Rotkreuz- und Rothalb-

Seit 1986 sind die **Rothalbmondgesell-schaften** der islamischen Staaten gleich-berechtigte Partner der Liga. Bei inter-nationalen Einsätzen wie hier 1996 in Nord-Korea, bei denen Rotkreuzhelfer Reis und Pflanzenöl an Bedürftige verteilen, dienen daher der Rote Halbmond und das Rote Kreuz als inter-nationale Schutzzeichen.

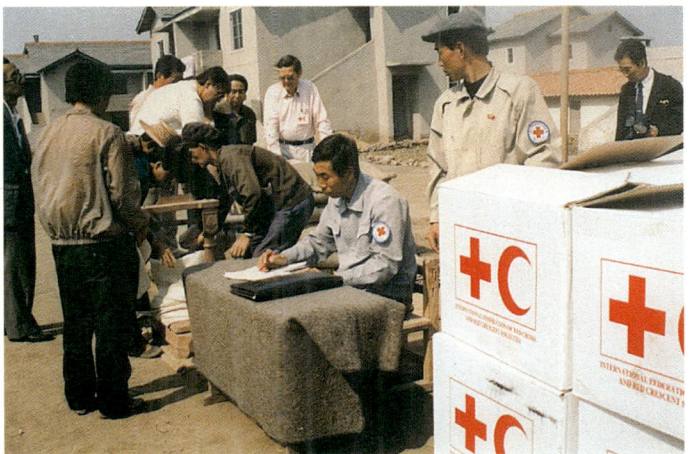

mondbewegung führte. Neben den beiden Institutionen Internationales Komitee und Liga bestehen heute 175 nationale Gesellschaften mit 125 Millionen Mitgliedern und ehren-amtlich Tätigen sowie mit weltweit 285 000 hauptamtlich Beschäftigten. Als einzige internationale Organisation wur-de die Bewegung zweimal mit dem Friedensnobelpreis aus-gezeichnet: 1945 für die umfassende Hilfstätigkeit während des Zweiten Weltkriegs und im Jahre 1963 aus Anlass ihres hundertjährigen Bestehens.

Das größte Problem für die Arbeit des Internationalen Komitees heute ist die »Destrukturierung« der neuen Kriege auf dem Balkan und in Afrika, ist deren »chaotischer« Cha-rakter: Sie sind mehr von ethnischen und ökonomischen als von politischen Motiven bestimmt; die Eskalation der Ge-walt kennt kaum mehr Respekt vor den Regeln der Genfer Konventionen, auch nicht vor den durch das Rote Kreuz oder den Roten Halbmond geschützten Delegierten, die be-droht, entführt oder auch ermordet werden. Da die Rot-kreuz- und Rothalbmondbewegung zudem nicht mehr die einzige Hilfsorganisation ist, wird es immer schwerer, von den Regierungen die nötigen Gelder zu erhalten und ge-nügend Freiwillige zu finden. Ob und wie angesichts der neuen Kriege die politische Neutralität – Grundlage der Rotkreuz- und Rothalbmondbewegung – aufrechterhalten werden kann, ist schwierig zu beantworten; ungeklärt und problematisch bleibt auch das Verhältnis zur UNO in ihrer friedensichernden und friedenschaffenden Aufgabe.

DIETER RIESENBERGER

Die gewerkschaftliche Solidarität war die Antwort der Arbeitnehmer auf die Arbeitsbedingungen im Industriezeitalter.

Die Gewerkschaften

Im Sommer 1868 informierte der Nationalökonom Max Hirsch in einer Artikelserie die Leser der Berliner »Volks-Zeitung« über seine Eindrücke und Erlebnisse während eines mehrwöchigen Englandaufenthalts. Dort hatten in London, Manchester und Birmingham »Trade Unions« seine Aufmerksamkeit erregt. Diese »Gewerkvereine« bezeichnete er als »unbedingt das Interessanteste und Großartigste«, was er im Pionierland der Industrialisierung kennen gelernt habe. Begeistert stellte er deren effektive Organisationsstruktur und sozialreformerischen Charakter heraus. Sie dienten ihm als Vorbild, als er im September 1868 in Berlin einen Verein der Maschinenbauer gründete, der sich der »Förderung aller berechtigten Interessen der Arbeitnehmer auf dem Boden der Selbsthilfe« annehmen wollte.

Gewerkschaftliches Gründungsfieber

Zwei Tage nach dieser Initiative des linksliberalen Reformers tagte in Berlin ein Allgemeiner Arbeiterkongress, auf dem sich über 200 Delegierte trafen, um ein sozialdemokratisches Gewerkschaftskonzept zu diskutieren. Schon zwei Monate später veröffentlichte August Bebel »Musterstatuten für deutsche Gewerksgenossenschaften«, die sich zum marxistischen Internationalismus bekannten. Die 1867/68 überall in Deutschland aufbrandende gewerkschaftliche Organisationswelle löste einen erbitterten Konkurrenzkampf von Parteipolitikern aus, die den Prozess der Gewerkschaftsbildung steuern wollten. Diese legten die Grundsteine für sozialdemokratische, liberale und später auch christliche Richtungsgewerkschaften, die bis 1933 die deutsche Gewerkschaftsgeschichte prägen sollten.

In Großbritannien, dem europäischen Ursprungsland der Industrialisierung, wo schon seit dem Beginn des 19. Jahrhunderts Gewerkvereine eine zentrale Rolle im Arbeitsalltag spielten, waren Handwerkstraditionen die Geburtshelfer der Gewerkschaften gewesen. Buchdrucker und Buchbinder, Schlosser und Schmiede, Zimmerleute und Zigarrenarbeiter traten hier als soziale Pioniergruppen bei der Organisationsbildung hervor. Die überragende Bedeutung dieser Handwerker-Arbeiter als Gewerkschaftsgründer ist im Übrigen ein gesamteuropäisches Phänomen. Sie waren hoch

Die einzelnen Gewerkschaften gingen oftmals aus den Verbänden der Handwerksgesellen hervor. Diese unterstrichen ihr **berufliches Selbstbewusstsein** auf ihren Verbandsfahnen, hier der Fahne des Central-Verbands der Maurer Deutschlands, Zahlstelle Erfurt (Berlin, Deutsches Historisches Museum).

qualifizierte Fachkräfte, auf deren Wissen man nicht verzichten konnte, und hatten schon in den Zeiten der Zunftverfassung und der Gesellenbruderschaften die Prinzipien von Selbsthilfe und Solidarität praktiziert.

Die Bedeutung der Handwerkstradition im gewerkschaftlichen Gründungsprozess spiegelte sich auch in der Organisationsvielfalt der jungen Verbände wider: Sie blieben zumeist auf bestimmte Berufe ausgerichtet. So existierten in Großbritannien im späten 19. Jahrhundert noch rund 2 000 verschiedene Berufsverbände, doch neben ihnen entstanden in der Phase der Hochindustrialisierung Branchen- und Industrieverbände, die handwerkliche Berufsgrenzen überschritten. Diese Zentralisierung der Gewerkschaften in der Metallindustrie, im Bergbau oder im Bausektor ging jedoch einher mit ihrer politischen Zersplitterung. Einheitsgewerkschaften, die auch politisch eine gemeinsame Linie verfolgten, blieben in Europa bis heute die Ausnahme.

Nach dem Ersten Weltkrieg mündete die Spaltung der politischen Arbeiterbewegung in einen reformistischen und einen kommunistischen Flügel auch in einer Spaltung der nationalen und internationalen Gewerkschaftsbewegung. Diese ideologisch motivierte Konfrontation schwächte in der Zwischenkriegszeit, aber auch nach 1945 die Gewerkschaften. Heute ist der Grad der Gewerkschaftseinheit größer als je zuvor, aber in Frankreich oder Italien, in Dänemark oder in den Niederlanden bestehen immer noch mehrere nationale Dachverbände, die miteinander um Einfluss und Erfolg konkurrieren.

Wegbereiter der sozialen Demokratie in Europa

Trotz der schwer auf einen Nenner zu bringenden nationalen Konstruktionsprinzipien und organisatorischen Binnenstrukturen der europäischen Gewerkschaftsbewegung lassen sich programmatische Gemeinsamkeiten nachweisen, die in allen Ländern die Gewerkschaftsgeschichte prägten. Seit ihrer Gründung verstanden sich die Gewerkschaften immer als Interessenorganisationen, die für eine Verbesserung der Arbeits- und Einkommenssituation der unselbstständigen Erwerbsbevölkerung eintraten. Sie entwickelten im Laufe der Zeit zwar unterschiedliche Emanzipationsziele und beschritten auch eigene Wege, um diese Ziele zu erreichen, gemeinsam blieb ihnen aber das Selbstverständnis, die soziale Schutzmacht von abhängig Beschäftigten zu sein. Schon vor 1914 dominierte in ihnen zumeist eine reformerische Grundeinstellung, auch wenn in den romanischen Ländern syndikalistische Theorien und die Idee der direkten Aktion zum Handlungsrepertoire gehörten. Die britischen, skandinavischen und auch die deutschen Gewerkschaften favorisierten die Strategie der schrittweisen Veränderung, für die sie einen demokratisierten Staat als

In seinem Werk **»Zur Zukunft der Gewerkschaften«** äußert Karl Marx 1867:

> »Jetzt (müssen die Gewerkschaften) lernen, bewusst als organisierende Zentren der Arbeiterklasse zu handeln, im großen Interesse ihrer vollständigen Emanzipation. Sie müssen jede soziale und politische Bewegung unterstützen, die diese Richtung einschlägt.«

Auf der **Arbeiter-Taschenuhr** oder »8-Stunden-Uhr« sind nicht nur die Uhrzeiten, sondern auch die Zielvorstellungen der Arbeiterbewegung zur Arbeitszeit abzulesen: »Wir wollen 8 Stunden zur Arbeit, 8 Stunden um uns auszubilden, 8 Stunden um uns auszuruhen« (Schweiz, nach 1889).

»**Mann der Arbeit, aufgewacht!**« Das von Georg Herwegh gedichtete Bundeslied des Allgemeinen Deutschen Arbeitervereins wurde zu einer viel gesungenen Hymne der Gewerkschaften. Dieses Spruchbild enthält eine Strophe des populären Lieds und ein Porträt von August Bebel (Berlin, Deutsches Historisches Museum).

Bündnispartner zur Bändigung des Privatkapitalismus gewinnen wollten. Sozialpartnerschaft und nicht Sozialismus wurde zu ihrem erklärten Ziel.

Die europäische Gewerkschaftsgeschichte ist außerdem gekennzeichnet durch einen immer wieder von Rückschlägen unterbrochenen Kampf um Autonomie und Anerkennung. Es ging um die Unabhängigkeit von jeder Art von Bevormundung und um die Schaffung einer tragfähigen Rechtsbasis im Verhältnis zu Staat und Unternehmern. In allen europäischen Ländern handelte es sich zunächst um die Durchsetzung des Koalitionsrechts, also des Grundrechts, überhaupt Gewerkschaften bilden zu dürfen. Dieser Kampf begann in Großbritannien im frühen 19. Jahrhundert und er dauerte im Osten Europas bis in die Gegenwart an, wenn man das Schicksal der Gewerkschaften in der Sowjetunion und ihren Satellitenstaaten in die Betrachtung einbezieht. Die Absicherung der Gewerkschaftsrechte bei Arbeitskonflikten, die Schaffung von tarifvertraglich geregelten Arbeitsbeziehungen und die Durchsetzung von innerbetrieblichen und überbetrieblichen Mitbestimmungsmodellen sind aus historischer Sicht die großen Leistungen der nationalen Gewerkschaftsbewegungen, die zu Wegbereitern der sozialen Demokratie in Europa wurden.

Zum gemeinsamen Schicksal der europäischen Gewerkschaftsbewegung gehört ferner, dass sie in den anderthalb Jahrhunderten seit ihrer Entstehung immer wieder existenzgefährdenden Ausnahmesituationen ausgeliefert war. Hierbei gab es unterschiedliche nationale Pendelschläge, die von der brutalen Verfolgungs- und Verbotspolitik des deutschen Nationalsozialismus oder des italienischen Faschismus bis zur autoritären Bevormundung der Gewerkschaften in den Staatssyndikaten des spanischen Francoregimes oder ihrem Missbrauch als Transmissionsinstanzen der kommunistischen Staatsparteien im Ostblock reichten. Die immer wieder zu beobachtende Renaissance der Gewerkschaftsbewegung nach vielerlei Rückschlägen sollte jedoch denjenigen zu denken geben, die ihnen keine Zukunft mehr zubilligen wollen.

Die Zukunft der Gewerkschaften

Die Überlebensfähigkeit der als »Dinosaurier des Industriezeitalters« verspotteten Gewerkschaften hängt auch von ihrer eigenen Reformfähigkeit ab. Ökonomisch konfrontiert mit einer Internationalisierung der Kapitalverwertung und

Mit dem Plakat »**Samstags gehört Vati mir!**«, das zum 1. Mai 1956 erschien, unterstrich der Deutsche Gewerkschaftsbund seine Forderung einer Fünftagewoche.

mit neuen globalen Rekrutierungsstrategien auf den Arbeitsmärkten, organisatorisch bedrängt durch die Individualisierung der Beschäftigungsverhältnisse und veränderte Interessenkonstellationen bei Industriearbeitern, Angestellten und Angehörigen des öffentlichen Dienstes, sozial herausgefordert durch die Massenarbeitslosigkeit und den Abbau von sozialstaatlichen Sicherungssystemen, müssen die Gewerkschaften ihr Rollenverständnis wandeln und nach neuen Schnittstellen für Solidarität suchen.

Dieser Abschied von überkommenen Organisationsformen und tradierten Denkhaltungen wird auch durch die Europäisierung der nationalen Gesellschaften erzwungen. Wenn die Gewerkschaften ihre Doppelrolle als Interessenverband der abhängig Beschäftigten auf dem Arbeitsmarkt und als gesellschaftsgestaltende Reformkraft in der Demokratie weiterhin erfolgreich spielen wollen, müssen sie ihre Position als Massenbewegung zwischen Politik und Ökonomie schärfer akzentuieren und ihre internationale Handlungsfähigkeit auf der europäischen Bühne besser unter Beweis stellen. Für beides bietet die Gewerkschaftsgeschichte seit der Mitte des 19. Jahrhunderts genügend Anschauungsmaterial.

KLAUS SCHÖNHOVEN

Emilio Gabaglio, Generalsekretär des Europäischen Gewerkschaftsbundes, 1997 über die Zukunft der Gewerkschaften:

»Die auf nationalstaatliche Konzepte fixierte Gewerkschaftspolitik hat ihre Zukunft seit längerem hinter sich. Dieser mittlerweile verbreiteten Einsicht muss die Praxis der gewerkschaftlichen Politik auf nationaler, europäischer und internationaler Ebene folgen.«

Wie kaum etwas anderes hat die Entwicklung, die in Chicago ihren Anfang nahm, das Gesicht der Städte weltweit verändert.

Das Hochhaus

Schon früh hat es Menschen gereizt, ein dauerhaftes und weithin sichtbares Zeichen zu setzen und hoch zu bauen. Die Stapelung von nutzbaren Flächen in Form von sehr hohen Häusern setzt jedoch grundsätzlich die Entwicklung leistungsfähiger Materialien und Konstruktionen sowie entsprechende Gebäudetechnik voraus. Viele der Erfindungen aus der Zeit der industriellen Revolution wurden erstmals in dem neuen Gebäudetyp Hochhaus zusammengeführt, so zum Beispiel der Aufzug, das Telefon, die elektrische Beleuchtungsanlage.

Chicago und New York

Historisch betrachtet, stellt das Hochhaus als Bautypus bis weit in das 20. Jahrhundert eine speziell amerikanische Entwicklung dar. Im Verlauf der Zeit wurden für eine maximale Grundstücksausnutzung immer höhere Türme in das innerstädtische Straßenraster der Metropolen eingepasst. Vor allem in zwei Städten, zugleich den wesentlichen wirtschaftlichen Drehscheiben des Landes, wurde die Entwicklung von Hochhäusern vorangetrieben: in Chicago und New York. Der Hochhausbau setzte in den 70er-Jahren des 19. Jahrhunderts in Chicago ein, zunächst mit konventionell gemauerten Bauten.

Das 1931 fertig gestellte **Empire State Building** weist die klassische Wolkenkratzerform, bestehend aus Sockel, Turm und Spitze, auf. Seit 1916 schreibt ein Baugesetz in Manhattan vor, dass die oberen Geschosse der Hochhäuser zurückgesetzt werden müssen; diese Maßnahme soll Licht in die Straßenfluchten lassen.

Ein erster Höhepunkt ist das »Monadnock Building«, 1891/92 von den Architekten Daniel H. Burnham und John W. Root in Chicago errichtet. Um das Gewicht der 16 Stockwerke zu tragen, mussten die Wände im Erdgeschoss fast 2 m dick sein. Die statischen Möglichkeiten des Backsteins setzten größeren Höhen Grenzen, und durch die kleinen Fensteröffnungen wurden die Räume schlecht belichtet. Für die Weiterentwicklung war demnach eine Optimierung der Tragkonstruktion notwendig. Skelettsysteme wurden entwickelt und damit die Trennung von Tragwerk und Gebäudehülle. Für die Ausführung leistungsfähiger Skelettbauten verwendete man das Guss- und anschließend das Schmiedeeisen. Das traditionelle Bauprinzip kehrte sich nun um. Aus den dicken Mauern mit eingelassenen Öffnungen entstanden filigrane Tragwerke mit Füllungen aus vorgefertigten Fassadentafeln und Glasflächen.

Eine Zäsur in der Entwicklung der gusseisernen Hochhäuser wurde durch den großen Brand von Chicago 1871 ausgelöst. Bekannteste Persönlichkeit in der Wiederaufbauphase der Stadt wurde William Le Baron Jenney. Er begründete 1880 die Bewegung der »Chicago School of Architecture«. Leitgedanke war, die Gestalt eines Gebäudes aus der funktionalen Lösung abzuleiten. Stellvertretend hierfür ist sein »First Leiter Building« von 1878/79. Erstmalig versuchte er, das tragende Gerüst in der Erscheinung des Gebäudes sichtbar werden zu lassen. Der Fassadenausdruck bleibt weitgehend schmucklos. In Jenneys Büro haben zudem alle wichtigen Vertreter der Chicagoer Schule gearbeitet, darunter der Architekt Louis H. Sullivan, der speziell durch seine Aussage »*form follows function*« (die Form richtet sich nach der Funktion) Bekanntheit erlangte.

Neue Impulse im Hochhausbau gingen mit dem Ende des 19. Jahrhunderts von New York aus. Hier bevorzugte man ausgeprägt dekorative Ausdrucksformen, orientiert an den Stilen in Europa. Herausragendes Beispiel ist das 1913 von Cass Gilbert fertig gestellte »Woolworth Building«. Den für damalige Verhältnisse gigantischen Turm von 235 m Höhe ließ er in neugotischem Stil errichten. Befreit von grundlegenden technischen Schwierigkeiten entstanden so bis ins kleinste Detail gestaltete Gesamtkunstwerke bis in die 20er-Jahre hinein. In den 30er-Jahren erlangte jedoch der Wunsch, durch Höhe zu repräsentieren, Priorität. So entstand in New York unter anderem 1930/31 das 381 m hohe »Empire State Building« von Shreve, Lamb & Harmon. Die 102 Geschosse wurden in nur 13 Monaten fertiggestellt, das Stahlskelett selbst in weniger als einem halben Jahr. Dies ließ sich nur mit industriell vorgefertigten Bauelementen bewerkstelligen. Um wirklich für lange Zeit das höchste Gebäude errichtet zu haben, wurde der Spitze zusätzlich ein 60 m hoher Ankermast für Zeppeline aufgepflanzt.

Ein Bautyp setzt sich durch – Der internationale Stil

Im Bauboom nach dem Zweiten Weltkrieg wurde die Vorfertigung noch stärker standardisiert. Durch den Einsatz moderner Materialien, wie etwa Aluminium, in technisch perfekter Verarbeitungsqualität entstanden Hochhäuser mit schmucklosen Oberflächen und großen Glasflächen: Der »International Style« war erfunden, der erste Stil, der sich weltweit durchsetzte. Das Hochhaus ermöglichte nun,

Marina City in Chicago besteht aus zwei 60-stöckigen Hochhäusern, die im Volksmund »Maiskolben« genannt werden. 1964 von Bertrand Goldberg, einem Schüler Ludwig Mies van der Rohes errichtet, enthalten sie Wohnungen, Geschäfte, Restaurants, ein Theater und Parkplätze. Zur Zeit der Erbauung waren die Doppeltürme das größte jemals aus Beton erbaute Gebäude.

Der Architekt **Louis H. Sullivan,** ein Hauptvertreter der Chicagoer Schule, äußerte sich über die Ausdruckswerte des Hochhausbaus:

»*Was ist das Hauptmerkmal des Hochhauses? Wir antworten sofort: Es ragt in die Höhe ... Es muss in jedem Zoll stolz und imposant sein, sich in reinem Jubel erheben, dass es vom Boden bis zur Spitze eine Einheit ohne eine einzige abweichende Linie bildet.*«

durch den Einsatz der kurz zuvor erfundenen Klimaanlage, die Abkoppelung von den Wetterbedingungen und der Sonneneinstrahlung. Der Bautypus Hochhaus wurde endgültig zu einer isolierten Einheit, zu einer Stadt in der Stadt. Die Vorhangfassade, Curtainwall genannt, setzte sich durch, das bedeutet eine glatte, leichte Außenhaut, die konstruktiv und technisch unabhängig vor die eigentliche Tragstruktur des Hochhauses gehängt wurde. Einer der wenigen Architekten, der den Vorhangfassaden noch ein eigenständiges Aussehen verliehen hat, war der 1938 aus Deutschland in die USA emigrierte Architekt Ludwig Mies van der Rohe. Vorbild für viele Kollegen wurde dessen 1954–59 gebautes »Seagram Building« in New York. Die Verwendung von Messing in der Außenhaut verleiht dem Gebäude eine besondere Eleganz. Die auf die glatte Hülle aufgesetzten Profile steigern durch ihre enge Reihung den vertikalen Ausdruck. Je nach Lichteinfall und Blickwinkel ergeben sich unterschiedliche Wirkungen.

Bei dem 259 m hohen **Verwaltungshochhaus der Commerzbank** in Frankfurt am Main verband Sir Norman Foster die amerikanische Stahlskelettkonstruktion mit neuen ökologischen Bauweisen. Jede der zwölfgeschossigen Einheiten hat drei verglaste Gärten, das Gebäude wird weitgehend natürlich belüftet und belichtet.

Optimierte Skelettsysteme, ausgeführt in verbesserten Stahlsorten und höheren Betongüten, ermöglichten dann in den 60er-Jahren neue Bauhöhen. So wurden unter anderem die Zwillingstürme des »World Trade Center« in New York 1966–73 von dem Architektenteam Minoru Yamasaki, Emery Roth & Sons gebaut, die mit ihren jeweils 110 Geschossen und gut 412 m Höhe die Skyline von Manhattan bis zu ihrer Zerstörung durch den Terroranschlag vom 11. September 2001 dominierten. Lange Jahre höchstes Gebäude der Welt war der 443 m hohe stufenförmige »Sears Tower« in Chicago, der 1974 von dem Architekturbüro SOM fertig gestellt wurde; übertroffen wird er seit 1996 von Cesar Pellis »Petronas Twin Towers«, die 451,9 m hoch in den Himmel über der malaysischen Hauptstadt Kuala Lumpur ragen.

Das neue Bauen – Postmoderne und aktuelle Entwicklungen

Diese Bauten stehen für das Ende einer Entwurfshaltung, bei der die technischen Möglichkeiten im Vordergrund standen und die Außenwirkung des Gebäudes schematisch behandelt wurde. Demgegenüber entstand Mitte der 70er-Jahre wieder ein bevorzugtes Interesse an den gestalterischen Möglichkeiten im Hochhausbau. Man suchte nach auffälligen Formen und Fassaden, die Interesse wecken sollten und durch den individuellen Ausdruck des Gebäudes die Ren-

dite des Bauherrn sicherten. Ein typisches Hochhaus dieser Ausprägung ist das 1984 von Philip Johnson und John Burgee in New York fertig gestellte 195 m hohe »American Telephone & Telegraph Building«, kurz AT & T genannt, das zu einem der meistdiskutierten Hochhäuser überhaupt wurde.

Seit den 90er-Jahren wurde weltweit eine Reihe von Vorschlägen erarbeitet für extreme Türme mit teilweise über 1 000 m Höhe. Eine andere Entwicklung der letzten Jahre versucht den energetischen Problemen, die ein Hochhaus grundsätzlich aufwirft, durch ausgeklügelte Fassadensysteme und optimierte Gebäudetechnik zu begegnen. Aktuelles Beispiel dieser auch als »ökologisches Hochhaus« bezeichneten Gebäudegeneration ist der 1997 eingeweihte, ohne Antenne rund 259 m hohe Verwaltungsneubau der Commerzbank in Frankfurt am Main von Norman Foster.

WALTER SCHOELLER

Im Zuge der Stadterneuerung von **Singapur** riss man die ehemaligen Slums und die älteren kolonialzeitlichen, zwei- bis dreigeschossigen Stadtviertel ab und ersetzte sie durch eine moderne Bebauung. Repräsentative Hochhausbauten entstanden auch am Raffles Quay.

Über die Gestalt seiner Bauten, zu denen wegweisende Hochhäuser gehören, sagte der Architekt **Ludwig Mies van der Rohe** 1956:

»Sie sollten einfach sein, und sie sind einfach. Aber nicht primitiv einfach, sondern edel, ja monumental.«

Die Bakteriologie

Die Entdeckung der Bakterien machte es möglich, dem Schrecken der Infektionskrankheiten gezielt entgegenzutreten.

Bakterien sind winzige, einzellige Lebewesen, ein halbes bis einige wenige Tausendstel Millimeter groß. Sie vermehren sich durch Querteilung. Dass viele von ihnen ansteckende Krankheiten verursachen, erscheint selbstverständlich, ist aber, historisch besehen, eine noch recht junge Erkenntnis. Sie datiert aus dem 19. Jahrhundert. Zwar hatten einzelne Forscher schon vorher mit einfachen Mikroskopen das gesehen, was man heute als Bakterien bezeichnet. Sie erklärten es jedoch völlig anders.

Antony van Leeuwenhoek, ein niederländischer Tuchhändler und Naturforscher, sah schon im 17. Jahrhundert »Animalculae«, also kleine Tierchen. Er sah, beschrieb und zeichnete Mikroorganismen, von denen einige eindeutig als uns bekannte Bakterien zu identifizieren sind. Die »levende dierkens« (»lebenden Tierchen«) waren für ihn aber schlicht Kuriositäten. Damit sich solche und andere Beobachtungen als Bakterien im modernen Sinn begreifen ließen, bedurfte es einer Reihe von Forschungen über ihre Eigenschaften und Funktionen. Diese erst legten Bakterien in ihren Unterschieden und Gemeinsamkeiten zu anderen Lebensformen fest und beschrieben ihre Bedeutung.

Die Biologie des Lebens: Urzeugung, Gärung und Fäulnis

Begreift man Bakterien als lebende Krankheitserreger, die Krankheit sowohl im Körper erzeugen als auch auf andere Körper übertragen können, so war die bis ins 19. Jahrhundert gängige Vorstellung der so genannten Urzeugung eines der entscheidenden Probleme: Wenn Mikroorganismen durch Urzeugung, also spontan immer neu aus dem Nichts oder aus beliebiger Materie entstehen, ist es unmöglich, ihre Verbreitung etwa durch Desinfektion verhindern zu wollen. Zwar gab es auch damals Forscher, die der Ansicht waren, dass Mikroorganismen durch Wachstum und Vermehrung nur aus ihresgleichen hervorgehen, aber erst mit der Einführung effektiver Methoden der Sterilisierung gelang es, dies nachzuweisen: Mikroorganismen entstehen nur dort, wo bereits andere vorhanden sind.

Die entscheidenden Arbeiten auf diesem Gebiet legte der französische Chemiker Louis Pasteur 1860 vor. Es gelang

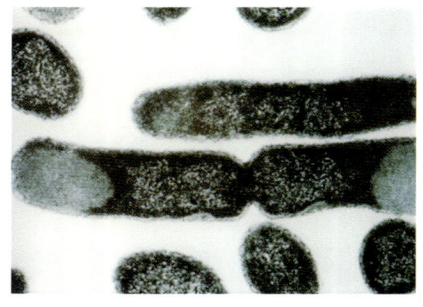

1773 hatte der dänische Biologe Otto Frederik Müller die von van Leeuwenhoek im 17. Jh. als »lebende Tierchen« bezeichneten **Bakterien** mit verbesserten Mikroskopen untersucht und sie aufgrund ihrer vielfältigen Formen erstmals unterschieden.

ihm, das Innere von Gefäßen völlig keimfrei zu halten. Solange diese abgeschlossen blieben, trat keine durch Mikroorganismen verursachte Fäulnis ein, was nach der Urzeu-
gungstheorie hätte passieren müssen. Damit bewies Pasteur
zugleich, dass Fäulnis und die auch von ihm untersuchte Gärung etwa von Wein Prozesse biologischer Natur sind, dass
also lebende Organismen daran beteiligt sein müssen. Pas-
teurs Erkenntnis bedeutete, dass nun bestimmte Mikroorganismen für bestimmte Prozesse verantwortlich gemacht
werden konnten, und ermöglichte die effektive Kontrolle

Robert Koch, der 1876 im Milzbrandbazillus
erstmals einen lebenden Mikroorganismus als spezifische Ursache einer Infektionskrankheit nachwies,
wurde 1891 Direktor des neu gegründeten Instituts
für Infektionskrankheiten, des späteren Robert-Koch-
Instituts.

Der französische Chemiker Louis Pasteur beschäftigte sich seit 1854 mit der von Mikroorganismen
hervorgerufenen alkoholischen Gärung und
entdeckte, dass Erhitzen – das heute nach seinem
Erfinder benannte Verfahren »Pasteurisieren« – zur
Abtötung der Mikroorganismen führt.

von Gärung und Fäulnis, Letztere durch Sterilisierung. Sein
Name verbindet sich noch heute mit der Sterilisierung der
Milch durch Erhitzen, dem Pasteurisieren.

Zwei wichtige Aspekte hatten jedoch für Pasteur zunächst nur wenig Bedeutung: Er arbeitete mit Kulturen und
nicht mit isolierten Mikroben. Der Erzeugung und Kontrolle
der Wirkungen, die sie verursachen, galt sein Hauptaugen-
merk, und erst spät befasste er sich mit der Frage des Zusam-
menhangs von Mikroben und Krankheit.

Bakterien und Krankheit

Unter einem anderen Aspekt untersuchten Botaniker und
Mediziner seit den 1840er-Jahren dieselben Phänomene und

machten dabei von mikroskopischen Beobachtungen Gebrauch. Im Laufe der Zeit entstand hier die Theorie, dass Mikroorganismen ebenso wie andere Lebewesen auch spezifische Arten bilden und dass unterschiedliche Krankheiten als Wirkung je unterschiedlicher Mikroorganismen aufzufassen sind. Mithilfe technisch enorm verbesserter Mikroskope versuchte man einzelne von ihnen sichtbar zu machen und in Spezies zu klassifizieren. Der Botaniker Ferdinand Julius Cohn unterschied 1872 Bakterien nach ihrer äußeren Form in Kugeln (Kokken), Stäbchen (Bakterien), Fäden (Bazillen und Vibrionen) und Schrauben (Spirillen).

Das Neue war dabei nicht der Gedanke, dass Kleinstlebewesen Krankheiten verursachen. Die Vorstellung lebender Ansteckungsstoffe, eines »Contagium vivum«, hatte vielmehr eine lange Tradition: Der Jurist Agostino Bassi begann ab 1807 einen mikroskopischen Pilz als Ursache der »Seidenraupenkrankheit« zu identifizieren. Der Mediziner Jakob Henle diskutierte 1840 das Problem lebender Krankheitserreger und formulierte rein theoretisch die notwendigen Schritte zum Nachweis solcher Erreger. Henles Kriterien erwiesen sich in der Tat als die entscheidenden. Er forderte erstens die Isolierung eines bestimmten Erregers aus dem erkrankten Gewebe eines Organismus, zweitens dessen Fortzüchtung außerhalb des Körpers, um die Konstanz der Art dieses Erregers zu beweisen, und drittens die erneute Erzeugung der Krankheit mittels der Kulturen des Erregers im Experiment.

Der Mediziner Robert Koch erbrachte ab 1876 diesen Nachweis: Leistungsfähige Mikroskope ermöglichten es, die Bakterien besser zu sehen. Durch das Anfärben mit neuartigen synthetischen Farbstoffen, den Anilinfarben, ließen sich die Bakterien von köpereigenem Gewebe klar unterscheiden. Reinkulturen auf festen Nährmedien wie Gelatine oder gekochter Kartoffel anstelle der bislang üblichen flüssigen Nährmedien waren die Voraussetzung für fotografische Aufnahmen, mit denen sich die Ergebnisse seiner Arbeit dauerhaft dokumentieren und rasch verbreiten ließen. Die Züchtung der Bakterien in Reinkultur, in Kulturen also, die aus einer einzigen Zelle entstanden, war dabei der logisch entscheidende Schritt. Solange man, wie bis dahin üblich, bakterienhaltiges Gewebe auf Versuchstiere verimpfte, konnten die Bakterien, statt Ursache der Krankheit zu sein, ebenso gut eine schlichte Begleiterscheinung darstellen.

Der erste komplette Nachweis einer bakteriellen Krankheitsverursachung gelang Koch 1876 beim so genannten Milzbrand, einer Viehseuche. Koch dokumentierte vollständig den Lebenszyklus des Bacillus anthracis und konnte auch die Krankheitsverursachung durch dieses Bakterium zweifelsfrei belegen. Ab 1880 gelang es dann einer rasch wachsenden Gruppe von Forschern binnen zweier Jahrzehnte, die Erreger praktisch aller wichtigen Seuchen der Zeit zu

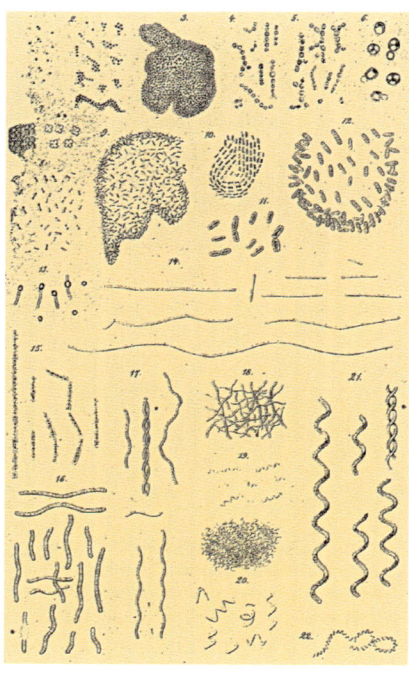

Der deutsche Botaniker Ferdinand Julius Cohn hatte als Erster die Bakterien dem Pflanzenreich zugeordnet. 1872 veröffentlichte er seine **»Untersuchungen über Bakterien«,** in denen er die Bakterien nach ihrer Form unterschied, beschrieb und benannte.

identifizieren. Koch selbst steuerte 1882 und 1883 die Erreger der Tuberkulose, das Mycobacterium tuberculosis, und der Cholera, das Vibrio cholerae, bei. Die Rasanz dieser Entwicklung war neben der verbesserten Technologie und der rasch wachsenden Zahl von Bakteriologen auch auf eine letztlich einfache und stringente Methodik zurückzuführen. Diese erinnert noch deutlich an die von Henle 1840 formulierten Kriterien und ist unter dem Begriff der so genannten kochschen Postulate bekannt geworden. Ihr logischer Kern ist der Dreischritt Isolieren, Kultivieren und Inokulieren, also Verimpfen.

Dass Bakterien Infektionskrankheiten verursachen, war also um 1890 klar, wenn auch nicht unumstritten. Tatsächlich war damit ein Modell entwickelt, dass auch für unser Denken über Krankheit noch grundlegend ist; mikrobiologische Organismen, seien sie nun Bakterien, Viren oder Parasiten, werden als notwendige Ursachen von Krankheiten angesehen. Ohne Vibrio cholerae kann es keine Cholera geben, ohne das HI-Virus kein Aids.

Erstaunlich ist, dass dieses Modell auf einer im Vergleich zu unserem heutigen Wissen sehr schmalen Basis formuliert wurde. Um 1890 herum wusste man im Grunde nur, dass Bakterien Krankheiten verursachen, wie sie es tun, war weitgehend unbekannt. Die hierzu notwendigen Forschungen über den Stoffwechsel der Bakterien, ihre Wirkung auf Körperzellen und die Antwort des körpereigenen Immunsystems steckten noch in der Kinderschuhen oder lagen gar in ferner Zukunft. Auch waren um 1890 praktisch nur krankheitserregende Bakterien bekannt, und die Einsicht, dass viele von ihnen nützliche Bewohner unseres Körpers sind, ohne die zum Beispiel die Verdauung nicht funktionieren kann, wäre den Zeitgenossen sehr ungewöhnlich erschienen.

CHRISTOPH GRADMANN

Schon **Robert Koch** brachte den Zusammenhang von Armut und Krankheit auf den Punkt:

»*Wenn die Reichen sich*
abwenden von der
Not der Armen,
triumphieren die Mikroben.«

Diese Zeichnung fertigte Robert Koch bei seinen Untersuchungen an; sie zeigt die 1881 von ihm entdeckten **Tuberkulosebakterien** als blau eingefärbte Stäbchen.

Die Schallplatte

>»Eine Platte ist eine Welt. Es ist die Welt, vom Menschen in eine Form gekratzt, die ihn vielleicht überlebt.«

Evan Eisenberg

Über lange Jahrtausende unserer Kulturgeschichte war das gesprochene Wort, die gesungene Melodie Schall und Rauch, war der Reiz der Stimme so vergänglich wie das Leben. Erst 1877 gelang es dem amerikanischen Erfinder-Tausendsassa Thomas A. Edison mit seinem Phonographen Schallwellen zu speichern und damit Klänge sichtbar und ertastbar zu machen. Die sinnliche Wahrnehmung durch das Ohr bekam eine historische Dimension. Weitreichende Folgen für die Vermarktung von gespeichertem Schall hatte jedoch erst das 1887 vom amerikanischen Elektrotechniker Emile Berliner entwickelte Verfahren der Schallaufzeichnung auf einer flachen Scheibe. Die Schallplatte ermöglichte fortan die technisch einfache Massenfertigung und die Schallwiedergabe durch das Grammophon.

Die ersten Schallplatten waren aus Hartgummi gefertigt und hatten lediglich eine Spieldauer von maximal zwei Minuten. Um die Jahrhundertwende wurde der Schellack, eine Mischung aus Baumharz und Wachsabscheidungen der Lackschildlaus, für ein halbes Jahrhundert lang bis zur Einführung der Langspielplatte 1948 die Basis für fast alle kommerziell vervielfältigten Tonträger. 1901 erschienen die ersten Platten mit einer auf drei Minuten verlängerten Spieldauer bei einem vergrößerten Durchmesser von 25 Zentimeter. Von den neuen Möglichkeiten dieses größeren Tonträgers profitierten hauptsächlich die Sänger und von deren Aura wiederum die Schallplattenindustrie: Kein Geringerer als der Startenor Enrico Caruso trug 1902 mit seinen ersten Aufnahmen entscheidend dazu bei, dass die Schallplatte als Medium der klassischen Musik mehr und mehr akzeptiert wurde.

Von Aufnahmetechniken und Tonträgern

Bis 1925 konnten Schallplatten allerdings nur rein akustisch aufgenommen werden, das heißt ohne elektroakustische Verstärkung. Die Schallwellen wurden in einem oder mehreren Aufnahmetrichtern gebündelt und in der Schalldose in horizontale Auslenkungen des Aufnahmestichels umgesetzt. Dieses Verfahren verlangte fallweise Uminstrumentierungen und erlaubte noch keine akzeptablen Aufnah-

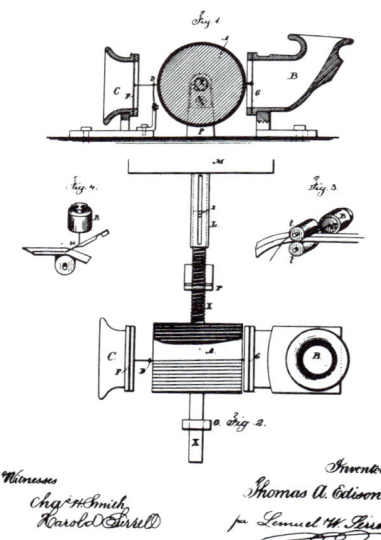

T. A. EDISON.
Phonograph or Speaking Machine.
No. 200,521.   Patented Feb. 19, 1878.

1877 ließ sich Thomas A. Edison eine »Sprechmaschine« patentieren. Versuche, den Telegrafen zu verbessern, führten Edison, der auf verschiedenen Gebieten der Technik Pionierarbeit leistete, zur Entwicklung des **Phonographen,** eines Vorläufers des Grammophons.

men mit großen Ensembles. Zwar waren bereits von 1906 an vereinzelt Opern und von 1913 an auch Orchesterwerke eingespielt worden, doch blieben die Ergebnisse notgedrungen in akustischen Kompromissen stecken, deren blechernes Klangbild den Ausdruck »Konservenmusik« provozierte. Erst das 1925 eingeführte elektrische Aufnahmeverfahren mittels Mikrofon und Verstärker ermöglichte den eigentlichen Durchbruch der Schallplatte im Bereich der klassischen Musik. Von nun an konnten erstmals selbst große Chorwerke, spätromantische Sinfonien und vollständige Opern technisch befriedigend reproduziert werden. Auch für die Unterhaltungsmusik hatte die elektrische Aufnahmetechnik weit reichende Folgen – man denke nur an die Möglichkeiten der Manipulation der menschlichen Stimme, die nunmehr im stärksten Forte »flüstern« konnte. Sänger wie Frank Sinatra und Elvis Presley verdanken dieser medienspezifischen Direktheit der Intimität ihre großen Erfolge.

Trotz alledem, ungeachtet aller noch so spektakulären technischen Neuerungen sind die Tonträger bis heute ein Kompromiss geblieben, wenn auch ihre technische Entwicklung ihn immer erträglicher gemacht hat. Überspitzt formuliert, ist aus rezeptionsästhetischer Sicht heute sogar das über den Tonträger wahrgenommene Klanggeschehen auf oft fragwürdige Weise zum Ideal des sinnlichen Musikkonsums geworden, während sich das Livekonzert mehr und mehr nur als Kompromiss zwischen ganzheitlicher Musikrezeption und dem selten erreichbaren Ideal akustisch perfekter Klangkultur behaupten kann.

Die Gesamtentwicklung der Tonaufzeichnung zeichnet sich durch fortschreitende Minimierung technisch-ästhetischer Kompromisse aus. Mit der Einführung des Tonfilms 1929 wurde erstmals die synchrone Dokumentation von Ton und Bild, deren eindeutige Zuordnung zueinander, Realität. 1935 erfinden deutsche Techniker das Magnettonband. Es wird zunächst versuchsweise verwendet, doch mit dem Aufkommen der Langspielplatte 1948 setzt sich dieser neue Originaltonträger durch und revolutioniert die Möglichkeiten der Beeinflussung durch den Tontechniker. Denn mit dem Tonband wird es erstmalig möglich, verschiedene Aufnahmesequenzen bruchlos aneinander zu fügen. Damit wird die Arbeit im Studio endgültig zum Teamwork zwischen Musikern vor und hinter dem Mikrofon. Spionagetechnologie führte 1945 zu einer merklichen Verbesserung der Schallplattenschneidetechnik vor allem hinsichtlich der tiefen Frequenzen.

Die aus PVC gefertigte Langspielplatte, auch LP genannt, hatte neben einer kleineren Rille eine herabgesetzte Umdrehungsgeschwindigkeit von 33 1/3 Umdrehungen pro Minute. Mit ihrem Aufkommen änderte sich das Repertoire des Tonträgers: Kompositionen wurden vielfach zu Sammelpro-

Als Thomas A. Edison 1878 seinen **Phonographen** in Washington der Smithsonian Institution vorführte, ließ er das Gerät sagen:

»Die Sprechmaschine hat die Ehre, sich selbst der Amerikanischen Akademie der Wissenschaften vorzustellen.«

Die Stars der großen Opernhäuser der Welt mussten anfangs für Plattenaufnahmen erst gewonnen werden, denn viele Sänger hatten Vorbehalte gegen das Konservieren ihrer Stimme. **Enrico Caruso** nahm 1902 in Mailand die ersten Platten auf.

Der aus Hannover stammende und in die USA ausgewanderte Emile Berliner meldete 1887 das **Grammophon** zum Patent an. Die Abbildung zeigt ein Gerät aus dem Jahr 1889, das dem Abspielen der ebenfalls von Berliner erfundenen Schallplatten diente. Eine seitlich ausschlagende Nadel tastete in den in die Platte eingeritzten Rillen die Tonaufzeichnung ab.

grammen zusammengefasst, abendfüllende Werke wie Opern von nun an häufiger eingespielt, weil die LP mit ihrer längeren Spieldauer von bis zu 30 Minuten pro Seite nicht nur preiswerter als die Schellackplatte mit ihren knapp 5 Minuten pro Seite, sondern obendrein auch leichter und einfacher zu bedienen war.

Bereits 1953 wird das Videoband professionell genutzt und beginnt seither langsam aber beständig den Film aus dem Fernsehbereich zu verdrängen. Und seit 1954/55 wird ganz regulär in Stereophonie aufgenommen. Räumliches Hören war schon lange ein Wunschtraum der Techniker; bereits 1929 hatte man mit stereophoner Übertragungstechnik experimentiert, doch immer wieder gab es ungelöste Probleme mit der Speicherung der auf zwei Kanäle verteilten Schallinformation. Erst mit dem Einsatz des Magnettonbands erreichte man eine Kanaltrennung, wie sie zuvor bei allen üblichen Schallplattenschneideverfahren nicht erzielt werden konnte. 1958 kommen dann die ersten Stereoschallplatten in den Handel, etwa Mitte der 60er-Jahre hat die Stereoschallplatte endgültig die Monopressung abgelöst.

Die industriell bespielte Kompaktkassette, offiziell MusiCassette oder MC genannt, eroberte 1965 den Markt, nachdem die unbespielte Kompaktkassette bereits 1963 eingeführt worden war. Neben der Compact Disc, der CD, hat sich die MC weltweit als Tonträger für den mobilen Einsatz im Walkman oder Autoradio durchgesetzt und spielt seither vor allem auf den Märkten der Dritten Welt eine große Rolle.

Die digitale Revolution

Mit der Einführung der Videokassette wird der Bild-Ton-Träger aber 1970 auch im Heimbereich Realität. 1972 jedoch vollzieht sich mit dem Übergang von der analogen zur digitalen Speicherung auf Magnetbändern eine Revolution, de-

Das **Magnetophon K 2** stellte die AEG 1936 vor, ein Jahr nachdem deutsche Techniker das Magnettonband erfunden hatten. Das Magnettonverfahren dient auch in den heute vielfach genutzten analogen wie digitalen Kassettenrekordern zur Aufnahme und Wiedergabe von Schallereignissen.

ren Folgen man noch nicht abschätzen kann. Denn prinzipiell ist das digitale Medium wie DAT-Cassette oder CD kein Tonträger mehr, sondern ein Datenträger. Bei ihm werden die elektrischen Schwingungen »vermessen« und als Reihe von Zahlencodes gespeichert. Die Umwandlung von Schallsignalen in digitale Signale geschieht mittels eines Analog-

In einer Produktionsanlage warten **Compact Discs** auf Spindeln auf die Bedruckung. Beim Abspielen einer Compact Disc werden die digitalen Pits berührungslos mit einem Laserstrahl abgetastet. Jede glatte Stelle reflektiert den Laserstrahl auf eine Fotodiode, die einen Spannungsimpuls weitergibt. Trifft der Laserstrahl jedoch auf eine Vertiefung, so wird er gestreut und der Spannungsimpuls bleibt aus. Diese digitalen Signale werden in einem Digital-analog-Wandler wieder in ein Stereotonsignal umgewandelt.

digital-Wandlers. Jedem Momentanwert des Schalldrucks wird dabei eine bestimmte Ziffernkombination zugeordnet, die mithilfe des Digital-analog-Wandlers wieder in ein analoges Schallsignal zurückgewandelt werden kann. So ist jeder CD-Player gewissermaßen ein kleiner Computer mit fest installierter Programmsoftware.

1981 war es so weit: Kaum auf den Markt gekommen, wurde die CD vor allem dank ihrer leichten Bedienbarkeit und der Freiheit von Störgeräuschen schnell zum meistverbreiteten massenproduzierten digitalen Tonträger. 1990 wurden weltweit schon 770 Millionen CDs und doppelt so viele MCs verkauft, gegenüber 339 Millionen LPs. Und 1997 lagen die Verkaufszahlen bei 2,220 Milliarden CDs, aber nur noch 1,431 Milliarden MCs und lediglich knapp 18 Millionen LPs.

In welcher Form sich der digitale Tonträger allerdings im 21. Jahrhundert halten wird, ist offen: Einerseits stehen heute mit der CD-ROM und der Digital versatile disc, der DVD, akustische und optische Datenträger mit hohen Speichervolumina zur Verfügung, andererseits erweiterten sich mit der Einführung des Internets die Möglichkeiten, per Mausklick an Musikdateien zu gelangen, erheblich.

MARTIN ELSTE

Das Automobil

Von einem störanfälligen Gefährt für Liebhaber entwickelte sich das Automobil zum Inbegriff von Freiheit und Mobilität.

Mit der Erfindung des Autos untrennbar verbunden sind die süddeutschen Konstrukteure Carl Benz in Mannheim und Gottlieb Daimler in Bad Cannstadt, der mit Wilhelm Maybach zusammenarbeitete. Die Fahrzeuge dieser Erfinder entstanden wohl unabhängig voneinander, wurden aber nahezu gleichzeitig, in den Jahren 1885 und 1886, erprobt. Dieser Zeitpunkt ist nicht zufällig, denn ein wichtiger Patentanspruch wurde gerade erfolgreich angefochten: Der Viertaktmotor von Nicolaus Otto, patentiert 1876, war nun frei verfügbar geworden. Das Verdienst von Benz war die Neukonstruktion eines zweckmäßigen Straßenfahrzeugs als Einheit aus Fahrgestell und einem solchen schnell laufenden Verbrennungsmotor. Ottos bisherige Motorenkonstruktion musste dazu erleichtert und für flüssiges Leichtbenzin tauglich gemacht werden. Benz ließ diesen anfangs dreirädrigen Wagen im Januar 1886 vom Kaiserlichen Patentamt schützen, Daimler und Maybach hingegen entwickelten einen leichten Einbau-Verbrennungsmotor, mit dem Straßenfahrzeuge, aber auch kleine Boote, Lokomobile und Kleinlokomotiven motorisiert werden sollten. Ihr erster Versuchsträger war 1885 ein hölzernes Motorzweirad mit Stützrädern, bevor ein Jahr später ein einzylindriger Motor in eine »Victoria«-Kutsche eingebaut wurde.

Gottlieb Daimlers vierrädriger Kraftwagen war ein gewöhnlicher Kutschwagen, von dem man die Deichsel abgenommen hatte und der durch eine Kurbel über ein Zahnrad gelenkt wurde. Die Aufnahme aus dem Jahr 1886 zeigt den Ingenieur und Erfinder Daimler hinten in seinem Fahrzeug sitzend.

Das Produkt Automobil hatte aber noch eine ganze Reihe von Voraussetzungen, von denen das Fahrrad wohl am wichtigsten ist. Es hatte bereits vor dem Erscheinen des Motorwagens den Wunsch nach freier, individueller Mobilität geweckt und war für Hunderttausende ein Verkehrsmittel für Beruf und Freizeit. Doch nicht nur das: Ohne die technischen Elemente des Fahrrads wäre das Automobil undenkbar. Viele der ersten Motorwagen wurden einfach aus zugekauften Fahrradteilen zusammengebaut, wie auch schon der Benz-Patentmotorwagen. Der Erfinder bestellte praktisch alle Fahrgestellteile aus der Serie einer Fahrradfabrik, den Adler-Werken in Frankfurt am Main. Das Chassis von Daimlers und Maybachs Stahlradwagen »Quadricycle« wurde sogar komplett von der damaligen Fahrradfabrik NSU in Neckarsulm gebaut. Aber auch die Kutschentechnik der Zeit war so hoch entwickelt, dass viele Bauweisen direkt in die Konstruktion der Automobile einflossen.

Die süddeutschen Autoerfinder sind allerdings nicht generell die Erfinder des Automobils, sondern allenfalls des selbstbeweglichen Fahrzeugs mit Verbrennungsmotor. Denn mit Dampf und Elektrizität betriebene Fahrzeuge waren um 1890 schon weit verbreitet. Sie waren recht erfolgreich und in vielem die besseren Konkurrenten. Ein Fahrzeug mit elektrischem Antrieb erzielte im Jahr 1899 erstmals mehr als 100 km/h auf der Straße, ein Dampfwagen 1906

Der Industrielle **Theodor Freiherr von Liebieg** resümierte nach einer Fernfahrt, die ihn 1894 vom nordböhmischen Reichenberg über 2500 Kilometer nach Reims und zurück geführt hatte:

»Wofür wir Benz am meisten zu danken haben, das ist, dass sein Wagen uns im Fluge die Welt aufschließt, dass wir erfahren, wie viele schöne deutsche Landschaften es gibt.«

Im Jahr 1899 erreichte Camille Jenatzy mit seinem **Elektrowagen** erstmals eine Geschwindigkeit von über 100 km/h. Das rasante Fahrzeug war ausgerüstet mit profillosen Michelin-Luftreifen.

200 km/h. Elektrovehikel waren zudem leiser, viel einfacher zu starten und zu fahren als die pannenträchtigen Benzinautos, für die eigentlich nur die größere Reichweite sprach.

Die ersten Automobilisten

Anfangs war das Fahren von Benzinwagen ein komplizierter Vorgang. Oft unberechenbare und tückische Lenk- und Fahreigenschaften der frühen Fahrzeuge, schlechte Straßen und viele Hindernisse verlangten vom Fahrer viel Geschick. Die Drehzahl des Motors konnte nur sehr unzulänglich variiert werden; der Fahrer hatte die Vergasung des Kraftstoffs und die Zündung so weit selbstständig zu regeln, dass der Motor »rund« lief. Vergaser und Zündanlage waren zudem störanfällig, das Schalten erforderte Kraft und Geschick, die Pneumatiks, die Luftreifen, waren immer pannenträchtig. In der Regel mussten die »Benzinkutschen« von mechanisch ausgebildeten Chauffeuren gefahren werden, die auch die häufig erforderlichen und schmutzigen Wartungsarbeiten durchführten und für kleinere Reparaturen sorgen konnten.

In der ersten deutschen **Polizeiverordnung über den Verkehr mit Kraftfahrzeugen** des Königreichs Preußen von 1901 hieß es in der Fassung für den Landespolizeibezirk Berlin zur Geschwindigkeit:

> *»An denjenigen Stellen, wo ein*
> *lebhafter Verkehr von Wagen,*
> *Reitern, Radfahrern oder*
> *Fußgängern stattfindet, sowie*
> *auf Strecken, die derart*
> *schlüpfrig sind, dass die*
> *Wirksamkeit der Bremse*
> *infrage gestellt ist, darf*
> *höchstens mit der*
> *Geschwindigkeit eines*
> *kurz trabenden Pferdes*
> *gefahren werden.«*

Für viele Automobilisten war die Unzuverlässigkeit der technischen Vehikel aber sogar eher Herausforderung als Kaufhindernis. Nicht einmal die zahlreichen Pannen hielten die Pioniere des Autoreisens von langen Fahrten ab. Schon in den ersten beiden Jahrzehnten wurden weite Reisen unternommen. Doch im Straßenverkehr erschien das Auto als vielfach angefeindeter Eindringling. Autos lärmten, zogen gewaltige Staubwolken hinter sich her und waren viel zu schnell. Verglichen mit der Geschwindigkeit anderer Straßenbenutzer, raste das Auto auf gefährliche Weise. Spielende Kinder und Tiere auf der Fahrbahn wurden häufig gefährdet; nicht selten kam es zu schweren Unfällen. Rücksichtslose Herrenfahrer und »strolchende« Chauffeure, die sich den Wagen der Besitzer für Spritztouren ausliehen, trugen zum schlechten Ruf der frühen Autofahrer bei.

Auch für die Behörden waren die Motorwagen anfangs Störfaktoren im bisherigen Straßenverkehr. Mit regional sehr unterschiedlichen Polizeiverordnungen versuchten sie, die Geschwindigkeit des »Fahrens mit elementarer Kraft« an die bisher üblichen Dimensionen anzupassen. So galten anfangs 6 km/h innerorts und 12 km/h über Land. Auch die Registrierung der Fahrzeuge zur Identifizierung von Übeltätern und Versicherungen der Haftungspflicht wurden vor dem Ersten Weltkrieg obligatorisch. Mit Treibstoffversorgung, eigener Verkehrspolizei, spezieller Gesetzgebung und eigenen Straßen entstand langsam das System des motorisierten Straßenverkehrs.

Beinahe wäre jedoch die Markteinführung des Automobils gescheitert – die Käufer blieben anfangs aus. Die deutschen Pioniere verstanden das Automobil als Industrieprodukt, das auf Industrieausstellungen neben Dampfmaschinen stand. Technisch entwickelt wurde der Benzinwagen also in Deutschland, doch seine Durchsetzung erfolgte in Frankreich. Französische Hersteller wie de Dion und Darracq, ausgestattet mit viel mehr Kapital als die kleineren deutschen Betriebe, bauten ihre Wagen anfangs mit importiertem technischem Know-how, vermochten sie aber bald als »Flaneurvehikel« für die Pariser Gesellschaft zu verkaufen. Reiche und Schöne, Sportsmänner und modebewusste Frauen begannen sich schon in den 1890er-Jahren für das neue Motorvehikel zu begeistern. Nicht zuletzt auf

Henry Ford führte zu Beginn des 20. Jh. die Prinzipien der Arbeitsteilung und der Rationalisierung in die industrielle Massenproduktion ein. Darauf basierend wurde die Fließbandproduktion des »Modells T« (»Tin Lizzie«) – hier Arbeiter während der Montage in Detroit – geplant.

1931 begann Ferdinand Porsche ein Fahrzeug zu konzi-
pieren, das für alle bezahlbar sein sollte. Um dieses preis-
werte Massenautomobil bauen zu lassen und die Rüstungs-
produktion anzukurbeln, errichtete die nationalsozialis-
tische Regierung 1937 das »Volkswagenwerk« in
Wolfsburg. Der überwältigende Erfolg des nach 1945
weiter produzierten, später liebevoll als **»Käfer«** bezeichneten Volkswagens war damals freilich noch nicht
abzusehen.

die Anforderungen dieser wenig technisch interessierten
Nutzer hin wurde das Auto zuverlässiger und einfacher zu
bedienen. Die langsame Weiterentwicklung des Motorwagens in Richtung auf Praxistauglichkeit und Zuverlässigkeit
ging somit auf französische Anstöße zurück.

In Deutschland begann der Erfolg erst, als sich die Eliten
des Kaiserreichs für das Motorvehikel einsetzten. Prinz
Heinrich von Preußen, der Bruder des Kaisers, war es vor allem, der sich für Automobile begeisterte und sie intensiv förderte. Ein Mittel dazu war die Ausschreibung von Renntro-
phäen. Durch Autorennen steigerten sich die Leistung und
die Geschwindigkeit der Fahrzeuge rasch; sie zogen trotz –
oder wegen – schwerer Unfälle große Menschenmassen an
und wurden zu nationalen Prestigeangelegenheiten.

Vom Luxusgefährt zum Verkehrsmittel

Seit den 20er-Jahren entwickelte sich das Auto zum wahrhaft weltumspannenden Erfolg. Vom Sport- und Repräsen-
tationsfahrzeug wurde es zum alltagstauglichen Verkehrsmittel, das, ausgehend von den USA, auch für breite Schichten erschwinglich wurde. Henry Fords amerikanische Pro-
duktionsmethoden verbilligten die Herstellung dieses
hochkomplexen Produkts in den 20er-Jahren entscheidend.
Deutschlands Volksfahrzeuge waren zu dieser Zeit noch zumeist Motorräder. Die Nationalsozialisten betrieben dann
eine ausgesprochen autofreundliche Politik: Spezielle,
Kraftfahrzeugen vorbehaltene Autobahnen wurden gebaut.
Nach dem Zweiten Weltkrieg, der von Panzern und Lastwagen dominiert wurde, erlebte auch die Bundesrepublik einen
beispiellosen Autoboom.

Fahrzeugbau in hohen Stückzahlen und massenhafter
Autokauf wurden zum Motor des deutschen Wirtschafts-
wunders. Heute werden in Deutschland über 5 Millionen
Automobile jährlich gebaut; weltweit sind es über 45 Millionen. Mit rund 43 Millionen Personenkraftwagen sind wir eine voll motorisierte Gesellschaft, die allerdings die Folgen
für die Umwelt und die Überlastung des Straßenverkehrs-
systems deutlich zu spüren bekommt.

KURT MÖSER

Die Psychoanalyse

»Die Psychoanalyse
ist das einzige ... Beispiel
einer methodisch
Selbstreflexion in
Anspruch
nehmenden
Wissenschaft.«

Jürgen Habermas

Unser Seelenleben enthält Vorstellungen, Gedanken, Wünsche, Ängste. Sofern diese uns gegenwärtig sind, bilden sie die Inhalte unseres Bewusstseins. Sie können daraus verschwinden, aber auch wieder auftauchen. Dieses alltäglich vertraute Erinnern des Vergessenen verweist darauf, dass die Inhalte des Seelenlebens nicht nur bewusst sind, sondern auch als unbewusste vorhanden sein müssen. Ja, erst die Annahme eines Unbewussten erlaubt es, die einzelnen Akte des Bewusstseins in ihrem Zusammenhang zu sehen.

Nach der gewöhnlichen Auffassung sind Vorstellungen, die aus dem Bewusstsein verschwinden, verblasst und schwach, während sie an Kontur und Stärke wieder gewinnen, wenn sie ins Bewusstsein zurückkehren. Die Entdeckung der Psychoanalyse bestand nun aber genau darin, bestimmte Seeleninhalte zu ergründen, die stark und hochwirksam sind, obwohl oder gerade weil sie unbewusst sind. Der psychoanalytische Begriff des Unbewussten bezeichnet also nicht bloß vergessene Bewusstseinsinhalte, sondern Vorstellungskomplexe, die handlungswirksam werden, ohne jedoch vollständig dem Bewusstsein verfügbar zu sein.

Sigmund Freud, der Schöpfer der Psychoanalyse, gibt dafür das Beispiel eines Hypnoseexperiments: Ein Arzt befahl einem hypnotisierten Patienten, eine halbe Stunde nach Beendigung der Hypnose im Zimmer einen Regenschirm aufzuspannen, was der Patient dann auch tat, ohne für seine Handlung einen Grund angeben zu können. Die Hypnose wurde in der zweiten Hälfte des 19. Jahrhunderts von einigen Ärzten zur Behandlung von Hysterien eingesetzt. Auch Freud begann mit solchen Behandlungen. Er fand dann aber heraus, dass unbewusst wirksame Vorstellungen nicht erst ein Resultat eines ärztlichen Eingriffs sind, sondern von vornherein das wesentliche Merkmal des Seelenlebens seiner Patienten ausmachten. Folgerichtig verzichtete er bald auf die Behandlungsmethode der Hypnose.

Der Dichter **Stefan Zweig** sagte über die durchschlagende Wirkung von Freuds Psychoanalyse:

> »Es gibt keinen einzigen
> namhaften Menschen in
> Europa auf allen Gebieten
> der Kunst, der Forschung und
> der Lebenskunde, dessen
> Anschauungen nicht direkt
> oder indirekt durch Freud
> beeinflusst worden wären.«

Heilung durch Gespräch

Die Hysterie ließ sich nun als Herrschaft unbewusster Vorstellungen und Affekte über das bewusste Verhalten verstehen. Zu dieser Entdeckung kam es im Rahmen der Behandlung einer Hysterie-Patientin, die von sich aus die regelmäßigen Therapiestunden dazu verwendet hatte, von ihrem Leiden und dessen lebensgeschichtlichen Zusammenhängen im Einzelnen zu erzählen – mit dem erstaunlichen Ergebnis, dass sich das Leiden milderte. Die Krankheitssymptome gingen in dem Maße zurück, in dem es gelang, die lebensgeschichtliche Konfliktdramatik zur Sprache und zum Bewusstsein zu bringen. Die Konflikte bestanden nicht zuletzt aus Widersprüchen zwischen sexuellen Wünschen und gesellschaftlichen Zwängen. Diese Theorie legte Freud zuerst 1895 in den mit Josef Breuer verfassten »Studien zur Hysterie« dar, von denen die Psychoanalyse ihren Ausgang nahm.

Die Patientin litt unter anderem jahrelang an physiologisch unbegründeten Schmerzen in den Beinen. Diese Schmerzen ließen sich als Umwandlung seelischer Schmerzen in körperliche entschlüsseln, wobei die schmerzhaften Stellen jeweils für bestimmte Schlüsselszenen standen. Die junge Frau hatte lange Zeit hingebungsvoll ihren kranken Vater gepflegt und dabei den Wunsch nach eigener erotischer Erfüllung unterdrückt. Bei der Pflege des Vaters wurde regelmäßig eine bestimmte Stelle ihres Oberschenkels belastet, und eben diese Stelle meldete sich in den hysterischen Anfällen schmerzhaft gleichsam zu Wort. Die körperlichen Symptome zeigten auf diese Weise also eine symbolische Bedeutung. Sie repräsentierten, ohne dass dies der Patientin zunächst bewusst war, den lebensgeschichtlichen Sinn ihres Leidens.

An die Stelle der Hypnosebehandlung trat nun das Verfahren, die Patientinnen – die überwiegende Zahl der ersten psychoanalytisch Behandelten waren weiblich – über ihr Erleben in einer Weise berichten zu lassen, in der die Kontrolle

Zwischen 1891 und 1938 (dem Jahr seiner Emigration nach Großbritannien) unterhielt Sigmund Freud (hier in seinem **Arbeitszimmer**) in seiner Wiener Wohnung eine psychiatrische Praxis.

Die **Couch,** auf der die Patienten Sigmund Freuds lagen, ist eines der Ausstellungsstücke des Freud-Museums in London. Die Bedeutung der Couch in der therapeutischen Situation macht sie bis heute zu einem Symbol der Psychoanalyse.

des Bewusstseins möglichst herabgesetzt war. Dem diente auch das Liegen auf der Couch. Zugleich löste sich die Rede des Psychonalytikers vom medizinischen Vorbild der klassifizierenden Diagnose. Stattdessen ging es nun darum, die Berichte der Patienten teilnehmend zu beobachten und auf ihren verborgenen Sinn hin zu deuten. Dieses Verfahren der Heilung durch Gespräch zielte darauf ab, die Widersprüche zwischen Handlung und Motiv, Wunsch und Erfüllung, Darstellung und Ausdruck zu reflektieren. Die Deutung der Leerstellen und Irritationen in der Rede der Patienten erschloss die unbewussten Zwänge und Schemata, nach denen diese ihre Lebenskonflikte gleichsam inszenierten.

Von der Traumdeutung zur Kulturanalyse

Die Patientinnen und Patienten, die von Freud aufgefordert wurden, alle Einfälle mitzuteilen, die sich ihnen jeweils aufdrängten, erzählten ihm auch ihre Träume. Er wandte die zur Deutung der neurotischen Krankheitssymptome ausgearbeitete Methode nun auch auf die Träume an, und so wurde die Traumdeutung bald zur Via regia, zum Königsweg zum Unbewussten. Der Traum besteht, so Freud, nicht nur aus dem manifesten Trauminhalt, den der Träumer erlebt und an den er sich im Wachzustand spontan erinnert, sondern auch aus unbewussten Gedanken und Wünschen. Dieser »latente Trauminhalt« wird mithilfe der »Traumarbeit« und ihrer verschiedenen Mechanismen in die manifeste Gestalt umgewandelt. Ein wesentlicher Teil des latenten Inhalts besteht aus verdrängten, für das Bewusstsein anstößigen Wünschen.

Da der Traum kein bloß pathologisches, zu einem Krankheitsbild gehörendes, sondern zuallererst ein normales Phänomen des Seelenlebens ist, eröffnete das Verfahren der Traumdeutung die Perspektive auf eine allgemeine Psychologie des Unbewussten und ihre verschiedensten Äußerungen im individuellen und sozialen Leben. Damit hatte die Psychoanalyse ihren eigentlichen Gegenstand gefunden: die subjektiven Strukturen des Erlebens und Handelns in der Spannung zwischen körperlichen Bedürfnissen und sozialen Normen, zwischen unbewussten und bewussten Lebensentwürfen, und zwar jenseits der traditionellen Unterscheidungen zwischen krank und gesund, normal und abnormal.

Ausgehend vom Modell des Traums und seiner Symptomatik der Wunscherfüllung entfaltete Freud eine ungemein reichhaltige Forschungsarbeit. Diese lässt sich in drei Bereiche gliedern: 1) Der therapeutische Rahmen der Psychoanalyse wurde ausgeweitet zu einer umfassenden Neurosenlehre, deren verschiedene Aspekte in Krankengeschichten und in Schriften zur Behandlungstechnik erörtert wurden. 2) In den so genannten metapsychologischen Schriften ging es um die Funktionsweise des Psychischen

Für Freud verschaffte der **Traum** unbewussten libidinösen Wünschen in verhüllter Form Ausdruck (Johann Heinrich Füssli, »Der Nachtmahr«, 1790/91; Frankfurt am Main, Goethe-Museum). Die Deutung des Trauminhalts sollte dazu verhelfen, diese Wünsche ausfindig zu machen.

hinsichtlich des Unbewussten und der Triebe. 3) Psychoanalytische Theorieansätze und Methoden wurden angewandt auf die verschiedensten Bereiche der Kultur, auf das Alltagsleben, auf gesellschaftliche Phänomene, auf Dichtung und Kunst, und so entstanden psychoanalytische Beiträge zu Ästhetik, Ethnologie, Sozialpsychologie und Religionspsychologie.

Die psychoanalytische Kulturtheorie verfuhr ursprünglich in Anlehnung an die Deutung von Träumen und Neurosen. Die Kultur wurde hinsichtlich ihrer Lust-Unlust-Kosten, ihrer Triebbilanz, untersucht. Rückwirkend veränderte diese Anwendung aber auch das Modell, von dem sie ausgegangen war, indem Freud die Konfrontation der Libido, der sexuellen Triebenergie, mit der Kultur in seine Psychologie des Unbewussten selbst einfließen ließ. Dem entsprach seine Aufteilung der Psyche in »Es« (den unbewussten Triebpol der Persönlichkeit), »Über-Ich« (verinnerlichte Anforderungen der Kultur, vor allem der Moral) und »Ich« (die Instanz der Verarbeitung, aber auch der Abwehr einerseits der Trieb-, andererseits der Kulturansprüche).

Sigmund Freud äußerte sich über den **Zusammenhang von Kultur und Triebverzicht:**

>»Es scheint ..., dass sich jede Kultur auf Zwang und Triebverzicht aufbauen muss ... Es wird entscheidend, ob und inwieweit es gelingt, die Last der den Menschen auferlegten Triebopfer zu verringern, sie mit den notwendig verbleibenden zu versöhnen und dafür zu entschädigen.«

Freud verglich die Aufgabe der psychoanalytischen **Therapie** mit einem Projekt der Naturbeherrschung. Es sei eine Kulturarbeit »wie die Trockenlegung der Zuidersee«, die um 1930 mit einem 32 km langen Deich von der Nordsee abgetrennt wurde.

Freud gelangte zu einer eigenen, systematischen Kulturanschauung, nach der die Menschheitsgeschichte insgesamt geprägt ist vom Gegen- und Miteinander zweier Grundtriebe, des Eros und des Todestriebs. Freilich mündete die Wissenschaft hier in eine Art Naturspekulation. Dieser liegt jedoch die sehr reale Erfahrung zugrunde, dass die Anstrengung der Kulturarbeit immer wieder misslingt und dass dieses Misslingen sich in der psychischen Tiefendimension, im Schnittpunkt von Leiblichkeit und Sozialität, als Konfliktstruktur destruktiver und konstruktiver Strebungen des Unbewussten niederschlägt.

GUNZELIN SCHMID NOERR

Die Röntgenstrahlen

Mit der Entdeckung der Röntgenstrahlen konnte der Arzt erstmals ohne chirurgischen Eingriff einen Blick in den Patienten tun.

Am 8. November 1895 experimentierte in Würzburg ein ehrgeiziger Physiker erneut mit einer jener Katodenstrahlröhren, die der Brite William Crookes bereits knapp 20 Jahre zuvor konstruiert hatte. Der Name des 50-jährigen Forschers lautete Wilhelm Conrad Röntgen. An jenem denkwürdigen Würzburger Novembertag unternahm Röntgen mit den Emissionen der Katodenstrahlröhre eine Reihe ungewöhnlicher Experimente. Er ließ mit ihnen Fluoreszenzschirme im Dunkeln aufleuchten und belichtete fotografische Platten zunächst durch schwarzes Papier hindurch, dann durch seine Geldbörse und schließlich durch seine eigene Hand. Bei den Versuchen zeigte sich, dass die Münzen in seiner Geldbörse ebenso wie die Knochen seiner Hand als helle Schatten auf der fotografischen Platte festgehalten wurden. Strahlen mussten es sein, die aus der Katodenstrahlröhre entwichen. Da Röntgen zunächst nichts über die Natur dieser Strahlen wusste, nannte er sie X-Strahlen.

»Das an dieser Erscheinung zunächst Auffallende ist, dass durch die schwarze Kartonhülse, welche keine sichtbaren oder ultravioletten Strahlen des Sonnen- oder des elektrischen Bogenlichts durchlässt, ein Agens hindurchgeht, das

Im Röntgen-Museum in Remscheid steht eine **Rekonstruktion der Apparatur,** mit der Wilhelm Conrad Röntgen um 1895 die ersten Versuche mit den so genannten X-Strahlen unternahm. Zur Versuchsanordnung gehörten Bleiakku, Deprez-Unterbrecher, rühmkorffscher Funkeninduktor, Entladungsröhre, rapssche Pumpe und ein hier nicht abgebildeter Bariumplatincyanür-Schirm.

imstande ist, lebhafte Fluoreszenz zu erzeugen.« So beschrieb der Physiker bisher noch unbekannte Strahlen, die der Wissenschaft sensationelle Einblicke in das bisher verborgene Innere des Organismus gewähren würden. Röntgen war von Anfang an davon überzeugt, dass er etwas Neues entdeckt hatte.

Wer war Röntgen?

Am 27. März 1845 wurde in dem kleinen bergischen Städtchen Lennep, es gehört heute zu Remscheid, ein Mann geboren, der die Physik- und Medizingeschichte des 20. Jahrhunderts nachhaltig beeinflussen sollte. Wilhelm Conrad Röntgen war nach seinem Studium der Physik zunächst 1875 Professor in Hohenheim bei Stuttgart, dann in Straßburg, Gießen, Würzburg und zuletzt ab 1890 in München. Erfolgreich wie kaum ein anderer Physiker seiner Zeit erforschte er die Doppelbrechung bestimmter Flüssigkeiten, Gase oder durchsichtiger fester Körper unter der Einwirkung eines elektrischen Feldes (Kerr-Effekt), die physikalischen Eigenschaften von Kristallen im Zusammenhang mit dem piezoelektrischen Effekt und die Wärmeabsorption bei Wasserdampf. All diese Studien traten jedoch zurück hinter die Entdeckung der X-Strahlen.

Wilhelm Conrad Röntgen entdeckte am 8. November 1895 bei Experimenten mit einer Kathodenstrahlröhre »eine neue Art von Strahlen«, die er X-Strahlen nannte. 1901 erhielt er den ersten Nobelpreis für Physik.

In den Wochen nach der Entdeckung führte Röntgen zahlreiche Experimente mit den neuen Strahlen durch. Dabei versuchte er insbesondere, die Unterschiede zwischen diesen und den Katodenstrahlen herauszuarbeiten. So stellte er die unterschiedlich starke Absorption der X-Strahlen bei ihrem Durchgang durch verschieden dichte Körper fest. Er gewann mit ihnen Schattenbilder auf dem Fluoreszenzschirm und auf der fotografischen Platte. Am 22. Dezember 1895 fotografierte Röntgen das Handskelett seiner Frau mit einer über zwanzigminütigen Durchleuchtung.

Röntgens sensationelle Entdeckung wird zum Jahreswechsel 1895/96 in aller Welt gemeldet. Am 23. Januar 1896 berichtet der Physiker vor der Physikalisch-medizinischen Gesellschaft in Würzburg von der »neuen Art von Strahlen«. Als ihm während der Sitzung auch eine Aufnahme der Hand des namhaften Würzburger Anatomen Albert von Kölliker gelingt, ist das Publikum überwältigt. Kölliker schlägt spontan vor, die Strahlen nach ihrem Entdecker Röntgenstrahlen zu nennen. Und 1901 erhält Conrad Röntgen für die Entdeckung dieser Strahlen den ersten Nobelpreis für Physik.

Die Anwendung der neuen Strahlen

Röntgens Experimente waren relativ einfach, leicht repro-
duzierbar und daher überaus publikumswirksam. Seine Entdeckung umkreiste in wenigen Wochen die Erde und wurde
bald Gegenstand spektakulärer Kabinettstücke und zahlloser Varietéwitze. Aber auch die ernsthafte Anwendung der
neuen Strahlen in der Medizin und hier insbesondere in der
Chirurgie ließ nicht lange auf sich warten. Bald erkannte
man, dass sich mit der jungen Methode der Röntgenogra-
phie Knochenbrüche oder Fremdkörper wie Geschosspro-
jektile leicht darstellen ließen. Bereits um die Jahrhundertwende wurden erste Versuche unternommen, Hohlorgane
des Körpers durch die Gabe von Kontrastmitteln sichtbar zu
machen. Ende Januar 1896 reproduzierte die Wiener klinische Wochenschrift die erste Abbildung einer röntgenologi-
schen Gefäßdarstellung, eines so genannten Angiogramms,
einer Leichenhand – ein Ereignis, das großes Aufsehen erregte und die Entwicklung der Röntgenologie nachhaltig
förderte. Mit oral applizierten Wismutpasten gelang es 1898,
Bewegungen des Magens und, 1901, des Darmtrakts darzustellen. Es ist erstaunlich, wie schnell die Röntgendiagnostik
von Ärzten und Patienten akzeptiert wurde. Dies galt auch
für den therapeutischen Einsatz der Röntgenstrahlen, der
noch vor der Jahrhundertwende begann.

Zur frühen Therapie mit Röntgenstrahlen gelangte man
über die Beobachtung der schädigenden Hautwirkung bei
zu langer Bestrahlung. Bereits 1899 formulierte Robert
Kienböck drei Grundannahmen der Radiotherapie: 1. Die
X-Strahlen sind therapeutisch wirksam. 2. Die erzeugte

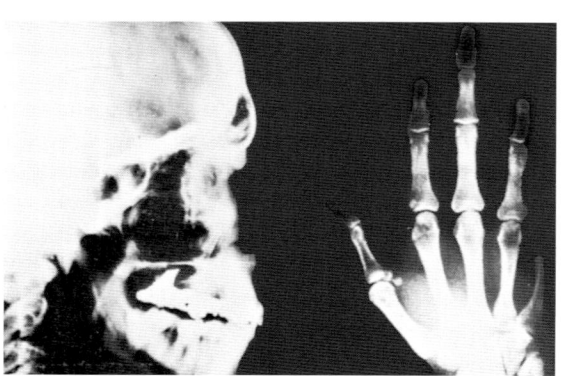

Bei der **Röntgenuntersuchung** wird durch das
kurzzeitige Durchstrahlen des Körpers beim Austritt der
Strahlen ein Röntgenbild erzeugt. Auf dem negativen
Projektionsbild sind aufgrund der unterschiedlichen
Absorption der Röntgenstrahlen Knochen, Weichteil-
gewebe und lufthaltige Organe einschließlich ihrer
pathologischen Veränderungen zu erkennen.

Strahlung variiert nach Vakuum und Art der Röhre. 3. Haut
und innere Organe werden durch lange deskriptive Untersuchungen geschädigt. Die erste Periode der Radiotherapie
war durch reine Empirie, also durch Ausprobieren, bestimmt. Bestrahlt wurde alles, was erreichbar war, vor allem
gut- und bösartige Tumoren der Haut und der natürlichen
Körperöffnungen. 1902 gelang den Medizinern Senn und

Pusey eine Beeinflussung des Blutbilds bei Leukämie. Der Chirurg Georg Perthes begründete schließlich 1902/03 die Tiefenbestrahlung. Er filterte das Röntgenstrahlenbündel, um »die schwach durchdringenden weichen, an der Oberfläche liegen bleibenden Strahlen, die unnütz starke Hautwirkungen hervorbringen, aufzufangen und durch eine

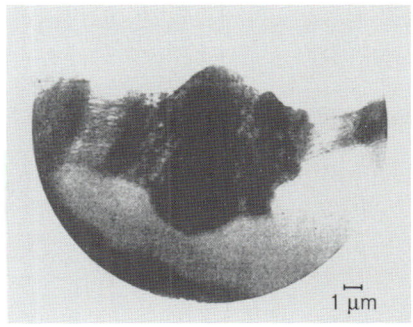

Mit dem **Röntgenmikroskop** können Objekte (hier ein Riesenchromosom) vergrößert abgebildet werden. Im Vergleich zur Lichtmikroskopie sind die mit der Röntgenmikroskopie gewonnenen Bilder sehr viel kontrastreicher, im Unterschied zur Elektronenmikroskopie ist auch die Untersuchung lebender Objekte möglich.

zwischen Röhre und Patient angebrachte Zwischenschicht nur die in die Tiefe reichenden Strahlen durchzulassen«. In diesen Jahren begann auch bereits die Bestrahlung bösartiger Veränderungen mit natürlich strahlenden Materialien, etwa mit Radium, die zunächst kombiniert mit Röntgenstrahlen angewandt wurde, sich allmählich aber allein durchsetzte.

Weiterentwicklung der Röntgentechnik

Röntgendurchleuchtungen waren um 1900 technisch recht aufwendige Verfahren. Man benötigte eine etwa fußballgroße Röntgenröhre, Verstärkerspulen und eine massive Kaliumbichromatbatterie. Erhebliche Erleichterungen brachte die Entwicklung einer neueren Röntgenröhre durch den amerikanischen Physiker William D. Coolidge im Jahre 1913. Bei ihr handelte es sich um eine Hochvakuumelektronenröhre mit Wolframglühkatoden und einer schräg gestellten Anode als Antikatode. Weitere Verbesserungen in der Röntgentechnik ergaben sich durch die Einführung der Elektronenfokussierung, durch die Verkleinerung des Röntgenbrennflecks sowie durch die Entwicklung einer rotierenden Anode in den 50er-Jahren. Die Entwicklung der Fernsehtechnik erlaubte dann den Einsatz von Röntgenbildverstärker-Fernsehdurchleuchtungen. Mit dieser Methode wurde es möglich, das Röntgenbild direkt zu betrachten und auf den Bildschirm eines Sichtgeräts zu übertragen. Der Arzt war nun unabhängig von der Betrachtungsoptik und konnte auch längere Röntgenphasen durch Magnetaufzeichnung dokumentieren. Das jüngste Kind des klassischen Röntgenverfahrens ist in der 2. Hälfte der 70er-Jahre in die klinische Diagnostik eingeführt worden. Es handelt sich hierbei um ein Schichtaufnahmeverfahren, das eine Röntgenröhre und einen Szintillationszähler mit nachgeschaltetem Fotomultiplier sowie zum Bildaufbau einen Computer benötigt. Mit dieser Aufnahmetechnik, der Tomographie, ist es jetzt auch möglich, die Abbildung einer Körperschicht herzustellen.

WOLFGANG U. ECKART

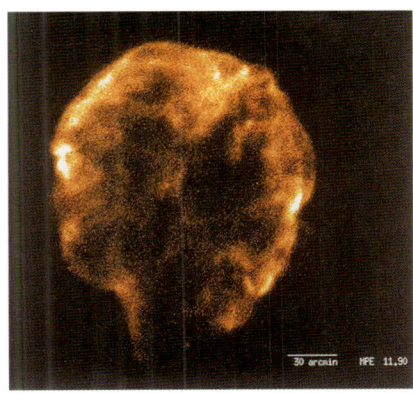

Die **Röntgenastronomie** befasst sich mit der Erforschung der aus dem Weltall kommenden Röntgenstrahlung. Überreste von Supernoven gehören zu den meistbeobachteten Himmelskörpern (hier der etwa 30 000 Jahre Cirrus-Nebel).

Die bewegten Bilder des Films wurden zu einer Kunstform, die dem Tempo des modernen Lebens Ausdruck verleihen konnte.

Der Film

Der erste Erfinder eines für das Kino tauglichen Apparats, der Franzose Le Prince, ging 1890 zusammen mit seinen Gerätschaften in einem Zug verloren. Spurlos. Seitdem gehören solch rätselhafte Geschichten ebenso zum Kino wie Zug- und alle anderen Fahrten. Einer der ersten Dokumentarfilme, von den Brüdern Auguste und Louis Lumière aus Lyon, den Erfindern des Cinématographen, dauerte eine Minute und zeigte »L'arrivée d'un train en gare de La Ciotat« (1895); einer der ersten fiktiven Filme, elf Minuten lang, zeigte »The Great Train Robbery« (1903). Bis heute ist eines der beliebtesten Genres im Kino das Roadmovie, weil sich der Film als das Medium des bewegten Bildes mit allen übrigen Bewegungs-Erfindungen verbunden hat, mit dem Auto wie mit dem Zug, dem Schiff wie mit dem Flugzeug, der Rakete wie mit der noch fiktiven Zeitmaschine.

Andere »Erfinder« des Kinos waren die Brüder Max und Emil Skladanowsky in Berlin. Die Polen nennen ihren Kazimierz Prószyński, die Russen ihren Jossif Timtschenko. Und die Amerikaner bringen Thomas A. Edison vor, der den Kinetographen baute und 1893 mit einem elektrisch betriebenen Vorführapparat namens Kinetoscop ein Filmband von 150 m Länge abspielte. Doch was auch immer die Maschinen voneinander unterscheiden mochte, ihre Grundidee war die gleiche: die Zerlegung des bewegten Bildes in mehrere Einzelbilder, die nur so rasch aufeinander folgen mussten, dass sich das relativ träge menschliche Auge täuschen ließ.

Zumal die ersten Jahre sind Goldgräberjahre. Mit kleiner Münze werden gigantische Umsätze gemacht. Die Nickelodeons, die so hießen, weil man nur einen Nickel für das Vergnügen zahlen musste, machten Hollywood reich. Dort hatten sich die amerikanischen Kinopioniere angesiedelt, weil in Kalifornien fast pausenlos die Sonne schien. Wenigstens tagsüber. Und Tageslicht war unerlässlich, solange es noch kein empfindlicheres Filmmaterial gab und die Studiolampen noch sehr heiß waren.

Aber all das hätte dem Kino nichts geholfen, wenn der Film von Anfang an auch hätte reden können. Dass er zuerst stumm war und man folglich eine Sprache nicht verstehen musste, die für Millionen von Einwanderern in Amerika fremd war, sicherte den Kinos ein gewaltiges, hauptsächlich

Auguste und Louis Lumière zeigten 1895 bei einer der ersten öffentlichen Filmvorführungen in Paris den einminütigen Dokumentarfilm »L'arrivée d'un train en gare de La Ciotat«. Das Publikum war überwältigt von der Bildfolge, in der ein Zug auf die Zuschauer zuzufahren schien.

proletarisches Publikum und war dem Export in alle Länder förderlich. So sah man schon bald in Europa und Asien amerikanische Produktionen, in Westeuropa eine Weile lang vor allem skandinavische, in Amerika auch Filme aus Ungarn und Italien. Gleichzeitig wurde diese internationalste aller Sprachen für jeden lesbar weiterentwickelt, bei Georges Méliès in Frankreich mit den Tricks seines »Voyage dans la lune« (1902), bei David W. Griffith in Amerika mit der Tie-

Mit dem 1894 von den Brüdern Lumière entwickelten Cinématographen fanden bald regelmäßig **Filmvorführungen** in Pariser Cafés statt. Für das Programm im »Grand Café« warb das Plakat mit einer Szene aus dem Slapstick-Film »L'arroseur arrosé«.

fenschärfe und der Parallelmontage von »Die Geburt einer Nation« (1915), bei Paul Wegener und dem Dänen Stellan Rye in Deutschland mit den Dekors in ihrem Film »Der Student von Prag« (1913), in Italien bei Giovanni Pastrone mit dem monumentalen Historienfilm »Cabiria« (1914).

    Die Entwicklung wird sehr schnell mannigfaltig und disparat, sodass der Blick zurück in die frühe Filmgeschichte nicht mehr weiß, wo er verweilen soll – bei den Komikern wie Mack Sennett, Buster Keaton und Charles Chaplin in Amerika, beim propagandistischen Montagefilm Sergej Eisensteins, beim fantastischen Kino Feuillades in Frankreich? Schon die militärischen Strategen im Ersten Weltkrieg wussten, welche Verführungskraft die einfache und leicht zu verstehende Filmsprache entfalten konnte. Das führte in Deutschland zur Gründung der Ufa, in der Sowjetunion zu Lenins These vom Film als der wichtigsten aller Künste

Neues Sehen

In den frühen Jahren des Kinos war jedes Jahr auch ein neues Jahr des filmischen Blicks. Es ist nur ein Schritt vom Realismus der Russen und Amerikaner zu den Filmen des deutschen Expressionismus von Robert Wiene, Fritz Lang und Friedrich Wilhelm Murnau. In diesen Filmen wird die »Natur« des fotografisch-filmischen Blicks endgültig überwunden; sie lehren, dass Film nicht nur abbildet, sondern selber

Der Schriftsteller **Gerhart Pohl** schrieb 1927 über die Bedeutung des Kinos in der modernen Welt:

»*Der Film ist heute die vitale Kraftstation des Großstadtmenschen ...*
Auf den Film konzentriert sich vieler Millionen Sehnsucht nach unerfülltem Erlebnis, herauszukommen aus der Tretmühle eines leeren und gehetzten Daseins.«

Abbild sein kann. Das Kino der Surrealisten mit Luis Buñuels und Salvador Dalís »Der andalusische Hund« (1928) wird zur Epoche des »poetischen Realismus« in Frankreich führen und von Abel Gance zu René Clair und Marcel Carné und schließlich zu Jean Renoir. Dessen als defätistisch gebrandmarktes Meisterwerk »Die Spielregel« (1939) wird den Anstoß geben zu einer neuen Besinnung auf die »realistische« Darstellungskraft des Filmbildes. Woraus der italienische Neorealismus mit Roberto Rossellini, Luchino Visconti, Vittorio de Sica und Federico Fellini folgt. Wobei Fellini wiederum den Realismus überwindet mit seinen mythischen Visionen, etwa in dem fantastischen Schlussbild von »La dolce vita« (1960). Aus dem Neorealismus hervorgegangen sind auch Pier Paolo Pasolini und Michelangelo Antonioni, jeder als Autor mit eigener Sprache.

Manche ästhetischen Epochen dauern nur einen Augenblick: der Neorealismus im Grunde nur zwei, drei Jahre, die französische Nouvelle Vague der Meisterwerke von Alain Resnais, Jean-Luc Godard, Claude Chabrol, François Truffaut und Jacques Rivette nur ein halbes Dutzend, der neue Film in der damaligen ČSSR nur 1967/68, das Cinema Novo in Brasilien mit Glauber Rocha vielleicht drei Jahre, der Neue deutsche Film allenfalls die 70er-Jahre bis zum frühen Tod von Rainer Werner Fassbinder 1982.

Dennoch sind diese kurzlebigen Epochen beständiger als die »Normalität« des Kinos in seinem kommerziellen Alltag, der in aller Welt von amerikanischen Produktionen geprägt wird. Es sind immer wieder einzelne Filme, die das Kino zu Jahrhundertwerken führen wie »2001: Odyssee im Weltraum« (1968) von Stanley Kubrick, der unübertroffene Maßstäbe setzte für das populäre Genre des Science-Fiction-

Mit »**Moderne Zeiten**« schuf Charles Chaplin 1935 ein letztes Meisterwerk des Stummfilms, eine trotz aller Komik beißende Kritik an der menschenverachtenden Fabrikarbeit und der Kälte der Großstadt. Der Film wurde von den Intellektuellen in Europa begeistert aufgenommen, im faschistischen Italien und nationalsozialistischen Deutschland jedoch verboten.

Films. Oder wie »Shoah« (1974–85) von Claude Lanzman, die Dokumentation des Völkermords an den europäischen Juden. Oder wie das komplette Œuvre von Ingmar Bergman, das nicht aufhört, nach der Liebe und nach Gott zu fragen. Während sich das amerikanische Kino mit Musical und Popmusik zu verbinden versteht und daraus nicht zuletzt seine Popularität bezieht, sind es europäische Filmemacher wie der Finne Aki Kaurismäki, der Spanier Pedro Almodóvar oder der Däne Lars von Trier, die den Film als eigenständige Kunstform fortführen.

Kunst und Kommerz

Das Kino hat freilich nicht vergessen, dass es sich seit den Tagen der Nickelodeons mit dem Geld verbunden hat. Das

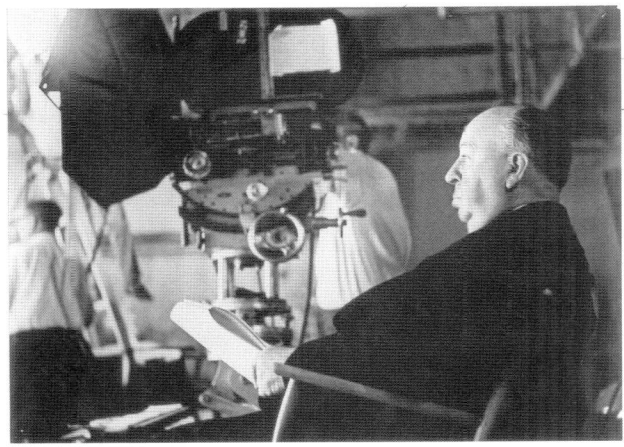

Als Meister des »suspense«, einer filmischen
Spannung, die auf der raffinierten Irritation des
Zuschauers beruht, ist **Alfred Hitchcock** in die
Filmgeschichte eingegangen. Hitchcock, der
zunächst einer der führenden britischen Regisseure war, ging 1939 nach Hollywood und
drehte dort Filme, die zu Klassikern wurden.

lässt Filme entstehen, die vom Glanz und von der Schönheit
des Geldes erzählen, auch wenn sie ein ganz anderes Thema
abzuhandeln scheinen, wie die Abenteuer, die Steven Spiel-
berg in »Jurassic Park« anzettelt, dem mit »Schindlers Liste«
(1993) sogar das Abenteuer der Versöhnung von Kapital und
Kunst und Moral gelungen zu sein scheint.

Was keinem Schriftsteller, Komponisten, Maler, Bildhauer zugefügt wird, das haben die Filmregisseure aller Epochen fast alle erleben müssen. Selbst Hitchcock und Billy
Wilder hatten den *final cut,* die letzte Entscheidung über die endgültige Form ihrer
Filme, nur, solange diese Filme erfolgreich
waren. So sensationell es auch war, als Orson
Welles, der Anfänger, für »Citizen Kane«
(1941) alles bekam, was bisher niemand bekommen hatte, er verlor es schon mit seinem
nächsten Film.

Mit dem Ende des ersten Filmjahrhun-
derts schien sich der Weltgeist der Kinema-
tographie aus dem alten Westen Europas
und Amerikas nach Asien und Afrika, nach
Persien, China, Taiwan, Süd-Korea, Senegal,
Burkina Faso und wieder in das traditionelle
Filmland Japan begeben zu haben. Überall
dort sind Autorenschaft der Regisseure und
ihr Recht auf die eigene kinematographische

Der Film »**Citizen Kane**«, ein 1941 von Orson
Welles gedrehtes visuelles Meisterwerk,
überraschte die damaligen Zuschauer
durch völlig neue Bildeinstellungen, Erzähl-
perspektiven und Montagen.

Physiognomie gefestigter, als die dem vorwiegend kommerziellen Kino zuneigende Polemik es wahrhaben will. Schon
die Schwierigkeiten, die Zhang Yimou in seiner chinesischen Heimat bereitet werden und vor denen sein Kollege
Chen Kaige nach Amerika ausgewichen ist, bestätigen nur
die Bedeutung, die dem Autor und dem Film selbst unter
kommunistischer Perspektive zugebilligt werden.

PETER W. JANSEN

Die Bewegung, die in Athen ihren Anfang nahm, hat inzwischen zu einer wahren »Versportung« der Welt geführt.

Der Sport

Im Jahre 1896 in Athen neu begründet, sind die Olympischen Spiele der Neuzeit zu einem ebenso erfolgreichen wie ambivalenten Großereignis geworden. Ihre kultische und propagandistische Idealisierung des Körpers hat im 20. Jahrhundert eine wachsende Anhängerschaft an Zuschauern und Freizeitsportlern gewonnen. Ihr Erfolg ist in engem Zusammenhang mehrerer großer Tendenzen zustande gekommen: der wachsenden Freizeit, der zunehmenden Wichtigkeit des Körperlichen in modernen Gesellschaften, die sich in der Verbreitung des Sports ausdrückt, der ungeheuren Bedeutung der Bildmedien, der Entstehung eines neuen Unterhaltungssektors und nicht zuletzt des Wunsches, am Leben von Vorbildern teilzuhaben.

Eine Ästhetik der bürgerlichen Existenz

Dass es moderne Olympische Spiele gibt, ist das Werk Pierre de Coubertins. Seine große Erfindung ist eine multimediale Ästhetik, in deren Mittelpunkt der menschliche Körper steht: Jeder Athlet repräsentiert bei den Olympischen Spielen seine Nation und seine eigene Person. Sport ist in diesem Entwurf zum einen nationale Repräsentation, zum anderen zweckfreie Tätigkeit. Die Spannung von hemmungslosem Nationalismus und egozentrischer Selbstdarstellung wird die ganze Geschichte der modernen Spiele durchziehen. In Coubertins Entwurf ist ihre Dynamik noch dadurch gebremst, dass die sportliche Tätigkeit zu den schönen Dingen des Bürgers gehört und sowohl von der Politik als auch von der Notwendigkeit des Geldverdienens abgekoppelt werden soll. Der sportliche Lebensstil wird als ästhetisierter Ausdruck von unternehmerischen Fähigkeiten entworfen: Ohne die Hilfe anderer, aus eigener Kraft und dank privater Initiative, macht der Athlet etwas aus sich und wird fähig, sich selbst und die anderen zu beherrschen.

Mit seinem Entwurf eines Großereignisses erhob Coubertin die Olympischen Spiele in den Rang einer Religion der Starken und des Körpers. Alle großen Sportveranstaltungen übernahmen in der Folgezeit seine Konzeption der Ritualisierung, die sich in Zeremonien, inszenierten Ereignissen, in liturgischen Elementen, diffusen Botschaften, schließlich in der Erzeugung erhabener Gefühle und von Ge-

Die fünf ineinander verschlungenen **Ringe** sollen die Eintracht der fünf Kontinente im Zeichen des olympischen Friedens darstellen.

meinschaftserlebnissen ausdrückt. Mit Eröffnungs- und
Schlussritualen wird eine symbolische Klammer geschaffen; ihr Prinzip ist die Entrückung aus der Alltagswelt, die
alle religiösen Praktiken auszeichnet.

Magischer Realismus

Nach dem Ersten Weltkrieg war die Verbindlichkeit des bürgerlichen Lebensentwurfs erloschen; die Olympischen Spiele verloren ihre Bindungen an eine Ästhetik der Existenz,
aber nicht ihre repräsentative Kraft. Die Darstellung von Nationalismus und Individualismus im Sport wurde bis in die
Gegenwart ständig gesteigert, von der Politik genutzt und
von der ganzen Gesellschaft anerkannt. Sportliche Bilder
und Metaphern prägen heute die Wahrnehmung und sogar
die Bewertung vieler sozialer Prozesse. In der Zeit des Kalten Kriegs wurden die Olympischen Spiele zur Bühne eines

Am 6. April 1896 sprach der **griechische König
Georg I.** in Athen die historischen Worte:

> »Ich erkläre die ersten Interna-
> tionalen Olympischen Spiele in
> Athen als eröffnet. Es leben die
> beteiligten Nationen! Es lebe
> das griechische Volk!«

symbolischen Kräftemessens zwischen sozialistischen und
kapitalistischen Staaten. Bis heute haben sie diesen szeni-
schen Charakter beibehalten, freilich nicht mehr im Sinne
einer Ost-West-Konfrontation, sondern als Ausdruck zentraler Werte der weltweiten Gegenwartsgesellschaft.

Sportliche Wettkämpfe haben eine realistische Darstel-
lungsbeziehung zum Alltag, insbesondere zu den Werten
der Technik und Arbeitswelt. Sie zeigen perfekt funktionierende Athletenkörper. Jede Bewegung verläuft reibungslos,
störungsfrei, gleichmäßig – sie steht unter dem Kommando
des Willens. Ohne die Qualität des Menschseins aufzuge-

1896 begründete der französische Pädagoge
und Historiker Pierre de Coubertin die **Olympischen Spiele der Neuzeit.** Ursprünglich nur
als Sommerspiele geplant und veranstaltet,
werden die Olympischen Spiele seit 1924 durch
Winterspiele ergänzt. Zu der Eröffnungsfeier
(hier die der Olympischen Sommerspiele 1996
in Atlanta) gehört das Ablegen des olympischen
Gelöbnisses sowie das Entzünden des olympischen Feuers.

Bei der Eröffnungsfeier der Olympischen Spiele spricht einer der Athleten das **olympische Gelöbnis:**

> »Im Namen aller Teilnehmer
> verspreche ich, dass wir an
> diesen Olympischen Spielen
> teilnehmen werden, indem wir
> die geltenden Regeln achten,
> ihnen folgen, im wahren Geist
> der Sportlichkeit zum Ruhme
> des Sports und zur Ehre
> unserer Mannschaften.«

Die Nationalsozialisten missbrauchten die Olympischen Spiele des Jahres 1936 und präsentierten dem Ausland das »neue«, im Zeichen des Führerkultes stehende Deutschland. 90 000 Zuschauer fasste das **Olympiastadion** auf dem Reichssportfeld in Berlin (Zeichnung von Hans Liska, 1936).

ben, zeigt der Athlet die wunderbaren Ideale der Technik. Er ist ja selbst keine Maschine, sondern ein ausdrucksfähiges Subjekt, das seine Emotionen geradezu exzessiv vorzeigt: im Siegestaumel, im Leiden, in der Überlegenheit und im Jammer der Niederlage. Diese grundlegende Umgestaltung des Sports von einem edlen Vergnügen der Bürgerelite zu einem der ganzen Welt dargebotenen Schauspiel hat zwei Ursachen, die sich erst in der zweiten Hälfte des 20. Jahrhunderts voll auswirkten: die unbegrenzte Dynamik des Rekords und die gestalterische Beteiligung des Fernsehens.

Ermöglicht wird der Rekord durch ein Handlungssystem mit der Struktur des Komparativs: »schneller, höher, weiter«. In diesem Handlungssystem wird das Wunder des Durchbrechens der Limits, das Eindringen in das bis dahin für unmöglich Gehaltene erwartet. Der Realismus des Sports, seine Bindungen an Technik und Alltagswelt, wird nicht aufgelöst, sondern ins Magische erhöht. Mit dem Rekord wird der Athlet aus seiner banalen Alltagsexistenz hinauskatapultiert und seine Person verzaubert; er selbst wird zum Helden einer Legende.

Wie der Heilige ist der Sportheld überall und nirgends; er ist vor allem in der Einbildungskraft präsent. Er hat eine physische Existenz, aber seine reale Gestalt und seine Leistungen werden in Bilder transformiert. Seine Bewegungen werden zu Gesten, seine Körperhaltungen zu Ikonen der Macht und Überlegenheit. Was bei den Heiligen das prachtvolle Gewand ist, ist bei dem Sportler die Außenhaut des Körpers, die die Muskeln sichtbar macht, eine Art kultischer Verhüllung. Sein Blick ist nicht gerichtet, er wendet sich an niemanden – so kann ihn jeder Zuschauer auf sich gerichtet sehen. Es ist nur eine kleine Zahl von Ausdrucksgesten, die im Sport auftreten, wie die Bewegungen der Hände, der Augen und des Mundes, andere haben keine Bedeutung.

Teilhabe

Im Sport gibt es ein ganzes Glaubenssystem, das von den Medien, den Athleten und dem Publikum in Gang gehalten wird. Zwischen den Athleten und den Bewunderern entwickelt sich ein Gabentausch: Die Athleten schenken Hingabe und Aufopferung, die Bewunderer erwidern die Gabe durch emotionale Beteiligung, Verehrung und Fanatismus. Beide Seiten glauben an die Realität des Gabentauschs. Mit seinen Anfeuerungen treibt das Publikum in den Stadien die Athleten zu immer neuen Höchstleistungen voran; es sichert sich seinen Anteil an Rekord und Spektakel. Beifall und Jubel sind mehr noch als Unterstützung; sie sind Ausdruck eines für den Moment unerschütterlichen Glaubens an die Person des Athleten. Sie drücken die Beglaubigung des Siegers aus: Sein Bild ist Wirklichkeit, es gibt ihn wirklich. Mit dieser Existenzgarantie werden die Zweifel der Athleten an ihrer eigenen Wirklichkeit verdrängt. Die Helden werden von ihrem Bild abhängig und streben danach, ihm so ähnlich wie möglich zu werden.

Über den Beifall hinaus gibt es auch eine Fülle vermittelter Beteiligungsakte. Die Bewunderer verfolgen ihren Sportstar durch möglichst alle Fernsehkanäle und Zeitschriften, sie schreiben ihm, sammeln seine Bilder, tragen ein Hemd mit seinem Namen, haben sein Poster zu Hause an der Wand und sein Abbild auf ihrem Kopfkissen. Scheinbar unbe-

Der Leistungssport nimmt den Einzelnen mit seiner ganzen Person in die Pflicht. Als öffentliche Person steht er unter steigendem Leistungsdruck. Das Foto zeigt den deutschen 800-Meter-Läufer **Nils Schumann** bei der Olympiade 2000 in Sydney – er gewann die Goldmedaille!

grenzt ihren Fans zur intimen Lebensgestaltung ausgeliefert, geben die Sportler nichts als ihre Oberfläche preis. Während erfahrene Athleten ihr Privatleben sorgfältig abschirmen, weil sie die Gefräßigkeit der maßlosen Bewunderung fürchten, liefern sich junge Sportler mit Haut und Haaren aus und machen sich vollkommen zu öffentlichen Personen – mit dem Ergebnis, dass sie selbst nur noch Oberfläche und nicht mehr als ein Bild von sich sind. Im Gabentausch zwischen Athleten und Publikum gibt es einen Aspekt des Machtkampfs. Angeführt von spezialisierten Journalisten, kämpfen die Bewunderer um die Teilhabe an der Ikone, während die Athleten einen Teil ihrer Persönlichkeit dem Bild zu entziehen trachten. Eine Bildverweigerung von ihrer Seite bringt sie in eine gefährliche Situation: Sie könnten die Erfahrung machen, dass sie ohne das Bild nichts mehr sind.

Die großen Spektakel des Sports wie die Olympischen Spiele zeigen, was die Gesellschaft der Gegenwart eint: der Glaube an einzigartige Personen, große Taten und die Macht der Gefühle. Sie erzeugen einen Zusammenhang, der weitgehend über die Einbildungskraft funktioniert, aber immer wieder in Ereignissen und unter Beteiligung vieler Menschen materielle Realität gewinnt.

GUNTER GEBAUER

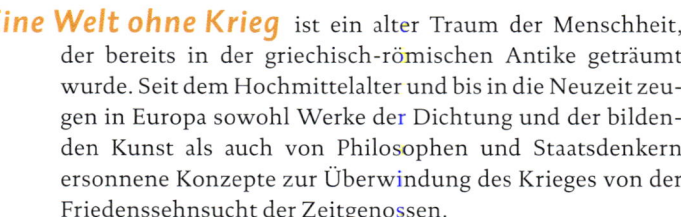

Die Waffen nieder!

Der Pazifismus

Der Pazifismus hat zwar keinen Frieden gebracht, aber die Einstellung der Menschen zum Krieg verändert.

Eine Welt ohne Krieg ist ein alter Traum der Menschheit, der bereits in der griechisch-römischen Antike geträumt wurde. Seit dem Hochmittelalter und bis in die Neuzeit zeugen in Europa sowohl Werke der Dichtung und der bildenden Kunst als auch von Philosophen und Staatsdenkern ersonnene Konzepte zur Überwindung des Krieges von der Friedenssehnsucht der Zeitgenossen.

Aber erst seit dem Beginn des 19. Jahrhunderts suchte das Streben nach Frieden und Friedenserhaltung nach wirksamen organisatorischen Formen. Die Erkenntnis, dass der Frieden nicht den wechselnden Interessen der Herrschenden überlassen bleiben dürfe, sondern von den Völkern selbst herbeigeführt werden müsse, ging hervor aus kollektiven Kriegserfahrungen im Zusammenhang der Französischen Revolution und der napoleonischen Herrschaft. Als Ergebnis bürgerlicher Emanzipation stand sie im Zusammenhang der Aufklärung und der politisch-ökonomischen Umwälzungen Europas seit dem ausgehenden 18. Jahrhundert. Die zur politischen Wirkung drängende bürgerliche Gesellschaft verlieh dem Krieg neue Legitimationen. Seither wurden mit der Entwicklung nationaler Gesellschaften zu Nationalstaaten Kriege möglich, die sich durch die Mobilisierung der gesamten Nation und im Willen zur völligen Vernichtung des Gegners von nahezu allen vorausgegange-

Mit ihrem Roman »Die Waffen nieder!« errang **Bertha von Suttner** Weltruhm. Sie schildert darin die Auswirkungen der Kriege von 1859, 1864, 1866 und 1870/71 auf das Schicksal einer Frau und erschütterte die Leser durch die schonungslose Beschreibung der Schrecken des Krieges. Suttner regte auch die Stiftung des Friedensnobelpreises an, den sie selbst 1905 erhielt.

nen Kriegen unterschieden. In solcher Perspektive eröffnete sich das Betätigungsfeld der bis zum Ersten Weltkrieg bürgerlichen Friedensbewegung. Erste Friedensgesellschaften entstanden in den USA – 1814 in Massachusetts und 1815 in New York – und in Großbritannien – 1816 in London –, in beiden Fällen auf einem von den Friedenskirchen, den Mennoniten und Quäkern, bereiteten Boden. Ähnliche Unternehmungen schlossen sich in Paris 1821, in Genf 1830 an.

Nation – Friede – Freiheit

Die Geschichte der Friedensbewegung ist zugleich die Geschichte ihrer Dilemmas. Die Kraft des Nationalismus war im 19. Jahrhundert so stark, dass kaum eine der nationalen Friedensgesellschaften sich ihm zu entziehen vermochte. Aus der Wechselwirkung zwischen Pazifismus, Nationalismus und Streben nach Freiheit in der Frühzeit der kontinentaleuropäischen Friedensbewegung erklärt sich die Zustimmung radikaler Pazifisten zu revolutionären Kriegen mit dem Ziel der Abschüttelung repressiver Herrschaft und zu Kriegen mit dem Ziel der Befreiung solcher Völker, die Fremdherrschaft unterworfen waren. Daraus ergab sich die Bejahung nationaler Befreiungskriege. Als idealer Endzustand galten die »Vereinigten Staaten von Europa«. Der Wille zur Beschleunigung eines Prozesses, der ein Zeitalter friedlicher Völkerbeziehungen einleiten sollte, führte 1867 zur Gründung der Internationalen Liga für Frieden und Freiheit in Genf.

Ein gemäßigter Flügel der Friedensbewegung hatte, von Großbritannien ausgehend, bereits vorher begonnen sich zu internationalisieren und für seine Forderungen nach schiedsgerichtlichen Verfahren zur Regelung zwischenstaatlicher Konflikte seit 1848 Friedenskongresse als Forum

Mahatma Gandhi war seit 1915 Führer der indischen Unabhängigkeitsbewegung. Bis heute ist er als Verfechter des gewaltlosen politischen Widerstands eine internationale Symbolfigur. 1930 initiierte er den »Salz-Marsch«, einen Demonstrationszug zum Meer, auf dem er mit Hunderttausenden gegen das Salzmonopol der britisch-indischen Regierung protestierte.

gewählt. Britischer Einfluss machte sich auch in der Werbung für Freihandel geltend. Im Rahmen eines gemäßigten Pazifismus traten zu dem Typus der religiös-philanthropischen Friedensgesellschaften der amerikanischen und britischen Anfänge und zum Typus pazifistisch orientierter Klubs zur Förderung des Freihandels seit den 1860er-Jahren Vereinigungen hervor, die Friedensvermittlung durch Schiedsgerichtsbarkeit propagierten. Neben den in den USA, Großbritannien, Frankreich und der Schweiz bestehenden traten Friedensgesellschaften in Belgien, in den Niederlanden, in Schweden und schließlich 1887 in Italien ins Leben. Nach dem Scheitern mehrerer Anläufe gelang in Deutschland erst gegen Ende des 19. Jahrhunderts der Aufbau einer pazifistischen Organisation. Sie verdankte sich der Initiative Bertha von Suttners, die den Erfolg ihres 1889

Nach dem Zweiten Weltkrieg galt das Engagement der Friedensbewegung vor allem dem Kampf gegen den Bau von **Kernwaffen.** Tadeusz Trepkowskis Plakat war ein Beitrag zu einem Plakatwettbewerb anlässlich des Völkerkongresses für den Frieden in Wien 1952.

erschienenen Romans »Die Waffen nieder!« zu nutzen verstand, indem sie 1891 die Österreichische, 1892 die Deutsche Friedensgesellschaft gründen half. Für alle Friedensgesellschaften wurde 1891 das Internationale Friedensbüro in Bern als Koordinierungsstelle eingerichtet.

Pazifismus und Imperialismus

Die Aufwärtsentwicklung der Friedensbewegung seit Mitte der 90er-Jahre des 19. Jahrhunderts war eine Reaktion auf die im Zeichen des Imperialismus labiler werdende Weltlage. Neben dem Weltfriedenskongress von Hamburg 1897 trugen das Friedensmanifest des Zaren Nikolaus II. von 1898 und die dadurch veranlasste erste Haager Friedenskonferenz von 1899 dem organisierten Pazifismus größere Aufmerksamkeit ein. Indes konnte der Drang zu imperialistischer Politik durch die Friedensbewegung nicht gebremst werden. Bestimmt von seinem eurozentrischen Weltbild und an patriotische Rücksichten gebunden, nahm der Pazifismus der Zeit nicht grundsätzlich Anstoß am kolonialen Expansionismus der Großmächte, sondern folgte der Gewissheit, koloniale Betätigung sei durch eine kulturmissionarische Aufgabe legitimiert.

Die Schwierigkeiten pazifistischer Werbung zeigten sich besonders in Deutschland. Dass sich die Friedensbewegung im Wilhelminischen Reich bemühte, keinen Zweifel an ihrer patriotischen Zuverlässigkeit zu erwecken, änderte nichts an ihrer Rolle als politischer Randerscheinung, denn im kaiserzeitlichen Deutschland galt pazifistische Betätigung als unmännlich und verächtlich. Doch konnten von der Friedensbewegung für die politischen und sozialen Strukturen des Reichs keine Gefahren ausgehen, solange in Deutschland, anders als in Frankreich, eine Verbindung zwischen bürgerlichem Pazifismus und sozialdemokratischem Antimilitarismus als undenkbar galt. Erst am Vorabend des Ersten Weltkriegs zeichneten sich neue Tendenzen in der pazifistischen Werbung ab. Nun sah die Friedensbewegung ihre Aufgabe zunehmend darin, alle Anstrengungen für die Verständigung der Völker zu unterstützen, um den drohenden »Großen Krieg« abzuwenden. Jetzt traten Verständigungsorganisationen in Frankreich, in Großbritannien, in den USA, in Deutschland auf, ergänzt durch kirchliche und interparlamentarische Konferenzen unter sozialdemokratischer Beteiligung.

Unabhängig davon hatte es immer einen religiös begründeten unbedingten Pazifismus gegeben, der sich in der Verweigerung jedweden Kriegsdienstes äußerte. Als eine auf individueller Einsicht und Entscheidung beruhende Haltung entstand der Pazifismus des russischen Dichters Tolstoj, ein aus dem Geiste der Bergpredigt begründeter Pazifismus, der den Verzicht auf Eigentum und staatliche Gewalt und gegenüber dem Staat gewaltlosen Widerstand forderte.

Nur Mahatma Gandhi erzielte im 20. Jahrhundert eine ähnliche Wirkung für unbedingte pazifistische Verweigerung. Mit dem Kriegsbeginn brach 1914 eine Utopie zusammen: Der Krieg hatte sich, entgegen pazifistischen Erwartungen, nicht durch die Einsicht der Verantwortlichen verhindern lassen. Die Erfahrungen des Kriegs ließen pazifistische Organisationen neuen Stils und mit neuer Programmatik entstehen, worin sich die Unzufriedenheit radikaler pazifistischer Kräfte mit dem unzulänglich erscheinenden Vor-

Auf einer **Friedensdemonstration** am 10. Oktober 1981 protestierten mehr als 250 000 Menschen in Bonn gegen die Nachrüstung. Der NATO-Doppelbeschluss des Jahres 1979, der für 1983 die Stationierung neuer bodengestützter nuklearer Mittelstreckenwaffen auf dem Gebiet der NATO vorsah, hatte ein Aufleben der nationalen und internationalen Friedensbewegungen zur Folge.

kriegspazifismus äußerte. In den neuen Organisationen drückte sich die Abkehr von einer gesellschaftlichen Nichteinmischung des älteren Pazifismus aus, indem nun nach der Abhängigkeit der Außenpolitik von ihren innenpolitischen Bedingungen gefragt wurde.

In der Zeit zwischen den Weltkriegen entstanden neue Aufgaben für die Friedensbewegung, so die kritische Beobachtung des Völkerbunds ungeachtet seiner grundsätzlichen Bejahung, die Völkerverständigung, die Abrüstung angesichts neuer Vernichtungswaffen, die Auseinandersetzung mit totalitären Herrschaftssystemen. Der Aufgabenkatalog des organisierten Pazifismus erweiterte sich erneut nach dem Zweiten Weltkrieg unter dem Eindruck des Ost-West-Konflikts und auch nach dessen Ende: im Kampf gegen die Bedrohung des Weltfriedens durch den Einsatz atomarer, bakteriologischer und chemischer Waffen, durch internationalen Waffenhandel, ethnische Kriege und Menschenrechtsverletzungen.

KARL HOLL

Der erste Motorflug

Das Flugzeug war Sportgerät und Kriegsmaschine, bevor es als Verkehrsmittel die Kontinente zusammenrücken ließ.

Einer der ältesten Träume der Menschheit wurde erst im 20. Jahrhundert verwirklicht. In Mythologien und in der Literatur, in Religionen und Kunstwerken konnten Menschen schon immer fliegen. Doch die erste Realisierung des Fliegens gelang durch Geräte »leichter als Luft«: Mit einem Heißluftballon, gebaut von den Brüdern Montgolfier, erhoben sich 1783 erstmals Menschen über die Erde. Diese Ballone und die wasserstoffgefüllten »Charlieren« hatten allerdings den großen Nachteil, unkontrolliert im Luftmeer zu treiben; nur eingeschränkte vertikale Kontrolle war möglich. Die lange Geschichte der Realisierungsversuche des Traums vom Fliegen trat jedoch Ende des 19. Jahrhunderts in eine konkretere Phase. Techniker und Industrielle stiegen in den Bau von Flugmaschinen ein, mit Experimenten versuchte man das Wesen des Auftriebs zu verstehen.

Am erfolgreichsten war ein deutscher Flugpionier, Otto Lilienthal. Er ging das Flugproblem wissenschaftlich an und führte systematische Untersuchungen über das Wesen des Auftriebs durch, indem er die Flugtechnik von Vögeln betrachtete. Lilienthal erprobte ab 1891 erfolgreich seine leichten, motorlosen Gleitflieger auf einem eigens aufgeschütteten »Fliegeberg« bei Berlin. Seine Fluggeräte waren schon so ausgereift, dass er von seinem »Normal-Segelapparat« einige Exemplare verkaufen konnte. Einige der um 1900 arbeitenden Flugpioniere, wie etwa Pilcher in Großbritannien oder Chanute in den USA, bauten auf seinen Forschungen auf. Auch wenn das Phänomen des Auftriebs nun schon verstanden wurde, blieb doch das wichtigste Problem der frühen Fliegerei lange ungelöst: die Steuerbarkeit des Apparats um alle drei Achsen. Dass Höhen- und Seitensteuer nötig waren, erkannten fast alle Erfinder, doch erst die Brüder Wright führten eine funktionierende Querrudersteuerung ein. Sie bauten eine Verwindungsmöglichkeit der Tragflächen, sodass sie die Maschine wieder auf Kurs bringen konnten, wenn sie durch Böen ihre Stabilität verloren hatte. Lilienthal hatte dies durch die Verlagerung seines Körpergewichts erzielen wollen; diese wenig wirksame Methode hatte wahrscheinlich seinen Tod verschuldet.

Am 5. Juni 1783 stieg der erste, unbemannte Heißluftballon, eine **Montgolfiere,** zum Flug auf. Die Luft unter dem aus Leinwand gefertigten und mit einem Hanfnetz überzogenen Ballon wurde durch ein Feuer aus gekämmter Wolle und feuchtem Stroh erwärmt. Drei Monate später schickte man erstmals Tiere mit einer Montgolfiere in die Luft und am 27. November 1783 fand der erste von Personen unternommene Flug statt.

Der große Tag: 12 Sekunden Motorflug

Die Brüder Orville und Wilbur Wright waren schon früh fasziniert von allem Mechanischen. Sie bauten und verkauften Druckmaschinen ebenso wie Fahrräder, bevor sie mit dem »Drachenflug« experimentierten. Ab 1900 erprobten sie Flugmaschinen auf einer vor dem amerikanischen North Carolina gelagerten Sandinselkette. Die beiden Brüder waren keine Dilettanten: Sie kannten die Fachliteratur genau, kannten auch die Flugversuche Otto Lilienthals in Deutschland und die ihrer amerikanischen Konkurrenten wie die Gustav Weißkopfs, der 1901/02 vermutlich erfolgreich, aber folgenlos flog. Dabei war ihr Aufwand recht gering – was nicht heißt, dass ihr Flugapparat primitiv war: Sie hatten sogar Windkanalversuche vorgenommen. Die Luftschrauben mussten von ihnen ebenso entworfen und gebaut werden wie der Motor. Dieser war 12 Pferdekräfte stark und nur 65 Kilogramm schwer, ein für damalige Verhältnisse sensationeller Leichtbau. Die Wrights begannen ihre Flugversuche in einem glücklichen Moment, in dem der technische Fortschritt »reif« dafür war: Erst um die Jahrhundertwende

Der »Flyer I« der **Brüder Wright** war ein von einem 12-PS-Benzinmotor angetriebener Doppeldecker, mit dem die amerikanischen Flugpioniere 1903 noch geradlinige Motorflüge ausführten. Die Modelle »Flyer II« und »Flyer III«, die in Kurvenflügen Distanzen bis zu 45 km überwinden konnten, stellte Wilbur Wright 1908 in Europa vor, während Orville Wright sie bei Demonstrationsflügen für amerikanische Militärs einsetzte.

waren Leichtbau und die Technologie moderner Verbrennungsmotoren verfügbar.

Dann kam der große Tag: Am 17. Dezember 1903 hob der »Flyer I«, ein Doppeldecker mit vorn liegendem Höhensteuer, Orville Wright für 12 Sekunden in die Luft. Dass der motorisierte Flug tatsächlich gelungen war, glaubte die Weltöffentlichkeit anfangs nicht, obwohl er fotografiert worden war. Für die Presse waren die Wrights nicht die *flying* (fliegenden), sondern die *lying* (lügenden) Brüder. Erst die Vorführung eines weiterentwickelten »Flyers« in Europa im Jahr 1908 geriet zum Triumph und löste eine Welle der Flugbegeisterung aus: Viele europäische Flugpioniere fühlten sich nun bestätigt und in ihren Bemühungen bestärkt. Insbesondere die erfolgreiche Überquerung des Ärmelkanals durch Louis Blériot 1909 zeigte der Welt die Leistung der Flugmaschinen und erzeugte in Europa einen unvorstellbaren Enthusiasmus. Danach wurden monatlich Höhen-, Weiten- und Geschwindigkeitsrekorde gebrochen; in Überlandflügen, Rekordjagden und Luftrennen steigerte man die Leistungen der Flugmaschinen. Waren anfangs noch Flüge von einigen Minuten sensationell, so flog Maurice Farman in knapp vier Stunden schon 180 km weit.

Charles Lindbergh überquerte am 20./21. Mai 1927 im Alleinflug als Erster den Atlantik. Er war in New York gestartet und ohne Zwischenlandung auf dem Flugplatz Le Bourget bei Paris gelandet. Für den Flug mit der einmotorigen Maschine »Spirit of Saint Louis« benötigte Lindbergh 33,5 Stunden.

Doch natürlich forderte die frühe Luftfahrt Opfer. Viele Maschinen waren instabil, schwer zu beherrschen, zu leicht gebaut und hatten unzuverlässige Motoren. Zudem besaßen manche Flugpioniere nur unzulängliche Kenntnisse der Aerodynamik. Nicht nur solide Konstrukteure widmeten sich der Verbesserung der Aeroplane und ihrer Antriebsmotoren, auch viele Abenteurer und technikbegeisterte Dilettanten lernten fliegen. Technisch waren viele Fluggeräte experimentell: Bambus und Holzleisten, Leinen zur Tragflächenbespannung und Stahldrähte mussten leichte, stabile Tragwerke bilden, ein Ziel, das keineswegs immer erreicht wurde. Weiterentwickelte Konstruktionen verwendeten formverleimtes Sperrholz oder Stahlrohre, ab 1915 auch Vollmetall. Der Dichter Karl Vollmoeller besang 1910 das Flugzeug: »... spreitet ein neues Fabeltier die Schwingen / Von leichtem Linnen, dünnem Holz und Rohr!« Wie Vollmoeller waren viele Künstler vom Flugzeug fasziniert. Es galt als Beispiel für ein neues »kentaurisches Verhältnis«, eine Einheit von Mensch und Technik.

Der Einsatz im Krieg – Vom »fliegenden Auge« zum Bomber

Doch die treibende Kraft hinter den Verbesserungen der Aeroplane waren weder Künstler noch Sportler oder Techniker, sondern vor allem die Militärs. In den europäischen Staaten interessierten sich alle Armeen für den neuen Blick von oben, dem feindliche Truppenansammlungen und Marschbewegungen nicht verborgen bleiben konnten: Das Flugzeug sollte als »fliegendes Auge« fungieren. Das Militär baute schon bald auf die Aufklärung aus der Luft, finanzierte zuverlässige Maschinen und prämierte leistungsfähige Flugmotoren nationaler Hersteller. Ursprünglich hatten die Militärs auf eine andere Flugtechnologie gesetzt, auf die Luftschiffe des Grafen Zeppelin. Dessen »deutsches« Luftschiff wurde gerne gegen den »welschen« Aeroplan ausgespielt. Doch die brandgefährdeten Luftschiffe waren zur Kriegführung wenig geeignet.

Schon bald wurde aus den fliegenden Augen des Heeres eine Waffe. Ab 1917 führten mehrmotorige deutsche Bomber bereits einen Krieg gegen die britische Zivilbevölkerung, während »Schlachtflugzeuge« in die Grabenkämpfe der Westfront eingriffen. Die Jagdpiloten des Ersten Weltkriegs, die neuen Helden des »technoromantischen Abenteuers«, kämpften und starben in ihren hoch entwickelten Maschinen in vermeintlich ritterlichen Turnieren der Lüfte, während unter ihnen der anonyme Massentod der Materialschlacht herrschte.

Unmittelbar nach Kriegsende begann die zivile Luftfahrt. Sie baute auf den technischen Fortschritten der Kriegszeit auf. Geschlossene Ganzmetallflugzeuge mit Motoren für große Höhen, bald auch zuverlässigere Eindeckermaschinen flogen für die zahlreichen neu gegründeten Luftfahrtgesellschaften. Ehemalige Kriegsflieger pilotierten nicht nur Passagier- und Postflugzeuge, sondern sorgten mit »Luftzirkus«-Vorführungen für weitere Popularität der Fliegerei. Charles Lindbergh bezwang 1927 allein den Nordatlantik, während deutsche »Wal«-Flugboote die Südamerikaroute erschlossen.

Doch während die neuen Helden der weltumspannenden Flüge gefeiert wurden, rüsteten die Militärs schon für einen neuen Krieg, der diesmal das Potenzial der Bedrohung aus der Luft voll realisieren sollte. Die Bomberflotte des nationalsozialistischen Deutschland führte Krieg gegen die Zivilbevölkerung von Guernica, Rotterdam und London, bevor die alliierten Geschwader die deutschen Großstädte in Trümmer legten. Die Atombomben von Hiroshima und Nagasaki warf der damals modernste Boeing-Bomber ab Bei Orville Wrights Tod im Jahr 1948 war seine Erfindung nicht nur wahrhaft weltumspannend geworden, sondern hatte letztlich auch den verheerendsten Krieg der Geschichte entschieden.

KURT MÖSER

Die »Lustigen Blättern« karikierten 1909 **Ferdinand Graf von Zeppelin** und seine Erfindung, deren Flugfähigkeit durch den Auftrieb von Wasserstoff gewährleistet wird.

Die Zeppeline, wasserstoffgefüllte Aluminiumluftschiffe, waren lange eine Konkurrenz für die Flugzeuge. Sie genossen in Deutschland große Popularität und flogen schon vor den Flugzeugen ab 1932 einen Liniendienst über den Süd-, ab 1936 über den Nordatlantik. Nach der Brandkatastrophe der »Hindenburg« 1937 endete die Luftschifffahrt, bis 1997 erstmals wieder ein richtiger Zeppelin gebaut wurde.

Die Relativitätstheorie

Die beiden Voraussetzungen aller menschlichen Erfahrung erklärte Albert Einstein als relativ und voneinander abhängig.

Kaum eine wissenschaftliche Theorie ruft bis heute so viel Widerspruch hervor wie Albert Einsteins Relativitätstheorie. Schließlich macht sie geradezu paradoxe Aussagen, die dem gesunden Menschenverstand völlig zuwiderlaufen: Die Zeit vergeht nicht mehr überall gleich schnell, der Raum ist gekrümmt, und wer sich schneller bewegt, altert langsamer. Auch 100 Jahre, nachdem Einstein seine Theorie formulierte, scheinen solche Vorstellungen mit unserem normalen Weltbild kaum vereinbar.

Vom Fluss der Zeit ...

Was Raum und Zeit betrifft, so halten wir es für gewöhnlich immer noch mit Isaac Newton, der beide als unverrückbare Grundgrößen der Physik definierte. So schrieb er in seinem Hauptwerk, den »Philosophiae naturalis principia mathematica« (1687): »Die absolute, wahre und mathematische Zeit verfließt an sich und vermöge ihrer Natur gleichförmig und ohne Beziehung auf irgendeinen äußeren Gegenstand.« Diese Definition prägte die Naturwissenschaft über zwei Jahrhunderte lang. Dabei beruht sie, genauer betrachtet, eigentlich auf einem Zirkelschluss. Denn wie könnte man das gleichförmige Fließen der absoluten Zeit anders überprüfen, als eben mit der absoluten Zeit selbst? Und wie könnte ihr Fluss in diesem Fall nicht gleichförmig erscheinen?

Erst Einstein wagte es, zu Anfang des 20. Jahrhunderts Newtons scheinbar so einleuchtende Vorstellung einer absoluten Zeit infrage zu stellen – und gründlich umzustürzen. Der Ausgangspunkt seiner Überlegung war ein Experiment von Albert Michelson und Edward Morley, die 1887 versucht hatten, die Geschwindigkeit des Lichts zu messen. Da sich die Erde um die Sonne bewegt und auch die Sonne im Universum nicht unverrückbar fest steht, nahm man an, dass die Geschwindigkeit des Lichts von der Erde aus gesehen unterschiedlich sein muss, je nachdem, ob man sie in Richtung der Erdbahn misst, in entgegengesetzter Richtung oder senkrecht dazu. Doch zu ihrer Verblüffung stellten Michelson und Morley fest, dass die Lichtgeschwindigkeit in alle Richtungen gleich groß war.

Albert Einstein war seit 1914 hauptamtliches Mitglied der Preußischen Akademie der Wissenschaften und Direktor des Kaiser-Wilhelm-Instituts für Physik in Berlin. 1933 veranlassten ihn die nationalsozialistischen Angriffe, die sich gegen seine jüdische Abkunft richteten, zum Verzicht auf seine akademischen Ämter in Deutschland und zur Emigration in die USA.

Mit unseren üblichen Vorstellungen passt das nicht zusammen. Nehmen wir beispielsweise an, jemand wollte die Geschwindigkeit eines Balls messen, der in einem Zug geworfen wird. Das Ergebnis dieser Messung hängt davon ab, ob der Beobachter selbst mit dem Zug mitfährt, ruhig auf dem Bahndamm steht oder sich eventuell in entgegengesetzter Richtung von dem Zug wegbewegt. Beim Wechsel von einem »Bezugssystem« zu einem anderen, so drückt man dies in der Sprache der Physik aus, ändert sich die jeweils gemessene Geschwindigkeit. Würde man aber dasselbe Experiment mit Licht ausführen, so würde man, wie es das Michelson-Morley-Experiment nahe legte, in allen Fällen dieselbe Geschwindigkeit messen. Ein kaum zu glaubendes Ergebnis.

Während sich seine Zeitgenossen noch mühten, den verstörenden Befund im Rahmen der newtonschen Physik zu erklären, schlug der wenig bekannte Albert Einstein 1905 eine ebenso einfache wie radikale Lösung vor: Das Rätsel der konstanten Lichtgeschwindigkeit ließ sich dann lösen, wenn man von der scheinbar selbstverständlichen Vorstellung einer absoluten Zeit Abschied nimmt. Denn wenn sich beim Übergang von einem Bezugssystem zum anderen die Lichtgeschwindigkeit nicht ändert – wie Michelson und Morleys bewiesen hatten –, dann muss sich etwas anderes ändern: die Zeit.

In seiner Arbeit »Zur Elektrodynamik bewegter Körper« formulierte Einstein erstmals die Grundgedanken seiner speziellen Relativitätstheorie: Eine Zeitangabe gilt immer nur relativ zu einem bestimmten Bezugssystem, die Vorstellung einer absoluten Zeit ist eine Illusion.

Mit ausgeklügelten »Gedankenexperimenten« versuchte Einstein, sich selbst und seinen Zeitgenossen dies klarzumachen: Man stelle sich beispielsweise vor, man würde bei einem Gewitter zwei Blitzeinschläge beobachten. Befindet man sich genau zwischen den beiden Einschlagstellen, so erreicht einen das Licht beider Ereignisse zur selben Zeit, also würde man sagen, die Blitze schlugen gleichzeitig ein. Ein anderer Betrachter dagegen, der sich mit hoher Geschwindigkeit auf eine der beiden Einschlagsstellen zubewegte, würde das Licht dieses Blitzes früher wahrnehmen – in seinem Bezugssystem sind die Ereignisse nicht gleichzeitig. Der Unterschied ist umso größer, je schneller sich dieser Betrachter bewegt. Könnte er gar die Geschwindigkeit des Lichts erreichen, so würde ihn das Licht des zweiten Blitzes nie erreichen. Im Licht steht gewissermaßen die Zeit still.

Allerdings ist die Lichtgeschwindigkeit mit 299 792 Kilometern pro Sekunde so hoch, dass wir uns solcher Effekte im Alltag nie bewusst werden. Schalten wir eine Lampe ein, so scheint uns ihr Licht augenblicklich zu erreichen. Nur mit ausgetüftelten Apparaturen lässt sich nachweisen, dass auch das Licht eine begrenzte Geschwindigkeit besitzt. Entspre-

Einsteins Freunde in Zürich schrieben 1919 anlässlich der Sonnenfinsternis, die bestätigte, dass Sternenlicht von dem Schwerefeld der Sonne abgelenkt wird, den folgenden Vierzeiler:

> *»Alle Zweifel sind*
>
> *entschwunden,*
>
> *endlich ist es nun gefunden:*
>
> *Das Licht, das läuft natürlich*
> *krumm*
>
> *zu Einsteins allergrößtem*
> *Ruhm!«*

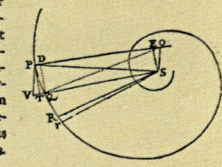

1687 veröffentlichte Isaac Newton sein Hauptwerk **»Philosophiae naturalis principia mathematica«.** Darin formulierte er die so genannten newtonschen Axiome, die die Vorstellungen von einem absoluten Raum und einer absoluten Zeit definierten. Newtons Grundlagen der Mechanik hatten bis zum Beginn des 20. Jh., als Albert Einstein seine Relativitätstheorie vorstellte, ihre uneingeschränkte Gültigkeit.

chend klein ist auch der Effekt der »Zeitdehnung«, den Einsteins Theorie vorhersagt. Erst im Zeitalter der Düsenjets und der Atomuhren konnte gezeigt werden, dass eine mit Überschallgeschwindigkeit bewegte Uhr und eine Uhr auf der Erde tatsächlich unterschiedlich schnell laufen.

Albert Einsteins **Arbeitsplatz** im Institute for Advanced Study in Princeton

... und der Krümmung des Raums

In seiner allgemeinen Relativitätstheorie, deren endgültige Formulierung von 1915 stammt, unterzog Albert Einstein auch die newtonsche Gravitationstheorie und unsere Vorstellung vom Raum einer gründlichen Revision. Galt vorher der Raum gleichsam als unveränderliche Bühne, auf der sich die verschiedenen physikalischen Kräfte entfalten, so bezog Einstein den Raum selbst in das Geschehen mit ein. Die gegenseitige Anziehung von Objekten, beispielsweise der Sonne und der Planeten, deutete Einstein als Deformation oder »Krümmung« des Raums und sagte unter anderem voraus, dass Lichtstrahlen auf ihrem Weg durch das All gebogen werden. Anlässlich einer Sonnenfinsternis 1919 konnte Arthur Eddington diese Lichtablenkung tatsächlich beobachten.

Heute ist Einsteins Theorie durch eine ganze Reihe eindrücklicher Beispiele bestätigt. Allerdings lässt sie sich nur in wenigen Situationen nachweisen, etwa dann, wenn annähernd Geschwindigkeiten im Bereich der Lichtgeschwindigkeit auftreten: in den modernen Teilchenbeschleunigern oder in der kosmischen Höhenstrahlung. Dort konnte man beobachten, dass Elementarteilchen, die normalerweise schnell zerfallen, aufgrund ihrer hohen Geschwindigkeit länger leben als im Ruhezustand. Für diese Teilchen scheint sich, von der Erde aus betrachtet, die Zeit zu dehnen. Auch eine andere Voraussage Einsteins fand

Der Mathematiker **Hermann Minkowski** äußerte sich 1908 zu den Konsequenzen der Relativitätstheorie:

»Von Stund an sollen Raum für sich und Zeit für sich völlig zu Schatten herabsinken und nur noch eine Art Union der beiden soll Selbstständigkeit wahren.«

mittlerweile ihre Bestätigung: Laut der Relativitätstheorie sollten zwei sich umkreisende Massen so genannte Gravitationswellen aussenden. Über 50 Jahre später konnten Joseph Taylor und Russel Hulse diesen Effekt an einem Doppelsternsystem im Sternbild Adler nachweisen. Sie erhielten dafür 1993 den Nobelpreis – ein später Triumph auch für Einstein. Die Voraussagen der Relativitätstheorie erwiesen sich dabei als so exakt, dass sie inzwischen als die am besten bestätigte Theorie gilt.

Die Suche nach der »Weltformel«

Auch wenn Normalbürger solche Effekte nie zu spüren bekommen, ist die Relativitätstheorie doch zum unabdingbaren Rüstzeug der Elementarteilchenforscher und der Astrophysiker geworden. Die Erforschung des Allerkleinsten und des Allergrößten wäre ohne Einsteins Vorstellung vom Raum-Zeit-Kontinuum unvorstellbar. Dennoch ist das Weltbild der Physik unvollständig. Bis heute ist es nicht

Albert Einstein, der sich mehr für theoretische Physik interessierte und darüber die Mathematik etwas vernachlässigte, bekannte einmal scherzhaft:

> *»Seit die Mathematiker über die Relativitätstheorie hergefallen sind, verstehe ich sie selbst nicht mehr.«*

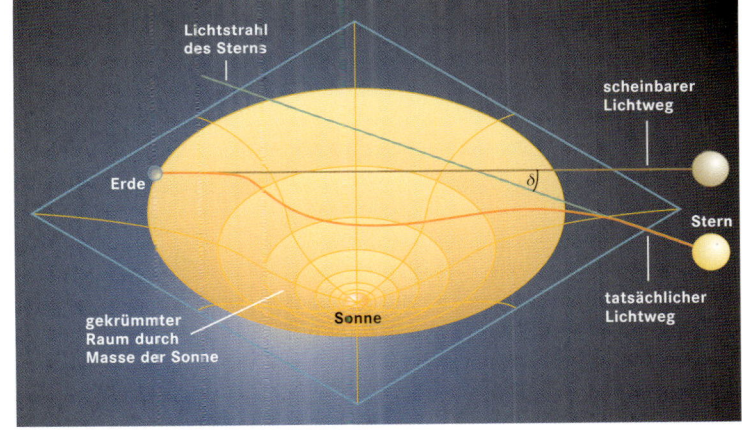

Nach Einsteins allgemeiner Relativitätstheorie wird das Licht anderer Sterne durch die Gravitation der Sonne abgelenkt. Bei einer totalen **Sonnenfinsternis** am 29. Mai 1919 konnten die Astronomen tatsächlich am Rand der Sonne Sterne beobachten, deren Position sie zuvor an anderer Stelle bestimmt hatten.

gelungen, die allgemeine Relativitätstheorie mit der ebenfalls in den 20er-Jahren entwickelten Quantenmechanik zu verbinden. Viele glauben, dass erst diese Synthese den Weg zu einer Art »Weltformel« ebnen würde. Eine solche »allgemeine Feldtheorie« hat auch Albert Einstein zeit seines Lebens – vergeblich – gesucht.

ULRICH SCHNABEL

Das Frauenwahlrecht

Hatte das neue Zeitalter nicht gleiche Rechte für alle versprochen? Galten die Bürgerrechte nicht auch für die Frauen?

»Frauenfrage! Frauenverein!! Frauenemanzipation!!! – Überall, wohin man hört, bei jeder geselligen Zusammenkunft, fast in jeder öffentlichen Versammlung tönen einem jetzt diese Worte entgegen... Genug. Die Emanzipation ist eine ebensolch lächerliche und unausführbare Theorie wie alle anderen Theorien der Kommunisten und Sozialisten.« Mit diesen abwehrenden Worten reagierte 1870 die Frauenzeitschrift »Bazar« auf eine Bewegung, die seit den 1860er-Jahren in Europa und Amerika Aufmerksamkeit erregte. Immer häufiger traten Frauen in die Öffentlichkeit, um auf die gesellschaftliche, rechtliche und politische Diskriminierung des weiblichen Geschlechts aufmerksam zu machen. Denn überall zeigte sich die gleiche Misere: Mädchen wurde der Zugang zu höherer Bildung und Ausbildung verwehrt. Frauenarbeit beschränkte sich weitgehend auf schlecht bezahlte unqualifizierte Tätigkeiten, und in der Familie war die rechtliche Vorherrschaft der Väter und Ehemänner selbst-

Die Forderung nach dem **Frauenwahlrecht** war ein zentrales Ziel der Frauenbewegung. Das Bild zeigt die Verhaftung der britischen Frauenrechtlerin Emmeline Pankhurst, die achtmal wegen Vergehens gegen die öffentliche Ordnung, wegen Brandstiftung und anderer Straftaten zu Gefängnisstrafen verurteilt wurde.

Olympe de Gouges äußerte sich sehr kritisch zu den Folgen der Französischen Revolution für Frauen:

> »Oh ihr Frauen! Ihr Frauen, wann wird eure Verblendung ein Ende haben? Sagt an, welche Vorteile sind euch aus der Revolution erwachsen? Man bringt euch eine noch tiefere Verachtung, eine noch unverhohlenere Geringschätzung entgegen!«

verständlich. Was war während des Übergangs von der feudalen Gesellschaft des 18. zur bürgerlichen des 19. Jahrhunderts aus der Sicht der jungen Frauenbewegung falsch gelaufen? Hatte das neue Zeitalter nicht die Ablösung ständischer Privilegien, gleiches Recht für alle und die politische Mitbestimmung des Bürgers versprochen? Wieso galten diese Errungenschaften nur für Männer und nicht für Frauen?

Politisch hinderlich: Das »Wesen des weiblichen Geschlechts«

Es war der Menschenrechtskatalog der Französischen Revolutionsverfassung von 1791, der, ursprünglich schon 1789 verkündet, in Europa erstmals dem Einzelnen umfassend die politischen Freiheitsrechte zu garantieren versprach.

Doch er beanspruchte Geltung in erster Linie für Männer. Die Frage, welche Rolle Frauen ihrem Wesen gemäß in der Revolution zu übernehmen hätten, beschäftigte die politischen Akteure bereits seit 1789. Schon in den Beschwerdeheften, die für die geplante Nationalversammlung erarbeitet wurden, findet sich die Forderung nach dem Wahlrecht von Frauen. Frauen bildeten eigene politische Clubs, verlangten Rederecht in der Nationalversammlung und trugen nicht wenig zur Eskalation der Revolution bei. Die Schriftstellerin und Revolutionärin Olympe de Gouges stellte 1791 den Menschenrechten einen Katalog der Frauenrechte entgegen und forderte die Gleichberechtigung zwischen Männern und Frauen in allen Bereichen des gesellschaftlichen und politischen Lebens. Doch der Zugang zur öffentlichen Politik stand Frauen nur wenige Jahre offen. Schon 1793 wurde das Rederecht von Frauen in politischen Versammlungen wieder eingeengt. Mit Verweis auf das »Wesen des weiblichen Geschlechts« folgte das generelle Verbot politischer Betätigung für Frauen: »Ihre Anwesenheit in den Sociétés populaires würde ... Personen einen aktiven Anteil an der Regierung geben, die in besonders hohem Maß dem Irrtum und der Verführung ausgesetzt sind.«

Die Rolle, die man den Frauen nun zuwies, war über alle Revolutionslager hinweg konsensfähig. In Anlehnung an Jean-Jacques Rousseaus wirkmächtigen Erziehungsroman »Émile« von 1762 wurden Frauen in erster Linie als gefühlsbetonte mütterliche Wesen begriffen. Ihre Erziehung und

Die englische Frauenrechtlerin **Mary Wollstonecraft** argumentierte 1792 vergeblich:

> »Man mache die Frauen zu vernünftigen, freien Bürgerinnen. Sie werden dann auch gute Ehefrauen und Mütter werden – vorausgesetzt, dass die Männer nicht ihre Pflichten als Gatten und Väter vernachlässigen.«

Suffragetten war die Bezeichnung für die radikalen Mitglieder und Aktivistinnen der britischen Frauenbewegung vor 1914, die für das Wahlrecht der Frauen kämpften (Aufnahme von 1905).

Beschäftigung sollte sich an den Bedürfnissen des Mannes und an der häuslichen Sphäre orientieren. Opponieren gegen die Herrschaft des Mannes in der Familie, selbstständiges Auftreten in der Politik galten von nun an als unweiblich. Die Kritik der englischen Frühfeministin Mary Wollstonecraft an Rousseau und ihre Schrift »Eine Verteidigung der

Rechte der Frauen« verhallten weitgehend ungehört. Das bürgerliche Konzept der geschlechtsspezifischen Rollenteilung blieb für lange Zeit vorherrschend.

Zögerlicher Kampf um gleiche Rechte

Als die bürgerliche Frauenbewegung um die Mitte des 19. Jahrhunderts begann, die Verbesserung der sozialen und politischen Lage von Frauen zu fordern, mochte sie die bürgerliche Definition der Geschlechterrollen nicht infrage stellen. So begründete die liberale Sympathisantin der 1848er-Revolution, Louise Otto-Peters, die später zu den Initiatorinnen der bürgerlichen Frauenbewegung in Deutschland zählte, gerade mit dem von Männern postulierten weiblichen Wesen das Recht und die Notwendigkeit der Frauen, sich in die Staatsbelange einzumischen: »Im Namen des Weibes nehme ich das Mitwirken und Mithandeln im Kampf der Parteien in Anspruch als ein gutes Recht, erkenne es selbst und will es so erkannt wissen als meine weibliche Pflicht.«

Überall in Europa und in Amerika mehrten sich um die Jahrhundertmitte die Stimmen, die für das weibliche Geschlecht, gerade unter Verweis auf das weibliche Wesen, das Recht einklagten, in gesellschaftspolitischen Belangen mitzubestimmen. Die amerikanische Frauenbewegung nahm ihren Anfang, als sich 1848 in Seneca Falls etwa 300 engagierte Frauen und Männer trafen, um über »gesellschaftliche, rechtliche und religiöse Bedingungen und die Rechte der Frauen« zu diskutieren. Die Versammlung verabschiedete in Anlehnung an die amerikanische Unabhängigkeitserklärung von 1776 die »Declaration of Sentiments« und zahlreiche weitere Resolutionen, in denen die rechtliche und politische Gleichstellung der Frauen gefordert wurde.

In Großbritannien richtete 1851 eine erste »Frauenpolitische Vereinigung« eine Petition für das Frauenstimmrecht an das Oberhaus. »Was die Frauen brauchen, sind gleiche Rechte, gleiche Chancen in allen gesellschaftlichen Möglichkeiten«, schrieb die englische Feministin Harriet Taylor Mill 1851. Ihr zweiter Ehemann, der Sozialökonom und Unterhausabgeordnete John Stewart Mill, legte 1866 dem britischen Unterhaus eine von 1499 bekannten Frauen unterzeichnete Petition für das Frauenstimmrecht vor. Obwohl 1870 Mills Frauenstimmrechtsvorlage von der Mehrheit des Unterhauses angenommen wurde, verhinderte Premierminister William Gladstone ihre Verabschiedung. In der britischen Öffentlichkeit standen die Zeichen auf Sturm. Während der nächsten Jahrzehnte erreichte die Suffragettenbewegung viel. Seit 1882 konnten verheiratete Frauen über ihr Vermögen selbst verfügen, 1888 erhielten Grundbesitzerinnen auf Grafschaftsebene das Wahlrecht, doch auf nationaler Ebene blieben sie vom Wahlrecht vorerst ausgeschlossen. Auch im Deutschen Reich entfaltete sich seit den 1860er-

Obwohl die Frau in der sozialistischen Symbolik schon lange ihren Platz hatte (in diesem Plakat von 1889 etwa als Freiheitsgöttin), wurde die Forderung nach Frauenstimmrecht erst 1891 in das Parteiprogramm der deutschen **Sozialdemokraten** aufgenommen.

Schon bevor Finnland 1906 als erster souveräner Staat das Frauenwahlrecht einführte, hatten fern von Europa die Frauen im amerikanischen Gliedstaat Wyoming (1870) sowie in den britischen Kolonien Neuseeland (1893) und South Australia (1895) dieses fundamentale Recht erhalten.

Jahren eine rege bürgerliche Frauenbewegung, die sich für
Frauenbildung und Frauenrechte einsetzte. Doch nur der
kleine radikale Flügel der bürgerlichen Frauenbewegung
wagte sich auch an das Wahlrecht heran. Denn nach wie vor
glaubte die Mehrheit der bürgerlichen Feministinnen und
des deutschen Bürgertums, dass politische Rechte dem
weiblichen Wesen widersprächen. Es waren die sozialistische Frauenbewegung und die Sozialdemokratie, die im
deutschen Kaiserreich den Kampf um das Frauenstimmrecht vorantrieben. 1891 nahm die SPD schließlich die Forderung nach Frauenstimmrecht in ihr Parteiprogramm auf.
Wenige Jahre später, 1895, hielt die Sozialdemokratin Lily
Braun als erste Frau in Deutschland eine öffentliche
Rede für das Frauenwahlrecht, dessen Einführung August
Bebel im Reichstag beantragte.

Auf den radikalen Minderheitsflügel der bürgerlichen
Frauenbewegung um Anita Augspurg und Lida Gustava
Heymann geht schließlich die Gründung der ersten deutschen Frauenstimmrechtsorganisation zurück. Sie riefen
1902 den »Deutschen Verband für Frauenstimmrecht« ins
Leben. 1904 schließlich wurde in Berlin der »Weltbund für
Frauenstimmrecht« gegründet unter Teilnahme von Delegationen aus den Vereinigten Staaten von Amerika, Großbritannien, den Niederlanden, Dänemark, Schweden, Norwegen, Ungarn, Neuseeland, der Schweiz und Deutschland.
Von nun an suchten die Kämpferinnen für das Frauenwahlrecht die Bewegung auf jährlichen Tagungen international
zu koordinieren. Als erstes Land der Welt führte Finnland
1906 das Frauenwahlrecht ein, gleichzeitig mit dem Wahlrecht für Männer. In Deutschland blieb die Frauenstimm

Zu den Führerinnen der **»Radikalen«** der deutschen
Frauenbewegung gehörte Anita Augspurg. Sie verfocht
Ziele wie das allgemeine gleiche Frauenstimmrecht und
die Abschaffung der §§ 218 StGB. Die Mehrheit der
bürgerlichen Frauenbewegung bezog weitaus
gemäßigtere Positionen.

rechtsbewegung jedoch schwach und über die Art des Wahlrechts gespalten. Die erste Republik auf deutschem Boden
bescherte den Frauen 1918 schließlich endgültig das allgemeine, gleiche Wahlrecht, ein Recht für das viele bürgerliche
Frauenrechtlerinnen nur sehr zögerlich eingetreten waren.

SYLVIA SCHRAUT

Mit den synthetischen Werkstoffen wurde die Massenproduktion von Alltagsgegenständen in bis dahin ungeahntem Ausmaß möglich.

Synthetische Kunststoffe

Selten gelingt es den Zeitgenossen zu begreifen, was das charakteristische Kennzeichen ihrer eigenen Epoche ist. Es ist immer schwer zu sehen, wohin die Reise wirklich geht. Als in den 20er-Jahren vielen bewusst wurde, dass das Kunststoffzeitalter längst begonnen hatte, wurde die Frage laut: Seit wann denn? Im Umfeld der ersten Firma, die vollsynthetische chemische Kunststoffe in den Handel brachte, kam der Slogan auf: Und Gott sprach: »Es werde Baekeland«, und alles ward Plastik. Dies stimmt zwar, aber eigentlich auch wieder nicht.

Der Begriff Kunststoff ist noch jung. Er wurde erst 1911 bei der Gründung der Zeitschrift »Kunststoffe« für eine damals noch keineswegs eindeutig definierte Stoffgruppe im deutschen Sprachraum eingeführt. Die Vorgeschichte reicht sehr weit zurück. Eine frühe Rezeptur eines Kaseinkunstharzes, die bis jetzt älteste Beschreibung eines Duroplasten, findet sich in den Aufzeichnungen des Andechser Benediktinerpaters Wolfgang Seidel aus der ersten Hälfte des 16. Jahrhunderts, die er von Bartholomäus Schobinger, dem damals bedeutendsten Handelsherrn der Schweiz und Freund von Paracelsus, erhalten hatte. Nach dieser muss man Käse kochen, zuletzt mit Salzlauge. Man erhält eine weißliche Masse, die man warm in Formen presst oder gießt: »Sobald sie aber kalt ist, so muss man es lassen, wie es ist, es lässt sich nicht biegen oder falten, es bricht wie ein Glas.« Am Ende des Rezepts wird hervorgehoben, dass man damit gegossene Tischplatten – zum Schutz von Intarsien, denn ohne Füllstoffe war die Masse durchsichtig –, Trinkgeschirre, kleine Büsten und Medaillons herstellen könne, »in summam, was man will«.

Kunststoffe sind aus dem Alltagsleben nicht mehr wegzudenken. Es ist heute möglich, für unterschiedlichste Anwendungen individuell passende Kunststoffe zu entwerfen.

Mit dem Niedergang des Ancien Régime in der zweiten Hälfte des 18. Jahrhunderts begann der Aufstieg des Bürgertums. Komplizierte geschnitzte Kleinmöbel des Adels in großer Stückzahl für bürgerliche Wohnungen nachzubauen war sehr teuer. So goss man solche Möbel aus Papiermaschee, was in erstaunlicher Qualität gelang. An sich wurde dieser Werkstoff schon seit dem 15. Jahrhundert für kleinere Objekte genutzt, denn es war einfacher, Schnitzwerk nicht zu schnitzen, sondern zu gießen. So gab es im 18. Jahrhundert in Rokokoschlössern zuweilen erstaunlich große Papiermaschee-Objekte wie etwa Volieren. Durch trickreiches Variieren der Bindemittel wie Gummi-, Leim- oder Tragantlösungen, durch Zusatz von Füllmitteln wie Gips und Farben sowie durch spezielle Oberflächenbehandlung war Papiermaschee kaum von hartem Holz zu unterscheiden und ein leicht gießbarer Rohstoff für die Möbelindustrie. Im Londoner Victoria and Albert Museum haben sich komplette Wohn- und Schlafzimmereinrichtungen erhalten. Selbst Bronzestatuen ließen sich imitieren.

Mitte des 19. Jahrhunderts begann Elfenbein knapp zu werden. Die Mode der Elfenbeineinlegearbeiten in Ebenholzmöbeln schuf einen riesigen Bedarf, dem die Tierfänger offenbar nicht mehr zu genügen vermochten. 1845 fand Christian Schlönbein die Nitrierung der Cellulose, 1865 meldete Alexander Parkes ein erstes Patent für ein Kunstharz aus Nitrocellulose und Kampher an, das dann von den Brüdern J. W. und J. S. Hyatt sowie der amerikanischen Albany Billard Ball Co. zu »Celluloid« weiterentwickelt wurde. Eine Vielzahl von Farbzusätzen und Füllmassen bescherte dem Zelluloid einen einzigartigen Siegeszug. Modeschmuck, auch Kunstwerke, ja selbst Fälschungen asiatischer Statuen wurden aus Zelluloid gefertigt. Die große historische Bedeutung des Zelluloids aber lag bei Fotografie und Film. Lange blieb der Begriff Zelluloid so etwas wie ein Synonym für Hollywood.

Vom Walosin zum Bakelit

Die Zahl der gewissermaßen halbsynthetischen Kunststoffe war in der zweiten Hälfte des 19. Jahrhunderts schon recht beachtlich. Der gewaltige Bedarf an Fischbein für Korsettstangen etwa hatte die Bestände der Bartenwale dezimiert, was zur Entwicklung des Walosins führte, eines Kunststoffs aus mit Hartgummi imprägniertem Peddigrohr. So war die Entwicklung der ersten Protokunststoffe eine Folge rücksichtsloser Ausbeutung der Natur. Dem entsprach auch die damalige Benennung: »Imitat- und Surrogatstoffe«. Aus Kautschuk, Schellack, Schwefel und gebrannter Magnesia fertigte man Balenit, der zu Gewehrkolben, Säbelscheiden, aber auch zu Schuhabsätzen verarbeitet wurde. Eingekoch-

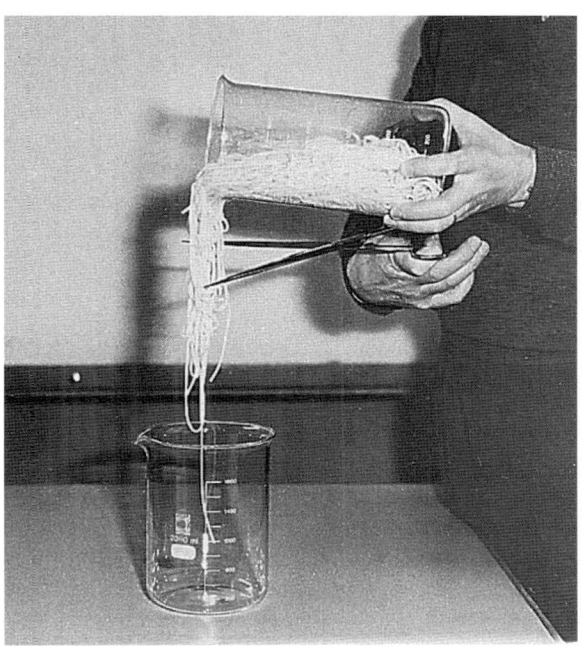

Am Anfang der Versuche, haltbare Gussmassen zu gewinnen, standen Experimente mit **Kasein.** Dieser Eiweißbestandteil der Milch fällt bei Ansäuerung oder Einwirkung bestimmter Enzyme als wasserunlösliches Parakasein aus. Die sich ergebende zähflüssige Masse verwendet man mitunter noch heute als Bindemittel für Anstrichfarben, Holzleime oder Appreturmittel.

Alexander Parkes rühmte 1862 das Parkesine, einen Vorläufer des Zelluloids, als ein Material, das

»in festem, verformbarem und flüssigem Zustand verwendet werden kann und das mal hart wie Elfenbein, mal lichtdurchlässig, mal flexibel, mal wasserdurchlässig oder verfärbbar ist und genau wie Metall mit dem Werkzeug bearbeitet, formgestanzt oder gewalzt werden kann.«

tes Rinderblut und Edelholzsägespäne wurden zu Kunstholz gepresst. Aus Hartgummi formte man Reliefs und Pseudo-ebenholzfurniere. 1897 entwickelten W. Krische und A. Spitteler ein Kunstharz aus Kasein und Formaldehyd, das erstaunlich vielseitige Galalith, mit beachtlichen Isoliereigenschaften und daher wertvoll für die damals noch junge Elektroindustrie.

Der ganz große Durchbruch glückte dem in den USA arbeitenden belgischen Chemiker Leo Hendrik Baekeland, dem es 1905 gelang, eine schon 1872 von Adolph Baeyer gefundene Umsetzung von Phenol und Formaldehyd durch Hitze, Druck und Einsatz alkalischer Katalysatoren zur technischen Reife zu entwickeln. Am 13. Juli 1907 wurde das neue Produkt, der erste wirklich vollsynthetische Kunststoff, nach seinem Erfinder Bakelit getauft. 1910 folgte die Gründung der Bakelite GmbH und die erste großtechnische Produktion, die sich dank der Größe der aus Bakelit erstellten Gebrauchsgegenstände wie Telefonapparate, Gehäuse von Rundfunkempfängern – in Deutschland insbesondere die »Volksempfänger« – bald nachhaltig in das Bewusstsein der Verbraucher schob. Die Firma Bakelite konnte bald vermelden, dass ihr Material in über 40 verschiedenen Industrien eingesetzt wurde. Aber nicht wirklich jeder Anwendung war der volle Erfolg beschieden. Die größten je konstruierten Formen und Pressen wurden mit enormem technischem Aufwand für die Herstellung von Bakelitsärgen entwickelt. Allerdings waren diese, bedingt durch ihre Haltbarkeit, für Erdbestattungen ungeeignet, im Feuer der Krematorien fielen sie durch ein Übermaß an Rauch und Gestank auf.

Papiermaschee – in Europa seit dem 15. Jh. bekannt – wird noch heute zur Herstellung von volkstümlichem Kunsthandwerk eingesetzt.

Plastik überall

1877 hatten R. Fittig und P. Paul die Polymethacrylsäure gefunden. Doch erst 1901 vergab Hans von Pechmann die Polyacrylsäure und ihre Derivate als Dissertationsthema an Otto Röhm, der ihr sein ganzes späteres Lebenswerk weihte. 1928 nahm er die Produktion von Polymethacrylsäuremethylester unter der Bezeichnung »Plexiglas« auf, das sich für Flugzeugkanzeln ebenso eignete, wie zusammen mit Stahl zur betont kühlen Bauhaus-Wohnkultur der 20er-Jahre.

Noch hinkte die chemische Theorie hinter der technischen Entwicklung weit her. Dies änderte sich, als 1920 Hermann Staudinger die Theorie der Makromoleküle entwickelte, wofür er 1953 den Nobelpreis für Chemie erhielt. Ab den 20er-Jahren gab es auf einmal eine Flut von technisch genutzten Polymeren: Polyvinylchlorid (PVC) und Polyethylen, um nur einige zu nennen. Die Forschungen zur Atombombe brachten als Nebenprodukt das Teflon. Der Wunsch, am Radarschirm nicht erkennbare Flugzeuge zu entwickeln, führte zu den Polyestern. 1946 verursachte die Einführung des Nylondamenstrumpfes in den USA eine

Mit den so genannten **Volksemp-fängern** hielt der als Bakelit bezeichnete, erste vollsynthetische Kunststoff Einzug in die Alltagswelt.

Massenhysterie. Voraussetzung für die große Verbreitung der Kunststoffe waren billig verfügbares Erdöl und die starke Entwicklung der Petrochemie in den 50er- und 60er-Jahren. Angesichts des modernen Plastikmülls rümpfen heute viele die Nase über Kunststoffe, eine Antipathie, die aber offenbar jeder in dem Augenblick ablegt, in dem er ein Sportgeschäft betritt: Moderne Sportbekleidung und Sportgeräte sind ohne Kunststoffe nicht mehr vorstellbar. Und dies gilt aller Probleme mit der Beseitigung der Plastikabfälle zum Trotz für alle Lebensbereiche.

OTTO KRÄTZ

*Die abstrakte Malerei
revolutionierte
nicht nur die Kunst,
sie eröffnete auch
einen ganz neuen
Blick auf die Welt.*

Die abstrakte Kunst

Als Wassily Kandinsky 1913 »Das erste abstrakte Aquarell«
malte, hatte er bereits eine Reihe von Bildern geschaffen, die
so weit stilisiert waren, dass man sie in ihrer grafischen Vereinfachung mit der prähistorischen Höhlenmalerei vergleichen mag. Dieser Vergleich soll zeigen, dass es zu allen Zeiten abstrahierende Tendenzen gab, wenn man darunter den
Willen zur Formstraffung, zur Reduzierung der Farbigkeit
und Vereinheitlichung der Komposition versteht.

Die eigentliche Geschichte der Abstraktion, sieht man
von Denkmodellen und Vorboten seit 1800 einmal ab, setzt
mit der Ornamentik des Jugendstils und den Farbräumen
des Symbolismus ein. Auf die sich radikal verändernde gesellschaftliche Entwicklung im 19. Jahrhundert antwortete
bereits der Impressionismus mit zunehmend abstrakteren
Bildmitteln, allerdings auch mit einem Rückzug in einen
Naturlyrismus. Licht und Farbe wurden vorherrschend,
auch wenn der Gegenstand als Träger der Farbsensationen
weiterhin eine Rolle spielte. Auch die Nachfolger, die
Neoimpressionisten, malten nach Naturmotiven, doch ent-
warfen sie ein strenges Farbsystem aus Punkten, das einen
weiteren Schritt zur Befreiung der Farbe von gegenstand-
abbildenden Funktionen bedeutet. Diesen Widerspruch
löste Robert Delaunay, der seine »reine Malerei« allein aus
Farbkontrasten in geometrischer Setzung aufbaute, wie die
oben abgebildete »Kreisform« von 1912 zeigt. Seine Serie der
»Fensterbilder« von 1912 markiert für die französische Seite
den Beginn der abstrakten Kunst. In rascher Folge entstanden weitere abstrakte Bildmodelle. In Paris entwickelte
František Kupka abstrakte Bilder aus Anregungen der Be-
wegungsfotografie.

Der niederländische, in Paris arbeitende Maler Piet Mondrian suchte nach einer Bildformel zur Veranschaulichung
kosmischer Harmonie und fand sie nach einer langen Werk-
reihe von der Natur abstrahierter Bilder in der Reduzierung
auf die Grundfarben Rot, Gelb und Blau sowie Schwarz und
Weiß, die in einem streng ausgewogenen Teilungssystem
der Bildfläche platziert werden. In München scharte sich
1911/12 um Kandinsky ein Kreis von Malern wie Franz Marc,
August Macke und Alexej von Jawlensky, die den Schritt zur
Abstraktion zwar nicht in dessen radikaler Konsequenz voll-

Kasimir Malewitsch wollte »die Kunst vom
Ballast der gegenständlichen Welt« befreien,
wie er im Manifest »Vom Kubismus zum Supre-
matismus« (1915/20) schrieb. Das »Schwarze
Quadrat auf weißem Grund« (Fassung nach
1920; Sankt Petersburg, Staatliches Russisches
Museum) ist in der kompromisslosen
Ausschaltung aller Gegenstandsbezüge
gleichermaßen Endpunkt der Malerei wie
Beginn aller Vorstellungen von Wirklichkeit und
Unendlichkeit.

zogen aber dennoch – dies auch in Bewunderung für Delaunay – der Farbe einen zentralen Stellenwert einräumten.
Kandinsky selbst durchschritt rasch alle Phasen der Stilisie-
rung des Gegenstands bis hin zur vollkommen freien Setzung von Farbe und Zeichen in dynamisch aufgeladenen
Bildräumen.

Um 1913 malte **Wassily Kandinsky** sein
erstes abstraktes Aquarell. Bevor er zu
rein abstrakten Kompositionen kam,
malte er Bilder wie die »Improvisation
20«, die noch gegenständliche Bezüge
erkennen lassen (1911; Moskau,
Puschkin-Museum).

Den radikalsten Sprung in die absolute Gegenstandslosigkeit machte aber nicht Kandinsky, dessen abstrakte Bilder bis zur Bauhauszeit von symbolischen Assoziationen
und eschatologischen Verweisen durchzogen sind, sondern
die russische Avantgarde. Mit dem berühmten Werk
»Schwarzes Quadrat auf weißem Grund« postulierte Kasimir Malewitsch 1913 eine Kunst der Gegenstandslosigkeit,
die auf die Vorstellung einer mystischen Wirklichkeit zielte.

Die Weltsprache der Abstraktion

Die mystischen und okkulten Wurzeln der Abstraktion
wurden in den 20er-Jahren mehr und mehr gekappt, bis in
ganz Europa ein strenger Konstruktivismus die Oberhand
gewann, der aus den geometrischen Formen und Grundfarben lediglich wahrnehmungspsychologische und farbtheo-
retische Probleme ableitete, wie dies am Bauhaus ein wichtiger Untersuchungsgegenstand wurde. Von besonderer Sub-
tilität ist die abstrakte Malerei Paul Klees, der aus dem Spiel
mit den bildnerischen Mitteln eine fantastische Welt voller
Assoziationen schuf. In Paris sammelten sich die konstruk-
tiven, abstrakten Maler in den 30er-Jahren in verschiedenen
Gruppen, wie »Cercle et Carré« und »Abstraction-Création«,
um die Dominanz der surrealistischen Gruppe um André

Der tschechische Maler **František Kupka**
bemerkte bereits 1905:

> *»Es scheint überflüssig, Bäume
> zu malen, wenn die Leute auf
> dem Weg zur Ausstellung viel
> schönere sehen.«*

Breton aufzubrechen. Im »Salon des Réalités Nouvelles« von 1936 wurden schließlich zum ersten Mal alle abstrakten Tendenzen ohne abgrenzende Polemik zusammen ausgestellt.

Nach der von den totalitären Regimen Europas bedingten Zwangspause zwischen 1933 und 1945 entfaltete sich nach Kriegsende eine internationale Bewegung der »Abstraktion als Weltsprache«, die von der Kunstpolitik gestützt wurde, wie zum Beispiel die Einsetzung der documenta durch

Piet Mondrian schuf seine geometrisch-abstrakten Bildtafeln, die sich seit 1921 auf die sparsam verwendeten Bildmittel senkrechter und waagrechter schwarzer Teilungslinien sowie Flächen aus den drei Primärfarben Gelb, Rot und Blau beschränken, nicht als Abstraktion der Realität, sondern als bildliche oder plastische Entsprechung der Realität (»Komposition«, 1921; Basel, Museum für Moderne Kunst).

Arnold Bode. Wesentlicher Ausgangspunkt war die Vorstellung von der schöpferischen Persönlichkeit, die sich keiner Regel, keinem Dogma, keiner Vorschrift mehr verpflichtet fühlte und in expressiven Gebärden zum Selbstausdruck drängte. Kunst wurde etwa in den Richtungen Informel und Tachismus als ständige Neuschöpfung verstanden, die der Künstler ohne Rücksicht auf Konventionen im Experimentieren mit den bildnerischen Mitteln hervorbrachte. Fast zeitgleich avancierte in den 50er-Jahren die amerikanische Malerei zum Stichwortgeber eines abstrakten Expressionismus und wurde mit den Heroen der »New York School« – Jackson Pollock, Mark Rothko, Barnett Newman, Robert Motherwell – für lange Zeit Vorbild der internationalen

Mark Rothkos 1958 entstandene Komposition »No. 35 (Black stripe)« besteht aus vielen transparenten Farbschichten (Baden-Baden, Sammlung Frieder Burda). Die matte Oberfläche der Leinwand intensiviert die Immaterialität der Farbwirkung.

Kunstszene. Im Color-Field-Painting wurde der autonomen Farbe in großen leuchtenden Flächen ein neuer Stellenwert zugewiesen, Farbe als Signal und Ausdrucksträger, wie das auch in der europäischen Variante der Signalkunst und Op-Art in den 60er-Jahren der Fall war. Monochrome Bildkonzepte beherrschten in dieser Zeit die Kunstszene. Die Einfarbigkeit wurde etwa bei Yves Klein zum Synonym der Spiritualisierung des Materials und wird heute in der »Radikalen« und »Essentiellen Malerei« wieder aktualisiert.

Abstraktion in der zeitgenössischen Kunst

Nach dem Aufkommen der Pop-Art und der Fluxus-Bewegung geriet die abstrakte Malerei zunächst ins Abseits, feierte jedoch bald wieder mit dem Aufgreifen und »Modernisieren« bestimmter Stilprinzipien in Neo-Geo und Neoinformel neue Erfolge. Im Zeichen der Postmoderne wird man jedoch der Abstraktion nicht mehr die führende Rolle in der internationalen Kunstentwicklung zuschreiben wollen, wie dies bis in die 60er-Jahre sicherlich noch galt. Heute wird das Feld von Grenzüberschreitern und »Rezyklern« angeführt, die sich des abstrakten Idioms bedienen, um damit einer

In seiner grundlegenden Schrift »**Über das Geistige in der Kunst**« von 1912 äußerte sich Wassily Kandinsky über das Wesen der Form:

> *»Die Form selbst, wenn sie auch ganz abstrakt ist und einer geometrischen gleicht, hat ihren inneren Klang, ist ein geistiges Wesen mit Eigenschaften, die mit dieser Form identisch sind.«*

Kaum ein Werk eines Künstlers des späten 20. Jh. ist so vielgestaltig wie das **Gerhard Richters.** Neben monochromen Bildern, Stillleben und Historienbildern malte er auch starkfarbige abstrakte Kompositionen mit pastosem Farbauftrag (»Gelbgrün«, 1982; Baden-Baden, Sammlung Frieder Burda).

komplexen Weltwahrnehmung gerecht zu werden. Herausragend sind dabei zwei deutsche Maler: Der eine, Sigmar Polke, ist der Alchimist der Postmoderne, der einen hohen Grad an Experimentierfreudigkeit zeigt und dabei die Gratwanderung zwischen Kitsch und Kunst bravourös besteht. Der andere, Gerhard Richter, vollbringt bis heute einen erstaunlichen Parcours zwischen Fotorealistik und virtuos dargebotener Abstraktion.

    Die Geschichte der abstrakten Kunst ist vielleicht schon abgeschlossen und den Kunstvermessern überlassen. Doch ist die Anwendung ihrer Prinzipien und Spielregeln auch heute noch eine unerschöpfliche Fundgrube für künstlerische Strategien.

HAJO DÜCHTING

Bohrs Atommodell

Bohrs Theorie erwies sich am Ende zwar als halbherzig, doch war sie ein entscheidender Schritt zur Entwicklung der modernen Atomphysik.

Schon seit der Antike spekulierte der Mensch über den Aufbau der Materie im Kleinen, jenseits dessen, was ihm mit bloßem Auge offenbar wurde. Zwei grundverschiedene Modellvorstellungen konkurrierten miteinander: einerseits das Modell der antiken Atomisten, die kleinste unteilbare Einheiten, auf Griechisch »Atoma«, annahmen und diesen nur wenige primäre Eigenschaften der Form, Größe und relativen Lage zuordneten, um damit alle sekundären Qualitäten wie Farbe oder Geruch zu »erklären«, andererseits ein Kontinuumsmodell, das eine unbeschränkte Teilbarkeit der Materie voraussetzte.

Einen ersten Schritt zur experimentellen Prüfbarkeit dieser Hypothesen machte Antoine Lavoisier Ende des 18. Jahrhunderts durch sein Beharren auf einer vermehrten Anwendung physikalischer Messmethoden wie dem Wägen in der Chemie. Er zeigte, dass die Elemente chemische Verbindungen stets in festen Gewichtsverhältnissen eingehen. Von John Dalton wurde dieser Ansatz 1804 verallgemeinert und mit atomistischen Annahmen erklärt. Laut Daltons Atommodell bestehen die kleinsten Einheiten jedes Stoffes aus einfachen Kombinationen weniger Atome, wobei alle Atome eines chemischen Elements einander genau gleichen. Ende des 19. Jahrhunderts häuften sich dann die Indizien dafür, dass diese chemischen Atome, physikalisch betrachtet, durchaus nicht unteilbar waren. Joseph John Thomson in Cambridge wies 1897 durch elektrische und magnetische Ablenkung ein negativ geladenes Teilchen nach, das er »Corpuscle« nannte. Genauere Messungen dieses bald »Elektron« getauften Teilchens zeigten, dass es etwa 2 000-mal leichter war als ein Wasserstoffatom.

Manchester 1912: Ernest Rutherford und Niels Bohr

Das Cavendish Laboratorium, an dem Thomson arbeitete, war ein Magnet für Nachwuchswissenschaftler aus aller Welt. Darunter war auch der junge Niels Bohr, der an der Kopenhagener Universität Physik, Mathematik und Philosophie studiert hatte. Unmittelbar nach Abschluss seiner Doktorarbeit zur Elektronentheorie der Metalle entschloss sich Bohr 1911 zum Aufbaustudium in England. Doch seine Hoffnung, in Cambridge von dem Entdecker der

1913 entwickelte der dänische Physiker **Niels Bohr** das nach ihm benannte Atommodell, mit dem er das Wasserstoffspektrum erklärte. 1921 konnte Bohr auf der Basis seines durch Arnold Sommerfeld erweiterten Atommodells mit seinem Aufbauprinzip eine theoretische Erklärung des Periodensystems der chemischen Elemente geben, indem er für die Atome einen Schalenaufbau annahm.

Elektronen Anregungen für weitere Arbeit zu empfangen, trog – Thomson war überlastet und vielleicht sogar etwas verärgert über den jungen Dänen, der ihn in schlechtem Englisch gleich beim ersten Treffen auf einen Fehler in seinem Atommodell hatte aufmerksam machen wollen. Völlig entmutigt traf Bohr den viel aufgeschlosseneren Ernest Rutherford, der für seine Deutung der Radioaktivität 1908 den Nobelpreis für Chemie bekommen hatte und in Manchester Physik lehrte. Im Januar 1912 bat Bohr Rutherford um einen

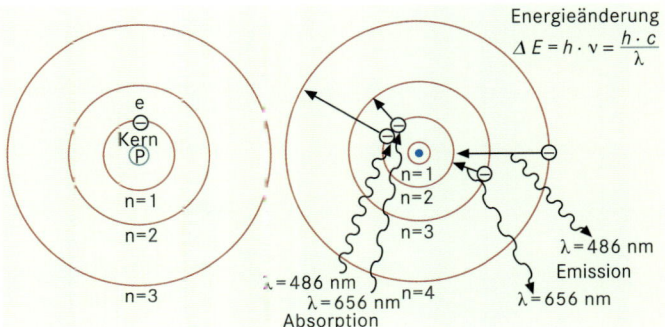

Bohrs Atommodell (links) des aus einem Proton (p) und einem Elektron (e) bestehenden Wasserstoffatoms: Die Abstände der Quantenbahnen des Grundzustandes (n=1) und der angeregten Zustände (n=2,3...) vom Kern sind nicht maßstabgerecht. Rechts sind die Elektronenübergänge (Quantensprünge) durch Energiezufuhr oder -abgabe bei Absorption oder Emission von Licht definierter Frequenz (hier Linien der Balmer-Serie des Wasserstoffspektrums) dargestellt.

Energieänderung
$$\Delta E = h \cdot \nu = \frac{h \cdot c}{\lambda}$$

Arbeitsplatz in Manchester, und im März konnte er anfangen, sich mit den Streuexperimenten vertraut zu machen, die dort ausgeführt wurden. Von stark radioaktiv strahlenden Quellen ausgesandte, positiv geladene Heliumkerne, so genannte α-Teilchen, wurden gebündelt auf Metallplättchen geleitet; dann wurde gemessen, unter welchem Ablenkungswinkel noch wie viele dieser geladenen Teilchen in Form von Blitzen auf Zinksulfidschirmen nachweisbar waren.

Das Atommodell von 1913

Aus der Tatsache, dass die Mehrzahl der α-Teilchen fast ganz unabgelenkt durch die Metallfolien hindurchflog, einige wenige jedoch sehr starke Ablenkung bis über 90° hinaus erfuhren, hatte Rutherford selbst bereits 1911 die Vermutung abgeleitet, dass entgegen Thomsons Annahme das Atom nicht aus fein verteilter positiver Ladung mit rosinenkuchenartig verteilten negativen Elektronen, sondern im Wesentlichen aus leerem Raum besteht. Rutherford vermutete im Zentrum eine auf einen winzigen Bereich konzentrierte positive Ladung, den Atomkern, um den herum die Elektronen in einer Art Hülle regelmäßig angeordnet sind. Auch die nähere Berechnung dieses Modells bestätigte, dass nur dann, wenn die α-Teilchen fast genau auf den positiven Atomkern zufliegen, merkliche Abstoßungseffekte, das heißt große Streuwinkel, zu erwarten waren.

Bohr ergänzte dieses Kernmodell um detaillierte Annahmen über das Verhalten der negativ geladenen Elektronen. Er vermutete, dass diese auf Bahnen analog denen der

Planeten um die Sonne umlaufen, allerdings mit der Zusatzbedingung, dass nur diejenigen Bahnen stabil sein sollen, deren Drehimpuls einem ganzzahligen Vielfachen des planckschen Wirkungsquantums entspricht, das auch den Grundzustand beschreibt. Die damit verbundene »Quantisierung« der Energie, die somit nicht mehr wie in der klassischen Physik kontinuierlich variierte, sondern nur noch in Paketen, den Quanten, zu- oder abnehmen konnte, hatte sich auch in der Theorie der Strahlung seit etwa 1900 als unumgänglich erwiesen. 1913 fasste Bohr seine Betrachtungen in dem nach ihm benannten Atommodell zusammen.

Die Quantisierungsbedingung stellte einen ausdrücklichen Bruch mit der Elektrodynamik dar, die für kreisende Elektronen eine kontinuierliche Energieabgabe forderte. Der klassischen Theorie zufolge konnte Bohrs Modell somit eigentlich keine stabilen Bahnen der Elektronen beschreiben. Ebenso unerhört war das Postulat der »Quantensprünge« von einem Energieniveau zum nächsten, die laut Bohr mit der Abgabe und Aufnahme von Licht, oder allgemeiner von Strahlung, einhergingen. Das Erstaunliche aber war, dass mit Bohrs Forderungen dennoch eine ganze Reihe von zum Teil bereits sehr lange bekannten Beobachtungen zutreffend

Das **Atomium** wurde als Symbol der Brüsseler Weltausstellung von 1958 errichtet. Das 110 m hohe Bauwerk stellt die 150-milliardenfache Vergrößerung der Elementarzelle eines Eisenkristalls dar.

und ohne weitere Zusatzannahmen erklärt werden konnten. Das Modell harmonierte sowohl mit den Experimenten Rutherfords als auch mit der Existenz scharf getrennter Linien im Spektrum von Atomen, beides im Rahmen der klassischen Physik unverständlich gebliebene Befunde. Jede solcher Spektrallinien entspricht bei Bohr einem Quantensprung zwischen zwei bestimmten Energieniveaus. Damit erklärten sich gleichzeitig auch die so genannten Spektralserien des Wasserstoffs, bis dahin ebenso unverstandene

Regelmäßigkeiten in den Abständen markanter Spektrallinien leuchtenden Wasserstoffgases, die noch im 19. Jahrhundert auf phänomenologischem Weg ermittelt worden waren.

Als Bohr dann auch noch die Existenz weiterer Spektralserien des Wasserstoffs richtig voraussagte und die Anwendung auf andere wasserstoffähnliche Atome gelang, entwickelte sich sein Atommodell rasch zum Standardmodell der Atomphysik. In den Folgejahren erweiterten Bohr selbst sowie Arnold Sommerfeld und seine Schüler in München die Theorie durch Verallgemeinerung auf gequantelte Ellipsenbahnen und auf relativ zu äußeren elektromagnetischen Feldern geneigte Bahnebenen. Durch diesen Kunstgriff ließen sich jetzt auch die merkwürdige Aufspaltung vieler Spektrallinien unter dem Einfluss magnetischer und elektrischer Felder gut beschreiben, die einige Jahre zuvor entdeckt worden waren. Sommerfeld erklärte sogar die Feinstruktur der Spektrallinien mit dem relativistischen Massenzuwachs derjenigen Elektronen, die auf stark elliptischen Bahnen besonders nahe an den Kern herankommen und dabei eine besonders große Geschwindigkeit erhalten. Ferner fand das Periodensystem der Elemente endlich eine natürliche Deutung durch Bohrs Konzept eines sukzessiven Aufbaus von »Elektronenschalen« um den Atomkern.

Erfolg und Scheitern

Die großen Erfolge des bohrschen Atommodells wurden Ende 1922 mit der Verleihung des Nobelpreises für Physik an Bohr gewürdigt. Doch zeigten sich gerade zu Beginn der 20er-Jahre auch die ersten Risse in Bohrs Gedankengebäude. Zunächst verkomplizierte sich die Bohr-Sommerfeld-Theorie immer mehr, weil in dem Wunsch nach noch weiter gehender Anwendung weitere Zusatzannahmen in die Theorie eingeführt wurden. Doch sie ließ sich letztlich nicht widerspruchsfrei entwickeln und scheiterte schließlich an ihrer halbherzigen Kombination alter Konzepte der klassischen Physik mit neuen Ideen. Und dennoch bereitete sie den Weg für die ab 1925 entstehende Quantenmechanik und stellt so den Ausgangspunkt der modernen Atomphysik dar.

KLAUS HENTSCHEL

negativ geladene Elektronenhülle

positiv geladener Atomkern

Ein Atom – hier des chemischen Elements Fluor – besteht aus einem positiv geladenen Atomkern und einer negativ geladenen Elektronenhülle. Der **Kern,** der nahezu die gesamte Masse vereinigt, besteht wiederum aus positiv geladenen Protonen und den elektrisch neutralen Neutronen.

Das Attentat auf den österreichischen Thronfolger löste einen Krieg aus, der für alle Beteiligten zur Katastrophe werden sollte.

Der Erste Weltkrieg

Als Urkatastrophe des 20. Jahrhunderts bezeichnete der amerikanische Diplomat und Historiker George Kennan 1981 den Ersten Weltkrieg. Dass sich dieser Anfang August 1914 ausbrechende Krieg dazu entwickeln sollte, konnten die beteiligten Völker zu Beginn nicht ahnen. Sie waren vielmehr in Hochstimmung, siegesgewiss, jedes Land glaubte sich im Recht. Nach Beginn der Kampfhandlungen kam jedoch bald die Ernüchterung. Als Erstes stellte sich heraus, dass die Hoffnung auf einen kurzen Krieg, die Heimkehr der Soldaten an Weihnachten, getrogen hatte. Mitte September erstarrte an der Westfront, später auch im Osten, der Bewegungs- zum Stellungskrieg; der Krieg sollte von da ab noch über vier Jahre andauern. Die zweite Ernüchterung betraf den Charakter des Krieges, der mit dem herkömmlichen Kriegsbild kaum noch etwas gemein hatte und alle bisherigen Erfahrungen entwertete. Die verheerende Feuerwirkung des Maschinengewehrs zwang die Infanterie in den Schützengraben; um die fest gefügten Fronten zu durchbrechen, setzten die Gegner eine alles bis dahin übertreffende artilleristische Feuerkraft ein. Die sich daraus entwickelnden Materialschlachten stellten bislang unbekannte Anforderungen an die Soldaten. Der Tod auf dem Schlachtfeld nahm eine andere Gestalt an: Er kam in bis dahin unvorstellbarer Häufung, Grausamkeit und erschreckender Anonymität. Symbol hierfür wurden die Schlachten bei Verdun und an der Somme 1916 sowie in Flandern 1917. Für die dritte Ernüchterung – die folgenschwerste – war die politische Führung verantwortlich. In Deutschland, aber auch in Russland begannen in der zweiten Kriegshälfte immer mehr Soldaten zu glauben, dass ihr Einsatz nicht belohnt werde; hierauf wollen wir am Ende zurückkommen.

Zu Kriegsbeginn, im August 1914, brachen die deutschen Soldaten siegessicher **»Zum Preisschießen nach Paris«** auf. Sie ahnten nicht, dass ihnen – statt weniger Monate wie im Deutsch-Französischen Krieg 1870/71 – vier entbehrungsreiche Jahre bevorstehen würden.

Vom Bewegungskrieg zum Stellungskrieg

Die deutsche Kriegsplanung, die auf den früheren Generalstabschef Schlieffen zurückging, war darauf angelegt, zunächst die französischen Armeen durch eine riesenhafte Umfassungsbewegung schnell niederzuringen und sich

Der Erste Weltkrieg war einer der ersten **Massenkriege** der Moderne: Neben die fast schrankenlose Mobilisierung der militärischen und wirtschaftlichen Ressourcen (hier die größte britische Munitionsfabrik in Chilwell) trat die Auflösung der Grenzen zwischen Militär und Zivilbevölkerung.

dann gegen Russland zu wenden. Nach Besetzung fast ganz Belgiens und weiter Teile Nordostfrankreichs scheiterte die Operation jedoch Mitte September im Raum zwischen Paris und Verdun, für die Franzosen das »Wunder an der Marne«. Im Osten verhielten sich die Deutschen zunächst defensiv, der erwartete russische Vormarsch auf Ostpreußen wurde in der Schlacht bei Tannenberg abgewiesen. 1915 versuchten im Westen die Ententemächte Großbritannien und Frankreich die deutsche Front zu durchbrechen, in mehreren erfolglosen Angriffen verloren sie Hunderttausende von Soldaten. Im Osten ergriff das deutsche Heer die Offensive und drängte die russischen Linien weit zurück. Im Mai 1915 griff Italien in den Krieg ein, ohne gegen Österreich-Ungarn an der Alpenfront und am Isonzo Boden gewinnen zu können. Hinter der Front setzte ein fieberhaftes Nachdenken ein, gesucht wurden neue Waffen und Personalersatz. Giftgas, zuerst von Deutschland eingesetzt, brachte nach anfänglich verheerender psychologischer Wirkung später nur noch begrenzte taktische Vorteile. Als auf lange Sicht erfolgversprechender erwies sich die Entwicklung des gegen Maschinengewehrfeuer immunen Panzers durch die Briten.

Der totale Krieg

Im Februar 1916 begann bei Verdun eine vom deutschen Generalstabschef Erich von Falkenhayn in der Absicht geplante Schlacht, das gegenüber Deutschland bevölkerungsschwächere Frankreich »weißbluten zu lassen«, aber die deutschen Angreifer erlitten bis zum Ende der Kämpfe im Dezember mit 340 000 Mann fast so hohe Verluste wie die Franzosen. Ebenfalls keine Veränderung des strategischen Patts brachten der britisch-französische Durchbruchsversuch an der Somme, die russische Brussilow-Offensive in Wolhynien sowie die einzige mit Großkampfschiffen geführte Seeschlacht des Krieges am 31. Mai vor dem Skagerrak; auch nach dieser konnte Großbritannien die Fernblockade Deutschlands zur See aufrechterhalten. Im August

Die hohen Verluste einzelner Offensiven im **Stellungskrieg** 1915 beschreibt ein französischer Soldat:

> »Als der Tag gekommen war, erblickten wir mit Schrecken vor und hinter dem eroberten Graben Hunderte von französischen Gefallenen ... Das war der Preis für diesen Geländegewinn von 400 oder 500 Metern. Ungefähr ein Menschenleben für jeden Quadratmeter.«

Britische Panzer waren maßgeblich daran beteiligt, dass im Westen der Stellungskrieg beendet und Deutschland besiegt wurde. Die Aufnahme zeigt britische Tanks beim Vorrücken in Richtung der deutschen Verteidigungsfront, der »Hindenburg-Linie«, bei Bellicourt im September 1918.

traten Generalfeldmarschall Hindenburg und General Ludendorff an die Spitze der Obersten Heeresleitung. Diese unterwarf unter dem Namen »Hindenburgprogramm« die Wirtschaft einer straffen Lenkung und führte die allgemeine Dienstpflicht der Männer ein; der Krieg wurde zum totalen Krieg.

1917 war das Jahr der Krise und des Umschwungs. Der Sinn des Krieges war angesichts der Pattsituation, der außerordentlichen Opferzahlen und des Hungers, der vor allem die Menschen in Mitteleuropa quälte, nicht mehr zu vermitteln. Unruhen, die ersten Streiks und Befehlsverweigerungen läuteten das neue Jahr ein. Das Deutsche Reich setzte nun alles auf eine Karte und erklärte am 1. Februar den uneingeschränkten U-Boot-Krieg in der Hoffnung, Großbritannien binnen fünf Monaten niederringen zu können. Dies erwies sich als der schwerste Fehler des ganzen Krieges; zum einen konnten die Briten nicht friedensbereit »torpediert« werden, zum anderen traten die USA im April an der Seite der Entente in den Krieg ein – für die Mittelmächte der Anfang vom Ende, auch wenn die Westfront in den schweren Abwehrkämpfen des Jahres 1917 standhielt.

In Deutschland herrschte blanker Hunger, die Unterernährung führte zu einer dreiviertel Million zusätzlicher Todesopfer. Selbst große Teile des Mittelstands einschließlich der Beamten verarmten rasch. Der Kaiser verweigerte überfällige politische Konzessionen wie die Parlamentarisierung des Reiches und gleiches Wahlrecht in Preußen. Militär und Heimatfront sahen sich um die Früchte ihrer Anstrengungen geprellt, die dritte Ernüchterung stellte sich ein. Der gesellschaftliche Konsens begann zu zerfallen. Im Januar 1918 streikten in Deutschland eine Million Arbeiter. In Russland beseitigten zwei Revolutionen im Februar und – nach altem russischen Kalender – im Oktober das herrschende System, das Zarenreich brach zusammen. Da den von Lenin geführten Bolschewiki die Sicherung ihrer in der Oktoberrevolution errungenen Macht wichtiger war als die

Von den Zerstörungen bis dahin ungekannten Ausmaßes zeugt der im Ersten Weltkrieg zerbombte Bahnhof der französischen Stadt **Chauny**. Das Bahnhofsschild in den Trümmern stammt aus der deutschen Besatzungszeit.

Fortsetzung des Krieges, schlossen sie am 3. März 1918 in
Brest-Litowsk Frieden mit den Mittelmächten.

Das katastrophale Ende

Anfang 1918 wollte das Deutsche Reich im Westen in einer
letzten Kraftanstrengung die Kriegsentscheidung erzwin-
gen. Von März bis Juli wurden in mehreren Offensiven
nochmals Geländegewinne erzielt, aber nun zeigte sich die
restlose Erschöpfung der Truppe. Mitte Juli gingen die Alliierten zum Gegenangriff über. Unter dem Eindruck eines
schweren Fronteinbruchs bei Amiens am 8. August unter-
richtete Ludendorff die überraschte Reichsleitung darüber,
dass der Kampf verloren sei. Am 29. September verlangte die
Oberste Heeresleitung sofortigen Waffenstillstand. Nur
zwei Tage später erklärte Ludendorff aber, die Niederlage sei
den Versagern von Etappe und Heimat geschuldet; die ver-
hängnisvolle »Dolchstoßlegende« war geboren. Am 3. Oktober bat der neue Reichskanzler, Prinz Max von Baden, den
amerikanischen Präsidenten Wilson um Waffenstillstand.
Als dieser seine Unterschrift von der Abdankung des Kaisers
abhängig machte, versuchte die Oberste Heeresleitung, den
militärischen Widerstand fortzusetzen. Die militärische
Krise erweiterte sich zur politischen, die Ausrufung der
Republik machte am 9. November 1918 dem Kaiserreich
schließlich ein Ende. Zwei Tage später unterzeichneten
deutsche Unterhändler in Compiègne den Waffenstillstand.
Zur »Urkatastrophe des 20. Jahrhunderts« wurde der Erste
Weltkrieg aus drei Gründen. Erstens zerstörte er die zivilisa-
torischen Standards und stürzte die Zeitgenossen in eine tiefe Sinnkrise. Zweitens verstärkte er die innergesellschaftli-
chen Differenzen, indem er alten Konfliktlinien neue hinzu-
fügte. Drittens hinterließ der Zerfall des Russischen und des
Osmanischen Reichs wie der Habsburger Monarchie Staaten, die für einen Großteil der Europäer weder innen- noch
außenpolitisch legitim waren. Neuartige politische Heils-
lehren und Systeme versuchten Antworten auf die Verwir-
rungen und Probleme. Diese Antworten waren ausnahmslos
aggressiv. Deshalb kehrte lange kein Friede in Europa ein.

CHRISTOF DIPPER

Die Oktoberrevolution

»Zehn Tage, die die Welt erschütterten« nannte John Reed seinen Bericht über die Umwälzungen in Russland. Er hat nicht übertrieben.

Wohl kaum ein politisches Ereignis hat das 20. Jahrhundert so geprägt wie die russische Oktoberrevolution. Am Ende des Ersten Weltkriegs, im Herbst 1917, stürzte ein bewaffneter Aufstand die Provisorische Regierung, die nach der erzwungenen Abdankung des Zaren im Frühjahr vorübergehend die Staatsgeschäfte übernommen hatte. Die nun ausgerufene »Sozialistische Räterepublik« bekannte sich zum Marxismus als Weltanschauung und wollte Signal und Vorbild für die weltweite Ablösung des »Kapitalismus« durch den »Kommunismus« sein.

Wer zurückblickt, dem scheint die Entwicklung des chaotischen Jahres 1917 ganz auf diese Oktobertage zuzulaufen. Doch eine solche Sicht ist einseitig, geprägt vom Wissen um das Kommende. Die Geschichte des »Oktober« und seiner Folgen ist ebenso eine Geschichte der Ungereimtheiten, der Improvisationen, der banalen Zufälle.

Mit der Straßenbahn ins Zentrum der Macht

Am Abend des 24. Oktober 1917 bestieg in Sankt Petersburg, im Arbeitervorort Wyborg, ein relativ kleiner Mann in Begleitung eines anderen, jüngeren Mannes die Straßenbahn. Das Alter des Kleinen war schwer zu schätzen: Er hatte graue Haare und trug eine Brille, doch die Hälfte des Gesichts war von einem Tuch bedeckt, das er sich um die Wange gebunden hatte. Offenkundig plagten ihn Zahnschmerzen. Während der Fahrt Richtung Innenstadt musste er sich auch noch über die Schaffnerin ärgern. Diese hatte den beiden erklärt, ihr Zug müsse vorzeitig ins Depot zurückkehren; man befürchte Unruhen, einen Anschlag auf die Regierung.

Seit Tagen gab es in Sankt Petersburg, das seit Kriegsbeginn 1914 Petrograd hieß, solche Gerüchte: Sie warnten vor einer erneuten Aktion der radikalen Linken, der »Bolschewiki«, die schon einmal, Anfang Juli, nach der Macht gegriffen hatten. Der Versuch war damals gescheitert, das bolschewistische Parteiorgan »Prawda« verboten worden und ihr Führer Wladimir Iljitsch Uljanow, der den Decknamen Lenin trug, untergetaucht. Doch beruhigt hatte sich die Lage seither nicht, und seit dem Spätsommer, seit einem Putschversuch von rechts, waren die Bolschewiki wieder im Aufwind.

Nach der Februarrevolution dankte Zar **Nikolaus II.** am 15. März 1917 ab (die Ikone zeigt ihn im Kreis seiner Familie). Die Oktoberrevolution wandte sich gegen die danach eingerichtete bürgerliche provisorische Regierung. 1918 wurde die Zarenfamilie von den Bolschewiki ermordet.

Am Abend des 7. November – nach dem bis 1918 in Russland geltenden julianischen Kalender war es der 25. Oktober 1917 – gab der **Panzerkreuzer »Aurora«** mit einer Salve Übungsmunition auf das Winterpalais von Petrograd das Zeichen zur Oktoberrevolution. Das Schiff liegt heute als Denkmal an der Petrograder Seite des Flusses Newa vor Anker.

Wegen der vorzeitigen Rückkehr der Straßenbahnen in die Depots mussten die beiden Nachtschwärmer den Rest des Weges zu Fuß zurücklegen. Über die Litejnyj-Brücke erreichten sie den Rand der Innenstadt, bogen nun nach links und stießen hier, in der Nähe des Taurischen Palais, wo das Parlament seinen Sitz hatte, auf eine Regierungspatrouille. Während der Jüngere zu torkeln begann und damit die Aufmerksamkeit der Soldaten auf sich zog, ging der Kleine rasch vorüber. Doch die Soldaten wollten keinen Ärger mit offensichtlich Betrunkenen und ließen beide unbehelligt passieren. So erreichten sie das Smolnyj-Institut, ein ehemaliges Lyzeum für adelige Fräuleins, wo seit dem Sommer der »Sowjet«, der Rat der Arbeiter- und Soldatendeputierten, tagte. Als der Kleine im Gebäude die Brille, die graue Perücke und das Tuch ablegte, wurde sichtbar, wer sich dahinter verbarg: der 47-jährige, kahlköpfige Lenin.

Der Aufstand

Lenin und sein Begleiter, der finnische Sozialist Eino Rachja, wurden erwartet. Im Smolnyj tagte das Anfang des Monats gegründete Militärische Revolutionskomitee, in dem die Fäden der Aufstandsplanung zusammenliefen. Noch in der Nacht ließ es durch bewaffnete Abteilungen, die Roten Garden, die wichtigsten Brücken, die in die Innenstadt führten, besetzen, am Tag darauf auch die Bahnhöfe, die Telefon- und Telegrafenstation, die Hauptpost, das Elektrizitätswerk, verschiedene Druckereien und die Staatsbank. Flugblätter und Plakate verkündeten der Bevölkerung bereits am Morgen den Sturz der alten Regierung und den Übergang der Macht an das Militärische Revolutionskomitee als ein Organ des Petrograder Sowjet.

Schon am 25. Oktober – nach dem am 1. Februar 1918 auch in Russland eingeführten gregorianischen Kalender war es der 7. November – fuhren, so als ob nichts geschehen wäre,

In Boris Pasternaks Roman »**Doktor Schiwago**«, der erst 1959 auf Russisch erschien, spricht Schiwago mit Lara über die Wirkung der Revolution auf die Menschen in Russland:

»Bedenken Sie nur: Ganz Russland hat wie durch einen gewaltigen Sturm das Dach über dem Kopf verloren, und wir stehen nun mit dem ganzen Volke unter dem offenen Himmel im Freien. Niemand überwacht uns mehr. Freiheit!«

Der Sturm auf das nur von Offiziersanwärtern und einem Frauenbataillon verteidigte **Winterpalais** am 25. Oktober 1917 brachte die Bolschewiki an die Macht. Das Bild ist kein Originalfoto, sondern entstand, als anlässlich eines Jahrestags der Oktoberrevolution die Szene nachgestellt wurde.

Treibende Kraft der Oktoberrevolution war Wladimir Iljitsch Uljanow. Ab 1900 hatte er, geschützt auch durch seinen Decknamen **Lenin**, in der Emigration gelebt, 1917 gelangte er mit deutscher Unterstützung nach Petrograd. Er gilt als Gründervater der Sowjetunion.

die Straßenbahnen wieder, und es gab nicht wenige Beobachter, die auch der neuen Regierung kaum eine Überlebenschance gaben angesichts der anstehenden Probleme. Doch sie unterschätzten die Rührigkeit Lenins. Er bildete eine neue Regierung, den »Rat der Volkskommissare«, der dem Allrussischen Rätekongress und seinem Exekutivkomitee verantwortlich sein sollte – ein erster Schritt bei der Übertragung der Staatsmacht an die Räte. Er bereitete außerdem ein »Dekret über den Frieden« vor, das allen Krieg führenden Staaten die sofortige Aufnahme von Waffenstillstandsverhandlungen anbot, und eilig wurde auch ein Agrargesetz entworfen. Dieses erlaubte den Bauern den Zugriff auf das Land des Adels, der Kirche und der Klöster, wobei der Großteil des Textes einem Zeitungsartikel entnommen war, der die bäuerlichen Hauptforderungen zusammengestellt hatte. Die am Abend des 25. Oktober beginnende Session des Allrussischen Rätekongresses billigte diese Entscheidungen. Damit waren fürs Erste die Forderungen der Arbeiter, Bauern und Soldaten befriedigt und der Grundstein für die Machtbehauptung gelegt.

Der vermummte Lenin auf dem Weg in den Smolnyj – das Bild hatte Symbolcharakter. Wer Lenin aus den innerparteilichen Debatten vor 1914 kannte, erkannte ihn 1917 kaum wieder. Hatte Lenin vordem den Arbeitern die Fähigkeit abgesprochen, ohne die Partei ein revolutionäres Bewusstsein auszubilden, so pries er seit dem Frühjahr die spontan entstandenen, politisch gänzlich unerfahrenen »Arbeiterräte« als Zellen eines neuen proletarischen Staates. Obwohl sich die Partei als Arbeiterpartei verstand und den bäuerlichen Einzelhöfen seit jeher keine Zukunft gab, versprach sie ihnen nun das Adels-, Kloster- und Kirchenland. Hatte Lenin vordem behauptet, nur als Kaderpartei von Berufsrevolutionären könnten die Bolschewiki überleben, so nahmen sie 1917 jeden auf, der sich mit ihnen solidarisierte, und obwohl Lenin noch 1915/16 gefordert hatte, den Weltkrieg in einen Bürgerkrieg umzuwandeln, lockte er die kriegsmüden Soldaten nun mit der schlichten Formel »Frieden«. So wurde die Partei 1917 zu einem populistischen Sammelbecken der Unzufriedenen und versprach allen alles: den Soldaten den Frieden, den Bauern das Land, den Arbeitern die Mitbestimmung in den Fabriken, ihren Räten die Macht und allen eine bessere, sozialistische Zukunft.

Dass Marx und Engels sich eine »sozialistische Revolution« im Grunde anders vorgestellt hatten, dass ihr »eigentlicher« Träger, die Industriearbeiterschaft, in Russland noch immer eine kleine Minderheit, die große Mehrheit der Be-

Boris Kustodijews Gemälde »**Der Bolschewik**« (1920; Moskau, Tretjakow-Galerie) verdeutlicht den Führungsanspruch, den die Partei nach dem Bürgerkrieg reklamierte. Die Bolschewiki hatten sich aus dem von Lenin geführten Flügel der russischen Sozialdemokratie 1912 zur selbstständigen Partei entwickelt, die die bewegende Kraft der Oktoberrevolution von 1917 war.

völkerung Bauern war, war auch Lenin bewusst. Doch irgendwie hoffte er, mehr noch: er glaubte fest daran, dass der Funke der russischen Revolution rasch auf die fortgeschritteneren Staaten Westeuropas überspringen und alles »im Weltmaßstab« ins Lot bringen würde.

Die weit reichenden Folgen der Revolution

Zur Vorbereitung der »Weltrevolution« wurde im Frühjahr 1919 die »Kommunistische Internationale« gegründet, ein Zusammenschluss linksradikaler Parteien, dessen Schaltzentrale in Moskau saß. Doch Russland blieb isoliert; so entschloss man sich Mitte der 20er-Jahre, den Sozialismus zunächst »in einem Lande« aufzubauen und nachzuholen, was die bolschewistische Revolution eigentlich vorausgesetzt hatte: die forcierte Industrialisierung, begleitet von der Kollektivierung der Landwirtschaft. Doch der Zwangscharakter der Maßnahmen schreckte eher ab, und so war es nicht deren werbende Wirkung, sondern der Zweite Weltkrieg, der das Land dem erklärten Ziel ein gutes Stück näher brachte: Dank der Erfolge der Roten Armee zur zweiten Supermacht neben den USA aufgestiegen, wurde Moskau zum Zentrum eines Blocks sozialistischer Staaten, deren Kreis sich in den folgenden Jahrzehnten noch beträchtlich erweiterte. Die Welt schien auf Dauer in zwei Lager, »Ost« und »West«, zu zerfallen. Erst die stillen Revolutionen der 80er-Jahre beendeten diesen Zustand; seine vielfältigen Folgen werden uns noch lange begleiten.

HELMUT ALTRICHTER

Für den ersten Jahrestag der Oktoberrevolution entwarf **Marc Chagall** das Plakat »Krieg den Palästen« (Moskau, Tretjakow-Galerie). Die Entwurfsskizze zeigt einen russischen Bauern, der ein Herrenhaus aus den Angeln hebt. Wie viele russische Intellektuelle in seinen Hoffnungen auf die Revolution enttäuscht, verließ der Künstler 1922 die Sowjetunion.

Information und Unterhaltung konnten durch Radio und Fernsehen bald in alle Wohnzimmer geliefert werden.

Hörfunk und Fernsehen

Kaum konnte man um die Wende zum 20. Jahrhundert Funktelegramme austauschen, so wollte man auch drahtlos telefonieren. Die Verfahren der Funktelegrafie waren hierfür jedoch ungeeignet. Statt einzelner, »gedämpfter« Wellenzüge mussten kontinuierliche, »ungedämpfte« Wellen die in elektrische Signale umgesetzten Schallschwingungen transportieren. Die Voraussetzungen hierfür wurden im ersten Jahrzehnt des 20. Jahrhunderts erfüllt. Mit dem Lichtbogensender von Valdemar Poulsen oder der Hochfrequenzmaschine von Reginald Aubrey Fessenden und Ernst Frederic Alexanderson konnten ungedämpfte Wellen mit Leistungen bis weit in den Kilowattbereich erzeugt werden.

Der Hörfunk auf dem Weg zum Massenmedium

Zur technischen Verwirklichung des Rundfunks trug die nach 1910 eingeführte Elektronenröhre entscheidend bei, ließen sich mit ihr doch nicht nur schwache elektrische Signale verstärken, sondern auch Telefoniesender konstruieren. Alexander Meißner, der maßgebliche Erfinder des Röhrensenders, und Hans Bredow, später als »deutscher Vater des Rundfunks« bekannt, strahlten 1917 zur Freude der Funker an der Westfront Schallplattenmusik aus.

Nach Kriegsende gewann die Idee des Rundfunks rasch an Boden. Als Geburtstag des Hörfunks gilt der 2. November 1920, als ein in Pittsburgh, Pennsylvania, aufgestellter Sender Wahlresultate übertrug. 1921 gab es in den USA sieben Rundfunksender, und auch Kanada nahm den Programmbetrieb auf. 1922 arbeiteten Radiostationen in Großbritannien, Frankreich, der Sowjetunion, Spanien, der Tschechoslowakei und anderen Ländern. In Deutschland hatte im November 1919 ein Experimentalvortrag Bredows in Berlin die Möglichkeiten des Rundfunks demonstriert und seine Einrichtung stimuliert. Bredow, ausgewiesener Fachmann und Staatssekretär im Reichspostministerium, besaß die Befugnisse und das Stehvermögen, den Hörfunk trotz politischer Querelen und bürokratischer Hürden in Deutschland durchzusetzen. Technischer Schwerpunkt war

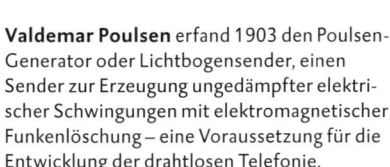

Valdemar Poulsen erfand 1903 den Poulsen-Generator oder Lichtbogensender, einen Sender zur Erzeugung ungedämpfter elektrischer Schwingungen mit elektromagnetischer Funkenlöschung – eine Voraussetzung für die Entwicklung der drahtlosen Telefonie.

zunächst die posteigene Hauptfunkstelle Königs Wuster-hausen. Man sendete täglich über Lichtbogen- oder Maschinensender eine halbe Stunde Musik und wagte sich an Liveübertragungen von Instrumentalmusik. Im Juni 1921 verband man die Berliner Staatsoper über Fernsprechleitungen mit dem Sender und übertrug »Madame Butterfly«. 1922 strahlte auch die Versuchsstation Eberswalde Konzerte aus.

Am 20. Oktober 1923 nahm der erste deutsche Rundfunksender im Berliner »Voxhaus« den Betrieb auf – die Begeisterung der kaum 500 Hörer war ungeheuer. Weitere deutsche Sender folgten, Anfang 1925 waren es schon 15. Empfänger waren anfänglich vor allem röhrenlose Detektorgeräte; sie benötigten keine Stromversorgung und boten Kopfhörerempfang des nächsten Senders. Bald waren Hunderttausende Detektorempfänger, häufig als Eigenbau entstanden, in Betrieb. Doch die Hörer wollten unter mehreren Stationen wählen und unabhängig von Kopfhörerleitungen werden. Elektronenröhren konnten diese Wünsche erfüllen, verteuerten aber das Rundfunkhören. Weite Verbreitung erlangte das im Ersten Weltkrieg erfundene Rückkopplungsaudion, ein Grundbaustein leistungsfähiger Empfänger. In Millionen einfachen Geräten, zum Beispiel in den deutschen »Volksempfängern«, behauptete es sich bis zum Zweiten Weltkrieg.

Nach 1925 wurde Radiohören zur Alltäglichkeit, im Januar 1926 gab es bereits 1 Million Hörer in Deutschland. Die Empfänger wurden leichter bedienbar, Röhren und Spulen verschwanden im Gehäuse, eine Stationsskala löste mehrere Zahlerscheiben ab, die Lautsprecherwiedergabe wurde selbstverständlich. Nach 1925 ging man zur Stromversorgung aus der Steckdose über. Das vereinfachte den Betrieb und senkte die Betriebskosten entscheidend. Der Überlagerungsempfänger (»Superhet«), den Rückkopplungsempfängern überlegen, setzte sich durch. Schwundregelung, Maßnahmen zur Klangverbesserung, Abstimmhilfen, Anschlüsse für Plattenspieler und zusätzliche Lautsprecher trugen zur Benutzerfreundlichkeit bei. An die 10 Millionen Rundfunkteilnehmer gab es 1939 allein in Deutschland. In nicht einmal zwei Jahrzehnten war der Rundfunk ein Massenmedium geworden, das der Information, Bildung und Unterhaltung diente, aber auch als Propagandainstrument gebraucht und missbraucht wurde.

Das elektronische Fernsehen beginnt

Vorschläge zum Fernsehen stammen aus der zweiten Hälfte des 19. Jahrhunderts. Alle Versuche, es elektromechanisch zu bewerkstelligen, scheiterten. Nur die Spirallochscheibe Paul Nipkows und ihre Varianten wurden anfangs beim Fernsehen eingesetzt. Experimente mit elektronischen Mitteln, von denen die Katodenstrahlröhre Karl Ferdinand Brauns als

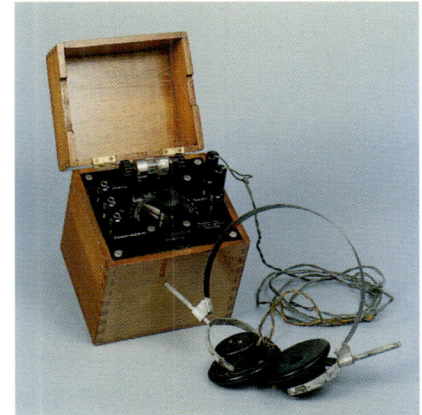

Der **Detektorempfänger** besitzt nur geringe Empfindlichkeit und Trennschärfe. Er besteht aus einem abstimmbaren, mit der Antenne gekoppelten Schwingkreis und einer Halbleiterdiode zur direkten Demodulation der Hochfrequenzsignale sowie einem Kopfhörer. Das Fehlen jeglicher Verstärkung beschränkt den Empfang auf sehr starke Sender.

Im »Berliner Lokalanzeiger« schrieb **Hans Dominik** zu Hans Bredows Vortrag im November 1919:

> »Wenn auch der Vortragende auf dem Boden der Sachlichkeit blieb, entwickelte er doch zuweilen Gedanken von geradezu jules-vernescher Kühnheit. So, wenn er beispielsweise den zukünftigen Redner schildert, der seine Rede in einen drahtlosen Apparat spricht und sie für Millionen Menschen hörbar macht.«

Bildröhre noch heute unverzichtbar ist, blieben zunächst folgenlos. Nach 1918 griff man elektromechanische Verfahren wieder auf, nun jedoch mit elektronischer Signalverarbeitung. Neben anderen erzielten der Schotte John Logie Baird und der deutsche Physiker August Karolus Erfolge. Doch niemand mochte sich mit briefmarkengroßen Bildern und groben Konturen abfinden. Nach langem Mühen musste man sich eingestehen: Nur mit elektronischen Verfahren sowohl auf der Empfänger- als auch auf der Senderseite ist Fernsehen aussichtsreich. Unter den Pionieren des elektronischen Fernsehens ragt Manfred von Ardenne heraus. Er verbesserte die Katodenstrahlröhre, entwickelte die notwendigen Breitbandverstärker und führte auf der Berliner Funkausstellung im Herbst 1931 das elektronische Fernsehen öffentlich vor. Die Demonstrationen fanden weltweit Beachtung, in einigen Ländern wurden in der Folge Versuchsprogramme ausgestrahlt.

Eine Fülle technischer Probleme war noch zu meistern. Für höhere Bildqualität wurde die Bildzeilenzahl schrittweise gesteigert, das Zeilensprungverfahren verminderte das Bildflimmern. Die Erschließung des Ultrakurzwellenbereichs wurde intensiviert, weil er allein Platz für Fernsehkanäle bot. Auch die Frage der Begleittonübertragung wurde gelöst. Der von Ardenne und anderen benutzte Leuchtfleckabtaster verarbeitete nur Diapositive oder Filme. Oft behalf man sich mit Umwegen: So wurde beim Zwischenfilmverfahren die Szene gefilmt, der Film im Übertragungswagen nach einem Schnellverfahren entwickelt und – mit knapp zweiminütiger Verspätung – abgetastet und gesendet.

Mit dem von Wladimir Kosma Zworykin ab 1923 entwickelten Ikonoskop begann nach 1931 die Zeit der elektronischen Fernsehkamera. Bei der Berliner Olympiade 1936

Dieser **Fernsehempfänger** wurde um 1950 gebaut. Seit dieser Zeit entwickelte sich das Fernsehen zum Massenmedium, das die Lebensweise der Menschen grundlegend verändert hat.

Der Physiker **Manfred von Ardenne** hatte in seinem Labor in Berlin einen Leuchtschirmabtaster entwickelt, der mit braunschen Röhren auf der Sender- und Empfängerseite arbeitete. Daraufhin konnte er am 24. Dezember 1930 das erste vollelektronische Fernsehbild der Fachwelt vorführen.

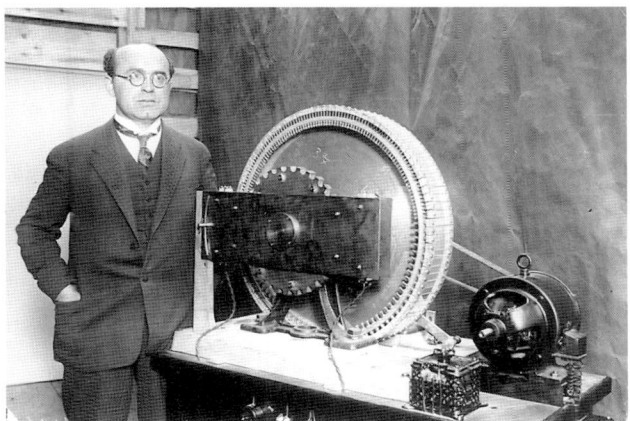

August Karolus entwickelte 1923 die Karolus-Zelle zur trägheitslosen Lichtmodulation und förderte dadurch die Entwicklung der Fernsehtechnik. 1925 fand die erste Präsentation von Fernsehvorführungen mittels dieser Technik statt.

bestand sie eine erste große Bewährungsprobe. Das Ergebnis, verbreitet vom seit 1935 arbeitenden Bild-Ton-Sender auf dem Berliner Funkturm, konnte man in öffentlichen Fernsehstuben und mit den noch wenigen Heimempfängern verfolgen. Das Massenmedium Fernsehen war bereit, doch der Zweite Weltkrieg verhinderte den Start.

Bunt und in Stereo

Nach 1945 machten Hörfunk und Fernsehen rasche Fortschritte. Die überfüllten Hörfunk-Frequenzbereiche wurden erweitert. 1948/49 gingen in Mitteleuropa erste UKW-Rundfunksender in Betrieb, deren Übertragungsqualität und Störfreiheit überzeugten. Einen weiteren Qualitätssprung brachte die UKW-Stereofonie, ab 1961 in den USA, ab 1963 in Europa eingeführt.

1948 hatte man den ersten Empfänger mit Transistoren vorgestellt. Sie führten bei deutlicher Energieersparnis zu Raum sparenden Gehäusen mit abgesetzten Lautsprechern. Portable Kleingeräte erlangten weltweite Verbreitung – nicht zuletzt in Regionen ohne Stromversorgung. Erhöhter Bedienkomfort drückte sich in Sendersuchlauf, Stationsspeicherung, Fernbedienung und vielem anderen aus. Beim Fernsehen stiegen Zeilenzahlen und Bildschirmgröße. Für weitere Übertragungskanäle wurde der Dezimeterwellenbereich erschlossen. Jahrzehntealte Farbfernsehprojekte konnten aufgegriffen und verwirklicht werden. Von mehreren untersuchten Verfahren setzten sich in Europa das »PAL-System« von Walter Bruch und das »SECAM-System« von Henri de France durch. Ab Mitte der 60er-Jahre wurden Fernsehprogramme in Farbe ausgestrahlt. Etwa zur gleichen Zeit begann man, Programme über Satelliten zu verbreiten. Weltweites Fernsehen wurde Wirklichkeit.

WALTER CONRAD

Hans Bredow entwickelte 1924 weitergehende Visionen:

»In absehbarer Zeit werden wir auch die Bewegungen der Darsteller als Bilder auf beliebige Entfernungen übertragen können. Die Möglichkeit, seine eigene Zeitung und seinen eigenen Kinematographen im Hause zu haben, ist für die Weiterentwicklung der Menschheit von geradezu ungeheurem Wert.«

Die Rhythmen und Harmonien schwarzer Musiker sind vielleicht Amerikas bedeutendster Beitrag zur Weltkultur.

Der Jazz

Die Geschichte ist oft erzählt worden. Irgendwann im September 1924 stieß der 23-jährige, in New Orleans geborene Trompeter Louis Armstrong von Chicago aus, wo er in der Creole-Jazz-Band seines Mentors Joe »King« Oliver bereits zu einer Lokalgröße aufgestiegen war, zum Orchester Fletcher Henderson. Die etwa zehn Musiker, die damals im »Roseland Ballroom« am New Yorker Broadway unter Vertrag standen, gelten heute als erste Bigband des Jazz, zur Zeit des Eintritts von Armstrong waren sie aber kaum mehr als eine von vielen schwarzen wie weißen Tanzkapellen, die sich der neuartigen Mode der »ragtime« oder »syncopated music«, wie der Jazz damals noch vielfach hieß, verschrieben hatten.

Ein Einstieg mit Folgen: In den rund 13 Monaten, die Armstrong bei Henderson spielte, entwickelte sich die Band von einer zuvor mittelmäßigen Tanzkapelle zu einer echten Jazzband. Und obwohl in ihr durchaus weitere Musiker saßen, die noch Jazzgeschichte schreiben sollten, war es wie schon in Chicago vor allem Armstrong, dessen außergewöhnliche Spielweise nicht nur die Bandmitglieder selbst mitriss, sondern auch viele andere Jazzmusiker der Stadt in Begeisterung versetzte. Mitunter sollen im »Roseland« bei den nächtlichen Sessions mehr Musiker als Tänzer im Saal gewesen sein.

Legenden und Wirklichkeit

Das Porträtfoto zeigt die beiden Jazzlegenden **Louis Armstrong** (links) und **Duke Ellington** (rechts) mit dem amerikanischen Schauspieler Paul Newman, der in dem 1960 gedrehten Jazzfilm »Paris Blues« einen Posaunisten spielte.

Keine musikalische Kunstform ist so untrennbar mit dem Medium der Schallplatte verbunden wie der Jazz. Das gilt nicht nur für dessen Geschichtsschreibung, die, will sie sich nicht in Legenden erschöpfen, angesichts einer weitgehend nicht notierten, improvisierten Musik zwangsläufig auf das klingende Dokument angewiesen ist. Das gilt vor allem auch für die Entwicklung des Jazz selbst. Ursprünglich kaum mehr als eine lokal begrenzte Volksmusik, entstanden Ende des 19. Jahrhunderts in den Südstaaten der USA aus einer komplexen Mischung afroamerikanischer Musizierweisen wie Worksong, Spiritual und Blues, Ragtime und Formen europäischer Kunstmusik, beginnt die dokumentierte Geschichte des Jazz erst eigentlich 1917. Den Anfang machten fünf Musiker aus New Orleans, der »Geburtsstadt« des Jazz. Unter dem Namen Original Dixieland Jazz Band, abgekürzt ODJB, nahmen sie in New York am 26. Februar für die Plattenfirma Victor zwei Stücke auf, den »Livery Stable Blues« und »The Original Dixieland One Step«, die seither als die ersten Platteneinspielungen des Jazz gelten. Dass dabei die Band um den Trompeter Nick La Rocca gerade aus weißen Musikern bestand, hat viel zu der Streitfrage beigetragen, wer nun den Jazz »erfunden« habe, Weiß oder Schwarz. Wie auch immer, die Aufnahmen wurden nicht nur in den Vereinigten Staaten über Nacht ein Riesenhit, sondern sofort auch ein Exportschlager. Bereits 1919 feierte die ODJB mit Auftritten in London erstmals auch in Europa sensationelle Erfolge.

Dabei sorgte die Schallplatte fortan nicht nur für die weltweite Ausbreitung des Jazz. Von Anbeginn an war sie auch dessen Lehrmeisterin. Für viele angehende Jazzmusiker war lange Zeit die Schallplatte neben dem Life-Erlebnis im Konzert oder Jazzkeller oft der einzige Zugang zu ihrer Musik. Jede Neupressung wurde sehnsüchtig erwartet, immer wieder angehört, analysiert, die Melodien und Harmonien herausgehört transkribiert, die Soli kopiert und nachgespielt.

Doch noch aus einem anderen Grund ist die Plattenaufnahme eines Jazzstücks nach wie vor von zentraler Bedeutung für die Rezeption des Jazz und seiner Geschichte. Denn im Unterschied etwa zur europäischen Kunstmusik die vom Ideal der Wiederholbarkeit des in Noten niedergeschriebenen Werkes ausgeht, zeichnet sich ein Jazzstück vor allem dadurch aus, dass es, abgesehen von gewissen Vorgaben melodischer und harmonischer Art, jedes Mal anders gespielt wird, jedes Mal ein Original ist. Herausragende Improvisatoren wie Charlie Parker konnten während einer einzigen Aufnahmesession aus ein und demselben Thema mehrmals hintereinander die unterschiedlichsten Stücke kreieren, die dann von der Plattenfirma auch in verschiedenen Pressungen veröffentlicht wurden.

Jazz ist, wie es der große Harlem-Stride-Pianist Thomas »Fats« Waller einmal ausgedrückt hat, nicht, »was du machst sondern wie du es tust«. Sein Grundprinzip ist das der individuellen musikalischen Aussage, sowohl auf harmonischer wie auf rhythmischer und melodischer Ebene. Dabei kam es in der Geschichte des Jazz immer wieder zu Einspielungen, die deshalb von herausragender Bedeutung sind, weil sie entweder, in einer besonders geglückten Momentaufnahme, den jeweiligen Entwicklungsstand des Jazz auf höchstem Niveau repräsentieren oder aber einen stilistischen Wandel einleiten. Höhepunkte auf diesem Weg sind etwa Louis Armstrongs Hot-Five-Aufnahme des

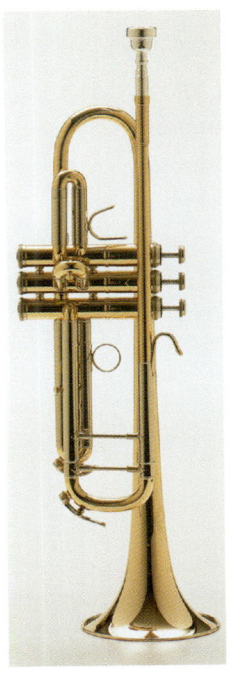

In der Jazzmusik löste die **Trompete mit Pumpventilen** seit etwa 1925 das Kornett als Soloinstrument ab. Im Jazz entwickelte sich eine besondere Technik des Dämpfens. Herausragende Spieler waren unter anderem Louis Armstrong, Miles Davis und Chet Baker.

Über den Eindruck, den Louis Armstrongs Spiel hinterließ, erzählte der Trompeter **Rex Stewart,** der 1926 Armstrongs Platz bei Henderson einnehmen sollte:

> *»Ich wurde verrückt, wie alle anderen auch. Ich versuchte, wie Louis zu gehen, wie Louis zu sprechen, wie Louis zu essen und wie Louis zu schlafen. Ich kaufte mir sogar ein Paar große Polizeischuhe, wie er sie immer trug, und stand vor seiner Wohnungstür und wartete darauf, dass er rauskam, damit ich ihn angucken konnte.«*

»Westend Blues« von 1928, für viele bis heute die wichtigste aller Jazzplatten, Coleman Hawkins »Body and Soul« von 1939 oder John Coltranes »Giant Steps« von 1959. Im »Modern Jazz« – die Langspielplatte aus Venyl hatte mittlerweile die alte Schellackplatte abgelöst – konnten dies mitunter auch ganze Alben sein, an der Schwelle zum Rockjazz zum Beispiel Miles Davis' »Bitches Brew« (1970).

»swing« the »Swing«

Neben Improvisation und spezifischer Tonbildung sehen viele Jazzforscher und Musiker vor allem in der rhythmischen Qualität des »swing« – nicht zu verwechseln mit dem Swingstil der Bigband-Ära der 1930er-Jahre – das entscheidende Merkmal, das den Jazz von anderer Musik, insbesondere der europäischen Kunstmusik, unterscheidet.

Auf den ersten Jazzplatten sind zentrale Elemente des Jazz allenfalls in Ansätzen zu hören. In der kollektiven Spielweise der ODJB gab es zwar die typische Hot-Intonation des New-Orleans-Jazz, aber noch keine Improvisationen, und der Rhythmus kommt eckig und steif daher, ohne das Moment des »swing«. Eine Wende deutet sich erst 1923 an, als nun vermehrt schwarze Bands in die Studios kamen, wegweisend vor allem die schon erwähnte Creole Jazz Band Joe »King« Olivers. Dabei zeigen die Aufnahmen der Oliver-Band, wie weit Armstrong damals bereits seinen Mitspielern voraus war. Während diese nach wie vor dem alten Ragtime-Rhythmus verhaftet sind, lässt Armstrongs Spielweise, sein exakt neben dem Ton einsetzendes Kornett, zunehmend mehr von jener spezifisch federnden Phrasierungsweise erkennen, die dann als »swing« für den Jazz insgesamt verbindlich wurde. Doch erst sein 13-monatiges Mitwirken im Henderson-Orchester, das ab Oktober 1924 auf Platte doku-

Auf der 1928 entstandenen Mitteltafel des Triptychons **»Großstadt«** (Stuttgart, Galerie der Stadt) zeigt Otto Dix das vergnügungssüchtige Bürgertum der 1920er-Jahre, das der Mode der Zeit entsprechend zu den Klängen einer Jazzband tanzt. In der grellen Farbigkeit und dem enthüllenden Detailrealismus spiegelt sich auch etwas von dem künstlerischen und gesellschaftlichen Stellenwert, den der Jazz damals noch vielfach hatte.

Seit den Sechzigerjahren wurden afrikanische und orientalische Einflüsse in den Jazz aufgenommen, etwa durch den Pianisten **Dave Brubeck** (hier bei einem Konzert mit Gerry Mulligan und Paul Desmond während der Berliner Jazztage 1972).

mentiert ist, sollte dem Jazz in dieser Hinsicht zum Durchbruch verhelfen.

Mit Hendersons Aufnahmen aus dieser Zeit liegen erstmals in der frühen Aufnahmegeschichte des Jazz über einen längeren Zeitraum hinweg eine Vielzahl von Einspielungen vor, anhand derer sich so etwas wie die stilistische Entwicklung einer Jazzband ablesen lässt. Hört man sich die Aufnahmen der Band vor und nach dem Eintritt Armstrongs an, dann sind die Veränderungen, die er in der Band bewirkte, auch heute noch nachvollziehbar. Die erste Session fand am 7. Oktober 1924 unter anderem mit »Go 'Long Mule« statt. Ihr folgten bis April 1925 rund zehn weitere Sessions. Schrittweise inspirierten nun Armstrongs Phrasierungen und Improvisationen auch andere Bandmitglieder wie den Klarinettisten Buster Bailey oder Coleman Hawkins, der nun allmählich gleichwertig wurde. Aber immer noch verharrte der Gesamtrhythmus in der Stakkatospielweise, wie man sie vom Ragtime her kannte.

Das sollte sich schlagartig ändern, als das Orchester am 29. Mai 1925 erneut ins Studio kam. Don Redman, der Chefarrangeur der Band, hatte von Armstrong mehrere Klavierstimmen mit Stücken Olivers erhalten, von denen er dessen »Dippermouth Blues« – »Dippermouth« war einer der vielen Spitznamen Armstrongs – für das Orchester umarrangierte, nun mit dem Titel »Sugar Foot Stomp«. Auf dieser Aufnahme scheint die Band plötzlich wie verwandelt. Die erste Jazzplatte mit einem sowohl solistisch wie in der Rhythmusgruppe durchgängigen homogenen »swing« war entstanden.

»Sugar Foot Stomp«: für Armstrong, der seinen Kollegen immer schon einen Fußbreit voraus war, vielleicht nur ein kleiner Schritt, allemal der erste große Hit für Henderson, aber ein wirklicher Meilenstein in der Entwicklung des Jazz hin zu einer eigenständigen Kunstmusik.

THOMAS WELKE

Thelonious Sphere Monk gehörte seit 1941 zur Musikergruppe in Minton's Playhouse in Harlem, die den Bebop entwickelte. Später trat er unter anderem mit Charlie Parker auf. Monk, der als Pianist über eine nur rudimentäre Technik verfügte, brachte harmonische Neuerungen (Dissonanzen) und urbane Blueselemente in den Modernjazz ein.

Die Antibiotika

Die Entwicklung von Antibiotika ließ die Hoffnung aufkommen, einige Krankheiten für immer ausrotten zu können.

Die Geschichte der Antibiotika ist im Grunde die der Einlösung eines großen Versprechens – allerdings einer verspäteten und nur unvollständigen. Im 19. Jahrhundert hatte man erkannt, dass bestimmte Mikroben bestimmte Krankheiten hervorrufen. Dieses Wissen über die bakteriellen Erreger der Pest, Cholera oder Tuberkulose ließ die Zeitgenossen glauben, dass es ein Leichtes sei, spezifische Medikamente gegen die gefürchteten Erreger zu finden. Idealerweise sollte ein solches Heilmittel nicht nur wirksam gegen die Krankheit sein, es sollte auch nur die Bakterien und nicht den Menschen schädigen. Tatsächlich blieb die Suche nach dieser »Zauberkugel« gegen Infektionskrankheiten, die in den 1890er-Jahren mit den Arbeiten Paul Ehrlichs begann, zunächst ohne größere Erfolge.

Synthetische Farbstoffe, die sich so gut zum Färben mikroskopischer Präparate geeignet hatten, schienen einen Königsweg zu bieten: Da einige von ihnen nur Bakterien, nicht jedoch Körpergewebe färben, versuchte man auf diesem Wege einen Wirkstoff gezielt an den Ort der Infektion zu transportieren. Man testete auch solche Farbstoffe selbst auf ihre pharmakologische Wirksamkeit. Die Resultate der Forschungen waren jedoch enttäuschend, die wenigen Mittel, die man fand, wie 1909 das Salvarsan gegen Syphilis, halfen nur bedingt und hatten zumeist schwere Nebenwirkungen. Dennoch führte diese Richtung der Forschung später zu bedeutenden Erfolgen: Gerhardt Domagks Entwicklung der Sulfonamide aus synthetischen Wollfärbemitteln ab 1932 war ein großer Schritt nach vorn. Damit wurde zum ersten Mal eine Substanz entwickelt, die spezifisch gegen eine Reihe von bakteriellen Infektionen wirkte. Domagk wies dies im Labor anhand von mit Streptokokken infizierten Mäusen nach. Dem 1935 erstmals verkauften Medikament Prontosil folgten eine Reihe verwandter Präparate, die zum Teil noch heute Gebrauch finden. Nach unserem Kenntnisstand zerstören Sulfonamide Bakterien zwar nicht, bremsen aber deren Vermehrung und erleichtern so dem körpereigenen Immunsystem die Arbeit.

Penicillin – Die neue Wunderwaffe

Der Durchbruch kam aus einer völlig anderen Richtung. Der schottische Bakteriologe Alexander Fleming experimentier-

Der Bakteriologe **Alexander Fleming** beobachtete 1928, dass der Schimmelpilz Penicillium notatum das Wachstum eines Staphylokokkenstamms hemmt. Die von Fleming entdeckte und Penicillin genannte Substanz konnte, nachdem 1940 Howard W. Florey und Ernest B. Chain ihre Isolierung gelungen war, weltweit zur Therapie bis dahin zumeist tödlich verlaufender Infektionen eingesetzt werden.

te 1928 mit Kulturen des Bakteriums Staphylococcus aureus, eines der Erreger der Lungenentzündung. An einer verunreinigten Kultur beobachtete er, dass ein bestimmter Pilz, den er als Penicillium notatum bestimmte, die Fähigkeit besaß, Bakterienkulturen aufzulösen. Dass diese Wirkung Bakterienzellen, und zwar nur diese betrifft, lässt sich heutzutage so erklären, dass die Absonderungen des Pilzes nur die primitiv aufgebauten Bakterienzellen angreifen können, während sie bei menschlichen Gewebezellen in der Regel keine Wirkung haben. Im Unterschied zur antibakteriellen Chemotherapie, die die Wirkung neuartiger, synthetischer Stoffe untersucht hatte, setzte Flemings Beobachtung also an einem natürlichen Prozess an. Der Antagonismus bestimmter Pilze und Bakterien war etwa von Louis Pasteur bei der Untersuchung von Friedhofserde 1877 bereits beobachtet worden.

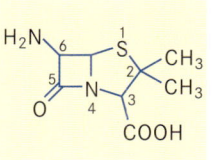

Chemische Formel
des **Penicillins**

Flemings Beobachtung wurde allerdings erst nach Domagks Erfolg mit den Sulfonamiden systematisch weiterentwickelt. Ab 1938 gelang es in Oxford dem Australier Howard Walter Florey und dem aus Deutschland emigrierten Ernest Boris Chain aus dem Pilzextrakt den Wirkstoff zu isolieren und in Tierversuchen erfolgreich zu erproben. Auf dieser Basis konnten schließlich amerikanische Pharmaunternehmen die vorher nur in winzigen Dosen zu gewinnende Substanz synthetisch in großen Mengen herstellen. Bereits im Zweiten Weltkrieg rettete sie zahlreiche alliierte Soldaten vor dem sicheren Tod durch Blutvergiftung. Als nicht minder nützlich erwies sich Penicillin gegen die im Militär weit verbreiteten Geschlechtskrankheiten wie die als Tripper bekannte Gonorrhö. Erst einige Jahre nach dem Krieg wurde das Mittel, das zunächst nur alliierten Soldaten und Prostituierten zur Verfügung gestanden hatte, in Deutschland allgemein verfügbar. In der Zwischenzeit versuchte man sich auf andere Weise zu helfen, etwa indem man Penicillin aus dem Urin damit behandelter Personen wiedergewann.

Es zeigte sich nicht nur, dass Penicillin selbst gegen eine ganze Reihe von Infektionen wirksam war, vor allem gelang es ab den 1940er-Jahren, in rascher Folge eine ganze Reihe von verwandten Wirkstoffen zu finden. Das Zeitalter der Antibiotika begann, und Krankheiten, die in der Vergangenheit fast einem Todesurteil gleichgekommen waren, schienen nun ihrerseits vom Aussterben bedroht: Blutvergiftung und Kindbettfieber, vordem fast mit Sicherheit tödliche Infektionen, waren jetzt aussichtsreich therapierbar. Lungenentzündung, eine Krankheit, die noch vor dem Zweiten Weltkrieg für über 80 % der Patienten den Tod bedeutete, wurde 1964 von ebenfalls über 80 % überlebt.

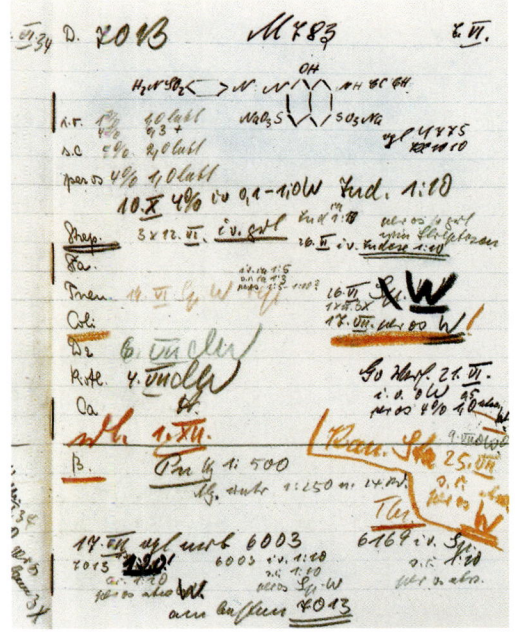

Auf einer **Seite im Laboratoriumsbuch** protokollierte Gerhard Domagk Versuche mit Sulfonamiden. Domagk entdeckte 1935 die antibakterielle Wirkung der Sulfonamide, die erst nach der Entwicklung wirksamerer und besser verträglicher Antibiotika in der Chemotherapie an Bedeutung verloren.

Neben dem Penicillin vielleicht das berühmteste Antibiotikum ist Streptomycin. Der von im Boden lebenden Pilzen produzierte Wirkstoff wurde 1943 in den USA von Selman A. Waksman und Mitarbeitern entdeckt. Er beendete in der westlichen Welt vorläufig die Karriere des größten Killers des 19. Jahrhunderts: der Tuberkulose. Diese Krankheit, die noch im 19. Jahrhundert die größte einzelne Todesursache in Mitteleuropa gewesen war, war zwar infolge verbesserter Lebensverhältnisse bereits auf dem Rückzug. Streptomycin konnte sie aber schließlich auf einen minimalen Prozentsatz zurückdrängen und machte die vorher üblichen Zeit raubenden Sanatoriumsaufenthalte überflüssig.

Macht und Ohnmacht

Die Euphorie über die Wunderwaffe erhielt jedoch schon bald einen Dämpfer. Es zeigte sich, dass die mit Antibiotika attackierten Bakterien nicht wehrlos waren. Vielmehr bewiesen sie eine ganz erstaunliche Fähigkeit, sich durch Mutation gegen immer mehr und neue Antibiotika zu schützen. Waren anfangs, um 1940, nur 1 % der Staphylokokken gegen Penicillin resistent, so sind es heutzutage 95 %. Durch den Einsatz immer neuer Antibiotika kam es zur Entwicklung multiresistenter Bakterienstämme, die gleich gegen mehrere Antibiotika unempfindlich sind. Gerade in Krankenhäusern entwickeln sich durch die dort intensive Bekämpfung mit

Schon 1945 warnte **Alexander Fleming** in einem Interview mit der New York Times:

> *»Die Folgen sind kaum auszudenken, wenn Patienten Antibiotika zur Selbstmedikation in die Hand bekommen und sie zu schwach dosieren. Statt dass man die Infektion ausmerzt, hat man dann penicillinresistente Erreger.«*

Flache, leicht gewölbte Glasschalen, so genannte **Petri-Schalen,** dienen der Aufnahme von Nährböden für Bakterienkulturen. In ihnen hatte auch Alexander Fleming während seiner Tätigkeit am bakteriologischen Labor im Saint Mary's Hospital in London Staphylokokkenkulturen gezüchtet, an denen er die Wirksamkeit des Penicillins nachweisen konnte.

antibakteriellen Maßnahmen gelegentlich Bakterienstämme von solch massiver Resistenz, dass manchmal nur noch ein Abriss des Gebäudes als Lösung bleibt. Um auf ein oben gewähltes Beispiel zurückzukommen, in den USA sind Stämme des Tuberkulosebakteriums Mycobacterium tuberculosis so widerstandsfähig gegen die derzeit verwendeten Antibiotika geworden, dass die Überlebenschancen für da-

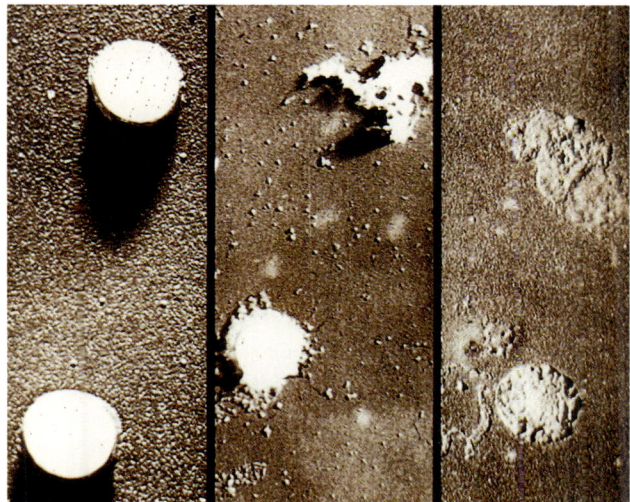

In der Bildfolge ist die **Zerstörung von Bakterien** durch ein Antibiotikum zu erkennen. Zwei Staphylokokken (links) sind nach 90 Minuten unter der Einwirkung des Antibiotikums Paraxin bereits angegriffen (Mitte) und nach 16 Stunden (rechts) fast vollständig zerstört.

ran erkrankte Patienten sich nicht wesentlich von denen vor der Einführung der Wundermittel unterscheiden. Zwar leisten Antibiotika immer noch gute Dienste, aber anstatt im Besitz einer Wunderwaffe gegen Seuchen zu sein, steht die Menschheit nun eher in einer Art Wettrüsten mit den Krankheitserregern.

Die Gründe dafür sind nicht zuletzt selbst verschuldet, sie liegen etwa in dem exzessiven Gebrauch von Breitbandpräparaten, die die Krankheitserreger gleich gegen mehrere Wirkstoffe abhärten. Sie liegen aber auch im sachfremden massenhaften Einsatz der Antibiotika in der industriellen Tierzucht. Schließlich sollte man bedenken, dass die Krankheitserreger in derlei Auseinandersetzungen gewissermaßen gut geübt sind: Mit den antibiotisch wirksamen Absonderungen bestimmter Pilze hatten sie sich schließlich schon auseinander zu setzen, bevor sich der Mensch diese zunutze zu machen verstand. Die rasante Entwicklung der Resistenzen bestimmter Bakterien ist also letztlich in der durch Menschen veränderten Ökologie von Bakterien und Pilzen begründet.

CHRISTOPH GRADMANN

In der Mikroskopaufnahme ist das aus dem Strahlenpilz Streptomyces erythreus gewonnene Antibiotikum **Erythromycin** zu sehen. Erythromycin wird besonders bei Penicillinallergie und gegen penicillinresistente Staphylokokken und Enterokokkenstämme verabreicht.

Der Weg zur Atombombe

Die Atombomben-abwürfe über Japan lösten einen Schock aus: Der Mensch ist in der Lage, die Erde unbewohnbar zu machen.

Am 22. Dezember 1938 erscheint in der Zeitschrift »Die Naturwissenschaften« ein Artikel der Wissenschaftler Otto Hahn und Friedrich Straßmann. Darin beschreiben sie ein sonderbares Phänomen, das bei der Bestrahlung von Uran mit Neutronen auftritt. Der Urankern scheint dabei in Elemente zu zerfallen, die ungefähr halb so schwer sind wie Uran. Kurz vor dem Absenden der Veröffentlichung teilt Hahn seiner nach Schweden emigrierten Mitarbeiterin Lise Meitner die möglichen Schlussfolgerungen der Berliner Arbeiten mit. Meitner und ihr Neffe Otto Robert Frisch interpretieren das »Zerplatzen des Kerns«. Im Atomkern werden die Neutronen und Protonen durch die starken Kernkräfte zusammengehalten. Diesen bindenden Kräften stehen abstoßende Kräfte gegenüber, die durch die positive Ladung der Protonen hervorgerufen werden. Uran ist das in der Natur vorkommende Element mit der größten Zahl von Protonen pro Kern. Hier ist die Grenze erreicht, bis zu der der Kern gerade noch stabil ist.

Beschießt man einen Urankern mit Neutronen, so regt man ihn zu so starken Schwingungen an, dass der Kern sich wie ein großer Wassertropfen einschnürt und in zwei etwa gleich große Stücke teilt. Meitner und Frisch nennen diesen Prozess »Kernspaltung«. Aus den Berechnungen der Wissenschaftler geht hervor, dass bei der Kernspaltung Energie freigesetzt wird, die hauptsächlich als Bewegungsenergie der beiden Spaltprodukte auftritt und sich bei deren Abbremsen in Wärme wandelt.

Im Februar 1939 erscheinen zwei weitere entscheidende Veröffentlichungen. Meitner und Frisch berechnen, dass nur das im natürlichen Uran zu 0,7 % enthaltene Uranisotop mit der Massenzahl 235 für die Spaltung infrage kommen kann. Hahn und Straßmann vermuten, dass bei der Uranspaltung nicht nur ein Neutron verbraucht, das heißt absorbiert wird, sondern dass beim Spaltvorgang auch freie Neutronen entstehen könnten. Weltweit erkennen eine Reihe von Physikern das enorme Potenzial einer möglichen Kettenreaktion, die durch die Spaltung des Urans ausgelöst würde. Anfang 1939 unternimmt der ungarische Physiker Leo Szilard den Versuch, bei seinen Kollegen, die in den USA und in Frankreich am Problem der Kettenreaktion arbeiten,

Otto Hahn befasste sich ab 1904 mit Untersuchungen radioaktiver Stoffe. 1938 entdeckte Hahn nach Vorarbeiten mit Lise Meitner – in Zusammenarbeit mit Fritz Strassmann – die Spaltung von Urankernen bei Neutronenbestrahlung. Für diese Entdeckung wurde ihm nach Kriegsende der Nobelpreis für Chemie des Jahres 1944 verliehen. Seine Haltung gegenüber der Kernenergie war nach dem Zweiten Weltkrieg skeptisch.

Um den Widerstandswillen der japanischen Führung und ihrer Streitkräfte endgültig zu brechen, befahl der amerikanische Präsident Harry Truman den Atombombenabwurf auf **Hiroshima,** bei dem am 6. August 1945 um 8.15 Uhr Ortszeit zwei Drittel der Stadt zerstört wurden. Die Angaben über die Zahl der unter der unmittelbaren Wirkung der Bombe getöteten Menschen schwankt zwischen 90 000 und 200 000.

eine freiwillige Selbstzensur bezüglich weiterer Veröffentlichungen zu erreichen. Er will verhindern, dass diese Erkenntnisse dem Deutschen Reich zur Entwicklung einer Atomwaffe verhelfen. Obwohl eine Reihe von Wissenschaftlern seinem Anliegen zustimmen, scheitert Szilard, denn im April 1939 füllt eine Pariser Forschergruppe um Jean Frédéric Joliot-Curie eine entscheidende Lücke im Grundlagenwissen der Uranspaltung: Bei der Spaltung des Kerns entstehen im Mittel mehr als zwei Neutronen – eine Kettenreaktion ist folglich möglich!

Streng geheim: Die Entwicklung der Bombe

Getrieben durch die Angst, das Deutsche Reich könne eine Atombombe entwickeln, entwerfen die aus Deutschland in die USA emigrierten Wissenschaftler Szilard und Wigner 1939 einen warnenden Brief an den Präsidenten Roosevelt. Um dem Brief mehr Gewicht zu verleihen, bewegen sie Albert Einstein dazu, ihn zu unterschreiben. Dieses historische Dokument wird im Oktober 1939 Roosevelt vorgelegt. Als Folge wird ein Beratendes Komitee über Uran gebildet und im Juni 1940 wird die Uranforschung zentral im Nationalen Komitee für Verteidigungsforschung organisiert. Im Ausland geborene Wissenschaftler, also auch die Anreger des Programms, werden vorerst aus Sicherheitserwägungen ausgeschlossen. Im darauf folgenden Jahr steigt die Angst vor Hitlers Bombe, denn auch britische Wissenschaftler zeigen sich beunruhigt über die deutschen Arbeiten auf dem Gebiet der Uranforschung. Im »Uranverein« befassen sich eine Reihe prominenter Wissenschaftler mit Aspekten wie der Trennung des spaltbaren Urans 235 vom natürlichen Uran oder der Möglichkeit einer kontrollierten Kettenreaktion in einem Kernreaktor.

Im September 1942 beginnt in den USA eines der größten militärisch-wissenschaftlichen Geheimprojekte der Geschichte unter dem Namen Manhattan Engineer District, auch Manhattan-Projekt genannt. Erklärtes Ziel ist die Ent-

Otto Hahn und **Fritz Straßmann** waren in ihrem bahnbrechenden Artikel von 1938 noch skeptisch:

> *»Nun aber müssen wir auf einige neuere Untersuchungen zu sprechen kommen, die wir der seltsamen Ergebnisse wegen nur zögernd veröffentlichen ... Als der Physik in gewisser Weise nahe stehende Kernchemiker können wir uns zu diesem, allen bisherigen Erfahrungen widersprechenden Sprung noch nicht entschließen.«*

Auf **Kernwaffentests in der Atmosphäre** wird nach verschiedenen Teststoppabkommen inzwischen verzichtet. Seit 1963 führten die USA, die UdSSR und Großbritannien, seit 1975 Frankreich und seit 1980 auch die Volksrepublik China nur noch unterirdische Explosionen durch.

wicklung der ersten Kernspaltungsbombe. Das Projekt ist straff organisiert, an vielen Orten der USA arbeiten heimische und emigrierte Wissenschaftler und Techniker daran, doch obwohl zeitweise über 150 000 Menschen direkt und indirekt am Projekt beteiligt sind, kennen nur etwa 100 Eingeweihte das wahre Ziel. Bereits im Dezember 1942 wird unter der Leitung des Physikers Enrico Fermi der erste Kernreaktor in Chicago erprobt. Es handelt sich um einen primitiven Aufbau aus aufgeschichteten Kanistern mit Uranpulver und Graphitblöcken. Die Leistung des Reaktors lässt sich durch Herausziehen und Wiedereinschieben von Kadmiumstäben steuern. Über 2000 km von Chicago entfernt, in Los Alamos im Staat New Mexico, leitet Robert Oppenheimer das Waffenlabor. Inmitten einer idyllischen Einöde arbeiten hier einige der besten Physiker und Chemiker der Welt an der Bombe.

Das Prinzip der Spaltungsbombe wurde bereits 1941 von britischen Forschern beschrieben: Vereint man durch eine konventionelle Explosion schlagartig zwei Blöcke aus spaltbarem Uran 235 zu einer »kritischen Masse«, so wird eine Kettenreaktion ausgelöst. Zuerst wird ein einzelner Urankern gespalten, doch durch die frei werdenden Neutronen werden im Folgenden weitere Kerne gespalten, die wiederum weitere Neutronen freisetzen. Bei diesem rasch ablaufenden Prozess wird mit jeder Spaltung auch ein winziger Bruchteil an Energie frei, die sich jedoch durch die wachsende Zahl der Spaltungen rasant summiert. Rein rechnerisch ergibt sich aus der vollständigen Spaltung von nur 500 g U 235 eine Sprengkraft, die der Explosion einer chemischen Bombe von 10 000 Tonnen TNT entspricht. Ein Problem bestand im Aufbau der Bombe, die nach der Zündung nicht »zu früh« auseinander fliegen durfte. So wurde während des Manhatten-Projekts in zahlreichen Versuchen die genaue Geometrie ermittelt und eine für die damalige Zeit hochpräzise Zündelektronik entwickelt.

Im November 1952 wurde die erste amerikanische **Wasserstoffbombe** auf Elugelab (Eniwetok-Atoll) gezündet. Das Foto zeigt den Pilz einer späteren Wasserstoffbombenexplosion.

In den ersten Jahren nach dem Ende des Zweiten Weltkriegs verfügten die USA über ein uneingeschränktes Kernwaffenmonopol. In den Kreis der Staaten, die **Kernwaffen** besitzen, reihten sich 1949 die Sowjetunion und 1952 Großbritannien ein. Nach den ersten Meldungen über die Explosion der ersten französischen Atombombe am 13. Februar 1960 in der Sahara stauten sich in Paris die Menschen vor den Zeitungsverkaufsständen.

Schon Ende 1944 ist den USA bekannt, dass die anfänglichen Ängste vor einer deutschen Atombombengefahr grundlos waren. Im April 1945 stoßen die alliierten Truppen auf die Reaktorversuchsanlage in Haigerloch, in der Nähe von Tübingen. Spätestens zu diesem Zeitpunkt steht unmissverständlich fest, dass das deutsche Atombombenprogramm erfolglos geblieben war. Dennoch laufen die Arbeiten an der Bombe weiter.

Drei Zündungen verändern die Welt

Kurz vor Sonnenaufgang, am Morgen des 16. Juli 1945, wird in der Wüste von New Mexico die erste Atombombe gezündet. Der Test trägt den Namen »Trinity«. Die Sprengkraft dieser neuartigen Waffe übersteigt alle Abschätzungen der Wissenschaftler.

Hiroshima war eine japanische Kleinstadt, die bis zum Morgen des 6. August 1945 von größeren Kriegsangriffen verschont geblieben war. Um 8.15 Uhr überfliegt ein einzelner B-29-Bomber die Stadt. In einer Höhe von 580 Metern zündet die A-Bombe und vernichtet zwei Drittel der Stadt. Schätzungsweise bis zu 200 000 Menschen sterben in den ersten Tagen. Am 9. August zerstört eine weitere Bombe die Stadt Nagasaki. Nie zuvor in der gesamten Menschheitsgeschichte waren so viele Menschen durch die Wirkung einer einzigen »Waffe« zu Tode gekommen. Hiroshima und Nagasaki zählen bis heute wohl zu den dunkelsten Meilensteinen der Menschheit.

RANGA YOGESHWAR

Das Russel-Einstein-Manifest vom 9. Juli 1955 war der Auslöser für die erste Pugwash-Konferenz zwei Jahre später; es schließt mit der Aufforderung an alle Wissenschaftler, den folgenden Aufruf zu unterschreiben:

»Angesichts der Tatsache, dass in einem zukünftigen Weltkrieg mit Sicherheit Nuklearwaffen zum Einsatz kommen würden und dass solche Waffen das Weiterbestehen der Menschheit gefährden, mahnen wir die Regierungen der Welt zu erkennen und öffentlich anzuerkennen, dass ein Weltkrieg ihren Zwecken nicht dienen könnte.«

Belebte Maschine?

Zunächst kam er nur in Forschungslabors, dann in jedem Büro zum Einsatz – heute ist der Computer dabei, auch unsere Freizeit zu erobern.

Der Computer

Der Computer fiel selbstverständlich nicht vom Himmel, sondern ist das Produkt einer langen Entwicklung von den frühesten Automaten über mechanische Rechenhilfen, Lochkartengeräte für Weberei und Volkszählung, Telefonvermittlung und Radartechnik, mit der die Millionstelsekunde greifbar wurde, bis zur Mikroelektronik. Und seine Entwicklung setzte Kenntnisse der Mathematik und Logik, der Programmier- und Organisationskunst voraus, Kenntnisse, die bei seinem Erscheinen bereits vorbereitet waren.

Der Gedanke, den mechanischen Tischrechner nicht nur mit einem elektrischen Antriebsmotor zu versehen, sondern in elektrische und elektronische Schaltkreise zu übersetzen, hätte jedem einschlägigen Ingenieur schon in den 30er-Jahren kommen können. Es bedurfte aber der Vision und Kleinarbeit eines Genies sowie der Durchhaltekraft bis zum Erfolg, um den Computer zu realisieren. Die markanten Ereignisse waren das Modell Z3 von Konrad Zuse 1941 in Deutschland, die von George R. Stibitz 1944 und von Howard H. Aiken 1944 in den USA und des Elektronischen Laboratoriums ETL in Japan 1952, die der Relaislösung den Erfolg bescheinigten. Der Computer ENIAC von J. Presper Eckert und John W. Mauchly in Philadelphia 1946 und der Atanasoff-Berry-Computer an der Universität in Iowa schon von 1942 sind Meilensteine für den Röhrencomputer, später die Maschinen in Princeton, die an vielen amerikanischen Universitäten nachgebaut wurden, oder das Spektrum der IBM-Rechner. Gerade zur rechten Zeit erfanden 1947 John Bardeen, Walter Brattain und William Shockley in den Bell-Laboratorien den Transistor, eigentlich für ganz andere Zwecke, und sofort kam die Halbleitertechnik beim Computer zum Durchbruch. Der geistige Pate des elektronischen Rechnens in den USA war der Mathematiker John von Neumann, ein geborener Ungar, der mit seinem hochkarätigen Namen dem technischen Durchbruch wissenschaftliches Gewicht verschaffte.

Von den Anfängen um 1950 hat sich der »rechnende Riese« Computer in einem halben Jahrhundert zum Allerweltsgebrauchsgegenstand entwickelt, sodass es heute bereits mehr Computer als Autos gibt. Die Bedeutung der Informationstechnik, der Zusammenfassung von Com-

Der 1946 von J. Presper Eckert und John W. Mauchly gebaute Electronic Numerical Integrator and Calculator, kurz **ENIAC** genannt, war eine Rechenanlage von gewaltigen Ausmaßen. Sie bedeckte eine Fläche von 140 m², besaß mehr als 18 000 Elektronenröhren und 1500 Relais und nahm 150 kW Leistung auf. Die gesamte Anlage wog mehr als 30 Tonnen. Die Abbildung zeigt eine Einheit der verwendeten Elektronenröhren.

Das Cockpit des **Airbus A3** steckt voller Informationstechnik. Der Computer hat die Funktion als reine Rechenmaschine längst überwunden und mittlerweile alle technischen Bereiche durchdrungen.

puter- und Nachrichtentechnik, kann dabei noch gar nicht ermessen werden. Der Computer ist Rechenmaschine nur mehr im Nebenberuf, ganze Berufsfelder sind in der Informationstechnik aufgegangen: Buchhaltung und Inventarisierung, Buchdruck und Fototechnik, Brief- und Telefonverbindung, Musik und Malerei sind entweder bereits Teilfelder oder werden es in Kürze sein. Dazu kommen die vielen Technikbereiche, welche Computerbauteile und -vorgangsweisen als Hilfsfunktionen anwenden, sodass das Auto zum Computer auf Rädern und das Flugzeug zum Computer mit Flügeln wird.

Das Innenleben der Computer

Die Leistung allein der Mikroelektronik ist unvorstellbar und kann von keinem anderen Gebiet der Technik auch nur annähernd erreicht werden. Die wesentlichen Parameter der Schaltkreistechnik, der so genannten Hardware, werden alle 20 Jahre um den Faktor 1 000 verbessert, und es ist bereits die dritte 20-Jahre-Periode im Gang. Auch die Verlässlichkeit ist im gleichen Maß gewachsen. 1964, bei der ersten Computerfamilie von IBM, waren auf einem Chip vier Transistoren. Nach unserer Formel wären heute 4 Millionen Transistoren auf einem Chip zu erwarten – wir haben Hunderte Millionen erreicht. Da die Elektronik dem Wachstum und der Parameterverbesserung aber gewisse Grenzen setzt, muss nach anderen Techniken gesucht werden. Beim Computer wird das die Lichtsignaltechnik sein, die bereits begonnen hat. Sobald sie alle Funktionen der Elektronik abzulösen imstande ist, steht der Parameterverbesserung um eine weitere Milliarde nichts im Wege. Man braucht nur immer mehr Physik und fähige Ingenieure.

Beim digitalen Computer werden alle elektronischen Prozesse durch die Werte 0 oder 1 dargestellt, die so genannten Bits. Mit diesen Bit-Kombinationen kann man nicht nur dezimale Ziffern und alle Buchstaben darstellen, sondern alle

Dem **Chip,** einem dünnen Halbleiterplättchen als Träger mikroelektronischer Schaltungen, kommt eine Schlüsselfunktion in der Computertechnik zu. Chips mit integrierten Schaltungen werden vor allem als Datenspeicher oder als Steuer- und Rechenaufgaben ausführende Mikroprozessoren verwendet.

Im Rückblick erscheint der britische Mathematiker Alan Turing als der theoretische Vater des Computers. Bereits 1936 erschien die Arbeit, in der er die logische Struktur beschreibt, die ein Computer unabhängig von seiner materiellen Verwirklichung haben müsste. Dieses universelle Konzept einer Turing-Maschine wurde zur Grundlage für die theoretische Informatik.

Zeichen und auch Bilder und Töne. Die Beschränkung auf das Bit hat zwei sehr verschiedene Wurzeln. Der Computer ist auf die Aussagenlogik mit ihren Wahrheitswerten »wahr« (1) oder »falsch« (0) und ihre Verknüpfungen Negation (»0 und 1 vertauschen«), Konjunktion (»und«) und Disjunktion (»oder«) aufgebaut. Die andere Wurzel ist der optimale Störungsschutz der Impulstechnik, der Technik der kurzen Stromstöße: So lange die Störung nicht so groß ist, dass anstelle des einen Wahrheitswertes der andere entsteht, kann die Störung restlos entfernt werden; das ist die Quelle der ungeheuren Verlässlichkeit der Computerschaltkreise. Die künstliche Auflösung in 0 und 1, die Digitalisierung, ist präziser und sicherer als die natürliche Direktabbildung, die analoge Vorgehensweise. Daher wird immer mehr digitalisiert.

Der Computer – Hilfe oder Konkurrenz des Menschen?

Genau definiert, bedeutet »künstliche Intelligenz« die automatische Ausführung von Aufgaben, die ohne Computer menschliche Intelligenz erfordern. Unter diese Definition fällt bereits das Addieren. Im engeren Sinne sind Programme gemeint, die jenseits der Berechnung liegen, wie die Bestimmung von Schachzügen oder Verfahren, die ein Experte anwenden würde, zum Beispiel bei medizinischen Expertensystemen oder bei der Suche nach günstigen Erdölbohrstellen, über die Berechnung hinaus. Das Wort Intelligenz verleitet aber dazu, die Produkte der menschlichen Intelligenz – nämlich die geschriebenen Programme – mit der Intelligenz selbst zu verwechseln.

Was im Computer geschieht, und zwar ausschließlich, ist die Ausführung von wohldefinierten Maschinenbefehlen, welche durch die digitale Technik felsenfest auf der Aussagenlogik beruhen. Da diese Befehle aber zu weit von der üblichen mathematischen Notation, der Algebra, entfernt sind, hat man Programmiersprachen geschaffen, sodass man nahe der üblichen Schreibweise bleiben kann und ein spezielles Computerprogramm – der Übersetzer oder Compiler – diese Notation in Maschinenbefehle verwandelt. Später wurden dann die organisatorischen Probleme bei den Rechenabläufen so kompliziert, dass man Betriebssysteme entwarf, welche die Organisation unter Kontrolle halten. Darüber hinaus sind schließlich Anwendungsprogrammsysteme geschaffen worden, die allmählich die gesamte Arbeitswelt erfasst haben. Die Anwendungen begannen mit der Berechnung, mit numerischen Problemen, für die reine Mathematik wie für Physik und Technik; diesen stehen die kommerziellen Probleme gegenüber, die Aufgaben der Buchführung oder In-

ventarisierung. In Verbindung mit Mess- und Steuereinrich-
tungen liegt die industrielle Computeranwendung in der
Automatisierung, zum Beispiel für eine Walzwerksteue-
rung, und in diesem Zusammenhang kann dann die zugehö-
rige Lagerplatzverwaltung eine bedeutende Rationalisierung ergeben. Zusammenfassend ist festzuhalten, dass die
Stärke des Computers die direkte oder versteckte Routine
ist, die Ausnützung hoher Wiederholungs- und Benut-
zungszahlen. Darüber hinaus bringt die Computeranwendung eine Normierung hervor, deren Vorteile genutzt und
deren Nachteile vermieden werden sollten.

Der Computer ist das mächtigste Werkzeug, das sich die
Menschheit je geschaffen hat. Er stellt aber Ansprüche an
den Menschen, deren Erfüllung Arbeit erfordert, beginnend
mit Wissen und Intelligenz über Ausdauer und Disziplin bis
zu entmutigendem Zeitaufwand. Der Computer ist kein

Das mit Datenverarbeitungssystemen
ausgestattete oder an ein Datennetz
angeschlossene **Rechenzentrum** verarbeitet umfangreiche Datenmengen.
Hoch qualifizierte Arbeitsplätze für
Programmierer und Informatiker sind
durch die Einrichtung solcher Rechen-
zentren in Industrie und Verwaltung
geschaffen worden.

Dschinn, dem man in der Alltagssprache kurz Aufträge
erteilt, die er dann gratis und mühelos erfüllt. Er ist ein
Werkzeug, das man zu beherrschen lernen muss. Alle anders
lautenden Aussagen sind schlicht irrtümlich. Natürlich
übertrifft der Computer den Menschen an Schnelligkeit, wie
ein Kran ihn an Hebekraft übertrifft. Aber so wenig wie
die Kräne einen Hausbau unter sich ausmachen können, so
wenig können die Computer ein Handelsunternehmen untereinander ausmachen. Und Verantwortung lässt sich nicht
in einer Programmiersprache ausdrücken. Dass der Computer den Menschen schlechthin ersetzen oder ablösen könnte,
bleibt Fantasie.

HEINZ ZEMANEK

»Holocaust« oder
»Schoah« – Bezeich-
nungen für den
organisierten Mord
an Millionen
Männern, Frauen
und Kindern.

Die Vernichtung der europäischen Juden

Am 20. Januar 1942 fand in der Villa Am Großen Wannsee 56–58 eine Konferenz statt, auf der die praktische Umsetzung und Koordination der »Endlösung der Judenfrage« besprochen wurde. Eingeladen hatte der Leiter des Reichssicherheitshauptamts (RSHA), Reinhard Heydrich. Anwesend waren neben den Staatssekretären der wichtigsten Reichsministerien und hohen Ministerialbeamten Funktionäre des nationalsozialistischen Regimes, darunter Gestapochef Heinrich Müller, Otto Hoffmann vom Rasse- und Siedlungshauptamt (RuSHA), Eberhard Schöngart, der Befehlshaber der Sicherheitspolizei und des Sicherheitsdienstes (SD) im Generalgouvernement, dem von der Wehrmacht besetzten Polen, sowie Heydrichs »Judenreferent« Adolf Eichmann, der Hauptverantwortliche bei der Organisation der Endlösung.

Konferenzthema: die »Endlösung« der Judenfrage

Zu Beginn der Wannseekonferenz erklärte Heydrich, er sei durch Hermann Göring bevollmächtigt, die »Endlösung der Judenfrage« zu koordinieren, ohne Rücksicht auf geographische Grenzen. Nach einem kurzen Überblick über die bisherige Auswanderungspolitik, den er mit dem von Adolf Eichmann zusammengestellten Zahlenmaterial unterlegte, gab er bekannt, dass anstelle der bisher praktizierten Auswanderung nunmehr nach entsprechender vorheriger Genehmigung durch den Führer die Evakuierung der Juden nach dem Osten treten solle. Insgesamt sollten elf Millionen europäischer Juden, darunter auch die englischen und irischen Juden, in den Osten deportiert und zur Arbeit eingesetzt werden. Man werde sie, so Heydrich, »in großen Arbeitskolonnen ... Straßen bauend in diese Gebiete führen, wobei ein Großteil durch natürliche Verminderung ausfallen wird«. Der »Restbestand«, so Heydrich weiter, werde »entsprechend behandelt werden müssen«, da dieser sonst, wie die Geschichte beweise, »als Keimzelle eines neuen jüdischen Aufbaues anzusprechen« sei.

Was mit der Formulierung »entsprechend behandelt« bezweckt war, wurde von Heydrich nicht näher erläutert. Jedem der Anwesenden dürfte jedoch klar gewesen sein, was damit gemeint war. Die Formulierung entsprach der übli-

Unmittelbar nach der »Machtergreifung« der Nationalsozialisten mussten die deutschen Juden Erniedrigungen und Repressionen erleiden. Bei den Terroraktionen der **»Reichspogromnacht«** vom 9. zum 10. 11. 1938 wurden Synagogen in Brand gesteckt, Geschäfte und Wohnungen jüdischer Mitbürger demoliert, Menschen verprügelt, verschleppt, ermordet.

Im April und Mai 1943 erhoben sich etwa 60 000 Juden im Warschauer Getto gegen die deutschen Behörden, die das Getto aufzulösen beabsichtigten. Nach der Niederschlagung des **Warschauer Aufstands** wurden die Bewohner des Gettos von Soldaten zum Abtransport in das Vernichtungslager Treblinka zusammengetrieben.

chen Sprachregelung der Einsatzgruppenberichte. Vorgesehen war, das war unmissverständlich, die Tötung aller Juden in Europa. Widerspruch gab es bei den Anwesenden nicht, eher wurde Zustimmung signalisiert. Unterstaatssekretär Martin Luther zum Beispiel gab zu verstehen, dass es seitens des Auswärtigen Amts keine Einwendungen gebe. Und der Vertreter des Generalgouvernements, Staatssekretär Josef Bühler, bat sogar, mit der »Endlösung« im Generalgouvernement zu beginnen, da es dort, so seine Argumente, keine Transportprobleme gebe und die meisten Juden schon arbeitsunfähig seien. Im folgenden Gespräch erläuterte Heydrich die Probleme der vorgesehenen »Endlösung«. Zum einen schlug er die Errichtung eines »Altersgettos« vor, zum anderen die Entsendung von Beratern in die von der Wehrmacht besetzten Länder, die bei den Vorbereitungen zur »Endlösung« helfen sollten. Bei der Erörterung der Frage, wie mit den »Mischehen« umgegangen werden sollte, gab es jedoch unterschiedliche Positionen. Heydrich wollte die »Halbjuden« deportieren, jedoch »Vierteljuden« wie Deutsche respektive wie »Arier« behandeln, vorausgesetzt, sie seien nicht von auffällig »jüdischem« Benehmen. Wilhelm Stuckart wiederum, der am Entwurf der Nürnberger Gesetze von 1935 wesentlich beteiligt war und mit Adenauers späterem Staatssekretär Hans Globke 1936 einen maßgeblichen Kommentar zur deutschen Rassen-Gesetzgebung verfasst hatte, plädierte für Zwangsscheidungen und zog die Zwangssterilisation der »Halbjuden« ihrer Deportation vor. Es ist heute unbestritten, dass die Wannseekonferenz dazu gedient hat, die Maßnahmen der beteiligten Dienststellen zu koordinieren, die außerhalb Heydrichs Machtbereich lagen. Die Teilnehmer der Konferenz wussten, dass die systematische Ermordung von Juden aus dem Reichsgebiet bereits im November 1941 eingesetzt und die Vorbereitungen zum Aufbau der Vernichtungslager Chełmno (Culm, im Warthegau) und Bełżec (im Generalgouvernement) begonnen hatten. Die Teilnehmer der Konferenz am Wannsee wa-

n der **Reichspogromnacht** wurden am 9. November 1938 im gesamten Reichsgebiet Synagogen in Brand gesteckt. Ein Fernschreiben des Geheimen Staatspolizeiamts, Amt II, an alle Staatspolizeileitstellen kündigte am selben Tag die Aktionen an:

»Es werden in kürzester Frist in ganz Deutschland Aktionen gegen Juden, insbesonders gegen deren Synagogen stattfinden. Sie sind nicht zu stören. Jedoch ist im Benehmen mit der Ordnungspolizei sicherzustellen, dass Plünderungen und sonstige besondere Ausschreitungen unterbunden werden können.«

ren sich darüber klar, dass sie von Heydrich nicht deshalb eingeladen worden waren, um über das Ob, sondern über das Wie der »Endlösung« zu sprechen. In seinem Prozess in Jerusalem erklärte Adolf Eichmann, der einst Zuständige für die zentrale Lenkung des Deportationsprozesses, dass auf der Konferenz die verschiedenen Arten der »Lösungsmöglichkeiten«, sprich: der Vernichtungsmethoden, ganz offen besprochen wurden.

Gab Hitler den Befehl?

Strittig ist, ob es einen Führerbefehl zur Vernichtung der europäischen Juden gegeben hat. Dass es eines solchen Befehls bedurfte, um die Mordmaschinerie in Gang zu setzten, erscheint angesichts der zentralen Rolle Adolf Hitlers im nationalsozialistischen Staat zwingend notwendig. Ein schriftlicher Befehl Hitlers liegt jedoch nicht vor. Bei den Historikern hat sich deshalb zunehmend die Ansicht durchgesetzt, dass Hitler im Sommer 1941 über verschiedene Befehlsstränge mündliche Anweisungen gegeben hat, das Vernichtungsprogramm in Gang zu bringen – dass Hitler nicht gewusst haben soll, was in Auschwitz, Bełżec, Culm (Chełmno), Lublin-Majdanek, Sobibór und Treblinka geschah, ist höchst unwahrscheinlich. Behauptungen dieser Art widersprechen auch Hitlers eigenen Aussagen. In seiner berühmt-berüchtigten Rede am 30. Januar 1939 hatte er bereits angekündigt, was er mit den Juden zu tun gedenke: »Wenn es dem internationalen Finanzjudentum in und außerhalb Europas gelingen sollte, die Völker noch einmal in einen Weltkrieg zu stürzen, dann wird das Ergebnis nicht die Bolschewisierung der Erde und damit der Sieg des Judentums sein, sondern die Vernichtung der jüdischen Rasse in Europa.«

Selbst wenn Hitler keinen schriftlichen Befehl gegeben hat, dürfte das Vorgehen zwischen Himmler und Hitler abgestimmt gewesen sein. Dafür spricht unter anderem eine Vollmacht, die Adolf Eichmann auf Geheiß Heydrichs aufgesetzt und Göring am 31. Juli 1941 unterzeichnet hatte. In

Das Konzentrationslager Auschwitz wurde 1941 zu einem Vernichtungslager, in dem bis zur Besetzung des Lagers durch sowjetische Truppen im Januar 1945 vor allem Juden in einer Millionenzahl ermordet wurden. Nach Ankunft der Eisenbahntransporte begann auf der **Rampe des Lagers Auschwitz-Birkenau** die Selektion der Menschen: Die Arbeitsfähigen wurden in ein Arbeitslager gebracht, alle anderen, zumeist Greise, Frauen und Kinder, mussten sofort den Weg in die Gaskammern antreten.

Gaskammer mit Verbrennungsöfen im
Konzentrationslager Auschwitz (heutiger
Zustand)

dieser Vollmacht, in sorgfältiger Bürokratensprache abgefasst, beauftragte Göring den Chef der Sicherheitspolizei
und des Sicherheitsdienstes mit umfassenden Vorbereitungen zur »Gesamtlösung der Judenfrage«. Der Jerusalemer
Historiker Yehuda Bauer plädiert dafür, diese Vollmacht als
»Version des Führerbefehls« anzusehen.

Fest steht, dass mit der Wannseekonferenz ein Prozess
äußerster Radikalisierung einsetzte. Wenn zunächst noch
Tötung durch Erschießen die Regel war, setzten zu Beginn
des Jahres 1942 zunehmend in den Mordverfahren Massen-
tötungen mittels Giftgas ein. Sechs Vernichtungszentren,
die sich auf polnischem Boden befanden, waren die Sam-
melpunkte für Tausende von Transporten mit deportierten
Juden von überall her. Innerhalb von drei Jahren betrug die
Gesamtzahl der dorthin verschickten Juden fast drei Millionen. Im Herbst 1942 wurde in Auschwitz im Lagerteil Birke-
nau mit dem Bau von »Krematorien« begonnen, die sowohl
Gaskammer wie Leichenverbrennungsanlage enthielten.
Der Tötungsablauf sah dann so aus, dass die durch Eichmann nach Auschwitz gelenkten Judentransporte zunächst
auf der ›Rampe‹ selektiert wurden. Die für arbeitsfähig erklärten Juden wurden von der Vernichtung ausgenommen,
während die anderen ins Gas geführt wurden – Männer,
Frauen und Kinder.

Insgesamt sind in den Jahren 1941–45 rund fünf bis sechs
Millionen europäischer Juden den systematischen Mord-
aktionen des nationalsozialistischen Regimes zum Opfer
gefallen. Die Historiker sind sich heute darin einig, dass es
sich dabei nicht nur um einen »brachialen Gewaltakt« (Raul
Hilberg) handelte, sondern um den ersten vollendeten Ver-
nichtungsprozess der Weltgeschichte. »Holocaust« oder
neuhebräisch »Schoah« ist deshalb die Bezeichnung, die sich
in den letzten Jahrzehnten für den Vorgang der Verfolgung
und Ermordung der europäischen Juden in den Geschichts-
büchern eingebürgert hat.

JULIUS H. SCHOEPS

Adolf Eichmann, der Verantwortliche für die
Deportationen in die Vernichtungslager, wurde
1961 in Jerusalem zum Tode verurteilt. Vor den
Richtern sprach er auch über die Wannseekonferenz:

> *»Ich weiß, dass die Herren*
> *beisammen gestanden und*
> *beisammen gesessen sind, und*
> *da haben sie eben in sehr*
> *unverblümten Worten ... die*
> *Sache genannt – ohne sie zu*
> *kleiden ... Sie sprachen über*
> *Tötungsmethoden, über Liqui-*
> *dierung, über Vernichtung.«*

*Könnten Kriege
verhindert und
Spannungen abgebaut
werden, wenn die
Menschheit ein Volk
mit einer Regierung
wäre?*

Die UNO

Das **Emblem der
Vereinten Nationen**
ist eine von zwei
gekreuzten Oliven-
zweigen umrahmte
Projektion der Erde.

Mit der Gründung der Vereinten Nationen am 26. Juni 1945 in San Francisco hat die Menschheit einen besonders wichtigen Meilenstein errichtet: Sie verbot den Krieg. Ein Traum wurde Wirklichkeit. In Artikel 2, Absatz 4 der Charta der Vereinten Nationen verpflichten sich alle Staaten völkerrechtlich verbindlich, auf die Androhung oder Anwendung der Gewalt als Mittel der Politik zu verzichten. Sie wollen damit die »kommenden Generationen vor der Geißel des Kriegs bewahren«.

Die Gründung der Vereinten Nationen war kein Werk von Utopisten oder Pazifisten, sondern eine durchdachte Strategie hartgesottener Realpolitiker wie des amerikanischen Präsidenten Franklin D. Roosevelt und des britischen Premierministers Winston Churchill. Sie hatten sich dazu schon in ihrer Atlantik-Charta von 1941 verabredet. Die Gründung der Weltorganisation war auch kein Schnellschuss. Nach dem Ersten Weltkrieg schon war der Vorläufer, der Völkerbund, gegründet worden. Er schränkte das Recht auf den Krieg, jenen wichtigsten Bestandteil staatlicher Souveränität, nur ein, hob es nicht auf. Das versuchte dann erstmals der Kriegsächtungspakt, der Kellogg-Pakt, von 1928, aber nur auf freiwilliger Basis. Immerhin traten damals 15 Staaten bei. 1945 unterschrieben alle 52 Staaten. Heute gilt das Kriegsverbot für alle 185 Mitglieder der Vereinten Nationen.

Die Gründung der Vereinten Nationen schloss also einen langen und schwierigen Vorlauf ab. 1945 war wirklich ein Wendepunkt in der internationalen Politik. Seitdem darf Gewalt nur noch zur Verteidigung eingesetzt werden, als Mittel der Politik steht sie nur dem Sicherheitsrat zu. Der Krieg hat ausgedient. Wer ihn beginnt, wird, wie Nord-Korea 1950 und Irak 1990, von der Völkergemeinschaft mit Gewalt bestraft.

Der Fortschritt ist noch nicht perfekt, die Vereinten Nationen haben ihre Schönheitsfehler. Die Strafandrohung gilt nur für die kleinen Staaten, nicht für die großen. Die USA, Frankreich, Großbritannien, Russland und China haben im Sicherheitsrat einen Ständigen Sitz, die anderen zehn Mitglieder wechseln. Ohne die Zustimmung der Großmächte passiert nichts, und das heißt auch: Ihnen passiert nichts. Sie sind die Weltpolizisten, und sie fühlen sich so. Allerdings müssen sie sich einig sein. Während des Ost-West-Konflikts waren die Vereinten Nationen gelähmt. Er wurde denn auch in der vertrauten Manier zwischen zwei Militärallianzen ausgetragen, nicht in den Vereinten Nationen beigelegt.

Sie blieben allerdings nicht untätig. In den vier Jahrzehnten des Kalten Kriegs haben sie sich um die Entwicklungsländer gekümmert und um die Weltwirtschaftsordnung, auch um die Abrüstung. 1956 kam der damalige Generalsekretär Dag Hammarskjöld auf den klugen Gedanken, die Polizistenrolle der UNO durch die eines politischen Dienstleisters zu ergänzen. Seitdem hilft die UNO, den Frieden zu sichern. Sie trennt Konfliktparteien, sorgt für die Einhaltung von Waffenstillständen und fungiert seit 1990 sogar als Hilfsregierung, wenn in einem Staat alles zusammengebrochen ist. Leider ist es bisher nicht gelungen, den Vereinten Nationen, wie es 1945 eigentlich vorgesehen war, auch eigene Streitkräfte zu geben. Gerade die Großmächte, die Ständigen Sicherheitsratsmitglieder, sperren sich gegen dieses Vorhaben. Sie wollen ihre Entscheidungsfreiheit nicht einschränken lassen. Es zeigt sich so ganz deutlich, dass die Vereinten Nationen kein einheitlicher Akteur sind, sondern eine permanente Staatenkonferenz. Sie kann nur handeln, wenn es unter den 15 Sicherheitsratsmitgliedern eine Mehrheit gibt, zu der alle Inhaber eines Ständigen Sitzes gehören müssen.

Das Rathaus der Welt

Die Generalversammlung wird gern als das parlamentarische Gegenstück zum Sicherheitsrat dargestellt. Die Analogie täuscht, denn in der Generalversammlung sind ebenfalls nur die Regierungen vertreten. Immerhin kommen hier alle

Am 26. Juni 1945 wurde die **Charta der Vereinten Nationen** von den 51 Gründerstaaten unterzeichnet. Sie beginnt mit den Worten:

> »Wir, die Völker der Vereinten Nationen – fest entschlossen, künftige Generationen vor der Geißel des Kriegs zu bewahren …, den sozialen Fortschritt und einen besseren Lebensstandard in größerer Freiheit zu fördern … – haben beschlossen, in unserem Bemühen um die Erreichung dieser Ziele zusammenzuwirken.«

In der **Generalversammlung** oder Vollversammlung der UNO treten sämtliche Mitglieder der Vereinten Nationen mindestens einmal im Jahr zusammen.

Zum 50. Jahrestag der Annahme der **Allgemeinen Erklärung der Menschenrechte,** am 10. Dezember 1998, veröffentlichte der Generalsekretär der Vereinten Nationen, Kofi Annan, eine Erklärung:

»Heute feiern wir einen Meilenstein in der Geschichte der Vereinten Nationen, der vor einem halben Jahrhundert gesetzt wurde. Wir ehren die höchsten Hoffnungen der Menschheit und erneuern unser Versprechen, die schlimmsten Grausamkeiten, die von Menschen an Menschen begangen werden, zu überwinden.«

Die **FAO** (Organisation für Ernährung und Landwirtschaft) unterstützte 1987 in Peru ein Projekt zur Aufforstung von Wäldern.

Staaten zu Wort, nicht nur die großen. Die Generalversammlung hat im Lauf der Jahre viele Entschließungen verabschiedet, die für wichtige Gebiete der Weltpolitik, wie für die Abrüstung, die Entwicklungspolitik, den Welthandel und für Umweltfragen, meinungsbildend gewesen sind. Für die Formulierung und Verwirklichung der Menschenrechte sind die Vereinten Nationen seit ihrer »Allgemeinen Erklärung der Menschenrechte vom 10. Dezember 1948« sozusagen federführend geworden. Hauptverantwortlich dafür war die Generalversammlung. Sie ist wirklich das »Rathaus« der Welt.

Diese Funktion wird immer wichtiger. Während des Kalten Kriegs hat sich die Welt so verändert, dass ohne die Zustimmung der betroffenen Bürger keine erfolgreiche Politik mehr betrieben werden kann. Diese Zustimmung kann kaum verweigert werden, wenn sie von der Mehrheit der Generalversammlung eingefordert wird. Sie erzeugt und verwaltet die Legitimität der entstehenden Weltgesellschaft. Nach dem Ende des Ost-West-Konflikts hat die Bedeutung der Vereinten Nationen weiter zugenommen. Für die Regulierung weltweiter Belange, die Bekämpfung des Drogenhandels und der Umweltverschmutzung, ist sie ohnehin unentbehrlich. Für die Abrüstung und die Rüstungskontrolle, vor allem für die Kontrolle der Massenvernichtungswaffen, leistet die UNO wertvolle Dienste. Ihre Sonderorganisationen, zu denen etwa das Kinderhilfswerk UNICEF, die Ernährungs- und Landwirtschaftsorganisation FAO, der Internationale Währungsfonds oder die UNESCO, die Organisation für Bildung, Wissenschaft, Kultur und Kommunikation, gehören, organisieren die globale Zusammenarbeit in fast allen Politikbereichen – von der Währungs- bis zur Gesundheitspolitik. Diese funktionale Steuerung der modernen Welt wäre ohne die Vereinten Nationen gar nicht möglich.

Aus dem zentralen Politikfeld des Friedens sind die Vereinten Nationen nicht mehr wegzudenken. 2001 erhielten sie und ihr Generalsekretär Kofi Annan den Friedensnobelpreis. Umso bedenklicher stimmt die Tendenz der westlichen Staaten, die Friedenssicherung lieber in die eigenen Hände zu nehmen. In Bosnien-Herzegowina wurde die Friedenssicherungstruppe der Vereinten Nationen durch eine internationale Eingreiftruppe unter Führung der NATO ersetzt, die freilich aufgrund eines Mandats des Sicherheitsrats arbeitet. Wenigstens dabei sollte es bleiben. Es gibt aber auch Tendenzen, auf diese Mandatierung durch die Weltorganisation zu verzichten. Wenn sich Staatengruppen selbst zum militärischen Eingriff autorisieren, wäre der Meilenstein des Gewaltverbots, der 1945 errichtet worden ist, in Gefahr.

Glücklicherweise gibt es auch Gegentendenzen. Der Sicherheitsrat hat 1993 und 1994 Kriegsverbrechertribunale für die Konflikte in Jugoslawien und Ruanda eingesetzt. Er stützte sich dabei auf die gleichen Grundlagen, die 1945 zu den Kriegsverbrecherprozessen in Nürnberg geführt hatten. Verbrechen gegen den Frieden, gegen die Menschheit, gegen Zivilisten und Kriegsgefangene in diesen beiden Ländern wurden bestraft. 1996 gab die Generalversammlung den Auftrag, einen internationalen Strafgerichtshof für Kriegsverbrechen einzurichten. Sein Statut wurde am 17. Juli 1998 in Rom verabschiedet, am 1. Juli 2002 trat es in Kraft.

Reform an Haupt und Gliedern

Nach mehr als 50 Jahren praktischer Weltpolitik müssen die Vereinten Nationen auch modernisiert und reformiert werden. Die ausufernde Bürokratie muss verschlankt, der Wildwuchs der Kompetenzen zurückgeschnitten, der Papierausstoß verkleinert werden. 1997 haben sowohl eine Arbeitsgruppe der Generalversammlung wie der UNO-Generalsekretär Kofi Annan Vorschläge für diese Reformen unterbreitet. Auf dem »Millenniumsgipfel« diskutierten im September 2000 150 Staats- und Regierungschefs unter dem Motto »Die Vereinten Nationen und das 21. Jahrhundert« globale Probleme der Menschheit und bekannten sich zum Kampf gegen Armut, Krieg und Aids sowie zur Erneuerung der UNO.

Doch nicht nur die Verwaltung, sondern auch die Organe der Vereinten Nationen müssen reformiert werden. Die neuen Großmächte der regionalisierten Welt wie Indien und Indonesien, Brasilien und Argentinien, Nigeria und Südafrika kritisieren seit langem, dass die Zusammensetzung des Sicherheitsrats die Welt von 1945, nicht die der Jahrtausendwende widerspiegelt. Die Aufnahme Deutschlands und Japans in den Sicherheitsrat würde diese Kritik noch verstärken. Der Sicherheitsrat soll nicht noch europalastiger werden, sondern in seiner Zusammensetzung die gestiegene Bedeutung der außereuropäischen Regionen ausdrücken.

In der Schärfe dieser Auseinandersetzung zeigt sich aber auch, welche anhaltend große Bedeutung den Vereinten Nationen zugemessen wird. Sie belegen den Platz, den später vielleicht einmal eine Weltregierung einnehmen könnte. Mitglied des Sicherheitsrats zu sein, hat dementsprechend einen hohen politischen Wert.

ERNST-OTTO CZEMPIEL

An dem **Hauptsitz der UNO in New York,** an dem Generalversammlung und Sicherheitsrat zusammenkommen, fanden 1995 die Feiern zum 50. Jahrestag der Gründung der Vereinten Nationen statt. Im Jahr ihres 50-jährigen Bestehens gehörten den Vereinten Nationen 185 Mitgliedsstaaten an, 2002 zählten sie 191 Mitgliedsstaaten.

Verbrechen gegen die Menschheit und gegen den Frieden dürfen nicht ungesühnt bleiben, lautet die Botschaft von Nürnberg.

Kriegsverbrecherprozesse

Die ersten Kriegsverbrecherprozesse fanden nach dem Ersten Weltkrieg vor dem Reichsgericht in Leipzig statt. Deutschland hatte sich im Versailler Friedensvertrag verpflichtet, alle der Begehung von Kriegsverbrechen Beschuldigten auszuliefern, an der Spitze den nach Holland geflohenen Kaiser Wilhelm II. Ihm geschah nichts, da sich sein Gastland auf das Asylrecht berief. Daraufhin erreichte die Weimarer Republik einen Kompromiss: Sie durfte die Strafverfolgung selbst in die Hand nehmen. Das Ganze geriet zur Farce. Nur zwölf der insgesamt 896 Beschuldigten wurden ab 1921 angeklagt und nur sechs zu kurzen Freiheitsstrafen verurteilt.

Im Zweiten Weltkrieg wappneten sich die Sieger schon frühzeitig gegen einen ähnlichen Misserfolg. Am 1. November 1943 vereinbarten die Sowjetunion, die Vereinigten Staaten von Amerika und Großbritannien in Moskau, deutsche Kriegsverbrecher in den Ländern abzuurteilen, in denen sie ihre Taten begangen hatten. Ausgenommen von dieser Regelung blieben die »Hauptkriegsverbrecher« aus Deutschland, Italien und Japan. Die maßgebenden westlichen Politiker waren willens, mit ihnen kurzen Prozess zu machen. Entweder sollten sie weltweit geächtet und beim Ergreifen auf der Stelle getötet werden oder nach einem

Auf der **Anklagebank** im Verfahren des Internationalen Militärtribunals gegen die Hauptkriegsverbrecher in Nürnberg saßen unter anderem (vordere Reihe von links) Hermann Göring, Rudolf Heß, Joachim von Ribbentrop und Wilhelm Keitel.

Standgericht im Morgengrauen erschossen werden. Der sowjetische Diktator Stalin hingegen plädierte für ein Tribunal, damit man den alliierten Führern keine Rachegelüste gegenüber ihren Feinden nachsagen konnte. Aber erst bei Kriegsende, während der Gründungskonferenz der Vereinten Nationen, einigte man sich auf einen rechtsstaatlichen Prozess.

Das Nürnberger Tribunal

Am 8. August 1945 – an diesem Tag wurde die Atombombe über Nagasaki gezündet – unterzeichneten Vertreter von 23 Staaten das Londoner Abkommen über die Bestrafung der Hauptkriegsverbrecher. Beigefügt war das Statut des Internationalen Militärtribunals. Der Name wurde gewählt, weil die vier Besatzungszonen in Deutschland von Militärregierungen verwaltet wurden. Alle Richter der vier Siegermächte waren jedoch Zivilisten. Das erste ›Weltgericht‹ der Geschichte trat am 20. November 1945 im Nürnberger Justizpalast zusammen. Dies war die Stunde des amerikanischen Hauptanklägers Robert H. Jackson. Der ehemalige Bundesrichter und liberale Demokrat ist der eigentliche Schöpfer des neuen, revolutionären Völkerrechts. Bewusst missachtete er die alte Rechtsregel »nulla poena sine lege«, nach der niemand für eine Tat bestraft werden darf, die zur Tatzeit noch nicht im Strafgesetzbuch stand. Die Verbrechen des nationalsozialistischen Regimes waren so ungeheuerlich und einzigartig, dass ihnen auch das Ausmaß der Sühne entsprechen musste.

Von den vier Anklagepunkten gingen drei über die immer noch gebräuchliche Pauschalbezeichnung »Kriegsverbrechen« weit hinaus. Mit dem ersten Punkt ›Verschwörung gegen den Frieden« war die Vorbereitung zum Angriffskrieg gemeint. Nachdem sich die obersten Übeltäter des Dritten Reichs, Adolf Hitler, Heinrich Himmler und Joseph Goebbels, ihrer Verantwortung durch Selbstmord entzogen hatten, war der angelsächsische Rechtsbegriff »Verschwörung« (conspiracy) unerlässlich, damit man wenigstens die Führungsgehilfen und Schreibtischtäter belangen konnte. Auf der Anklagebank saßen, angeführt von Hermann Göring, dem zweitmächtigsten Mann im Staate, hohe Offiziere und Minister neben Gauleitern, Bürokraten und Propagandisten. Der zweite Anklagepunkt betraf »Verbrechen gegen den Frieden«, also die vorsätzliche und planmäßige Entfesselung von Kriegen, den Bruch internationaler Verträge und die Erpressung eines schwachen Landes durch militärische Bedrohung. Der dritte Punkt summierte unter dem Oberbegriff »Kriegsverbrechen« Geiselerschießungen, Gefangenenmord, das Prinzip »Verbrannte Erde«, Ausplünderung, Deportation von Zwangsarbeitern wie auch den systemati-

Am 17. Juli 1998 fand in Rom die **Unterzeichnung des Statuts eines neuen Weltstrafgerichtshofs** durch 120 Staaten statt. Die Aufnahme zeigt den UNO-Generalsekretär Kofi Annan und den italienischen Außenminister Lamberto Dini.

Die Nürnberger Prozesse markieren einen bedeutenden Einschnitt in der Entwicklung des Völkerrechts, auch wenn sie ein beträchtliches Element an »politischer Justiz« enthielten, etwa durch die Nichtbeteiligung deutscher Richter und die Verurteilung ausschließlich deutscher Kriegsverbrechen. Die UNO hat die dort entwickelten neuen Rechtsprinzipien ausdrücklich anerkannt.

schen Raub von Kulturgütern. Den Schluss bildete der vierte Punkt »Verbrechen gegen die Menschheit«: unterschiedslose und systematische Zerstörung von Leben und Freiheit, wie millionenfacher Mord mittels Massenexekutionen, in Vernichtungslagern, durch Verhungern. Das englische Wort *humanity*, »Menschheit«, wurde 1945 übrigens falsch mit »Menschlichkeit« übersetzt. Die amerikanische Politikwissenschaftlerin Hannah Arendt mokierte sich über das »Understatement des Jahrhunderts«.

Nach zehn Monaten wurde in Nürnberg das Urteil verkündet. Für elf der 21 anwesenden Angeklagten lautete es auf Tod durch den Strang, drei wurden freigesprochen; Hermann Göring entzog sich der Hinrichtung durch Selbstmord. Als Abschreckung für Militärs in künftigen Kriegen mochte die Kunde dienen, dass auch ein Generalfeldmarschall und ein Generaloberst gehängt wurden. Nach dem Willen Jacksons sollte das neue Recht für Sieger und Besiegte gleichermaßen gelten. Noch war dies eine Utopie, denn das Nürnberger Tribunal wollte einzig über deutsche Verbrechen verhandeln. Der erste Prozess setzte Maßstäbe für die zwölf Folgeprozesse vor einem amerikanischen Militärgerichtshof. Nachhaltig war die Wirkung des Ärzteprozesses (»Medizin der Unmenschlichkeit«), des Juristenprozesses (»Der Dolch der Mörder war unter der Robe des Juristen verborgen«) und der Verfahren gegen Industrielle (Flick, Krupp, IG-Farben), die die Arbeitskraft von Kriegsgefangenen, Deportierten und KZ-Häftlingen ausgebeutet hatten.

Nach dem Nürnberger Modell verlief auch der Prozess gegen die japanischen Kriegsverbrecher, der am 3. Mai 1946 in Tokio begann und zweieinhalb Jahre dauerte. Vor dem »Internationalen Militärtribunal für den Fernen Osten«, dem Richter aus elf Staaten angehörten, mussten sich 28 Männer verantworten. Es gab sieben Todesurteile: Gehängt wurden fünf Generäle und zwei Regierungschefs, Hirota Koki wegen des Krieges gegen China und Tojo Hideki wegen des Überfalls auf Pearl Harbor.

Der lange Weg zum Internationalen Strafgerichtshof

Die Nürnberger Prinzipien wurden Teil des Völkerrechts und auch ins Grundgesetz der Bundesrepublik übernommen. Neu hinzu kam 1948 das Völkermordabkommen, das jede Handlung unter Strafe stellt, die aus nationalen, ethnischen, rassischen oder religiösen Gründen darauf abzielt, eine Menschengruppe ganz oder teilweise zu vernichten. Die umfangreiche Dokumentation aus dem Nürnberger Geiselprozess gegen ehemalige Militärbefehlshaber auf dem Balkan veranlasste die UNO, 1949 die Genfer Rotkreuz-Konventionen neuzufassen, da die Haager Landkriegsordnung den modernen Formen der Guerilla nicht mehr genügte. Deutlich verbessert wurde der Schutz verwundeter oder

Das **Internationale Tribunal für Ruanda** (ICTR), ein völkerrechtliches Gericht mit Sitz in Arusha (Tansania) ahndete Verbrechen gegen die Menschlichkeit und Kriegsverbrechen, die bei den 1994 in Ruanda verübten Massakern begangen wurden. So musste sich 1997 auch der ehemalige ruandische Offizier Theoneste Bagasora für seine Taten verantworten.

Für die schweren Menschenrechtsverletzungen, die während des Bürgerkriegs in Jugoslawien von serbischen Einheiten begangen wurden, musste sich der frühere jugoslawische Präsident **Slobodan Milošević** vor dem UN-Kriegsverbrechertribunal in Den Haag verantworten.

kranker Soldaten, gleich ob sie einer regulären Armee oder einer Widerstandsbewegung angehören. Geächtet wurde auch die Misshandlung von wehrlosen Zivilisten und hilflosen Verwundeten, Kranken und Schiffbrüchigen.

Seit Beginn des Koreakriegs 1950 hemmte der Kalte Krieg die Fortentwicklung des Nürnberger Rechts auf Jahrzehnte. Die Großmächte verzichteten auf ihre Schrittmacherposition, denn alle hatten selbst gegen den Geist von Nürnberg gesündigt: Amerika in Kuba und anderen Karibikstaaten, Frankreich in Indochina und, gemeinsam mit Großbritannien und Israel, in Ägypten, Russland in Ungarn. Oder sie schürten Stellvertreterkriege im Nahen und Mittleren Osten, in Afrika und Asien. Massenmorde wie in Indonesien, Biafra und in Kurdistan blieben ungesühnt. Telford Taylor, ehedem amerikanischer Ankläger in Nürnberg, sprach von einer »amerikanischen Tragödie in Vietnam«, da sich der Staat als unfähig erwiesen habe, die Rechtsgrundsätze von 1945 auf sich selbst anzuwenden.

Erst als 1990 der Ost-West-Konflikt aufhörte, durfte die geplagte Menschheit wieder hoffen. Im Auftrag des Weltsicherheitsrats begannen 1993/94 Sondergerichte zu arbeiten. Das Tribunal in Arusha hat 35 Mittäter des Völkermords in Ruanda angeklagt. Das Tribunal in den Den Haag führt Prozesse gegen Kriegsverbrecher, die sich bei den »ethnischen Säuberungen« im bosnischen Bürgerkrieg brutal gegen Menschenrechte vergangen haben. Am 17. Juli 1998 schließlich haben 120 Staaten in Rom das Statut eines neuen Weltstrafgerichtshofs unterzeichnet; es trat am 1. Juli 2002 in Kraft. Einige Mächte, darunter auch die Vereinigten Staaten, enthielten sich, weil sie möglichen Bestrafungen ihrer Truppen vorbeugen wollen. UNO-Generalsekretär Kofi Annan feierte einen »historischen Sieg«.

KARL-HEINZ JANSSEN

Die schier grenzenlose Verkleinerung elektronischer Geräte wurde nur durch die Entwicklung der Transistortechnik möglich.

Der Transistor

Die Elektronenröhre war in der ersten Hälfte des 20. Jahrhunderts nicht nur ein zentrales Bauelement der drahtlosen und leitungsgebundenen Nachrichtentechnik geworden. Wir verdanken ihr die Elektroakustik, sie half zunehmend in Mess-, Steuerungstechnik und Automatisierung und war unentbehrlich für die ersten elektronischen Rechenanlagen. Manche Parameter der Elektronenröhre jedoch traten mit komplexer und umfangreicher werdenden Geräten immer störender hervor und führten schließlich an Grenzen: erheblicher Energiebedarf und Wärmeentwicklung, nicht beliebig zu unterschreitendes Volumen, beschränkte Lebensdauer und Zuverlässigkeit, mechanische Empfindlichkeit und komplizierte Herstellungstechnologie. Schon frühzeitig begann man daher nach Bauelementen zu suchen, die der Elektronenröhre gleichwertig oder besser sein, die genannten Mängel aber nicht oder nur weit geringer aufweisen sollten. Halbleiterphysik und -technik führten zum Erfolg der Suche. Die Halbleiterdiode und vor allem der Transistor markieren den Beginn des Hightechzeitalters.

Die Revolution der Halbleiterphysik

Noch ehe 1911 die Bezeichnung Halbleiter geprägt wurde, nutzte man bestimmte Stoffe, deren elektrisches Verhalten sich grundlegend von dem der Leiter und der Nichtleiter unterschied, in Photowiderständen und Selenzellen, vor allem aber in dem für die Funktechnik als Empfänger wichtigen Kristalldetektor. Ihn nicht nur als Wellendetektor, sondern auch zur Signalverstärkung zu nutzen, versuchte man 1923/24, allerdings vergeblich. Fortschritte der Elektronenröhrentechnik ließen das Interesse an Halbleiterbauelementen vorübergehend in den Hintergrund treten. Auch waren die physikalischen Prozesse in Halbleitern noch weitgehend unklar, niemand wusste zum Beispiel, wie ein Kristalldetektor eigentlich funktionierte. Erst die Erkenntnisse der Quantenmechanik, seit 1925 auf die Festkörperphysik ange-

Der **Spitzentransistor** vom 30. Juni 1948 war das Ergebnis der Forschungen der amerikanischen Physiker John H. Bardeen, Walter H. Brattain und William B. Shockley.

wandt, führten zum Verständnis des Leitungsmechanismus in Halbleitern.

Erste Anwendungen waren Kupfer(I)oxid- und Selengleichrichter. Um 1940 folgten Halbleiterspitzendioden für den Höchstfrequenzbereich, in dem Elektronenröhren stellenweise versagten. An ihrer Entwicklung war der durch wichtige theoretische Arbeiten auf dem Gebiet der Halbleiterphysik hervorgetretene Walter Schottky wesentlich beteiligt. Nach 1945 wurde in den Bell-Laboratorien in den USA eine Forschungsgruppe für verstärkende Halbleiterbauelemente ins Leben gerufen, der die Nobelpreisträger für Physik des Jahres 1956 John H. Bardeen, Walter H. Brattain und William B. Shockley angehörten. An Germaniumkristalloberflächen, denen in geringem Abstand Drahtspitzen aufsaßen, fanden sie heraus, dass schwankender Strom über die eine Spitze größere Stromschwankungen in einem Stromkreis über die zweite Drahtspitze auslöste. Damit war ein verstärkendes Halbleiterbauelement gefunden. Man nannte es Transistor. Ende 1947 verstärkte es erstmals ein Telefongespräch. Im Juli 1948 wurde ein transistorisierter Mittelwellenempfänger vorgeführt.

Die Produktion größerer Stückzahlen des »Spitzentransistors« bereitete jedoch unüberwindliche Schwierigkeiten. Vor allem Shockley wandte sich daher dem aussichtsreicheren, 1948 patentierten Flächentransistor zu. Er beruht auf Prozessen an so genannten p-n-Übergängen in Halbleiter-Einkristallen. 1951 lief die Serienfertigung von Flächentransistoren an. Noch aber waren entscheidende Verbesserungen nötig, wenn Transistoren mit Elektronenröhren gleichziehen sollten. Man arbeitete die sich als überaus kompliziert erweisende Technologie aus, wechselte vom Germanium zum besser geeigneten Silicium über und entwickelte unterschiedliche Bauformen. Mit ihnen ließen sich neben anderen zwei Hauptforderungen der Anwender, höhere Leistung und Erweiterung des beherrschbaren Frequenzbereichs, erfüllen. Innerhalb weniger Jahre bauten technisch fortgeschrittene Länder spezielle Industrien auf, um den lawinenartig anwachsenden Bedarf an Transistoren, Dioden und anderen Halbleiterbauelementen zu decken. Schon 1963 holte die Weltproduktion von Transistoren mit 1 Milliarde Stück die der Elektronenröhren ein und gewann von da an einen immer größeren Vorsprung.

Die amerikanischen Physiker **John H. Bardeen, Walter H. Brittain und William B. Shockley** entwickelten als Mitarbeiter der Bell Telephone Company in Murray Hill die ersten Transistoren auf Germaniumbasis. Für ihre Entdeckung des Transistoreffekts erhielten sie 1956 den Nobelpreis für Physik.

Bekanntes wird besser, Neues wird möglich

Der Anwendungsbereich der Transistoren war, wie nach Erfindung der Elektronenröhre, zunächst die Nachrichtentechnik. Es genügte jedoch nicht, das »alte« gegen das »neue« Bauelement zu tauschen. Um die Vorzüge des Tran-

Besser als das anfänglich verwendete Gemanium ist **Silicium** für die Produktion von Flächentransistoren geeignet. Auf die dünnen, von dem Halbleiter-Einkristall abgesägten und polierten Scheiben werden bis zu mehreren Tausend jeweils gleichartiger Chips aufgebracht und anschließend ausgeschnitten.

Transistoren werden meist als Schalter oder Verstärker elektrischer Ströme verwendet. Alle besitzen mindestens drei Elektroden, die bipolaren Transistoren bestehen aus drei Schichten, Emitter, Basis und Kollektor, die positiv-negativ-positiv (pnp) oder negativ-positiv-negativ (npn) leitend sind. Der Strom fließt dabei vom Emitter zum Kollektor. Die Verkleinerung der Transistoren führte zur Entwicklung der Chiptechnologie.

sistors ausschöpfen zu können, musste man ihm die Schaltungskonzeptionen anpassen oder neue entwerfen. Das führte zugleich zu einer Fülle von Anwendungen, die mit Elektronenröhren kaum oder überhaupt nicht auszuführen waren.

Kleine, leichte, robuste und Energie sparende Geräte der drahtlosen Nachrichtentechnik machten den Anfang. 1955 standen Rundfunkhörern Reiseempfänger für die üblichen Wellenbereiche zu Verfügung. Sie brachten keine 2,5 Kilogramm auf die Waage und wurden aus Batterien gespeist oder waren bereits für wahlweisen Batterie- oder Netzbetrieb ausgelegt. Taschenempfänger folgten, auch manche Kuriosität wie Empfänger im Brillenbügel, in Hüten oder Zigarettenetuis. Transistorbestückte Kraftfahrzeugempfänger erfüllten alte, bislang nie recht befriedigte Wünsche der Kraftfahrer. Heimgeräte profitierten vom geringen Energiebedarf und der geringen Wärmeentwicklung. Neue, Raum sparende Gehäuseformen waren die Folge. Man musste nicht mehr, wie bei Röhrenbetrieb, mit verstärkenden Bauelementen geizen. Längst angedachte, aber mit Elektronenröhren zu aufwendige Maßnahmen zur Komforterhöhung gehörten nun zur selbstverständlichen Ausstattung. Das galt auch für Fernsehgeräte, wobei allerdings nach wie vor der Raumbedarf durch die Bildröhre bestimmt wurde.

Der Einsatzbereich von transistorisierten Kleinfunkgeräten erweiterte sich von Monat zu Monat. Er reichte von Handgeräten für mannigfachste Zwecke über Klein- und Notfunkanlagen in Land-, Luft- und Wasserfahrzeugen bis zu Navigationshilfen und Funkbojen. Nicht zuletzt war der Transistor von Anfang an unentbehrlicher Helfer der Raumfahrttechnik. Schon »Sputnik 1« meldete sich über einen Transistorsender. In Fernsprechverstärkerämtern arbeiteten Tausende Elektronenröhren. Transistorisierung ließ den Platzbedarf der Verstärkereinrichtungen schrumpfen und vervielfachte ihre Zuverlässigkeit. Die in Fernkabeln oft alle paar Kilometer nötigen Zwischenverstärker waren jetzt in »Töpfen« unterzubringen und erhielten ihren Speisestrom mit über das Kabel. Besonders auf Seekabel wirkte sich das aus, hatte man doch zum Beispiel in das erste Transatlantikfernsprechkabel von 1956 noch an die 50 Verstärker mit von Land aus gespeisten Elektronenröhren eingespleißt. Beim schrittweisen Übergang zu elektronischer Vermittlungstechnik wurden Transistoren sogar in den Teilnehmerapparaten unverzichtbar.

In Uhren tauchten Transistoren ab 1953 auf. Elektrische Signale von Messeinrichtungen oder für Steuergeräte und -einrichtungen konnten ohne großen Aufwand vor Ort gewonnen, verstärkt und übertragen werden. Das traf nicht nur für Forschung, Industrie und Verkehrswesen zu, sondern auch für die Medizin. Man denke an Hörhilfen, Herz-

schrittmacher und das breite Gerätespektrum in Krankenhäusern. Die Computertechnik wäre »erstickt«, hätte man
sie weiterhin mit Tausenden Elektronenröhren ausführen
müssen.

1955 arbeitete in den USA der erste ausschließlich mit
Halbleiterbauelementen bestückte Computer. Für die nun
folgende zweite Computergeneration waren Transistoren
bestimmend. Die »Rechenfabriken« der Anfangszeit wurden ersetzt durch kleinere, aber leistungsfähige Computer
für Betriebe, Institute und Büros. Zwar spielen gegenwärtig in den meisten der aufgeführten Anwendungen
mikroelektronische Schaltkreise die bestimmende Rolle,
jeder von ihnen aber enthält meist Tausende, Zehntausende
und mehr Transistoren, so klein, dass sie für das bloße Auge
nicht mehr zu erkennen sind.

WALTER CONRAD

Auf dem Ausschnitt einer mit elektronischen
Bauelementen bestückten **Leiterplatte**
(Platine) eines Verstärkers sind neben Wider-
ständen, Kondensatoren und anderen Bauteilen
die Transistoren (schwarz) zu erkennen.

Urlaub

Die Arbeitskraft wieder herzustellen und einen Freiraum vom Druck der Arbeitswelt zu schaffen, ist der Sinn des Urlaubs.

»Jeder Mensch hat Anspruch auf Erholung und Freizeit sowie auf eine vernünftige Begrenzung der Arbeitszeit und auf periodischen, bezahlten Urlaub.« Zum ersten Mal in der Geschichte wird mit Artikel 24 der 1948 als Resolution von der Generalversammlung der Vereinten Nationen verabschiedeten »Allgemeinen Erklärung der Menschenrechte« ein universeller Anspruch auf Urlaub zum Gegenstand einer internationalen Übereinkunft. Eine bindende Wirkung besteht für die Unterzeichnerstaaten jedoch nicht; seitdem werden die Bemühungen auf der internationalen Ebene fortgesetzt, die formulierten Zielvorstellungen zu präzisieren und umzusetzen. In der Europäischen Sozialcharta von 1961 verpflichten sich 20 europäische Länder, das Recht auf Arbeit und auf gerechte Arbeitsbedingungen, darunter fällt auch ein bezahlter Jahresurlaub von mindestens zwei Wochen, zu gewährleisten.

Arbeit und Freizeit

Warum werden Urlaub und Freizeit eine so herausragende Rolle für das Wohl des Individuums und der menschlichen Gemeinschaft eingeräumt? Eine Antwort darauf lässt sich nur über die Beschäftigung mit den Lebens- und Arbeitsbedingungen der Menschen geben. Studien zum Freizeitverhalten belegen einen engen Zusammenhang zwischen Arbeit und Freizeit, Erwerbsarbeit und Urlaub. Unter Arbeit verstehen wir im Allgemeinen eine planvolle, zweckgerichtete Tätigkeit, die ein bestimmtes Maß an individueller Anstrengung und Konzentration voraussetzt. Erwerbsarbeit hingegen umfasst die Arbeit für den Erwerb von Einkommen zum Lebensunterhalt. Freizeit ist die Zeit, in der die Menschen freiwillig oder unfreiwillig der Anforderung zu arbeiten entbunden sind: Arbeitspausen, Feierabend, Wochenende, Ruhestand, aber auch Arbeitslosigkeit. Urlaub bedeutet eine begrenzte, an ein reguläres Beschäftigungsverhältnis geknüpfte Unterbrechung zum Zwecke der Erholung. Arbeit wird gemeinhin mit Mühsal, Notwendigkeit und Pflicht identifiziert, Freizeit und Urlaub dagegen mit Lust, Freiheit und Neigung.

Die Vorstellung, dass es sich bei Freizeit und Urlaub prinzipiell um arbeitsfreie Zeit handelt, lässt sich nicht belegen.

Mit Plakaten und einem Aktionsprogramm machte der Deutsche Gewerkschaftsbund 1955 auf das **Urlaubsgeld** als tarifpolitische Forderung aufmerksam. Das zusätzlich zum Arbeitsentgelt gezahlte Urlaubsgeld bedarf einer Regelung im Tarifvertrag oder in einer Betriebsvereinbarung.

Angesichts der zahlreichen notwendigen Tätigkeiten, die Menschen erledigen müssen, wenn sie sich einmal nicht an ihrem Arbeitsplatz aufhalten, kann höchstens von erwerbsarbeitsfreier Zeit gesprochen werden, nicht aber von Zeit, die ausschließlich zur Erholung, Entspannung, Unterhaltung und für Hobbys zur Verfügung steht. Eine erste Antwort auf die oben gestellte Frage lautet daher: Freizeit und Urlaub sind für erwerbs- und berufstätige Menschen deshalb

Der fälschungssichere, maschinenlesbare **Europäische Reisepass** wird seit dem 1. Januar 1988 als gebührenpflichtiges Dokument in der Bundesrepublik Deutschland ausgegeben. Mit Sichtvermerken oder Visa wird von den entsprechenden staatlichen Stellen im Pass bestätigt, dass für ein fremdes Land Einreise, Durchreise oder Aufenthalt erlaubt werden.

so wichtig, weil niemand lediglich als Erwerbs- oder als Berufstätiger existieren kann. Um unsere Antwort zu konkretisieren, sollten wir einen Blick auf die historischen Bedingungen der modernen Arbeits- und Industriegesellschaften werfen, die dazu geführt haben, dass die Menschen sich nach Urlaub und außeralltäglicher Freizeitgestaltung sehnen.

Der Wandel der Lebensformen im 19. Jahrhundert

Die räumliche und zeitliche Einheit von Arbeits- und Familiensphäre kennzeichnet agrarisch strukturierte Gesellschaften, Urlaub ist hier kein Thema. Die Industriegesellschaften, die sich im 18. und 19. Jahrhundert in Europa und in Amerika herausgebildet haben, veränderten die Existenzbedingungen der Menschen tief greifend, sie verwirklichten die Errungenschaft der bürgerlichen Revolutionen, das Recht des Individuums auf die Selbstbestimmung seiner Arbeitskraft. Dies führte für die neu entstandenen Bevölkerungsgruppen, vor allem für die Industriearbeiterschaft, zu neuen Formen von Abhängigkeit: vom Arbeitsmarkt, vom Arbeitgeber und von der Dynamik der gesellschaftlicher Arbeitsteilung. Die Trennung von außerhäuslicher Erwerbsarbeit und Haus- und Familienarbeit ging einher mit der Herausbildung der Kleinfamilie, die die Ernährerrolle dem Ehemann und die nunmehr als privat angesehenen

Das Fernweh der Deutschen ist unübertroffen. 1995 gaben 81,3 Millionen Bundesbürger 50,7 Milliarden US-Dollar für Urlaubsreisen aus, gefolgt von 260,6 Millionen Amerikanern mit 45,9 und 124,8 Millionen Japanern mit 36,8 Milliarden US-Dollar. Das beliebteste Reiseland waren die USA, weit vor Frankreich und Italien.

Tätigkeiten wie Hausarbeit, Kindererziehung, Betreuung hilfsbedürftiger Familienmitglieder der Ehefrau zuwies.

Schon bald zeigten sich vielfältige soziale Risiken: Verlust des Arbeitsplatzes, Arbeitsunfähigkeit durch Krankheit und emotionale Entfremdung. In der Geschichte der Industrialisierung wurden daher gesetzliche Maßnahmen zum Schutz und Erhalt der Arbeitskraft der Beschäftigten wie beispielsweise die Begrenzung des Arbeitstags, die Garantie von Urlaubs- und Freizeit zu zentralen Verhandlungsinhalten zwischen den Interessenvertretungen von Arbeitnehmern und Arbeitgebern.

Die ständige Rationalisierung der Arbeitswelt setzt die Erwerbstätigen einem erheblichen und zunehmenden Leistungsdruck aus. Besonders die zeitökonomisch kalkulierte Zergliederung des Arbeitssprozesses, verbunden mit dem Akkordlohnsystem, stellt eine Entwicklung dar, die Urlaub und Freizeit als Möglichkeit, »abzuschalten« und sich zu entspannen, zu einer physischen und psychischen Überlebensfrage werden lassen. Die Hoffnung, dass die Durchsetzung der Dienstleistungsgesellschaft humanere, personenbezogene Arbeitssphären mit weniger Fremd- und mehr Selbstbestimmung schaffen würde, hat sich nicht erfüllt. Das dringende Bedürfnis, »dem stahlharten Gehäuse der Hörigkeit«, wie der Soziologe Max Weber es ausdrückte, wenigstens im Urlaub zu entfliehen, prägt die meisten »Berufsmenschen«.

Urlaubsziele

Bis nach dem Zweiten Weltkrieg konnten sich nur die Angehörigen der vermögenden Schichten arbeitsfreie Zeit zur Entspannung oder gar Urlaub leisten. In der Weimarer Republik wurden von den Gewerkschaften umfangreiche Urlaubsregelungen ausgehandelt, viele Arbeitnehmer nutzten jedoch Freizeit und Urlaub vor allem für Haus-, Heim- und Gartenarbeiten. »Kraft durch Freude« hieß das Urlaubsprogramm der Nationalsozialisten. In der DDR enthielt die Verfassung das Recht auf Urlaub für alle Werktätigen, wofür der Feriendienst des Freien Deutschen Gewerkschaftsbundes zuständig war; auch hier benutzte der Staat das Urlaubsangebot als Instrument zur Disziplinierung, Kontrolle und Propaganda. In den 50er-Jahren prägten die westdeutschen Gewerkschaften den Slogan »Urlaubsgeld erschließt die Welt«: Die Deutschen entdeckten Italien als ihr liebstes Urlaubsland. Mit steigendem Einkommen der Bevölkerung wuchs die Nachfrage nach neuen Freizeit- und Urlaubsaktivitäten. Die Pflege eines ausgefallenen Hobbys, der Urlaub in Spanien, das passende Outfit für Sport-, Sommer- oder Winterurlaub, der Kururlaub auf Sylt spiegelten den wachsenden Wohlstand wider.

Mit einer gut inszenierten Südseestimmung verspricht das **Werbeplakat für den Center Park in der Lüneburger Heide** den Menschen, die sich Fernreisen nicht leisten können oder wollen, einen erholsamen Urlaub im eigenen Land.

Auch wenn viele Reisen heute in sehr weit entfernte Länder führen, steht dabei meistens der **Badeurlaub** an erster Stelle. Das Kennenlernen einer fremden Kultur ist nur ein Nebeneffekt, der das exotische Ambiente liefert.

Im 21. Jahrhundert wird die gesellschaftliche Entwicklung in der Bundesrepublik durch zunehmende soziale Differenzierungen gekennzeichnet, die auch in den Wünschen der Urlauber zum Ausdruck kommen. Der organisierte Massentourismus mit seinen standardisierten Pauschalangeboten ermöglicht breiten Bevölkerungsschichten, mit geringerem Kostenaufwand Urlaubsreisen auch in ferne Länder zu unternehmen. Die Agenturen der Erlebnisgesellschaft bieten Spaß und Unterhaltung an, immer auf der Suche nach neuen, vermarktungsfähigen Produkten. Dem Massentourismus steht der Individualurlaub gegenüber, der, vollständig durchgeplant, das bestellte Maß an Exklusivität, Exotik oder Abenteuer serviert.

Ist damit die Frage nach der Bedeutung des Urlaubs für das Wohl des Einzelnen und der Gemeinschaft hinreichend beantwortet? Ein wesentlicher Gesichtspunkt ist noch zu nennen: Das Ziel von Menschenrechtserklärungen besteht darin, jedem Menschen ein erfülltes Leben zu ermöglichen. Dazu gehört Zeit – um Erfahrungen aufzuarbeiten und das eigene Leben zu überdenken. Insbesondere das bewusste Reisen erweitert unseren Horizont. Der Philosoph Immanuel Kant, der selbst zwar nie reiste und auch kein Fernsehen zur Verfügung hatte, um fremde Länder kennen zu lernen, der aber viel las, schrieb: »Das Reisen bildet sehr; es entwöhnt von allen Vorurteilen des Volkes, des Glaubens, der Politik, der Erziehung.«

CHRISTIANE BENDER

Der Staat Israel

Der Traum der Juden vom eigenen Staat hat sich erfüllt, doch die Wirklichkeit war weit schwieriger als gedacht.

Der östereichische Journalist, Schriftsteller und Jurist **Theodor Herzl** vertrat die Überzeugung, dass die Juden eine Nation seien und die Gründung eines jüdischen Staates notwendig sei. Damit wurde Herzl zum Vorkämpfer der zionistischen Bewegung. Der erste Präsident der Zionistischen Weltorganisation erlebte aber die erst nach dem Zweiten Weltkrieg erfolgte Gründung des Staates Israel nicht mehr.

Die Idee einer Sammlung der Juden in einem Gemeinwesen, in dem sie ihre Angelegenheiten unabhängig von Verfolgung und äußerer Einmischung regeln könnten, vertraten einzelne Autoren in Osteuropa schon vor Theodor Herzl. Erst die Wirtschaftskrise in Osteuropa und die Verfolgungen 1881, 1891 sowie 1903 und 1905 in Russland schufen eine Massenbasis für die zionistische Bewegung, benannt nach dem Namen Zion für einen Hügel in Jerusalem. Der österreichische Jude Herzl schrieb 1896 das Buch »Der Judenstaat« und berief mit viel Geschick 1897 einen Kongress nach Basel ein, der die Errichtung einer »öffentlich-rechtlich gesicherten Heimstätte« für Juden zum Ziel hatte. Herzl selbst wäre auch mit einem »Nachtasyl« für die bedrohten osteuropäischen Juden beispielsweise in Uganda zufrieden gewesen, doch die Mehrheit seiner Anhänger wehrte sich dagegen und konnte sich nur das damals osmanische Palästina, das »Land Israel« (Erez Israel), als Heimat vorstellen.

Dem Zionismus gelang es bis 1933 und 1939 nicht, die Mehrheit der europäischen Juden für sich zu gewinnen. Die westeuropäischen Juden sahen ihn als philanthropische Maßnahme für verfolgte Ostjuden an. In Osteuropa waren die »Bundisten« stark, eine sozialistisch-säkulare Bewegung, die die Juden als in Osteuropa zu integrierende nationale Minderheit verstand und die jiddische Kultur pflegte. Abgenommen hatte der Einfluss der Orthodoxie. Weiter suchten viele Juden unter dem Druck des reaktionären zaristischen Regimes im proletarischen Internationalismus eine Lösung, andere definierten sich als Polen, oder Russen »mosaischer Konfession«.

In der jungen zionistischen Bewegung entbrannte ein Streit über die einzuschlagende Politik. Herzl bevorzugte politische Verhandlungen, während andere einen »praktischen« Zionismus forderten und 1908 ein Büro für Landkäufe einrichteten. Auf den Sanddünen nahe der Hafenstadt Jaffa wurde die erste moderne jüdische Stadt, Tel Aviv, aufgebaut. Der Nahe Osten rückte während des Ersten Weltkriegs in den Bereich der europäischen Großmachtpolitik. Die Briten suchten auf allen Seiten nützliche Bündnispartner und machten den Arabern Versprechungen. Andrerseits erklärte der britische Außenminister Balfour 1917, dass seine Regierung die Bestrebungen des Zionismus mit Sympathie sehe. Zum ersten Mal wurde damit der Zionismus politisch ernst genommen. Der neu gegründete Völkerbund nahm in das britische Mandat für Palästina 1922 die Förderung einer Heimstätte – nicht eines Staates – für die Juden in Palästina auf. Die Rechte der Araber sollten dabei nicht beeinträchtigt werden.

Bis 1939 baute die zionistische Bewegung eine vorstaatliche Infrastruktur auf. Das Ideal der deutschen Jugendbewegung, die »Selbstverwirklichung«, hatte unter jungen zionistischen Juden die Form eines Aufbauideals in Gestalt der Kibbuzbewegung angenommen. Ein neuer moderner jüdischer Mensch sollte in Abgrenzung vom Diasporajuden geschaffen werden. Der Pionier (Chaluz) betrieb Landarbeit, war wehrhaft, sprach Neuhebräisch, nicht etwa Jiddisch, und sollte in einer egalitären Gemeinschaft leben, die ein Vorbild für Nichtjuden sein sollte. Neben dem Aufbau der Landwirtschaft wurde die erste weltliche jüdische Universität ins Leben gerufen. Eine Gewerkschaft organisierte sich, eine Krankenkasse und ein Gesundheitswesen entstanden, und die städtische jüdische Bevölkerung nahm trotz einiger Krisen insgesamt bis 1939 zu.

Der junge Staat Israel und seine arabischen Nachbarn

Die arabische Nationalbewegung stieß sich an diesem Aufbauwerk. Der extremistische Führer al-Husaini stachelte zu Pogromen und der »arabischen Revolte« von 1935/36 auf. Nach Kriegsausbruch suchte er Kontakt zum nationalsozialistischen Regime in Berlin und plante eine »Arabische Befreiungsarmee«. Der Massenmord an den europäischen Juden schwächte die zionistische Bewegung sehr. Das große Menschenpotenzial des osteuropäischen Judentums existierte nach 1945 nicht mehr. Einige Hunderttausend jüdi-

Auf dem 21. Zionistenkongress im August 1939 beschwor **David Ben Gurion** die Entschlossenheit der jüdischen Siedler:

> *»Auch wenn das Volk Israel – was die Quantität angeht – nicht groß ist, birgt es in sich große seelische Kräfte. Seine Bedrängnis, tiefer Glaube und Hartnäckigkeit führen es nach Erez Israel.«*

Jüdische Soldaten kämpften im Ersten Weltkrieg in fast allen Heeren mit. In der deutschen Armee waren es 100 000 Mann, in der österreichisch-ungarischen 320 000, von denen 12 000 beziehungsweise 40 000 fielen. Das Gemälde zeigt einen Feldgottesdienst für österreichische, ungarische und polnische Soldaten jüdischen Glaubens (Wien, Judaika-Sammlung Max Berger).

sche Heimatlose in Europa suchten eine Zufluchtstätte. Es kam zu einem scharfen Konflikt zwischen der zionistischen Bewegung und der britischen Mandatsverwaltung. Schließlich beschloss die UNO am 29. November 1947, auf dem Gebiet Palästinas zwei Staaten zu errichten, einen jüdischen und einen arabischen. Am 15. Mai 1948 rief David Ben Gurion in Tel Aviv den Staat Israel aus, der sogleich von fünf arabischen Armeen überfallen wurde.

Die arabische Nationalbewegung hatte sich mit dem Teilungsplan der UNO nicht abgefunden. In der Folge entstanden große Flüchtlingsströme: Araber flüchteten aus Palästina, Überlebende der Konzentrationslager aus Europa in den jungen Staat Israel. Hinzu kamen neue jüdische Landsmannschaften. Die arabischen Staaten begannen die oft über 2 000 Jahre ansässigen Juden aus ihren Ländern zu vertreiben: Den Anfang machten Irak und Jemen, später folgten Marokko, Algerien, Libyen und Ägypten, sodass die vor 1948 mehrheitlich europäisch-jüdische Bevölkerung im Laufe der 1950er- und 1960er-Jahre eine starke orientalisch-jüdische Komponente aufwies. Israel musste nach 1948 relativ mehr Flüchtlinge integrieren als die Bundesrepublik Deutschland. Zu dieser enormen Leistung kamen der Aufbau einer modernen Wirtschaft, besonders einer hoch entwickelten Landwirtschaft, sowie die Urbarmachung und Aufforstung weiter Landstriche. Israel, die einzige Demokratie im Nahen Osten, wurde zum Industriestaat. Die Archäologie wurde besonders gefördert, um die jüdische Vergangenheit des Landes herauszustreichen.

Am 13. September 1993 wurde in Washington das Grundsatzabkommen über die Autonomieregelungen für die Palästinenser in den besetzten Gebieten, das **»Gaza-Jericho-Abkommen«**, unterzeichnet. Der anschließende Händedruck zwischen Jasir Arafat und Itzhak Rabin drückte symbolisch den Willen zur Versöhnung aus.

Ungelöste Probleme bis heute

Ungelöste Probleme ergeben sich aus dem unklaren Verhältnis zwischen Religion und Staat. Orthodoxe Parteien vermochten sich als Mehrheitsbeschaffer einen überproportionalen Einfluss zu verschaffen. Trotz Flucht und Vertreibung blieb eine bedeutende arabische Minderheit im Staat (18 %), die theoretisch gleichberechtigt, in Wirklichkeit aber oft diskriminiert ist. Mit der Eroberung von Gebieten 1967 kam eine große arabische Bevölkerung zusätzlich unter israelische Herrschaft. Durch soziale Misere und hohe Jugendarbeitslosigkeit staute sich in Palästina ein Unruhepotenzial auf, das durch fundamentalistisch-islamische Organisationen genutzt wurde. Der Widerstand der Israelis gegen einen unabhängigen Palästinenserstaat sowie die israelische Siedlungs- und Besatzungspolitik im Westjordanland lösten 1987 die erste Intifada aus. Bemühungen zur Lösung des Nahostkonflikts führten zum Gaza-Jericho-Abkommen (1993), zum Kairoer Abkommen (1994), zum Hebron-Abkommen (1997) und zu den beiden Wye-Abkommen (1998 und 1999), die den Palästinensern stufenweise eine Selbstverwaltung in den besetzten Gebieten gewährten. Unter Premierminister Ariel Scharon geriet der Friedensprozess jedoch wieder ins Stocken: Selbstmordanschlägen und Vergeltungsaktionen der israelischen Armee fielen während der 2001 beginnenden zweiten Intifada zahlreiche Menschenleben zum Opfer.

Die Gebietseroberungen 1967 führte zu einem Rechtsruck innerhalb der jüdischen Orthodoxie. Nichtzionistische Strömungen wurden zionisiert und fanden Gefallen an der Macht. Das national-religiöse Milieu wandte sich nach rechts und sah die Verhandlungen mit Palästinensern als Verrat am »vollständigen Israel« (Erez Israel ha-schlemah) an. Der Mörder des 1995 getöteten Premierministers Itzhak Rabin ist in diesem Umfeld geistig geprägt worden. Die orthodoxen Parteien haben die religiösen jüdischen Institutionen Israels besetzt und sehen sich als einzige authentische Vertreter des Judentums an. Die große Mehrheit beispielsweise der amerikanischen Juden aber ist liberal oder konservativ: Ihre Rabbiner und religiösen Entscheidungen werden in Israel nicht anerkannt. Dies führt zu einer immer größeren Spannung zwischen jüdischen Israelis und Diasporajuden.

So stellt sich die Frage, wie denn der Spruch »Nächstes Jahr in Jerusalem« zu verstehen ist, den Juden im jährlichen Gedenken an die Befreiung der Israeliten vom ägyptischem Joch unter Moses einander zurufen. Hat er als universale Chiffre für die messianische zukünftige Zeit angesichts der Unerlöstheit der Welt seine Aktualität behalten?

URI KAUFMANN

srael besitzt keine geschriebene Verfassung; es gelten einzelne zwischen 1948 und 1984 verabschiedete grundlegende Gesetze. Die Legislative liegt beim Parlament, der **Knesset.** Das Parlament wählt auch das Staatsoberhaupt, den Staatspräsidenten.

Das Modell China

Ist China, im
20. Jahrhundert
Schauplatz einer der
größten Revolu-
tionen der Geschichte,
ein Modell für
andere?

Mao Zedong rief am 1. Oktober 1949 in Peking die Volksrepublik China aus. Er trat als Vorsitzender der »Zentralen Volksregierung« an die Spitze des Staates. Unter Ausschaltung der alten Führungselite leitete Mao Zedong gemäß seiner Deutung des Marxismus-Leninismus, des »Maoismus«, eine radikale Umgestaltung der chinesischen Gesellschaft ein.

China – das war für Europäer seit Marco Polos Bericht aus dem 13. Jahrhundert das viel bewunderte »Land der Mitte«: ein mächtiges Reich mit einer hoch entwickelten Kultur, der Mittelpunkt einer ostasiatischen Welt, die mit den »Barbaren« im Westen wenig Berührung suchte. Dies änderte sich im 19. Jahrhundert. Die chinesische Gesellschaft litt zunehmend unter der Verarmung weiter Bevölkerungskreise, Folge eines ungebremsten Bevölkerungswachstums. Die kaiserliche Herrschaftsordnung, seit Jahrhunderten nahezu unreformiert, stand hilflos vor der militärischen Bedrohung, die nun von den imperialistischen Mächten des Westens ausging. China geriet in vielfältige Abhängigkeit von den industrialisierten Ländern.

Der Sturz der Monarchie 1911 löste keines der Probleme des Landes. Vor allem das Elend der Landbevölkerung nahm weiter zu. Ein lang andauernder Bürgerkrieg verhinderte die politische Stabilisierung. 1937 überfiel Japan seinen schwachen Nachbarn und führte bis 1945 einen brutalen Eroberungskrieg gegen ihn. In diesen Jahren stieg die bereits 1921 gegründete Kommunistische Partei Chinas zur führenden patriotischen Kraft auf. Nach Kriegsende konnte sie sich gegen ihren innenpolitischen Gegner, den konservativen General Chiang Kai-shek, militärisch durchsetzen und durch ein Programm radikaler Veränderungen auf dem Lande die Unterstützung großer Teile der Bauernschaft gewinnen. Der Sieg der Kommunisten war daher nicht wie in Russland 1917 auf einen plötzlichen Putsch zurückzuführen, sondern hatte tiefere Ursachen und sogar eine gewisse Zwangsläufigkeit.

Am 1. Oktober 1949 proklamierte der Revolutionsführer Mao Zedong in Peking die Gründung eines neuen Staates: der Volksrepublik China. Innerhalb weniger Monate gelang den kommunistischen Streitkräften, der so genannten Volksbefreiungsarmee, das Unglaubliche: China nach Jahrzehnten der Zersplitterung in den weitestmöglichen Grenzen wieder zu vereinigen. Mit Ausnahme der Insel Taiwan, auf die sich die unterlegenen Bürgerkriegsgegner geflüchtet hatten, und der Äußeren Mongolei war das Großreich der Kaiser des 18. Jahrhunderts wieder auferstanden, das bevölkerungsreichste und nach der Fläche drittgrößte Land der Welt.

Vom »**Tor des himmlischen Friedens**«
aus proklamierte Mao Zedong nach der
Machtübernahme der Kommunisten die
Volksrepublik China. Anstelle von
Nanking wurde nun Peking Hauptstadt.

Damit war China noch keineswegs eine Weltmacht. Das
Land war bettelarm und musste sich zunächst auf seine drän-
genden inneren Probleme konzentrieren. Die Kommunistische Partei Chinas hatte schon früh vermieden, eine Befehls-
empfängerin der sowjetischen Schwesterpartei zu sein.
Nach 1949 blieb ihr zunächst aber nichts anderes übrig, als
sich eng an die Sowjetunion anzulehnen. Zum einen gab es
angesichts der Feindschaft der anderen Supermacht, der
USA, keine Alternative; China und die USA führten 1950–52
in Korea sogar einen Krieg gegeneinander. Zum anderen waren Mao Zedong und die übrigen Parteiführer nicht bloß Na-
tionalisten, sondern überzeugte Anhänger des Marxismus-
Leninismus, so wie sie ihn verstanden. Ihr Ziel war deshalb
die »sozialistische Umgestaltung« der chinesischen Gesellschaft. Dieses Ziel packten sie mit rücksichtsloser Energie an.

Sozialistischer Aufbau, revolutionäre Exzesse

Zwischen 1949 und 1957 schalteten die neuen Herren alle
Kräfte gewaltsam aus, die als »konterrevolutionär« galten.
Intellektuelle, die vorsichtig am Machtmonopol der Kommunistischen Partei rüttelten, wurden streng gemaßregelt.
Industrie und Handel waren um 1956 nahezu vollständig
verstaatlicht. Die Macht der vorrevolutionären Grundbesit-
zerklasse wurde gebrochen. Nach dem Vorbild von Stalins
Kolchosen wurden die Betriebe von Millionen von Klein-
bauern »kollektiviert« und in großen Produktionseinheiten
zusammengefasst. Die gesamte Volkswirtschaft unterlag
zentraler Planung. Diese in Chinas Geschichte beispiellos radikale Neuordnung zeitigte in den 50er-Jahren beträchtliche
Erfolge. Die landwirtschaftlichen Erträge konnten gesteigert
und die Grundlagen einer Schwerindustrie geschaffen werden. Sowjetische Rezepte waren mithilfe Tausender russi-
scher Berater halbwegs erfolgreich auf ein rückständiges
Agrarland übertragen worden.

Mao Zedong stimmte seine Anhänger schon
1927 auf die Härten der Revolution ein, wobei er
in seine Worte ein Zitat von Konfuzius einbaute:

*»Zweitens ist die Revolution
kein Gastmahl, kein Aufsatz-
schreiben, kein Bildermalen
oder Deckchensticken, sie kann
nicht so fein, so gemächlich
und kultiviert, so ›maßvoll,
gesittet, höflich, zurückhaltend
und großmütig‹ sein.«*

Die von Mao Zedong 1966–69 betriebene **Kulturrevolution** sollte die Denk- und Lebensweisen westlicher und traditionell chinesischer Prägung bekämpfen und auch die seit 1958 geschwächte Stellung Mao Zedongs wieder festigen. Das Bild zeigt Teilnehmer einer Kundgebung, die ihre »Mao-Bibeln« schwenken.

Mao Zedong selbst ließ jedoch keinen Zweifel am Vorrang politischer Visionen vor wirtschaftlichen Notwendigkeiten. 1958 proklamierte er den Übergang zum »Kommunismus«, ein Schritt, den Lenin, Stalin und ihre Nachfolger nie getan hatten. In gigantischen Massenkampagnen wurde die Bevölkerung zu kräftezehrenden Arbeitseinsätzen in der Ernte, bei öffentlichen Bauten und der Errichtung zahlloser Miniaturhochöfen überall auf den Dörfern mobilisiert. Die letzten Reste von Privateigentum und individueller Lebensführung verschwanden während dieses »Großen Sprungs nach vorn«. Wirtschaftlich gesehen, war der »Große Sprung« heller Wahnsinn. Er endete in der weltweit schlimmsten Hungerkatastrophe des 20. Jahrhunderts. Die Schätzungen der Bevölkerungsverluste zwischen 1959 und 1961 schwanken zwischen 14 und 30 Millionen. Im Westen nahm man davon wenig Notiz, vor allem weil Unruhen ausblieben und der gleichzeitige Abbruch der Beziehungen zwischen den einstigen sozialistischen Verbündeten China und der Sowjetunion die Aufmerksamkeit fesselte.

Mao Zedong überlebte politisch das Debakel des »Großen Sprungs« und setzte 1966 zu einem letzten bizarren Versuch totalitärer Mobilisierung an: seiner »Großen Proletarischen Kulturrevolution«. Durch geschickte Propaganda wurden Schüler und Studenten zur Revolte gegen jede Tradition und Autorität, natürlich außer der persönlichen Maos, aufgestachelt – gegen Lehrer, »bürgerliche« Intellektuelle, die klassische chinesische Kultur, schließlich gegen den gesamten Parteiapparat. Mao wäre es beinahe gelungen, die Partei, die er einst selbst aufgebaut hatte, zu zerstören. Als die Auseinandersetzungen jedoch immer mehr außer Kontrolle gerieten, setzte er die Armee ein, um die Ordnung wieder

Zu Zeiten der Kulturrevolution boten **Wandzeitungen** ein alltägliches Bild in China. Dieses Foto wurde im November 1966 aufgenommen und zeigt die Fassade des Grubenministeriums in Peking, bedeckt mit Wandzeitungen und revolutionären Parolen.

herzustellen. Hunderttausende von Jugendlichen wurden zur ›Umerziehung« aufs Land geschickt.

Die Kulturrevolution mit ihren Massenaufmärschen fanatisierter »Rotgardisten«, die die rote »Mao-Bibel«, eine Sammlung von Aussprüchen des »Großen Vorsitzenden«, schwenkten, fand im Westen die Zustimmung derjenigen, die jeden Angriff auf ein »Establishment« begrüßten. Vor der Destruktivität dieser wilden Episode verschloss man die Augen. Ernsthafter ließ sich die Frage diskutieren, ob China nicht vielleicht mit seiner Politik der »Wiedergeburt aus eigener Kraft« ein Vorbild für andere Entwicklungsländer sein könne. Die Antwort gab die Führung der Kommunistischen Partei Chinas selbst, als sie nach Maos Tod (1976) die Strategie der Isolierung für gescheitert erklärte und die vordem verteufelten »ausländischen Kapitalisten« am wirtschaftlichen Aufbau beteiligte.

Vom ›Modell China« zur spannungsreichen Normalität

Mao Zedong hatte 1971 mit der Annäherung an den alten Erzfeind USA und der Aufnahme in die UNO eine gefährliche außenpolitische Isolierung durchbrochen. Seine Nachfolger verzichteten auf den weltweiten »Export der Revolution«, der ohnehin nur in Albanien und bei einigen Guerillabewegungen Widerhall gefunden hatte. Man rückte von dem Anspruch ab, ein Modell für den Rest der Welt gefunden zu haben.

Unter der Führung von Deng Xiaoping konzentrierte sich die Volksrepublik seit 1978 auf ihre eigenen Probleme. Ihre Außenpolitik ist heute nicht länger ideologisch, sondern realpolitisch motiviert. Die Nuklearmacht China versucht nicht, weltweit präsent zu sein, sondern baut in erster Linie ihre Vormachtstellung in Asien aus – eine Sorge für viele ihrer Nachbarn. China öffnete sich wirtschaftlich und kulturell zur Außenwelt, ohne allerdings westlichen Demokratievorstellungen Raum zu geben. Die Niederschlagung der Demokratiebewegung vor dem Tor des Himmlischen Friedens im Juni 1989 machte dies überdeutlich. Auch am Anfang des 21. Jahrhunderts ist China noch eine kommunistische Parteidiktatur. Die »sozialistische Marktwirtschaft« Deng Xiaopings hat den Lebensstandard des Durchschnittschinesen viel deutlicher gesteigert, als dies den maoistischen Dogmatikern jemals gelang. Von dem Wirtschaftswachstum profitieren aber nicht alle Teile des riesigen Landes. China sucht heute nach Antworten auf seine eigenen Probleme. Ein Modell für andere kann und will es nicht sein.

JÜRGEN OSTERHAMMEL

Tibet wurde 1950/51 von China besetzt. Das Foto zeigt Mao Zedong 1956 zwischen den beiden wichtigsten geistlichen Führern Tibets, dem Pantschen-Lama, Tschökyi Gyaltshan (links), und dem Dalai-Lama, Tenzin Gyatso (rechts). Unter chinesischer Herrschaft wurden die meisten lamaistischen Klöster zerstört. Auf Unabhängigkeitsbestrebungen reagiert die chinesische Regierung bis heute mit Menschenrechtsverletzungen.

Die Formulierung des Strukturmodells der DNA ermöglichte schließlich das Verständnis für das Erbgut der Lebewesen.

Die DNA-Doppelhelix

Am 25. April des Jahres 1953 erscheint in der britischen Wissenschaftszeitschrift »Nature« der Bericht zweier Forscher aus Cambridge. Er beginnt mit dem Satz: »Wir möchten hiermit eine Struktur für das Salz der Desoxyribonucleinsäure (abgekürzt DNA für *deoxyribonucleic acid*) vorschlagen.« Nach der kurzen chemischen Beschreibung endet der Bericht: »Es ist uns nicht entgangen, dass die spezifische Paarung, die wir postuliert haben, einen möglichen Kopiermechanismus für das genetische Material unmittelbar nahe legt.« Die Autoren dieser Arbeit: der britische Physiker Francis Crick und der amerikanische Biochemiker James D. Watson.

Mit mehr Understatement lässt sich kaum beschreiben, was die beiden Forscher am Abend des 28. Februar im nahe gelegenen »Eagle-Pub« mit einem Whisky begossen, nachdem sie zuvor im Labor die Grundgestalt der DNA als Doppelschraubenmolekül gefunden hatten: die Doppelhelix. 1962 sollten sie mit Maurice Wilkins für ihre Arbeit den Medizinnobelpreis erhalten, doch die Bedeutung ihres Fundes war allen Fachkollegen sofort klar, sobald sie auch nur kurz auf das provisorische DNA-Modell im Labor der beiden blickten. Watson und Crick gelang es, die räumliche Struktur des wichtigsten Moleküls des Lebens, der Erbsubstanz, scheinbar spielerisch zu entschlüsseln. Aus dieser

Anhand der von Rosalind Franklin und Maurice Wilkins durch Röntgenstrukturanalyse ermittelten Daten stellten **James Watson** (links) und **Francis Crick** (rechts) 1953 ein Modell für die räumliche Struktur der DNA vor. Für ihre Forschungsergebnisse zur Erbsubstanz erhielten die beiden Biochemiker gemeinsam mit Wilkins 1962 den Nobelpreis für Physiologie oder Medizin.

räumlichen Struktur, darauf spielt der Schlusssatz in ihrem Beitrag an, ließ sich bereits wenige Jahre später der genetische Code, die Sprache des Erbguts, ableiten; die Struktur war die Voraussetzung, um zu erkennen, wie und auf welchem Weg die Information, die in der DNA gespeichert ist, zur Synthese der Grundbausteine aller Zellen, der Eiweiße oder Proteine, benutzt wird; sie schuf letztlich die Basis, um Erbinformation von einem Organismus auf den anderen zu übertragen und diese Erbinformation abzuändern. Es ist daher gerechtfertigt, das Watson-Crick-Modell der DNA als die bedeutsamste biologische Entdeckung des 20. Jahrhunderts anzusehen.

Ein »dummes Molekül«

Die Geschichte der DNA beginnt 1869. In diesem Jahr entdeckt der Basler Biologe Friedrich Miescher in Samenzellen von Forellen und in weißen Blutzellen eine merkwürdige Substanz. Er nennt sie Desoxyribonucleinsäure. Welche biologische Funktion sie haben könnte, bleibt ihm verborgen. Es soll 75 Jahre dauern, bis 1944 der amerikanische Genetiker Oswald Avery anhand seiner Versuche erkennt, dass die DNA der Träger der Erbsubstanz sein muss. Seine Ergebnisse stoßen auf Skepsis, denn alles, was Chemiker seit Mieschers Entdeckung über den Aufbau der DNA herausfanden, spricht nicht gerade dafür, dass sie die Erbsubstanz sein könnte. Bis zu Beginn der 30er-Jahre ermitteln Forscher alle Bestandteile: Man analysiert den Zucker als Desoxyribose, findet zudem Phosphorsäure und die vier Basen Adenin, Thymin, Guanin und Cytosin.

Wie soll eine so langweilige Substanz, die der berühmte Genetiker Max Delbrück »dummes Molekül« nannte, die Vielfalt des Lebens hervorbringen? Viele Biologen favorisieren denn auch die scheinbar erheblich vielfältiger aufgebauten Proteine als Träger der Erbsubstanz. Doch Averys Befunde erweisen sich als korrekt; Ende der 40er-Jahre steht endgültig fest: Die DNA ist die Erbsubstanz. Obwohl sich daraufhin viele Biologen erneut dem »dummen Molekül« zuwenden, kommen sie kaum voran. 1952 veröffentlichen Alexander Todd und Dan Brown das Ergebnis ihrer mehr als acht Jahre dauernden Analyse des DNA-Moleküls: Demnach bildet die Desoxyribose mit der Phosphorsäure das Molekülgerüst; die Basen stellen sie sich als Anhängsel vor. Die DNA-Forschung steckt in einer Sackgasse: Man kennt die Bestandteile der DNA, weiß jedoch nicht, wie diese räumlich verknüpft sind.

Der Wettlauf um die Raumstruktur beginnt

Die zu dieser Zeit einzige Methode zur Analyse von Raumstrukturen großer Biomoleküle ist die Röntgenstrukturanalyse. Man bestrahlt dazu Kristalle der zu untersuchenden Biomoleküle mit Röntgenstrahlen. Diese werden am Kristallgitter, je nach dessen Struktur, unterschiedlich gebeugt. So entstehen Fotos mit Beugungsmustern, die Aufschluss über die räumliche Anordnung des Moleküls geben. Anfang der 50er-Jahre arbeiten Wissenschaftler an mindestens vier Orten auf der Welt am Strukturrätsel DNA: In den USA sind es Erwin Chargaff und Linus Pauling, in Großbritannien Maurice Wilkins und Rosalind Franklin in London sowie Watson und Crick in Cambridge.

Chargaff macht 1952 eine bedeutende Entdeckung, die er jedoch nicht zu nutzen versteht. Der Biochemiker entdeckt,

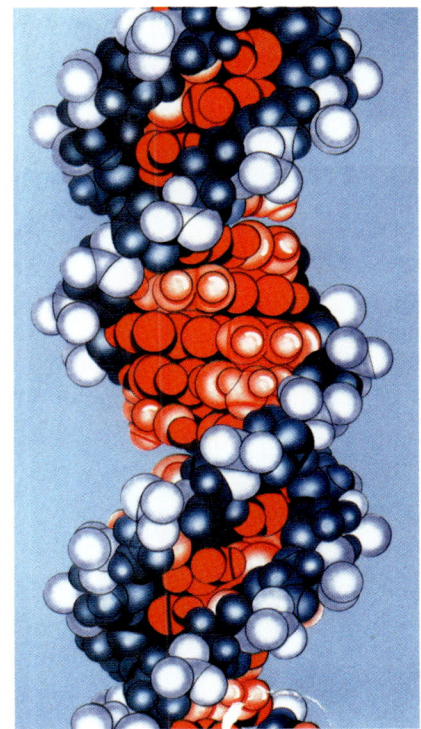

Der in fast allen Lebewesen vorhandene Träger der genetischen Information, die DNA, besteht aus **spiralförmig angeordneten Ketten von Nukleotiden.** Das Modell zeigt die komplexe räumliche Struktur.

Allein von der Menge der DNA in den Zellen kann man nicht darauf schließen, wie hoch entwickelt ein Organismus ist. Zwar enthalten die Zellen des Menschen 1000-mal mehr DNA als die des Darmbakteriums Escherichia coli und 100-mal mehr als die der Fruchtfliege Drosophila, aber schon die der Maus enthalten fast genauso viel – die von Amphibien und vielen Blütenpflanzen sogar weit mehr.

dass in der DNA die Basen Adenin und Thymin einerseits sowie die Basen Guanin und Cytosin andererseits immer im gleichen Mengenverhältnis auftreten. Nur das Mengenverhältnis der beiden Paare Adenin/Thymin zu Guanin/Cytosin variiert. Pauling, zu der Zeit bereits ein anerkannter Biochemiker, entdeckt eine der wichtigsten Raumstrukturen, in denen viele Proteine auftreten, die einkettige Schraubenform, Alphahelix genannt. Watson und Crick, beide noch unbeschriebene Blätter in der Forschung, fürchten, dass ihnen der brillante Pauling zuvorkommen könnte. In London führen Wilkins, als Chef, und Rosalind Franklin, eine auf ihre Unabhängigkeit bedachte Forscherin, einen Kleinkrieg im Labor. Der Röntgenkristallographin gelingen die bis dahin besten Beugungsmuster einer DNA. Wegen des Konflikts mit Wilkins verschließt sie sich jedoch jeglichem Gedankenaustausch.

Wilkins, der mit Crick befreundet ist, möchte lieber mit dem Forscherduo aus Cambridge als mit seiner Londoner Mitarbeiterin kooperieren. So gelangen Crick und Watson schließlich an Franklins Beugungsmuster der DNA. Nun verfügen beide Forscher über alle Puzzlesteine, aus denen sie das vollständige, räumliche Bild der DNA zusammensetzen. Im Gegensatz zu Rosalind Franklin lieben Watson und Crick die wissenschaftliche Diskussion. Langwierige, von vielen Frustrationen begleitete Laborarbeit, so wie Franklin sie sich aufbürdet, ist ihre Sache nicht. Ihre Strategie ist weitaus intuitiver, chaotischer. Doch bei der Lösung des Raumstrukturrätsels erweist sich dieses Vorgehen schließlich als erfolgreicher.

Das Puzzle fügt sich zusammen

Aus Franklins Beugungsmustern folgern sie, dass die DNA aus zwei und nicht nur aus einer spiraligen Kette bestehen muss, wobei die beiden Ketten entgegengesetzt verlaufen müssen. So ergibt sich zunächst das Bild einer Doppelwen-

Viele Wissenschaftler trugen zur Entdeckung der DNA-Struktur bei. **Linus Pauling** entdeckte mithilfe der Röntgenstrukturanalyse die α-Helix-Struktur vieler Proteine.

Elektronenmikroskopische Aufnahme der **DNA eines menschlichen Chromosoms** nach Entfernung der Proteine

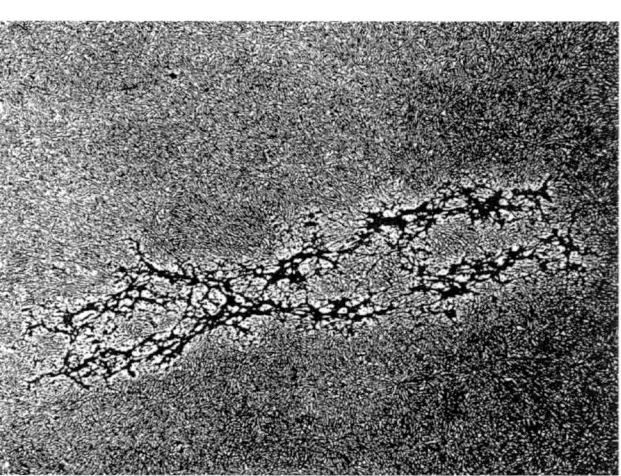

del. Chargaffs Paarungsregel der Basen interpretieren die beiden so, dass die mengenmäßig jeweils gleich häufigen Basen sich gegenüberstehen könnten. An der Struktur von Adenin und Thymin sowie von Cytosin und Guanin erkennen die beiden auch, dass sich die jeweils gepaarten Basen über zwei beziehungsweise drei Wasserstoffbrücken miteinander verbinden können.

Am atomaren Drahtgittermodell, dass die beiden anfertigen, erkennen sie die Lage der Basen zum Grundgerüst: Jede Base ist chemisch über die Phosphorsäuremoleküle mit dem Molekülgerüst verbunden und nach innen orientiert. Dadurch stehen sich innerhalb des geschraubten Moleküls entweder ein Adenin und ein Thymin oder ein Guanin und ein Cytosin gegenüber, die Doppelwendel entpuppt sich als verdrillte, molekulare Strickleiter mit zwei gegenläufig orientierten, schraubenartig verdrehten Phosphorsäure-Zucker-Gerüsten als den beiden Holmen und den über Wasserstoffbrücken verbundenen Basenpaaren als Sprossen.

Nachfolgende Detailuntersuchungen bestätigten diese Struktur. Das Erbsubstanzmolekül DNA war entschlüsselt, und seine räumliche Anordnung legte den Biologen unmittelbar nahe, wie sich die Erbinformation bei der Zellteilung identisch kopiert: Die beiden durch Wasserstoffbrücken zusammengehaltenen DNA-Stränge trennen sich wie ein Reißverschluss auf. An den beiden Einzelsträngen können sich DNA-Einzelbausteine anlagern, garantiert durch die Basenpaarung entsteht ein komplementärer Strang. Die Raumstruktur legte zudem nahe, wie sich die Information für den Aufbau der Proteine aus ihren insgesamt 20 Aminosäuren in der DNA kodieren lässt. Ein DNA-Abschnitt mit jeweils drei Basen muss die kleinste Informationseinheit des genetischen Codes sein, so ergeben sich bei den vier Basen $4^3 = 4 \times 4 \times 4 = 64$ Möglichkeiten – mehr als genug für die 20 Aminosäuren, deren Aufeinanderfolge jedes bekannte Protein chemisch hinreichend bestimmt und damit etwas derartig Komplexes wie unser gesamtes Erbgut festlegt.

ROLF ANDREAS ZELL

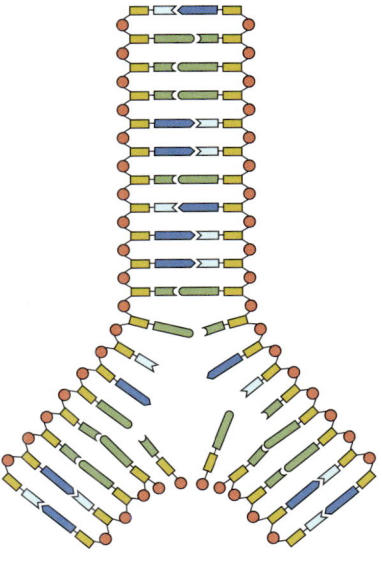

Die bei der semikonservativen **DNA-Replikation** entstehenden Doppelstränge bestehen zur Hälfte aus altem und zur Hälfte aus neuem Material.

Die Pille revolutionierte das menschliche Sexualverhalten: Sie leitete eine neue Epoche der Herrschaft über die Fortpflanzung ein.

Die Antibabypille

Seit Jahrtausenden träumten Frauen und Männer von einer perfekten Methode, unerwünschte Schwangerschaften zu verhindern. Doch erst am 11. Mai 1960 schien der Traum in Erfüllung zu gehen. An diesem Tag wurde die erste hochwirksame Antibabypille in den USA zum Verkauf freigegeben. Sie enthielt Wirkstoffe, die den Eisprung und damit auch die Empfängnis verhinderten. Die Aussicht, durch die einfache Einnahme einer Pille zukünftig vor Schwangerschaften sicher zu sein, löste weltweit eine große Euphorie aus. Erst später stellte sich heraus, dass auch die Pille nicht das ideale Verhütungsmittel war, als das sie angepriesen wurde. Dennoch hat sie unser Leben grundlegend verändert, weil eine ungewollte Schwangerschaft seitdem kein unvermeidbares Schicksal mehr ist.

Die Suche nach geeigneten Verhütungsmitteln wurde bis ins 20. Jahrhundert durch die völlige Unkenntnis der Vorgänge behindert, die zur Entstehung des menschlichen Lebens führen. Nur der Zusammenhang zwischen Geschlechtsverkehr, Samenerguss und Schwangerschaft war bereits 2000 v. Chr. in Ägypten bekannt. Die geschlechtliche Enthaltsamkeit galt deshalb schon früh als beste Verhütungsmethode. Häufig wurde auch der Abbruch des Geschlechtsverkehrs vor dem Samenerguss, der Coitus interruptus, praktiziert. Neben vielen Formen von Magie und, aus heutiger Sicht, wenig Erfolg versprechenden Rezepturen kamen auch Mittel zur Anwendung, die das Eindringen des Samens in die Gebärmutter mechanisch verhindern sollten, zum Beispiel Pessare und das Kondom. Der Vorteil aller dieser mechanischen und »natürlichen« Methoden lag in ihrer Unschädlichkeit, die Wirkung hing dagegen stark von der Disziplin der Anwender und der Verarbeitung des Verhütungsmittels ab, die Handhabung war oft kompliziert und unbequem.

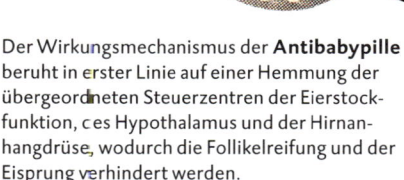

Der Wirkungsmechanismus der **Antibabypille** beruht in erster Linie auf einer Hemmung der übergeordneten Steuerzentren der Eierstockfunktion, des Hypothalamus und der Hirnanhangdrüse, wodurch die Follikelreifung und der Eisprung verhindert werden.

Die Fortpflanzung wird entschlüsselt

Ein Medikament zur zeitweiligen Ausschaltung der Fortpflanzungsfähigkeit rückte erst in den Bereich des Möglichen, nachdem in der ersten Hälfte des 20. Jahrhunderts

Aufgaben und Steuerung des weiblichen Monatszyklus aufgeklärt worden waren. Karl Ernst von Baer beobachtete 1827
zum ersten Mal das Ei eines Säugetiers im Eierstock. In den
folgenden Jahrzehnten gelang es verschiedenen Forschern,
den Vorgang der Befruchtung des Eis durch einen männlichen Samenfaden, das Spermium, aufzuklären. Gleichzeitig
bewiesen sie, dass die weiblichen Eierstöcke in jedem Monatszyklus durch den Eisprung, die Ovulation, spontan ein
Ei hervorbringen. Nach der Ovulation wandelt sich die Ei-

Die ersten **künstlichen Sexual-
hormone** wurden von
Chemikern der Firma Schering in
Berlin entwickelt. Auf der Tafel
steht die Formel des weiblichen
Sexualhormons Gestagen, das
1938 erstmals synthetisch hergestellt wurde.

hülle in den »Gelbkörper« um, dessen Aufgabe zunächst rätselhaft blieb. Im Jahr 1898 vermuteten John Beard und Auguste Prénant, dass der Gelbkörper einer Schwangeren
durch bestimmte Botenstoffe, die Hormone, weitere Ei-
sprünge und damit Schwangerschaften verhindert. Den Ös-
terreicher Ludwig Haberlandt brachte diese Theorie 1919 auf
den Gedanken, ein ovulationshemmendes Verhütungsmittel aus der Gelbkörpersubstanz zu entwickeln: Das Grundprinzip der späteren Antibabypille war entdeckt. In den
30er-Jahren wurde dann die chemische Struktur der weiblichen Geschlechtshormone, der Östrogene und Gestagene,
aufgeklärt, und während des Zweiten Weltkrieges entwickelte Russell Marker ein Verfahren, das Gestagen Progesteron in großen Mengen und billig aus der mexikanischen
Yamswurzel herzustellen.

Die technischen Voraussetzungen für die Antibabypille
waren damit gegeben, aber es fehlte noch an dem festen Willen, ihre Entwicklung gegen scheinbar unüberwindliche religiöse und gesellschaftliche Widerstände voranzutreiben.
Erst Anfang 1951 wurde der Biologe Gregory Pincus von
der Frauenrechtlerin und Führerin der amerikanischen Geburtenkontrollbewegung Margaret Sanger zur Suche nach
einem sicheren und einfachen Verhütungsmittel angeregt.
Pincus und seinen Mitarbeitern gelang es schon bald, mit
dem aus Progesteron hergestellten Wirkstoff Norethynodrel

Der amerikanische Sexualforscher
Bernard Asbell äußerte sich über die sozialen
Auswirkungen der Antibabypille:

> *»Die Pille veränderte das Leben*
> *von Menschen aus allen*
> *Schichten. Sie ermöglichte*
> *nicht nur die Planung einer*
> *Familie, sondern auch eine*
> *Lebensplanung zwischen Beruf*
> *und Kindersegen.«*

von der Firma G. D. Searle im Tierversuch den Einsprung und damit die Empfängnis zu verhindern. Für die ersten erfolgreichen klinischen Versuche an 50 Frauen 1954 in Boston gewann Pincus den katholischen Gynäkologen John Rock. Seit 1956 fanden dann umfangreiche Feldversuche mit der Enovid genannten Pille in Puerto Rico, Haiti und Mexiko statt. Das Mittel wirkte bei korrekter Anwendung absolut sicher, aber die Nebenwirkungen waren zunächst unerträglich. Erst der Zufall half weiter: Eine mit synthetischem Östrogen »verunreinigte« Lieferung von Enovid verursachte erheblich weniger Beschwerden. Daraufhin beantragte G. D. Searle 1959 die Freigabe dieser Östrogen-Gestagen-Kombination als Verhütungsmittel. Die Genehmigung wurde am

Ihre Erfahrungen als Krankenschwester ließen die amerikanische Frauenrechtlerin **Margaret Sanger** zur Vorkämpferin der nationalen und internationalen Geburtenkontrollbewegung werden. 1921 gründete Sanger die »American Birth Control League«, 1927 organisierte sie in Genf die erste Weltbevölkerungskonferenz, und 1953 übernahm sie das Amt der Präsidentin des Internationalen Bundes für Familienplanung.

11. Mai 1960 von der amerikanischen Aufsichtsbehörde erteilt; am 1. Juni 1961 folgte die Zulassung der ersten deutschen Pille »Anovlar« von der Firma Schering. In den folgenden Jahren trat die Antibabypille ihren Siegeszug um die Welt an. Durch die Befreiung des Geschlechtsverkehrs von der Angst vor ungewollter Nachkommenschaft trug die Pille dazu bei, die lustfeindliche Sexualmoral in vielen Ländern zu lockern. Sie ermöglichte den Frauen einen selbstbewussten Umgang mit ihrer Sexualität und half ihnen dabei, den bis dahin fast unausweichlichen Rollen als Hausfrau und Mutter zu entgehen, wenn sie es wünschten. Die wirksame Verhütung durch die Pille machte viele Abtreibungen überflüssig und bremste weltweit das bedrohliche Bevölkerungswachstum. In Deutschland kam es sogar zu einem regelrechten »Pillenknick«: Die Zahl der Geburten ging drastisch zurück.

Krise und Renaissance der Pille

Mitten im Erfolg geriet die Pille gegen Ende der 60er-Jahre in eine schwere Krise. Am 25. Juli 1968 verkündete Papst Paul VI. die Enzyklika »Humanae vitae«, in der sämtliche empfängnisverhütenden Mittel verurteilt wurden, weil der Geschlechtsverkehr immer der Fortpflanzung dienen müsse. Nur die Berechnung der unfruchtbaren Tage der Frau,

Gegen die **Freigabe der Antibabypille** wandten sich 1964 in der Ulmer Denkschrift 140 Ärzte und 45 Universitätsprofessoren:

»Die Möglichkeit, ohne scharfe Kontrolle ›Antibabypillen‹ zu bekommen, könnte bei der bereits jetzt schlechten Geburtenbilanz Deutschland in ein sterbendes Volk verwandeln.«

wegen ihrer Unsicherheit spöttisch »römisches Roulette« genannt, wurde den katholischen Eheleuten gestattet Trotz der scharfen Kritik an dieser Entscheidung hält die katholische Kirche bis heute an der Verdammung der Empfängnisverhütung im Allgemeinen und der Pille im Besonderen fest. Auch von einer ganz anderen Seite, nämlich von Teilen der neuen Frauenbewegung, hagelte es Kritik an der Pille. Sie wurde als männliches Machwerk zur Abwälzung der Last der Verhütung auf die Frauen angeklagt. Viele Frauen empfanden die Einnahme von Hormonen jetzt als einen schweren Eingriff in ihren Körper, zumal durch den Streit um gefährliche Nebenwirkungen wie die Verstopfung von Blutgefäßen und Krebs in den 70er-Jahren eine große Verunsicherung um sich griff. Heute kann diese Krise der Pille als überwunden gelten. Ihre Vor- und Nachteile sind mittlerweile gut bekannt. Die schädlichen Nebenwirkungen konnten durch die enorme Reduzierung des Hormongehalts in den modernen »Mikropillen« erheblich verringert werden. Die Pille für den Mann lässt zwar noch auf sich warten, es befinden sich aber inzwischen Erfolg versprechende Präparate in der klinischen Prüfung.

Das Potenzmittel **Viagra** war ursprünglich ein erfolgloses Mittel gegen Herzkrankheiten. Trotz großer gesundheitlicher Risiken hat das Medikament den Weltmarkt in rasantem Tempo erobert und ist in vielen Ländern frei verkäuflich.

   In letzter Zeit erhielt die »Pillenfamilie« weiteren Zuwachs: Die »Pille danach« verhindert innerhalb einiger Stunden nach einem ungeschützten Geschlechtsverkehr die Einnistung der befruchteten Eizelle in der Gebärmutter. Die »Abtreibungspille« RU 486 wurde 1988 in Frankreich zugelassen, blieb jedoch in Deutschland bis 1999 verboten. Die »Potenzpille« Viagra sorgte 1998 weltweit für Furore. Eines haben alle diese »Pillen« trotz ihrer Unterschiede gemeinsam: Als Medikamente eines neuen Zeitalters bekämpfen sie keine Krankheiten, sondern erlauben die Umprogrammierung des Organismus nach unseren Wünschen.

                                                    RALF BRÖER

Ist die Erde nur ein
Körnchen im All, das
mit einem expandie-
renden Universum von
seinem Ursprung
immer weiter
fortrast?

Die Urknalltheorie

Von Aristoteles bis zum Beginn des 20. Jahrhunderts war man von der Unwandelbarkeit und damit der Ungeschichtlichkeit des Universums überzeugt. Selbst Albert Einstein, der 1917 die Gravitationstheorie auf die Welt im Großen anwendet, entwirft noch ein statisches Modell, in dem eine endliche Welt von Ewigkeit an existiert und niemals endet.

Ab 1912 entdecken die Astronomen Vesto M. Slipher und Francis G. Pease, dass das Licht von fernen Galaxien beträchtliche Wellenlängenänderungen gegenüber irdischen Experimenten aufweist. Harlow Shapley und auch Carl Wirtz deuten diese so genannte Rotverschiebung als Bewegungseffekt und als Hinweis, dass die meisten Galaxien sich von uns entfernen. 1929 zeigt Edwin P. Hubble, dass das Universum sich homogen und isotrop, also räumlich gleichförmig und ohne Bevorzugung einer Richtung, ausdehnt. Weitere Hinweise für die kosmische Expansion kommen ab 1922 von der Theorie her, als Alexander Friedmann und Georges Lemaître strenge kosmologische Lösungen von Einsteins Feldgleichungen der Gravitation finden, die eine dynamische Welt beschreiben. In diesen Modellen taucht als begriffliche Neuerung auch ein endliches Alter des Universums auf. Wenn wir gedanklich die Expansionsbewegung in die Vergangenheit zurückverfolgen, gelangen wir zu einem Punkt, an dem alle Galaxien einen verschwindenden Abstand hatten: zum »Big Bang« oder »Urknall«. Friedmann nennt, kühn und ohne theologische Bedenken, die Zeit, die von jenem Augenblick an verstrichen ist, als der Raum ein Punkt war, die »Zeit seit der Erschaffung der Welt«. Spätere Untersuchungen zeigten, dass dieser absolute Nullpunkt der Zeit, die so genannte Anfangssingularität, einen Rand der Raum-Zeit darstellt, über den hinaus die Weltlinien der Galaxien nicht weiter in die Vergangenheit fortsetzbar sind.

Edwin Hubble
begründete die
moderne extragalaktische Astronomie.
1923/24 gelang ihm die
Bestimmung der
Entfernung des Andromedanebels; damit war
erstmals die Existenz
von Himmelskörpern
außerhalb der Milchstraße bewiesen. 1929
konnte er nachweisen,
dass das Universum sich
gleichförmig ausdehnt.

Expandiert das Universum?

Um immer genauer die exakte Form der Expansion des Universums zu beschreiben, versucht man die gegenwärtigen Werte des Hubble-Parameters H_0 und des Bremsparameters q_0 zu bestimmen. H_0 liefert die Geschwindigkeit der Expansion, und q_0 besagt, wie stark die Anziehungskraft der kosmischen Materie ihre Fluchtbewegung vermindert. In

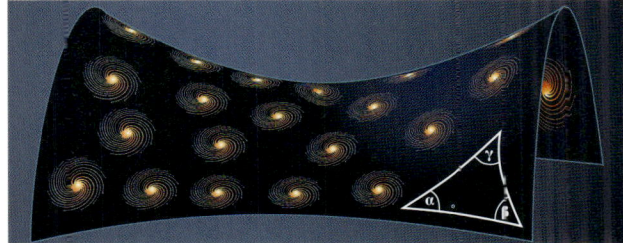

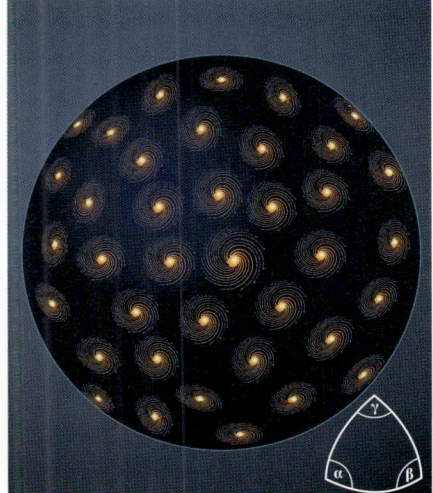

In diesem Modell bewegen sich die **Galaxien** auf der expandierenden Kugeloberfläche voneinander fort (rechts), irgendwann jedoch wendet sich die Expansionsbewegung zu einer Kontraktionsbewegung. Im Gegensatz dazu steht die Variante des offenen Universums, das man mit dem Modell einer Sattelfläche beschreiben kann (links unten). Ein Kompromiss zwischen den beiden Modellen wäre eine ungekrümmte Welt, die als einfache Fläche dargestellt werden kann (links oben).

Einsteins Gravitationstheorie ist die Geometrie des Raums eng mit der Materiedichte des Weltalls verbunden. Die Theorie lässt dabei – vereinfacht – drei Möglichkeiten zu: Wenn die mittlere Dichte des Universums unterhalb eines kritischen Werts liegt, expandiert es in alle Ewigkeit weiter; ist sie ihm gleich, kommt die Expansionsbewegung in unendlicher Zeit zum Erliegen; überschreitet die Dichte den Wert, so verwandelt sich die Expansionsbewegung nach endlicher Zeit in eine Kontraktionsbewegung, bei der sich das Universum in einem Endknall selbst vernichtet.

Die Bestimmung der beiden kosmologischen Parameter H_0 und q_0 gestaltet sich äußerst schwierig, da dazu Messungen an Objekten in sehr großen Distanzen notwendig sind, die wegen der langen Laufzeit des Lichts in einem viel früheren Moment der kosmischen Zeit gesehen werden. Es ist nicht leicht abzuschätzen, wie die kosmische Entwicklung unterdessen die Leuchtkraft dieser fernen Quellen beeinflusst hat. Die besten Entfernungsindikatoren sind die Cepheiden, pulsierende Riesensterne, deren Distanz sich bis auf 5 % genau bestimmen lässt. Was den Bremsparameter q_0 anbelangt, so zeigen die gegenwärtigen Beobachtungen, dass wir offensichtlich in einem unterkritischen Universum leben, das ewig weiter expandiert und in dem der Raum unendliche Erstreckung hat. Diese Annahme könnte allerdings schnell hinfällig werden, wenn sich die jüngst von der japanischen Super-Kamiokande-Kollaboration gefundenen Indizien dafür verstärkten, dass das bislang als masselos geltende Neutrino eine Masse besitzt.

Was war am Anfang?

Die entscheidende Stütze für das Urknall-Modell wurde 1965 durch Arno A. Penzias und Robert W. Wilson gefunden. George Gamow hatte zwar schon 1946 vorausgesagt,

Wie alt ist das Universum? Je nach Weltmodell und Interpretation der Daten kommt man auf unterschiedliche Werte: Die aufgrund des Hubble-Parameters errechnete Hubble-Zeit liegt bei 15 Milliarden Jahren, während Berechnungen anhand des Isotopenzerfalls für das Milchstraßensystem ein Alter von 21 Milliarden Jahren ergeben.

dass ein expandierendes Universum eine beobachtbare Reliktstrahlung hinterlassen haben müsste, aber erst durch die Zufallsentdeckung der beiden Physiker der Bell Telephone Company wurde diese kosmische Hintergrundstrahlung gefunden. Es handelt sich bei ihr um das »Nachglühen« des Feuerballs aus jener Entwicklungsphase des Universums, als sich bei einer Temperatur von etwa 4000 Kelvin Protonen und Elektronen zu neutralem Wasserstoff vereinigten. Von da an konnten Photonen ungehindert an der Expansion teilnehmen und sich so bis auf ihre heutige Temperatur von 3 K, also fast auf den absoluten Nullpunkt, abkühlen.

Seit 1990 wird die Hintergrundstrahlung, die wegen der absorbierenden Erdatmosphäre nur im Weltraum zu beobachten ist, durch den Satelliten COBE (Cosmic Background Explorer) vermessen. Anfangs wurden keine Irregularitäten entdeckt. Damit tauchte das Rätsel auf, wie es je zur Ausbildung von endlich ausgedehnter, strukturierter Materie kommen konnte; denn irgendwelche Keime für die spätere galaktische Entwicklung mussten vorhanden sein. Erst 1992 gelang es wirklich, Temperaturschwankungen in der Größenordnung von 1:100 000 zu finden, womit der Einklang des Urknall-Modells mit dem Prozess der Galaxien-Entstehung hergestellt war. Zu den erstaunlichsten Zügen dieses »heißen« Urknall-Modells gehört es, dass wir daraus die gesamte Geschichte unserer heutigen Materiezusammensetzung des Universums ableiten können. Dabei arbeiten Astrophysik und Hochenergiephysik in einer bemerkenswerten Kooperation zusammen.

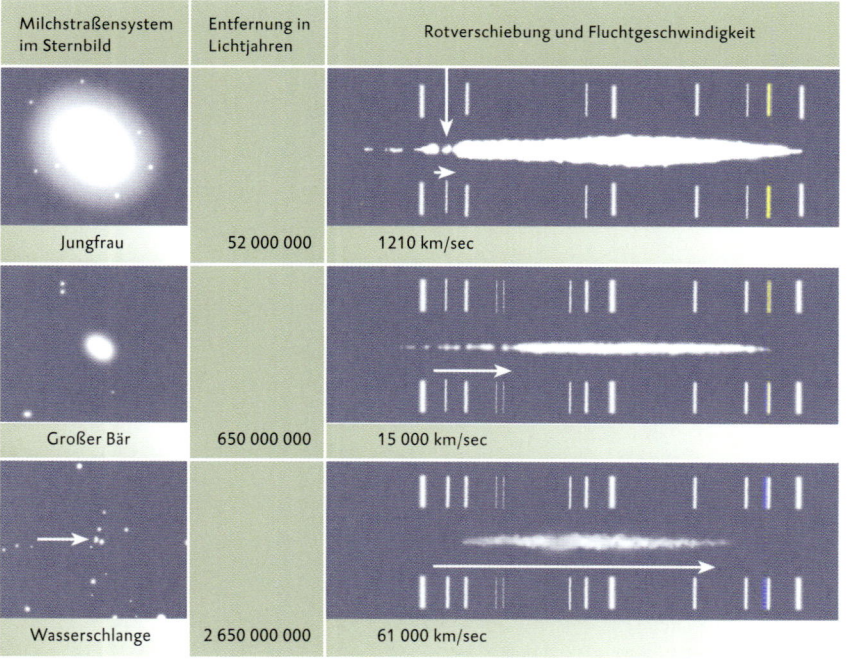

Milchstraßensystem im Sternbild	Entfernung in Lichtjahren	Rotverschiebung und Fluchtgeschwindigkeit
Jungfrau	52 000 000	1210 km/sec
Großer Bär	650 000 000	15 000 km/sec
Wasserschlange	2 650 000 000	61 000 km/sec

Mittels der **Rotverschiebung,** hier von drei verschieden weit entfernten Galaxien, kann die Geschwindigkeit der Galaxien bestimmt werden. Die Geschwindigkeit der Galaxien nimmt proportional zu ihrer Entfernung vom Sonnensystem zu. Je weiter die Galaxie entfernt ist, desto stärker sind die Spektrallinien zum roten Ende des elektromagnetischen Spektrums hin verschoben.

Heute geht man für das sehr frühe Universum von einer Abfolge von Epochen aus, die durch die theoretischen Ideen der Vereinheitlichung aller physikalischen Kräfte bestimmt ist. Die Grenze der theoretischen Spekulation ist bei 10^{-43} Sekunden nach dem Nullpunkt der Zeit erreicht, als die Temperatur des Universums bei 10^{32} K lag; der Zustand davor lässt sich mit den gegenwärtigen Theorien noch nicht verstehen. Erst nach dieser so genannten Planckära, während der, wie man vermutet, alle Kräfte eine Einheit bildeten, lassen sich physikalische Aussagen vertreten. Relativ konkrete Angaben kann man ab 10^{-6} s machen: Die Materie besteht aus einem Plasma von Quarks und Leptonen, welches bei einer Temperatur von 10^{12} K im Gleichgewicht mit den Photonen der elektromagnetischen Strahlung steht. In der Zeit zwischen 10^{-6} s und 10^{-3} s kondensieren mit der Abkühlung durch die Expansion des Universums die Quarks zu Protonen und Neutronen, welche nun in dieser so genannten Hadronenära das Geschehen zusammen mit der starken Wechselwirkung bestimmen. Bei sinkender Temperatur wiederholt sich dieser Vorgang mehrfach in gleicher Weise: Immer wieder frieren Teilchenklassen aus, und es entkoppeln sich die Kräfte, weil die mittlere Energie des Universums durch die Expansion laufend abnimmt. Nach 1 s vernichten sich größtenteils Elektronen und Positronen, die Neutrinos machen sich selbstständig, und die schwache Wechselwirkung entkoppelt sich vom Geschehen. Nach vier Minuten bilden sich die leichten Elemente, und nach 100 000 Jahren trennt sich die Strahlung von der Materie – das Universum wird elektrisch neutral und durchsichtig. Die Häufigkeitsverteilung der leichten Elemente, die aus diesem Entwicklungsvorgang abgeleitet wird und sehr gut zu den Beobachtungen passt, deutet darauf hin, dass die Vorstellungen des Standard-Urknall-Modells zumindest bis zu dieser Epoche realistisch sind.

Doch auch das heiße Urknall-Modell lässt noch Fragen offen; Änderungen werden voraussichtlich die sehr frühen Phasen betreffen. So baut man beispielsweise, um gewisse »zufällige« Züge wie die Homogenität und die fein abgestimmte Expansionsbewegung, notwendige Voraussetzungen für die Existenz von Leben, erklären zu können, eine inflationäre Phase bei 10^{-35} s ein, in der sich das Universum besonders schnell ausdehnte. Einige Theoretiker bemühen sich auch, die rätselhafte Anfangssingularität zu umgehen, indem sie die Quantennatur der Materie heranziehen. So haben Wolfgang Priester und Hans Joachim Blome vorgeschlagen, den Urknall durch einen »Big Bounce«, eine Art Umschwung, zu ersetzen, womit eine alte Forderung der Naturphilosophie erfüllt wäre, der gemäß aus Nichts niemals etwas entstehen und etwas Seiendes niemals absolut verschwinden kann.

BERNULF KANITSCHEIDER

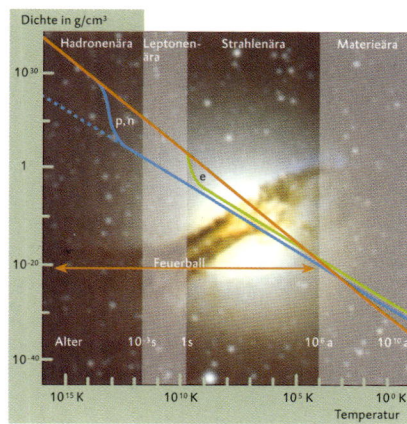

Die **Zusammensetzung des expandierenden Universums** ab 10^{-6} s nach der Anfangssingularität, dem Nullpunkt der Zeit, gibt die Grafik wieder: Die rote Linie zeigt abhängig von der Temperatur die jeweilige Dichte der Strahlung, die blaue und die grüne die der Materie (p,n Hadronen; e Leptonen; s Sekunde; a Jahr).

Die erste Herztransplan- tation

Der Wunsch, das erkrankte und nahezu funktionsuntüchtige Zentralorgan des menschlichen Körpers durch das funktionstüchtige Herz eines fremden Menschen zu ersetzen, ist kaum 100 Jahre alt. Erst in den letzten Jahrzehnten des 19. Jahrhunderts wurden überhaupt Organtransplantationen in Erwägung gezogen, doch die Idee scheiterte zunächst an chirurgischen Problemen, vor allem aber an der unbeherrschbaren Abstoßungsreaktion des menschlichen Körpers gegenüber fremden Geweben. Erst in der zweiten Hälfte des 20. Jahrhunderts bemühten sich die Chirurgen erneut um den Ersatz des erkrankten Herzens und richteten ihr Augenmerk zunächst auf die Entwicklung eines künstlichen Organersatzes. Parallel dazu entfalteten sich aber auch neue

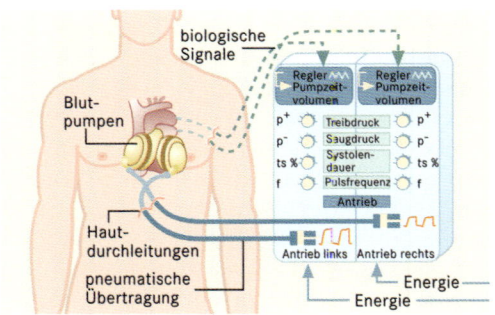

Zunächst konzentrierte sich die Medizin auf die Entwicklung eines **künstlichen Herzens,** da die Ärzte die Schwierigkeiten der Abstoßung eines fremden Organs für unüberwindbar hielten. Das System besteht aus zwei in den Körper implantierten Pumpen, die über externe Zuleitungen per Druckluft angetrieben werden.

Anstrengungen hinsichtlich der Transplantation natürlicher Herzen. Bereits 1959 gelang es den amerikanischen Chirurgen Richard R. Lower und Norman E. Shumway, einem Hund ein fremdes Herz einzusetzen. Das Tier überlebte für einige Tage. Bis 1965 konnte die Überlebenszeit im Tierversuch dann schließlich auf mehrere Monate gesteigert werden, wofür besonders die inzwischen mehr oder weniger beherrschbare Abstoßungsreaktion mit dem 1959 entwickelten abstoßungshemmenden Medikament INN sowie verbesserte Methoden zur Konservierung des Spenderherzens beigetragen haben. Schließlich war es nur noch eine Frage der Zeit, wann die Herztransplantation auch am Menschen erprobt werden würde. Die Sensationsmeldung kam jedoch nicht aus Amerika, sondern aus dem Süden des Schwarzen Kontinents.

1967 gelang dem Herzchirurgen **Christiaan Barnard** die erste Herztransplantation beim Menschen. Er hatte 1958 die erste erfolgreiche Operation am offenen Herzen durchgeführt und sich ab 1963 in Tierversuchen mit speziellen Gefäßnähtechniken vertraut gemacht. Zur Herztransplantation war er jedoch erst fähig, nachdem er bei einem Studienaufenthalt in Minneapolis den Umgang mit der Herz-Lungen-Maschine erlernt hatte.

Sensationsmeldung aus Kapstadt

Kein Mensch erwartete im Jahre 1967 hoffnungsvolle Nachrichten aus Südafrika. Das rassistische Apartheidregime der südafrikanischen Republik hatte allen moralischen Kredit in der Welt verspielt, als am 3. Dezember 1967 die Nachrichtenagenturen unerwartet sensationell Positives vom Kap der Guten Hoffnung berichteten. Am Groote-Schuur-Krankenhaus in Kapstadt hatte ein mutiges Chirurgenteam unter der Leitung des 45 Jahre alten Herzoperateurs Christiaan Barnard die erste Übertragung eines Herzens von Mensch zu Mensch erfolgreich gewagt.

Das Schicksal führte an diesem Tag im Süden Afrikas zwei Menschen zusammen, die einander im Leben nie begegnet waren und sich auch am 3. Dezember nicht mehr persönlich kennen lernen sollten. Die 24 Jahre junge Denise Darvall hatte in den frühen Morgenstunden einen schweren Verkehrsunfall erlitten und war mit unheilbaren Hirnverletzungen sterbend ins Groote-Schuur-Hospital eingeliefert worden. Auch der 54-jährige Lebensmittelhändler Louis Washkansky lag dort, und auch er war sterbenskrank. Washkansky litt an Diabetes, sein Herz hatte durch mindestens drei Infarkte in den Jahren zuvor schwerste Schädigungen erfahren. Washkansky wartete auf den sicheren Tod, als ihm die Ärzte noch vor Sonnenaufgang eröffneten, dass sie es wagen wollten, ihm das Herz der zu diesem Zeitpunkt nur

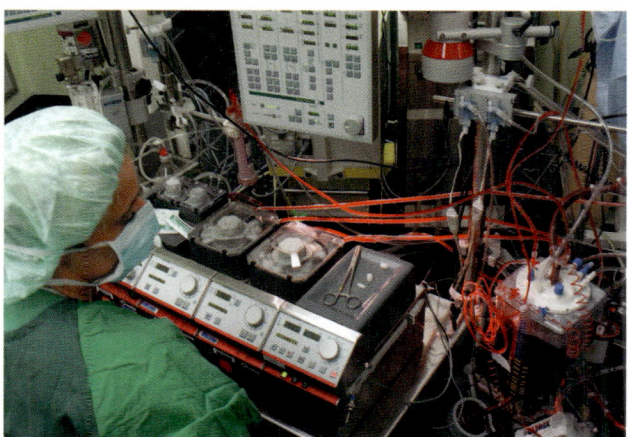

Während einer Herztransplantation übernimmt die **Herz-Lungen-Maschine** die Sauerstoffversorgung der anderen Organe. Das Blut wird dabei aus der oberen und unteren Hohlvene in die Maschine geleitet und gelangt meist durch die Oberschenkelaorta wieder in den Körper.

Das Hauptproblem der Herztransplantation sind bis heute die Abwehrreaktionen des Immunsystems gegen das fremde Gewebe. Auch nach der Operation muss der Patient sein Leben lang Medikamente gegen eine mögliche Abstoßung nehmen und ist dadurch für gefährliche Infektionen besonders anfällig.

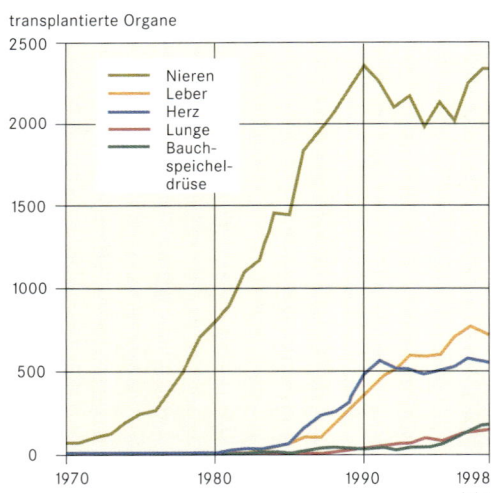

transplantierte Organe

Nieren
Leber
Herz
Lunge
Bauchspeicheldrüse

Jahr

Seit 1980 werden **Herztransplantationen** auch in deutschen Krankenhäusern durchgeführt.

noch künstlich am Leben erhaltenen jungen Frau zu übertragen. Der Patient willigte ein, zumal die Ärzte zwischen ihm und der Spenderin eine verträgliche Blutgruppe und ein ähnliches Gewebemuster festgestellt hatten.

Angst, aber auch Hoffnung begleiteten Washkansky in die Narkose vor dem historischen Eingriff. Er sollte mehr als fünf Stunden dauern. Operiert wurde in zwei benachbarten Sälen. In einem lag Denise Darvall; die junge Frau wurde, nachdem der Neurochirurg ihre Hirnverletzungen für unbehandelbar erklärt hatte, an die Herz-Lungen-Maschine angeschlossen und auf 16 °C abgekühlt. Dann entfernten die Chirurgen in knapp zwei Minuten ihr Herz und brachten es in Washkanskys Operationssaal. Nur vier Minuten benötigten die Ärzte, um das Herz der jungen Frau vom Blut des 54-jährigen Empfängers durchströmen zu lassen. Nun wurde auch die Körpertemperatur Washkanskys bis auf 30 °C durch die angeschlossene Herz-Lungen-Maschine abgekühlt. Dann schnitten die Chirurgen das kranke Herz des Patienten heraus und implantierten an seiner Stelle das von Denise Darvall. Bei der angewandten Operationsmethode nach Shumway wurden Teile der Empfängervorhöfe manschettenartig für die Fixierung des Spenderherzens genutzt. Zunächst fügte Barnard die beiden Vorhöfe zusammen und schloss dann die Lungenarterien und die Aorta an. Das Herz schlug noch nicht; erst musste die Köpertemperatur Washkanskys wieder auf 36 °C angehoben werden, um es elektrisch wieder zum Schlagen anregen zu dürfen – dann der entscheidende Moment und die entscheidende Frage: Würde es gelingen, Darvalls Herz in Washkanskys Körper wieder zum Pulsieren zu bringen? Bereits der erste Elektroschock des Defibrillators brachte den Erfolg. Darvalls, nun Washkanskys Herz schlug mit einer zufrieden stellenden Frequenz von 120 Schlägen pro Minute. Seit dem Eintreffen des Spenderherzens in Washkanskys Operationssaal um 3.01 Uhr bis zum seinem ersten Schlag im Brustkorb des Empfängers waren weniger als drei Stunden vergangen. Um 6.13 Uhr beendeten die Chirurgen die Operation.

Louis Washkansky, der Empfänger des ersten Spenderherzens in der Geschichte der Medizin, sollte sein neu gewonnenes Leben nicht lange genießen dürfen. Zwar war die Operation geglückt, aber eine schwere, nicht beherrschbare Lungenentzündung setzte seinem Leben bereits 18 Tage nach der Transplantation ein Ende. Eine Reihe ähnlicher Operationen folgte in den nächsten Jahren, doch die Probleme dieser frühen Phase der Herztransplantation, insbesondere in der Bekämpfung der Abstoßungsreaktion des Organismus waren zunächst zu groß für dauerhafte Erfolge. Schritt für Schritt konnte das Abstoßungsproblem gelöst werden. Seit 1969 standen bessere Abstoßungshemmer zur Verfügung. Wenige Jahre später erleichterte die venös durchgeführte Herzmuskelgewebsprobe, die transvenöse Myokardbiopsie, die Frühdiagnostik der Abstoßungsreaktion, und 1980 war der hochwirksame Abwehrhemmer Cyclosporin A einsatzbereit. In den folgenden Jahren stieg die Ein-Jahres-Überlebensrate der Transplantationspatienten bemerkenswert rasch. Im Jahre 1985 betrug sie 85 %, und nun wagten Chirurgen auch häufiger die Operation. Ende 1985 waren bereits 2 577 Herzen erfolgreich transplantiert, bis 1988 sollten es mehr als 8 000 sein.

Spender und Empfänger

Die Herztransplantation ist inzwischen ein etabliertes Therapieverfahren, aber sie bedarf aufgeklärter Spender, die ihr Herz nach der sicheren Feststellung des eigenen Hirntods zur Verpflanzung in einem Spenderausweis dokumentiert zur Verfügung stellen. Bei der Spenderauswahl kommen vor allem Verletzte mit tödlichem Schädel-Hirn-Trauma ohne schwere Schädigung von Organsystemen infrage. Entscheidendes Kriterium für die Entnahme des Spenderherzens ist die sichere Todesfeststellung, das heißt die Feststellung des Hirntods des Spenders, durch mindestens zwei unabhängig voneinander diagnostizierende Ärzte ohne Abhängigkeitsverhältnis zum transplantierenden Chirurgenteam. Die Entnahme kann in Deutschland nur nach Vorliegen einer testamentarischen Verfügung oder mit Einverständnis der Angehörigen des Verstorbenen erfolgen.

Das Spenderherz wird dann unter maschineller Beatmung des Hirntoten entnommen, mit einer »herzlähmenden« Lösung bei 4 °C durchgespült und kalt konserviert. Der Kreislauf des Empfängers sollte möglichst stabil sein; Blutgruppen- und Zellverträglichkeit sind zwingend erforderlich, und das Alter des Empfängers sollte nicht über 40 Jahre liegen. Unter Einsatz der Herz-Lungen-Maschine wird zunächst das funktionsgestörte Herz des Empfängers entnommen, sodann das Spenderherz eingepasst und mit den analogen Gefäßstrukturen des Empfängers durch Nähte verbunden. Während der Wundheilung bleibt der Patient unter möglichst sterilen Bedingungen zunächst auf einer Intensivstation, um der erhöhten Infektionsgefährdung in der postoperativen Phase Rechnung zu tragen.

WOLFGANG U. ECKART

Der Erfolg von **Organtransplantationen** hängt von der Existenz geeigneter Spender ab. Zurzeit werden auch Wege erprobt, menschliche Organe gentechnisch zu erzeugen. 1995 erregte eine gentechnisch veränderte Maus Aufsehen, auf deren Rücken ein menschliches Ohr nachgebildet wurde.

Als der höchste Gipfel der Erde bestiegen und der tiefste Punkt der Meere erreicht war, stand das nächste Ziel fest: der Mond.

Apollo

Die Zeit: 22 Uhr und 56 Minuten Eastern Daylight Time des 20. Juli 1969; der Ort: Erdmond, am südwestlichen Rande des Mare Tranquillitatis. Neil A. Armstrong, Bürger der Vereinigten Staaten von Amerika, setzt als erster Mensch seinen Fuß auf einen fremden Himmelskörper. Von der letzten Stufe der Trittleiter seiner Mondfähre auf die Oberfläche des Erdtrabanten springend, wählt er als Botschaft an die Millionen Menschen, die durch das Fernsehen Zeugen dieses Ereignisses werden, die Worte: »Dies ist ein kleiner Schritt für einen Menschen, doch ein großer Sprung für die Menschheit.«

Er betritt einen wahrhaft ungastlichen Ort. Menschen können dort nur mithilfe hoch entwickelter Technik überleben: Raumanzüge schützen vor den Temperaturextremen und dem Vakuum und versorgen ihre Insassen mit Atemluft. Armstrong und Edwin E. Aldrin, der als Zweiter die Mondfähre »Eagle« verlässt, finden die sprichwörtliche Mondlandschaft, eine öde, staubige, mit Felsgestein und kleinen Kratern übersäte Ebene, vor. Beide Astronauten berichten, dass Bewegungen bei einem Sechstel der Erdschwere zwar leicht, doch ungewohnt seien. Hastig sammeln sie einige Bodenproben und etwas Mondgestein ein, das zwar für Wissenschaftler wichtige Informationen über die Entstehungsgeschichte unseres Sonnensystems, ansonsten aber, wie sich zeigen wird, wenig Überraschendes birgt. Die beiden Amerikaner installieren dann noch ein paar wissenschaftliche Instrumente, pflanzen die Flagge ihres Landes auf, machen Fotos und Filmaufnahmen und steigen nach 2 Stunden und 35 Minuten wieder in die Mondfähre. Diese bringt sie zunächst in eine Mondumlaufbahn, wo sie wieder an das Apollo-11-Mutterschiff andocken, das inzwischen von Michael Collins allein gesteuert worden ist. Mit der Zündung des Haupttriebwerks treten sie die Rückkehr zur Erde an, wo die Mannschaftskapsel des Apollo-Kommandomoduls nach einer Reise von fast 1 Million Kilometern von Fallschirmen abgebremst im Pazifischen Ozean niedergeht. Damit ist der Hauptzweck dieser ersten Mondexpedition erfüllt: Der Nachweis ist erbracht, dass der Mond erreicht und die Besatzung wohlbehalten zurückgebracht werden kann.

Es folgen in einem Zeitraum von zweieinhalb Jahren noch sieben weitere Apollo-Missionen. Sechs erreichen den Mond

Seit dem 20. Juli 1969 gibt es Spuren menschlichen Lebens auf dem Mond. Das »**Apollo**« genannte Raumfahrtprogramm der USA zielte auf eine bemannte Mondlandung und wurde von der NASA zwischen 1968 und 1972 durchgeführt.

an unterschiedlichen Stellen; sie führen zunehmend umfangreichere und komplizertere Aufgaben durch. Eine der Expeditionen, Apollo 13, endet infolge der Explosion eines Treibstofftanks während des Hinflugs zum Mond beinahe in einer Katastrophe. Nur ihrer eigenen Umsicht und Tatkraft verdankt die Besatzung die letztlich glückliche Rückkehr.

Der Beginn einer neuen Ära

Das Bild des Astronauten, auf dem Mond vor der amerikanische Flagge salutierend, war von kaum zu übertreffender Symbolik. Doch das öffentliche Interesse erlahmte erstaunlich rasch im weiteren Verlauf des Programms. Apollo erreichte seinen Höhepunkt zu einer Zeit, als andere Ereignisse die Aufmerksamkeit der Menschen nicht nur in den USA stärker bewegten: Rassenunruhen und brennende Städte, Morde an politischen und religiösen Führern sowie ein immer mehr als sinnlos empfundener Krieg in Südostasien.

Um Apollo zu würdigen, muss man es als ein politisch motiviertes Unternehmen mit vorwiegend symbolischem Charakter sehen. Das Mondlandeunternehmen war im Ergebnis dem Zusammentreffen von zwei außerordentlichen Faktoren zu verdanken: zuvorderst einer technologischen und organisatorischen Großtat von nicht gekanntem Ausmaß und Schwierigkeitsgrad, welche die materiellen Ressourcen und intellektuellen Kräfte einer großen Nation mobilisierte und in einem gleichermaßen ehrgeizigen wie mitreißenden Projekt bündelte, zum anderen einer weltpolitischen Situation, die in den Augen der USA eine

Die Besatzung von Apollo 11 bestand aus (von links nach rechts) Edwin E. Aldrin, Neil A. Armstrong und Michael Collins. Als **erste Menschen auf dem Mond** hielten sie sich in dessen Umlaufbahn insgesamt 21 Stunden und 36 Minuten auf. Den Mond selbst betraten nur Armstrong und Aldrin.

Die Aufgaben des **Apollo-Programms** bestanden im Aufsammeln und Überbringen von Mondgestein, in der Aufstellung von Geräten und in der fotografischen Dokumentation. Die Geräte dienten unter anderem seismischen Experimenten, der Untersuchung des Sonnenwinds, der Messung von Magnetfeldern und des Wärmeflusses im Boden und der Ermittlung einer möglichen Mondatmosphäre.

Das Foto wurde von Apollo 15 aufgenommen. Es zeigt die **Erde** vom Weltall aus gesehen mit Blick auf Südamerika und den Atlantik.

1995 dockte der Spaceshuttle Atlantis mit fünf Amerikanern und zwei Russen an Bord an die russische Raumstation **Mir** an.

entschlossene Antwort auf eine als bedrohlich empfundene Herausforderung notwendig machte.

Blenden wir zurück: Am 4. Oktober 1957 gelang es der damaligen Sowjetunion, Sputnik 1, eine 83,6 kg schwere Aluminiumkugel von 50 cm Durchmesser, in eine Erdumlaufbahn zu befördern. Dieses Ereignis wurde zu Recht allgemein als technische Meisterleistung wie auch als der Beginn einer neuen Ära, des Weltraumzeitalters, gefeiert. Von allerdings noch größerer Wirkung war es als anscheinend gelungener propagandistischer Überraschungscoup im Kalten Krieg, mit der Absicht, die USA auf dem scheinbar ihnen gehörendem Terrain der Raketentechnik herauszufordern. Dem Sputnik-Paukenschlag gesellten sich in rascher Folge weitere Weltraumerfolge der Sowjetunion hinzu, insbesondere der erste Weltraumflug eines Menschen, des Sowjetbürgers Jurij Gagarin, im April 1961. Präsident John F. Kennedy und viele seiner Berater befürchteten zu jener Zeit, dass die Sowjetunion durch ihre Weltraumerfolge einen entscheidenden Vorteil im Ringen der beiden Supermächte um Vorherrschaft in der Welt erlangen könnte. Es waren solche Überlegungen, die Kennedy bewogen, im Jahre 1961 seiner Nation das Ziel zu setzen, »noch vor Ende des Jahrzehnts Menschen auf den Mond und sicher zurück zu bringen«.

Politisch war das Apollo-Programm ein Erfolg. Die nun erreichte technologische Vorherrschaft der Vereinigten Staaten im Weltraum stützte sich auf die Hardware und die Fähigkeiten, welche die USA im Verlauf des Apollo-Projekts entwickelt hatten. Die Sowjetunion, die zuerst den Fehdehandschuh geworfen und dann das »Wettrennen zum Mond« angenommen hatte, war klar abgeschlagen.

Weniger günstig waren die langfristigen Auswirkungen von Apollo auf das amerikanische Weltraumprogramm. Für einige Raumfahrtenthusiasten war der weitere Weg nach Apollo schon klar vorgezeichnet: Das nächste Ziel in der Erkundung des Sonnensystems durch Menschen sollte der Planet Mars sein. Die Prioritäten der politischen Führung hatten sich jedoch inzwischen verschoben. Selbst der Apollo-Glanz konnte Präsident Nixon wie auch die breite amerikanische Öffentlichkeit nicht davon überzeugen, enorme Summen Geldes für ein aggressives Programm der bemannten Erkundung des Mars bereitzustellen. Das bemannte Raumfahrtprogramm wurde auf stark reduziertem Niveau weitergeführt; ein neuer, wenngleich wesentlich bescheidenerer Erfolg stellte sich erst zehn Jahre später mit dem Erstflug des Spaceshuttle im Jahre 1982 ein. Die Sowjetunion konzentrierte sich in jener Zeit auf den Bau und Betrieb von Raumstationen im erdnahen Weltraum. Auf ihnen lernten die Kosmonauten, unter den schwierigen Bedingungen eines Weltraumaufenthalts für Zeiträume von bis zu einem Jahr und länger dort zu leben und zu arbeiten.

Die Raumfahrt zum Ende des Ost-West-Konflikts

Die 80er-Jahre sahen im weiteren Verlauf zwei ganz unterschiedliche Entwicklungen. Zum einen wurde die Raumfahrttechnik immer wichtiger für alltägliche Bedürfnisse wie etwa weltumspannende Kommunikation über Satelliten oder Wetterbeobachtung aus dem All. Daneben erhielten Bestrebungen Auftrieb, den Weltraum stärker für militärische Zwecke zu nutzen. Auf amerikanischer Seite wurde mit dem Projekt eines Schutzschildes im Weltraum gegen feindliche, nuklear bestückte Interkontinentalraketen unter der Bezeichnung »Strategic Defense Initiative« begonnen. Führte dies auch nicht zu einem einsatzbereiten militärischem System, so bewirkte es doch einen Technologieschub, der zwei Ergebnisse zeitigte: Die amerikanische Vorherrschaft in der Weltraumtechnik wurde weiter gefestigt und ausgebaut. Darüber

Die **Internationale Raumstation** (International Spacestation, ISS) ist ein unter Beteiligung der USA, Russlands, der ESA, Japans und Kanadas durchgeführtes Weltraumprojekt. Seit dem 2. November 2000 ist die Station permanent besetzt; sie umkreist in 450 km Höhe alle 90 Minuten die Erde.

hinaus konnte die Sowjetunion in dieser von den USA absichtsvoll aufwendig angelegten Rüstungsspirale nicht mithalten. Manche glauben, zum Zusammenbruch des Herrschaftssystems dort habe neben den politischen und gesellschaftlichen Widersprüchen auch die wirtschaftliche Überbeanspruchung durch das Wettrüsten im Weltraum beigetragen. 1999 schickte China seine erste Raumkapsel ins All: Das »Götterschiff« startete zum 50. Jahrestag der Volksrepublik.

Das Losungswort der Weltraumpolitik der 90er-Jahre lautete Zusammenarbeit auch und gerade der einstigen Gegner. Seinen sichtbarsten Ausdruck findet dies bei der Errichtung einer ständig bewohnten, großen internationalen Raumstation. Die ersten Elemente starteten noch 1998, seit 2000 ist die Internationale Raumstation (ISS) permanent besetzt. Sie stellt wie die Mondlandung nur einen weiteren Schritt dar in der Entdeckungsgeschichte der Menschheit – auf dem langen Weg hinaus ins All.

JENS FROMM

Der Umweltschutz

Als deutlich wurde, dass die Menschheit nicht unbegrenzt wachsen kann, rückte der Umweltschutz ins Blickfeld der Politik.

Der **Club of Rome** äußerte sich in seinem Bericht von 1972 warnend:

> »*Jeder Tag exponentiellen Wachstums bringt die Welt näher an die letztgültigen Grenzen dieses Wachstums.*«

Während die Masse des Hausmülls bis Ende der 1970er-Jahre ständig zunahm, ist sie in den 1980er- und 1990er-Jahren etwa konstant geblieben. Im Gegensatz dazu stieg das **Müllvolumen** bis zur Einführung der dualen Abfallwirtschaft Anfang der 1990er-Jahre weiter an.

Jahrtausendelang hat die Erdbevölkerung wenn auch stetig, so doch nur langsam zugenommen, und ebenso maßvoll wuchs ihr Bedarf an Gütern, die die Erde hergibt, an Wasser und Nahrungsmitteln, an Rohstoffen und Energie. Doch dann, vor gut 100 Jahren, begann sich dieses Wachstum enorm zu beschleunigen. Die Bevölkerungszahl verdoppelte sich in weniger als einem Jahrhundert, stieg auf derzeit 6,2 Milliarden und dürfte innerhalb der nächsten 50 Jahre auf über 9 Milliarden Menschen anwachsen. Parallel dazu stiegen auch die Wachstumsraten der Industrieproduktion, des Rohstoffbedarfs und der Umweltverschmutzung steil an. Angesichts der begrenzten, zum Teil schon kurz vor ihrer Erschöpfung stehenden Rohstoffquellen und der begrenzten, zum Teil schon überschrittenen Aufnahmekapazitäten der Natur für die vom Menschen produzierten Abfälle und Schadstoffe, muss dieses quantitative Wachstum einmal aufhören, soll eine globale Stabilisierung eintreten. Daran besteht im Grunde kein Zweifel. Offen aber ist, wann und wie sich dieses Gleichgewicht einstellt. Wird es der Endzustand einer von Hunger und Krankheit dezimierten und auf einen niedrigen Lebensstandard gezwungenen Menschheit sein? Oder werden rechtzeitig die Weichen zu einer nachhaltigen, zukunftsfähigen Gesellschaft gestellt?

Es waren solche Fagen, die 1968 zur Gründung des Club of Rome führten, der alsbald eine Forschergruppe am Massachusetts Institute of Technology im amerikanischen Cambridge beauftragte, mithilfe des dort entwickelten Verfahrens der »System Dynamics« der Beantwortung dieser Schicksalsfragen näher zu kommen.

Das Ergebnis dieser Studien auf Basis eines umfangreichen Computerprogramms, das Donella Meadows zusammen mit ihrem Mann Dennis und zwei weiteren Mitarbeitern als allgemein verständliches Taschenbuch 1972 unter dem Titel »Die Grenzen des Wachstums« veröffentlichte, wurde zu einem Weltbestseller, der leidenschaftliche Diskussionen zwischen Wissenschaftlern, Wirtschaftlern und Politikern auslöste – und dabei vielfach missverstanden wurde. Das Buch enthielt keine eigentliche Prognose und beschrieb auch keine vorherbestimmte Zukunft, sondern präsentierte verschiedene Zukunftsszenarien, im Sinne unterschiedlicher Optionen für die Menschheit. Es schloss mit drei summarischen Folgerungen:

– Wenn die gegenwärtige Zunahme der Weltbevölkerung, der Industrialisierung, der Umweltverschmutzung und der Ausbeutung von natürlichen Rohstoffen unverändert anhält, werden die absoluten Wachstumsgrenzen auf der Erde im Laufe der nächsten 100 Jahre erreicht. Mit großer Wahrscheinlichkeit führt dies zu einem ziemlich raschen und nicht aufhaltbaren Absinken der Bevölkerungszahl und der industriellen Kapazität.

– Es erscheint möglich, diese Wachstumstrends zu ändern und einen ökologischen und ökonomischen Gleichgewichtszustand herbeizuführen, der auch lange in der Zukunft aufrechterhalten werden kann. So könnte erreicht werden, dass die materiellen Lebensgrundlagen für jeden Menschen auf der Erde sichergestellt sind und Spielraum bleibt, individuelle menschliche Fähigkeiten zu nutzen und persönliche Ziele zu erreichen.

– Je eher die Menschheit sich entschließt, diesen Gleichgewichtszustand herzustellen, und je rascher sie damit beginnt, desto größer sind die Chancen, dass sie ihn auch erreicht.

Für das **Waldsterben,** dessen auffälligste Symptome lichte Baumkronen und vergilbte Blätter sind, werden als Ursachen von der Umweltforschung Abgase von Verkehr und Industrie sowie indirekte Schädigungen durch den »sauren Regen« angegeben. Folglich ist die Verminderung der Schadstoffemissionen die vorrangige Maßnahme zur Bekämpfung des Waldsterbens.

Impuls für den Umweltschutz

Auf die eine oder andere Weise haben sich seitdem Kritiker wie Anhänger der Studie mit diesen Herausforderungen befasst. Sie erforschten und verbesserten die Nutzung der Energie, entwickelten neue Materialien, Methoden zur Schadstoffvermeidung in Fabriken und zum Abfallrecycling in den Städten und schufen ökologisch verträgliche Anbauformen in der Landwirtschaft; sie suchten Möglichkeiten eines gewaltfreien Konfliktmanagements und basisdemokratische Formen kommunaler Entwicklung und setzten internationale Vereinbarungen zum Schutz der Ozonschicht, des Klimas und der Meere durch. Viel ist in den letzten zweieinhalb Jahrzehnten geschehen, um neue Technologien, Ideen und Institutionen zu entwickeln, die eine dauerhaft-umweltverträgliche Entwicklung sichern können. Aber gleichzeitig wurde in alter Weise fortgefahren: Viele Millionen leben weiterhin in Armut, natürliche Ressourcen werden weiter vergeudet, noch mehr Schadstoffe werden in der Umwelt angehäuft, und weiterhin wird die Natur zerstört. So wurde die Kapazität der Erde, Lebensformen zu erhalten, noch weiter geschmälert.

Donella Meadows und Mitarbeiter haben 1992 ihr Buch auf aktueller Datenbasis neu herausgegeben, und sie nannten es: »Beyond the Limits« (»Die neuen Grenzen des Wachstums«). Die Computersimulationen zeigten nämlich, dass die Nutzung zahlreicher Ressourcen und die Ansamm-

Die 1971 gegründete internationale Umweltschutzorganisation **Greenpeace** macht mit gewaltfreien und oft unkonventionellen Aktionen auf Umweltverschmutzung und -zerstörung aufmerksam (hier eine Demonstration gegen die Versenkung der Erdölplattform »Brent Spar«).

Die einfachste Beschreibung dessen, was man unter »nachhaltig« verstehen sollte, lautet: Eine Gesellschaft ist dann nachhaltig, wenn sie sich so verhält, dass sie über alle Generationen existenzfähig bleibt – mit anderen Worten: Sie ist so weitsichtig, so wandlungsfähig und so weise, dass sie ihre eigenen materiellen und sozialen Existenzgrundlagen nicht aufs Spiel setzt.

lung von Schadstoffen in manchen Bereichen der natürlichen Umwelt die Grenzen des langfristig Verträglichen bereits überschritten haben, trotz verbesserter Technologien, gewachsenen ökologischen Bewusstseins und strengerer Umweltgesetze. Die Schlussfolgerungen aus den alten »Grenzen des Wachstums« sind noch immer gültig, sie müssen, so die Autoren, nur entschiedener formuliert werden:

– Die Nutzung vieler natürlicher Ressourcen wie des Süßwassers oder der Fischbestände und die Emission schlecht abbaubarer Stoffe, darunter FCKW und CO_2, haben bereits die Grenzen des physikalisch auf längere Zeit Möglichen überschritten. Wenn der Einsatz dieser Stoffe und die Energieflüsse nicht entscheidend gesenkt werden, kommt es in den nächsten Jahrzehnten zu einem nicht mehr kontrollierbaren Rückgang der Nahrungsmittelerzeugung, der Energieverfügbarkeit und auch der Industrieproduktion.

– Das ist aber vermeidbar, wenn zwei grundsätzliche Änderungen erfolgen: Die politischen Praktiken und Handlungsweisen, die den Anstieg des Verbrauchs und der Bevölkerungszahlen begünstigen, müssen durchgreifend reformiert werden; daneben sind die Wirkungsgrade des Energieeinsatzes und der Nutzeffekt materieller Ressourcen, das heißt die Ressourcenproduktivität, drastisch anzuheben.

– Eine nachhaltige, zukunftsfähige Gesellschaft (*sustainable society*) ist technisch und wirtschaftlich noch immer möglich; sie könnte lebenswertere Perspektiven haben als

Die **Konferenz der Vereinten Nationen** in Rio de Janeiro 1992 gilt als Durchbruch in Richtung einer Weltumweltpolitik. Rahmenkonventionen zum Schutz des Klimas und der Biodiversität wurden auf ihr verabschiedet und die Agenda 21 beschlossen.

eine Gesellschaft, die ihre Probleme durch permanente
Expansion zu lösen versucht. Der Übergang zu einer zukunftsfähigen Gesellschaft erfordert den Ausgleich zwischen
langfristigen und kurzfristigen Zielvorstellungen; mehr
Nachdruck muss auf ausreichende Versorgung, gerechte
Verteilung und Lebensqualität und weniger auf Produk-
tionsausstoß gelegt werden. Dazu ist mehr erforderlich als
nur Produktivität und Technologie, gefragt sind individuelle
Reife, partnerschaftliches Teilen und kollektive Weisheit.

Eine Vision: Die »zukunftsfähige Entwicklung«

Aus der weltweiten Diskussion um die Grenzen des Wachstums und die partiellen Grenzüberschreitungen ist eine
zwar uneinheitliche, teils widersprüchliche und konfliktrei-
che, aber doch kraftvolle Vision der »zukunftsfähigen Entwicklung« *(sustainable development)* entstanden. Die Vorstellungen von Begrenzungen, Nachhaltigkeit, ausreichender Versorgung, gerechter Verteilung und höherer Ressourcenproduktivität wirken nicht mehr länger als Hindernisse
oder Bedrohung, sondern als Leitlinien in eine neue Welt.
In der Praxis hat sich dies zunächst und vor allem in der Institutionalisierung von Umweltpolitik niedergeschlagen –

Aurelio Peccei Gründer des Club of Rome, zog
ein düsteres, aber nicht hoffnungsloses
Resümee:

> »Die Zukunft ist nicht mehr so,
> wie wir sie uns einst vorgestellt
> haben und wie sie aussehen
> könnte, wenn die Menschen
> ihre Hirne und ihre
> Möglichkeiten besser genutzt
> hätten. Dennoch kann die
> Zukunft noch immer das
> bieten, was wir
> vernünftigerweise brauchen.«

Mit dem Begriff **Recycling** werden die
verschiedenen Möglichkeiten und Wege
zur Wiedergewinnung von Rohstoffen
aus Abfallprodukten erfasst. Papier ist
eines der am weitesten verbreiteten
Recyclingprodukte.

auf der lokalen, nationalen und globalen Ebene. Der Schutz
der Ozonschicht, des Klimas, der Meere, des Süßwassers,
der Böden und der Biodiversität (biologischen Vielfalt) ist
zwar im Detail weiter umstritten, wird aber nicht mehr
grundsätzlich infrage gestellt. »Die Grenzen des Wachstums« haben dazu, wenn nicht den ersten, so doch den entscheidenden Impuls gegeben. Umwelt- und Entwicklungspolitik zu integrieren aber bleibt die Aufgabe der Zukunft.

UDC ERNST SIMONIS

Alles für die Lebewesen?

Die Gentechnologie

Die Gentechnologie hat zwei Seiten: Sie weckt Hoffnung auf Heilung von Krankheiten, aber auch Angst vor der Manipulation des Menschen.

Die Wiege der Gentechnik steht im sonnigen Kalifornien. Das inzwischen wohl erfolgreichste »Kind« der Biologie sorgt für steigende Milliardenumsätze, gilt als Zukunftstechnologie par excellence und ist dennoch so umstritten wie vor 40 Jahren, als alles begann.

Das Jahr 1972 gilt als das Geburtsjahr der Gentechnik. Damals beschäftigten sich Herbert W. Boyer von der University of California in San Francisco und Stanley N. Cohen von der Stanford University im benachbarten Palo Alto mit der Möglichkeit, einzelne Abschnitte aus dem Erbgut von Bakterien auf andere Bakterien zu übertragen. In verschiedenen Versuchen gelang es ihnen, das Erbsubstanzmolekül Desoxyribonukleinsäure, international abgekürzt DNA für *deoxyribonucleic acid,* an bestimmten Stellen aufzuschneiden, die DNA-Bruchstücke in das Erbgut anderer Organismen einzuschleusen und dort aktiv werden zu lassen. Das

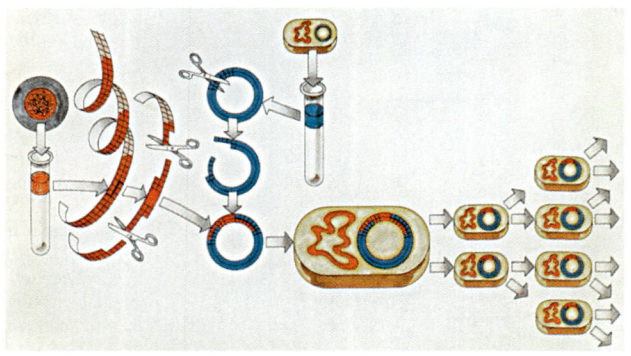

Eine schematische Darstellung verdeutlicht die **Arbeitsschritte der Gentechnik:** Aus einer tierischen Zelle (links oben) wird die Erbinformation, die DNA, entnommen und im Reagenzglas isoliert; anschließend spalten Restriktionsenzyme die DNA-Ketten. Dann werden aus einem Bakterium (Mitte oben) die Plasmide im Reagenzglas isoliert. In das von einem Restriktionsenzym aufgespaltene Plasmid wird ein tierisches DNA-Stück eingefügt. Das neu kombinierte Plasmid wird in ein Bakterium eingeschleust, das sich nun mit der Erbinformation der tierischen Zelle vermehrt.

Schlüsselexperiment veröffentlichten beide Forscher im November 1973 im amerikanischen Fachblatt »Science«. Mit ihrem Basisversuch gelang es ihnen, einen Erbgutabschnitt, und zwar ein Gen, eines Bakterienstamms auf einen anderen Bakterienstamm zu übertragen. Dieses Gen enthielt die Bauanleitung für einen Eiweißstoff, der den ersten Bakterienstamm resistent gegen das Antibiotikum Streptomycin machte. Übertragen auf den zweiten Stamm, verschaffte das Gen nun auch diesem zuvor empfindlichen Stamm Resistenz gegen das Antibiotikum.

Anschließende Versuche der beiden Forscher sowie Tausender weiterer Teams auf der ganzen Welt zeigten, dass sich Gene von jedem beliebigen Organismus, sei es ein Bakterium, eine Hefezelle, eine Pflanze, ein Tier oder der Mensch, auf einen anderen, ebenfalls beliebigen Organismus übertragen lassen. Der genmanipulierte, auch transgen genannte Organismus kann dann die im übertragenen Gen kodierte Erbinformation nutzen. So entstanden etwa Pflanzen, die dank des »Kälteschutzgens« der Flunder vor Frost gefeit sind, Hefezellen produzieren Virus-Eiweiße, die sich als Impfstoff etwa gegen Hepatitis-B eignen, transgene Tiere und Organismen liefern Medikamente, Nutzpflanzen sind gegen Pflanzenschutzmittel oder Pflanzenschädlinge resistent, mit gentechnisch veränderten Bakterien lassen sich wertvolle Erze wie Kupfer aus dem Boden gewinnen oder gefährliche Schadstoffe, etwa chlorierte Kohlenwasserstoffe, entfernen. Die Neukombination von Genen, man spricht auch von DNA-Rekombination, ist der zentrale Prozess der Gentechnik. Mit der Gentherapie eröffnet die Gentechnik sogar die Möglichkeit einer Korrektur im Erbgut menschlicher Zellen. Derzeit entwickeln viele Forschergruppen gentherapeutische Konzepte, um Erbdefekte, aber auch erworbene Krankheiten wie Krebs oder Infektionen zu heilen.

Vorraussetzungen der Gentechnik

Auch wenn die heutigen Verfahren der Gentechnik auf unterschiedlichen Methoden beruhen, so greifen sie doch alle auf das von Cohen und Boyer erarbeitete Prinzip der DNA-Neukombination zurück. Anfang der 70er-Jahre waren alle notwendigen Voraussetzungen gegeben, um den Eingriff ins Erbgut vornehmen zu können: Die Entschlüsselung des genetischen Codes, also das Wissen, dass innerhalb des DNA-Moleküls jeweils ein drei Basen langer Abschnitt für eine von 20 Aminosäuren steht, zeigte, dass dieser Code universell für alle Lebewesen gilt. Nur deshalb kann beispielsweise eine Bakterienzelle menschliches Insulin produzieren, wenn man das Insulingen des Menschen in den Mikroorganismus einbaut.

Mit geeigneten Chemikalien gelang es, reine DNA aus Zellen zu isolieren. Dank Sequenziermethoden lässt sich die Basenabfolge, die Sequenz, innerhalb eines DNA-Strangs bestimmen. Auf diese Weise erkannten die Molekulargenetiker, wie die genetische Information strukturiert ist. Man entdeckte etwa, dass Gene nicht in einem Stück vorliegen, sondern dass kodierende Abschnitte, die Exons, von scheinbar sinnlosen, nicht in Proteine übersetzten Abschnitten, den Introns, unterbrochen werden. Man entdeckte Steuerelemente wie Start- und Stoppsignale oder die so genannten Promotoren, die für das enzymatisch gesteuerte Ablesen eines Gens wichtig sind. Wissenschaftler fanden Enzyme, die wie molekulare Scheren den DNA-

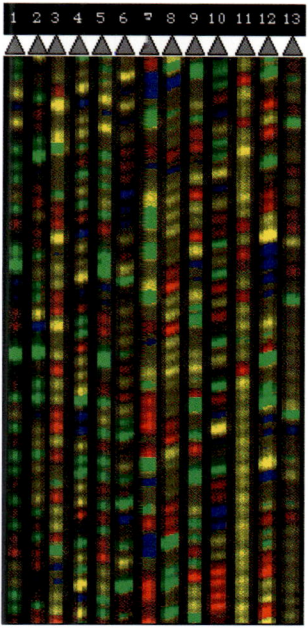

Die Gene enthalten allen Informationen zum Aufbau des Körpers, den so genannten Bauplan des Lebens. Verschiedene Methoden der **Sequenzanalyse der Nukleinsäuren** ermöglichen die Strukturaufklärung des Gens und die Aufstellung von Genkarten.

Am 1. Oktober 1990 startete das Human Genome Projekt. Seitdem koordiniert die 1989 gegründete internationale »Human Genome Organization« (HUGO) die Arbeit von Zehntausenden Forschern aus 40 Ländern. Die gesamte Erbinformation des Menschen, etwa 50 000 Gene, soll kartiert und sequenziert werden. 2001 veröffentlichten die Forscher einen Entwurf der fast vollständigen Sequenz des Humangenoms.

Obwohl man nicht genau weiß, welche Auswirkungen genmanipulierte Nahrung auf den Körper hat, befinden sich Genprodukte bereits im Handel und manipulierte Pflanzen auf den Feldern. Das Misstrauen der Verbraucher dokumentiert eine Emnid-Umfrage, wonach fast 90 % der Befragten eine Kennzeichnung von gentechnisch veränderten Lebensmitteln wichtig finden.

Anbauflächen mit gentechnisch veränderten Pflanzen wie dieses **Feld mit herbizidtolerantem Raps** bei Wörrstadt in Rheinhessen müssen bei den Umweltbehörden beantragt und deutlich gekennzeichnet werden.

Strang an ganz bestimmten Stellen aufschneiden, und eine zweite Gruppe von Enzymen, die zwei DNA-Abschnitte wieder miteinander »verkleben« können. Dies sind zum einen die Restriktionsenzyme oder Restriktionsendonukleasen und zum andern die Ligasen. Schließlich entwickelten Forscher Übertragungsmethoden, mit denen sich fremde DNA von einem Organismus auf einen anderen transferieren lässt.

Cohen etwa erzeugte für den Gentransfer ein spezielles Plasmid. Plasmide sind kleine, ringförmig geschlossene DNA-Moleküle, die nur bei Bakterien vorkommen. Cohen und Boyer schnitten in ihrem Basisexperiment ein solches Plasmid mit Restriktionsenzymen auf, fügten dort mithilfe der Ligase das Gen für die Antibiotikaresistenz ein, versahen das Gen zusätzlich mit einem starken Promotor und sorgten mit geeigneten Chemikalien dafür, dass dieses genmanipulierte Plasmid die Zellwand der Bakterienzellen passieren konnte. Wie das eigene Erbgut wird dann die eingeschleuste DNA an die Nachkommen weitergegeben. Heute sind weitere Transfermethoden bekannt.

Die Diskussionen um die Sicherheit

Schon bald nach dem Erscheinen von Cohens und Boyers Arbeit warnten Wissenschaftler vor möglichen Gefahren gentechnischer Experimente. Im Zentrum dieser Diskussion standen zunächst die verwendeten genmanipulierten Mikroorganismen. Cohen und Boyer sowie die meisten anderen Forscher arbeiteten mit Escherichia-coli-Bakterien, abgekürzt E. coli. Diese Mikroorganismen treten natürlicherweise im menschlichen Darm auf. Daher sah man folgendes Risiko: Entstünde ein E.-coli-Stamm, der durch den Eingriff ins Erbgut den Menschen krank macht, so wären die Forscher bei der Arbeit einer sehr großen Gefahr ausgesetzt. Würde gar ein solcher Keim aus dem Labor entweichen, bestünde im Prinzip sogar ein weltweites Infektionsrisiko. Auf der Konferenz von Asilomar in Kalifornien debattierten 1975 Molekularbiologen aus der ganzen Welt über die Risiken der gentechnischen Verfahren. Kurze Zeit später züchtete man so genannte Sicherheitsstämme von E. coli, die außerhalb des Labors nicht lebensfähig sind. Die Experimente wurden, gemäß dem Grad der Gefährdung, die von den verwendeten Organismen und den übertragenen Genen ausgeht, in unterschiedliche Sicherheitsstufen eingeteilt. In Deutschland wurde schließlich 1990 das Gentechnikgesetz verabschiedet, das die Arbeit mit gentechnischen Verfahren und gentechnisch modifizierten Organismen regelt.

Die Debatte um die Sicherheit gentechnischer Eingriffe hält indes an. Vor allem zwei Aspekte stehen heute im Vordergrund: die Gefahren der Freisetzung gentechnisch veränderter Mikroorganismen, Pflanzen und Tiere sowie die Ge-

Klonen durch einfache Teilung von Embryonen wird in der Tierzucht schon längere Zeit praktiziert. 1999 gaben Forscher der Ludwig-Maximilians-Universität in München die Geburt des Klonkalbs »Uschi« bekannt; es war das erste aus erwachsenen Körperzellen geklonte Kalb in Deutschland.

fahren gentechnischer Produkte für den Verbraucher. Trotz intensiver Sicherheitsforschung lassen sich diese Fragen nicht endgültig klären. Vielmehr müssen die Forscher in jedem Einzelfall mögliche Risiken überprüfen, bevor sie eine Genehmigung für genehmigungspflichtige Experimente erhalten können.

Manchen Kritikern geht dies indes nicht weit genug: Sie stellen die Grundsatzfrage nach den ethischen Grenzen dieser Experimente. Besonders umstritten sind die gentherapeutischen Eingriffsmöglichkeiten beim Menschen. Auf breitere Zustimmung sowohl der beteiligten Fachleute wie der Öffentlichkeit stößt wohl der gentherapeutische Eingriff an Körperzellen, der nur das Individuum betrifft. Eine Gentherapie der Keimbahn hingegen, bei der das eingebaute Gen auch an alle Nachkommen vererbt wird, lehnen die allermeisten Wissenschaftler sowie die Mehrheit der Bevölkerung ab. Nach dem Embryonenschutzgesetz ist ein solcher Eingriff in Deutschland verboten. Cohens und Boyers Experiment markiert damit nicht nur einen wissenschaftlichen Meilenstein, sondern führte die Menschheit zu einem Punkt, an dem sie ihre ethischen Grundpositionen im Licht heutiger und zukünftiger Möglichkeiten neu überdenken muss.

ROLF ANDREAS ZELL

Mithilfe des Computers lassen sich digitale Welten erzeugen, in denen die Grenze zwischen Schein und Realität verschwimmt.

Multimedia

Moderne Multimedia-Computer verarbeiten Text, Bild, Ton und bewegte Bilder in digitaler Form. Seit der Entwicklung des ersten funktionierenden Computers im Jahre 1944 ging die Entwicklung stürmischer als in jedem anderen Bereich voran. Regelmäßig entwickelte die Computerindustrie Geräte mit doppelter Leistungsfähigkeit und entsprechender Speicherkapazität. Der damit einhergehende Preisverfall führte dazu, dass der Computer seit Beginn der 8oer-Jahre auch in vielen alltäglichen Anwendungen wirtschaftlich nutzbar wurde.

Die Digitalisierung des täglichen Lebens durchdrang mit Einführung des Multimedia-Computers zunächst verschiedene Berufsfelder. Durch die Einführung des »Desktop-Publishing« (Publizieren am Schreibtisch) wurde die gesamte Druckindustrie revolutioniert. Am Computer vermochte man von nun an alle Gestaltungs- und Entwurfsschritte bis hin zum Druck in digitaler Form durchzuführen. Als weiteres wichtiges Einsatzgebiet des Multimedia-Computers zählt der Bau- und Konstruktionsbereich. Die Digitalisierung von Architekturplänen gestattet eine gute Übersicht, schnelle Änderbarkeit und die automatische Visualisierung von Gebäuden, lange bevor sie gebaut werden.

Information auf kleinstem Raum – CD-ROM und DVD

Die weiter gehende Digitalisierung erfolgte jedoch erst mit der Markteinführung eines digitalen Multimedia-Datenträgers: 1981 mit der CD-ROM. Mit diesen silbrig oder golden reflektierenden Scheiben aus Polycarbonat von 11,5 cm Durchmesser wurde es erstmalig möglich, multimediale Unterhaltungsprodukte, digitale Magazine, Lexika, multimediale Lehrunterlagen und vieles mehr kostengünstig zu verbreiten. Die zuvor eingesetzten Disketten boten zwar ausreichend Platz für Texte, aber die steigende Vielfalt von Programmen, Spielen und Verwaltungssoftware, sowie die Integration von Bildern, Tönen und Videosequenzen erforderten einen digitalen Datenträger mit enormer Speicherkapazität.

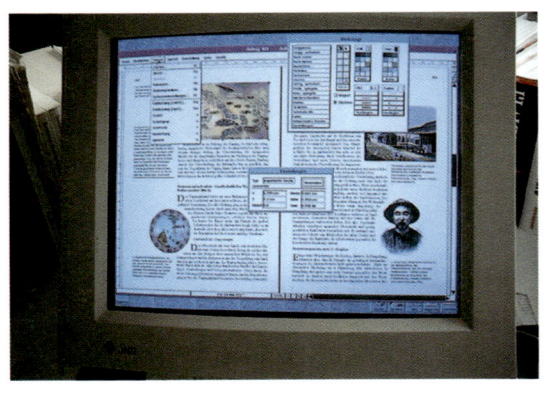

Die Digitalisierung ermöglichte auch das **Desktop-Publishing** als neue Form des Publizierens. Alle Vorgänge der Text- und Bildgestaltung bis zur qualitativ hochwertigen Satzherstellung und zum Druck können an einer einzigen Datenstation mittels eines Personalcomputers und eines Laserdruckers ausgeführt werden. Das endgültige Layout erscheint originalgetreu auf dem Bildschirm.

Die CD-ROM ist eine Weiterentwicklung der 1980 von Philips und Sony eingeführten Audio-Compact-Disc. Mit dem Licht eines sehr feinen Laserstrahls werden im Abspielgerät berührungslos Vertiefungen abgetastet, die auf einer Scheibe die Speicherung von bis zu 70 Minuten Hörgenusses möglich machen. Eine einzige CD-ROM speichert etwa so viel wie 700 Floppy Disks – genug Speicher für mehr als 7 Millionen Zeilen Text. CD-ROMs werden aus beschichteten Polycarbonatscheiben in einem Arbeitsgang gepresst. Hierzu wird ein »Glasmaster« verwendet, auf dem vorher die Daten in Form von Erhebungen und Vertiefungen aufgebracht wurden. Zehn Jahre nach Vorstellung der ersten Audio-CD wurde 1990 endlich auch die beschreibbare CD präsentiert: CD-R *(Recorder)* und CD-RW *(Read Write)*. Bei der CD-R wird die Information auf speziell vorbereitete CD-Rohlinge in einem Schritt belichtet oder »gebrannt«. Eastman Kodak nutzt die CD-R zur Speicherung von digitalisierten Fotos. Dieses Verfahren, das 1990 erstmals der Öffentlichkeit vorgestellt wurde, konnte sich auf dem Markt gut durchsetzen. Die CD-RW hingegen ist etwa 200-mal beschreibbar und basiert auf umkehrbaren thermo-optischen Eigenschaften spezieller Beschichtungen.

Mit der 1996 erstmalig vorgestellten DVD *(Digital Versatile Disc)* existiert endlich auch ein geeignetes Medium für digitale Spielfilme. Da das menschliche Auge erst ab etwa 20 Bilder pro Sekunde eine flüssige Bewegung wahrnimmt, erfordern digitalisierte Spielfilme trotz Komprimierung sehr hohe Speicherkapazitäten, die auch die CD-ROM nicht in ausreichendem Maße bietet.

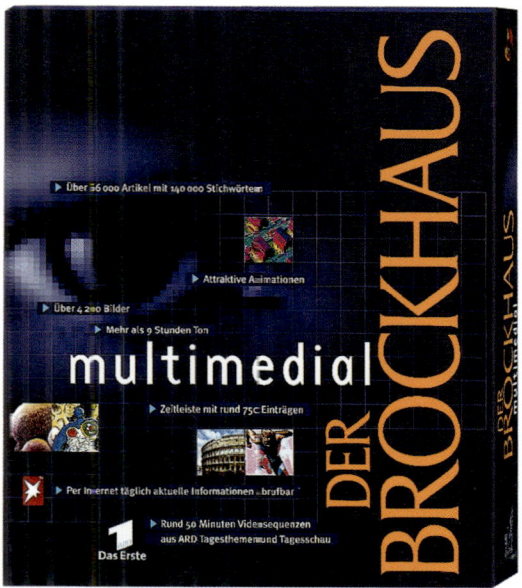

Wissenssammlung und -vermittlung mithilfe des digitalen Datenträgers CD-ROM bildet zunehmend eine Alternative zum Buch. Bei einem **multimedialen Lexikon** können die Informationen des Textes durch eine Vielzahl von Bildern, Tondokumenten und Animationen ergänzt werden.

Bilder als Daten

Bevor ein Bild oder ein Bewegtbild mit dem Computer verarbeitet werden kann, muss es zunächst digitalisiert werden. In herkömmlichen elektronischen Kameras tastet ein einziger Elektronenstrahl in der Bildaufnahmeröhre Bildpunkt für Bildpunkt ab und liefert einen kontinuierlichen Signalstrom, der zum Beispiel mit einem Videorekorder aufgezeichnet werden kann. In digitalen Kameras hingegen wird das Bild durch die Linse auf einen Silizium-Chip projiziert, auf dem sich eine Matrix von Fototransistoren befindet. Farb- und Helligkeitswerte werden parallel digitalisiert und in ein festgelegtes Format gebracht. Die nachfolgende direkte Verarbeitung durch einen Computer und der Transport über Netzwerke erfolgt unproblematisch, die Bilder übernimmt der Computer entweder per Verbindungskabel und Interface oder über einen Zwischenspeicher direkt zur Speicherung in einem elektronischen Fotoalbum. Digitale Fest- und Bewegtbildkameras sind seit 1996 als Konsumartikel erhältlich. Mit ihnen scheint der Mensch dem Traum näher zu kommen, seine bildhaften Beobachtungen jederzeit einfangen und mitteilen zu können. Individuelle Erlebnisse lassen sich beliebig sammeln, aufbereiten, ordnen und anschließend auf Fernsehgeräten, Computern oder auch über Internet weltweit präsentieren. Auf CD-ROM bleiben die Daten auch langfristig der Nachwelt erhalten.

Sobald Bilder, Klänge und Bewegtbilder in digitaler Form vorliegen, können sie mit dem Computer weiterbearbeitet werden. Hierzu bieten Multimedia-Computer umfangreiche Softwaresysteme, die medienspezifische Operationen bieten. Bilder lassen sich damit digital derart manipulieren, dass Fotos vor Gericht kaum noch eine Beweiskraft besitzen. Audio-Sequenzen sind nachträglich mit Raumklang zu versehen oder digital um weitere naturgetreue Klänge anreicherbar. Umfangreiche Operationen gestatten auch die effiziente Manipulation von Bewegtbildern: Indem etwa in einem Einzelbild die Farbe eines Fahrzeugs geändert wird, kann der Computer die gleiche Operation auf alle Bilder der Sequenz ausführen.

Wesentlichen Fortschritt gab es Anfang der 90er-Jahre durch die Entwicklung von Softwarewerkzeugen zur Medienorchestrierung. Der Multimedia-Autor erhält damit die Kontrolle über die Multimedia-Inszenierung. Auf einer virtuellen Bühne ordnet er die Eckpunkte aller Bewegungen und Interaktionen an, die der Computer anschließend ausführt. Der computertechnische Laie wird damit in die Lage versetzt, Trickfilme und Multimedia-Präsentationen zu erstellen.

Das Bildtelefon

Über 100 Jahre nach der Erfindung des Telefons scheint die Zeit für eine grundlegende Verbesserung gekommen. Jeder stellte sich bereits einmal vor, während eines Telefonats den Gesprächspartner auch sehen zu können. Schon zu Beginn des Fernsehzeitalters experimentierte man mit Kameras und Fernsehgeräten in Kombination mit dem Telefon. Der Erfolg blieb aus, da breitbandige Übertragungskanäle über große Entfernungen nicht ausreichend zur Verfügung standen und die hohen Anschaffungskosten eine private Nutzung nahezu ausschlossen. Erst die Digitalisierung brachte einen Fortschritt, über ISDN-Telefonverbindungen ist das digitalisierte und komprimierte Videobild mittlerweile weltweit übertragbar. Preisverfall und Miniaturisierung führten dazu, dass die erforderlichen technischen Komponenten mittlerweile in reguläre Telefone und Com-

Die mit einer **Digitalkamera** – hier einmal von vorn, einmal von hinten abgebildet – aufgenommenen Bilder zeichnen sich durch eine besonders hohe Bildqualität aus und bieten die Möglichkeit ihrer unmittelbaren Weiterverarbeitung durch den Computer. In digitalen Bildarchiven kann man das Bildmaterial dann verwalten.

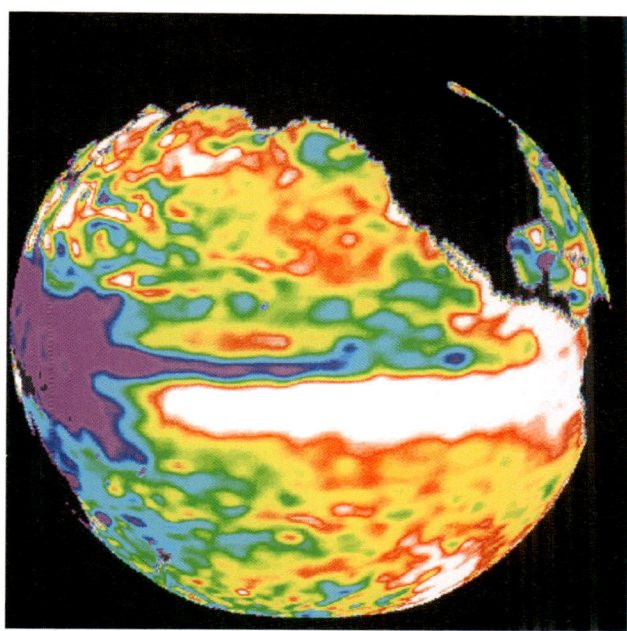

Ein digitales Bild – hier eine Aufnahme, die zur Untersuchung von Wasserströmungen im Pazifik gemacht wurde – wird durch eine Menge von **Pixeln** beschrieben. Für jedes Pixel liegen digital kodierte Werte vor, die innerhalb eines Farbsystems seine Farbigkeit beschreiben.

puter integriert werden. Durch die erfolgreiche Standardisierung wurde auch dafür gesorgt, dass die verschiedenen Geräte miteinander funktionieren.

In Konferenzschaltungen können selbst Gruppen gemeinsam diskutieren, als ob sie sich am selben Ort befinden. Zusätzliche Dokumentenkameras erfassen auch Bilder von Anschauungsmaterialien sowie vorbereiteten Präsentationen. Sprechen, hören und sich gleichzeitig sehen, als würde man sich gegenübersitzen, ist eine wesentliche Erweiterung der Telekommunikation. Wichtige Gespräche lassen sich jedoch nicht immer mittels Telekonferenz durchführen, da ein technisches Medium immer eine Einschränkung darstellt.

KLAUS REBENSBURG

Mit der Öffnung der Mauer, dem Symbol der Teilung der Welt, begann in der Nacht vom 9. auf den 10. November 1989 eine neue Epoche.

Der Fall der Berliner Mauer

Die Demonstration politischer und materieller Unzufriedenheit in der Bevölkerung der Deutschen Demokratischen Republik nahm sprunghaft zu, als die Ergebnisse der Kommunalwahlen vom Mai 1989 vielerorts gefälscht erschienen. Oppositionelle Gruppen verlangten grundsätzliche Reformen, die sich auch an der Entwicklung in der Sowjetunion orientieren sollten. Dort hatte der Generalsekretär der Kommunistischen Partei (KPdSU) und Vorsitzende des Präsidiums des Obersten Sowjets, Michail Gorbatschow, aus der Erkenntnis einer ohne westliche Hilfe nicht zu lösenden ökonomischen Krise des Ostblocks »Glasnost« (Offenheit) und »Perestroika« (Umbau) zur Parole politischer Erneuerung gemacht. Er beabsichtigte damit, nicht nur die politischen, sozialen und wirtschaftlichen Verhältnisse im Innern des Landes zu verbessern, sondern zugleich die Spannungen gegenüber dem Westen abzubauen. Gorbatschow räumte schwere politische Fehler der sowjetischen Führung bis in die jüngste Vergangenheit ein und sorgte für eine umfassende politische Rehabilitation lebender und verstorbener »Staatsfeinde«. Damit stellte er sich in deutlichen Gegensatz zur Linie der chinesischen Kommunisten, die im Juni 1989 die Pekinger Studentendemonstrationen blutig beendeten und Abweichungen von der politischen Linie verfolgten.

Dissidenten, Demonstranten, Ausreisewillige

Zwar hatte Gorbatschow westliche Skepsis gegenüber seinen Aussagen und Plänen zu überwinden, doch gewann er vor allem die Dissidenten in den Staaten des Ostblocks, auch die der DDR. Dort verfolgten Angehörige und Informanten des Staatssicherheitsdienstes (Stasi) jedes öffentliche Bekenntnis zur Gedankenfreiheit, das sich auf die 1919 ermordete Rosa Luxemburg oder auch auf Gorbatschow berief. Die Führung der DDR war bekannt für ihre Unfähigkeit, die materiellen Erwartungen der Bevölkerung zu erfüllen und für sie den Lebensstandard der Bundesrepublik Deutschland zu erreichen; sogar ein weiteres Absinken der Produktion und zunehmende Verknappung der Versorgungsgüter waren zu erwarten. Die DDR-Führung wies jedoch alle entsprechenden Hinweise als Verleumdung zurück und lehnte für den eigenen Staat Glasnost und Perestroika ab. Wie 1970, als

Von der Mauer ist in Berlin heute fast nichts mehr zu sehen. Nur an einigen Stellen, wie hier am Bahnhof Friedrichstraße, dem ehemaligen »Tränenpalast«, hat man Reststücke als **Denkmal** erhalten.

Walter Ulbricht zurücktreten musste, beharrten jetzt Erich Honecker und seine Mitarbeiter auf der Richtigkeit ihres Wegs und versuchten Distanz gegenüber der Politik des »Bruderstaats« Sowjetunion zu wahren, auch wenn diese als Schutzmacht gegenüber dem westlichen Ausland und insbesondere gegenüber Westdeutschland angesehen wurde. Wohl hatte es in den Beziehungen zwischen der Bundesrepublik und der DDR staatliche und humanitäre Verbesserungen gegeben, doch mit den Feiern zum 40. Jahrestag der Republikgründung Anfang Oktober sollte der dauerhafte Fortbestand der deutschen Zweistaatlichkeit unterstrichen

Die im August 1961 errichtete Berliner Mauer sollte aus Sicht der DDR die Auswanderung der dringend gebrauchten Arbeitskräfte stoppen. Das Foto der Berliner Mauer am Brandenburger Tor und Potsdamer Platz zeigt gut sichtbar das brachliegende **Gelände des »Todes-streifens«.** Heute ist das Gebiet mit dem in der Nähe gelegenen Reichstagsgebäude zum belebten Zentrum geworden.

werden. Diese rigorose Haltung fand in der Bevölkerung nur geringe Zustimmung. Zwar hatte sich die DDR seit der Errichtung der Berliner Mauer am 13. August 1961 konsolidiert und in den 70er-Jahren auch einen ökonomischen Aufschwung erlebt, doch blieben die Lebensverhältnisse in der Bundesrepublik für die Masse der Bevölkerung ein Idealbild, während Regierung und Staatspartei am »Feindbild« der kapitalistischen Gesellschaft festhalten wollten.

Unter dem Eindruck der Unzufriedenheit im Jahr 1989 wuchs die Opposition in der DDR an; die Dissidentengruppen nahmen zu, obwohl sie von der Stasi bespitzelt und unter Druck gesetzt wurden. Das Verlangen, den eigenen Willen zu bekunden und ihm gegenüber der Staatsmacht und ihren Institutionen Ausdruck zu verleihen, schlug sich in den Bemühungen nieder, politische Gruppierungen zu bilden, die der Ideologie der Sozialistischen Einheitspartei Deutschlands (SED) ablehnend gegenüberstanden. Eine weitere Folge war die wachsende Zahl von Einzelpersonen und Familien, die über Polen, die Tschechoslowakei und Ungarn einen Weg in die Bundesrepublik suchten. Die Jubiläumsfeiern standen unter dem Eindruck, dass Tausende von DDR-Bewohnern die Reise in den Westen ertrotzten, während vor allem in Leipzig regelmäßig der Ruf der nach Tausenden zählenden Demonstranten erklang: »Wir sind

Der SPD-Ehrenvorsitzende **Willy Brandt** sagte bei einer Kundgebung vor dem Schöneberger Rathaus am 10. November 1989:

> »Jetzt wächst zusammen, was zusammengehört.«

Am 9. November 1989 gab das Politbüromitglied Günter Schabowski die Öffnung der Grenze zur Bundesrepublik Deutschland bekannt; am 14. November 1989 wurde die Sperrzone an der Berliner Mauer aufgehoben. Der **Fall der Berliner Mauer** war eingeleitet. Ungehindert konnten von diesem Tag an die Bürger von Ost- nach West- und von West- nach Ost-Berlin gelangen.

das Volk!« Von Gorbatschow und der Sowjetunion war keine Unterstützung mehr zu erwarten, sodass nun das Zentralkomitee der SED Honecker und seine nächsten Vertrauten zum Rücktritt veranlasste. Ihnen folgte bis Mitte November die bisherige Führungselite der DDR; andere Prominente erklärten von sich aus den Rücktritt.

Das Hämmern und Meißeln der Mauerspechte

Inzwischen hatte eine lebhafte Diskussion um Ausreiseerleichterungen eingesetzt, und es gab kein Halten mehr, als am 9. November das Mitglied des Zentralkomitees, Günter Schabowski, auf einer im Fernsehen übertragenen Pressekonferenz einfließen ließ: »Ständige Ausreisen können über alle Grenzübergangsstellen der DDR zur BRD bzw. zu Berlin (West) erfolgen.« Unter dem Eindruck der Menschenmenge in Ostberlin und an der Grenze der Bundesrepublik gab die Grenzpolizei den Weg in den Westen frei und löste damit auch dort Jubel aus. Noch am gleichen Abend begannen in Berlin die »Mauerspechte« mit Hämmern, Feilen und Meißeln ihre Tätigkeit.

Dieser »Fall der Mauer« in Berlin und das Öffnen der Grenze zum Westen beschleunigten den Untergang der DDR bereits zu einem Zeitpunkt, als noch weithin, auch bei der Bundesregierung, ein Fortbestehen der Zweistaatlichkeit erwartet wurde. Der neue Ministerpräsident der DDR, Hans Modrow, der auch die Führung der SED übernahm, versuchte zuerst durch Ausschluss allzu belasteter Parteigrößen, dann, im Dezember, durch Umbenennen der SED in Partei des Demokratischen Sozialismus (PDS) Reformbereitschaft zu signalisieren. Doch unterdessen gab es neben der Vielzahl bisheriger Dissidentengruppen die am 7. Oktober neu gegründete Sozialdemokratische Partei (SDP) der DDR sowie die nun unabhängigen Parteien, die wie die Christlich-Demokratische Union Deutschlands (CDUD), die Liberaldemokratische Partei Deutschlands (LDPD), die Nationaldemokratische Partei Deutschlands (NDPD) und die Bauernpartei bisher einen politischen

Nach den Umstürzen in den Ostblockstaaten strebten neben den baltischen Ländern Estland, Lettland und Litauen auch die anderen Sowjetrepubliken nach Unabhängigkeit. Der gescheiterte Putschversuch vom 19. August 1991 schwächte schließlich die Macht von Präsident Gorbatschow so weit, dass die Republiken sich für unabhängig erklärten: Am 8. Dezember 1991 war die Sowjetunion auch offiziell zerbrochen.

»Block« mit der SED gebildet hatten. Auf spontanen Massen-
veranstaltungen wurde auf Regierungsbeteiligung in Koali-
tionsform und regelmäßige politische Beratungen am »runden Tisch« gedrängt. Damit war der Fall der Mauer zugleich
ein Fall der bisherigen Staatsordnung, auch wenn die DDR
noch ein knappes Jahr weiter bestehen sollte.

Der Zerfall des osteuropäischen Staatensystems

Dies war ein Signal an die anderen Staaten des bisherigen
Ostblocks. Vor allem in Polen, in der Tschechoslowakei und
in Ungarn traten nun bisherige Dissidenten und Gegner
einer moskauhörigen Politik in die Regierungsverantwor-
tung oder erkämpften sie sich wie in Rumänien gegen den
Widerstand der bisherigen Machtträger. Die baltischen Staaten, die 1940 von Stalins Soldaten besetzt worden waren,
setzten ihre Unabhängigkeit gegen eine in Auflösung begrif-
fene Sowjetunion durch. Gorbatschow, dessen Politik die
osteuropäischen Staaten in die Unabhängigkeit entlassen
hatte, musste zusehen, wie die Sowjetunion in eine Vielzahl
von Einzelstaaten zerfiel, die bald in Grenzkonflikte gerieten. In Deutschland war die Revolution friedlich verlaufen
und langsam begannen die Vorbereitungen zur Wiederherstellung staatlicher Einheit. Damit wurde der Wille der
DDR-Bevölkerung erfüllt, sodass die Mehrzahl der Flüchtlinge, die im Sommer und Herbst 1989 die DDR verlassen
hatten und in der Bundesrepublik in Notunterkünften zusammengefasst waren, zurückkehrten.

Die »**Montagsdemonstrationen**«, die
sich ab September 1989 an das Friedens-
gebet in der Leipziger Nikolaikirche
anschlossen, entwickelten sich zu machtvollen Kundgebungen. Tausende von
Demonstranten nahmen 1989 regelmäßig an ihnen teil und trugen so zum
Sturz des SED-Regimes bei.

Der Fall der Berliner Mauer und die Öffnung der Grenze zwischen Bundesrepublik und DDR war ein Ergebnis lang währenden politischen Unmuts und einer schweren wirtschaftlichen Krise. Die politische Eskalation ging weitaus schneller voran als erwartet und ebenso überraschend kam der
Zusammenbruch des osteuropäischen Staatensystems.
Allerdings entstanden durch die veränderten politischen
Verhältnisse bald neue Konfliktherde, während die Vereinigten Staaten allein als Weltmacht agierten.

MARTIN VOGT

In nur wenigen Jahren entwickelte sich das Internet zu einem alltäglichen Kommunikationsmittel der Informationsgesellschaft.

World Wide Web im Internet

Bei Umfragen nach der bedeutendsten technischen Revolution des 20. Jahrhunderts wird mehrheitlich der Computer an erster Stelle genannt. Tatsächlich ist es aber wohl die Entwicklung der Kommunikationstechnologie, die Wirtschaft und Gesellschaft am meisten beeinflusst hat. Auch ohne Computer hätten Datenübertragungstechnologien und Kommunikations- und Informationstechnologien wie Telefon, Radio und Fernsehen Wirtschaft und Gesellschaft grundlegend verändert. Selbst Computer werden erst durch die Verbindung miteinander, durch ihre Vernetzung also, so mächtig und auch – im Sinne des »großen Bruders« – potenziell so gefährlich, wie sie es sind. Umgekehrt benötigt moderne Telekommunikation Computer, sodass es erst die Kombination von Kommunikationsnetzen mit Computern ist, die im Begriff ist, unsere Welt nachhaltig zu verändern. Das bekannteste Beispiel dafür ist das Internet, ein Zusammenschluss von Tausenden von Computernetzen, durch den heute fast jeder Ort der Welt von jedem anderen über Computer erreichbar ist.

Mit der Eingabe http://www.bifab.de erhält der Internet-Benutzer die **Homepage** des Verlags Bibliographisches Institut & F. A. Brockhaus AG. Die Homepage ist Leitseite jedes WWW-Dokuments und dient der ersten Vorstellung des Anbieters.

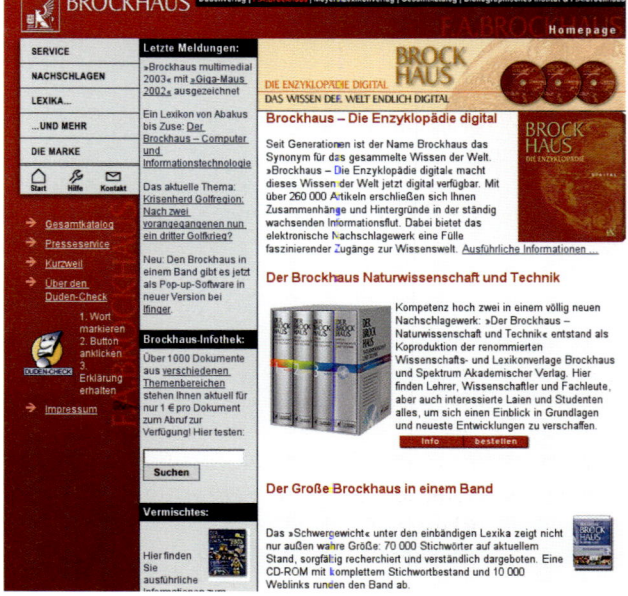

Ausgehend von bescheidenen Anfängen in dem 1969 vom amerikanischen Verteidigungsministerium eingerichteten ARPAnet, dem *advanced research projects agency network*, verbindet das Internet heute mehrere Millionen Computer, auf denen weltweit zugreifbar Daten und Programme liegen, und hatte im Jahr 2000 rund 550 Millionen Benutzer – mit stark steigender Tendenz. Die drei ursprünglichen Grundanwendungen des Internets sind Telnet, das es erlaubt, einen Computer an einem anderen Ort so zu verwenden, als wäre er vor Ort, E-Mail, das den Austausch von Botschaften weltweit in Sekundenschnelle gestattet, und das *file transfer protocol* FTP, mit dem große Datenmengen in einem Stück von irgendwo in der Welt

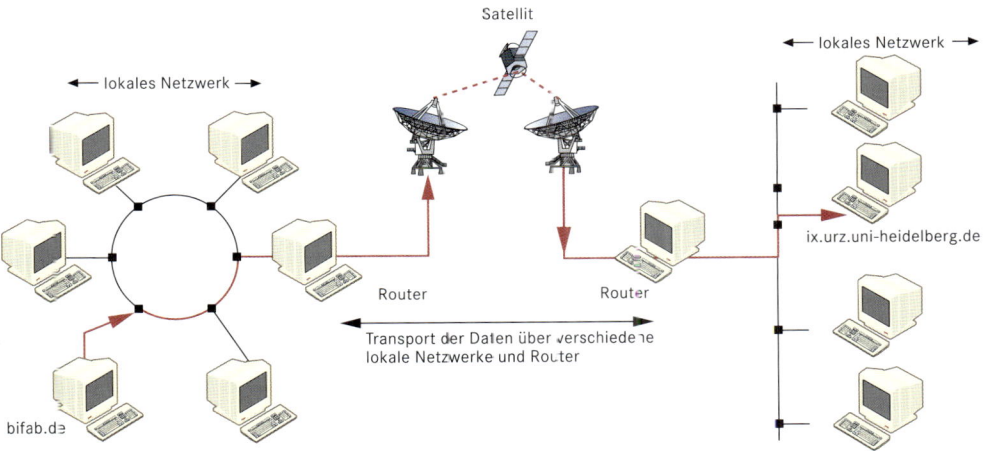

Satellit

← lokales Netzwerk →

← lokales Netzwerk →

ix.urz.uni-heidelberg.de

Router   Router

Transport der Daten über verschiedene lokale Netzwerke und Router

bifab.de

Der **Transport von Daten** erfolgt im Internet über lokale Netzwerke und Router vom einen Rechner zum anderen. Innerhalb der lokalen Netzwerke besitzt auch jeder einzelne Rechner eine eindeutige Adresse.

abgeholt werden können. Seit den frühen 90er-Jahren macht das aus Europa stammende World Wide Web (WWW) immer mehr von sich reden, das sich inzwischen zur größten, aber auch chaotischsten interaktiven Bibliothek entwickelte.

Das WWW kann mit jedem Computer, der etwa über eine Telefonleitung mit einem *internet service provider* verbunden ist, leicht benutzt werden, indem der Anwender sich von einem Bildschirminhalt zum anderen nur durch das Anklicken markierter Stellen weitertastet. Man kann also durch das Verfolgen von Verweisen, den *links,* Informationen lokalisieren, doch kann das Auffinden durch die Verwendung von Suchmaschinen oder durch die direkte Eingabe der Adresse des Computers einer bestimmten Organisation erleichtert werden. Diese Adresse heißt in der Fachsprache URL, *uniform resource locator.* Ein solcher URL wäre etwa http://www.bifab.de; seine Eingabe führt direkt zum Einstieg in das Angebot des Verlags Bibliographisches Institut & F. A. Brockhaus AG.

Die Popularität des WWW geht aber nicht nur darauf zurück, dass es einfach zu bedienen ist, sondern dass auch die

Informationseingabe für Anbieter schnell und kostengünstig möglich ist. Freilich weicht die ursprüngliche Euphorie, dass durch das WWW »jeder zum Verleger wird«, inzwischen der Ernüchterung; zum Aufbau großer Angebote im WWW benötigt man zunehmend komplexe Produkte und wachsende Kenntnis. Das WWW entwickelt sich ferner von einem passiven Abrufmedium hin zu einer immer größeren Interaktivität: Man kann Botschaften austauschen, mit unbekannten Personen diskutieren oder verschiedenste Transaktionen durchführen.

Das Angebot im World Wide Web

Informationen gibt es zu fast jedem Thema, und sei es noch so ausgefallen. Ob Zeitungen oder Zeitschriften, Firmen oder Organisationen – bei Millionen von Servern, das heißt Computern, auf denen Informationen zum Abruf bereit lagern, ist es unmöglich, auch nur einen annähernden Überblick zu geben. Bei all der Fülle des Informationsmaterials gibt es aber einige wichtige Grundzüge.

Die Masse der Informationen ist textorientiert mit eingestreuten Bildern; andere Medien, insbesondere Audio, Video, Animationen oder 3-D-Modelle, sind ebenso verfügbar wie Musikwerke. Die größten Schwächen bei allen Informationen im WWW sind die Schwierigkeiten beim Auffinden, die Uneinheitlichkeit der Informationen und die Unsicherheit bezüglich ihrer Authentizität. Aus diesen Schwächen ergibt sich der Bedarf an elektronischen Verlagen, an Redaktionsteams, die die im WWW verfügbaren Informationen sichten, bündeln und systematisch strukturieren. Daher werden zentrale Verweisserver in allen Bereichen immer mehr an Bedeutung gewinnen.

Die Bedeutung des »E-Commerce«, des elektronischen Handels mit Buchungen und Bestellungen aller Art, nimmt ständig zu und entwickelt sich zu einer bedeutenden Branche. Am deutlichsten sieht man dies beim Buch-, CD- und Videoversand. Beispielsweise bietet die größte WWW-Buchhandlung eine Auswahl von mehreren Millionen lieferbaren Titeln. Dass Ähnliches bei CDs und Videos auch besonders attraktiv ist, liegt auf der Hand: Das WWW übernimmt somit in einigen Bereichen den Zwischenhandel von Kaufhäusern, Reisebüros oder Bankfilialen. Gleichfalls beliebt sind Verzeichnisse wie Telefonbücher, Unterhaltungsangebote und elektronischer Handel. Immer wichtiger wird das WWW auch im Bereich Ausbildungsunterstützung unter dem Namen *web based training* (WBT). Tatsächlich wird prognostiziert, dass das WWW alle Bereiche der Ausbildung grundlegend verändern wird.

Interessant ist, dass im WWW auch eine Fülle von künstlerischen und historischen Bildern vertreten ist, ja dass Tausende Museen einen Einblick in ihre Sammlungen über das WWW gestatten. Daneben ist zu sehen, dass sich

Internetcafés, auch Cybercafés genannt, sind in vielen Städten neue Kommunikationsorte und Treffpunkte geworden. Sie bieten den Besuchern die Möglichkeit, weltweit im Internet zu »surfen«.

Der amerikanische Astronom **Clifford Stoll,** bekannt als Datenschutzspezialist, bezweifelt in seinem Buch »Die Wüste Internet« den Nutzen von Netzanbindungen für Schulen:

> *»Sinn entsteht nicht nur aus Daten. Für schöpferische Problemlösungen sind Kontext, Wechselwirkungen und Erfahrung von Bedeutung ... Und nur Menschen können die Zusammenhänge von Sachverhalten vermitteln.«*

Bibliotheken mehr und mehr zu digitalen Bibliotheken entwickeln. Es darf dennoch nicht verschwiegen werden, dass das WWW auch Adressen enthält, in denen etwa Kinderpornographie angeboten wird oder politisch radikale Gruppierungen Propagandamaterial verbreiten. Dieser Aspekt ist allerdings nur einer des WWW, muss aber dennoch sorgfältig beobachtet werden.

Probleme und Zukunft des World Wide Web

Dem Benutzer des WWW fallen bei dessen Benutzung vor allem drei Aspekte negativ auf: die oft langen Wartezeiten, die sich durch bessere Netzwerke allmählich verringern werden, die vielen »gebrochenen Links«, also Verweise, die »ins Leere« führen, aber durch neue Methoden vermieden werden könnten, und die chaotische, schwer durchschaubare Struktur, die durch zentrale Verweisserver und elektronische Verlage bekämpft werden wird. Auch für Fragen, wie sichere und einfachere Bezahlung, die neue Urheberrechtsproblematik bei der Verwendung von elektronischem Material oder die Standardisierung vor allem im Bereich Audio,

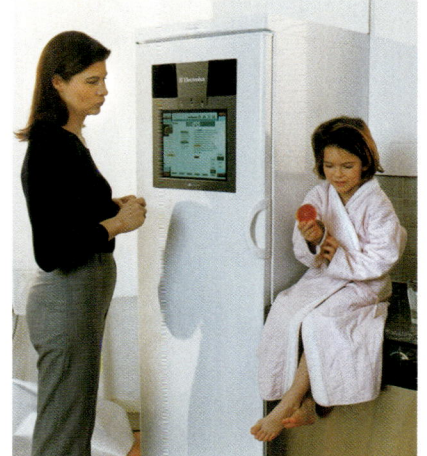

Das Internet bestimmt zunehmend den Alltag. Die **weltweite Verfügbarkeit von Informationen** rund um die Uhr wird ebenso selbstverständlich sein wie der Besitz von Kühlschrank oder Waschmaschine.

Video und Interaktivität gewährleistet werden kann, gibt es gute technische Lösungen; es ist zu hoffen, dass solche sinnvollen Entwicklungen nicht durch kommerzielle Interessen gefährdet werden.

Inzwischen setzt das WWW seinen Siegeszug fort. Nicht nur die Informations- und Transaktionsmöglichkeiten wachsen, neue Möglichkeiten wie das Einklinken in die Übertragungen von Videokameras, die irgendwo aufgestellt sind, die Internettelefonie und Dienste, die regelmäßig neue Informationen für ein bestimmtes Benutzerprofil liefern, aber auch die Vision des »Wissensmanagements« für ganze Personengruppen werden allmählich sichtbar. Die Revolution unserer Gesellschaft durch Computernetze hat durch das WWW zusätzlich an Dynamik gewonnen.

HERMANN MAURER & MARIA-LUISE LAMPL

Bildquellen

Airbus Industrie 343

aisa, Archivo iconografico, Barcelona 14, 17, 26, 33, 36, 39–41, 48, 55, 62, 69, 75, 79, 86, 89 f., 92, 98–100, 108, 120, 122, 131, 134, 137, 142–144, 147, 150, 155–157, 162, 178, 180–182, 184, 187, 189, 195, 217, 247, 276, 284 f., 294, 312, 330, 339 f., 349, 351, 353, 369, 390 f.

akg-images, Berlin 16, 22, 25, 32, 41 f., 44, 47 f., 50, 53, 63 f., 66–68, 70, 72 f., 80 f., 84, 91, 93, 96, 100, 106–108, 111, 114, 119, 124–126, 132, 135 f., 138, 144, 148, 151–153, 156, 158 f., 161, 163, 166–168, 174, 177, 179, 183, 186, 188, 190–192, 194, 196, 199–201, 203 f., 206, 208, 214–216, 218 f., 224, 230 f., 233, 235, 239, 243, 258, 272, 275, 277, 288, 291, 303 f., 309 f., 318, 320, 324, 327, 329, 332 f., 346–348, 352, 366 f., 409

AT & T Archives, Warren, N.Y 245, 358 f.

Bayer, Leverkusen 335 f.

Bergakademie der Technischen Universität, Freiberg, Sachsen 29

Berlin-Museum 184

Bibliographisches Institut & F. A. Brockhaus, Mannheim 18, 20, 23 f., 29, 43, 51, 54, 57, 76 f., 82, 84, 87 f., 94–97, 101, 110, 112, 119, 129, 139, 145 f., 149, 164, 171 f., 176 f., 185, 193, 197 f., 207, 211–213, 223, 229, 232, 236, 239 f., 244, 247–250, 252, 256, 259, 263–265, 267, 270 f., 279, 281 f., 286, 290, 292, 295, 297–302, 305, 315, 317, 319–321, 324, 326, 335, 337, 350, 370, 375, 377, 383–388, 403, 411

Bibliothèque Nationale de France, Paris 175

Bildarchiv Preußischer Kulturbesitz, Berlin 27, 45, 68, 170, 209

Bild und Wort, Literatur- und Medienagentur, H.-J. Rech, Kaarst 128

Boehringer, Mannheim 337

Farb- und Schwarzweiß-Fotografie E. Böhm, Mainz 19, 71

Prof. Dr. G. Bosinski, Neuwied 16

BURGERBIBLIOTHEK, Bern 115

A. Burkatovski, Rheinbölln 123, 154, 311, 322, 325

Corbis, London und Frankfurt am Main 31, 36 f., 49, 52, 103, 116, 121, 123, 202, 210, 232, 237, 252, 261, 308, 316, 328, 354, 360, 365, 392 f., 397, 405

Daimler-Benz Aerospace, Bremen 392

Deutscher Gewerkschaftsbund, Stuttgart 257

Deutsches Historisches Museum, Berlin 254–256

Deutsches Museum, München 136, 160, 234

Deutsches Röntgen-Museum, Remscheid 278

dpa Bildarchiv, Frankfurt am Main 133, 220 f., 253, 260, 262, 287, 289, 293, 333, 340 f., 355–357, 372 f., 381, 387, 389, 396, 401, 408

Electrolux Constructor, Wipperfürth 413

C. Elsler, Historisches Farbarchiv, Norderney 65

Germanisches Nationalmuseum, Nürnberg 117

R. Gööck 228, 266

Greenpeace, Hamburg/Sims 396

Griechische Zentrale für Fremdenverkehr, Frankfurt am Main 83

Dr. H. Günther, Berlin 133, 227

Gutenberg-Museum, Mainz 140, 226

Harenberg Kommunikation Verlags- und Mediengesellschaft, Dortmund 283

G. Helmes, Aachen 58–61

Herzog August Bibliothek, Wolfenbüttel 127

Hirmer Verlag, München 56

Hoechst, Frankfurt am Main 398

IBM-Deutschland, Sindelfingen 342, 344 f.

Institut für Ur- und Frühgeschichte, Tübingen 15

State of Israel, Government Press Office, Jerusalem 368

M. Jensch und A. Thünker 362, 364

Prof. Dr. A. Jockenhövel, Münster 21, 28, 32, 35

Dr. G. Joppig/ W. Pulfer, München 331

H. Kahnt, Naunhof 56

Kinemathek Hamburg e. V. 285

M. Knopfe, Freiberg, Sachsen 29

H. Kordecki, Fürth im Odenwald 131, 323, 361, 363, 378, 395, 402

C. Kubisch, Berlin 113

Landesbildstelle, Berlin 407

Leammli et al., Metaphase Chromosome Structure: The role of
    Nonhistone Prot.Cold Spring Habor 376

Loewe Opta, Kronach 328

Lotos-Film, Kaufbeuren 46

MEV Verlag, Augsburg 75, 109, 205, 241, 371, 394, 412

I. Mühlhaus, München 225

Musée de la Poste, Paris 242

NASA/JPL/RPIF/DLR 391

Prof. Dr. H. J. Nissen, Berlin 38

Nobelstiftelsen, The Nobel Foundation, Stockholm 314, 334, 338,
    374, 376

OLYMPUS OPTICAL (EUROPA), Hamburg 404

Photo Digital, München 169

Polygram, Hannover 268

Presse- und Informationsamt des Landes Berlin 406 f.

R. Cohen, Baden-Baden 312

Römisch-Germanisches Zentralmuseum, Mainz 27

Sammlung Frieder Burda, Baden-Baden 312 f.

Schering, Berlin 379 f.

Prof. Dr. E. Schmidt, Mainz 399 f.

G. Schneider, Berlin 406

Prof. Dr. E. Sedlmayr, Berlin 173

Siemens, Erlangen und Mannheim 280

SIGLOCH EDITION, Sirius Bildarchiv, Blaufelden 268

Prof. Dr. U. Sinn, Würzburg 78, 85

Spektrum akademischer Verlag, Heidelberg 281, 374, 382

R. A. Steinberg 245

Prof. Dr. K. Stierstadt, München 307

Stiftung Haus der Geschichte, Bonn 362, 364

Tourist-Information, Wolfenbüttel 127

Ulmer Museum, Ulm 15

Ulm/Neu-Ulm-Touristik 141

UNESCO, Paris 224

U. S. Information Service, Bonn 296

Volkswagenwerk, Wolfsburg 273

Warner Music Manufacturing Europe, Alsdorf 269

WGV Verlagsdienstleistungen, Weinheim 306

Carl Zeiss, Oberkochen 165

Reproduktionsgenehmigungen für Abbildungen künstlerischer Werke
    von Mitgliedern und Wahrnehmungsberechtigten wurden
    erteilt durch die Verwertungsgesellschaft BILD-KUNST/Bonn.